Jacob Grimm, Wilhelm Grimm, Paul Wigand, Edmund Stengel

Private und amtliche Beziehungen der Brüder Grimm zu Hessen

Jacob Grimm, Wilhelm Grimm, Paul Wigand, Edmund Stengel

Private und amtliche Beziehungen der Brüder Grimm zu Hessen

ISBN/EAN: 9783742899347

Hergestellt in Europa, USA, Kanada, Australien, Japan

Cover: Foto ©ninafisch / pixelio.de

Manufactured and distributed by brebook publishing software
(www.brebook.com)

Jacob Grimm, Wilhelm Grimm, Paul Wigand, Edmund Stengel

Private und amtliche Beziehungen der Brüder Grimm zu Hessen

Private und amtliche Beziehungen

der

Brüder Grimm zu Hessen.

Eine

Sammlung von Briefen und Actenstücken

als Festschrift zum

hundertsten Geburtstag Wilhelm Grimms

den 24. Februar 1886

zusammengestellt und erläutert

von

E. Stengel.

Band II:
Actenstücke über die Thätigkeit der Brüder Grimm
im hessischen Staatsdienste.

Zweite Ausgabe.

Marburg.
N. G. Elwert'sche Verlagsbuchhandlung.
1895.

I. Acten über Wilhelm Grimm als Secretär bei der Museumsbibliothek in Cassel.

Das Actenfascikel des Marburger Staatsarchivs „Den Sekretar bei der Bibliothek hierselbst (*d. h. in Cassel, wo sich vordem das Archiv befand*) betreffend" (Sign. O. St. S. aus Gef. 8856) *ergibt folgende Ausbeute:*

1) Gesuch W. Grimm's an den Kurfürsten wegen der Stelle eines Secretarii bei der Bibliothek:

Durchlauchtigster Kurfürst,
Gnädigster Kurfürst und Herr.

Ich habe auf der Universität M a r b u r g in den Jahren 1804—6 nach erhaltener gnädigsten Erlaubnisz *jura* studirt und mich im Sommer 1806 daselbst öffentlich examiniren laszen, worüber ich ein günstiges Zeugnisz der Facultät besitze. Kaum war ich zurückgekehrt und im Begriffe um eine Stelle bei Ihro kurfürstlichen Durchlaucht anzuhalten, als die unglückliche französische Occupation eintrat.

Es war meinen Neigungen zuwider, sowohl das neu aufgedrungene Recht zu studiren, als überhaupt unter dieser Regierung Dienste zu nehmen. Ich habe daher, so bedrängt meine Umstände wurden, in diesen sieben Jahren zurückgezogen und ohne jemals ein Amt zu bekleiden, bei meinem ältern Bruder gelebt und mich allein und anhaltend mit den Wiszenschaften beschäftigt.

Nach der glücklichen Befreiung des Vaterlands wünsche ich diesem mit meinen geringen Kräften zu dienen, sowie es die Nothwendigkeit erfordert, da ich selber ganz ohne Vermögen bin, mir meinen Unterhalt zu erwerben. Eine schon zehn Jahre dauernde und mit heftigern Anfällen begleitete Brustschwäche macht es mir unmöglich, wie ich wünsche und es meine erste Pflicht wäre, in den Krieg gegen den Feind zu gehen; sie würde selbst bei einer Anstellung in der Administration die mit körperlichen Bewegungen und Anstrengungen verbunden ist, mir hinderlich seyn.

Indeszen bietet sich eine Gelegenheit dar, mit dem wenigen, was ich vermag, nützlich zu seyn, die Stelle eines Secretarii bei der hiesigen groszen Bibliothek ist seit längerer Zeit unbesetzt und eine solche Assistenz könnte dem würdigen Herrn Geheimenhofrath Strieder bei seinen herangerückten Jahren vielleicht eine Hilfe seyn. Und da eine solche Anstellung zugleich meiner Neigung mich ferner den Studien und wissenschaftlichen Arbeiten widmen zu können, entspricht, so wage ich Ew. kurfürstliche Durchlaucht unterthänigst zu bitten:

mir die Stelle eines Secretarii bei der hiesigen Bibliothek huldreichst zu verleihen.

Ich würde mich bestreben mit gleicher Treue,
wie meine Vorfahren, dem hohen Hause zu dienen;
der ich in tiefster Ehrerbietung verharre

Ew. Kurfürstliche Durchlaucht
unterthänigster, treu-gehorsamster,
pflicht-schuldigster
Wilhelm Carl Grimm.

Caszel am 11 Decembr 1813.

*Am 14. Jan. 1814 wurde Bericht von Strieder
und Völkel eingefordert, der unter dem 18. Jan. erstattet wurde und von Völkel abgefasst ist. Es werden
darin* „die rühmlichen Proben von Wissenschaft,
welche er abgelegt hat" *hervorgehoben. — Unter
dem 4. Febr. 1814 wird dann folgendes* „Gn. Be-
stellungs und Besoldungs Rescript für den Secretarius
Grimm bei der grosen Bibliothek des Musei" *aus-
gefertigt:*

Demnach Wir den Candidaten Wilhelm Carl
Grimm allhier, zum Secretarius bey Unserer hiesigen grosen Bibliothek im Museo gnädigst ernannt,
ihm auch vom 1ten Febr. d. J. an einen monatlichen
Gehalt von 8 ₰ 10 alb. 8 H. mithin jährlich 100 ₰
aus Unserer Cammer-Casse bewilligt haben, so hat
Unsere Direction besagter Bibliothek ihn, Secretarius
Grimm, zu seinen Obliegenheiten anzuweisen, Unsere
Regierung denselben auf deren treue Verrichtung
zu verpflichten, Unsere O. R. Cammer aber die Aus-
zahlung obigen Gehalts zu verfügen."

1*

2) Gesuch W. Grimm's um Gehaltserhöhung vom 5. April 1814:

„Ew. Kurfürstl. Durchlaucht haben die Gnade gehabt, mich im Monat Februar zum Sekretarius bei der Bibliothek des Museums zu ernennen und mir einen Gehalt von Einhundert Thalern jährlich zu bestimmen. Geruhen Höchstdieselben folgendes huldreich anzuhören.

Nicht in diesen Zeiten, sondern schon seit 8 Jahren habe ich die Universität verlaszen; während der feindlichen Besitznahme habe ich keine Dienste genommen, sondern auf das eingeschränkteste bei meinem älteren B r u d e r gelebt. — Ich habe kein eigenes Vermögen, und mein ältester B r u d e r , welchen Ew. Kurfürstl. Durchlaucht zum Legationssecretär im Hauptquartier der alliirten Mächte zu ernennen geruht, erhält nur einen geringen Gehalt, von welchem er mir nichts abgeben kann, ja er hat selbst Sorgen sich in seiner gegenwürtigen Lage seinen eigenen Unterhalt damit zu verschaffen.

Zwei meiner Brüder sind in der Armee Ew. Kurfürstl. Durchlaucht gegen den Feind gezogen. Beide sind deshalb weit her aus dem Ausland gekommen. Der eine hat in Hamburg, wo er eingeschloszen war, auswandern müszen und alles verloren. Er hat sich ihm darbietende Vortheile nicht geachtet um als Freiwilliger Jäger zu Pferd gegen die Franzosen zu dienen. Ihre Reisekosten und einen Theil ihrer Ausrüstung habe ich tragen müszen.

Dafür und weil ich auszerdem noch zwei jüngere Geschwister zu versorgen habe, endlich für meinen

nothwendigsten Unterhalt habe ich jeder möglichen
Einschränkung ungeachtet mich gezwungen gesehen
Geld aufzunehmen, deszen Betrag schon sechsfach
meinen ietzigen jährlichen Gehalt übersteigt, von
welchem ich nicht im Stand bin blos die Kosten
der Wohnung und unaufhörlichen Einquartirung zu
bestreiten.

Ich würde gewisz noch länger gewartet haben,
bis Ew. Kurfürstl. Durchlaucht sich selbst meiner
gnädigst erinnert, es ist aber die nahliegende Noth,
die ich auf keine Weise mehr abzuwenden oder auch
nur noch auf eine Zeit zu entfernen weisz, die mich
drängt, und ich wage es daher im Vertrauen auf
die landesväterliche Gesinnung Ew. Kurfürstl. Durchlaucht, die auf eine Familie, die seit Jahrhunderten
dem hohen Hause treu gedient, huldreich Rücksicht
nehmen wird, die Bitte Höchstdenselben unterthänigst vorzutragen:

> mir gnädigst einen Gehalt zu bestimmen,
> der mich aus den dringenden Sorgen für
> meinen und meiner Geschwister Unterhalt
> reiszt.

Ich werde diese Gnade mit beständiger Dankbarkeit und in der tiefsten Verehrung anerkennen,
in der ich verharre Ew. Kurfürstlichen Durchlaucht etc.

*Die darauf am 19. April 1814 erfolgte Resolution
lautet:* „Dem Gesuch steht um so weniger zu fügen,
da eben erst den Bitten des Supplicanten um eine
Anstellung deferirt worden ist."

3) Erneutes Gesuch um Gehaltszulage vom 4. Nov. 1814:

Ew. Kurfürstl. Durchlaucht haben die Gnade gehabt mich zum Secretarius der groszen Bibliothek im Museo zu ernennen mit einem Gehalt von Einhundert Thalern, so wie die huldreiche Versicherung zu geben, sich meiner bei vorkommender Gelegenheit zu erinnern. Durch den Tod des Registrators **Enzeroth** bei der Bibliothek ist ein Gehalt von zweihundert Thalern erledigt und da nach der von dem Herrn Director **Strieder** und Herrn Ober-Hofrath **Völkel** schon früher gemachten Bemerkung eine besondere Besetzung dieser Stelle nicht nöthig ist, und ich die Arbeit derselben zugleich besorgen kann, so bitte ich Ew. Kurfürstliche Durchlaucht unterthänigst:

> mir diesen Gehalt von 200 Thalern zu dem meinigen gnädigst zuzulegen.

Umsomehr wage ich diese Bitte, vertrauend auf die väterliche Gesinnung Ew. Kurfürstlichen Durchlaucht, da Höchstdieselben gewisz in Betrachtung zu ziehen geruhen werden, dasz ich schon in einem Alter von 28 Jahren bin, ohne alles Vermögen, und dasz noch drei jüngere Geschwister von mir Unterstützung verlangen, endlich auch, dasz diese Erhöhung meiner Besoldung mich nur gegen die höchste Noth schützen würde, in welcher ich bisher gelebt habe. Der ich in tiefster Ehrfurcht verharre etc.

Am 8. Nov. ergeht darauf ein das Gesuch gewährendes Besoldungs-Rescript.

4) Urlaubsgesuch vom 17. Aug. 1815 auf vier Wochen vom 31. Aug. an mit folgender Motivirung:

Bei meiner sitzenden Lebensart und schwächlichen Gesundheit hat mir mein Artzt schon voriges Jahr eine Bewegung durch eine kleine Reise und Genusz der frischen Luft im Herbst als nöthig und sehr heilsam verordnet, indesz machten die Umstände die Ausführung unmöglich. Jetzt wiederholt er dasselbe und bittet mich, um ihn selbst sprechen zu können, nach Heidelberg zu kommen. Da nun ferner der Umstand eintritt, dasz einer besonderen Angelegenheit wegen meine Gegenwart zu Frankfurt unumgänglich nöthig geworden, so wage ich um beide Zwecke verbinden zu können, an Ew. Königliche Hoheit die unterthänigste Bitte etc.

Nachdem Strieder am 24. Aug. die Gewährung befürwortet und hervorgehoben, dasz „der in Marburg gestandene und nun zu Heidelberg angesetzte Dr. und Prof. Conradi" der Arzt W. Grimm's sei, erfolgt am 25. Aug. 1815 die Resolution: „fiat".

5) Bitte des Bibliotheks-Secretarius Dr. Wilh. C. Grimm um die Stelle eines wirklichen Bibliothekars und des damit verbundenen Gehalts vom 23. Oct. 1821:

Ew. Königliche Hoheit geruhen allergnädigst anzuhören: Im Anfang des Jahres 1814 wurde ich als Secretarius bei der Bibliothek im Museo angestellt und habe dieses Amt bis dahin, seit beinahe 8 Jahren, nach meinen besten Kräften versehen. Der damit verbundene Gehalt von 300 Thalern gewährte mir nur die nöthigsten Bedürfnisze und

den dürftigsten Unterhalt. — Ich habe jede dargebotene Gelegenheit, eine Verbesserung im Auslande zu erhalten, ausgeschlagen, da es stets mein
Wunsch war, in meinem Vaterlande zu dienen.

Dennoch habe ich mich einer allergnädigsten
Beförderung bis dahin nicht zu erfreuen gehabt und
in meinem 36sten Jahre nach treu geleisteten
Diensten befinde ich mich in einer bedrängten, un-
versorgten Lage. Ew. Königl. Hoheit haben mit
Landesväterlicher Huld und Milde über so viele
Allerhöchst dero treue Diener Glück verbreitet, ge-
ruhen Allerhöchst dieselben auch mir diese Gnade
angedeihen zu lassen, ich würde sie mein ganzes
Leben in ehrerbietiger Dankbarkeit anerkennen.

An der Museumsbibliothek sind zu allen Zeiten
auszer dem Director zwei Bibliothekare angestellt
gewesen. Im Jahre 1784 zum Beispiel war das
Personale noch mehr als einmal so stark, als gegenwärtig, es bestand nämlich, den Director des Museums mit eingeschloszen, aus sieben Personen,
während es gegenwärtig nur aus dreien besteht; in
gleichem Verhältnisz war der Gehalt gröszer. Ich
habe bisher die Bibliothekars Geschäfte mit versehen
und mein eifrigstes Bestreben seyn lassen, durch
fortgesetztes Studium meine in dieses Fach ein-
schlagenden Kenntnisse zu erweitern. Im Vertrauen
daher auf Ew. Königl. Hoheit Gnade und wohlwollende Gesinnung wage ich es:

um die Stelle des wirklichen Bibliothekars
bei der Bibliothek im Museo und um einen

angemeszenen, mir meinen Unterhalt sichern-
den Gehalt

Alleruntertänigst zu bitten.

Ich würde mich bestreben, mich dieser Gnade
auf jede Art, die in meinen Kräften steht, würdig
zu machen. — Der ich in tiefster Ehrerbietung
lebenslang verharre etc.

*Die darauf unter dem 11. Novbr. 1821 erfolgte
Resolution lautet:* Beruhet.

*6) Antrag des Oberhofmarschallamts v. 9. Apr. 1825
auf Gewährung des nachgesuchten Heirathsconsenses von
W. Grimm.*

*W. Grimm hatte sich irrthümlich anfangs März wie
bisher direkt an den Kurfürsten gewandt und hatte deshalb am 7. März durch das Oberhofmarschallamt (wie
näher aus den Acten dieser Behörde:* „Heirathsconsens-
Gesuche der Hof- und Marstallsdienerschaft betr.
1825-6“ *hervorgeht) einen Verweis erhalten zugleich aber
auch die Aufforderung wegen Beibringung der elterlichen
Einwilligung sowie einer gerichtlichen Bescheinigung über
das der Braut zustehende oder noch zufallende Vermögen.*

*Unter dem 9. April 1825 reichte Dr. W. Gr. ein neues
Gesuch ein, sowie die erforderlichen Papiere, nämlich:*

1) den Geburtsschein meiner Braut, welche am
23. Mai 1793 geboren mithin 32 Jahr alt ist.

2) Den Todesschein von den Eltern meiner Braut,
wovon der Vater Johan Rudolph Wild am

25. Dec. 1814, die Mutter D o r o t h e a C a t h a r i n a
W i l d geb. H u b e r d. 20. Septbr. 1813 gestorben
ist.

3) den Todesschein meiner M u t t e r, welche als
Wittwe den 27. Mai 1808 gestorben ist.

4) den gleichfalls befohlenen Vermögensschein
der B r a u t, *wonach dieselbe ein Vermögen von mehr
als 7000 Thaler besass.*

*Er bittet zugleich ihm diese Papiere nach gemachten
Gebrauch zurückzugeben, was auch geschehen ist.*

*Am 10. April wird der Consentz vom Kurfürsten
eigenhändig zugestanden, und die vom 13. datirte Urkunde darüber W. G r i m m am 18. April unter Auflage
eines Stempels von 3 Thlr. zugestellt.*

*7) Anzeige des Ober-Hof-Marschall-Amts an das
Geheime Cabinet vom 5. Febr. 1829 von dem Ableben
des Bibliothekdirectors Oberhofraths V o e l k e l und Aufforderung das Gehalt der beiden G r i m m s anzuzeigen.*

8) Beschlusz im Geh. Kabinet vom 5. Febr. 1829:
Der Bibliothekar Dr. J a c o b G r i m m und der
Bibliothek-Secretar Dr. W i l h e l m G r i m m . . . .
bitten allerunterthänigst dem Bibliothekar die erste
und dem Sekretar die dadurch erledigt werdende
zweite Bibliothekarstelle huldreichst zu verleihen.

[das Gesuch s. u n t e n III 6).]

Resolution: Beyde Gesuche werden abgeschlagen;
welches das Oberhofmarschall-Amt denselben bekannt zu machen hat.

9) Anzeige des O. H. M.-Amts, dass Bibl. Grimm einen Gehalt von jährl. 600 ℳ, der Secretar Grimm aber einen solchen von jährlich 300 ℳ zu beziehen hat.

Resol. vom 10. Febr. 1829: Ad acta. Vorher aber nachzutragen, was jene Grimms jährlich an Präsent-Gelder empfangen.

Wilhelm K.

10) Besoldungs-Rescript vom 11. Febr., wodurch dem Bibliothek-Sekretar W. Grimm eine Gehaltszulage von Einhundert Thalern vom 1. k. Monats bewilligt wird.

11) Verfügung an das O. H. M.-Amt und den Hof-Archiv-Dir. v. Rommel. Wilhelmshöhe d. 30. Oct.:

Die beiden angebogenen Abschieds-Gesuche der zeitigen Bibliothekare Grimm gehen

1. an das O. H. M.-Amt wegen Besorgung der Ausfertigung der flachen Abschiede und demnächstigen Vorlegung, wenn der Museums- und Archiv-Director Rommel bescheinigen wird, dasz die genannten Grimms alles wohl abgeliefert haben werden. Die Gehalte der Gedachten sind vorzulegen.

2. an d. Museums- u. Archiv-Dir. Rommel um zweckmäszigere und für den Dienst vortheilhaftere Vorschläge wegen Wiederbesetzung eines Bibliothekars nebst eines Scribenten zu thun und die Instruction vorschläglich dahin abzuändern, dasz gedachte bei der Bibliothek angestellt Werdende mehr für die Bibl. selbst als für sich selbst arbeiten.

12) Eine weitere Resolution vom gleichen Tage:

Das O. H. M.-Amt hat die unterm heutigen Tage durch allerhöchstes Rescript befohlene Ausfertigung der flachen Abschiede für die p. Grimms fordersamst zur allerhöchsten Vollziehung allerunterthänigst einzureichen, auch alsbald die Verfügung zu treffen, dasz vom 1. November d. J. an die Gehalte derselben nicht mehr ausgezahlt werden.

13) Abschied für den Bibliothek-Sekretar Dr. Grimm:

Nachdem Wir dem bisher bei Unserer Bibl. im Museum angestellten Sekretar Dr. Wilhelm Carl Grimm die gebetene Entlassung aus Unsern Diensten allergnädigst zugestanden haben; so hat sich hiernach ein jeder den es angehet, allerunterthänigst zu achten.

Wilhelmshöhe, am 30. Oct. 1829.

14) Anzeige d. O. H. M.-Amts, das Gehalt d. beiden Grimm betreffend.

Resol. Wilhelmshöhe den 1. Nov. 1829: Die Gehalte sind nicht richtig angegeben, der des Bibl. betrug 758 ₰ u. des Sec. 435 ₰ nach dem Besoldungs-Etat für den Hof.

II. Acten über Jacob Grimms Mission nach Paris im Herbst 1815.

Zur Vorgeschichte der Mission sei bemerkt, dass nach Aden cten des Geh. Ministerium des Kurfürsten Wilhelm I. die Absendung des Geh. Raths von Carlshausen nach Paris betreffend diese am 25. Juli erfolgte und dasz ihm der von Cassel entführten Kunstschätze halber der Gallerie-Inspector Robert und Inspector Döring beigegeben wurde. Am 4. August traf v. Carlshausen in Paris ein. In seinem 9. Bericht vom 26. Aug. 1815 findet sich folgender Passus:

Hier befindet sich eine in wissenschaftlicher Hinsicht höchst schätzbare Sammlung von Manuscripten. Man hat die Idee sie für die gar nicht mehr vorhandenen, in Teutschland geholten Kunstsachen wegzunehmen, und verhältnissmäszig zu vertheilen.

Einer von den Gebrüdern Grimm in Cassel, wahrscheinlich der in Wien gewesene Legationssecretair, soll sich während seines früheren hiesigen Aufenthalts vorzüglich mit diesen Manuscripten beschäftigt haben, und man wünscht daher von Seiten der Königl. Preusischen Behörde, dasz Ew. Königl. Hoheit allergnädigst geruhen möchten, denselben hierher zu senden, und ihm seinen Gehalt bis zur Vollendung der von ihm zu bewirkenden Zusammentragung und Ordnung der Manuscripte zu lassen. Hier soll er mit Verköstigung einquartieret werden und die Reisekosten will man unter die Fürsten,

welche daran Theil erhalten, repartiren. Ich ...
bitte den L. S. Grimm ... an den Preusischen
Kammergerichtsrath von Eichhorn weisen zu
lassen, wenn ich nicht mehr hier seyn sollte.

*Darauf erfolgte unter dem 9. Sept. sowohl an den
k. Preuss. Generalintendanten Staatsrath Ribbentropp
wie an den k. Preuss. Herrn Kammergerichts-Rath von
Eichhorn von Seiten des hessischen Staatsministeriums
Benachrichtigung, dasz Grimm dort hin gesandt sei.
Letztere lautet:* Der G. R. u. Cammerpräsident v. Carlshausen hat des Kurfürsten K. H. angezeigt, wie man
eine dort befindliche schäzbare Sammlung von Handschriften zum theilweisen Ersaz der aus Teutschland
weggebrachten, nicht mehr vorhandenen Kunstsachen
zu verwenden und verhältnismäsig unter die betheiligten Regierungen zu vertheilen gedenke; zu
welchem Ende man, besonders K. Preussischer Seits,
wünsche, dasz der bereits mit jenen Handschriften
bekannte diesseitige Legations-Secretair Grimm
dorthin gesandt werden möge. . . .

Indem S. k. H. der Kurfürst diesen Antrag mit
vorzüglicher Berücksichtigung des K. Preussischer
Seits geäuszerten Wunsches Statt zu thun kein Bedenken getragen u. d. Leg. Secr. Grimm nicht nur
die fernere Beziehung seines Gehalts, sondern auch,
zur demnächstigen Abrechnung mit den Theilnehmern
einen Vorschusz zu den Reisekosten bewilligt haben;
sind Wir zugleich allergnädigst beauftragt, gedachten
L. S. Grimm dem K. Pr. H. K. G. R. v. Eichhorn
mit dem Ersuchen zu empfehlen, Sich mit demselben
wegen der von ihm zu übernehmenden Geschäfte zu

verabreden, und Sich des diesseitigen Interesses bey
dieser Angelegenheit gefällig anzunehmen.
Von Eichhorn lief ein von Paris 30. Sept. 1815
datirtes Antwortschreiben an das hess. Ministerium ein,
aus dem ich folgenden Satz heraushebe:
    Ich habe das Vergnügen Herrn L. S. Grimm
persönlich zu kennen, und wo und wie ich persönlich ihm in seinen Geschäften nützlich sein kann,
werd ich es mit dem gröszten Vergnügen thun.
Am 20. Sept. verwendet v. Carlshausen Grimm bereits
als Secretair, indem sein an diesem Tage abgesandter
16. Bericht, der die in Malmaisson befindlichen Casseler
Bilder betrifft und Grimm's Ankunft erwähnt, von
Grimm geschrieben, von Carlshausen nur unterzeichnet
ist.
    Eine Anerkennung für seine, wie die nachstehenden
Berichte ergeben, doch recht eifrige und, soweit die Ver-
hältnisse es gestatteten, auch recht erfolgreiche Thätigkeit
ist Jacob Grimm von seiten seines kurfürstlichen Herren,
soviel die Acten ergeben, nicht zu Theil geworden. Auch
ist sonst nichts darüber bekannt geworden, wie man denn
überhaupt bis jetzt von dem, was Jacob Grimm bei
diesem Anlass für sein engeres Vaterland gethan hat,
so gut wie nichts wuszte. Er selbst hat sich nur am
21. Oct. 1815 seinem Bruder gegenüber darüber aus-
gesprochen (Briefe aus d. Jugendzeit S. 479):
    „Endlich hat mich auch des Buderus Abreise...
ganz in die diplomatische Bahn, aus der ich eben
frei geworden war, wieder gebracht; ich bin so gut
als hessischer Geschäftsträger und habe fünf oder
sechs angeknüpfte schwierige Reclamationen und

Berichte darüber auf dem Hals, die mir eigentlich mehr Mühe kosten, als das andere Geschäft."

Sein Vorgesetzter, der Cammerpräsident v. Carls-hausen, welchem bei seinem Weggang von Paris der Kurfürst wegen seiner Thätigkeit seine volle Zufrieden-heit ausgedrückt hatte (dat. vom 29. Sept. 1815), hat in den späteren in Cassel geschriebenen Berichten an den Kurfürsten kein einziges Wort der Anerkennung für die selbständige Handlungsweise Grimms einfliessen lassen, auch ist in den späteren Acten immer nur von v. Carls-hausens Verdiensten um die Wiedererlangung der Bilder die Rede. Die einzige Erwähnung Grimms findet sich in v. Carlshausens Bericht v. 19. Oct. 1815, worin es heisst: Bei meinem Abgange von Paris habe ich dem Legations-Secretair Grimm die in der abschriftlichen Anlage nachgewiesenen Punkte zur weiteren Be-treibung vorgeschrieben.

Diese Instruction lautet:

Den Herrn Legations-Sekretair Grimm bitte ich:

1) von Zeit zu Zeit beim Herrn Kammergerichts-rath v. E i c h h o r n in der *Rue de l'Université* no 8 anzufragen, ob wegen des Kurhessischen Truppen-Corps und sonst nichts an mich zu erlassen sey?

2) Den Hrn. geh. Staatsrath v. G r u n e r, in der *Rue de l'Université* no 15 von Zeit zu Zeit zu be-fragen, ob durch die Einwirkung des fr. Kriegs-ministers, der Besitz der vom General l a G r a n g e genommenen Gegenstände wieder erlangt werden könne.

3) Bei dem Hrn. Fürsten v. H a r d e n b e r g zuweilen die, nach der abschriftlichen Anlage zugesagte Ver-

wendung zur Wiedererlangung der vom Gen. La
Grange genommenen und nach Malmaison geschickten 48 Gemählde, worauf ich 3 Stück zurück
erhalten habe, in Anregung zu bringen; auch

4) die Aushändigung der vom Grafen Defermon
über den Verkauf der Kurhessischen Kapitalien geführten Acten, bei dem Grafen von Pradel, *directeur général du Ministère de la maison du Roi.*

Ich benachrichtige dabei zugleich dasz 5) der
Mahler Unger, auf dem *Quai des Augustins* no 15
wohnend, die Gemählde genau kennt, die Verzeichnisse davon besitzt, und auf die Auslieferung von
21 Gemählden, welche von auswärtigen Museen nach
anher geschickt werden müssen, bei der Direction
des hiesigen Museums fleisig erinnern wird.

6) der Königl. Hanöversche H. Legationsrath
v. Bodenhausen in der *Rue de la Victoire* no 20
überall nöthige Auskunft und Hülfe zugesagt hat;
und

7) der Hr. Handelsmann Toussaint aus Hanau
in der Strasze *de Clery* no 20 mit der Einziehung
der Nachrichten: wo sich noch Gemählde von den
sub no 3. bemerkten Stücken befinden beschäftigt ist.

8) Die zu erlangenden Gemählde werden den
Mr. Bourget & Cie. in der *Rue St. Denis* no 152
zum Transport nach Cassel übergeben.

Paris am 24. Sept. 1815."

*Sonst finden sich noch Auszüge aus Schreiben von
Carlshausen an J. Grimm bei den Acten, datirt v. 18.
u. 19. Oct., welche aber nur die Convention über den
Sold und die Bekleidungsgelder betreffen.*

Grimms eigentlichen Berichten vorauf gehen folgende zwei kurze Schreiben:

1.

Ew. Wohlgeb.

bin ich genöthigt, da mich Hr. Minister von Schmerfeld dennoch wieder zurückverweist, dessen beifolgendes Billet mit der ergebensten Bitte zu übermachen, dasz mir der Vorschusz von 40 Louisd'or, als woran sich allein meine Abreise aufhält, baldigst geschehe. Falls die Summe vorräthig, können Sie solche dem Ueberbringer mitgeben; sonst bitte ich nur ein Wort Nachricht: wann heute oder vielleicht Morgen früh erst, ich mir darauf gewisze Rechnung machen darf, um weitere Maasregel danach zu nehmen.

Mit bekannter Hochachtung

Ew. Wohlgeb. ergebenster Dr.

Grimm.

In Eile. Samstags [d. 9. Sept. 1815] Nachmittag.

Sr. Wohlgeb. des Herrn Kriegs Rath Knatz.

2.

Ew. Wohlgeb.

Danke zwar verbundenst für die laut beilieg. Qtg. richtig erhaltenen 40 Frdor, war aber bestimmter Äusserung d. Hrn. Minister v. Schmerfeld zufolge auch der Meinung, einen Credit nach Paris, auf eine gleiche Summe sprechend zu empfangen. Falls Ew. Wohlgeb. dazu nicht autorisirt

sind, ersuche ich gegenwärtiges Billet, weil ich
selbst mitten in Reiseanstalten begriffen bin, an
Hrn. Kriegsrath Rivalier zu senden, welcher
zweifelsohne die Güte haben wird, deszfalls bei Sr.
Exc. nähere Erkundigung darüber einzuhohlen: von
welcher Seite her mir dieser Credit eröffnet werden
wird, damit ich nicht zu Paris, bei der zu ver-
muthenden Abreise des Herrn von Carlshausen
in Verlegenheit gerathe.

Mit vollkommner Hochachtung

Ew. Wohlgeb. ergebenster

G r i m m.

Sonntags 10½.

Herrn Kriegsrath K n a t z Wohlgeboren.

Es folgen nun die Berichte:

Bericht 1.

P a r i s 1. Octob. 1815.

Hochwohlgeborener
Hochzuehrender Herr Geheimerath

Mein erstes Schreiben habe ich in beständig ge-
täuschter Erwartung einiger bestimmten Auskunft
über die verschiedenen mir zu Theil gewordenen
Aufträge mehrere Posttäge aufschieben zu müszen
geglaubt. Bevor ich mich zu jedem derselben im
einzelnen wende, will ich einiges allgemeinere über
den Stand der hiesigen Angelegenheiten voraus-
schicken, welches auch Licht mit auf jene werfen
kann.

2*

Der Frieden ist, was auch die pariser Zeitungen
davon versichern, in den letzten Tagen Septembers
noch nicht unterzeichnet worden und dürfte es erst
im Verlaufe dieser Woche werden. Die Schwierigkeiten liegen nicht in der fehlenden Ueberein-
stimmung der alliirten Mächte, unter denen glück-
licherweise das beste Vernehmen herrschen soll,
sondern in den Einwendungen, welche das französ.
Ministerium gegen die ihm vorgelegte Basis zu
machen sucht. Diese sollen vornämlich auf die von
Frankreich in mehrern Terminen zu entrichtende
Kriegs Contribution gehen; allein man hat allen
Grund zu glauben, dasz die Vorschläge der Alliirten
auch in diesem Punct durchdringen werden. Was
die neue Ländergrenze betrifft, hofft man nicht nur,
die definitive Abtretung des der Krone Frankreich
im vorigen Frieden annoch verbliebenen saarbrücker
Landstrichs, sondern auch der Festung Landau an
Oesterreich, und selbst einiger anderer festen Plätze,
wie Philippeville und Givet an die Niederlande.
Wenigstens werden letztere nebst noch einigen
anderen zu Unterpfändern der zu erfüllenden übrigen
Friedensbedingungen auf bestimmte Zeit alliirten
Besatzungen eingeräumt, die gröszeren Grenz-
festungen auch blos von Bürgersoldaten und nicht
von Linientruppen besetzt werden. Hüningen bleibt
geschleift und Frankreich verpflichtet sich, keine
Festung im Umkreis von 3 Meilen um Basel herum
wieder aufzubauen.

Talleyrand unterhandelt beim Frieden nicht
mehr mit, sondern der Herzog v. Richelieu allein.

Der endlich aus Marseille eingetroffene neue Minister des Innern, Graf V a u b l a n c, wird allgemein
als einer der eifrigsten Royalisten dargestellt. Die
Eröffnung der Cammer war nochmals weiter bis
zum 9. d. M. verschoben worden. Doch ich enthalte mich weiterer Neuigkeiten dieser Art, die sich
sonder Zweifel auch in den Zeitungen finden werden.
Der russ. K a i s e r reiste zuerst von hier ab,
am 28. Sept., ihm folgte Tags darauf K a i s e r
F r a n z. Ersterer begibt sich nach Brüssel, von
da nach Dijon, wo 70—80,000 M. Oestreicher ge-
mustert werden sollen. Sodann reist er über Carlsruhe und Stuttgart nach Berlin, wo er den 18. October gewisz zu seyn denkt. Um gleiche Zeit oder
wohl einige Tage früher will der p r e u s z. M o n a r c h
in seiner Residenz eintreffen, welcher bis auf diesem
Augenblick noch hier zu Paris ist und erst nachdem er übermorgen (Dienstag) in der Umgegend
von Versailles Revue über 50,000 M. seiner Truppen
gehalten haben wird, in der Mitte der Woche
Frankreich zu verlassen gesonnen ist.

Die Zurücknahme des hier vorhandenen fremden
Kunsteigenthums hat seither ununterbrochen fort-
gedauert. Nach den Niederländern räumten die
Oestreicher, unter noch etwas härteren Formen, auf.
Die medicäische Venus war bereits vorigen Donners-
tag für Florenz eingepackt worden, eine Menge
italienischer Gemählde traf hernach die Reihe. Am
Samstag wurde auch an die berühmten venetianischen
Rosse, die auf dem Triumphbogen vor den Tuilerien
aufgestellt standen, geschritten. Der König, hiesz es

in deszen Angesicht die Herabnahme geschehen
muszte, habe sich ausgebeten, dasz sie schonend zur
Nachtzeit erfolgen möge. Sey es aber, dasz dieses
mit der Arbeit selbst unverträglich gewesen, oder
man gern den Parisern zeigen wollen, wie wenig
man sie scheue, man nahm gestern und heute alles
bei lichtem, hellem Tage vor; auf dem Platz
bivouacquirte eine Compagnie Ungarn, welche keinem
Franzosen den Eintritt verstattete, Cavallerie-
patrouillen mit entblösztem Schwert ritten langsam
auf und ab, und die Ruhe wurde nicht gestört. Seit
einigen Stunden ist alles vollbracht und die bitteren
Äuszerungen ferner französischer Zuschauer ver-
hallen in die leere Luft. Vermuthlich wird der
ganze nun seiner Zierde beraubte Bogen demnächst
völlig abgebrochen.

Der Pabst, deszen Reclamationen der Scheingrund
des Tolentiner Friedens in etwas beschränkt, wird
vielleicht doch noch auf ein oder die andere Art
vor dem Abzug der alliirten Truppen zum Zweck
gelangen. Sein Abgeordneter, der berühmte Bildhauer C a n o v a selbst, ist ein halb träger, langsamer Mann, den die Alliirten selbst erst antreiben
müszen, sie um Verwendung zu bitten. Die Cabinette
verwenden sich aber nicht gern entschieden in irgend
etwas, aber sämmtliche militärische Behörden, die
jetzt die Gewalt in der Hand halten, scheinen zu
kräftigen Maasregeln entschloszen. In dieser an-
genehmen und mehr als einer deutschen Angelegenheit ersprieszlich werdenden Hoffnung bin ich durch
einige Äuszerungen des K. preusz. Ministers Generals

v. Gneisenau, bei dem ich vor einigen Tagen zu speiszen die Ehre hatte, bestärkt worden.

Der König v. Preuszen hat die bekannte, freilich vor einigen Jahren noch prüchtigere Gemähldegalerie Guistiniani um 450,000 oder 500,000 Franken erkauft; Berlin wird nun bald sehr ansehnliche Sehenswürdigkeiten aufzuweisen haben. Ich gehe zu unsern hessischen Angelegenheiten über, worin, so wenig diesmal von Erfolg berichtet werden kann, dennoch hoffentlich keine Saumseligkeit meinerseits gespürt werden wird.

1) Die Malmaisoner Gemählde betreffend. Herr Toussaint konnte den Grafen Capo d'Istria verabredetermaszen weder den Dienstag noch die folgenden Tage sprechen, welches schon ein übles Zeichen war. Auch noch andere eingezogene leidige Nachrichten schienen anzudeuten, dasz die Zierden unserer Galerie nach Ruszland bestimmt wären; von Fürst Hardenberg ging keine Antwort ein, ich suchte persönlich vor ihn zu kommen, wurde aber nicht vorgelassen und erfuhr freilich aus guter Hand, dasz er mir wenig tröstliches würde haben sagen können, in dem die alliirten Ministerien über das *principium restituendorum* zu gar keinem festen Entschlusz kommen könnten, vielmehr alles, was geschehen sey, sich halb undiplomatisch habe anknüpfen und sodann analogisch weiter fortbilden müszen. Von einer anderen Seite, wo ich Gelegenheit nahm, das so ungerechte und undelicate Benehmen des russ. Kaisers in dieser Sache vorzustellen, wurde mir vertraut gerathen,

den einzigen hier überbleibenden, vielleicht noch
fruchtenden Schritt einer unmittelbaren, die
Gefühle, welche Recht und Wahrheit hierbei ein-
geben müszen, unverhüllenden Vorstellung an den
Kaiser selbst zu thun. Der gewöhnliche diplomatische Weg durch den Grafen Nesselrode und
Fürsten Wolkowsky, die nicht einmal geantwortet
hatten oder ausgewichen waren, hatte sich schon als
unzulänglich bewiesen; auch stand zu hoffen, einige
Abweichung von dem gewöhnlichen Geschäftsstil
würde eher die Aufmerksamkeit des Monarchen anregen. Da er indeszen gerade Tags vorher verreist
war, blieb mir nichts übrig, als das (in Abschrift beiliegende [S. 27—31]) Schreiben ihm auf seiner Reise
nachzusenden und es ist mit einer sicheren oest-
reichischen Gelegenheit nach Dijon abgegangen. Instruction über diesen Schritt vorher von Cassel einzuhohlen und zu erwarten, hätte ihn völlig gelähmt und
paralysirt; auch Hr. v. Bodenhausen, den ich be-
frug, meinte, dasz er wenigstens nicht schaden könne.
Dasz ihn Se. Kön. Hoh. nicht misbilligen werde,
wage ich zu hoffen. Die ganze Sache liegt so, dasz
sie mit der Zeit einmal öffentlich in Deutschland
zur Sprache gebracht werden musz, wenn gleich in
diesem Augenblick noch nicht, um andere wichtigere
Rücksichten zu schonen. Auf dieses öffentliche
Interesze, welches man in Deutschland an unsern
Gemählden nehme, wies ich darum vorsätzlich hin
und sollte einiges andere überhaupt zu frei ausgedrückt scheinen, so kann allenfalls immerhin der
Allergnädigste Herr das ganze Schreiben als un-

officiell desavouiren, da ich hier im Fall dringender Noth ohne speciellen Befehl habe vorschreiten müszen. Gott gebe dasz es vielleicht noch einige Wirkung thue! Am folgenden Tage erfuhr ich denn (durch das ebenfalls beigeschloszene [nicht mehr vorhandene] Schreiben Herrn Toussaints), dasz die Bilder wirklich eingepackt und auf der Reise nach Ruszland wären. Mithin war auf keinen Fall etwas zu verderben, und umgekehrt, wenn der Kaiser sich hier von Ehre und Gerechtigkeit leiten laszen will, musz er sie dennoch herausgeben. Da indeszen nur von den fünf vorzüglichsten Gemählden die Rede ist, werde ich in Ansehung der etwa noch zurückgebliebenen mich nicht unthätig zeigen, sondern dieser Tage dem Chev. Soulange mit erbetener Militärhülfe zusetzen, und ihn so etwa zu näheren Äuszerungen zwingen. Sodann denke ich die Liste der anderen, vermuthlich gar nicht in die Gewalt der Beauharnais gerathenen, sondern sonst veruntreuten Bilder in die Categorie der von Preuszen jetzo verzeichnet werden[den], in specie nicht restituiben, aber anderweit zu vergütenden Gegenstände zu bringen. Ob man mit dieser geforderten Compensation durchdringt? ist freilich noch die Frage.

2) in der Angelegenheit der zwei Kisten war ich bei dem Geh. Staats Rath Gruner, der mich sehr freundschaftlich aufnahm, und bereits vor einigen Tagen die Sache bei dem neuen Kriegsminister Duc de Feltre wieder monirt zu haben

versicherte. Ich gedenke indeszen auch hier in
einigen Tagen vorzuschreiten und dem Intendanten
des Lagrangischen Hotels hierselbst mit Soldaten-
execution auf den Leib zu rücken, um ihn so zu
zwingen, dasz er schleunig die Antwort seines Herrn,
der sich über das Schicksal der Kisten irgend ausweisen musz, herbeischaffe. Falls deszen Güter in
dem noch besetzten Theile Frankreichs lägen, worüber
ich auch sogleich Erkundigung einzuziehen suchen
werde, könnte auch da mit Gewalt vorgeschritten
werden. Ich hoffe übrigens in Eurer Hochwol-
geboren nächsten Schreiben in Ansehung dieses so
bedeutenden Gegenstands nicht allein unterrichtet
zu werden: ob Se. Kön. Hoh. diese Sache gerichtlich
und proceszualisch betreiben zu laszen Willens sind?
sondern wünsche auf allen Fall auch eine ungefähre
Aestimation des Werthes dieser Kostbarkeiten zu
erhalten.

3) Auch der Graf von Pradelles hat in Betracht der Deffermonschen Papiere noch nichts
geantwortet, weszhalb ich ihn gestern schriftlich
erinnert habe.

4) Ebensowenig hat mir der O. G. R. Eichhorn
die versprochene Auskunft über den Sold der Truppen,
seines besten Willens ungeachtet, zu geben vermocht. Die Schuld der verschobenen Auseinandersetzung liege theils am oestr. Minister Baldacci,
theils und vorzüglich am unordentl. Rechnungswesen der englischen Armee.

Dieser mein Brief hat wegen gerade eingefallener
überhäufter und unaufschieblicher Arbeit in der

Manuscripten Angelegenheit erst einen Tag später aus dem Concept mundirt werden können. Ich habe selbst den gröszten Theil der vorigen Nacht schreiben müszen; man büszt hier leider so viel Stunden mit Herumlaufen und Fahren ein. Mein nächster Brief soll desto schneller folgen. Mit schuldigster Hochachtung habe ich die Ehre zu beharren

Ew. Hochwohlgeboren '

gehorsamster Dr.

Grimm.

N. S. ich wohne fortwährend *rue de l'université* no 7. Schwerlich werde ich unter drei Wochen, gewisz nicht vor 14 Tagen abreisen können, es müszte sich denn etwas auszerordentliches zutragen. Also wird [mich] die Antwort auf gegenwärtigen Brief vermuthlich noch treffen.

Hr. von Bothmer soll hier seyn, um gegen den in dem traurigen Zwist zwischen Kurprinz und Kurprinceszin, wonach mich hier jedermann fragt, vorgeschlagenen preusz. Vermittler, Fürsten v. Wittgenstein aus Berlin Einsprache zu thun. Das Nähere ist mir unbekannt.

Anlage:

Sire

Le Soussigné chargé par S. A. R. l'Electeur de Hesse de réclamer differens objets d'art enlevés et transportés en France, prend la liberté d'avoir recours immediatement à Votre Majesté Imperiale dans un cas, où il parait n'être reservé qu'à Elle même, d'ordonner et de faire executer une juste reparation. Le fait, qu'il aura à exposer, est aussi simple, que le droit incontestable, sur lequel ce fait repose.

La Hesse envahie en 1806 se vit, à la suite de la plus injuste aggression et des dispositions les plus dures prises contre elle, privée de presque toutes les collections précieuses, dont ses princes l'avaient enrichie pendant une longue serie d'années. La superbe galérie des tableaux fut un des premiers objets, qui attirerent la cupidité de l'oppresseur. La proie comme tant d'autres arriva à Paris, cette fois cependant elle n'entra pas totalement dans le grand Musée, mais tout ce qu'elle contenait de plus precieux, les quatre Claude Lorrains, le fameux Potter et beaucoup d'autres tableaux, dont il serait superflu, de faire ici l'enumeration, furent exposés au chateau de Malmaison. L'on apprit depuis, que Bonaparte les avait donnés à Josephine, son epouse.

Les trois dernières années ont ramené la justice en Europe. Y-aurait-il de plus sacrée que celle qui doit s'étendre aux monumens d'antiquité et d'art, proprieté inviolable et inappréciable des etats, qui l'ont acquise à juste titre? Aussi la restitution de ces objets a-t-elle été généralement reconnue et admise en principe et plusieurs princes l'ont déja fait valoir avec tout le succès, auquel on etait fondé à s'attendre. Si des gouvernemens, dont les provinces avaient eté cedées en vertu de traités solemnels et qui se voyaient forcés à conclûre la paix avec la France sans pouvoir s'opposer aux enlèvemens exercés dans leurs musées, si ces princes revendiquent

maintenant leur proprieté; les titres et les reclamations de l'Electeur de Hesse doivent être d'autant
moins équivoques et acquérir d'autant plus de force,
que ce prince n'a jamais renoncé à ses etats dans
aucun traité et qu'il n'est jamais entré en negociation
avec l'ennemi. L'acte de donation, qui pourrait
être prétexté pour les collections de Malmaison,
supposé qu'effectivement elle eût eu lieu, ne saurait
déroger en aucune manière au droit du vrai proprietaire, puisqu'il est constant que ce dernier ne
peut jamais souffrir par l'alienation, que l'injuste
possesseur voudrait faire de la chose mal-acquise.
Celui-ci n'ayant pas la proprieté, ne pourra non plus
la transférer sur un troisième.

Il etait à prévoir, que la famille Beauharnais,
heritière de Josephine et sans doute informée de
la véritable condition des tableaux en question, ne
negligerait rien pour les soustraire à une juste reclamation. En effet, non seulement elle les fit
cacher et eloigner de Malmaison, mais elle eut encore
soin, de répandre le bruit, que V. M. J. les avait
fait acheter et les enverrait en Russie. Cette
assertion, à laquelle pendant longtems personne ne
pouvait attacher foi, n'est cependant pas encore de-
mentie et le chevalier Soulange, actuellement
chargé des affaires de cette famille, declinant de
l'avouer publiquement, va même jusqu'à dire, qu'il
n'a aucune connaissance de cette collection de tableaux,
ce qu'il serait presqu' absurde de vouloir refuter.

La famille Beauharnais tout en se
prévalant de telles excuses et en osant proposer

l'achat d'une collection de tableaux, qui ne lui
appartenait point, a éspèré, que V. M. J. ne serait
pas mise au fait des circonstances.

C'est vous Sire, qui pendant toute votre marche
glorieuse et bienfaisante avez suivi et pour ainsi
dire reconduit la morale dans la politique. Vous
ne souffrirez jamais, qu'il se commette un acte
d'injustice ouverte et qu'un pays accablé de souff-
rances, mais toujours fidèle à la bonne cause ne soit
pas redintegré dans la jouissance d'un bien, dont
il a toujours conservé le souvenir. Vous aimerez
mieux, faisant preuve de cette noble generosité, qui
vous a excité l'applaudissement du monde, vous
concilier encore dans cette occasion la reconnaissance
de la Hesse, j'ose dire de Allemagne entière,
dont le(s) regard ne laisse pas d'être fixé sur le sort
de ces tableaux universellement connus. Qu'il soit
permis, d'ajouter la simple mais frappante obser-
vation, que si l'entière collection avait resté au
musée de Paris, elle nous aurait déja eté restituée
dans ce moment, ainsi que l'est réellement la partie
qui s'y trouvait. Comment et par quelle raison le
seul hazard, qui la conduisit à Malmaison, saurait-
il affaiblir ou diminuer la legitimité de nos droits?

Sire, les évènemens pressent; après le depart des
troupes alliées de la capitale de France, il se
presenterait d'autres obstacles et par de nouvelles
intrigues la famille Beauharnais tacherait de se
maintenir en possession. C'est donc cette necessité
d'éviter un plus long rétard qui a forcé le soussigné
de solliciter la puissante intervention de V. M. J.

pendant même qu'Elle est en voyage. Il se flatte avec la plus entière conviction, qu' Elle daignera donner l'ordre pour que la restitution des tableaux provenant de Cassel et tombés dans les mains de la famille Beauharnais soit faite et executée sans obstacle. S. A. R. l'Electeur, qui certainement avait pensé en envoyant ses commissaires à Paris, que la seule justice de la cause triompherait de toutes les difficultés, sera penetrée de la plus vive gratitude envers V. M. J. en apprenant, qu'Elle aura bien voulu par une resolution, digne d'Elle faire droit à une reclamation fondée à tous les égards contre des pretentions egalement condemnables sous le rapport de la justice que celui de l'equité politique. Je suis avec un profond respect Sire de V. M. J. le très humble et très soumis serviteur

Grimm,

Secrétaire de la leg. électorale de Hesse et chargé, après le depart de Mr. le Cons. int. Bon de Carlsh. des affaires de S. A. R.

Paris, ce 29. Sept. 1815.

Bericht 2.

Paris, 5. October 1815.

Hochwohlgeborener
Hochzuverehrender Herr Geheimerath!

Es ist nun keinem Zweifel mehr unterworfen, dasz die Basis des Friedens unterzeichnet worden sey; Hauptbedingungen deszelben sind: Abtretung von

Saarbrück und Saarlouis, der ganze Strich längs der
Saar fällt an Preuszen; Oesterreich erhält definitiv
nicht blos Landau (weswegen es ohne Zweifel auch
Mainz fortwährend besetzen wird) sondern auch
Hüningen, das jedoch geschleift werden soll. Die
an die Niederländer zu cedirenden Festungen und
Districte weisz ich nicht genau anzugeben. Die
Contribution soll 700 Mill. Fr. betragen, übersteigt
mithin den Jahresbetrag der Einkünfte des jetzigen
Frankreichs nur etwa um 100 Millionen; also gewisz gar keine mit dem was einzelne deutsche
Länder haben zahlen müszen im Verhältnisz stehende
Auflage. Zur Sicherstellung werden 150,000 Mann,
wozu Oestreich, Ruszland, Preuszen und England
jedes 30,000 die deutschen Bundesfürsten gleichviel
stellen sollen, gewisze Landstriche Frankreichs besetzt halten. Einzelne Puncte und Bestimmungen
werden noch in diesem Augenblick überlegt und
unterhandelt. Obgleich man diesen Frieden für
keinen Deutschland schimpflichen halten kann, so
erreicht er doch unsere Erwartungen lange nicht,
und die allgemeine Stimmung wird mit ihm unzufrieden seyn. Der König v. Preuszen ist fortwährend noch hier, nachdem er schon vorgestern seine
Revue, aber ganz in der Nähe der Hauptstadt abgehalten. Von einem Tag zum andern schiebt sich seine
Abreise auf und er wird auch über Brüszel gehen, vermuthlich also nicht über Dijon. Fürst Staats
Canzler soll Paris den 13. oder 14. d. M. zu
verlaszen Willens sein; Alles übrige dürfte dann sehr
schnell nachfolgen.

Der päbstliche Abgesandte Canova hat endlich, besonders durch England unterstützt, im Museum zu räumen angefangen, dann ist es sehr rasch gegangen. Apollo und die Transfiguration, um von Antiken und Gemählden gleich die Hauptsache zu benennen, sind gepackt und fort; nunmehr ist das Museum, die gern sogenannte europäische Kunstkammer, entschieden zu Grunde gerichtet. Den venediger Löwen, übrigens von keinem Kunstwerth, haben die Oestreicher beim Abnehmen zerbrochen; die Pferde, wie ich bereits glaube gemeldet zu haben, sind mit verdienterer Vorsicht behandelt worden. In der Bibliothek wird Canova heute angehoben haben; die früheren oestreich. Reclamationen von Büchern und Hss. für Italien leitete ein Freiherr von Ortenfels. Dem gleichfalls hier anwesenden Heidelberger Professor Wilken wird von Preuszen besonders, jedoch auch von Oestreich und England einigermaszen Vorschub in seinem Versuch gethan: ob man dem Pabst nicht, weniger aus einem diplomatischen Grunde, als aus dem der Dankbarkeit (die etwas sehr undiplomatisches ist) für so mancherlei wichtigere Restitutionen die Herausgabe der bekanntlich im 30jährigen Krieg aus Heidelberg geschleppten Universitätsbibliothek zur Bedingung machen könne? Canova scheint wirklich darauf einzugehen, die Sache wäre für die Deutsche Gelehrsamkeit von den erwünschtesten Folgen, in sich selbst aber das kaum erhörte Beispiel einer seit fast 200 Jahren wieder gültig gewordenen Reclamation. Uebrigens darf man diese Universitätsbibliothek mit der späteren

Palatinatbibliothek, welche unter Orleans, Heszen und Brandenburg vertheilt wurde, nicht verwechseln; jene hängt mit dieser Erbschaft gar nicht zusammen.

Die Einleitung meines eigentlichen hiesigen Geschäfts, nämlich die Beitreibung von Handschriften zur Compensation andrer Kunstgegenstände, ist leider noch wenig vorgerückt und findet auf allen Seiten Anstosz.

Die Soldangelegenheit hat sich immer noch nicht entschieden, weil man ihre Beendigung mit der Nachforderung des für die unter Oestreich gestandenen Bundsfürsten Contingente zu verlangen vergeszenen habillement's verbunden hat. Vermuthlich fallen die kleinern, dahin zu rechnenden Fürsten nun gänzlich durch, während Baiern und Würtenberg sich besonders vorgesehen hatten. Man ist hier sehr unwillig über unterschiedliche Bundesstaaten, die ihre Truppen höchst unvollständig gestellt hatten und nun dennoch den Sold für das ganze Contingent ansprechen. Mecklenburg trifft der Vorwurf ganz besonders und es dürften ihm vielleicht einige Bedingungen über die Verwendung der zu beziehenden Summe gemacht werden. Wir Heszen stehen in der Hinsicht gut, wenn wir in anderer nur nicht zu Wien unser Contingent selbst auf 7500 Mann beschränkt hätten, während und indem wir 12,000 ausrücken lieszen!

Ueber die anderen mir aufliegenden Geschäfte berichte ich mit einer der nächsten Posten; der Erfolg meiner darin gethanen Schritte ist gerade noch nicht zu einem Aufschluss geeignet. Morgen und

übermorgen erwarte ich solchen und dann mag das
Datum des gepflogenen Schriftwechsels allein schon
bezeugen, wie wenig ich bisher gefeiert habe. Ich
wünsche nichts mehr, als dabei noch ein oder das
andere taugliche thun zu können.

Mit schuldigster Hochachtung beharrend

Ew. Hochwohlgeboren gehorsamster Diener

G r i m m.

P. S. Lord Wellington hatte neulich im
Theater Favart einen unangenehmen Vorfall. Als
er etwas spät erschien, waren alle Logen schon besetzt; worauf ihm Marschall G r o u c h y begegnet
seyn und vorgeschlagen haben soll, in der Königl.
Loge niederzusitzen. Als er dies gethan, erhub sich
bald ein solches Gelärm unter dem Volk, dasz der
engl. Marschall sich bewogen fand, das Theater zu
verlaszen. Den folgenden Tag spielte eine Zeitung
gleich darauf an, ohne den Namen zu nennen. Das
Ganze erhöht die seit einiger Zeit merklich ge-
stiegene Bitterkeit zwischen den Franzosen und
Engländern.

Bericht 3.

Paris, den 8. October 1815.

Hochwohlgeborner
Hochzuehrender Herr Geheimerath!

Die in meinem letzten Schreiben als näher be-
vorstehend betrachtete definitive Abschlieszung des
Friedens ist immer noch nicht erfolgt und es gibt

Leute, welche sogar meinen, dasz sie noch vierzehn
ganzer Tage anstehen, andere aber auch, dasz sie
täglich erfolgen könne, nachdem sich diese oder jene
Zufälle ereignen. Die wirkliche Abtretung Hüningens
an Deutschland musz ich zurücknehmen, da es in
dieser Absicht bei den früheren Gerüchten der bloszen
Schleifung zu bleiben scheint. Landau wird gewisz
abgetreten, soll aber dem Vernehmen nach von
Oesterreich an Baiern überlaszen werden, das sich
von dieser Seite her ausdehnen, dagegen Salzburg
an ersteres zurückgeben dürfte. Vielleicht wirkt
dieser Umstand, insofern er Baierns Neigung, sich
auf der rechten Mainseite auszudehnen, ableitet,
günstig für unsere beszere Ausrundung in den ehe-
mals fuldischen Aemtern und wenigstens für die
Erwerbung der unmittelbar zwischen denen des
Oberfürstenthums Hanau einliegenden. Es stehet
dahin, ob auf dem zu eröffnenden Frankfurter
Bundestag die nähere innere Ländertheilung sammt
der davon abhängenden Aufhebung der verschiedenen
drückenden Provisorien alsbald zur Sprache kommen
wird. Des Königs von Preuszen Abreise ist
nunmehr erfolgt. Vorher wohnte er *incognito* der
Eröffnung der Cammer bei. Die vom französ.
Könige gehaltene Rede und andere Umstände stehen
in den Zeitungen.

Um also zu unseren Angelegenheiten überzu-
gehen, so war mir 1. in Absicht der aus den Pro-
vincialsammlungen hierher zu schaffenden 21 Gemählde vor allen Dingen die verzögerte Ankunft
derjenigen bedenklich, welche nur in unbedeutender

Entfernung von Paris stehen. Ich ging daher zu
den Herrn Denon und Lavalee, wovon der
erstere ganz gewöhnliche ausweichende Redensarten
vorbrachte, der zweite mir endlich zu meinem Erstaunen versicherte, dasz zwar wegen der zu Strasburg, Lion etc. vorfindlichen Bilder das nöthige zu
deren Anherotransport verfügt worden sey, in Absicht auf die in Fontainebleau und Rambouillet
vorhandenen aber deshalb von Directionswegen kein
Schritt geschehen wäre, noch geschehen könnte,
weil man sich über königliche Schlöszer keinen Befehl anmaszen dürfte. Was das eine im Hotel de
l'Empire zu Paris selbst aufgehängte Bild betreffe,
so stehe auch dies Haus unter dem Ministerium der
ausw. Angel. und müsze bei diesem die etwaige Erlaubnis zur Abnahme ausgewirkt werden. Um diese
habe ich nun alsbald dem Herzog von Richelieu
geschrieben, auch die ausbleibende Antwort noch
dieser Tage bei deszen Principalsecretär Renneval
schriftlich angeregt, nachdem mehrere Versuche,
persönlich und mündlich die Sache schneller auszurichten, scheiterten. Für die Bilder von Fon-
tainebl. und Rambouillet drang ich vor allen Dingen
und auf der Stelle auf Zeugnisze der Direction des
Museums, dasz die befragten Gemählde zu der an
Kurheszen zu restituirenden Sammlung gehörten.
Nach nochmaligem Fordern, weil mittlerweile die
vom päbstl. Abgeordneten Canova bewerkstelligte
Hauptausleerung des *grand musée* Unruhe und Verwirrung aller Art nach sich zog, erhielt ich endlich,
was ich suchte, und reichte sodann beide Zeugnisze

mittelst Schreibens an den Grafen Pradel ein,
(mit dem hier unter mehrern andern ziemlich gut
auszukommen ist) dasz er darauf die Conciergen der
gedachten beiden Schlöszer zur Verauslieferung
autorisiren möge. Dieser Autorisation sehe ich
nun stündlich entgegen und werde sodann den
Mahler Unger, mit dem ich alles Nöthige verabredet habe, an Ort und Stelle reisen, die Bilder
abnehmen und anher schaffen laszen. Die übrigen
aus den Departementern treffen hoffentlich sowohl
für uns als für Preuszen und Braunschweig inner-
halb acht Tagen ein. Ich habe die preusz. Behörde
gebeten, deszhalb der Direction des Museums keine
Ruhe zu laszen, sondern ihr zu drohen, dasz im Fall
des Nichteintreffens man sich auf andere Weise
werde Sicherheit nehmen müszen. Dann will ich
das Ganze noch vor meiner Abreise einpacken und
versenden laszen. Blos wegen der beiden in Brüszel
befindlichen Gemählde von Titian und Tintoretto
bin ich, was zu thun sey? unschlüszig. Hierher-
geschickt werden sie vermuthlich nicht, weil die
brüszeler Behörde dermalen nicht mehr unter Denons
Befehlen stehet. Es wird daher kaum etwas anders
übrig bleiben, als dasz ich bei meiner Rückreise
den nicht viel verschlagenden Umweg über Brüszel
nehme, und mit den nöthigen Zeugnissen ausgerüstet,
die Bilder, deren erstgenanntes zu den bedeutendsten
unserer Gallerie [ge]hören musz, abnehmen und
packen lasze. Der Mahler Unger, der überhaupt
seines uns sehr nützlich gewordenen Eifers wegen
dem Allergnädigsten Herrn empfohlen zu werden

verdient, aber auch eben durch die öffentlich ge-
leistete Beihülfe hier in Paris und unter den französ.
Künstlern zu sehr compromittirt worden ist, um noch
länger hier bleiben zu wollen, würde mich auf dieser
Reise begleiten. Näheres werden die Umstände zu-
künftig erst bestimmen. Von den aller dieser Dinge
wegen an die französ. Behörden erlaszenen Schreiben,
deren Inhalt sich ohnedem von selbst verstehet,
glaube ich nicht nöthig zu haben, Abschrift beizufügen.

2. in der weit ungünstiger stehenden Malmaisoner
Gemähldeangelegenheit empfing ich bald Nachricht
durch Hrn. Toussaint von der Antwort des Grafen
Capo d'Istria mit dem Zusatz, dasz er darüber
bereits unmittelbar an Ew. Hochwohlgeboren geschrieben habe. Jene Antwort gibt wenig Trost
und gleicht einer bloszen Wendung, andere, unsererseits etwa zu thuende Schritte damit zu verhindern.
In Petersburg nach Verlauf eines halben Jahrs,
wenn der Kaiser einmal zu Ruhe gekommen, auf
Entschädigung zu unterhandeln, nicht auf wirkliche
Restitution, würde meines Erachtens aller schönen
Versprechung des Grafen, sich zur Einleitung her-
zugeben, unerachtet die gröszte Schwierigkeit haben.
Man weisz, wie ungeneigt uns der rusz. Hof ins-
gemein zu seyn pflegt. Ich bereue daher nicht, den
unmittelbaren Schritt bei dem Kaiser selbst gethan
und darin absichtlich die früheren bei dem Grafen
Nesselrode und Fürsten Wolkovsky ignorirt
zu haben; wiewohl mein Schreiben zufolge seither
eingezogener Erkundigung ihm vielleicht nun erst

zu Berlin, statt zu Dijon zukommen dürfte, indem
der Reisende, der es mitgenommen, einer anderen
Richtung hat folgen müszen. Ohnedem, da die Gemählde selbst abgereist sind, schadet dieser Versuch
in der Hauptsache nichts, weil nun doch ihrethalben
in Paris selbst nichts mehr auszurichten gewesen
seyn würde. Auszerdem habe ich nicht nur Hrn.
Toussaint noch gebeten, sich womöglich einigen
Aufschlusz über den Kaufpreis, namentlich aber
über die Zahl der erkauften Gemählde aus derselben Quelle zu verschaffen zu suchen, sondern auch
geglaubt mit dem Chevalier Soulange noch
einmal anbinden zu müszen. Ich fing damit an,
ihm ziemlich derb und bündig Antwort und Auskunft abzufordern; darauf erfolgte alsbald seine Erklärung, dasz die Gemählde in Kraft eines Kauf-
vertrags an Ruszland abgeliefert worden seyen, wobei er sich auf eine ihm von dem preusz. Commiszarius
Herrn von Martens eingehändigte Liste bezog.
Ich erkundigte mich sogleich und erfuhr, dasz
letztere keine andere gewesen seyn könne, noch gewesen sey, als die unsrige, verlangte ihm indeszen
in meinem zweiten Schreiben Mittheilung und förmliche Anerkennung gedachter Liste sowie Bezeugung
des geschehenen Kaufs sämmtlicher darauf ver-
zeichneter Gemählde ab. Auf das fehlende vierte
Bild, was neben jenen befragten dreien noch unlängst gehangen inquirirte ich besonders und sehe
nun einer neuen Antwort des Herrn Soulange
entgegen, der inmittelst nicht mehr im Hause der
Caisse d'amortissement, sondern *rue neuve des*

augustins No. 20 wohnt. Ich gestehe, dasz es mir
kaum glaublich erscheint, alle diese 48 oder jetzt 45
uns fehlende Bilder seyen jemals zusammen in Malmaison und Josephinens Besitz gewesen. Die
Carità des Leonardo da Vinci erinnert sich auch
niemand je wiedergesehen zu haben, weder daselbst
noch anderswo. Sollte nicht sie nebst einigen anderen
Bildern von Lagrange oder Martelliere sonst-
hin gebracht worden seyn? Das wird sich vielleicht
noch aufklären. —

Ich verfehle nicht, Abschrift der soulangischen
Correspondenz hier beizulegen. [vgl. S. 45—7.]

Ob sich in Zukunft statt der in S. Petersburg
anzuknüpfenden Unterhandlung nicht mit mehr Erfolg an die Familie Beauharnais oder die Krone
Frankreich selbst zu halten sey? bleibt reiferem
Ermeszen heimgestellt. Erstere wäre als *malae
fidei possessor* zu haften; letztere für den durch den
französ. General verursachten so ansehnlichen Schaden
umso mehr einzustehen schuldig, als das Princip
der Wiederherausgabe der Kunstwerke bestimmt
durchgeführt worden, das der Compensation abhanden gekommener vielleicht noch durchzusetzen
ist. Dazu tritt, die Familie Beauharnais soll
auch die Einrede für sich haben, dasz ibr diese
Bilder nicht *pure* geschenkt, sondern zur Tilgung
einer andern Forderung an den französ. Staat gegeben worden wären. Aus diesem Grund seyen
auch frühere, wirklich stattgehabte Versuche der
französ. Minister gescheitert, welche die Sammlung
lieber im groszen Museum, als im Schlosz

Malmaison gesehen, es aber nie dahin gebracht hätten.

Beim Fürsten H a r d e n b e r g war ich wiederholt, allein man kommt nie vor; ich bin indeszen leider überzeugt, dasz die alliirten Minister zu gar keinem für diese Sache vortheilhaft zu brauchenden formellen Schlusz oder selbst Prinzip gelangt sind.

In einem der hiesigen Journale, das ich jedoch nicht selbst gelesen habe, erzählte mir neulich der preusz. Minister von A l t e n s t e i n eine Nachricht gefunden zu haben, dasz K a i s e r A l e x a n d e r Gemühlde und Statuen aus Malmaison käuflich an sich gebracht habe.   Vermuthlich ist solches auf des S o u l a n g e Veranlaszung eingerückt worden.

3. Ueber die Angelegenheit der zwei Kisten mit Pretiosen erwarte ich täglich Nachricht oder Antwort von dem Geh. Staats-Rath G r u n e r, dem ich gleichfalls, seit ich ihn gesprochen, nochmals geschrieben habe, und der preusz. Gesandter nach Dresden ernannt worden ist, auch bald dahin abreisen will. L a g r a n g e soll gegenwärtig hier seyn und wie ich höre ein hôtel in der *rue St. Honoré* haben.   Nähere Auskunft verspricht mir unter andern über ihn und seine Güter Hr. G o d i l l o t, ein franzӧs. Officier (deszen sich Hr. Minister v. S c h m e r f e l d vielleicht noch erinnert) der mir neulich auf der Strasze aufstiesz, beizubringen.   Ich entbehre leider den näheren Inhalt der von Ew. Hochwohlgeboren bereits an den General L a g r a n g e erlaszenen, aber ohne Antwort gebliebenen Erläsze, sehe aber noch begieriger den in dero erstem

Schreiben von Caszel aus mir zukommen müszenden Instructionen in dieser Sache entgegen, bevor ich weiter schreiten kann.

4. wegen der Capitalienpapiere erhielt ich endlich vom Grafen Pradel eine auf Hrn. Rouxel, *Chef des Bureaux du Domaine extraord.* verweisende Antwort. Ich erliesz unverweilt an diesen das Nöthige. Seine in diesem Augenblick einlaufende, hier originaliter beifolgende Erwiederung enthält das sonderbare Ansinnen: dasz ich ihm gegen Herausgabe der Papiere zuvor eine völlige Sicherstellung der mit der franz. Administration abgefundenen Debitoren leisten solle. Dazu bin ich freilich nicht ermächtigt, würde gewisz auch nie dazu autorisirt worden seyn, weil es uns gerade auf diese Rechte der Dritten abgesehen seyn musz und wenn wir auf unser stärkeres dagegen gelten zu machendes Recht entsagen sollten, so möchte das Domaine extraordinaire diese Papiere immerhin behalten oder verbrennen. Ich werde zwar einen wiederholten Versuch bei Hrn. Rouxel machen, indeszen um so weniger hier gerade die strengsten Mittel wählen, als Sich Ew. Hochwohlgeb. erinnern werden, mir gesagt zu haben, dasz Sie bereits auf anderem Wege sich die Resultate verschafft hätten, die aus den befragten Papieren folgen könnten. Auf allen Fall dürfte diese Angelegenheit zu denjenigen gehören, die noch späterhin in diplomstischer Unterhandlung mit der Krone Frankreich leichter als manche andere betrieben werden können.

Mittlerweile ist 5. bereits vor einigen Tagen der kurhesz. General E n g e l h a r d mit einem kleinen Gefolge von Staabsofficieren aus seinem Hauptquartier hier eingetroffen, um über nachfolgende drei Puncte, vermuthlich mit der Kön. Preusz. Generalarmeeintendantur zu unterhandeln: a) über das *Habillement*, b) den Sold, c) die eroberten Canonen. Was die beiden ersten Puncte angeht, schien S. Excellenz von den desfallsigen durch Ew. Hochwohlgeb. geschehenen Schritten gar nicht unterrichtet. Ich glaubte bemerken zu müszen, dasz solche bereits als abgemacht und erledigt angesehen werden könnten; (über das Detail der Soldvertheilung werde ich von einem zum andern Tag vertröstet) der dritte Punct hingegen durch persönl. Besprechungen mit dem Fürsten B l ü c h e r und General G n e i s e n a u etc. nicht anders als gefördert werden würde. Diese sollen sich denn auch darüber billig und gerecht geäuszert haben und preusz. Officiere, die ich befragt, bestätigen mir stets, dasz Heszen seinen Antheil dieser Kriegsbeute, sobald sie bestimmt von Frankreich abgetreten worden wäre, gewisz erhalten werde.

Hiermit schliesze ich meinen heutigen Bericht, den ein badischer Curier mitnehmen soll. Wie sehr ich mich nach der Heimreise sehne von hier weg, wo einem alles und jedes durch stetes Herumlaufen, Fahren, Warten und Verweisen von einem Ort an den andern erschwert und verdorben wird, brauche ich kaum zu bemerken. Ein ganzer Tag dieser leeren Fülle von Geschäften führt oft zu keinem einzigen Zweck. Ich habe die Ehre mit der gröszten Hochachtung mich zu nennen

Ew. Hochwohlgeb.

gehors. Dr.

Grimm.

N. S. Eben hat es wieder eine unruhige Scene auf dem Pont S. Michel gesetzt. Das Volk drängte eine preusz. Patrouille, aber das Vorfahren der Canonen und öffentl. Gewehrladen stäubte alles auseinander. Indeszen fangen jetzt auch die Nationalgarden an, feindseliger und tückischer auf die alliirten Truppen zu werden.

Anlage: (Abschrift des Briefwechsels mit dem Chevalier Soulange.)

1. Erlasz an denselben vom 4. October:

Le soussigné est chargé de demander à M^r le Chev. Soulange administrateur des biens de la famille Beauharnais de la manière la plus formelle: ou que les tableaux provenant de la galerie de S. A. R. l'Electeur de Hesse et placés après leur enlèvement de Cassel à Malmaison soient restitués à leur juste proprietaire ou bien, dans le cas que la totalité ou une partie de ces tableaux ne se trouvât plus entre les mains de la dite famille B. qu'il lui soit donné connaissance positive de ce qu'ils pourraient être devenus. Il a l'honneur d'observer, que dans le dernier cas il ne se contentera pas du prétexte, que le sort de cette collection etait inconnu à Mon-

sieur le Chevalier et il regretterait de se voir
obligé d'user des moyens, qui sont en son pouvoir
pour se procurer les renseignemens necessaires. Il
prie M^r le Chev. d'avoir la bonté de lui faire parvenir sa reponse encore aujourdhui.

2. Antwort des Chevalier, datirt vom 4ten, eingegangen den 5ten.

Le soussigné ne peut pas repondre d'une manière
plus cathegorique à la note, que M^r le chargé
d'affaires Grimm vient de lui adresser, qu'en se
référant à la lettre, qu'il a précedemment écrite à M^r le
Bon de Martens, Commissaire prussien et par laquelle
il a declaré à ce dernier, qu'il etait à sa connaissance,
que certains tableaux ayant autrefois fait partie de
l'ancienne galerie de Malmaison et designés dans
une note plus étendue par lui remise au soussigné,
avaient eté livrés en vertu d'anciennes conventions
d'achat à S. M. l'Emp. de toutes les Russies après
l'entrée des armées aliées à Paris. Le soussigné
en se flattant que cette declaration équivaudra aux
renseignemens, que Monsieur le Chargé d'aff. paraît
désirer, doit ajouter, que trois des susdits tableaux,
qui se trouvaient encore à Malmaison en ont cté
enlèvés en dernier lieu par des commissaires prussiens
et il ne lui reste qu'à le prier d'agrèer l'ass. de sa
parfaite considération.

Le Chev. Soulange Bodin
secrétaire de cabinet et Intendant général
des biens de S. A. le Prince Eugene, à
l'hotel de son alt. rue de Bourbon.

3. Schreiben an denselben vom 6. October:

Le Soussigné a eu l'honneur de recevoir la reponse de M^r le Chevalier à sa lettre du 4 Octobre. Il doit maintenant le prier 1° de lui adresser le plutôt possible copie de la designation detaillée remise par Mr de Martens et reconnue véritable par Mr de Soulange, avec un certificat y annexé portant: que tous les tableaux y compris ont eté livrés à S. M. J. de toutes les Russies en vertu d'anciennes conventions d'achat. Ces tableaux doivent être au nombre de 44. 2do de lui donner quelqu' éclaircissement sur le tableau de Berchem représentant un paysage, lequel tableau pour s'être trouvé encore à Malmaison longtems après l'entrée des troupes alliées, en saurait aucunement être compris dans le nombre de ceux livrés à la Russie à la dite époque. Les commissaires hessois l'y ont vu avec les trois autres, que depuis ils ont fait enlever mais alors ce quatrième avait disparu. Le soussigné renouvelle etc.

Bericht 4.

Nur kurz, datirt vom 9 Oct. 1815 betrifft Convention über 2 monatlichen Sold und Kleidung verschiedener deutscher Contingente, darauf bezieht sich ein Bericht des Cammerpräsidenten v. Carlshausen vom 19 Oct. 1815, der in der Vorbemerkung S. . . . erwähnt ist.

Bericht 5.

Paris am 15ten October 1815.

Hochwohlgeborner Herr
Hochzuehrender Herr Geheimerath!

Zu meinem Bedauern wurde mir mein drittes
Schreiben vom 8ten dieses einige Tage, nachdem
ich es bereits abgereist glaubte, weil unterdessen
aus der Gelegenheit nichts geworden war, wieder
zurückgestellt, und ich war genöthigt es auf dem
gewöhnlichen Wege durch das Haus Rothschild zu
befördern, so dasz es erst nach meinem vierten eingetroffen seyn wird. Gegenwärtiges fünftes hofft
sehr bald in Cassel anzulangen, da es Hr. von
Bodenhausen mit demselben heute Abend ab-
gehenden hanöverschen Curir, der auch die ausgewechselte Urkunde mitbringt, absenden will.

Mit Vergnügen habe ich die Ehre zu melden,
dass ich vom Grafen Pradel ein sehr höfliches
Schreiben erhielt, worin er mich von den bereits an
die Gouverneure von Fontainebleau und Rambouillet
ergangenen Befehlen zur Abnahmelassung unserer
Gemählde unterrichtete. Hierauf sandte ich den
Mahler Unger ohne Zeitverlust nach dem ersteren
Ort, von wo er gestern Abend zurückgekehrt ist
und dort das sehr grosze auf Holz gemahlte Bild
von Rubens hat abnehmen und in eine Kiste einpacken lassen. Ich erwarte heute noch dessen Ankunft. Mittlerweile ist Hr. Unger heute nach
Rambouillet, der zwei Bilder von Mignon wegen,
gefahren und gedenkt morgen wieder hier zu seyn.

Diese drei Gemähde sind also so gut wie gerettet zu betrachten und ich freue mich die deszfallsigen Schritte um so mehr gethan zu haben, als es täglich sichtbarer wird, mit welcher Saumseligkeit und hinterliegenden falschen Absicht die Franzosen die Herbeischaffung der sogenannten Departementsbilder betreiben. Jenen beiden Schlöszern war ohnedem so wenig als der brüszeler Behörde nicht der mindeste Befehl sur Ablieferung, oder wenn er formell nicht stattfinden konnte, nicht die mindeste Benachrichtigung zugegangen. Wegen der brüszeler Bilder werde ich daher nach dem in meinen letzten Briefe gemeldeten und Aller-Höchsten Orts hoffentlich gebilligten Vorschlage verfahren, vor meiner Abreise mich aber mit den nöthigen Bescheinigungen von Seiten Lavallées (denn Denon hat den Abschied) versehen, wo möglich auch noch mit der niederländischen Gesandtschaft hierselbst Rücksprache pflegen.

In Absicht der strasburger und lioner Gemähde hofft man dieser Tage bestimmtere Auskunft zu hören: ob und wann sie ankommen. Im Fall der Verzögerung wird man preusz. Seits vielleicht einen Commissarium, wenigstens an ersteren Ort abordnen, der die Bilder dort anerkennt und dann sogleich nach Frankfurt abgehen läszt. Diesem werde ich dann unser Interesse angelegentlich empfehlen, und die Gemähde mit Hrn. Ungers Hülfe auf das möglichste beschreiben. Was in betreff des einen toulouser und der vier lionner geschehen kann, wird die Zeit der, immer noch nicht näher zu bestimmenden, Abreise von hier lehren.

Zu Caen hatten wir gleichfalls ein wichtiges
Bild stehen, gerade das Seitenstück zu dem aus
Fontainebleau; es ist aber vor einigen Tagen Meldung eingelaufen, dasz die Preuszen bei ihrem Abzug
dort alle Gemählde eingepackt und mitgenommen
hätten. Auf meine Vorstellung haben mir die preusz.
Behörden alsobald bestimmt zugesichert, dasz wir
unser Bild unfehlbar erhalten sollten und vielleicht
ist die ganze Maasregel ein günstiger, die Sache
befördernder Umstand gewesen. Das nähere erwarte
ich auch noch erst über diesen Vorgang.

Vom Chevallier S o u l a n g e empfing ich gleich
nach Abgang meines letzten Schreibens nach Caszel
eine nochmalige Antwort, die ich im Original bei-
füge. *[fehlt in den Acten.]* Mittlerweile wuszte ich
durch T o u s s a i n t s Ausmittelung, dasz 38 Stück
Gemählde aus Malmaison für den rusz. Kaiser eingepackt worden und in diesem Augenblick bereits
zu Havre befindlich seyen. Nimmt man an, dasz
dieses lauter heszische gewesen, ferner, dasz ein
ruszischer General, nach deszelben T o u s s a i n t s
Versicherung, voriges Jahr auf seine eigene Hand
vier Stücke mitgenommen; so ergibt sich mit Hin-
zuzählung der drei uns wieder gewordenen so ziemlich die Anzahl der fehlenden Gemählde. Unter
diesen Umständen halte ich mich überzeugt, dasz
gegen S o u l a n g e mit Gewalt nichts mehr auszurichten stehe, sondern nun vor allen Dingen, was
Ruszland thun oder nicht thun will, abzuwarten sey.
Indeszen will ich nochmals persönlich dem S o u l a n g e
die Gemähldeliste vorhalten und sehen: ob er mir

den geschehenen Verkauf aller darauf verzeichneten attestiret, auch was er mir auf die Frage antworten kann: ob denn der rusz. Kaiser zweimal gekauft? und falls er alle Bilder gekauft, warum er die Wegnahme dreier durch uns zugelaszen habe? Man sehe die in Soulanges Brief unterstrichenen Stellen. Von einer anderen Seite wurde mir gestern Abend vertraute Eröffnung gethan: Pozzo di Borgo sey jederzeit entschieden gegen die Acquisition der hesz. Gemählde gewesen, Wolkonsky und Neszelrode aber dafür; des ersteren (Wolkonskys Frau) mit der Königin Hortensia oder einer ihrer Damen genau bekannt, habe lebhaft intriguirt und so sey die Sache endlich dabei geblieben. Es wird also nicht schädlich seyn, wenn ich an den erstgedachten hier anwesenden, beim französ. Hofe accreditirten Minister schreibe, und ihn um Unterstützung meiner an den Kaiser erlaszenen Vorstellung bitte. Ich denke dies noch heute zu thun.

Eure Hochwohlgeb. erzählten mir beiläufig, dasz Lavallee einen Marschallsstab und Scepter, in der Meinung, dasz solche heszisches Eigenthum wären, an uns ausgeliefert hätte. Bald darauf hörte ich, dasz der Fürst Putbus beide Stücke auf das angelegentlichste reclamirte, ersteren als den pommerischen Erbmarschallsstab, letzteren als den ihm ebenfalls zuständigen Scepter Gustavs Wasa. Lavallee hat darauf endlich Ew. Hochwohlgeb. ausgestellte Quittung vorgelegt und der geflügelte Löwe, (oder Greif) beweist deutlich den nicht heszischen, sondern pommerischen Ursprung. Der

Minister Altenstein hat mich also ersucht, Ew. Hochwohlgeb. hiervon zu unterrichten und zu bitten, dasz beide Stücke mit sicherer Gelegenheit an das Kön. preusz. Hofmarschallamt zu Berlin (zur Abgabe an Hrn. Rechnungsrath von Schütz, der das weitere besorgt) abgesendet werden mögen.

In der Truppensoldangelegenheit ist die Ausstellung der Zahlungsmandate immer noch nicht erfolgt. Ich bedauere sehr, in dieser Sache nicht instruirt zu seyn, namentlich nicht über den Punct: wer unsrerseits zur Empfangnahme der Mandate autorisirt ist? Ohne eine solche Autorisation würden sie die Franzosen nicht aushändigen. Den Staatsrath Rippentrob habe ich noch jedesmal verfehlt, so oft ich zu ihm gegangen, übrigens weisz er meine Adresze. Baiern und Würtenberg (also auch Darmstadt) scheinen die Sache am besten und practisch angegriffen zu haben; gegen 7% Verlust sind ihnen sofort zahlbare Wechsel auf Frankfurt gestellt worden. Preuszen hat zwar nur mit 2% Verlust jene Mandate an franzöe. Handelshäuser verkauft, diesen aber auch den wirklichen Eingang der Gelder garantiren müszen. Und wer weisz, was sich nach Ablauf der ersten Termine ereignen kann, selbst ohne an neue Staatsumwälzung zu denken bei der bekannten franzöe. *perfidia in servandis propromissis.*

Die süddeutschen Fürsten scheinen wie bereits gemeldet, durch Oestreichs Fahrläszigkeit die fünf% Zuschusz beim *habillement* einzubüszen.

Den Fürsten, die ihre Contingente so unvollständig gestellt haben, will man zwar an der Summe nichts abziehen, allein es wird dadurch eine auf dem Bundestag bald zur Sprache zu bringende strengere deutsche Kriegsordnung, welche für die Zukunft dergleichen Miszbräuchen vorbeugt, veranlaszt werden.

Die in öffentl. Zeitungen erwähnte Bestellung des Frbrn. von Stein zum preusz. Hauptminister auf den Bundestag scheint nichts weniger als ausgemacht. Der Geh. Rath von Küster dürfte, wiewohl mit eingeschränkterer Macht, zu diesem Posten gebraucht werden, und Humboldt vielleicht die Versammlung blos eröffnen und nachher zur Gesandtschaft an den französ. Hof zurückkehren.

Der General Engelhard ist bereits vor mehreren Tagen in sein Hauptquartier Rhetel zurückgereist. Von allen Seiten her wird mir versichert, dasz Heszen nicht um seinen verdienten Theil der eroberten Canonen kommen solle.

Um die gute Gelegenheit nicht zu verfehlen, habe ich zu diesem Schreiben kein Concept vorher entwerfen können und musz mir daher den Nachtrag der etwa übersehenen Umstände vorbehalten. Noch bis auf diesen Augenblick sehe ich der ersten Nachricht von Dero Wiederankunft in Caszel und den weiteren Instructionen entgegen.

Mit der vollkommensten Hochachtung habe ich zu seyn die Ehre

Ewer Hochwohlgeboren
gehorsamster Dr.
Grimm.

N. S. so sehr sich die Beendigung des Friedens
und unsere Abreise verzieht, hoffe ich doch in Zeit
von 14 Tagen Paris verlaszen zu haben.

Bericht 6.

Paris, 20. Oct. 1815.

Hochwohlgeborner
Hochzuverehrender Herr Geheime Rath!

Vergeblich habe ich dieser Tage einem Schreiben
Ew. Hochwohlgeb. entgegengesehen, und nähere
darin für mich enthaltene Instructionen erwartet.
Wenn ich annehme, dasz dero Ankunft in Caszel
bereits um den 4ten oder 5ten erfolgt seyn musz,
könnte der Zeit nach längst die Antwort auf meine
Briefe eintreffen und ich musz lediglich dafür halten,
dasz man dort meine Abreise als immittelst eingetreten
angesehen hat, während sich hier der definitive Abschlusz des Friedens von einem Tag zum andern
schiebt und schwerlich vor Ausgang dieses Monats
statthaben dürfte. Es scheint nämlich alles im
Reinen bis auf den schwierigen Punct der zahlreichen Privatreclamationen, derentwegen Humboldt mit dem Staatsrath Portal Unterhandlung
pflegt. Letzterer ist aus Bordeaux und wird als
braver Mann gerühmt. Dem Vernehmen nach wird
die Tilgung solcher Privatforderungen erst nach dem
Abtrag der öffentl. Contribution geschehn; allein
erstere stehen, meiner Ansicht nach, dennoch beszer
als letztere, weil sobald sie einmal anerkannt sind,
ein vielleicht nicht unmöglicher Regierungswechsel

weniger schädlichen Einflusz auf ihre Bezahlung
äuszern wird, als auf die der an ganze Staaten zu
entrichtenden Summen. — Die öffentl. Papiere
waren diese Tage her bedeutend gefallen, doch vermuthet man, dasz sie wieder steigen werden, wenn
schon nicht so hoch, als sie vor 14 Tagen standen.
Den Abgang aller Vorschrift vermisze ich besonders in Hinsicht der Soldangelegenheit. Die
Zahlung und Austheilung der Mandate musz nun
bald beginnen und ich werde preusz. Seits ver-
schiedentlich befragt: ob ich die nöthigen Voll-
machten habe? Ich befragte vor einigen Tagen
Rothschild: ob er von Ew. Hochwohlgeb. deshalb beauftragt worden sey? er verneinte es aber.
Im Nothfall werde ich, da das Abwarten einer selbst
p. Estafette einzuhohlenden Antwort zu viel Zeitverlust nach sich ziehen würde, mich mit Hrn. von
Bodenhausen und andern Bekannten über das,
was zu thun ist, berathen. — Würtenberg und
Baiern sollen dadurch hierbei ansehnlich gewonnen
haben, dasz sie ihre Truppenzahl über den effectiven
Stand hinaus angeschlagen.

Was das *habillement* betrifft, setze ich voraus,
dasz Ew. Hochwohlgeb. bereits alles nöthige bezogen und verrichtet haben.

Hr. Unger hat auser dem Rubens in Fontainebleau nun auch die beiden Mignons in Rambouillet
abgeholt und letztere mit den neuen Rahmen empfangen, wie ich ihm denn aufgetragen hatte, auf
solchen mitzubestehen. Ich werde sie nicht eher
absenden, als bis der Rembrand aus dem *hotel de*

l'empire dazu gekommen ist. Dieser kostet aber
viel Mühe. Weder zwei Schreiben an den Herzog
v. Richelieu, noch eins an seinen Principalsecretär, noch mehrmalige persönliche Versuche
Audienz zu erlangen, haben Wirkung gethan. In
dieser Verlegenheit habe ich in einer schriftl. Note
den preusz. Minister v. Altenstein um Verwendung
gebeten, der denn auch gestern das mir in Copie
mitgetheilte (hier angeschloszene) Schreiben *[fehlt
in den Acten]* an den Herzog mit groszer Bereitwilligkeit erlaszen hat.

Da die Provincialgemühlde ausbleiben, wird
man preusz. Seits vielleicht dieser Tage wenigstens
nach Strasburg, wo die meisten hängen, einen besonderen Abgeordneten senden, der dortselbst die
Einpackung besorgen soll. Ich werde nicht mangeln,
ihm eine genaue Beschreibung unserer Bilder mitzugeben und ihn zu deren Abnahme zu ermächtigen.
Alsdann wird er solche auf dem Rhein und Main
nach Frankfurt senden, und ich lasze die Spedition
an das Haus Rothschild zur weiteren Beförderung
und Bezahlung der Fracht geschehen.

Wegen der malmaisoner Bilder habe ich, auf
die erhaltene Nachricht von des Ministers Pozzo
di Borgo Denkungsart über diesen Punct, nicht
für unpaszend gehalten, demselben Copie des
Schreibens an den Kaiser mittelst des hier abschriftl.
angefügten Briefs [*Anlage A.*] zu senden. Eine Antwort ist noch zur Zeit nicht erfolgt und er mag sich
wohl nicht gern über diese delicate Sache blos geben.

In Hinsicht der Capitalienpapiere habe ich einen

nochmaligen Schritt versucht. Ich hörte aus dritter
Hand, dasz vielleicht doch noch wichtige Verbriefungen für uns dahinter stecken könnten und
schrieb darum, nicht an Rouxel sondern wiederum
an Pradel abschriftlich anliegenden Brief, den ich
gleichfalls Hrn. Min. von Altenstein *[Anlage A.]*
zu unterstützen ersuchte. So viel ich weisz, ist
letzteres auch bereits geschehen.

Ich glaubte endlich des Generals Lagrange
Adresze erforscht zu haben und erliesz ein nach-
drückliches Monitorium. Allein meine Kundschaft
war wiederum trügerisch nur die originaliter hier
beigeschloszene Antwort des Marquis La Grange
[fehlt in den Acten] belehrte mich nicht nur meines
Irrthums, sondern wies auch aus, dasz Ew. Hochwohlgeb. auf die nämliche falsche Spur gerathen
waren. Die beiliegende Antwort *[fehlt]* hatte gedachter
Marquis aus Unkunde der Adresze nicht besorgen
können. Auf sein Billet nahm ich Anlasz, den Irrthum sogleich zu entschuldigen und ihn um Anzeige
der Wohnung des Grafen Lagrange zu bitten,
habe aber darauf keine Erwiederung erhalten.

Schlieszlich bin ich so frei einen Brief an meinen
Bruder zur gütigen Abgabe einzufügen, und zu
bitten, allenfallsige Antwort nicht direct an mich,
sondern an Rothschild zu adresziren, damit im
Fall meiner früheren Abreise die Briefe nicht in
unrechte Hand fallen.

Der ich die Ehre habe mit vollkommenster Hochachtung zu bestehen

Ew. Hochwohlgeboren gehorsamster Dr Grimm.

Anlage A.

Copie de la lettre à M^{r.} le B^{on} P o z z o d i B o r g o,
Ministre de S. M. J. de toutes les R. près la cour
de France:

Monsieur le Baron! Votre Excellence est sans
doute informée du sort des tableaux provenant de
la galerie de C a s s e l et placés depuis à M a l m a i s o n.
Elle en sera mieux encore instruite par la lettre,
que j'ai pris il y a quelque tems la liberté d'ecrire
immediatement à S. M. J. de toutes les R u s s i e s
et dont j'ai l'honneur de Lui adresser ci joint la
copie.

Après plusieurs demarches inutiles et dans la
necessité ou j'etais, de ne plus perdre du tems, le
chemin le plus court m'a paru le meilleur de tous
et j'ai osé m'expliquer sans retenue devant l'auguste
monarque, dont le caractère est aussi simple que
juste.

J'ai cependant lieu de croire que ma lettre, qu'au
moment du depart de S. M. J. je pris le parti
d'adresser à D i j o n, où Elle comptait de se rendre
après le sejour de B r u x e l l e s, pourrait avoir
manqué de l'atteindre, ou que du moins elle ne
l'atteindrait qu'à B e r l i n et même plus tard. Si
dans cette supposition les difficultés qui s'opposent
à la restitution des tableaux en question, ne peuvent
qu'avoir augmenté, Votre Excellence sera peutêtre
à portée de me donner de conseils salutaires. Je
La prie d'excuser ma liberté et d'être convaincue

de la haute considération avec laquelle je suis
Monsieur le Baron de Votre Excellence le très
humble et très obeissant serviteur

Grimm,

secretaire de legation et chargé d'affaires de S. A. R.
l'Electeur de Hesse.

Paris, ce 15. Oct. 1815, rue de l'université no 7.

Anlage B.

Copie de la lettre adressée au Cte de Pradel,
15. Oct.

M^{r.} le Cte! permettez que je vous remercie da-
bord de la bonté avec laquelle vous avez bien voulu
faire droit à ma demande relative aux tableaux de
l'Electeur de Hesse placés aux chateaux royaux
de Fontainebleau et de Rambouillet.

Quant aux papiers concernant les capitaux de S.
A. R. dont j'ai reçu l'ordre de reclamer l'extradition,
vous m'aviez fait l'honneur de m'ecrire, que c'est a
Mr. Rouxel chef des bureaux du Domaine extraord.
que je devais m'adresser pour cet effet. Je n'ai
pas manqué de me conformer à cette invitation.
Il se presente cependant des difficultés, que je ne
saurais mieux applanir, qu'en ayant encore une fois
recours à votre bienveillante intervention. Elles
se fondent dans deux objections, l'une formelle,
l'autre materielle que Mr. Rouxel croit devoir
opposer à ma reclamation.

La premiere objection porte, que pour ma personne je n'etais pas suffisamment autorisé à me
faire effectuer la remise des papiers en question.

Rien ne serait plus facile, que de lèver ce doute et je n'aurais qu'à ecrire à Cassel pour me faire munir de tous les pouvoirs qui pourraient être exigés dans un cas, où mon gouvernement etait bien loin de prevoir les moindres obstacles. Dans la necessité où je suis cependant, de quitter bientôt cette capitale, je me flatte qu'étant accredité dans ce moment près la Cour de Prusse, vous voudrez bien, M^r· le Cte, accepter la declaration de S. E. M^r· le B^{on} d'Altenstein, Ministre d'etat de S. M. prussienne, qu'Elle peut repondre tout de moi, que de l'intention de ma cour au sujet de la remise des papiers mentionnés entre mes mains. Tout après avoir de cette manière suppléé, au defaut momentané d'une legitimation formelle, je me reserve encore de vous la faire transmettre plus tard de Cassel, si vous le jugez nécessaire.

Le deuxième point sur lequel plus particulièrement insiste M^r· Rouxel est la garantie solemnelle des droits des tiers, qui ont transigé avec l'administation française à l'egard des capitaux de S. A. R. l'Electeur. Je ne suis aucunement autorisé à donner cette garantie, même je ne saurais jamais l'être, puisqu'il me paraît impossible, que la France ait le droit de former une demande aussi inutile ou bien illusoire que celle là. Le Gouvernement de Bonaparte, comme vous ne l'ignorez pas Monsieur le Comte, ayant à la suite de son injuste aggression et oppression enlèvé à la Hesse la presque totalité de ses domaines et reussi à s'emparer peu à peu de ses capitaux et autres fonds placés, ne pouvait transférer sur le gouvernement français d'aujourdhui, juste et reconcilié à la justice générale aucune obligation ni aucune pretention provenant des conventions et stipulations, qui furent passées entre les agens de l'usurpateur et les debiteurs de la Hesse. Dès le moment, ou la violence a cessé, S. A. R. est rentrée dans la jouissance de tous ses droits et la France n'a point d'interêt à protèger nos debiteurs, qui ont absolument cessé d'être les siens. Au contraire, après nous avoir privés d'une partie aussi considérable de notre proprieté nationale, dont la restitution lui a eté epargnée, elle devrait, il me paraît, voir avec plaisir sauver les debris du naufrage et nous faciliter tous les moyens propres à y parvenir encore. Ces moyens reposent en partie sur l'inspection de tous les titres et contrats passés entre l'administration française et les debiteurs. Ces derniers n'ont aucun droit, de les exiger, puisqu'il en possèdent deja l'ampliation, la France n'en a aucun de les garder dans ses archives, ils doivent donc revenir au créancier légitime. C'est aux tribunaux de justice qu'il appartiendra, de demêler les acquittemens et liberations, qui effectivement ont eu lieu d'avec ce qu'il pourrait y avoir de faux et de simulé dans les transactions intervenues; et quoiqu'il en soit, ce seront uniquement les debiteurs qui en auront à souffrir dans le dernier cas.

Je prends la liberté de vous prier, M^r· le Cte, de vouloir bien, en m'épargnaut les detours d'une demarche encore plus longue, donner les ordres necessaires, afin que Monsieur Rouxel soit mis en

etat, de se dessaisir de ces papiers. Je ne me re-
fuserais pas même à ce qu'il mette à leur remise
franche et loyale toutes les reserves et conditions,
qu'il jugera convenables, mais dont à la verité je ne
prevois guères ni le but ni l'utilité. Agréez etc.

Bericht 7.

Paris, 22. Oct. 1815, Abends.

Hochwohlgeborner
Hochzuehrender Herr Geheime Rath!

Kurz nach Abgang meines vorigen Schreibens
erfuhr ich endlich mit Bestimmtheit, dasz die Sold-
zahlungen eben angefangen hätten und dieser Tage
fortgesetzt würden. Bei dem Ausbleiben aller Instruction und da mir Hr. v. Bodenhausen versicherte, über diesen Punkt ebensowenig Ewr Hochwohlgeb. Meinung zu wiszen, schien es mir gleichwohl klar und unbedenklich, dasz das in dem ersten
Termin baar zu entrichtende Zehntel der uns gebührenden Summe von 510,355 ℳ unverzüglich in
Empfang genommen würde. Um mich dazu legiti-
miren zu können, überreichte ich dem K. Preusz.
Min. v. Altenstein eine kurze Note, die den Erfolg hatte, dasz er meinetwegen ein Schreiben an
den Finanzminister Corvetto alsbald abgehen liesz
und darin meine Eigenschaft als Geschäftsträger
Sr. Kön. Hoh. Unsers Allergnädigsten Herrn in dieser
Angelegenheit bestätigte. Ich erkundigte mich darauf im Finanzministerium sowohl als in dem Tresor
nach den näheren Umständen und gelangte endlich

nach manchem verlorenen Gang vor die rechte
Quelle, nämlich den Staatsrath Dudon, denselben
der auch die Convention vom 3ten mit abgeschloszen
hat. Diesen fand ich bereitwillig, mich anzuerkennen
und demzufolge nicht nur die Zahlung der baaren
Summe von 51,035 Franken, sondern auch die Aushändigung der bereits fälligen weiteren Mandate an
mich bewirken zu laszen. Meinerseits habe ich daher dem Banquier Rothschild die erforderliche
Vollmacht ertheilt, diesen Betrag zu erheben und
denselben alsbald nach Caszel zu übermachen aufgetragen.

In Ansehung der Mandate fragte mich Baron
Dudon: ob ich über eine der französ. Behörde zu
bewilligende Remise, falls sie die auf die Departe-
ments angewiesenen Summen hier in Paris zahlen,
desgleichen die weiteren, erst künftigen Monat zahl-
baren Mandate anticipiren wolle, zu unterhandeln
autorisirt wäre? Dieses verneinte ich natürlich,
mit dem Zusatz: dasz ich ehstens Instruction über
die Absicht meines Hofes, wie er mit diesen Man-
daten verfahren wolle, zu erhalten hoffte. Rothschild hält freilich für den sichersten und ein-
fachsten Weg, dasz ich mir die fälligen Mandate
aushändigen lasze und bei ihm zur weiteren Verfügung Ew. Hochwohlgeb. hinterlege. Ich werde
mich indeszen morgen über die näheren Umstände
und das Verfahren anderer gleicher Intereszenten
möglichst befragen und weiter, nöthigenfalls *per*
Estafette Bericht thun. — Die Kurheszen für das
Habillement gebührende Summe, sagte Herr Dudon,

sey uns bereits durch Vermittlung der preusz. Behörde zugekommen, welches, soviel ich weisz, seine Richtigkeit hat und wogegen ich nichts einwendete.

Ohne meine zufällige nähere Bekanntschaft mit dem preusz. Minister v. Altenstein würde ich weder in dieser Geldangelegenheit noch in einigen andern mir anbefohlenen etwas auszurichten im Stande gewesen seyn, weil ich so zu sagen gänzlich blos stehe und ohne Vollmacht und Vorschrift bin. Dieses musz ich zwar meiner dort wohl früher vermutheten Abreise zuschreiben; auf der andern Seite wäre wiederum, wenn ich auf den jedesmal in Frage stehenden Punct hätte Antwort aus Caszel einhohlen und erwarten wollen, die Gunst des Zeitpuncts, auf den gegenwärtig hier soviel ankommt, gefährdet worden. So vorsichtig hoffe ich wenigstens dabei zu gehen, dasz ich nichts verderbe, wenn mir auch der Gang solcher Geschäfte bisher nicht sehr bekannt gewesen ist und ich jetzt durch mancherlei andere Arbeit sonst beschäftigt bin.

Mit derselben, sehr zu rühmenden, Unterstützung von preusz. Seite habe ich auch heute in Betreff der Capitalienpapire einen wiederholten Schritt und zwar diesmal an den Herzog v. Richelieu unmittelbar gethan, sobald nämlich verlautete, dasz Pradel die Sache der Entscheidung dieses Ministers vorlegen würde. Beinahe alles suchen die Franzosen jetzt auf die lange Bank zu schieben, ich musz mir aber heute die umständlichere Meldung bis auf ein nächstesmal nachzusehen bitten. — Bei dem niederländ. Minister Frhrn. v. Gagern war ich, um die

Herausgabe der brüszeler Gemählde zu besprechen.
Er bat um eine schriftliche Note, die ihn veranlaszen
würde, seinem Hof deshalb zu berichten. Daher
ich ihm eine solche Note bereits zugesandt habe,
wogegen er versprochen hat, die Sache dem Minister
v. Nagele besonders dringend zu empfehlen.
Bodenhausen wollte schon vor 8 Tagen die
Bestätigung des Zeitungsartikels, wonach blos die
Königl. deutschen Bundesstaaten Truppen in Frank-
reich laszen sollen, an Ew. Hochwohlgeb. melden.
Ich berühre es blos, auf den Fall er es vergeszen
haben sollte.
Mit vollkommenster Hochachtung harrend
Ew. Hochwohlgeboren gehorsamster Dr.
Grimm.

Bericht 8.

Paris, 28. Oct. 1815.

Hochwohlgeborner Freiherr
Hochzuverehrender Herr Geheimerath und Cammer-
präsident
Eurer Hochwohlgeboren lange und schmerzlich
vermiszte verehrl. Schreiben sind nunmehr hinter-
einander und zwar das vom 15ten am 24ten, das vom
18ten am 27ten und das vom 19ten heute eingelaufen.
Was darauf in Antwort zu berichten ist, fasze ich
materienweise zusammen.
1. schon zu Anfang dieser Woche hat Banquier
Rothschild, wie nach meiner letzten Meldung
vorauszusehen war, bereits das erste Zehntel der

Soldsumme, auf meine vorläufige Vollmacht, baar
eingezogen. Ich habe ihm nun zu Bewerkstelligung
des Nöthigen in Absicht der neun übrigen Mandate
Ew. Hochwohlgeb. Vollmacht, sobald sie gestern
eingegangen war, überantwortet, darauf noch zur
Entfernung alles Anstoszes wegen meiner vorgängigen Einmischung in diese Sache das Erforderliche bemerkt und ihn aus der Convention vom 3ten
in allen Stücken vollständig instruirt. Ich bin froh,
der nicht geringen Sorge, wie ich mich in diesen
Dingen verhalten sollte, los und ledig zu seyn, da
ich mich weder mit der französ. Finanzbehörde noch
mit einem andern Banquier (einem Hrn. Thuret,
niederländ. Consul dahier) der einige Tage früher
bei mir war, um wegen eines baaren Abkaufs der
übrigen neun Zehntheile zu unterhandeln, einlaszen
konnte. Die Bedingungen, die er machte, schienen
mir ohnedem nicht anlockend; er begehrte über
15 Procent Nachlass, meinte aber auch, dasz die
Zahlung der in den November fallenden Mandate
manchen Schwierigkeiten ausgesetzt sein würde.
Staatsrath Dudon hätte, soviel ich aus seinen bei-
läufigen Aeuszerungen zu entnehmen vermochte,
wohl weniger Procente verlangt, vielleicht aber
auch nicht alle Mandate, namentlich die vier letzten
nicht, bei welchen der Umstand des neunten Artikels obwaltet, abgelöst.

Da mir die früheren Verhandlungen, die vor-
herige vortheilhaftere Ansetzung Kurheszens und
der Plan einer neuen Forderung völlig unbekannt
waren, so konnte ich vorhin weder die nöthige Ver-

wahrung einlegen noch Erkundigung einziehen. Jenes habe ich nun, der Instruction gemäsz sogleich heute gethan, und dieses in der abschriftlich angefügten Note *[Anlage A.]* an den Minister von Altenstein mit berührt. Einen wirklichen Erfolg dieses Schritts musz ich jedoch um so eher bezweifeln, als seither nirgends von einer Nachforderung etwas mir zu Ohren gekommen, die Annahme der deutschen Contingente aber wenigstens auf den Fusz der Accessionsverträge, insofern nicht besondere die Truppenzahl erhöhende Conventionen (wie bei uns namentlich) im Mittel liegen, als Grundsatz, so viel ich weisz, durchgegangen ist. Staaten, deren Factum so wenig der Theorie entsprochen hat, wie z. B. Sachsen, werden also diesmal den Vortheil davon ziehen; aber auch, wie ich bereits gemeldet zu haben glaube, eine Bundesberathung über eine solchen Unordnungen inskünftig steuernde strengere Kriegswesenseinrichtung hauptsächlich veranlaszen.

Sobald ich in dieser Angelegenheit etwas in Erfahrung bringe, werde ich ungesäumt unsere Rechte wahren und unsern Antheil an etwaigen neuen Ausgleichungen auf das bestimmteste fordern.

2. von der Capitalienpapier-Sache hoffe ich jetzt den besten Erfolg. Mein Schreiben an Pradel hat gewirkt, dasz er statt unter sich an Rouxel zu weisen, an die obere Behörde des Herzog von Richelieu die Entscheidung überlaszen. Sobald ich davon, bereits einige Tage vor dem Eingang des (hier originaliter beigelegten *[in den Acten nicht*

befindlich] p r a d e l ischen Schreibens, vertraute Mittheilung bekam, schrieb ich sogleich an den Herzog
von R i c h e l i e u, wie die angeschloszene Abschrift
[Anlage B.] näher besagt; ersuchte auch den Minister
A l t e n s t e i n nochmals um Unterstützung. Letztere
erfolgte auf der Stelle und muszte, ungeachtet Ew.
Hochwohlgeb. mich dem Grafen P r a d e l als zur
Empfangnahme der Papiere bezeichnet hatten, zu
meiner näheren Legitimation dienen, weil ich durch
letzteren Umstand noch nicht zur schriftlichen Be-
treibung der Sache und Widerlegung der gemachten
Schwierigkeiten autorisirt schien; auch französischerseits zu verstehen gegeben worden war, dasz ich
nicht accreditirt sey. — Ich sehe nun täglich einer
günstigen Entscheidung des H e r z o g s (d. h. der
am Schlusz von R o u x e l s Brief gedachten *autorisation
formelle*) entgegen, worauf sodann die Auslieferung
der Papiere erfolgen musz.

3) die mannichfaltigen Schliche und Umstände
der Franzosen in Absicht auf die auszuliefernden
Departementsgemählde können sich Ew. Hochwohlgeb. nicht genug vorstellen. Zu Anfang dieser
Woche standen die Aspecten zumal übel und ich
setzte beiliegende *[Anlage C.]* Note an den Minister
A l t e n s t e i n auf, liesz sie auch den braunschweig.
Bevollmächtigten mitunterschreiben. Damals hielt
man den Abschlusz des Friedens für näher, der nun
seit gestern wieder ferner steht. Darum ist denn
nun gestern entschieden worden, dasz kein preusz.
Commiszar nach Strasburg geschickt werden, sondern
nochmals des L a v a l l e e erneuerten Versicherungen

getraut werden soll, wonach die Bilder denn wirklich bald eintreffen müszen. Wirklich sind gestern andere aus Grenoble (für Preuszen) und Toulouse (für uns) angelangt; aber noch nichts aus Lion. Ueber das Vorgeben, als ob das preusz. Militär die Gemählde aus Caen gewaltsam mitgenommen, habe ich gestern in der Generalintendantur die Auskunft empfangen, dasz dies blos von den braunschweigischen gelte, deren sich Capitän Mahner (ein naher Verwandter Ribbentrops) auf diesem Wege, mir unbewuszt, zu versichern gesucht hat. Ich wünschte freilich nichts mehr, als dasz auch unser Rubens möchte darunter gewesen seyn; habe aber, da es nun zu spät ist, heute morgen an Lavallee seinetwegen ziemlich nachdrücklich geschrieben, weil er sich gestern gegen Unger sonderbar darüber ausgelaszen z. B. sehr albern gefordert hätte: wir sollten ihm erst beweisen dasz die Preuszen das Bild zu Caen gelaszen hätten, da ihm im Gegentheil der Beweis aufliegen würde, dasz sie es mitgenommen. Durch alle solche einfältige Einwendungen und Schwierigkeiten suchen die Franzosen nichts wie Zeit zu gewinnen.

Wegen des Bilds im *hotel de l'empire* mangelt stets noch die lang erwartete Antwort Richelieus. Die brüszeler wären ganz gewisz nie weder hierher gefordert, noch ausgeliefert worden. Der sardinische Gesandte hat, wie mir Hr. von Gagern erzählte, eine der meinen ähnliche Note eines nach Turin gehörigen Stückes halber überreicht.

4. Zu meinem Leidwesen ist die in Ew. Hoch-

wohlgeb. letztem Schreiben mitgetheilte Nachforderung von uns fehlenden Gemählden, von denen
ich seither nichts ahnen konnte, so befremdend spät
eingegangen und die ganze verlaufene Zeit für desz-
halbige Nachforschungen und Unterhandlungen unbenutzt verloren worden. Da Hr. Unger aus
einem Privatbrief des Prof. Robert schon seit
einigen Tagen bereits davon unterrichtet war, habe
ich alsobald, wie das Datum beweist, an Hrn.
Quatremere das abschriftlich anliegende *[Anlage D.]*
erlaszen zu müszen geglaubt.

Am allerwenigsten weisz ich in den zwei übrigen
Angelegenheiten etwas auszurichten, nämlich in der
von den zwei Kisten und der von den malmaisoner
Bildern.

Der General Lagrange ist schlechterdings nicht
zu erfragen und M^r· Godillot, der mir rue du
faubourg S. Honoré, en face la place de Beauvais
No. 142 oder 144 angab, entw. damit angeführt
worden, oder hat mir die Unwahrheit selber sagen
wollen. Mein Lohnbedienter glaubte endlich auf
eine wundergute Spur gerathen zu seyn, als er den
Brief in der rue St. Lazare wirklich anbrachte; das
war aber der Marquis La Grange, bei dem ich
wenigstens den für Ew. Hochwohlgeb. bereit
liegenden Brief dadurch entdeckte. Auf mein Billet
an letzteren mit der Bitte um die Adresze jenes ist
gar keine Antwort gefolgt. Auch Gruner, deszen
Thätigkeit hier jetzo, so zu sagen, aufgehört hat,
verhilft mir zu nichts.

Von Pozzo di Borgo, wie halb vorauszusehen war, erfolgt keine Antwort; vermuthlich mag
er sich auf keine Weise compromittiren und ich
darf ihn daher nicht von neuem angehen. Wenigstens
ist meine bei dem Kaiser gethane Einsprache durch
diesen Schritt gewiszermaszen controllirt worden
und kann nicht so leicht ignorirt werden. Ich hoffe
immer noch einiges. — Was soll ich unter diesen
Umständen mit dem Soulange beginnen? Ich
habe ihn schon zweimal vergebens persönlich heim-
gesucht und stets verfehlt.

Das dem Schreiben vom 19. eingelegene Promemoria an Hrn. v. Altenstein habe ich sogleich
abgehen laszen. Der Cammergerichts Rath Eichhorn, seine rechte Hand, ist seit mehreren Tagen
leider von einer Nervenkrankheit befallen worden
und zu allen Geschäften jetzo völlig unfähig. Diesen
unglücklichen Umstand bedauere ich auch meinerseits gar sehr.

Der Staats Canzler wollte den 4ten Nov. abreisen
und alle übrige bis zum 8ten folgen; neuerdings aber
glaubt man wieder, dasz es noch wohl drei Wochen
dauern könne, so dasz mich vermuthlich noch eine
etwaige Antwort auf gegenwärtigen Brief hier
treffen würde. Ich weisz nicht, was mir unangenehmer
ist, die verzögerte Friedensabschlieszung selbst oder
der Aufenthalt in Paris.

Bei dem Staatsrath und Generalintendanten
Ribbentrop habe ich einen von ihm an Unsern
Allergnädigsten Herrn erstatteten Bericht im Concept,
das er mir selbst mittheilte, eingesehen, aber eben

nicht sehr befriedigend und intereszant gefunden.
Die Austheilung der eroberten Canonen etc. versicherte er mich, wiederholt bei dem Fürsten Blücher
angeregt zu haben. Unterdeszen habe ich dem Hrn.
General Engelhard, an den ich in verschiedenen
mir hinterlaszenen Aufträgen von hier nach Rhetel
zu schreiben hatte, anheimgestellt: ob er nicht auch
unmittelbar die letztgedachte Sache fernerhin betreiben wolle. Die hiesigen Lieferanten haben sich
nicht auf das Tuch für unsere Truppen einlaszen
mögen.

Ich musz noch erzählen, dasz vorgestern der in
oestreich. Diensten stehende Major v. Haynau zu
mir kam und mich um eine Anweisung auf Roth-
schildt über circa 280 ℳ als ein *aconto* auf die
von ihm zu beziehende Zulage ersuchte. Weil mir
nun gar nichts von seiner Auseinandersetzung und
den ihm gebührenden Geldern bekannt ist, glaubte
ich dies Ansinnen von mir weisen zu müszen.

Zu der Ew. Hochwohlgeboren zu Theil gewordenen auszeichnenden Ernennung statte ich
meinen schuldigsten Glückwunsch, neben dem Dank
für die mir gefälligst mitgetheilte mich selbst an-
gehende Nachricht ab. Ich hoffe dafür mit der bei-
geschloszenen unterthänigsten Vorstellung *[s. Bd. I.
S. 6]*, um deren gütige Ueberreichung ich so frei
bin, gehorsam zu bitten, zeitig genug zu kommen,
damit ein anderweiter Nachfolger an meine Stelle
verordnet werden könne. Ew. Hochwohlgeboren
wiszen aus einer mündlich mit mir hier zu Paris
gepflogenen Unterredung, insofern Sie Sich deren

erinnern, oder ersehen aus dem Inhalt der gegenwärtigen Einlage des nähreren, dasz, warum, und wie lange schon, ich aus der diplom. Laufbahn herauszutreten entschloszen bin. Dieses steht bei mir fest, so gewisz ein Mann mit sich selbst über etwas eins werden kann und ich fühle, dasz ich mich leiblich und geistig zu Grund richtete, wenn ich anders denken wollte. Den Verdrusz, den mir persönliche Verhältnisze in Wien bereiteten, würde ich sicher in Ew. Hochwohlgeb. Nähe nicht zu erwarten haben, allein das Geschäft steht mir sonst ganz entgegen; zehn andere werden es beszer, und zwanzig andere eben so gut versehen. Wie ich hier, ganz unerwartet und gleichsam wider meinen Willen, da ich zu andern Arbeiten von anderer Seite berufen ward, in den diplomatischen Wirkungskreis zurückversetzt scheine, nachdem ich eben daraus losgerathen war, ist bekannt. Vielleicht darf ich hoffen, dasz auch die Treue und Sorgfalt, womit ich die mir zu Theil gewordenen Aufträge, mitten unter andern Beschäftigungen zu erfüllen strebe, den Kurfürsten geneigt machen wird, meiner Bitte Gehör zu geben.

Ich habe fortdauernd die Ehre mit der schuldigsten Hochachtung zu beharren

Ew. Hochwohlgeboren gehorsamster Diener
G r i m m.

N. S. es ist doch Allerhöchsten Orts nicht misfällig vernommen worden, dasz ich mich in einigen Ausfertigungen des mir officiell nicht zustehenden

Titels *Chargé d'affaires* bedient habe? Ich that dieses
lediglich, um der Sache etwas mehr *relief* zu geben,
da ein bloszer Secretair, ohne zugleich in präsum-
tiver Abwesenheit des Gesandten B e a u f t r a g t e r
zu seyn, nichts ausrichten kann. Uebrigens bin ich
von jeher höchst gleichgültig gegen Titel und dergl.

Anlage A:
Note an den Minister von A l t e n s t e i n:

Sr. Exellenz dem Kön. Pr. Geh. Staats Minister
Frhr. v o n A. ist eine am 3ten d. M. über die unter
87,130 Mann Bundestruppen, als zweimonatlichen
Sold zu vertheilende Summa von 3,705,609 Franken
abgeschloszene Convention, so wie, dasz das Kurhesz.
12,000 Mann starke Armee-Corps darin zu 510,355
Franken angesetzt worden ist, hinreichend bekannt.

Es hat hierbei meinem Hofe, der obige Truppenzahl vollständig und gleich im Anfang des aus-
brechenden Kriegs erstellt hat, auffallen müssen,
dasz er mit anderen z. B. den sehr unvollständig
und spät ins Feld gerückten Kön. s ä c h s. und groszh.
m e c k l e n b. Contingenten auf eine Reihe gesetzt
wird, während nicht nur die groszen alliirten Mächte
selbst sondern auch andere geringere Bundesstaaten
früher ungleich vortheilhaftere Bedingungen erlangt
haben. Unterzeichneter hat demzufolge Befehl erhalten, im Namen seines Hofes gegen alle und jede
Verkürzung, die aus der ohne Kurheszens Zuthun
geschloszenen Convention vom 3ten erwächst, hiermit
zu protestiren.

Nach einer vorher stattgefundenen Vertheilung, worin Sachsen nur mit 8000, Coburg mit 600 M. angeschlagen stand, sollte Kurheszen 528,611 Fr. beziehen, und sieht sich also ohne sein Verschulden nunmehr bedeutend gekürzt.

Unterzeichneter musz sich daher noch vorzüglich gegen den achten Artikel mehrgedachter Convention um so ausdrücklicher verwahren, als einem früheren Verlauten nach auf eine neue Verwilligung für Sold und Bekleidung angetragen werden sollte; so wie auch schwerlich aus dem neunten Art. Kurheszen irgend ein Abzug zur Last fallen dürfte, indem die von seinem Armee-Corps gemachten, ohnehin sehr unbedeutenden Requisitionen von Frankreich auf die an Preuszen zu bezahlenden Bekleidungsgelder notirt werden und uns von dieser Macht, infolge der mit ihr getroffenen Übereinkunft in Zurechnung kommen.

Da das kurhesz. Contingent unter Kön. Preusz. Oberbefehl stehend auf den Schutz der Preusz. Behörden vorzüglich Anspruch hat, so glaubt Unterzeichneter gegenwärtige Note mit vollem Vertrauen in die Hände Sr. Exc. des etc. zur weiteren Einleitung niederlegen zu dürfen und erneuert zugleich die Versicherung seiner vollkommensten Verehrung

Paris 28. Oct. 1815.

Grimm
Kurhesz. Leg. Secretär und
Geschäftsträger.

Anlage B.

A. S. E. M^r· le Duc de Richelieu Ministre secretaire d'etat et des aff. etrangères de S. M. Tr. Chr. Pair de France. M'etant adressé successivement tant à M^r· le Cte de Pradel. Dir. g^al de la maison du Roi qu'à M^r· Rouxel Chef des b. d. d. extr. pour obtenir lextradition de tous les papiers concernant les capitaux de S. A. R. l'El. d. H.; je viens d'apprendre, que le premier a jugé necessaire d'en faire un rapport a V. E. et de soumettre par consequent cet objet à sa decision préalable. — Je prends la liberté, de Lui présenter copie de la lettre, qu'en dernier lieu j'ai eu l'honneur d'écrire y relativement à M^r· le Cte de Pradel. Je ne saurais rien ajouter aux motifs qui y sont exposés et je puis me passer d'appuyer encore d'avantage une reclamation, qui est des plus justes et d'ailleurs ne coute rien aux interets de la France.

V. E. voudra bien agréer l'intercession, que S. E. M^r· le B^on d'Altenstein etc. a eu la bonté de m'accorder dans cette circonstance afin de couper toute objection qui pourrait être tirée du defaut de mon autorisation formelle. Je suis etc. P. 22. Oct. 1815.

Anlage C:

An Se. Exc. den K. Preusz. Staatsmin. Frhrn. von Altenstein, dahier.

Die unterzeichneten Geschäftsträger ihrer resp. Höfe sind so frei, im Vertrauen auf Ew. Excellenz Bereitwilligkeit jede Maasregel, die zur Sicherung der durch Frankreich zwar versprochenen, aber

häufig umgangenen und gern vereitelten Wieder-
erstattung geraubter Kunstschätze gereichen kann,
zu befördern und kräftig zu unterstützen, nach-
stehendes vorzustellen:

Die französ. Behörden legen, wie nun täglich
sichtbarer wird, in die übernommene Hierherschaffung
der aus den Provinzialsammlungen zu restituirenden
Gemählde alle mögliche Saumseligkeit und Zwei-
deutigkeit. Was in längstens vierzehn Tagen eintreffen sollte, ist es noch nicht nach vier abgelaufenen
Wochen. Anfangs stellten sie den schon an sich
unangenehmen und unnöthige Kosten nach sich
ziehenden Transport der Bilder hierher als etwas
leichtes und unfehlbares dar. Mittlerweile erfuhr
man, dasz nach Fontainebleau, Rambouillet und
Brüszel, wo auch manche Gemählde hangen, nicht
der mindeste Befehl oder Antrag zur Ablieferung
ergangen sey, weil diese Örter nämlich nicht unter
der Direction des Museums, und Brüszel selbst nicht
mehr unter Frankreich stehe. Die Unterzeichneten
haben daher dieses eigens betreiben müszen, um
ihres Eigenthums habhaft zu werden. Ein ausgesprengtes Gerücht, dasz preusz. Militärbehörden
die zu Caen hängenden Bilder gewaltsam ab-
genommen, scheint grundlos und blos um diesseitige
Bemühungen zu hintertreiben oder doch aufzuhalten
ersonnen. Die wegen der zahlreichen aus Straszburg anher zu sendenden Gemählde bereits ver-
versuchten Hin- und Herwendungen sind bekannt.

Da nun leicht noch ähnliche hervortreten und
der günstige Zeitpunct vor dem definitiven Friedens-

abschlusz und Abzug der Heeresmacht am Ende ver-
streicht, so wäre als das beste zu der nöthigen
Sicherstellung reichende Mittel vorzuschlagen, dasz
man der Direction *du Musée* oder der sie befehligenden
Oberbehörde unumwunden erkläre, man werde statt
der seit länger als Monatsfrist gar nicht hergeschafften
Bilder, wenn und insofern sie nicht vor dem Aus-
marsch der preusz. Macht aus Paris hier einträfen,
eine verhältniszmäszige Zahl französischer Bilder
mitnehmen und diese solange in einer deutschen
Stadt (etwa Frankfurt) hinterlegen laszen, bis Frankreich seine Verbindlichkeit geleistet habe. Ein
französ. Commissarius könne solche begleiten und
demnächst unberührt zurückbringen.

Wir stellen diese Maasregel (die wenn sie auch
blosz v o r g e s c h l a g e n bleiben sollte, den Transport
der Bilder beschleunigen würde) ihre Modification
und Einleitung dem Ermessen Ew. Excellenz um
so mehr anheim, als unsere Höfe ohne die Unterstützung Preuszens in diesem Fall selbst vorzuschreiten
auszer Stande sind.

Paris 23 Oct. 1815.

Grimm Kurhesz. L. S.
Mahner Hauptmann in
Braunschweig. Dienst.

Anlage D:

A Mr Quatremère de Quincy
Directeur g^al du musée du Roi. Membre de
l'institut. — Monsieur, Outre et independamment

des etats, que je vous ai adressés apr ma
lettre du 18. à la quelle, vous ne m'avez point
encore repondu, j'ai l'honneur, de vous communiquer
ci joint un troisième etat portant sur plusieurs
tableaux, qui immediatement après le départ de Mʳ D e -
n o n de Cassel ont eté reconnus manquer dans nos
collections. Je viens de recevoir les ordres les plus
précis de ma cour, de poursuivre la recherche de
ces tableaux à reclamer, avec tous les moyens, qui
sont en mon pouvoir. Mʳ· L a v a l l é e prétend de
n'en avoir, ni d'en connaître aucun, mais il n'est
pas moins vrai, que Mʳ· U n g e r, peintre demeurant
ici, a vu, il y a quelques ans dans une exposition
du Musée les trois O s t a d e, indiqués sous les nᵒˢ
123. 124. et 126 et sur lesquels il serait impossible
qu'il se trompât, attendu qu'il les avait copiés autrefois. Or, l'existence de ces trois tableaux à Paris
justifiant et prouvant notre reclamation de tous les
autres, qui ont disparu de chez nous en même tems;
vous voudrez, Mʳ· le Directeur gᵃˡ avoir la bonté,
d'obliger Mʳ· D e n o n, votre prédecesseur, d'indiquer
sans retard l'endroit, où il a fait placer les tableaux
en question, ou de faire connaître, ce qu'ils seraient
devenus. — L'on me mande egalement de Cassel, que
l'Elzheimer, qui nous a eté restitué n'est pas le
nôtre. Comme il ne tiendra pas difficile, de reparer
cette meprise, j'ai l'honneur de vous prier, d'ordonner
à Mʳ L a v a l l é e, que le nᵒ 294 du catalogue français (ecole allemande) nous soit delivré au lieu de
celui 292, que nous ne manquerons pas de vous
rendre.

En m'attendant à une reponse prochaine et satis-
faisante je saisis cette occasion etc.

Paris 26 Oct. 1815.

Gr.

Bericht 9.

Paris, 7. Nov. 1815.

Hochwohlgeborner Freiherr
Hochzuehrender Herr Geheimerath!

Der Banquier Rothschild wird ohne Zweifel
selbst melden: wann und ob er alle fällige Zahlungsmandate erhalten hat und wie er sie zu realisiren
gedenkt. Vor einigen Tagen waren sie indeszen
noch nicht in seinen Händen.

Auf meine vorgeschriebenermaszen eingelegte
und das letztemal abschriftlich beigefügte Protestation,
wegen des uns zugewandten Theils der Soldsumme,
habe ich bald darauf die hier originaliter angeschloszene Antwort [nicht in den Acten befindlich]
des Preusz. Ministers v. Altenstein empfangen,
mich jedoch des darin erwähnten weiteren Schritts
bei dem Conseil der vier Hauptmächte umsomehr
enthalten zu müszen geglaubt, als alle unter der
Hand eingezogene Nachrichten zu erkennen gaben,
dasz an eine Abänderung nicht zu denken, und von
einer weiteren Soldzahlung nicht die Rede sey. Sobald mit Ausgang des laufenden Monats diese
Zahlungen endigen, hebt nämlich, dem Vernehmen
nach, gleich die Zahlung der groszen Contribution
an. Ob wir mit einigem Erfolg, zudem bereits

unsere Truppen auf dem Rückmarsch begriffen seyn
sollen, etwas weiteres für Sold und Kleidung in
Anspruch nehmen können und wie dieses am besten
einzuleiten sein dürfte, stelle ich höheren Einsichten
anheim.

Nachdem der Herzog von Richelieu in Absicht auf die Capitalienpapiere endlich eine will-
fährige Antwort ertheilt hatte, wandte ich mich un-
verzögert an den etc. Rouxel und forderte ihn auf,
zu der Auslieferung derselben Zeit und Stunde festzusetzen. Als ich mich auf seine, im Original an-
gefügte *[nicht in den Acten befindliche]* Erwiederung
in sein Bureau verfügte, erklärte er sich bereit, sowohl die mit den Schuldnern abgeschloszenen Conventionen im Urtext, als auch die darauf Bezug
habenden kaiserl. Decrete und Decisionen mir ein-
zuhändigen; sodann einen Generaletat aller Capitalien
und der darauf bezahlten Summen aufstellen zu
laszen; begehrte jedoch bis zum künftigen Donnerstag Frist, weil er noch von verschiedenen Stücken
zu behaltende Abschriften für sich anfertigen laszen
wolle. Ich fand keinen Anstand, in dies Begehren
zu willigen und sehe nun übermorgen der Beendigung
dieser Angelegenheit entgegen. Originalschuldver-
schreibungen versicherte er gar keine zu besitzen und
entschuldigte den in seinem Schreiben gebrauchten
ungenauen Ausdruck *(aux titres originaux des créances)*.
Dieses ist mir selbst wahrscheinlich, da so viel ich
weisz, der Allergnädigste Herr die Originale ge-
flüchtet und in Sicherheit gebracht hatte und der
Feind sich anderwärts her, z. B. aus dem Eintrag

in die Hypothekenbücher, orientiren muszte. Was die Correspondenz mit den französ. Unterbehörden betreffe, so glaubte der etc. R o u x e l, es würde uns nicht darum zu thun seyn, weil sie sich ohnedem aus den in Hanau und Caszel (bei dem Dir. B e a u f o r t) liegen gebliebenen und gegenwärtig in unseren Händen befindl. Acten ergäbe. Ich behielt mir iñ-deszen vor, dasz auch diese Papiere, wenn es nöthig erachtet werden sollte, noch von uns nachgefordert werden dürften und stelle darüber das weitere anheim.

Mit den Gemählden geht es höchst langsam; vorige Woche sind endlich drei für uns aus L i o n eingetroffen, ein viertes eben daher soll noch nach-kommen; wegen der s t r a s b u r g e r werden wir, die Preuszen, Braunschweiger etc. von einem zu dem andern Tage vertröstet. In dieser Rücksicht ist die über alles Erwarten sich verzögernde Abschlieszung des Friedens von Vortheil, weil die alliirten Be-hörden darum länger zu Paris weilen. Allein die Zeit der kräftigen Maasregeln ist längst vorüber und der Abzug der Preuszen aus hiesiger Stadt, an deren Stelle Engländer die Wachen (aber viel schwächer und ohne ausgestellte Canonen) besetzen dem ganzen Reclamationswesen nachtheilig.

Das Bild im *hôtel de l'empire*, oder wie es jetzo heiszt, *Thelusson* ist durch einen unangenehmen Zufall wiederum von den Ruszen abhängig geworden. Der D. de R i c h e l i e u nämlich hat endlich geant-wortet, dasz der König L u d w i g dieses Hotel nebst Ameublement der rusz. Ambassade zur Disposition

gestellt habe, daher jetzt das befragte Gemählde
nicht abnehmen laszen könne, vielmehr die Sache
bei dem rusz. Gesandten zu betreiben sey. So elend
diese Ausflucht ist, blieb dennoch nichts übrig, als
an den Gal Pozzo di Borgo zu schreiben, wie
die abschriftliche Beilage [A] näher besagt, und
ihn um die Verstattung das Bild, welches die Franzosen durch ein anderes, ihnen eigenes ersetzen
könnten, abhohlen zu laszen, zu bitten. Da nun
dieser General wieder nicht antwortete, habe ich vor
einigen Tagen mir preuszische Vermittlung erbeten
und warte vorerst deren Erfolg ab.

Höchst unangenehm ist es, dasz die im Caszeler
Schlosz geraubten jetzt erst nachgeforderten Gemählde weder voriges Jahr, noch diesesmal früher
zur Sprache gekommen sind, ja dasz man weder
Quittung noch Angabe der wegnehmenden Autorität
zu erbringen vermag. — Quatremere de Quincy
ist leider nicht wirklich zum Director des Museums
bestellt gewesen, sondern seine Ernennung war ein
bloszes durch einige unofficielle Zeitungsnachrichten
ausgesprengtes Gerücht. Er war also genöthigt,
mir die an ihn gesandten Verzeichnisze, ohne etwas
dafür thun zu können, zurückzugeben. Ich sprach
ihn mündlich und fand seine Aeuszerungen gerecht,
seine Ansichten liberal, wie man selten bei Franzosen ähnliche hört. Er sagte, was vollkommen
wahr ist, wir schämten uns mehr bei Zurückforderung
des Raubes, als seine Nation bei der Wegnahme
deszelben gethan hätte. Was bleibt aber jetzt gegen
Phrasen und Lügen auszurichten, sobald man keine

Gewalt mehr, das einzige einfache Mittel dawider,
brauchen darf? Lavallee versichert auf alle Weise,
die befragten Stücke gar nicht zu kennen. Ich
schrieb an Denon selbst darum und empfing die
hier beigelegte *[nicht abgedruckte]* Antwort, worin
er zwar der Bildergalerie von Caszel ein Compliment
macht, allein von den fehlenden Schloszbildern nicht
das mindeste wiszen will.

Ich verzweifle also an einer Restitution derselben,
und habe sie mittlerweile dem Verzeichnisz der
Compensationsgegenstände einverleibt.

In diesem, meinem eigentlichen Geschäft, sind
bisher preuszischerseits folgende Schritte geschehen:
man suchte, vor allen Dingen, die aus den
preuszischen Staaten überhaupt, vorzüglich jedoch
aus dem neuen Rheinherzogthum, entwendeten Kunst-
und wiszenschaftlichen Gegenstände zu eruiren und
zu constatiren. Dieses war schwer und weitläufig,
weil blos in den seltensten Fällen Quittungen der
französ. Commiszäre, gewöhnlich nicht einmal Angaben der Ortsbehörden vorhanden sind, also wirklich der Zufall das beste thun muszte. Darauf
folgte das noch unangenehmere Geschäft, an verschiedenen Oertern der Bibliothek, im Archiv und
Museum nachzuspüren und durch Einsicht der Cataloge etc. herauszubringen, ob noch einige der geraubten Gegenstände vorhanden seyen und in diesem
Fall ihre Auslieferung zu betreiben. Die Franzosen
suchten das auf alle mögliche Art zu hemmen,
schwer zu machen nnd zu hintertreiben; *on ne peut
pas aller au devant des reclamations,* pflegten sie sich,

wenn etwas abgeleugnetes hernach doch gefunden wurde, zu entschuldigen. Mittlerweile wurde, auf mein stetes Betreiben, an Aufstellung eines Etats aller Kunst- und wiszenschaftl. Gegenstände, die als nicht mehr restituirbar und verloren anzusehen seyen, gearbeitet. Ich entwarf ein Memoria, um darzuthun, dasz Deutschland diesen Verlust nicht, wie den so vieler andern Dinge verschmerzen, sondern auf eine Compensation, nicht in Geld, sondern gleichartigen Gegenständen, dringen müsze. Es kam darauf an, den Plan dieser Compensation festzusetzen und die Abtretung eigener Bücher, Handschriften etc. den Franzosen so annehmlich als möglich darzustellen. Uebrigens habe ich vorbedächtlich in diesem Memoire allgemein und nicht blos von Preuszen gesprochen, sondern Heszen und Braunschweig als Länder, die sich damit in gleichem Fall befinden, ausdrücklich erwähnt. Sobald man nun französischerseits das Princip der Compensation einmal zugestanden haben würde, war meine Absicht, darauf zu fuszen und auch für so viele aus Heszen entführte und verlorene Kunstgegenstände irgend einen ähnl. Ersatz zu begehren, wiewohl bei den dreien hier in Betracht kommenden Verzeichniszen (1. dem der 45 malmaisoner Bilder, 2. der 18 aus dem Schlosz geraubten, 3. der 2 Kisten mit Kostbarkeiten) stets besondere unangenehme Umstände eintreten, nämlich nicht das franzöz. Gouvernement unmittelbar als einzuhaften schuldig betrachtet werden kann, sondern bekanntlich die Familie Beauharnais und der G*l Lagrange dazwischen stehen. Dies ist bei den preusz. Compensationsgegenstünden nicht der Fall.

Auch versteht es sich von selbst, dasz nicht auf vollständigen, oder nur zu vergleichenden Ersatz gedrungen werden, sondern nur eine dadurch begründete und weitere Schritte in der Hauptsache nicht gerade abschneidende französ. Gegengabe bezweckt werden soll.

Obiges Memoire ging nun bereits am 7. October mit einem Schreiben des Min. Altenstein an den Grafen Vaublanc begleitet, ab, und wurde, als die Antwort ausblieb, monirt; darauf erfolgte eine blos dilatorische, und es wurde vor einigen Tagen preusz. seits wiederholt auf Entscheidung gedrungen.

So stehet die ganze Sache, d. h. nicht günstig und wenn der Frieden und die Abreise erfolgt, ehe sich der Min. Vaublanc auf den Grundsatz der Compensation bejahend einläszt, so dürfte aus dem Ganzen nichts werden und spätere Nachverhandlungen wenig fruchten. Um wenigstens für Heszen nichts zu versäumen, setzte ich abschriftl. angeschloszenen [Anlage B.] Brief an etc. Vaublanc auf und überreichte ihn dem Minister Altenstein mittelst Schreibens zur unterstützenden Empfehlung, da mich ohnedem etc. Vaublanc nicht anzuerkennen braucht. Min. Altenstein hat mich indeszen ersucht, das Schreiben dermalen noch nicht abgehen zu laszen, weil durch eine neue, so ansehnliche, Nachforderung unsererseits, Frankreich von Anerkennung des *principe de la compensation* abgeschreckt werden

dürfte. Dringt Preuszen nicht durch, so werden
wir gewisz auch nichts ausrichten; läszt sich Frankreich darauf ein, so treten wir H e s z e n ebenfalls
auf und es ist, wie erwähnt, im Aufsatz vorläufig
darauf hingewiesen.

Noch lege ich die ᵗvon etc. S o u l a n g e endlich
nach mehreren Versuchen, erwirkte Erklärung: dasz
sich keins der 45 Bilder in der Gewahrsam des
P r i n z E u g e n gegenwärtig hier befinde, im Original
[fehlt bei den Acten] bei und habe die Ehre mit der
schuldigsten Hochachtung zu seyn

Ew. Hochwohlgeboren gehorsamster Dr.

G r i m m.

Paris, 10. Nov. 1815.
N. S.

Mein Schreiben vom 7ᵗᵉⁿ d. war auf eine
besondere Gelegenheit eingerichtet die sich über die
Gebühr verzögert, so dasz ich es nun mit der Post
abgehen lasze. — Gestern habe ich gemeinschaftlich
mit Hrn. R o u x e l die Auslieferung der Capitalienpapiere beendigt und lege das darüber aufgenommene
Protocoll zur Einsicht in orig. bei *[fehlt bei den Acten]*.
Da der gewesene Director G e n t i l an Ew. Hochwohlgeb. die früher schon empfangenen Acten blos
provisorisch herausgegeben hatte, schien es mir gut,
auch noch ihrentwegen auszudrücken, wie geschehen
ist, dasz sie definitiv zurückgestellt sind. Auch
habe ich darauf bestanden, dasz der Gen. secretar
Rouxel mir noch am Schlusz bezeugte, auszer den
abgelieferten Papieren keine weitere zu besitzen.
Die Summe der in Empfang genommenen Acten

macht nur ein mittelmäszig dickes Pack aus, das
ich daher lieber nicht zu den Gemählden packen
laszen, sondern selbst zu mir in den Wagen nehmen
will. Sollte das Hauptverzeichnisz, worin alle
Schuldner sammt den bezahlten und restirenden
Posten notirt stehen, Ew. Hochwohlgeboren früher
nöthig seyn, so belieben Dieselben es nur zu fordern,
damit ich es durch die Briefpost sende.

Sonst nichts neues; der Mahler Unger fängt
mir auch an ungeduldig zu werden, darüber, dasz
sich unsere Abreise so verzieht, er hatte sich darauf
eingerichtet, schon in der Mitte Octobers fortzu-
kommen. Auch dürfte mein Aufenthalt seit einiger
Zeit kostspieliger werden, indem man nun auch in
Ansehung der Einquartirung, sowie früher schon in
Absicht auf Verköstigung, schonendere Grundsätze
für die hiesigen Einwohner anzunehmen scheint.
ut in literis. Gr.

Anlage A.

Lettre au General Pozzo di Borgo:

Monsieur le Général, Dans l'un des appartemens
de l'hôtel Thélusson, rue de Cerutti, il se trouve
placé un tableau de l'ecole de Rembrand, re-
presentant un vieillard, qui ecrit, et provenant de
la galerie de Cassel. Il n'avait eté detaché de la
collection du musée de Paris que pour faire partie
du mobilier dudit hôtel, dependant du gouvernement
français.

S. M. le Roi de France ayant fait droit à la
reclamation de tous les tableaux enlevés des etats

de S. A. R. l'Electeur de Hesse, je n'ai pas manqué de m'adresser à S. E. le Duc de Richelieu, pour obtenir l'autorisation necessaire à faire retirer ce tableau. Le Ministère de S. M. Tr. Chr. ne se croit cependant autorisé à disposer d'aucun des objets se trouvant dans un hôtel, que le Roi a mis à la disposition du gouvernement russe pour servir d'habitation à son ambassadeur près la cour de France; mais il s'est borné au conseil de s'adresser à Votre Excellence afin de faire valoir cette reclamation.

Supposant que ce tableau a entièrement cessé d'appartenir à la France, et que pour completter l'ameublement de l'h. Th. elle peut très facilement le remplacer par un autre à choisir dans ses propres collections, je prends la liberté de prier Votre Excellence, de vouloir bien permettre, que j'envoye chercher le tableau en question à l'heure, qu'il Lui plaira de fixer. — Je m'empresse de renouveller ici l'assurance de la plus haute considération avec laquelle je suis Monsieur le Général De votre Excellence le très humble et très ob^{sst.} serv.

Grimm

secretaire de legation et chargé d'aff. de S. A. R. l'Electeur.

Paris, 31. Oct. 1815 rue de l'université no 7.

Anlage B.

Copie de ma lettre au Cte de Vaublanc, Min. secretaire d'etat et de l'interieur.

M^{r.} le Cte, Le soussigné en se referant à la

note, qui a eté adressée à V. E. en date du 7 Oct.
par le B^{on} d'Altenstein, Min. d'etat de S. M. Pr.
à l'egard des objets d'art et de science enlevés en
Allemagne par ordre du gouv^t français et dont la
restitution est devenue impracticable, attendu que
les objets en question n'existent plus dans les collections publiques de la France, ou que les conser-
vateurs des dits établissements prétendent n'en avoir
aucune connaissance; en se référant également au
mémoire accompagnant la dite note, dans lequel se
trouvent developpés les principes prouvant jusqu'à
l'evidence et la necessité et la justice de compenser
ces objets par autant d'autres à prendre dans les
collections propres de la France; a l'honneur de
presenter à V. E. les trois etats ci joints renfermant
la liste de semblables objets d'art et sciences enlevés des collections de S. A. R. l'Electeur de
Hesse.

Il prend la liberté d'observer seulement, qu'une
grande partie des tableaux designés dans l'inventaire
n° II est successivement tombée entre les mains
de Josephine epouse de Bonaparte et après
dans celles de la famille B. mais qu'enfin, à en
croire des bruits, elle aurait eté vendue à la Russie.
Non obstant cela plusieurs autres tableaux compris
dans le dit inventaire ne semblent jamais être venus
à Malmaison, mais autrement employés par les
agens du cidevant gouv^t français. V. E. conviendra
que toutes les transactions intervenues ou prétendues
ne sauraient, qu'elles quelles soient, déroger aux
droits incontestables du vrai proprietaire.

Le soussigné a reçu l'ordre de sa cour de reclamer auprès de V. E. pour autant d'objets precieux et presqu'inévaluables, dont notre pays se voit privé maintenant, les mêmes compensations et indemnités, que la Prusse obtiendra en pareil cas. Il s'empresse d'offrir etc. — *Die drei Beilagen sind:* I. inventaire du contenu des deux caisses tombées entre les mains de Lagrange. II. inv. des 45 tableaux. III. inv. des 18 tableaux. *[Abschrift dieser Beilagen ist nicht vorhanden.]*

Bericht 10.

Paris, 14. Nov. 1815.

Hochwohlgeborner Freiherr
Hochzuverehrender Herr Geheimerath!

Ew. Hochwohlgeboren so eben empfangenes Schreiben (vom 9. d. M. aus Frankfurt erlaszen) belehrt mich, dasz dero Abreise aus Caszel früher erfolgt ist, als wenigstens die hiesigen Zeitungen, die von einer abermaligen Weiteraussetzung der Bundesversammlung reden, erwarten lieszen.

Ich bedaure, dasz Dieselben, wiewohl ich die gute Absicht dabei unmöglich verkenne, meine Vorstellung an den Kurfürsten einstweilen aufhalten zu müszen geglaubt haben. Da ich mich nun bestimmt ausgesprochen hatte, so dasz ich nichts weder zu- noch abzuthun wüszte, und der Meinung bin, mir selbst vor allen Dingen treu bleiben zu

müszen, so nehme ich mir die Freiheit angelegent-
lichst zu bitten, mein Gesuch nunmehr sogleich abgehen zu laszen und bin voraus für die gütigst zugesagte Unterstützung deszelben zu grösztem Dank
verbunden. Ew. Hochwohlgeboren haben mir sicher
nie etwas zu Leid gethan, sondern sind in den
früherhin bestandenen Dienstverhältniszen stets zu-
vorkommend und mit mir zufrieden gewesen; hätten
diese nunmehr erneuert werden sollen, so würde ich
hoffentlich auch meinerseits zu keinen Klagen Anlasz gegeben haben. Ueber mich selbst mache ich
nicht gern viel Worte, allein ich war bereits seit
verwichenem Frühjahr fest entschloszen, falls der
Allergn. Herr der erbetenen, bescheidenen, ander-
weiten Anstellung mich nicht theilhaftig werden
laszen würde, mich eher alles Anspruchs auf eine
durch zehnjähr. treuen Dienst wohl verdiente Ver-
sorgung zu begeben, als fernerhin in der diplomatischen Laufbahn gebrauchen zu laszen.

Zu Ende voriger Woche erfuhr ich, der Staats-
Rath La Bouillerie, unter welchem der *trésor
du domaine extraord.* stehet, dürfte gleichfalls noch
verschiedene, die kurheszischen Capitalien betreffende
Papiere in Händen haben; begab mich sogleich zu
demselben und bin nach verschiedenen Gängen und
Beredungen so glücklich gewesen, ihn zu erfolg-
habenden Nachforschungen und der Versicherung
der Auslieferung zu bringen. Morgendes Tags
sollen mir nämlich·die von einigen Schuldnern zur
Bezahlung ihrer Abfindung mit den Franzosen aus-
gestellten Verbriefungen, zusammen über eine Mil-

lion Franken betragend, eingehändiget werden, wovon mein nächstes Schreiben das genauere berichten wird. Wenn gleich diese Papiere ihre Kraft verloren haben, ist es dennoch gut, solche zu besitzen. Neulich, um L a g r a n g e zu erforschen, war ich auf dem Bureau des Etat Major der hiesigen Division, vernahm aber nichts wie — a l t e Adreszen und bin darauf drei bis vier Stunden vergebens in der Stadt umher angefahren, ohne den ihm längst zugedachten Brief los werden zu können. Dagegen hat mich der ehemalige französ. Domainendirector Graf B e a u f o r t aufgespürt und mir die anliegende [nicht mehr vorhandene] Vorstellung, worin er, wie es scheint, mit Grund, drei Spiegel reclamirt, zugestellt. Haben Ew. Hochwohlgeb. die Güte solche nach Caszel zur Einleitung des weiteren abgehen zu laszen.

Dermalen erregt hier der N e y ' s c h e Process alle Aufmerksamkeit und man glaubt, die Pair Cammer werde diesen Marschall Todes verurtheilen. Der Publication des Friedens sieht man noch Ende laufender Woche entgegen; das vorzüglich preuszischerseits betriebene Princip der Privatreclamationen hat die Verhandlungen zumeist aufgehalten, dafür aber auch heilsame Wirkung gehabt. Ohne Zweifel sind auch in H e s z e n längst alle hierhin einschlagende Gegenstände verzeichnet und eingetragen, damit wenn die Anerkennung des Grundsatzes feststehet, unversäumt die Summen liquidirt und gefordert werden können? H a m b u r g allein verlangt 50 Mill. und Hannover 40 Mill. für seine Unterthanen.

Der Staats Canzler will, heisst es, zu Anfang
künftiger Woche Paris verlaszen, der Minister
Altenstein aber wird 14 Tage länger zur Be-
treibung der gar noch nicht weit gediehenen Com-
pensationsangelegenheit bleiben.

Unter diesen leidigen Umständen kann auch ich
vor Anfang December nicht an meine Rückreise
nach Caszel denken,

Herr v. Bodenhausen hat mir neulich ebenfalls bestätigt, dasz aus der vorgewesenen zweiten
Soldforderung gar nichts geworden ist.

Mit unveränderlicher Hochachtung habe ich die
Ehre zu bestehen

Ew. Hochwohlgeb. gehorsamster Dr.

Grimm.

In Eile.

Bericht 11 und 12.

*Aus diesen beiden Berichten seien nur einige Stellen
ausgehoben:*

XI. Ew. Hochwohlgeboren fünf letzte, schnell
auf einander eingetroffene Schreiben vom 16. 20.
23. 25 und 28ten Nov. liegen zur schuldigsten Beantwortung vor mir. Diese würde indeszen schon
längst erfolgt seyn, wenn ich von hier aus irgend
einen der darin zu berührenden Gegenstände schneller
zu besprechen vermocht hätte, als es der mittlerweile allgemein bekannt gewordene Friedenstractat
thut . . . .

Öffentliche Reclamationen, d. h. diejenigen von
Gouvernement zu Gouvernement, sind ihrer Über-

schwänglichkeit wegen, als der Krone Frankreich
erlaszen und als niedergeschlagen zu betrachten.
Es stehet daher den von Ew. Hochwohlgeboren
dem Minister Altenstein überreichten Verzeichniszen
(in sofern mir solche bekannt geworden sind) kein
Erfolg bevor . . . .

Endlich gedenke ich nüchsten Freitag sammt
Hrn. Unger von hier abreisen zu können. Vielleicht
gehen die fehlenden Bilder bis dahin noch ein, im
gegentheiligen Falle bitte ich den preusz. Gesandten
v. Goltz deren Empfangnahme zu übernehmen.
Auch für Preuszen etc. fehlen noch einige. Die Ver-
schläge gehen vorgeschriebenermaszen an Ew.
Hochwohlgeb. nach Frankfurt zur weiteren Besorgung ab. Wir behalten uns vor, Hr. Unger oder
ich, näheren Bericht über alles abzustatten . . . .

Das Entschädigungsproject für Manuscripte und
Bilder hat leider noch keinen Erfolg gehabt, u. aus
diesem Grund habe ich für Hessen keinen Schritt
thun können, auch das früherhin erwähnte Schreiben
an Vaublanc zurückgenommen.

Paris 4. Dec. 1815.

XII . . . . Ob es nicht rathsam sein dürfte, für
die Reclamationen der kurhessischen Länder einen
Liquidator hierher zu senden, oder wenigstens den Abgeordneten einer befreundeten Macht speciell damit
zu beauftragen, stelle ich höherem Ermeszen anheim.
Es ist dermalen nicht einmal jemand hier, der sich
der heszischen Unterthanen in Pasz- und Schutz-

angelegenheiten annimmt und ich bin mehrmals von
Leuten überlaufen worden . . . .

Morgen soll uns endlich nach vielen neuen
Schreibereien und unnöthigen Vermittelungen das
Gemählde aus dem Hotel Thelusson ausgeliefert
werden, vielleicht auch noch eins aus Toulouse an-
langen. Ende der Woche reise ich sodann ab . . . .
Paris 6 Dec. 1815.

Bericht 13.

Allerdurchlauchtigster Kurfürst!

Allergnädigster Kurfürst und Herr

Durch dasjenige, was der Herr Geheimerath von
Carlshausen aus meinen an ihn erstatteten Berichten
zweifelsohne vorgetragen haben wird, musz es
bereits zur Allerhöchsten Kenntnis Eurer Königlichen Hoheit gelangt seyn, dasz zwei der kurheszischen Gemählde nach B r ü s z e l gerathen waren
und die Umstände es nöthig machten, selbige von
der könig. niederländischen Regierung unmittelbar
zu reclamiren. Unterm 22ten October erliesz ich
demzufolge eine desfallsige Note an den dazumal
in Paris befindlichen niederländischen Minister Freiherrn v o n G a g e r n, welcher sich der Angelegenheit bei dem H a a g e r Hofe aufs dringendste anzunehmen versprach, damit ich, wie es am paszendsten
erschien, bei meiner Rückkehr nach Deutschland
den kleinen Umweg über Brüszel nehmen und dort

beide Gemählde in Empfang nehmen könnte. Lange
Zeit erwartete ich vergebens die günstige Entscheidung des niederländischen Ministeriums und
muszte endlich ohne sie abreisen und in Begleitung
des Mahlers Unger zu Brüszel mich darauf beschränken, das Daseyn der Bilder zu constatiren und
bei dem dortigen Maire anzufragen: ob er noch
keinen Befehl zur Auslieferung erlangt habe? welches
er verneinte, auch in Ermangelung eines solchen
die Aushändigung der Gemählde verweigerte. Von
allem diesem habe ich nicht gesäumt, Ew. Königl.
Hoheit Gesandten am Bundestage ausführlich zu
unterrichten.

In diesem Augenblick erhalte ich die ehrfurchtsvoll angebogene *[hier nicht abgedruckte]* willführige
Antwort des niederländischen Gesandten am französischen Hofe, Freiherrn von Fagel, nach welcher
nichts übrig bleibt, als nunmehr die beiden Gemählde
in Brüszel in Empfang zu nehmen und verpacken
zu lassen, indem der des Bildes von Tintoretto
halben obwaltende Zweifel theils durch das Zeugniss
der Direction des pariser Museums, theils durch die
von dem Mahler Unger neulich geschehene Recog-
nition gehoben zu werden scheint. In Brüszel würde
vielleicht ein daselbst wohnhafter Mahler Rochard
am schicklichsten mit dieser Sache beauftragt werden
und der ihn genau kennende, in diesem Augenblick
noch zu Frankfurt verweilende Mahler Unger das
erforderliche instruiren können. Ich habe daher ehrerbietigst hiermit anheimzustellen: ob es Aller Höchst
gefällig sey, dem Frhrn. von Carlshausen Ex-

cellenz die in dieser Angelegenheit baldmöglichst zu
nehmenden weiteren Maasregeln anbefehlen zu laszen.
In tiefster Ehrfurcht beharre ich
Ew. Königl. Hoheit
allerunterthänigster, treugehorsamster und
pflichtschuldigster
Grimm.

Caszel den 28 December 1815.

Berioht 14.

Allerdurchlauchtigster Kurfürst,
Allergnüdigster Kurfürst und Herr.

Aus der ehrerbietigst angebogenen *[nicht mehr
vorhandenen]* Rechnungsablage über die seit meiner
verwichenen Herbst auf Allerhöchsten Befehl nach
Paris unternommenen Reise gehabten Unkosten,
wird huldreichst entnommen werden können, dasz
ich für Quartier und Kost während meines dortigen
Aufenthalts nichts angesetzt habe. Durch besondere
Vermittlung der kön. Preusz. Autoritäten wurde
ich nämlich in der Stadt einquartirt und beköstigt.
Mit dem 20 November hörte indeszen diese Maasregel natürlich völlig auf; in der Wohnung eines
Bekannten fand ich jedoch für die drei Wochen,
welche ich länger verweilen muszte, solange Unter-
kunft und ersparte dadurch die Ausgabe für Quartier-
miethe. Sämmtlichen preuszischen Angestellten, die
gleich mir bequartirt und beköstigt waren, sind
gleichwohl von dem Könige, während der ganzen
Zeit, die üblichen, für einen Cancellisten 14 Franken
betragenden, Diäten zugestanden worden, weil man

in Paris zu manchen unvorherzusehenden Ausgaben gezwungen wird. Ob mir inzwischen, auszer den mir zu gut kommenden 552 Franken noch Diäten (zu 12 Franken) vom 18. Sept. bis 20. November zusammen für 63 Tage von 756 Franken huldreichst verwilligt werden wollen, stelle ich ehrfurchtsvoll anheim. Zu gleicher Zeit überreiche ich eine mir von dem Mahler Unger eingehändigte Rechnung, 226 Fr. 10 Ct betragend, welche derselbe bei Gelegenheit der aus Fontainebleau und Rambouillet abgeholten Gemählde ausgelegt hat.

In tiefster Ehrfurcht beharre
Eurer Königlichen Hoheit
allerunterthänigster, treugehorsamster
und pflichtschuldigster
Grimm.

Caszel 9 Febr. 1816.

prs. d. 14. Febr. 1816. Auf. S. 4 steht die Resolution, dasz der Geheime Rath u. Cammer-Präsident v. Carlshausen zuvor gutachtlich zu berichten habe. Dieses Gutachten liegt aber nicht vor, ebenso wenig die erfolgte Entscheidung.

III. Acten über J. Grimm als Bibliothekar in Cassel.

A.

Das Actenfascikel des Marburger Staatsarchivs „betreffend den I. Bibliothekar der Bibliothek im Museum
zu Cassel 1815—30" (Sign.: O. St. S. aus Gef. 8856)
ergibt folgende Nummern:

1) Extract Geheimen Raths Protocolls. Cassel d.
25. Aug. 1815 no. 16: Der Legations-Secretär
Grimm allhier bittet allerunterthänigst um Über-
tragung der 2ten Bibliothekar-Stelle am hiesigen
Museo und der Hof-Archivarienstelle. Res.: Sup-
plicant hat zuvor unter der Direction des Geheimen
Regierungs-Raths von Lepel, die Wiener Congress-
Acten zu complettiren, und *rspve* abzuschreiben.

2) Allergnädigstes Rescript für den Bibliothekar
Jacob Ludwig Carl Grimm. *datirt:* Cassel den
16. April 1816. *Der Gehalt betrug 600 ℳ jährlich
und wurde vom 1. Mai an gezahlt (bis dahin erhielt
J. Gr. den gleichen Gehalt als Legations-Secretär).*

3) Der zweite Bibliothecar am Museo Grimm
bittet um Huldreichste Verwilligung benöthigten
Reiseurlaubs:

> Allerdurchlauchtigster Kurfürst,
> Allergnädigster Kurfürst u. Herr!

Eure Königliche Hoheit haben vor einem
halben Jahre nicht die Gnade gehabt, meinem ehr-
furchtvollsten Gesuch um Urlaub zu einer Reise
nach Heidelberg, wo ich verschiedene aus Rom
angelangte wichtige Handschriften benutzen möchte,

zu willfahren. In der Hoffnung dasz die Gründe zu
dieser Verweigerung nunmehr wegfallen und in Erwägung, dasz diese Reise keineswegs auf mein Vergnügen oder blosze Zerstreuung hinauslauft, sondern
die Vermehrung meiner literarischen und biblio-
graphischen Kenntnisse bezweckt, wie ich denn auch
allein in solcher Absicht die für mich nicht un-
beträchtlichen Kosten dazu aus meinen beschränkten
Mitteln aufwende; wage ich hiermit aufs neue um
die Allergnädigste Verstattung eines Urlaubs von
wenigstens sechs Wochen ehrerbietig anzuhalten und
lebe um so mehr der vollen Zuversicht, in meiner
unterthänigsten Bitte nicht fehl zu gehen, als mein
gleichfalls bei der Bibliothek angestellter Bruder
sich bestreben wird, so lange meine Dienst Obliegen-
heit mit zu versehen. In tiefster Ehrfurcht Eurer
Königlichen Hoheit etc. Cassel am 14. März 1817.

Darauf erfolgte die allerh. Resolution: Cassel den
17. Merz 1817. Der gebetene Urlaub zu dem erwähnten Zweck wird auf sechs Wochen allergn.
zugestanden.

4) *Urlaubsgesuch J. Gr.'s:*

Kurfürstl. Oberhofmarschallamt!
Um vierzehntägigen Urlaub zu einer Reise nach
Frankfurt und Schlangenbad bitte ich in demjenigen
schuldigen Respect womit verharre.

Kurfürstl. Oberhofmarschallamts
unterthäniger
Bibliothekar G r i m m.

Cassel 4. Aug. 1823.

*Dasselbe wurde an den Kurfürsten abgegeben und
unter dem 25. Aug. 1823 allergnädigst zugestanden.*

5) S. 10 no. 7.

6) *Gesuch der Brüder Grimm an den Kurfürsten:*

Allerdurchlauchtigster Kurfürst,
Allergnädigster Kurfürst und Herr!

Bei dem Tode des Directors der Kurfürstl. Bibl.
im Museo wagen wir es, Ew. Königlichen Hoheit
in tiefster Ehrerbietung uns zu nähern und vor
Allerhöchstdenselben unsere allerunterthänigste Bitte
niederzulegen. Einen Theil unseres Lebens haben
wir beide nach unsern Kräften der Verwaltung der
Bibliothek vorgestanden, der jüngere als Secretar
seit fünfzehn Jahren, der ältere als Bibliothecar seit
dreizehn Jahren, nachdem er bereits zehn Jahre
vorher in andern Ämtern dem Allerhöchsten Hause
gedient hatte. Wir haben unsere Pflicht mit ge-
wiszenhafter Treue erfüllt und mit dem unabläszigen
Streben, alles, was der Bibliothek zum Nutzen gereichen könnte, auf jede mögliche Weise zu fördern.

Beide in das Mannesalter herangerückt, von
einem geringen Gehalt lebend, bitten wir ehrfurchtsvoll auf Ew. Königlichen Hoheit Gnade, von welcher
das Glück unseres Lebens abhängt, vertrauend:

dem Bibliothekar die erste, dem Secretar, die
dadurch erledigte zweite Bibliothekarstelle
huldreichst zu verleihen.

Wir würden niemals aufhören Ew. Königlichen Hoheit Gnade mit dem vollkommensten Danke zu verehren, die wir in tiefster Ehrerbietung ersterben.
Ew. Königl. Hoheit allerunterthänigste,
treugehorsamste, pflichtschuldigste

Jacob Grimm   Dr. Wilhelm Grimm

der phil. und beider Rechte   Bibliotheksecretar.

Doctor, Bibliothecar.

Cassel d. 2. Febr. 1829.

Auf dieses von W. Grimm geschriebene Gesuch hat der Kurfürst eigenhändig gesetzt: Cassel d. 5. Febr. 1829. Beyde Gesuche werden abgeschlagen. Wilhelm K.
7) S. 11 no. 9.

8) *Allerhöchstes Besoldungszulage-Rescript für den Bibl. Dr. Grimm. Die Zulage beträgt Einhundert Thaler (der Gehalt mithin 700 Thlr.).*

9) u. 10) S. 11—2 no. 11—2.

11) *Das O.-H.-M.-Amt überreicht die Ausfertigungen der dem Bibl. Grimm sowie d. Bibl.-Sekret. Grimm allergn. ertheilten flachen Abschiede zur allerhöchsten Vollziehung. Cassel am 31. Oct. 1829. Darauf hat der Kurfürst bemerkt:* „Gehet an das Geh. Cabinett um den geeigneten flachen Abschied vorzulegen cum remiss. Wilhelm K. Whhe. d.d. 1. Nov. 1829."

12) und 13) = S. 12 no. 13—4.

B.

Die den Geldverlag und die Verwaltungskosten der Museumsbibliothek betreffenden Acten Fascikel (Gef. 8855, 8854) enthalten auch die Verhandlungen zwischen J. Grimm und dem ihm vorgesetzten Ober-Hof-Marschall-Amt.

Auf Antrag Völkel's, der 1821 zum Director des Museums und der Bibliothek ernannt war, wurde unter dem 20. Oct. 1823 die Verwaltung des für Anschaffungen ausgeworfenen Bibliothekfonds an Jacob Grimm übertragen. Aber in Folge der Neuordnung des Rechnungswesens bei der Hauptcasse wurde ihm die bisherige freie Verfügung über den Anschaffungsverlag entzogen, für alle Neuanschaffungen das Mitwissen Völkels verlangt und hatte er überdies nur die Rechnungen rücksichtlich der Lieferung und der Preise zu attestiren, von Völkel dann visiren zu lassen und dem Oberhofmarschallamt zur Zahlungs-Verfügung einzureichen. Vergeblich wurde J. Grimm gegen diese Neuerung vorstellig.

Die mit Antiquaschrift geschriebene bezügliche Eingabe lautet:

Kurfürstliches Ober-Hof-Marschallamt!

Die mir bekannt gemachte Beschlusznahme Kurfürstlichen Ober-Hof-Marschallamts, wodurch in der bisherigen Verwaltung des Bibliothekfonds eine wesentliche Abänderung getroffen worden ist, verpflichtet mich zu nachstehenden ehrerbietigen Bemerkungen:

1. auf allen Bibliotheken Deutschlands, meines Wiszens auch des Auslands, ist es althergebracht, dasz der jedesmalige Bibliothekar den ausgeworfenen Fonds, sey es auf einmahl oder quartalsweise, aus der herrschaftlichen Casse zieht, verwahrt und verausgabt, über geschehene Verausgabung aber am Schlusze des Jahrs belegte Rechnung einreicht.

2. Diese Einrichtung gründet sich auf Natur der Sache und geprüfte Erfahrung. Vielleicht nicht die

Hälfte der jährlich zu erkaufenden Bücher nimmt der Bibliothecar von anwesenden Buchhändlern. Er musz Bestellungen ins ferne Ausland machen, Auctionen und andere sich unvorausgesehen darbietende Gelegenheiten benutzen, häufig vorschieszen oder vorausbezahlen.

3. Die Preise des Buchhandels sind in den meisten Fällen reguliert und werden von keinem Buchhändler, wenn er sich nicht um den Credit bringen will, überschritten. Der Buchhändler ist kein Handwerker, der auf Bestellung arbeitet und sich vom Preise noch abziehen läszt.

4. Kann der Bibliothekar zur nöthigen Zeit nicht selbst zahlen, sondern soll er einzelne grosze und kleine Rechnungen nur bescheinigen und dem Buchhändler etc. sich die wirkliche Zahlung zu erwirken überlaszen; so wird das Geschäft gelähmt und dem Bibliothecar die nöthige freie Hand, der Überblick im ganzen entzogen. Er wird dennoch und zu seinem Privatnachtheil manchmal gezwungen seyn, Vorschüsze aus der eignen Tasche zu machen. Buchhändler und Buchbinder gerathen in Abhängigkeit von dem Cassenbeamten, der nach mir zwar nicht näher bekannten aber möglichen Casseneinrichtungen die Zahlung hinhalten, vielleicht auch Procente abzudingen suchen kann, welches zuletzt einen verhältnismäszigen Preisaufschlag nach sich ziehen wird.

5. Der ausländische Buchhändler oder Verkäufer kann seine Rechnung nicht selbst auf der Casse zur Zahlung einreichen, musz also einen Dritten wieder

beauftragen, wenn er sich anders überhaupt dazu
versteht, welches Kosten verursacht, die er natürlich
wieder auf den Preis schlagen wird.

6. Der Bibliothecar wird durch jährliche Rechnungsablage und ein nunmehr (gegen die frühere
Einrichtung) noch hinzuerfordertes Visa des Directors, das ich mir gern gefallen lasze, weil ich
den dermahligen Director persönlich verehre, hinlänglich controllirt. Ich werde dieses Geld mit derselben Treue und Pünctlichkeit verwalten, mit der
es ohne Zweifel meine Vorgänger verwaltet haben.
Dasz gerade in dem Zeitpuncte, wo mir herkömm-
licher Weise nach dieses Geschäft übertragen worden ist, neue und meiner Überzeugung nach der
Bibliothek schädliche Cautelen verordnet werden,
musz mir empfindlich seyn und ich berge nicht,
dasz wenn das geringste, von mir nicht auf das
leiseste verschuldete Mistrauen stattfinden sollte, ich
es lieber sehen werde, wenn eine anderweite Hoch-
gefällige Bestimmung mich gänzlich von einer
Rechnungsführung dispensiert, deren Beschränkung
und Controlle ich meines Gewiszens und Standes für
gleich unwürdig erachte.

Mit schuldigem Respect verbleibe ich übrigens
Kurfürstlichen Oberhofmarschallamts

unterthäniger Diener
G r i m m.

C a s s e l 19. Dec. 1823.

Durch Verfügung vom 22. Dec. 1823 wurde Grimm
abschlägig beschieden. Vergeblich unterstützte ihn auch

sein Vorgesetzter Völkel, vergeblich wies Grimm endlich in einer Eingabe vom 7. Merz 1824 auf die sich bereits geltend machenden üblen Folgen hin.

Diese Eingabe, ebenfalls in Antiquaschrift, lautet:

Kurfürstliches Oberhofmarschallamt!

In dem vor Ablauf verwichenen Jahres erstatteten Bericht habe ich mit der Offenheit, welche Dienstpflicht gebietet, keinen der aus veränderter Verwaltung des Bibliothekfonds entspringenden Nachtheile verhehlt. Einige derselben stehen nicht an, sich bereits zu zeigen. Da nämlich seit drei Monaten kein Heller in Cassa ist, indem ich beim Rechnungsabschlusze mit einem Thaler und einigen Groschen überzahlt hatte, so liegen nicht nur verschiedene beträchtliche Buchhändlernoten, die gewöhnlich auf Neujahr einkommen, unbezahlt da, auch sind 121 Gulden frankf. Währung Subscriptionsgelder per Wechsel nach Stuttgart zu berichtigen, sondern wir haben auch verschiedene sich in Auctionen dargebotene Ankaufgelegenheiten und ein uns neulich aus Italien geschehenes Bücheranerbieten geradezu von Hand weisen müszen. Für Porto, Fracht und andere Kleinigkeiten habe ich nächstdem einige Carolins aus meinem Beutel vorzuschieszen nicht umgehen können. Geht es auf diesem Fusze noch länger fort, so wird die Bibliothek, um aller anderen Verlegenheiten zu geschweigen, ihre besten seitherigen Handelsverbindungen im Auslande abbrechen müszen; zum offenbaren Schaden des herschaftlichen Interesses.

Obgleich mir diese vorgesetzte Behörde die Resolution ertheilt hat, dasz von Ihr aus hierunter nichts anderes zu verfügen stehe; so glaube ich doch, dasz der Allergnädigste Herr, wenn Ihm die Nothwendigkeit und Nützlichkeit der bisher, und seit Errichtung der ganzen Anstalt bestandnen Einrichtung vorgestellt wird, eine höchst motivierte Ausnahme von einer verordneten allgemeinen Casseneinrichtung zu bewilligen geruhen werde. Vielleicht dürfte es der guten Sache förderlich seyn, meinen gegenwärtigen Bericht, durch geeignete weitere Gründe, die ich dem Ermeszen dieser hohen Behörde überlasze, unterstützt, vor den Allerhöchsten Ort zu bringen.

Mittlerweile und bevor eine Entscheidung erfolgen kann, bin ich jedoch so frei, um die nöthige Verfügung zu bitten, dasz ein Wechsel auf 121 Gulden frankf. Währung nach Stuttgart zu meiner Disposition ausgestellt werde, weil es dringt, diesen Posten zu tilgen.

In schuldigem Respect bin ich Kurf. Oberhofmarschallamts *etc.* —

Darauf wurde Grimm unter dem 13. März lediglich aufgegeben zuvörderst die Rechnung über die 121 fl. Subscriptions Gelder und die von ihm gemachten Auslagen einzusenden. Seine weiteren Anträge wurden mit Stillschweigen übergangen.

Am 22. Merz reicht Grimm mittelst kurzem Bericht die geforderten Papiere ein, welche dann der Calculatur vorgelegt wurden. Unter dem 7. April werden deren Bemerkungen dem Bibliothekar Grimm unter der Auf-

lage zugefertigt nach Anleitung der am Rande der Be-
merkungen niedergeschriebenen Resolutionen zu verfahren
und die ihm mitzutheilenden Rechnungs-Urkunden und
Belege demnächst baldigst zurückzusenden. Diese Ver-
fügung wurde aber nach dem in den Acten vorfindlichen
Vermerk erst am 8. Mai abgesandt.
      Darauf erwidert Grimm am 10. Mai:

Kurfürstliches Oberhofmarschallamt!

Die hohe Resolution vom 7. April d. J. „meine
Bemerkungen zu den Probaturmonitis baldigst
zurückzusenden." *[Diese Worte stehen in dem Concept*
der Resolution, welches bei den Acten liegt, nicht.] kann
ich nicht genügend befolgen, indem mir diese Resolution erst gestern am 9 Mai zugefertigt worden
ist. Kurfürstliches Oberhofmarschallamt ermesse
selbst, ob diese Verzögerung der Expeditionen dem
herrschaftlichen Interesse nachtheilig sey. Aus
meinen Bemerkungen ergibt sich hoffentlich die
Irrelevanz sämmtlicher Moniten.

Dringende Ausgaben für Kurfürstl. Bibliothek
aus meiner Tasche zu zahlen halte ich mich für
unverbunden. Dringende Ausgaben sind Porto-,
Fracht- Subscriptions- und Auctions-posten. Ich
kann das mit der Post oder mit dem Fuhrmann
anlangende Paquet nicht unabgehohlt, noch weniger
zurückgehen laszen. Die Subscription musz bei Ablieferung des Werkes entrichtet, in der Auction
musz baar bezahlt werden. Seit Merz habe ich
wiederum einige Carolins ausgelegt. Falls mir hierzu nicht der nöthige Verlag bewilligt werden
kann, so bitte ich gehorsamst mich zur Aufnahme

von halbjährlich circa 50 ℳ zu ermächtigen, deren
Zinsen ich sodann anrechnen werde . . . .

Schlieszlich wird es mir diese hohe Behörde
nicht verargen, dasz ich mich über die Form der
Unter- und Überschrift der Ausfertigungen an mich
beschwere. Alle übrigen Collegia geben den Hono-
ratioren den Titel Herr, ich glaube, dasz er mir
gebührt und bitte das Secretariat darauf anzuweisen.
Mit schuldigem Respect etc.

*Aus den 9 Bemerkungen des Probator Werner
hebe ich nur Punkt 2 heraus, da sich aus ihm weitere
Consequenzen ergaben:*

Auf den Buchhändler Rechnungen oder auf den
dieselben vertretenden sonstigen Belegen dürfte zu
bescheinigen sein: dasz und auf welcher Seite des
Katalogs der Bibliothek der Eintrag der respektiven
Schriften und Werke stattgefunden hat. *Die auf dem
Rande vermerkte Resolution des O.-H.-M. Amtes lautet:*
Nach dem Monito. *Grimm erwiderte darauf:* Probator monens würde dieses Monitum weggelaszen haben,
wenn er von dem Wesen und der Einrichtung einer
Bibliothek einigen Begriff hätte. Es ist durchaus un-
befolgbar und seine Befolgung wäre zwecklos. Jeder
Bibliothekar ist pflichtmäszig verbunden alle accesiones
in die Cataloge einzutragen. Die ungefähr 80 Bände
des Catalogs sind nicht paginirt und können nicht
paginirt werden. Wollte ein Bibliothekar wider
seine Pflicht handeln, so würde jene Controlle
nicht helfen, denn die Probaturbehörde wüste
ja nicht, ob an den angegebenen Stellen der
Eintrag wirklich geschehen sey. Sollten über die

Unzuläszigkeit ·dieses moniti noch irgend Zweifel
bleiben, so wird ein Bericht des Directors sie völlig
heben können.
*Hiergegen wendet sich eine in barschem Ton
gehaltene Resolution des O.-H.-M.-Amtes, welche, wie
alle hierher gehörigen Verordnungen, von Hofkammerrath
Hofmann abgefasst und in der Sitzung vom 17. Mai
beschlossen wurde. In derselben Sitzung wurde folgende
Zurechtweisung an Grimm erlassen:* Da die Abfassung
und der Inhalt der vorliegenden Gegenbemerkungen
und des Schreibens des Bibliothekars Grimm, neben
einer mehr als gewöhnlichen Unbescheidenheit, einen
gänzlichen Mangel an Begriffen vom Rechnungswesen,
zugleich aber auch einen gewissen Hang zur Unge-
bundenheit in der Verwendung der allergnädigst be-
willigten Bibliothek-Verlagsgelder, auf Seiten des Be-
richtstellers an den Tag legt; so gibt das Oberhofmarschallamt seine volle Misbilligung darüber dem Bibl.
Grimm hiermit zu erkennen ... und warnt ihn endlich,
mit dem Bemerken, vor künftigen ähnlichen Ungebühr-
lichkeiten, dasz man widrigenfalls davon aller höchsten
Orts aller unterthünigst Anzeige machen werde.
Hierauf erwiderte Grimm am 24. Mai folgendermassen:
Kurfürstliches Oberhofmarschallamt!
Gegen den mir von Kurfürstl. Oberhofmarschallamt
gemachten Vorwurf der Unbescheidenheit hoffe ich
mich vollkommen rechtfertigen zu können. Ich würde
ihn verdient haben, wenn ich meine auf die Probatur-
monita gemachten Bemerkungen an diese hohe Behörde selbst zu richten mir angemaszt hätte. Das
ist mir nie in den Sinn gekommen, vielmehr habe

ich geglaubt, dasz solche Angelegenheiten zwischen
Rechnungsführer und Probator abgemacht zu werden
pflegten. Ich hatte jene Erwiderungen vorher dem
Herrn Director Völkel mitgetheilt und er sie ganz
in dem Sinne genommen, wie ich, ohne sie zu misbilligen. Ich war der Meinung, dasz ein Verrechnen
oder Verzählen von 10 Hellern weiter keine Folgen
haben würde, als dasz mir solche von der Probatur
absque monito gestrichen und zu meinem Schaden
abgezogen werden würden; eine weitere Erläuterung
aber konnte ich der Natur der Sache nach nicht
geben. Die Rechnungen bei Verwendung der Bib-
liotheksgelder sind so einfach, dasz ich wohl hoffen
darf, sie genau und in hergebrachter Ordnung zu
führen; Mangel an Fertigkeit und Einsicht in jedes
feinere Rechnungswesen schreibe ich mir selbst zu.
Ich werde nicht verfehlen in Zukunft die Erläuterungen der Moniten so abzufaszen, als wären
sie an Kurf. Oberhofmarschallamt selbst gerichtet
und bitte mir meinen seitherigen Irrthum geneigtest
nachzusehen.

Paginirung des Catalogs ist aus folgenden Gründen
nicht möglich: die Bücher werden darin nicht fortlaufend, weder nach der Zeit des Ankaufs noch nach
dem Formate noch nach irgend einem andern äuszern
Grunde eingetragen. Diese Methode wird man heut-
zutage schwerlich bei irgend einer namhaften
Bibliothek befolgt finden. Sie gestattet nämlich
keine wiszenschaftliche Übersicht der Fächer und
würde den Gebrauch der Bücher ausnehmend erschweren. Diese werden daher nach den Wiszen-

schaften geordnet und zwar nicht blosz nach Haupt-
eintheilungen, sondern nach mannigfalten zahlreichen
Unterabtheilungen. Hierbei treten besondere Fälle
ein, wovon ich blosz die häufigsten nenne: 1. ein Buch
ist bisher an einen unrichtigen oder nicht ganz genauen Platz gestellt worden, musz daher anders ein-
gestellt werden. 2. es erscheint die Fortsetzung
eines Werks und sind die neuen oft zahlreichen
Bände einzureihen oder es erscheint ein so nahe
verwandtes, dasz dieses unmittelbar daran seinen
Platz verlangt. 3. beszere Einsicht oder eine neue
Gestaltung der Wiszenschaft fordert Abänderung in
dieser oder jener Unterabtheilung. 4. gröszere Werke,
z. B. Collectiones, scriptores, opera omnia sind früher
nur unter dem allgemeinen oder Haupttitel eingetragen. Sie müszen jetzt detaillirt werden. Das
heiszt, es musz der Inhalt eines jeden Bandes einzeln
angegeben werden, und wenn nun gar Abhandlungen
verschiedener Verfaszer in einem einzigen Bande sich
befinden, müszen auch diese in den zweiten Nominal-
catalog (der aus lauter einzelnen, ungebundnen
Blättern bestehet, um jeden Augenblick einen neuen
Namen dazwischen legen zu können) eingetragen
werden. Ein Werk also, das wenn der Haupttitel
allein angegeben wäre, z. B. Corpus historiae byzan-
tinae, nur ein Paar Zeilen einnimmt, kann, sobald
es detaillirt wird, leicht 20—30 Seiten erfordern.

Diese Fälle enthalten nun hauptsächlich die
Gründe, warum die eigentlichen Hauptcataloge nicht
können paginirt werden, auch bei keiner andern
Bibliothek z. B. in Göttingen, die bekanntlich für

ein Muster gilt, paginirt sind. Nicht blosz hinter
jeder Unterabtheilung ist weizes Papier eingebunden,
sondern auch fortlaufend häufig zwischen drei
oder vier beschriebenen Blättern. So oft ein Buch
umgestellt, etwas detaillirt, eine Unterabtheilung
beszer geordnet wird, musz das fehlerhafte heraus-
geschnitten, das richtigere auf das reine Papier geschrieben werden. Auf diese Art vervollkommnet
sich der Catalog, ohne dasz die alten Fehler und
und viel ausgestrichenes sichtbar würde. In den
meisten unserer Cataloge sind bereits ausgeschnittene
Blätter bemerkbar, in einigen sehr häufig. Würden
nun die 80 Folianten auf Anordnung Kurf. Oberhofmarschallamts jetzo paginirt, so würden doch
durch die nothwendige Auscheidung und Ersetzung
des Verderbten Lücken in der Zahlenfolge entspringen,
die Citate bald nicht mehr treffen und der Zweck
der Pagination von selbst vereitelt werden.

Nächst dem gibt es noch einen zweiten Grund,
weshalb die Pagina des Eintrags nicht sogleich bei
Überreichung der Rechnung könnte angegeben
werden. Weil gewisse Bücher, obgleich erkauft
und bezahlt, noch nicht eintragbar geworden sind.
Dahin gehören viele noch unvollendete Werke, solche
von denen etwa noch Kupfertafeln oder Register
nachgeliefert werden. Sie liegen vorerst in einem
Schranke aufbewahrt. Bei einigen Bibliotheken,
holländischen z. B., wird durchaus kein Werk eingebunden, dessen Fortsetzung noch erscheint, so
dasz manche 6—10 Jahre roh aufgehoben bleiben.
Sodann kaufen wir kleine Schriften von Werth,

academische Programme, Dissertationen etc. Diese
werden gesammelt, bis sich von einem und demselben
Gegenstand genug vorfindet, einen Band zu füllen;
dann erst werden sie gebunden und eingetragen.
Ich bin hier so kurz als möglich gewesen, hoffe
aber Kurf. Ober-Hofmarschallamt überzeugt zu haben,
dasz bei gegenwärtiger und doch offenbar lobens-
werther Einrichtung es nicht angeht, die Cataloge
zu beziffern und paginam zu nennen, auf welcher
ein kürzlich erkauftes Buch eingetragen steht. Das
was ich gesagt, würde ein allenfalsiger Bericht von
dem Director der Bibliothek nicht blosz bestätigen,
sondern vielleicht noch einleuchtender darstellen.
Zur Sicherung gegen mögliche Veruntreuung
waren bisher folgende Maszregeln getroffen. Jedes
Werk, welches erkauft wird, findet sich namentlich
in der Rechnung des liefernden Buchhändlers auf-
geführt. Alle, jederzeit in duplo ausgefertigten
Rechnungen bleiben im Original bei der Behörde,
welche sie durchsieht und liquidirt, deponirt. Seit
einigen Jahren bei Kurf. Oberhofmarschallamt. Diese
hohe Behörde besitzt also genaue und authentische
Übersicht alles dessen, was seit Ihrer Administration
für die Bibliothek angeschafft worden ist, und die
Bibl. kann jeden Augenblick danach revidirt werden.
Auszerdem wird jedes erkaufte Werk alsobald eingetragen, in ein Buch, das zur Controlle gegen die
Buchhandlungen dient, nach Ordnung der Buchhändler
und der Zeitfolge. Ich brauche kaum ausdrücklich
anzuführen, dasz Director, Bibliothecar und Secretar
darauf b e e i d e t sind, alle Acquisitionen einzutragen

und aufzustellen, folglich einander gegenseitig con-
trolliren. Sollte aber Kurf. Oberhofmarschallamt
noch weitere Sicherheit wünschen, so erlaube ich mir
den unmaszgeblichen Vorschlag zu thun, dasz beim
Abschlusz der Jahresrechnung der Director jedesmahl
bescheinige: sämtliche in der Rechnung genannte
Werke seyen wirklich auf der Bibliothek vorhanden.

Den mir von kurfürstl. Oberhofmarschallamt gemachten weiteren Vorhalt eines Hanges zur Un-
gebundenheit in Verwendung der Allergnädigst be-
willigten Verlagsgelder hoffe ich gleichfalls in ganz
ein anderes Licht zu stellen. Betrifft er das Finanzielle dabei, so spricht mich mein Gewiszen davon
völlig frei. Welche Berechnungsart auch Kurfürstl.
Oberhofmarschallamt dabei vorschreiben wird, diese
werde ich, sobald sie mir bekannt geworden ist, und
weshalb ich um Ertheilung der allergenauesten Befehle bitte, pünctlich zu beobachten suchen. Sollte
aber unter jenem Tadel auch das Wiszenschaftliche
begriffen seyn, so bitte ich mir zu erlauben in
gröszter Bescheidenheit folgendes zu bemerken. Mein
Amt bestehet auszer in der Erhaltung, Bewahrung
und Bearbeitung des bisherigen Bücher- und Hand-
schriftenvorraths auch in der Fortführung der
Bibliothek oder im Ankauf derjenigen Werke, welche
der Anlage des Ganzen und dem Gange der Wiszenschaften nach für die Bibliothek angemeszen sind.
Wenn sich der Bibliothecar beides genau zu berück-
sichtigen bestrebt, so kann die Wahl der zu kaufen-
den Bücher zuletzt nur von seiner innern Überzeugung abhängen. Doch entscheidet sie nie allein,

sondern es wird über den Ankauf jedes neuen
Werkes vorher mit den andern Mitgliedern der
Bibliothek gerathschlagt, und es ist mein gröszter
Wunsch, dasz Kurfürstl. Ober-Hofmarschallamt sich
in einzelnen Fällen zu überzeugen geneigt würe,
wie vielfache Rücksicht jedesmahl genommen und
wie sorgfältig überlegt wird, um den allergnüdigst
verliehenen Fonds so zu verwenden, wie es der
Bibliothek im ganzen und im Verhältniss der einzelnen Fächer zueinander vortheilhaft ist. Da dieser
Fonds so sehr beschränkt ist, können wir nicht das
nöthige, sondern fast nur das allernothwendigste
anschaffen. Wir müszen jede günstige Gelegenheit
nutzen, um bei Privaten oder in Auctionen das
fehlende, zum Vortheil des Allerhöchsten Interesses,
oft für den dritten Theil des eigentlichen Preises,
zuweilen noch darunter zu erwerben. So habe ich
kürzlich von dem Herrn General von Müller die
12 Bände der neuen Encyclopädie, die im Laden-
preise gegen 50 *rf* stehen, für 25 erkauft und in
der Arandschen Verganthung 36 Bände Herders
Werke, im Buchladen über 50 *rf* kostend, gebunden
für 8 *rf*, was der Einband allein werth ist, er-
standen. Es müszen nur von beiden Werken die
Fortsetzungen zugekauft werden.

Hier wünschte ich näher ausführen zu dürfen,
in welchem Verhältnisse sich der Bibliothekar bei
jeder bedeutenden Bibl. Deutschlands, also z. B. zu
Dresden, Gotha, Weimar, Darmstadt, Berlin, München
etc. befindet, welche freie Hand ihm, sicherlich
zum Vortheil der Anstalt, von seiner Regierung ge-

laszen wird. Nicht bei allen, aber bei den meisten
dieser Bibliotheken ist auszer dem fest bestimmten
Fonds, den die Bibliothecare ganz in ihrer (meines
Wiszens nie gemisbrauchten) Gewalt haben, ihnen
erlaubt, für sich unerwartet bietende Gelegenheiten,
zum vortheilhaften Ankauf einzelner Werke, bis zu
einem gewissen Punct, unangefragt Geld zu verwenden. Aus eigner Erfahrung weisz ich, dasz in
Göttingen jeder Bibliothecar solche Ankäufe macht
und ihm, ohne Bescheinigung, auf sein bloszes Wort
die Auslage vergütet wird. Es herrscht ohne Zweifel
da die sittliche Überzeugung, dasz kein Pfennig auf
diesem Wege je ist veruntreut worden. Vergleiche
ich diese Verhältnisse und die vielen Rücksichten,
die wir zu nehmen haben, so wage ich die Behauptung, dasz ich mehr als irgend ein Bibliothecar
gebunden bin. Bestände eine Bibliothek blosz in
der Anhäufung, Aufstellung und Registrirung von
Büchern, fürwahr, es würde kein leichteres Amt
geben, als das eines Bibliothecars. Soll sie aber
nur das aufnehmen, was den Fortschritt der Wiszenschaften bezeichnet, den lebendigen Zusammenhang derselben darstellen, so wird dieses Amt schwer und mühsam, weil das fehlende aufgefunden, das neue aber in
allen Wiszenschaften übersehen und beurtheilt seyn will.

Selbst den empfindlichen Ton meiner (irrthümlich,
weshalb ich nochmals um Verzeihung bitte) an die
Probatur gerichteten Gegenbemerkungen, hoffe ich
nun mehr, wird Kurf. Oberhofmarschallamt aus
einem andern Gesichtspuncte beurtheilen, zumahl,
wenn es sich die Lage vorstellt, worin ich mich be-

finde. Zum Rechnungsführer bestellt, ohne seit länger als fünf Monaten das geringste in Cassa zu haben; genöthigt, vielmehr durch die Anhänglichkeit an das mir anvertraute Amt bewogen, über 50 ₰ von dem meinigen auszulegen oder sonst herbei zu schaffen, unbekannt mit den Abweichungen von der bisher gutgefundenen und wenigstens bei Kurf. Bibliothek hergebrachten Art und Weise, unschuldige, kleine Posten zu belegen — glaubte ich mich vertheidigen zu müszen gegen jeden Schein von Tadel: als hänge ich sträflichem Privatvortheil nach, als sey eine Veruntreuung angekaufter Bücher möglich, als brauche diese durch neue Mittel verhütet zu werden. Dasz diese hohe Behörde s e l b s t ihn jemahls anders ansehen und behandeln würde, als einen dem Staate seit 19 Jahren in verschiedenen Verhältnissen unbefleckt-treu dienenden Mann, ist dem gehorsamst unterzeichneten zu bezweifeln nicht eingefallen. Und ich glaube auch als Aufseher oder Mitaufseher einer Bibliothek, in die ich (wessen ich mich vielleicht sonst nie gerühmt hätte, denn es ist kaum Rühmens werth und alle meine Collegen thun desgleichen) wohl schon 30—40 Bände, die m i r geschenkt worden sind, gestellt habe, Vertrauen zu verdienen. Die mir verwilligten 68³/₄ ₰ reichten nicht zur Bezahlung der 121 Gulden in Stuttgart hin, sondern ich habe nach Ausweis der Anlage dem Banquier Arnthal 2, 1, 1¹/₂ zulegen müszen. Mit schuldigem Respect Kurf. Oberhofmarschallamts unterthäniger Diener Dr. G r i m m"

*Dieses Schreiben wurde Director Völkel durch Resol.
vom 14. Juni 1824 zur gutachtlichen Äuszerung darüber
zugestellt,* „ob einer Paginirung des vorhandenen
alphabetischen Katalogs der Museums-Bibliothek
gleich grosze Schwierigkeiten entgegen stehen, als
die hierin angegebenen, welche die Seitenbezifferung
der wissenschaftlich-systematischen Verzeichnisse unausführbar zu machen scheinen. Hoffmann.
    *Am 22. Juni erfolgte Völkels Antwort, die selbst-
verständlich die Möglichkeit einer Paginirung des Zettel-
katalogs bestreitet. Darauf ergeht unter dem 17. Juli
1824 eine Resolution des O.-H.-M.-Amts, welche vorläufig von dem Eintragsvermerk auf den Rechnungen
absehen lässt, dann aber fortfährt:*
    „Da indessen der Mangel eines feststehenden
Verzeichnisses der Bibliothek mit einer guten Ordnung nicht zu vereinigen stehet, auch in einer allerhöchsten Resolution Sr. Königlichen Hoheit des
Kurfürsten der Befehl enthalten ist, dasz der Catalog
der Museums Bibliothek vorgelegt werden soll, so
ist es unerlässlich einen solchen unter Annahme des
Status vom 31. Dec. 1823, baldmöglichst und zwar
längstens bis zum Ablauf von Sechs Monaten nach
dem dermaligen System und zwar dergestalt mit
doppelten Nummern, dasz die eine fortlaufend für
den Catalog, die zweite aber für jede abgetheilte
Wissenschaft gelte, aufzustellen und anher einzusenden, worauf es alsdann nicht schwer fallen wird,
die jährlichen Nachträge, wenn auch nicht in den
systematischen Abtheilungen, doch am Ende des
Verzeichnisses, mit Beibehaltung des Eintheilungs-

Princips, zu machen. Vorstehendes wird dem Hrn. Director V ö l k e l auf dessen Bericht vom 22. Juni d. J. mit dem Auftrage bekannt gemacht, dafür zu sorgen, dasz dieser Verfügung gehörige Folge gegeben werde." *In den Erläuterungen J. Gr.'s zu den im Mai 1825 aufgestellten Calculaturbemerkungen über die Bibliotheks-Rechnung vom Jahre 1823, bemerkt endlich Grimm unter dem 25. Juli 1825:*

„ad 3. An dem hier angeregten *extractu catalogi* wird, so weit es die currente Dienstarbeit gestattet, auferlegtermaszen gearbeitet. Was den Zweck dieser Arbeit betrifft, bezieht sich Unterzeichneter auf seinen darüber pflichtmäszig erstatteten unterthänigen Bericht. Er begreift nicht, wie die beabsichtigte Controlle auf solche Weise erreicht werden kann und ist der bescheidenen Überzeugung, dasz diese hohe Behörde, sobald Ihr die unvermeidlichen Schwierigkeiten näher einleuchten, geneigen werde, die ganze Arbeit für das anzuerkennen, was sie ist, — für eine verlorne. Wegen der ordentlichen Einrichtung und Catalogisierung unserer Bibl. kann Kurf. O. H. M. A. in der That vollkommen ruhig sein; ich nehme mir die Freiheit, deshalb auf das neulich öffentlich gefällte Urtheil eines competenten Sachkenners gehorsamst zu verweisen: Wachlers Handbuch der Geschichte der Litteratur. Frankf. 1824. Theil 3 pag. 74."

Die hierzu notirte Resolution des O.-H.-M.-Amts vom 27. Aug. 1825 lautet:

„ad 3 bleibt es bey den auf allerhöchste Befehle gegründeten Verfügungen des Oberhofmarschallamts."

Weiteres in dieser Angelegenheit weisen die Acten nicht auf, auch die übrigen Berichte J. Grimms, welche im Jahre 1827 übrigens völlig aufhören und durch solche Völkels ersetzt werden, sind rein formaler Art. Es scheint als wären die Beziehungen Grimms zum O.-H.-M.-A. friedlichere geworden, namentlich seit nicht mehr Hoffmann sondern v. Canitz das Referat über die Bibliotheksangelegenheiten besorgte.

Bemerken will ich hier noch, dass von Jac. Grimms Thätigkeit aus der Zeit, in der er Bibliothekar Jerôme's war, nur ein kleines Actenstück auf hiesigem Staatsarchiv erhalten ist, ein 85 Nummern umfassendes „Resumé des livres qui se trouvent doubles dans la bibliothèque de S. M."

IV. Acten über Jacob Grimm als Mitglied der Censur-Commission.

Die Acten der Censur-Commission sind bis 1830 sehr unvollständig erhalten und beginnt das „Selecta" *betitelte Fascikel erst mit 1820. Die Mitglieder der Commission waren damals ausser J. Grimm: der Generalsuperintendent Dr. Justus Philipp Rommel und der Bibliotheks- und Museumsdirector Völkel. Nach dem Tode des letztern und dem Ausscheiden Grimms und Rommels, wurden 1830 neu ernannt: Archivdirector Dr. Chr. v. Rommel, der anstatt J. Grimms in Völkels Stelle eingerückt war, und Dr. Karl Chr. Sigism. Bernhardi, der an Stelle J. Grimms getretene Bibliothekar bei der Museums-Bibliothek.*

1) Die ersten erhaltenen Verhandlungen der Censur-Commission datiren vom 15. u. 23. Oct. 1820 und betreffen einen von ihr zu erstattenden Bericht sowie eine Erwiderung auf eine Regierungsverfügnng über die ohne Erlaubniss der Commission gedruckte Flugschrift des Dr. jur. Schaumann *in Giessen:* „Die rechtlichen Verhältnisse des legitimen Fürsten, des Usurpators u. des unterjochten Volkes." *Die Schrift war direkt vom Kurfürsten gebilligt worden. Beide Schriftstücke sind von J.* Grimm *concipirt, doch ist das letztere, da die andern Com.-Mitglieder für Stillschweigen stimmten, nicht abgesandt. Ich unterlasse sie mittzutheilen, da sie kein allgemeines Interesse bieten.*

Weitere Verhandlungen sind:

2) In Sachen d. Rheinprovinzen von Görres. Stuttg. bei Metzler 1822. *Völkel beantragte bei dem Minister d. ausw. Angelegenheiten anzufragen, wie es damit gehalten werden soll.* Rommel *trat bei.* Grimms *Votum vom 12. Febr. 1822 lautet:*

„Dieser Abstimmung vermag ich nicht beizutreten. 1) dasz die befragte Schrift schon hier circulirt, ist wie auch Hr. Dir. Völkel andeutet, für uns gleichgültig; wir können blosz inländischen Buchhändlern den Verkauf von Schriften verbieten, aber niemanden wehren, sie aus dem Auslande zu beziehen und zu lesen. Dasz in dieser Hinsicht unser Wirkungskreis ganz illusorisch sey und höchstens inländische Buchhändler beeinträchtige, hat die Commission gleich bei ihrer Constituirung pflichtmäszig vorgestellt.

2) Das Verbot der befragten Schrift scheint mir inconsequent, da die ungleich stärkere Äuszerungen

enthaltende Schrift desselben Verf. und Verlegers:
„Europa u. die Revolution 1821" nicht untersagt,
vielmehr damahls unanstöszig befunden worden ist.
3) Auch an sich betrachtet kann die vorliegende
Schrift meines Erachtens ruhig passiren. Sträflich
sind demagogische, die bestehende Verfaszung ver-
giftende u. beleidigende Werke; nicht solche, die
mit Freimuth und nothgedrungen Gebrechen einzelner
Regierungen aufdecken, in dem keine Regierung
vollkommen seyn kann. Den Satz: 'keinen Tadel
fremder Reg. zu dulden' finde ich weder in der
Censurinstruction von 1816 noch in dem späteren
Bundesgesetz (Völkel hatte von einem dies be-
sagenden Edict gesprochen). Jene untersagt § 1
Schriften 'wodurch die guten Verhältnisse mit auswärtigen Staaten beeinträchtigt werden'; kein Staat
wird aber dem andern Verletzung des guten Verhältn. vorwerfen, welcher eine Schrift circuliren
lässt, die jener höchstens selbst aus Gründen, die
ihn allein angehen, in seinem Lande verbieten
würde. Es kann z. B. angemeszen seyn, dasz
hiesige Behörden einen Tadel unserer Einrichtungen
verhindern, wie gewisse Dinge, ins Gesicht gesagt,
die Würde verletzen, durch einen Dritten oder
Vierten hingegen zur Sprache gebracht werden
mögen; in Preuszen, Baiern etc. würde jener Tadel
laut werden dürfen, wenn er nur selbst anständig
ausgesprochen wäre.

Es ist meine Überzeugung, dasz vorliegende
Schrift ungehindert in ganz Deutschland (Preuszen
und höchstens Oesterreich abgerechnet, in jenem, wegen

der nähern Beziehung, in diesem wegen der überstrengen
Censur) umläuft; warum wollen wir auf Kurhessen
den Schein einer Illiberalität laden? Unterläszt
Preuszen, am Bundestag wider den Druck der Schrift
bei Würtemberg zu protestiren, so willigt es *tacite*
in ihren Vertrieb auszerhalb seiner Staaten ein.

4) es ist nicht bekannt, dasz Kurhessen zu
Preuszen in näherer Verbindung stehe, als zu einem
der übrigen Bundesstaaten; wenigstens nicht officiell
und keine Behörde darf auf andere Rücksichten
achten. Wollte ich auf unofficielle Gefühle achten,
so würde ich meinestheils keine besondere Neigung
empfinden, in diesem Augenblicke einem Staat besondere Zartheit angedeihen zu laszen, der die bekannte bernburg-bonner Geschichte mit aller
Unschonung gegen Kurhessen betreibt und unter
seinem Einflusze anstöszige Artikel in Zeitungen
erscheinen läszt.

5) gegen die vorgeschlagene Anfrage beim Minister der auswärt. Angel. habe ich, dasz die von
dem höchstseel. Kurfürsten nur von Ihm selbst
abhängig gestiftete Censur-Comm. durch die neue
Staatsorganisation keiner andern Ober[be]hörde
unterworfen worden ist, vielmehr in dem ganzen
Edict ihrer gar keine Erwähnung geschieht. Jedenfalls scheint sie eher der Regierung oder dem Minister des Innern zuzufallen. Der Min. der auswärtigen Angel. wird die befr. Schrift weder an-
stösziger noch unanstösziger finden, als die Censur-
Commission selbst und da, wenn zwei Behörden über
einen solchen Gegenstand correspondieren, das Ver-

dammungsurtheil leichter gesprochen zu werden
pflegt, so würde uns die empfangene Resolution
wiederum für folgende Fälle noch ängstlicher
machen.

6) ohne Bezug auf den fragl. oder irgend einen
besondern Fall läge uns vielleicht näher, unmittelbar Allerh. Orts vorzustellen: dasz die Comm. sich
für aufgehoben erachten müsze, weil ihrer in dem
Org. edict nirgends Meldung geschehe; dasz wahrscheinlich hierbei höhere Einsicht in die Unwirksamkeit des Censurwesens, wie es dermalen ange-
ordnet ist vorwalte. Diese Unwirksamkeit wäre
alsdann zu erörtern und der Antrag zu machen:
Censur blosz für die im Land gedruckt werdenden
Sachen zu verordnen, dagegen den Debit der in
anderen Bundesstaaten, voraussetzlich mit deren
Censur gedruckten Bücher frei zu laszen, wobei
vielleicht nur solche, in denen sich Äuszerungen
über Kurhessen befinden auszunehmen seyn dürften.

Grimm."

*Völkel trat diesem Votum entgegen, und wurde
auf Rommels Antrag an den Minister des Innern
berichtet aber das Sachdienliche, aus Grimms Votum
dabei mit angedeutet.*

3) Gutachten Grimms vom 14. Dec. 1822:

„Beifolgende Schrift von Görres über den
Congress zu Verona ('Die heil. Allianz u. die Völker
auf d. Congr. zu V.') scheint mir passiren zu können.
Sie ist in der bekannten Sturm und Drangvollen
Manier des Autors abgefaszt und stellt die ver-

schiedenen Ansichten der Zeit grell, doch freimüthig gegen einander. In Würtemberg soll zwar ein Verbot erfolgt seyn, vermuthlich aber aus eigenen Gründen (etwa wegen S. 82), welche auf unser Land nicht anwendbar sind. Auch die andere Flugschrift von Tschirner über eine deutsche Revolution ('Die Gefahr einer deutschen Revolution betrachtet' etc.) scheint unbedenklich."

Auf Völkels Gutachten, dem Rommel beitrat, wurde Görres' Schrift verboten.

4) Über Zeitgenossen. Neue Reihe no. X. Leipzig Brockhaus 1822 (darin: 'Wilhelm I., Kurfürst von Hessen').

J. Grimms Gutachten lautet:

„Nach dem neulichen Präjudiz, welches die Flugschrift über den Congresz zu Verona verdammt hat, muss Unterzeichneter für das Verbot dieser Biographie stimmen. Sie enthält scharfe Aussprüche über den Character des Höchstseel. Kurfürsten (zumahl S. 23. 25. 26. 27. 30. 41) und würde bei dessen Lebzeiten alsogleich verboten worden sein. Die Gründe warum es geschehen wäre, dauern nach seinem Tode fort. S. 33 unter sehr richtigen Bemerkungen über das Hess. Censurwesen liefert auch die unrichtige: dasz ein censirendes Personal abgehe. Wir wiszen leider seit manchen Jahren, dasz wir auf ein so trauriges und eiteles Geschäft Zeit verwenden. Unterzeichneter hat seit Erscheinung des Bundes Preszgesetzes dafür gehalten, dasz dieses fortan die einzige Norm und die ältere blosz auf Kurhessen bezügliche Instruction dadurch aufgehoben

sey. Er hat darum auch mehrere Schriften passiren
laszen, welche nach letzterer Instruction verurtheil-
bar gewesen wären. Seine verehrten Herrn Collegen
scheinen nach dem neulichen (hier wieder angelegten
voto) anderer Meinung; ihre Stimmenmehrheit entscheidet, folgerichtig musz aber dann auch die
gegenwärtige Biographie verboten werden. Das
Bundestagsgesetz läszt sowohl die Schrift von
Görres, als die vorliegende zu. s. m. den 13. Jan.
1823. G r i m m."

Im Schlussvotum, in welchem er das erfolgte Verbot
constatirt, fügt Grimm noch hinzu:

„Die beigefügte Nota der Dieterichschen Buchhandlung bewährt die Richtigkeit meiner im *voto*
aufgestellten Ansicht, dasz andere Bundesstaaten,
welche sich blosz an das Bundespreszgesetz halten,
die befragte Schrift über die heil. Allianz nicht
verboten haben. G r i m m."

5) Aufforderung des Ministeriums des Innern vom
28. Juli 1823 an die Censur-Commission eine Dienst-
vorschrift für die K r e i s r ä t h e hinsichtlich der ihnen
mittelst Verordnung vom 29. Juni 1821 auferlegten
Aufsicht über die L e i h b i b l i o t h c k e n zu entwerfen.
V ö l k e l stellt einen solchen Entwurf auf. G r i m m
votirt dazu [am 3. 8. 23]:

„Ehe mir vorstehende Abstimmung zukam, hatte
ich schon meine Gedanken über die Sache aufgesetzt,
welche ich, wenn sie auch nicht passend erscheinen
sollten, mittheile. Sie gehen davon aus, dasz eine

Aufsicht über die Bibliotheken der Censur-Commission fremd sey, der Kreisrath aber auch nicht tauge, eine solche mit wirklichem Nutzen auszuüben. Es ist beszer, dasz der Staat solche Institute dulde, als sich einmische; er unterdrücke nur notorischen Scandal. Die Ministerialresolution fordert freilich nicht unsere Meinung von der Sache selbst, sondern einen Reglementsentwurf für das, was bereits gut befunden scheint. Indessen nützt vielleicht eine offene Sprache, damit etwas Unnöthiges uneingeführt bleibt. Der Mensch läszt sich von einer Regierungsbehörde nicht gern vorschreiben, was er lesen und nicht lesen soll; gute Bücher finden sich in allen Leihbibliotheken, rentiren sich aber immer schlecht. Weit nützlicher würde noch die Aufsicht über solche Dinge in die Hände der geistlichen Obrigkeit, welche sich mehr langsamer und moralisch wirkender Mittel bedienen kann, (auch hat der Prediger einer Landstadt in der Regel mehr literarischen Tact als der Kreisrath) gelegt werden. s. m. Grimm." —

Der beigelegte Berichtsentwurf Grimm's lautet:

„Meines Erachtens kommt es darauf an, damit nicht der Censur-Com. auch noch Aufsicht über die Leih- und Lesebibliotheken aufgebürdet werde, den ganz verschiedenen Zweck des rein politischen Censuramts und der rein sittlichen Lesebibl.-polizei deutlich vorzustellen und dürfte ungefähr, wie nachsteht zu berichten seyn: Unterzeichnete Behörde, seit und vermöge ihrer Errichtung, hat nie das geringste mit den hier, noch weniger den sonst im Lande befindlichen Leih- und Lesebibliotheken zu thun gehabt.

Diese sind, gleich den Zeitungen und Wochenblättern, zuweilen besonderer, zuweilen gar keiner Aufsicht oder nur im Allgemeinen der Polizeigewalt unterworfen gewesen. Der Nachtheil, welchen Lesebibliotheken stiften können liegt in so weit gänzlich auszer dem Gesichtspunkt der Censur-Commission. Censuranstalten in protestantischen Ländern wurden zuerst in den bewegten Zeiten der franz. Revolution für gut gefunden, unter der eingreifenden Napoleonischen Verwaltung allerwärts ausgebildet, in Deutschland aber seit dem letzten Pariser Frieden und den Beschlüssen der Bundesversammlung förmlich errichtet. Die Regierungen wollen dadurch den Druck und die Verbreitung freier und ausgelaszener Meinungen über Gebrechen der Staatsverfaszung hemmen, den gefürchteten schädlichen Einflusz derselben plötzlich ersticken. Religion und gute Sitten pflegen zwar nebenbei genannt zu werden, scheinen aber in der That blosz prätextirt. Besprechungen religiöser Gegenstände zu verhindern, sogar von halb oder ganz weltlichen Behörden verhindern zu laszen, widerstreitet dem protestantischen Lehrbegriffe. Gotteslästerliche und unzüchtige Bücher sind in der deutschen Literatur unerhört oder doch so selten, dasz sie ohne Dazwischentritt einer Staatsgewalt die allgemeine öffentliche Verachtung ächten würde.

Der Zweck des Censuramts ist demnach rein politisch.

Leihbibliotheken hingegen sind politisch genommen ungefährlich. Das Volk holt sich aus ihnen weder öffentliche Flugschriften, noch neue

Zeitungen, sondern eine ungeheure Masse von Romanen und Schauspielen. Ernst-wiszenschaftliche und geschichtliche Werke figuriren höchstens in den Catalogen, bleiben aber im Durchschnitt ungelesen. Die von den Censoren verbotenen Werke hätten ihren Weg in die Leihbibliotheken ohnehin nicht gefunden. Ohne den Schaden, der durch solche Leihbibliotheken unter dem Volk gestiftet wird, zu verkennen, sieht unterzeichnete Behörde nicht ab, durch welche Mittel der Regierung diesem Übel gesteuert und kräftig begegnet werden könne.

Man kann behaupten, dasz das Bestehen der Lesebibliotheken im Ganzen, und sollten sie kein an sich verdammliches Buch enthalten, weit gefährlicher sey, als das gefährlichste Buch, das sich in ihnen befinden dürfte. Allein sie sind ein Übel der Zeit, das aus anderen Vortheilen der Zeit herflieszt und sich nur durch eine innere, sittliche Verbesserung der Menschen, nicht durch die äuszere Macht der Regierung aufheben läszt. Will jemand seine Zeit an das erschlaffende Lesen fader Bücher wenden, wer kann es ihm wehren? gesundere Speise verträgt er vielleicht nicht einmahl.

Der Staat wird also Lesebibliotheken überhaupt toleriren müssen und sich darauf beschränken, einzelne mehr oder weniger schlüpfrige und unsittliche Schriften aus der Circulation zu setzen. ,Doch selbst dieses letztere ist sehr schwer und von der Behörde des Kreisamts am schwierigsten zu erreichen. Die Menge der Romane und Schauspiele ist so ansehnlich, die Lectüre der meisten so widerlich und müh-

sam, dasz es schon für den bloszen Literator eine
Last wird, sich mit solchen Büchern obenhin, geschweige genauer bekannt zu machen. Die Grundsätze, welche über die Unsittlichkeit eines Buches
zu entscheiden hätten, sind sodann der Natur der
Sache nach unbestimmt und schwankend und es
würde von der Einsicht, Stimmung und Laune des
einzelnen Beurtheilers abhängen, eine unschuldige
Schrift zu verdammen, eine andere schädliche zu
zu erlauben. Unter den Kreisräthen dürfte vielleicht
kein einziger dem Geschäft gewachsen seyn, noch
weniger seine Untergebenen, denen er es überlaszen müste. Dasz sie die mit jeder Messe wachsende
Zahl neuer Unterhaltungsschriften durchlesen und
gehörig beurtheilen werden, steht folglich gar nicht
zu erwarten. Eine allgemeine Centralbehörde die
für das ganze Land sich diesem Ausscheidungs-
geschäft unterzöge, wird, wo nicht unausführbar,
doch ganz unrathsam seyn. Denn die Gründung
einer solchen Anstalt, die damit verbundene Mühe,
Schreiberei, die daraus entspringenden Kosten müszen
mit dem geringen Vortheil, den sie leisten kann,
auszer allem Verhältnis stehen.

Unter diesen Umständen scheinen uns höchstens
folgende dem Kreisamt zu ertheilende Vorschriften
zweckmäszig und von einigem practischen Werth:
1) die Anlegung neuer Leihbibliotheken zu erschweren
und in kleinen Landstädten ganz zu untersagen.
2) den Buchhändlern und Unternehmern der Leihbibliotheken die Aufnahme jedes unsittlichen Buchs
bei Strafe der Confiscation und daneben beliebiger

Geldstrafe zu verbieten. Buchhändler pflegen solche Bücher am ersten zu erkennen und würden sich am leichtesten vor Übertretungen hüten. Einzelne Straffälle bleiben dem Ermessen des Kreisraths füglich überlassen. 3) sich die Verzeichnisze und deren Fortsetzungen zur Genehmigung vorlegen zu lassen. Auch diese Vorschrift ist nicht durchgreifend, wird aber theils den Besitzer der Leihbibl. abschrecken ihm bekannte, verdächtige Bücher aufzunehmen, theils dem Kreisrath Gelegenheit geben, notorisch schlechte Artikel zu streichen, oder ihm bedenklich scheinende vorher zu prüfen. s. m. G r i m m." *Nicht dieser sondern ein neuer Berichtsentwurf von Völkel wurde abgesandt.*

6) 'C a s t r o L a m e n g o von E g l o f f s t e i n. Hofbuchhändler Luckhard.'

„Da dieser Roman Thaten von Räubern und Aufrührern gegen die spanische Regierung in Schutz nimmt und mehrere anstöszige Stellen enthält so bin ich der Meinung, ihm das Impr. zu verweigern. s. m. G r i m m 16 Sept." *Das Verbot wurde erlassen.*

7) 'Darstellung der Denkwürdigkeiten europäischer Weltereignisze. Memmingen 1823 bei Christoph Müller.' *Rommel findet nichts anstösziges darin und will danach berichten. —*

„acc. G r i m m, doch könnte vielleicht bemerkt werden, wiewohl dem Vertrieb dieser weitläufigen, mittelmäszigen, die sogenannte liberale Ansicht der franz. Revolution begünstigenden Compilation censurmäszig nichts entgegenstehe, so dürfte es doch aus Gründen einer guten Landespolizei angemeszen

scheinen, zu verhindern, dasz eine Masse dieses
Products im Lande abgesetzt werde. Der Supplicant
hat nicht näher belegt, welche Behörde ihm das
Subscribentensammeln erlaubt hat. Solche Muster-
reiter obscurer Buchhandlungen, wie die Müllersche
in Memmingen ist, verdienen auf keinen Fall Be-
günstigung."

8) v. Horn: Über die Verschwörung gegen des
Kurfürsten Königl. Hoh. *Bericht darüber an das
Ministerium des Innern von Grimm concipirt und von
Rommel und Völkel genehmigt:*

„Es ist uns eine im Auslande gedruckte Flugschrift über etc. v. Johan v. Horn zugekommen,
welche sich verschiedene Details theils über die
Sache selbst theils über das von der Polizei sowie
von der zur Untersuchung der ausgestoszenen
Drohungen verordneten Kurf. Commission eingeleitete
Verfahren öffentlich zu machen erlaubt. Da wir
nun nicht unterrichtet sind in wie weit die von gedachten Autor wiederholentlich geäuszerte Behauptung, dasz er mit Vorwissen der Kurfürstl. Behörden
seine Schrift herausgebe, in der Wahrheit gegründet
sey, so sehen wir uns genöthigt, für diesen in der
Censurordnung unvorhergesehenen Fall, bei Kurf.
Ministerio hierdurch gehorsamst anzufragen, ob es
der Allerhöchsten Intention gemäsz sey, den Verkauf
der Hornischen Schrift hier im Lande zuzugeben
oder zu untersagen? . . . 19. April 1824." *Durch
Verfügung vom 21. April wurde die Schrift untersagt.*

9) 'Der Sturm von Missolunghi. Hersfeld Rull-
mannsche Buchhandlung'.

„Da wir zu der Formel typum non meretur,
die hier die schicklichste wäre, nicht berechtigt
sind, so wird wohl das Imprimatur zu ertheilen
seyn. s. m. Grimm 30 Juli 1826.“

10) ʻv. Horn Diplomatischer Bericht über die in Cassel eingelaufenen Drohbriefe. Zerbst bei Kummer 1826.ʻ

„Von dem bekannten Horn ist soeben ein neues
Buch, betitelt: ... erschienen, welches ganz im
Geiste des früheren abgefaszt ist und daher unbedenklich zu verbieten seyn dürfte. Cassel 10 Aug. 1826.
s. m. Grimm.“

acc. Völkel.

11) ʻv. Thumb: über die schlechten Zeiten.
Hersfeld 1826.ʻ

„Enthält einige ziemlich freie Redensarten, doch
habe ich keine unanständige darunter bemerkt. s. m.
15. Aug. 1826 Grimm.“

12) „Der Buchhändler Luckhardt bittet um das
Imprimatur für beifolgende Predigten des Hrn. C.
R. Ernst, wobei nicht das geringste Bedenken seyn
wird. Zugleich bittet unterzeichneter seine verehrten
Herrn Collegen, ihm selbst zu gestatten, dasz er
einigen Bogen grammatischen Inhalts das Impr. ertheilen dürfe. Das Ms. ist schon in der Druckerei,
weil es zufällig damit eilt. Es wird aber demnächst
durch Vorlegung des Impressi den ganz unschuldigen
Inhalt darthun. Cassel 22 juni 1826 Grimm.

13) ʻPoetische Versucheʻ.

„Schmeicheleien haben an sich nichts censurwidriges, so widrig sie seyn mögen. Ich bin daher
mit Herrn Dir. Völkel einverstanden, dasz der

Verfaszer der befragten Gedichte das unangenehme
der Zusammenstellung sich selbst beizumeszen hat,
eben weil er sich doch einmahl zu den, wahrscheinlich öffentlich recitierten, Liedern hergegeben hat.
Wäre er nicht Autor, oder wären die Gedichte ver-
fälscht, so möchte er es mit dem Verleger oder dem,
auf welchen dieser verweist, auszumachen haben.

Nur eins scheint mir hier bedenklich, um dessen
willen meines Erachtens das Imprimatur zu verweigern ist. Die Zusammenstellung soll den Kreisrath Schödde persiflieren, also den obersten Staats-
diener der Verwaltung in dem Orte, wo sich Drucker
und Verleger (Schmalkalden Varnhagensche Verlags-
handl.) befindet. Dies streitet wider die gute Ordnung. Der Zusammensteller kann ja leicht in einer
auswärtigen Druckerei seine Absicht erreichen.

Da wir blosz erlauben oder verbieten dürfen,
und uns weder damit abgeben können, Erläuterungen
einzuziehen, noch zu warnen, so schlage ich den
verehrten Herrn Collegen vor, ob nicht folgendes
an den Varnhagen zu erlaszen seyn möchte: 'Obwohl die zurückgehenden Gedichte an sich nichts
censurwidriges enthalten, und ihr Verfaszer, wenn
Ihm deren Zusammenstellung unlieb wäre, dies mit
dem Verleger oder Zusammensteller hernach auf
anderem Wege auszumachen hätte, so kann jedoch,
weil es auf die Persiflage eines im Amt stehenden
Staatsdieners, der an dem Ort wo der Druck geschehen soll, die oberste Verwaltungsbehörde ausmacht, abgesehen ist, das nachgesuchte Imprimatur
nicht ertheilt werden.' s. m. 2. Sept. 1826 Grimm".

Das Imprimatur wurde ohne weitere Motivirung versagt.

Die sonstigen Verhandlungen der Commission sind von keinem Interesse.

Anmerkungen.

Band I.

S. 1. **Wigand**, Paul, aus Cassel] geb. 1786, besonders mit Jacob vom Lyceum her (hielt allerdings erst am 1. 4. 1803 seine Valedicentenrede als Schüler d. U. I.) befreundet, studirte später zusammen mit den Brüdern in Marburg und bewohnte auch kurze Zeit mit Wilhelm, als Jacob nach Paris gereist war, ein Zimmer. Am 28. Sept. 1805 bestand er seine Facultätsprüfung. Er starb als Stadtgerichtsdirector a. D. in Wetzlar 1866. Ueber das Verhältniss der Brüder zu ihm geben zahlreiche Stellen ihres Briefwechsels aus der Jugendzeit Aufschluss. Die an ihn gerichteten Briefe der Brüder sind jetzt in den Besitz der Kasseler Landesbibliothek übergegangen, deren zeitiger Vorstand Herr Dr. A. Duncker sie demnächst zu publiciren gedenkt. Er war so freundlich, mir die unter Nr. 1—3 mitgetheilten Auszüge zukommen zu lassen, ebenso auch einen Abzug seines im Casseler Tageblatt u. Anzeiger 1885 no. 1—4 abgedruckten Aufsatzes: „Jacob u. Wilhelm G. in den Jahren 1812—15", welchem no. 4—8 meiner Sammlung entnommen ist. Ein Auszug eines weiteren Briefes von Jacob steht in desselben Gelehrten Aufsatz: „Aus den Jugendjahren der Brüder Grimm" in der Deutschen Rundschau 1885, Januarheft.

S. 1. **Marburg.**] Nach dem handschriftl. Verzeichniss der von Ostern bis Michaelis 1802 in Marburg Studierenden (die Verzeichnisse der folgenden Semester sind, scheint es verloren) wurde Jacob Gr. am 30. April 1802 als Jurist eingeschrieben (sein Lycealzeugniss hat A. Reifferscheid in Zacher's Zeitschrift f. deutsche Philologie VI, 103 mitgetheilt; ältere Urtheile seiner Lehrer in Cassel s. Anm. zu S. 84) und wohnte no. 39 bei Kaufmann **Heckmann**. Es ist dies das zur Zeit Herrn Sattlermeister **Heuser** gehörige Haus Barfüsserstrasse no. 35. Später Ostern 1803 (vgl. Anm. zu

II S. 1) zog Wilhelm Gr. zu dem Bruder. Als aber Jacob
1805 Savigny nach Paris begleitete, siedelte Wilhelm in das
Haus no. 149 zu A. Rudolph über (schwerlich haben beide
Brüder hier gewohnt, 1802 wohnte da dem Studentenverzeichniss nach ein Hanauer Landsmann Wilhelm Schraidt,
der Cameralwissenschaften studierte und Wilhelm beschreibt
Jacob im Briefwechsel aus d. Jugendzeit S. 46 die Wohnung:
„Das Bett steht wie beim Schraidt." Vgl. ib. S. 43) und
wohnte hier kurze Zeit mit Wigand zusammen. Daraus
erklärt sich, dass die Tradition beide Brüder nur hier
wohnen liess. Das Haus no. 149 ist übrigens jetzt = Wendel-
gasse no. 4 (zuvor hatte es no. 144). Das erwähnte
Studentenverzeichniss führt noch folgende Namen an, die
im Briefwechsel aus d. Jugendzeit wiederkehren: Bang,
Daniel, aus Gossfelden, Theol., ein Bruder des Freundes der
Brüder, der, scheint es, frühzeitig starb. — Bentheim,
Erbgraf Alexis B. Steinfurt, studierte Jura und kaufte Wilh.
Gr. Collegienhefte ab, vgl. S. 8 u. 13 der Br. aus d. Jugendzeit. — Bucher, Carl Franz Ferd., aus Rinteln, wohnte
bei Prof. Bucher. — Dehnhard, Fried. Wilh., aus Braun-
fels, Theol. = ? Briefw. 43, 131, 223 etc. — Grosse, Reinhard, aus Eschwege = ? ib. 49. — Koch, Christian, aus
Sterbfrig im Schwarzenf., oder K., Friedr. Wilh. aus Singlis =
ib. S. 40. — Laroche, Joh. David Aug., aus Basel = ib.
231. — Lotz, Phil. Friedr. Carl, aus Borken, Jur. = den
hier mehr erwähnten vgl. Anm. z. S. 202. — Malsburg,
Friedr. Ernst v. d., aus Eschenberg, Jur., wohnte bei Prof.
Bauer. vgl. Anm. zu S. 231. — Müller, Bernh. Hyeronim.,
aus Caldern in Hessen, Jur. = Briefw. a. d. J. 61, 64. — Mur-
hard, Bernh. Aug. aus Roth in Oberhessen, Jur. = ib. 84
etc. — Reinhard, Carl Friedr., aus Carlsruhe, Jur. = ib.
312, 444. — Schlarbaum, Christ. Adolph aus Berlenburg,
Jur. = ib. 65 (fälschlich ist „Schlarbanin" gedruckt). —
Walper, Just. Dan., aus Eiterhagen in Hessen, Theol. =
ib. 55. — Wangemann, Carl Phil. Theod., aus Neu-
kirchen, Jur. = ib. 40. — Zimmermann, Christ., aus
Marburg, Baukunst, wohnte bei Weinwirth Zimmermann
= ib. 43 ff.

Im Sept. 1814 auf der Durchreise nach Wien besuchte
J. Gr. seinen Philister Heckmann und stieg in der Post, dem
heutigen Schwanenhof, ab. (vgl. Briefw. S. 347). Ebenso war
er schon am 1. Jan. 1814 durch Marburg gekommen und
war ihm da nur aufgefallen, dass „jetzt Laternen brennen"
(S. 212), obwohl es ihm immer noch „inwendig so dorf-
mässig" vorkam (S. 216). Längere Zeit scheint J. überhaupt
nie mehr in Marburg verweilt zu haben, doch ist er noch

öfters durchgekommen, so 1817 (vgl. oben S. 36 u. 39) und
1823 (vgl. oben S. 226), 1831 (Germ. XIII, 375). Von der
Studentenzeit her behielt er aber das Bild von Marburg fest
im Gedächtniss. Das beweist die so oft citirte Stelle aus
seiner 1850 geschriebenen Glückwunschschrift zu Savigny's
Jubiläum (Kl. der I. 115), sowie seine Autobiographie von
1830 bei Justi u. oben S. 109. — Auch Wilhelm kam, nachdem
er hier 1806 eine Prüfung abgelegt hatte (vgl. Anm. zu II.
S. 1. J. hatte sich nicht prüfen lassen vgl. Anm. z. S. 109),
erst 1815 wieder nach Marburg (vgl. oben S. 27), später öfter,
namentlich zu Suabedissen (vgl. oben S. 69, 89, 119, 222, 258, 264,
275, Anm. z. 241). Während seiner Studien war W. nur einmal
nach Gossfelden gewandert (vgl. S. 27). Längere Zeit war er
1853 in Marburg. Seine Frau war hier erkrankt. Sie wohnten
damals bei der Nichte von Dortchen, bei der Frau Oberst-
lieutenant Wegner im Klöffler'schen Haus an der Schloss-
treppe. (Vgl. Brief an Dahlmann vom 28. Juli 1853.) Auch
W. behielt Marburg in treuer und lieber Erinnerung (vgl.
oben S. 210). So dachten denn auch die Brüder 1838 nach
ihrer Vertreibung aus Göttingen allen Ernstes daran nach
Marburg überzusiedeln — vgl. Freundesbr. 152, Briefw. mit
v. Meusebach S. 265, mit Dahlmann S. 137 f. Dass auch
von Marburg aus nichts versäumt wurde, beweist ihre Ehren-
promotion [vgl. Anm. zu S. 46] und der zu ihren Gunsten
vom Vertreter der Universität in der Ständekammer ge-
stellte, von der Regierung aber zurückgewiesene Antrag,
über welchen man Duncker „Die Brüder Grimm" S. 89
nachlese — und schon 1831 kam ihnen ein ähnlicher Gedanke (vgl. oben S. 117, Bang dachte schon 1817 daran;
vgl. Anm. zu S. 33 no. 28).

S. 3 no. 4. Ein braves Volk wie wir Hessen
sind] vgl. W. Gr. an Görres v. 30. Jan. 1815 (Gesammelte
Br. II 453).

S. 4 no. 6 u. 8] vgl. II. S. 3 ff.).

S. 4 no. 7. Görres, Joseph.] Ueber die Beziehungen
der Brüder zu ihm s. Briefw. d. Frh. v. Meusebach m. J. u.
W. Grimm S. 302 Anm. * Ihre Briefe an ihn stehen in
Görres Gesammelte Briefe II—III. hrsg. v. Binder, München
1874. — Eine ähnliche Aeusserung über den rhein. Merkur
von J. Gr. an Tydeman v. 5. Mai 1815 s. Briefe an T. S. 54;
vgl. ferner hier Anm. zu S. 146.

S. 4 no. 9.] Vgl. Jac. Gr.'s Selbstbiographie: „Ich stand
doch noch gut angeschrieben" etc. sowie seinen Brief an
W. v. 21. Oct. 1815 aus Paris (S. 478), vgl. ferner Brief W.'s
an J. in Wien v. 12. Nov. 1814 (S. 384) u. J.'s Antwort v.

23. Nov. (S. 387).. — Die Gesuche unter no. 9—12 waren
bereits gedruckt, als mir das übrige Actenmaterial bekannt
wurde, sie würden sonst mit diesem im zweiten Bande vereinigt worden sein. — Auf J. Grimm's Gesuch ist folgendes
gnädigste Rescript (enthalten in dem Acten-Fascikel B. K. IV.
no. 1 den Legationssecretar Grimm betreffend) an ihn ergangen:
„Nachdem Wir den vorhin bey Unserm Kriegs Collegio gestandenen Secretariats-Accessisten Jacob Ludwig Carl Grimm
Unserm Geheimen Staats Minister und ausserordentlichen
Gesandten bei den Allerhöchst-verbündeten Mächten, Grafen
von Keller, als Gesandtschafts-Secretair gnädigst beygeordnet
haben; So hat Unser gedachter Geheimer Staats-Minister,
denselben in dieser Eigenschaft zu den Geschäften zu ad-
hibiren, er Legations Secretair Grimm aber sich sofort an
den Ort des Aufenthalts Desselben zu begeben, und denen
ihm aufgetragen werdenden Arbeiten und Geschäften, mit
Pünctlichkeit, Verschwiegenheit und Treue sich zu unter-
ziehen. Cassel den 23. December 1813." Gleichzeitig erfolgte gnädigster Befehl an die O. Rent-Cammer und das 2te
Depart. des Kriegs Collegii, wonach ihm vom 1. Jan. k. J.
an ein monatlicher Gehalt von Zwanzig fünf ℛ, mithin
jährlich Dreyhundert ℛ während dieser Mission gnädigst
bewilligt sei. Damit ist ein im selben Personalacten-Fascikel
liegender „Extract Auswärtigen Protokolls: Cassel den 15. Sept.
1815. Die dem Legations Secretair Grimm durch allerhöchstes
Rescript vom 23. Decbr. 1813 verordnete Besoldung von
Sechshundert ℛ, halb aus der Kriegs- und halb aus der
Cammer-Casse, betr.: Resol. Ist solche demselben bis auf
anderweite Verordnung fernerhin auszuzahlen." zu vergleichen. Gr. erhielt demnach aus jeder der zwei oben erwähnten Cassen 300 Thlr. Gehalt.

S. 5. Vormals Kriegsecretar.] vgl. darüber J.'s
Angabe in der Autobiographie bei Justi S. 154. In den
Acten des Kriegskollegiums hat sich seine Eingabe um Anstellung nicht erhalten, nur im Kriegszahlamts-Manual von
1806 Bd. II S. 620 findet sich folgender Eintrag: „Der
Secretariats-Accessist Grimm soll laut höchsten Rescript v.
16. Jan. à 1mo Febr. monatl. holz 8¹/₃ Thlr. empfangen."
und sind nach den gemachten Vermerken J. Gr. auch thatsächlich 11 Monate (am 1. Nov. zugleich mit für den 1. Dec.)
ausgezahlt worden. Im Januar 1856 gratulirten die Casseler
Bibliothekare Jac. Grimm zu seinem 50jährigen Dienst-
jubiläum und er erwiderte darauf mit einem freundlichen
Brief aus welchem A. Dunker „Die Brüder Grimm" S. 112
eine Stelle mittheilt. (Das Original ist in der Casseler
Landesbibliothek.)

S. 5 no. 10.] Auf Grimm's Vorstellung ist als Allerhöchste Resolution verzeichnet: „Wilhelmshöhe d. 16. Aug.
1815. Ponatur ad acta." — Das Beschwerdeschreiben von
Georg Ferdinand v. Lepel, dat. Caszel d. 12. Aug. 1815.
lautet: „Ew. Königliche Hoheit haben Allergnädigst Selbst
bemerkt, und ich kann nicht umhin es zu bestätigen, dasz
der Legations Secretär Grimm seine Dienstgeschäfte keineswegs mit dem Eifer und der Accuratesse verrichtet habe,
als billig von ihm zu erwarten war. Kurz vor meiner Abreise von Wien sah ich mich genöthigt ihm deshalb einen
derben Verweis zu ertheilen und jetzt bin ich sogar in dem Falle,
Allerhöchst-Denenselben eine beschwerende Anzeige thun zu
müssen. — Wie nothwendig es sey, dasz alle allerhöchsten Orts
eingeschickten Berichts Beilagen auch zu den Acten geschrieben
werden, und dasz die Besorgung dieser Abschriften zum
Amt eines Legations Secretärs gehöre, bedarf wohl keines
Beweises. Aus den Manual-Acten der Congresz Gesandtschaft, welche Graf Keller mitbringt, wird sich ergeben,
wie viele Berichts Beylagen fehlen. Die nächste Veranlassung meiner Beschwerde sind jedoch die Protocolle der
letzten Conferenzen über die deutsche Constitution. In wie
fern es thunlich gewesen wäre, sie zu den Acten zu schreiben,
will ich dahin gestellt seyn lassen. Es gab damals der
Schreibereyen viel, und deswegen bestand ich nicht auf
doppelter Ausfertigung der Protocolle sammt Beylagen, dagegen gab ich ihm gemessenst auf, wenigstens für ein voll-
ständiges Exemplar der Protocolle, noch während seines
Aufenthalts in Wien Sorge zu tragen; und er versprach
mir, solches zu thun. Bey genauer Durchsicht der theils
mir überlieferten, theils nach meiner Abreise hieher geschickten Protocolls Beylagen, fand ich indessen nicht nur
dasz er das Verzeichnisz der Beylagen nachlässig verfertigt,
und bey der 3ten 7ten und 10ten Conferenz, Beylagen auf-
zuführen unterlassen habe, sondern auch dass ausser diesen,
von denen von ihm bezeichneten Mehrere fehlen. [Dieselben
sind aber in dem betreffenden Actenfascikel alle vorhanden
und scheinen nicht erst nachträglich ergänzt zu sein.] Ich
liesz ihn vor etlichen Tagen zu mir entbieten um ihm diese
Nachlässigkeit zu verweisen, zu meinem Erstaunen erwiderte
er mir aber,: nachdem er Ew. Königliche Hoheit gebeten,
ihn von der Stelle eines Legations Secretärs zu dispensiren,
so habe er keinerley Vorwürfe von mir anzuhören; hätte
ich eine gegründete Beschwerde gegen ihn, so möge ich
solche bey Allerhöchst Denenselben anbringen. — Dieses
geschiehet denn hiermit. Der Beweis seiner Saumseeligkeit und Nachlässigkeit liegt in dem beyge-

schlossenen von ihm aufgesetzten Elenchus der Protocolls
Beylagen, und meine allerunterthänigste Bitte geht dahin:
dasz ihm der Verweis, zu dessen Ertheilung er mich nicht
mehr berechtigt glaubt, allerhöchsten Orts, nebst dem ge-
messensten Auftrag ertheilt werde, schleunigst für Bey-
bringung aller fehlenden Protocolls Beylagen zu sorgen,
inzwischen aber während seiner jetzigen vollkommenen
Geschäftsfreyheit, sämmtliche Protocolle und Beylagen.
welche zum Behuf der Arbeiten der Bundes Versamlung
durchaus nothwendig sind, noch einmal sauber abzuschreiben,
Ich bestehe in tiefster Submission etc."
    Darauf erfolgte nachstehende allerhöchste Resolution:
„Wilhelmshöhe d. 16. Aug. 1815: Dem Legations Secretair
Grimm wird allergnädigst befohlen, nicht nur die nach dem
anliegenden Auszug aus dem eingeschickten Elenchus
fehlenden Beilagen der Wiener Protokolle, sondern auch
eine vollständige Abschrift sämtlicher Protokolle und Beilagen annoch zu fertigen und einzureichen." v. L e p e l
wurde hiervon Nachricht gegeben. Hierzu gehört noch die
Bd. II S. 100 no. 1. abgedruckte Resolution vom 26. Aug.,
welche auf J. Gr's. zurückgegebnes Gesuch um die 2te Bib-
liothekar- und die Hofarchivarstelle erfolgt war. [J. Gr. war
also im Irrthum wenn er am 21. Oct. 1815 (S. 478) an
W. schreibt, es liege über sein Gesuch um die Bibliothekarstelle in den Acten nichts mehr vor.] Ausgeführt
scheint übrigens die Resol. nicht zu sein, da ja bereits am
9. Sept. J. G.'s Absendung nach Paris gemeldet wird (s.
Bd. II S. 14 1.). Höchstens könnte die in der Anm. zu
S. 4 no. 9 angeführte Res. vom 15. Sept. 1815 andeuten,
dass die Zahlung seines Gehaltes zeitweise sistirt war. —
Die Protocolle über die Conferenzen, die Feststellung des
deutschen Bundes betreffend, von denen die Beschwerde
v. Lepel's spricht, sind auf dem Marburger Archiv erhalten.
Nur wenige der Beilagen sind von Grimm's Hand, dagegen
sind die sehr umfangreichen Protocolle von ihm sehr sauber
geschrieben. Auf diese seine Schreiberarbeit bezieht sich
Grimm in no. 10 S. 6. Vgl. dazu auch seinen Brief an W.
v. 23. Nov. 1814 (S. 387), worin er sich auch schon abfällig
über v. Lepel ausspricht, von dem er vermuthet, dass er es
gewesen, der ihn bei dem Kurfürsten nach Wilhelm's Brief
vom 12. Nov. 1814 (S. 384) angeschwärzt hatte; vgl. auch
Bd. II S. 73.
    S. 6 ff. no. 11.] Auf dem Gesuch findet sich der Ver-
merk: „Resol. Cassel d. 24. Nov. 1815: Bleibt offen." Darunter mit Bleistift: „Als erledigt ad acta 16/4 1816." vgl.
Bd. II S. 72 f.

S. 8 no. 12.] Das Gesuch trägt folgenden Bleistiftvermerk: „Zur Landesbibl. abzugeben. 16/4 16." vgl. Bd. II S. 100 no. 2.

S. 9 no. 13 u. S. 10 no. 14.] Charlotte R a m u s war damals schon mit Dr. B a u e r (vgl. S. 136 u. Freundesbr. S. 79) verlobt (S. 168.) Ihre Hochzeit fand am 21. Oct. 1818 statt (vgl. S. 131), Bauer starb als Obermedicinalrath am 18. April 1835, seine Frau am 12. Jan. 1858. Ihre Tochter ist die Gemahlin des Herrn Geh. Oberjustizrath S c h u l t h e i s, derzeit Präsident des königl. Landgerichts in Marburg. Von ihm wurden mir die Originale von no. 13 und 14 freundlichst mitgetheilt. Briefe von Bauer oder seiner Frau an die Brüder Gr. sind nicht erhalten.

S. 11 no. 15.] Das Original dieses Briefes ist mir von Archivrath Dr. K ö n n e c k e freundlichst zur Verfügung gestellt worden. Prof. G ö d e k e stand seit 1837 mit J. Gr. in brieflichem Verkehr, 1855 besuchte ihn J. in Celle. Die zahlreichen an ihn gerichteten Briefe von Jacob mag Prof. Gödeke, wie er mir schreibt, der Oeffentlichkeit nicht übergeben. In einem noch ungedruckten Brief an Pertz vom 7. Dec. 1858 verwendet sich J. Gr. in warmer Weise für Gödeke, hat dabei, wie mir Herr Prof. Gödeke ebenfalls mittheilt, allerdings aus Herzensgüte etwas dunkle Farben über dessen damalige Lage gewählt. (vgl. wegen d. Grimm-Briefe an Pertz Anm. zu S. 267.)

S. 12 Z. 13 v. u. h a n d i e r t] b. scandiert.

S. 13 ff. no 16—7.] Diese Briefe an S. Berlit wurden mir vom Sohne des Adressaten Herrn Gymnasialoberlehrer Georg B e r l i t in Leipzig gütigst zugestellt. Derselbe machte mir auch freundlichst noch folgende Mittheilungen: „Die an meinen Vater gerichteten Briefe Jacob Grimm's sind eigentlich nur wie durch einen Zufall erhalten worden. Ich habe als Sekundaner die Briefe einmal aus alten Gerümpel vom Boden aufgelesen. Geboren ist mein Vater den 7. Febr. 1808, als Sohn eines armen Leinewebers in Kleinschmalkalden, studirt hat er in Marburg Theologie, ohne Zweifel aber auch neuere Sprachen. Mit Interesse scheint sich seiner Vilmar angenommen zu haben, wenigstens erfreute er sich seines Rates als er Mai 1841 ein Gymnasiallehrer-Examen in Kassel ablegte. Zuvor, vom Dec. 1835 an, war er mehrere Jahre Hauslehrer in Frankfurt a/M. gewesen. Von hier aus wandte er sich an J. Grimm um Rat wegen deutscher Studien. Seit 1840 war er in Hersfeld am Gymnasium als Lehrer des Französischen u. s. w.; um diese Zeit verheirathete er sich und hatte dann später für den Unterhalt einer zahlreichen Familie zu sorgen, wodurch er an grösserer wissenschaftlicher Bethätigung gehindert wurde. Doch hat er umfangreiche, jetzt allerdings werthlose, Vorarbeiten zu einem mhd. Handwörterbuche hinterlassen, 1851 den mhd. „Weinschwelg" übersetzt (Kassel, Raabe), ebenso auch Stricker's Schelmenstreiche des Pfaffen Ameis (Leipzig, O. Wigand 1851), Uebersetzungen, die es noch heute mit jeder ähnlichen aufnehmen. Eine weitere Uebersetzung aus dem Flämischen „der Kaufmannsdiener" von P. F. van Kerckhoven erschien schon Kassel 1850. Auch ein ganz ausführliches Glossar zu Andreas und Elene, von welchen Gedichten ihm J. Grimm nach Brief 16 einen Correctur-bogen übersandt hatte, hat er sich angelegt gehabt. Seine Teilnahme an der Bewegung der 40er Jahre (er gab 2 Jahre hindurch den Hessenboten heraus, und war auch 185? Mit-glied des Landtags) brachte ihm in der Zeit der Reaction die Reducirung seines Gehaltes um 1/4 ein. Auch mit Vilmar kam er durch die Politik auseinander. Dennoch gedenkt dieser seiner mit Anerkennung in seinem Idiotikon. Im Oct. 1855 starb mein Vater." Die Gegenbriefe B's. fehlen.

S. 13. B o s w o r t h.] A Dictionary of the Anglo-Saxon Lan-guage 1838. Als Assistent v. Bosworth habe ich die Richtigkeit von Grimm's Urtheil nur zusehr kennen gelernt. Bekannt-lich erscheint jetzt nach B.'s Tode eine neue, von Toller besorgte Ausgabe, an der B. lange hat arbeiten lassen, aber ohne eigentlich neues Material herbeizuschaffen, als ge-legentlich eine Kraftstelle aus einer ags. Predigt. Toller selbst scheint das Versäumte etwas nachgeholt zu haben (vgl. Litteraturbl. f. germ. u. rom. Philol. 1882 S. 386 ff.). R a s k.] Der Briefwechsel d. Brüder Gr. mit Rask † 1832 steht in E. Schmidt's Sammlung: Briefw. d. Br. Gr. mit nordischen Gelehrten. Berlin 1885. Er reicht von 1811—26, wo er in Folge einer literarischen Fehde plötzlich abge-brochen wurde. Die erste (dänische) Ausgabe d. Grammatik erschien 1817.

S. 14. L e o] Beowulf . . . nach seinem Inhalte u. nach s. hist. u. mythol. Beziehungen betrachtet. Halle 1839. ich lasse 2 bedeutende ags. gedichte drucken] Andreas u. Elene, hrsg. v. J. Grimm, Kassel 1840.

S. 16 no. 18—20.] Diese Briefe sind hier nach Dr. A. Duncker's Veröffentlichung in der Hanauer Zeitung vom 24. Januar 1885 no. 20 wiederholt. In einer späteren Nummer derselben Zeitung, welche mir nicht vorliegt, ist auch das (S. 19 oben) erwähnte Blatt für Philippine Höne, eine Verwandte der Brüder, abgedruckt. — Zu diesen be-sonders wegen der darin enthaltenen Jugenderinnerungen interessanten Briefen ist ein Brief Jacobs an seinen Bruder

Ferdin. v. 26. Febr. 1829 zu vergleichen, abgedruckt in den
klein. Schriften I, 23 ff. — Die drei Gegenbriefe v. Frl. Louise
Gies v. 26. 12. 58, 16. 3. 59, 29. 12. 59 sind erhalten. Aus
Br. 2 folgende Stelle: „Ihre Mittheilung! Sie seien nicht in
unsern Hause geboren, enttäuschte uns; nichts destoweniger
waren wir eifrig bestrebt, nach Ihrer wahren Geburtsstätte
zu forschen. Mein Vater, welcher sich warm für die Sache
interessirt, liess in den Kirchenbüchern durch seinen Freund,
den Herrn Metropolitan Calaminus, Nachforschungen anstellen, deren Resultat jedoch nur die beifolgende. Ihre von
Bergen und Hanau stammenden Voreltern betreffende, Urkunde war. Vielleicht ist es Ihnen von einigem Interesse,
dieselbe zu besitzen. Unter weiteren erfolglosen Erkun-
digungen vergingen alsdann Tage, Wochen, selbst Monate.
Da brachte uns ein glückliches Zusammentreffen von Umständen auf eine Spur, welche uns endlich zum Ziele führte.
Vater hatte sich schon vor einiger Zeit an die ältesten Bewohner und Bewohnerinnen Hanaus gewandt, in der Hoffnung in dem guten Gedächtniss derselben Auskunftsquellen
zu entdecken. Auch dies schien erfolglos; bis endlich eine
alte Dame ihm mittheilte, es lebe hier in Hanau noch eine
Cousine der Gebrüder Grimm, welche vielleicht im Stande
sein dürfte, uns das Geburtshaus derselben anzugeben. —
Vater begab sich zu derselben, und fand in Frl. Höhn[e]
eine 82jährige Matrone, deren lebhafter Geist und gutes Gedächtniss den mangelhaften Kirchenbüchern zu Hülfe kam.
Dieselbe theilte ihm mit, dass die Gebrüder Jacob und
Wilhelm Grimm in dem jetzigen Polizeigebäude, einem
grossen Hause an der Südseite des Paradeplatzes, geboren
seien. Frl. Höhn[e] erinnerte sich noch sehr genau, dass Ihr
Herr Vater selig seine junge Frau in dies Haus eingeführt,
daselbst einige Jahre gewohnt habe, und alsdann in das jetzt
uns zugehörende Haus gezogen sei. Ihre Angabe bezüglich
Ihres Geburtshauses war also ziemlich richtig; das jetzige
Polizeigebäude ist das 4te Haus von dem Weissen Löwen.
Wir glaubten, es würde Ihnen vielleicht einiges Vergnügen
machen, eine Ansicht Ihrer Geburtsstätte zu besitzen, lieber
Herr; daher liessen wir beifolgende recht treue, wenn auch
nicht nach allen Regeln der Kunst ausgeführte Photographie
anfertigen." — Von no. 18 stehen einige Stellen bereits in
der Augsb. Allg. Z. v. 9. 3. 70 S. 1035 f. in der Antiquaschrift des Originals. Abweichend steht da „begränzten
Hof" (S. 16 Z. 12 v. u.) „rathhausgarten; im rathhaushofe"
(ib. Z. 10), „oft." (ib. Z. 9), „lange" (ib. Z. 7). Die beiden
letzten Sätze des letzten Absatzes auf S. 17 f. sind umgestellt.

S. 16. S t e i n a u.] vgl. S. 226, 247 und Brief Jacobs
an Lachmann vom 10. Juni 1823 (s. Briefw. d. Frhrn. von
Meusebach S. 361) und einen Brief Jacob's an Wilhelm
(Briefwechsel aus d. Jugendzeit S. 469).
S. 16. H a n a u.] Ueber die Erinnerungen der Brüder
an Hanau und ihre Besuche vgl. einen Brief W.'s an Jacob
vom 14. Oct. 1815 (Briefw. a. d. Jugendzeit S. 476), ferner
einen Brief Jacobs an v. Meusebach vom 26. Nov. 1831 (s.
Briefwechsel S. 139 no. 67) sowie über Jugenderinnerungen
v. J. Grimm in Germ. XIII, 367.
S. 17. O e l b i l d.] Dieses kleine Oelbild ist jetzt im
Besitze des Herrn Seconde-Lieutenants und Adjutanten im
11. Artillerie-Regiment, Otto Victor K ü h n e zu Fritzlar, der
mit einer Grossnichte Jacob Grimms, einer Enkelin seines
Bruders Ludwig, vermählt ist. Herr Lieutenant Kühne war
so freundlich, das Original zu der auf die Brüder Grimm
und ihre Verwandten und Freunde bezüglichen Ausstellung
von Bildern, Drucken und Autographen zu senden, die vom
4. bis 17. Januar in der Landesbibliothek zu Kassel stattfand. Das von Jacob Fräulein Gies geschenkte Bild war
eine Radirung nach jenem Oelgemälde, die Ludwig Grimm,
als Kupferstecher ein ganz ausgezeichneter Künstler, an-
fertigte. Der Maler des Oelbildes, von Jacob mit Urlaub
bezeichnet, war ohne Zweifel unter den verschiedenen Malern
dieses Namens Georg Carl Urlaub, der 1787 in Hanau lebte.
[Anm. von A. Duncker.] — Weiteres über Urlaub s. in Hofmeister's Nachrichten über Künstler etc., herausgeg. v. G.
Prior. Hannover 1885.
S. 18. m i t d e m B i l d e.] Die Photographie seines
Geburtshauses am Paradeplatz no. 1. Es ist bekanntlich
1870 mit den Bronzereliefs der Brüder von A. v. Nordheim
geschmückt. Das Haus in der Langgasse trägt jetzt no. 41.
S. 19. e i n e w a h r e G e s c h i c h t e.] vgl. Freundesbriefe S. 189: „Sie haben wohl von dem Märchengroschen
gelesen, den uns ein kleines Mädchen brachte; die Geschichte hat die Runde in den Zeitungen gemacht. Man
glaubt sie sei erfunden, sie ist aber wahr. Es war ein feines
Kind mit schönen Augen. Es war erst bei dem Jacob, dann
brachte es Dortchen zu mir. Es hatte das Märchenbuch
unter dem Arm und fragte: 'darf ich Ihnen etwas daraus
vorlesen?' und las dann das Märchen, an dessen Schlusz
steht 'wers nicht glaubt bezahlt einen Thaler', gut und mit
natürlichem Ausdruck. 'Da ich es nun nicht glaube, so
musz ich Ihnen einen Thaler bezahlen, ich erhalte aber
nicht viel Taschengeld und kann es nicht auf einmal ab-
tragen.' Es holte aus seinem Rosageldtäschchen einen

Groschen und reichte mir ihn hin. Ich sagte 'ich will Dir
den Groschen wiederschenken.' 'Nein', antwortete es, 'die
Mama sagt, Geld dürfe man nicht geschenkt nehmen.' Dann
nahm es artig den Abschied." Diese Darstellung ist vom
2. März 1859. Sie wird durch einen (ib. S. 253) von Reifferscheid wieder abgedruckten Bericht der Kölnischen Zeitung
(no. ?) ergänzt, der indessen zurechtgemacht ist, da der
Abschluss jedenfalls erst bei Wilhelm gespielt hat, während
der Zeitung nach die ganze Scene als in Jacobs Zimmer
spielend geschildert wird.   Die Biographien reproduciren
meist die drastischere Zeitungsnachricht.

S. 19.   Zwei 1815 u. 1845 gemachte Zeichnungen.]   Beides Radirungen Ludwig Grimm's. Die von
1815 stellt Jacob en face im Mantelals kurhess. Legations-
sekretär dar, die von 1845 Jacob und Wilhelm im Profil.
Die letztgenannte Radirung diente A. v. Nordheim bei
der Anfertigung seines Medaillons am Geburtshause zur
Grundlage. [Anm. v. A. Dunker.]

kleine Schrift]   B. Denhard's „Die Gebrüder
Grimm". Ein Vortrag. Hanau 1860. [Anm. v. A. D.]

S. 20.   Eine Photographie.]   Sie stellt Jacob in
ganzer Figur, mit dem Hute auf dem Kopfe dar.   Sie war,
ebenso wie die vorher erwähnten Bilder, mit einer grösseren
Anzahl anderer Photographien, Zeichnungen und Radirungen
des Brüderpaares in der Kasseler Grimm-Ausstellung vertreten. [Anm. v. A. D.]

S. 20 no. 21.]   Herrn Prof. Oetker in Bonn, der mir
den Brief freundlichst mittheilte, verdanke ich auch folgende
Erläuterung desselben: Zur Zeit des zweiten kurhessischen
Verfassungskampfes (von 1859 bis Juni 1862) erschien in der
von Friedrich Oetker redigirten „Hessischen Morgenzeitung"
am 9. Febr. 1860 ein Artikel, an dessen Schlusse es hiess:
„Wir haben den Zustand des deutschen Bundes in's Auge
gefasst.   Wir fanden diesen Zustand in vieler Hinsicht
heillos.   Längst hat sich Alles in der Welt ringsumher
geändert, nur in dem Eschenheimer Palaste ist Alles beim
Alten geblieben, da spukt noch immer Herr von Linde und
macht mit seinen guten Freunden reactionäre Beschlüsse für
Deutschland." In dem Ausdrucke „spuken" erblickte der Staats-
prokurator eine Beleidigung des liechtenstein'schen Bundes-
tagsgesandten v. Linde, und Oetker ward unter Anklage
gestellt.   „Der Spuk", erzählt Oetker in Nord und Süd XI.
S. 136, „ward mit heiterer Gründlichkeit behandelt, sogar
die sprachliche Belesenheit und Autorität Jacob Grimm's
nahm ich zu Hülfe. (No. 21 enthält die Auskunft Grimm's.)

Am 2. November stand der Verhandlungstermin. Allein
weder die Benutzung dieser Mittheilungen noch die Berufung auf Goethe:
>'Vom Vater hab ich die Statur,
>Des Lebens ernstes Führen,
>Vom Mutterchen die Frohnatur
>Die Lust zu fabuliren,
>Grossvater war den Schönen hold,
>Das spukt so hin und wieder'

vermochte das Verhängniss abzuwenden. Der 'Spuk' kostete
50 Thaler. — Der Fragebrief Oetkers fehlt, statt dessen findet
sich von ihm in der Grimm-Correspondenz ein Br. v. 11. 11.
55 aus Brüssel, als Begleitschreiben, bei Übersendung seines
Buches über Helgoland.

S. 22—3 no. 22—3] sind mir von Herrn Landgerichtsdirector **D a h l m a n n** mitgetheilt. **D o r o t h e a**, seine
Schwester heirathete 22 Jahr alt am 22. Nov. 1844 den
späteren Abgeordneten Prof. L. Reyscher (nicht Reysiher,
wie S. 23 verdruckt ist) in Tübingen (vgl. das von ihm verfasste als Ms. gedruckte Reyscher'sche Familienbuch, Cann-
statt 1869 S. 108). Ihre Tochter Luise (vgl. S. 23) wurde
nach dem Tode ihrer Mutter (Dec. 1847) von ihren Gross-
eltern Dahlmann in Bonn erzogen und kehrte erst im Herbst
1861 nach des Grossvaters Tode (5. Dec. 1860) in das väterliche Haus zurück, heirathete 1865 den Dr. E. Veiel, ist aber
seit 1884 verwittwet. Der Briefwechsel zwischen Chr. Dahlmann und den Brüdern ist Anfang 1885 von Dr. Ippel veröffentlicht. Die hohe Achtung der Brüder vor Dahlmann
findet auch an verschiedenen Stellen unserer Briefe Ausdruck (vgl. oben S. 114, 120, 267; ausserdem Freundesbr.
S. 138 u. Briefw. mit Meusebach S. 365). — Unbekannt
dürfte es sein, dass die Marburger phil. Facultät nach der
Vertreibung der Göttinger Sieben, im März 1838 Dahlmann für die Professur der Nationalökonomie vorschlug,
allerdings nicht wie Hupfeld wollte, allein, sondern neben
ihm noch zwei andere Candidaten: Hansen und Schön. Im
Senat wurde dann freilich Dahlmann's Name gestrichen.

S. 24 f. no. 24 ff.] Diese Briefe sind mir von den Kindern
des ältesten Sohnes des Adressaten freundlichst übergeben
worden, ausser no. 36 und 37, welche mir das Pathenkind
der Brüder Grimm Herr Kaufmann Ferdinand Bang in
Marburg zustellte. No. 53 erhielt ich durch Vermittlung
der Frl. Minna Bang in Wildungen von Herrn Amtmann
Hille in Darmstadt, der mir später noch einen Brief von
J. Gr. an Bang in Abschrift zustellte, welchen ich w e i t e r
u n t e n (Anm. zu S. 105 no. 55 a.) mittheile.

Bang] Joh. Heinr. Christ. vgl. Brief J. Gr.'s an von
Meusebach (Briefwechsel S. 342 Anm. zu S. 82). Herrn
Amtmann Hille, einem Schüler des „alten Bang“ verdanke ich
folgende Angaben über denselben. Er war der Sohn des
als Philolog gleichfalls bekannten Pfarrers Magister Joh.
Christ. Bang in Gossfelden, des Freundes von Wyttenbach.
Seine Mutter Marie Christina war eine geb. Conradi. Er
war am 14. Aug. 1774 geb. und wurde auf der Latina der
Franke'schen Stiftungen in Halle ausgebildet, studirte dann
1793-5 in Göttingen und wurde wahrscheinlich 1798 ordinirt.
Von dieser Zeit an wird er seinem Vater, der 1803 starb,
assistirt haben. Am 13. Mai 1804 heirathete er Sophie
Kleeberger aus Bottenhausen, welche 1784 geboren war.
Aus dieser Ehe entsprossen 12 Kinder. Ein Vetter Bang's
war der Heidelberger F. Creuzer, der ebenso wie Savigny von
dem Mag. Bang im Griechischen unterrichtet war. Beide verkehrten viel im Haus, ebenso Prof. Conradi, der ebenfalls
Bang's Vetter war. Durch Savigny wurden auch die Brentano's
und Grimm's mit ihm bekannt und so erfreute sich das Pfarr-
haus in Gossfelden geraume Zeit eines beneidenswerthen
geistigen Verkehrs. Das von Bang hier ins Leben gerufene
Institut genoss einen guten Ruf und ruhte auf streng humanisti-
scher Basis. Neuere Literatur und Literaturgeschichte war
völlig ausgeschlossen. (Vgl. dazu J. Gr.'s analoge Ansichten
S. 84 f.) 1821 am 1. Sept. wurde Bang von der phil. Fakul-
tät in Marburg der Doctortitel ertheilt, 1839 wurde er nach
Haina bei Rosenthal als Oberpfarrer versetzt und starb daselbst am 2. Sept. 1851. Aus seinen Briefen an die Brüder,
von welchen 34 erhalten sind, ergiebt sich, dass kaum einer
der Grimm-Briefe an ihn verloren ist, (nur zwischen no. 49
u. 50 fehlt mindestens ein Br.; vgl. Anm. zu S. 236) und
dass die Correspondenz wohl mit der Übersiedlung der
Brüder nach Berlin aufhörte. Auch mit Savigny und Creuzer
unterhielt Bang einen ununterbrochenen Briefwechsel.

S. 24 no. 24] erwidert auf B.'s Br. 1. v. 25. 2. 1814,
worin er die Subscribentenliste von S. 25 mittheilt, die sich
danach ergänzen lässt: 1) Wilhelm Krücke, Stud. Theol. aus
Detmold; 2) Dickerhof, Stud. Theol. aus d. Grafschaft Marb.;
3) Stud. Theol. aus Elberfeld; 4) u. 5) Stud.; 6) Wilh.
Theobald, Cand. d. Theol. aus Niederrodenbach; 7) Wilh.
Weisz, Cand. d. Theol. aus Hofgeismar; 8) J. G. C. Bang,
Pfarrer zu Goszfelden; 9) in Marburg; 10) in Groszseelheim;
11) Weinwirth (also nicht wie gedruckt: Vdecan) Creuzer
in Marburg; und am Schluss sagt: »Zu Ihrer Anstellung an
der Bibl. wünsche ich den Wissenschaften Glück, und auch
— wenn Sie es von einem Landpfarrer annehmen wollen,

Ihnen selbst." — Auf no. 24 erwidert B.'s Br. 2. vom 18. 5.
1814, in welchem er das Geld für den „Armen Heinrich"
überschickt, von dem Zusammentreffen mit einem von W.'s
Brüdern in Marburg spricht, und W. ersucht, für die Erhaltung Conradis in Marburg (vgl. S. 26) zu wirken. „Wann
wird man, wann werden doch die Fürsten u. die, welche in
ihrem Rath sitzen, einsehen, dasz groszentheils die wahren
Gelehrten den deutschen Geist wach erhalten haben? Mir
scheints, als thue man das in Preussen seit der Gründung
der Universität Berlin."

S. 24—26. Arme Heinrich.] Vgl. Briefe aus der
Jugendzeit S. 319, Freundesbriefe S. 207, Briefe v. J. Gr. an
Tydeman S. 136, Anm. zu S. 59. Den Aufruf u. die Vor-
rede s. in W.'s Kleineren Schriften II 504 f.

S. 24. Conradi, Prof.] aus Marburg gebürtig, bis 1814
Prof. in Marburg, gieng dann nach Heidelberg und 1823
nach Göttingen, wo er sich mit des Philos. Schulze Tochter
Ende 1823 verlobte. J. Gr. erwähnt seiner gegenüber seinem
Bruder schon den 11. April 1805, so dass Letzterer schon
damals auf sehr vertrautem Fuss mit ihm gestanden haben
muss. Er hatte grosses Zutrauen zu ihm als Arzt und besuchte ihn 1815 in Heidelberg (vgl. Bd. II. S. 7 no. 4 und
Wilhelm's Autobiogr. bei Justi S. 170). In Göttingen verkehrten die Brüder auch mit ihm, doch entfremdeten sie
sich späterhin. — Der Brief, auf welchen Wilhelm hier
anspielt, ist erhalten und vom 27. 1. 1814 datirt. C.
bezieht sich darin auf einen Brief W.'s und theilt das vorläufige Resultat seiner Subscribentensammlung für d. armen
Heinrich mit; ausser ihm: Primarius Arnoldi, Prof. Creuzer,
Superint. Justi, Pfarrer Usener, Consist.-R. Wachler. Letzterer
habe die Studenten im Colleg ermuntert. Viele Andere
machten Ausflüchte.

S. 24. einer meiner beiden Brüder] Karl oder
Ludwig. Vgl. II. S. 4, Br. aus der Jugendzeit S. 248, 259,
Freundesbr. S. 20, Br. v. Wilh. an Ferd. v. 31. Jan. 1814 in
der Biogr. Ludw. Grimm's in Ersch u. Gr.'s Encycl. (S. 309).

S. 25. ein dritter ist bei den Baiern] Ferdinand
(vgl. Acten S. 5 u. Br. aus der Jugendzeit S. 248).

S. 26. Krieger,] Joh. Konr. Chr., Universitäts-Buch-
händler und Drucker, seit 1783 in Marburg. S. über ihn
Justi, Grundlage zu e. hess. Gelehrten- etc. Geschichte von
1806—1830. Marb. 1831. S. 370—2.

S. 26. wie wenig sind die frischen u. jugendlichen Hoffnungen erfüllt.] Vgl. Freundesbriefe S. 30
die ähnlichen Aeusserungen J. Gr.'s an A. v. Haxthausen
v. 4. Sept. 1815 u. eb. S. 206 die an E. v. Groote v. 1. Nov.

1816, sowie die an Tydeman v. 5. Mai 1815 (Briefe an Tyd.
S. 54); vgl. auch Anm.˜zu S. 3 no. 4.
     S.27. Ich bin Willens nach Frankf. zu reisen.]
Vgl. Freundesbriefe S. 28, 35 ff., ferner Briefw. d. Brüder
aus der Jug. S. 474 ff.
     S. 27. Savigny,] Fr. Karl v., derjenige der Marburger
Rechtslehrer, welchem die Brüder Grimm am meisten ver-
dankten und mit welchem sie dauernde Freundschaft ver-
knüpfte (vgl. Anm. zu S. 107 u. Briefe an Meusebach S. 335
ff.). S. hatte auch mit Bang und dessen Vater intimen
Verkehr (s. Anm. zu S. 24). Seine Frau Kunigunde (gewöhnl.
genannt ‚Gundel‘) war eine Brentano. Den Einfluss dieser
aufgeregten Frau und eifrigen Katholikin auf S. schildern
die Brüder u. Bang als einen unglücklichen, ebenso Lachmann
(Briefw. v. Meusebach mit J. u. W. Gr. S. 331, Anm. z. S. 40,
vgl. ib. S. 369). Leider habe ich nicht vermocht mir die
jedenfalls interessanten Briefe der Brüder an S. zu verschaffen. (Einer derselben steht in den Anm. des Meusebach-
schen Briefwechsels S. 358. Er ist vom 25. 1. 31 datirt.)
Auf meine briefliche Anfrage an einen Nachkommen v. S.'s
ist jegliche Antwort ausgeblieben. Ueber S. vgl. Enneccerus'
Festschrift Marburg 1879. Auch v. Meusebach, der witzige
Freund der Brüder, trat später mit S. in nähere Beziehungen,
namentlich seit beide Mitglieder des Kassationshofes in
Berlin waren (vgl. Briefw. des Freih. v. M. mit J. u. W. Gr.
S. 342).
     S. 28 no. 26] darauf erwidert B.'s Br. 3. v. 18. 6. 1816:
Dank für die Sagen, Bitte um die Mährchen, Uebersendung
der Bibelstellen in die Mundart „meines Kirchspiels übersetzt. Die Variationen sind unendlich, immer eine andere,
sowie man über einen Berg hinüberschreitet. Es ist aber
schwer für den Ungeübten Mundarten gehörig mit Zeichen
wiedergeben zu können. Euch = Ich dürfen Sie nicht
aussprechen wie euch = vobis, sondern müssen sozu-
sagen, es weit dunkler betonen. . . . Bald sollen aber auch
Sagen kommen. Jene gute gesunde Zeit, wo mir . . nur
allein die deutsche Bibel u. der Nepos u. die Odyssee in
Händen waren, wo mir die unkindlichen Kinderschriften
mit ihren Geschmacklosigkeiten u. den dummen realistischen
Auskramungen das unbekannteste Ding von der Welt blieben,
wo aber mit Heiszhunger u. unnennbarer Sehnsucht die Erzählungen der Mägde u. Knechte von Prinzen u. Riesen u.
Geistern etc. verschlungen wurden — diese Zeiten sind mir
noch in gutem Andenken." . . . Bang bittet dann sein
Privatinstitut für solche, die studiren wollen, zu empfehlen,
erzählt dass Creuzer aus Heidelberg, aus Dankbarkeit für

seine Wiederaufnahme in H. 1809, nicht nach Göttingen
gehen wolle, wohin Heynianer u. Anti-Heynianer ihn wollten.
„Goethii Tractatus Kunst am Rhein u. Mayn hat viel
Schönes u. Wahres aber es strömt auch darin alles über von
einer vornehmen Zufriedenheit mit allem, Güte u. Sehens-
würdigkeit (?) u. Ministerleutseeligkeit, dasz einem bange
werden kann."
    S. 28. Ein Sprachforscher,] Radlof, vgl. S. 29,
Freundesbriefe S. 210 f., Briefe J. Gr.'s an Tydemann S. 133,
Briefe v. K. v. Meusebach an J. u. W. Grimm S. 322 ; und
die 1820 veröffentlichte öffentliche Erklärung über den Prof.
extraord. Radlof in Bonn in J. Gr.'s kl. Schriften VII, 596.
    S. 29 no. 27] erwidert auf B.'s Br. 4. vom 30. 9. 1816,
worin er zunächst 4 Sagen sandte, um Nachrichten von
Savigny, Cl. Brentano u. Arnim bat, sowie um Zusendung
von Büchern.
    S. 30. Wolke,] Ch. H., Anleit. zur deutsch. Gesamt-
sprache etc. Dresden 1812. 8. 460 S. (vgl. Briefw. mit v.
Meusebach S. 329 Anm. zu S. 35).
    S. 31. Entdeckung des Niebuhr: Codex re-
scriptus der Institutionen des Gaius zu Verona]
vgl. S. 41, 51, Briefe v. J. Gr. an Tydeman S. 63.
    S. 31. Arnim war gefährlich krank] vgl. S. 151.
    S. 31. Clemens] Brentano.
    S. 32. die Gründung Prags] Schauspiel von
Clemens Brentano Pesth u. Leipz. 1815.
    S. 33 no. 28] erwidert auf B.'s Br. 5. vom 6. 3. 1817,
worin er die übersandten Bücher zurückschickt, sich über
sie ausspricht u. um neue bittet. Von Radlof heisst es :
„Ja wohl ist der Mann steif u. eigensinnig, wie alle Grammatiker der Art, die die Sprache als ein todtes Instrument
ansehen u. daran flicken; daher glaubt er auch thörigt,
Provokationen an einen Bundestag könnten eingreifen. Aber
ein Sprachatlas, der dann auch wirklich ein Atlas, mithin
weit mehr als so ein Büchlein wäre, müszte unendlich
fördern und gar nicht vermuthete Schätze öfinen. Auf ihn
erst kann eine deutsche Sprachlehre folgen, als wozu frühere
Versuche nicht viel dienen. Ich hätte wohl Lust bey so
einem gemeinsamen Unternehmen mit thätig zu seyn. . .
Er fragt dann ob auch Regen von ῥηγή, abgeleitet werden
könnte, wie Roggen, Strasse von ῥογός, στρῶσις, lobt Savigny's 'Stimmen'. . . . „Sie sind nun Bibliothekarius? Mich
freut diese potenzirte Potenz: wäre ich aber ein Curator,
so würde ich Sie auf die Universität Marburg schicken,
versteht sich mit einer guten Genossenschaft, an der Sie
Freude hätten. Marburg wird immer leerer u. das Be-

deutendere verliert sich, sobald es sich zeigt. Munke geht
nach Heidelberg."

S. 33—4. Golownins Reise] = Begebenheiten des
Capitains . . . G. etc. aus d. russ. übersetzt von Dr. C. J.
Schultz; vgl. die Anzeige W.'s in seinen Kl. Schr. I. 560 ff.
S. 34. Jungs Leben] gemeint ist Jung Stilling.
S. 36. Gerling] s. Anm. zu S. 123.
Vater] der bekannte hallenser Theolog und Sprach-
forscher, vgl. Briefw. m. v. Meusebach S. 332 f.
S. 37. v. Hanstein] Reg.-Rath in Marburg, später
Regierungsdirector in Hanau und dann Minister in Cassel.
Er hat sich um das Armenwesen in Marburg verdient ge-
macht (vgl. S. 123).

S. 38 no. 30| erwidert auf B.'s Br. 6. v. 9. 11. 1817: Mit
ihm werden die in no. 29 reclamirten Bücher zurückgeschickt.
Chr. Brentano, der 8 Tage bei ihm gewesen, habe sie schon
mitnehmen sollen. Jacob Gr. sey Mitte May bei ihm gewesen.
Das Wesen, welches Chr. Brentano begeistert, habe sehr
wohlthätig auf ihn gewirkt. Gerade nach Jacob's Abreise
sey ein Brief v. Savigny gekommen, der auch ein herrliches
testimonium über Jacob enthalte. Herr Rommel habe mit
seinem Gaul auf seinen Wanderungen durch Hessen entdeckt, dasz die Bauern an der Schwalm mit ihren langen
Haaren u. Pudelmützen eine Colonie aus der Ukraine seien.
Neue Bitte um Zuweisung von Schülern. „Schelling hat
kürzlich einen Bekannten von Savigny gefragt, ob denn in
Berlin noch immer die grosse Hinneigung zum Katholicismus
herrsche, wie sie sich in neueren Schriften offenbart habe?
Und als dieser weiter inquirirte, zeigte er ihm im Beruf
S. 160 die Geschichte vom wunderthätigen Christusbild.
Ich mögte wohl fragen, ob der Mann je gewusst, was Ge-
schmack u. was Methode sey." — Auf no. 30 antworten B.'s
Br. 7. u. 8. v. 18. 4. u. 11. 12. 1818, womit die geschickten
Bücher zurückgehen. Der Anfang von Br. 8 lautet: „Liebe
Herrn u. Freunde! So muss ich Sie anreden u. Beyde zu-
gleich. Ob ich gleich nichts weisz von der Duas u. mein
Lebstage kein dualistisches System studirt habe, so schweben
Sie mir doch immer nur in Verbindung, zwey vor Augen
— u. das geschieht sehr oft. . . . Prof. Börsch in Marburg,
ein rühriges polyhistorisches Männchen, das auch Ihre
Studien treibt u. humanissimis auditoribus der
Nibelunge Liet zu erklären erbötig ist, diesz Männchen
kann gar nicht müde werden, so oft es mich sieht, nach
Ihrer historischen Grammatik zu fragen, ob sie denn endlich
einmal erscheine; es freue sich, sagt es, dasz endlich einmal
so was unternommen sey, u. das gestehe es gerne, wenn es

gleich sagen müsse, dasz es selbst so eine Aufgabe sich gemacht, deren Vollendung aber noch weit von der Reife entfernt sey. Ich sage ihm dann: Macte! so giebts zwey u.
zwey vermögen mehr als Eine. Habe ich recht daran?"
B. dankt dann für die Bekanntschaft mit Gerling, den er
sehr schätze, klagt über die Zugvögel von Professoren, fragt
ob die Fortsetzung der Bilder, von denen ihm Göthe u.
Wieland, gestochen von Müller in Weimar, geschenkt sey,
anschaffenswerth sey, bittet um der Brüder Bilder, sowie
um neue Bücher und um Nachrichten von den gemeinsamen
Freunden. S. 39. Ich schicke das Paket an Hrn. Prof.
Gerling] vgl. S. 129.
    S. 40 f. Clemens [Brentano] ... ist mit einer
Liebschaft beschäfftigt.] Aehnlich W. Grimm an
Görres v. 20. März 1817 (Görres Briefe II S. 517).
    S. 41. Rommel.] Dietrich Christoph Rommel, Prof.
der Philol. u. Geschichte in Marburg (vgl. Jugendbr. S. 29,
48), eine Zeit lang Professor in Charkow, kehrte später nach
Marburg zurück, wurde dann 1820 Director des Staatsarchivs
in Cassel und Historiograph des hess. Fürstenhauses, 1828
wurde er geadelt und im Febr. 1829 erhielt er die durch
Völkel's Tod erledigte Stelle des Museums- und Bibliotheksdirectors, welche J. Gr. abgeschlagen wurde. Geboren war
er am 17. April 1781 und starb am 21. Jan. 1859 in Cassel.
Über seine litterar. Thätigkeit s. A. Duncker, Zeitschr. des
Ver. für hess. Geschichte. N. Folge X. Supplem. S. 14 ff.
Obige Stelle wie S. 59 ergeben, dass weder W. noch J. Gr.
je in freundschaftlicher Beziehung zu ihm standen. Mit
J. Gr. correspondirte er freilich seit 1817. Der erste in der
Grimm-Correspondenz erhaltene Brief Rommel's ist Marburg
d. 19. 2. 1817 datirt. J. Gr. hat darauf bemerkt: resp.
23. Febr. R. schreibt darin, er habe einige Sagenerklärungen
der Brüder gelesen und daraus die Wichtigkeit einer hessischen Sagengeschichte (als Theil der Einleitung zur hessischen
Geschichte) entnommen. Er bittet daher, die Brüder
möchten ihn aus ihrem mythologischen Vorrath unterstützen, oder mit ihm einen Plan zu gemeinsamer Arbeit
vereinbaren. — Br. 2 (nach J. Gr.'s Vermerk vom Jan. 1818)
erkundigt sich nach Vorarbeiten zu einem von ihm ge-
planten hessischen Idioticon: „Da Sie nämlich *puncto* der
Volksthümlichkeiten gewisz *omne scibile* erschöpft haben, so
zweifle ich nicht, dasz das auch in Hinsicht der Sprache
unserer biederen Hessen *qua* Provinzialsprache geschehen ist.'
Einige Ausdrücke schienen auf das Angelsächsische zu
führen. Vielleicht wäre hier auch gothisches zu finden, be-

sonders da die bey Willingshausen entdeckte vermuthliche
Runenschrift als Indicium nicht zu verachten sei. In der
Nachschrift findet sich die Frage: „Ist Ihr Lied von Hildebrand in Cassel zu haben?"
Was ihn speciell veranlasste bei der philos. Fac. in Marburg
am 12. Dec. 1818 den Antrag auf die Promotion der Brüder
Grimm zu stellen, welche dann auch am 13. Jan. 1819 erfolgte,
bleibt unklar; (s. das Universit.-Progr. für die am 13. Jan. 1885
stattfindende Grimm-Feier, worin ich die betreffenden Promotionsverhandlungen nebst einer, auch der gegenwärtigen
Publication beigegebnen Reproduction der Doctordiplome
mittheilte. Als Ergänzung zu den Promotionsverhandlungen dienen Rommel's Br. 3—6. Br. 3 v. 19. 12. 1818:
„Ew. Wohlgebohr. bin ich so frey bekannt zu machen,
dasz die hiesige philosophische Facultät, schon längst überzeugt von Ihren gewisz daurenden Verdiensten um die
teutsche Literatur mich offiziell durch ihren Decan Herrn
Prof. Hartmann benachrichtigt hat, dasz sie selbst *pro virili
parte* Ihnen und Ihrem Herrn Bruder mit Vergnügen die
höchsten Würden in der Philosophie *honoris gratia* ertheilen
würde; und dasz zugleich vorläufig sämmtliche Theil habende
Mitglieder derselben auf die ihnen gewöhnlich zukommen-
den Gebühren wegen des Ihnen und Ihrem Herrn Bruder
honoris gratia zu ertheilenden (doppelten) diploms, obser-
vanzmäszig Verzicht geleistet haben. Da nun aber a u s z e r
bey feierlichen Gelegenheiten und bey etwaiger
Berührung mit militairischen oder civilen Potentaten, von
solchen zusammen à 30 Rthlr. sich belaufenden Promotions-
gebühren die frommen Stifftungen allhier namentlich die
Wittwencasse nebst einigen andern Personen (als dem Buchdrucker) etwas mehr als ein Dritttheil bekommen [sodasz
von einer zu promovirenden Person an diese Stifftungen
und Personen etwa 12 Rthlr. abfallen] u n d d i e A e n d e-
r u n g d i e s e r E i n r i c h t u n g a u s s e r d e m R e s s o r t
d e r p h i l o s o p h i s c h e n F a c u l t ä t l i e g t, so halte ich
mich für verpflichtet, vorher bey Ew. Wohlgeb. privatim
anzufragen, ob Sie mit Rücksicht auf diese Umstände, gleich
andern auswärtigen Gelehrten, welche hierüber befragt
worden sind, die von der philosophischen Facultät Ihnen
zugedachte Ehren-Ernennung gern annehmen würden; indem ich zugleich bemerke, dasz die Abtragung dieser für
fromme Stifftungen etc. etc. bestimmten 12 Rthlr. für das
Ehren Diplom als *pietatis causa* angesehen zu werden pflegt.
Indem ich auf jeden Fall Ihre disposition befolgen und erst
nach erhaltener Antwort das Weitere besorgen werde, ersuche ich Sie sowohl als Ihren Herrn Bruder die aus-

gezeichnete Hochachtung zu genehmigen, womit ich beharre
Ew. Wohlgebohr. ganz gehors. Diener Chr. Rommel. —
Br. 4: „Dienstag den 26ten Jan. 1819. Verehrtester Herr
Doctor. Unter sehr ehrenvollen Ausdrücken ist heute das
Decret die Promotion von Ihnen und Ihren Herrn Bruder betreffend durch die Facultät (sowie durch das Medium des Pro-
rectors und Vicekanzlers an mich ergangen, mit dem Auftrag
beyde Promotionen zu besorgen. Ich beeile mig Ihnen das
zu melden mit der Bitte zur Bestreitung des Drucks u. der
andern Auslagen (und Trinkgelder) in summa summarum
13 Rthlr. à Person mir gefälligst einzusenden. Hochachtungsvoll Ew. Wohlgeb. ergebenster Dr. C. Rommel. —
Br. 5 v. 3. 2. 1819. Begleitworte bei Uebersendung der
Diplome. — Br. 6 v. 17. 2. 1819 meldet, nebst Danksagung
für übersandte Bücher, dasz R. die Danksagung an die
Facultät mit allen gewöhnlichen Formen in Namen Beider
besorgt habe.

Ausser diesen 6 sind noch 10 weitere Briefe Rommel's
an J. Gr. erhalten. Br. 7: [Pfingsten 1823.] „Den Herrn
Dr. J. Grimm u. C. W. Grimm übersendet diesen zweyten
Band vaterländischer Geschichte hochachtungsvoll der Verfasser." — Br. 8 v. 12. 6. 1827 unter Uebersendung des III.
Bandes H. G. „Jede Bemerkung, Ausstellung und Berichtigung von Ihrer Hand werde ich als einen Gewinn für die
Wissenschaft mit der gröszten Bereitwilligkeit annehmen."
— Br. 9 v. 1. 2. 1829 bittet um Notizen zu einem nekro-
logischen Aufsatz über Völkel. — Br. 10 vom gleichen Tage
lautet: „Mit wahrer Freude erfüllt mich Ihr Entschluss, den
seeligen Völkel betreffend, und es versteht sich nun von
selbst, dass ich mich begnüge Ihnen alles was ich habe nämlich
beyliegendes aus 2er Aerzte Mund aufgesetztes Promemoria über
V.'s lezte wahrhafft antike Momente zu beliebiger Berührung zu übersenden. Es war nämlich meine Absicht ganz
allein, für die hiesige A. Z. theils aus Strieders Nachricht
einen Auszug zu geben theils die Folgen einer klassischen
Bildung, deren Würkung in den letzten Momenten V.'s so
augenscheinlich sind, durch einige der angemerkten Züge
oder durch andere Winke vor Augen zu legen. Sie werden
dies eben so gut und noch besser thun als ich; denn es
ist nicht zu verkennen, dass hier wieder ein durch den
Druck der Zeit zusammengedrückter Character erscheint,
den der letzte Moment verräth. (Man muss in dieser Hinsicht nicht zu wenig sagen.) (Vielleicht übersehen Sie auch
nicht dass Wenk besonders durch Völkels Hülfe die Ur-
kundenabschriften aus dem Hofarchiv erhielt.) Ganz der
Ihrige Rommel. PS. Ich bitte Sie rechtsehr aus beyder Harnier's

und O.-G.-R. Schottens Munde sich die letzten Momente V.
schildern zu lassen, es dient theils zur Berichtigung meines
Brouillons, theils Ihnen selbst die Seltenheit und Trefflich-
heit eines solchen Beyspiels klarer zu machen. Vergessen
Sie doch ja nicht, wie er in seinen früheren Jahren Sere-
nissimi Lehrer gewesen und wie aufrichtig der letzte Auftrag durch s. Schwiegersohn pto. seiner Treue etc. gemeint
war. Dies wünscht besonders Letzterer." — Br. 11 v. 11. Aug.
1829: „Nicht nur die Lippoldsberger sondern alle Urkunden
des R.-Archivs stehen Ihnen zu Diensten, ich wollte wünschen
dass Sie Zeit hätten nach und nach alle diese paläographi-
schen Schätze besser als ich zu benutzen. Ein kurf. Lakay
Namens Goede od. Güde der sich nach und nach durch
historische Lectüre unterrichten will hat sich mir persönlich
empfohlen. Er wird sich melden und seinen Namen unterzeichnen. R." — Br. 12 v. 8. 10. 1830: „Dem Herrn Professor
u. Bibliothekar J. Gr. hochachtungsvoll u. freundschaftlich
gewidmet von dem Verfasser." — Br. 13. v. 14. 12. 1838:
„Verehrtester Herr Hofrath. Ohngeachtet ich wegen dringender Arbeit zu der Morgen stattfindenden historischen
Vereins-Sitzung die Stellvertretung des Herrn Bibliothekars Bernhardi in Anspruch genommen habe, so zweifle
ich doch nicht, dass die sämmtlichen Mitglieder Ihrem
freundlichen Anerbieten eines Vortrags mit demselben Vergnügen entgegensehen, wie ich, Hochachtungsvoll Ganz der
Ihrige Chr. Rommel." — Br. 14—16 sind undatirte Zettel
mit Anfragen u. Mittheilungen ohne Interesse. (Ein vom 17.
10. 1851 aus Frankfurt datirter Brief rührt von einem hessischen Namensvetter Rommel's her, der seinen Sohn, welcher
1½ Jahr in Bonn Jurisprudenz studirt habe und nun nach
Berlin gehe, den Brüdern empfiehlt und sich auf frühere
persönliche Bekanntschaft beruft.) — Br. 10, 12 und wohl auch
13 ergeben denn doch wohl, dass Rommel 1829 bei Ver-
drängung der Brüder Grimm nicht die erbärmliche Rolle
gespielt haben kann, welche ihm auf Grund einer wenig
glaubwürdigen Quelle (Fr. Müller: „Kassel seit 70 Jahren",
Kassel 1876, I, 159) zugeschrieben wird (s. Briefw. m. v. Meusebach S. 352 Anm. zu S. 117, S. 353 Anm. zu S. 124.) Er
wird allerdings durch Reichenbach'sche Protection die Stelle
erlangt haben. — Rommel's Vater war der in obigen Briefen
mehrfach erwähnte Generalsuperintendent, der als Mitglied
der Censur-Commission J. Gr.'s College war, aber eine sehr
schwächliche Rolle spielte. vgl. Anm. zu S. 165. — Wegen
Rommel's Entdeckungen vgl. Germania XXII. 380 ff., wo
übrigens fälschlich „Wittingshausen" statt „Willingshausen"
gedruckt ist.

S. 41. Handschrift zu Verona] s. Anm. zu S. 31.
S. 41. Ulphilas] vgl. Germania XXII. 380 f., Briefw.
des Frh. v. Meusebach S. 317, Briefe d. Br. mit nord. Gelehrten S. 117 u. Br. v. J. Gr. an Tydemann S. 67.
S. 41. den bedächtigen Holländern, wie
einer in einem Brief geäuszert.] Offenbar Tydeman (vgl. Briefe v. J. Gr. an T., herausg. v. A. Reifferscheid,
Heilbronn 1883. S. 69 no. XVI), der auch 1816 in Cassel die
Brüder Gr. besucht hatte (vgl. ib. S. 137 Anm. zu S. 62).
Den Inhalt der Gegenbriefe Tydeman's an J. Gr. theilte
E. Martin im Anz. f. d. Altert. X 160 ff mit.
S. 41. Schwälmer Tanz.] Derselbe soll jetzt ausser
Brauch gekommen sein. Eine beliebige Anzahl Paare sind
dabei betheiligt, während des von allen gesungenen Refrains:
„Sind Dir denn die Hosenbäng (= Hosenbänder)
Länger als die Strümpfe,
Ist Dir denn das rechte Bein
Kürzer als das linke?"
macht jedes einzelne Paar beliebige Bewegungen, worauf
sich alle mit einem Male zu drehen beginnen.
S. 46. Universität Marburg] vgl. S. 186, B's Br. 6
in Anm. zu S. 33 u. W. Gr. an Görres, Görresbr. II, 452.
Doctorwürde] vgl. S. 186 u. d. Anm. zu S. 41.
ob in Bonn die verschiedenartigen Elemente
zusammengehen] vgl. Görresbr. II, 582.
S. 47. Prof. Börsch,] F. A. B. Vgl. über ihn Gerland's Forts. v. Justi I (1863), 265. u. B.'s Br. 8. — Jedenfalls
hat B., wenn er den Plan eine deutsche Gr. zu verfassen, je
ernstlich ins Auge gefasst hatte, davon gänzlich abgestanden,
wenn er sich auch in den um diese Zeit gepflogenen Promotionsverhandlungen (s. Anm. über Rommel zu S. 41) als
sachkundigstes Mitglied gerirt. Uebrigens ist sein dortiges
Urtheil über die Ausgabe des Hildebrandliedes nach Jac.
Gr.'s eigenem Urtheil zutreffend; vgl. Brief an Lassberg
vom 15. März 1829 Germania XIII, 366.
S. 47. es geht noch auf einen dritten [Band
deutscher Sagen] hinaus] vgl. Freundesbriefe S. 216.
S. 47 no. 32] erwidert B.'s Br. 9. vom 15. 1. 1819 „Unter
Rücksendung einiger Bücher bittet B. darin: „Fahren Sie auch
fort, wie bisher in die Specification Ihr Urtheil einzuflechten,
sintemahlen dies einer der herrlichsten Genüsse der Briefe
ist, der so angenehm erinnert an die ehemalige classische
Sitte sein bescheidenes Gutachten brieflich auszusprechen.
Die Sammlung Epistolarum virorum doctorum bezeugen diesz. Die öffentliche Critik hat die Scham verlohren, u. ich hoffe, wenn wir länger leben, den Untergang

der Recensiranstalten zu sehen." Von den Bildern gefalle
ihm Jacob am besten. Wilhelms Tiefsinn könne er wohl
begreifen. Gar nicht gefalle ihm dieser Savigny auch nicht
im Vergleich mit dem Berliner. Ludw. Grimm habe einen
Zug hervorgehoben, der dem Original nur in manchen
Stimmungen eigen sei. Er habe wohl S. nicht oft genug gesehen.
Das Bild ähnle dem Prof. Fries. B. richtet dann der Fr.
v. Hanstein Bitte um die Märchen aus und sagt, dasz er
Bd. II d. Sagen noch nicht gesehen. Nach Cassel käme er
gern, sobald einmal victus quotidianus einige Thaler
übrig lasse. — Auf no. 32 erwidert dann B.'s Br. 10. v. 27. 3.
1819, in dem er betreffs der Grammatik (vgl. S. 52) sagt:
„Ein eignes Urtheil wird mir wohl noch lange abgehen,
aber das sehe ich wohl, dasz man groszen Respect dafür
haben müsse. Und die Zueignung sammt der Vorrede ist
das Herrlichste, was mir nur je vorgekommen."

S. 49. Genz] = Fr. v. Gentz. Seine kleineren Schriften
sind von Schlesier, Mannheim 1838-9 in 5 Bänden herausgegeben, ebenso erschien sein Briefwechsel mit Ad. Müller
1800 – 29 Stuttgart 1859, und 1870 v. C. v. Klinkowström
herausgegeben : Briefe politischen Inhalts 1799—1827.

S. 50. Creuzer] F. geb. den 10. März 1771 zu Marburg,
wurde 1802 daselbst Prof., siedelte 1804 nach Heidelberg
über und starb daselbst am 16. Febr. 1859. vgl. B.'s Br. 3
in Anm. zu S. 28 u. seine Autobiographie in den deutschen
Lehr- und Wanderjahren II. Berlin, Fr. Vahlen 1874 (vgl. S. 78).

S. 50. Hermannianer.] Joh. Gottfried Jac. Hermann. 1818 erschienen seine und Creuzer's Briefe über
Homer u. Hesiodos.

S. 51. Reimer,] Georg Andreas, Inhaber der Real-
schulbuchhandlung in Berlin. Die Brüder standen mit ihm
von sehr früher Zeit in Verbindung und hat er eine Anzahl
ihrer Schriften verlegt. 1809 hatte W. ihn in Halle kennen
gelernt (vgl. Jugendbr. S. 101).

S. 52. Kamptz.] Karl Alb. Christ. Heinr. v. K., war
seit 1817 Director des Polizei-Collegiums und leitete als
solcher die Untersuchung gegen die sogenannte demagogische
Bewegung der damaligen Burschenschaft.

S. 53. jit oder get u. s. w.] Nach gütiger Angabe von
Dr. Wenker in Marburg verhält es sich mit diesen Formen, über
die er im kommenden Frühjahr detaillirte Karten in spe-
cieller Publication herausgeben wird, folgendermassen : Das
westfälische Gebiet, in welchem heute die alten Dualformen
der II. Pers. in Pluralverwendung herrschend sind, hat zum
Centrum etwa Herdecke an der Ruhr und umschliesst an
den Grenzen folgende Orte: Gummersbach, Neustadt, Pletten-

berg, Neuenrade, Iserlohn, Menden, Unna, Hamm, Olfen, Haltern, Dorsten, Holten, Mühlheim a/d. Ruhr, Kettwig, Velbert, Elberfeld, Kronenberg, Remscheid, Hückeswagen, Wipperfürth. Gegenüber Orsoy berührt es den Rhein. Die hier vorkommenden Formen sind für den Nominativ in der Osthälfte **it, iät, ät,** in der Westhälfte **git, get, göt** und in Kettwig und Umgegend **gönt.** Für die Casus obl. und das Possessivum **ink** resp. **inker** im überwiegenden Theil, **enk** resp. **enker** um Mühlheim a d. Ruhr und **önk** resp. **önker** in einem Streifen am Südwestrande des Gebietes, von Kettwig über Elberfeld und Barmen bis bei Wipperfürth.

S. 53. **Märchen**] vgl. Freundesbr. S. 198, einen Brief J. Gr.'s an Görres v. 14. Nov. 1812 (Görres Ges. Briefe II), u. einen an Pfeiffer v. 19. Febr. 1860 (Germania XI). Ueber den Antheil der Familie v. Haxthausen an den deutschen Märchen s. Freundesbr. S. 200.

S. 53 no. 34] Hierauf B.'s Br. 11. vom 22. 12. 1819. Er spricht hier zunächst über Böckh's Buch, mit dessen Zurücksendung er gezaudert, um sich mahnen zu lassen, „was doch nicht ohne Brief geschehen konnte". Er dankt dann für die Mährchen, für die Stelle aus Savignys Brief, „der unstreitig im Preussenthum etwas zu sehr befangen" u. spricht sich über Vossens Aufsatz trotz dessen Eitelkeit anerkennend aus. „Man sagt mir, heiszt es weiter, Sie wären churhessischer Landes Censor, der in- und auswendig an der Grenze wachen müsse, dasz ohne Ihre Erlaubnisz nichts Gedrucktes oder Zudruckendes herein oder hinausgehe", ob er auch etwaige Beiträge zum griech. Lexicon ihm schicken müsse. Er bittet dann von neuem um Zuweisung von Schülern.

S. 54. **Sophronizon v. Paulus.**] Freimüthige Beiträge d. neueren Gesetzgebung u. Statistik d. Staaten und Kirchen. Frankfurt a M. 1819—30. — Paulus Tochter verlobte sich 1818 mit A. W. Schlegel (vgl. S. 180, Görresbr. II, 578, 582).

S. 54. **in den Briefen, welche Körte bekannt machte.**] Gemeint sind wohl die Briefe zwischen Gleim, Wilhelm Heinse u. Joh. v. Müller aus Gleim's litter. Nachl. hrsg. v. Wilh. Körte, Zürich 1806. 2 Bde. 8⁰.

S. 55. **Zoegas Leben**] von Welker, Göttingen 1819. Z. war 1755 in Jütland geboren, reiste mehrmals nach Italien, wurde katholisch und 1798 Prof. der Archäologie in Kiel. Er starb 1809 in Rom.

S. 55—6. **Kraus,**] Christian Jak. Als Bd. VIII seiner

vermischten Schriften erschien Königsb. 1819 sein Leben
von Joh. Voigt.

S. 55 no. 35] Darauf erwidert B.'s Br. 12. v. 18. 7. 1820:
B. kündigt seinen Besuch an, schickt Bücher zurück, äussert
sich über Creuzer's Symbolik, vertheidigt u. critisirt Heyne,
bekennt mehr Hermanniancr zu sein als Creuzerianer, spottet
über Rommel's hessische Geschichte.

S. 57. Heyne,] Christian Gottl., schrieb eine Einleitung in das Studium der Antike, und Antiquarische Aufsätze; vgl. Heeren's Biogr. H.'s, Göttingen 1813.

S. 57. Rühs,] Prof. in Berlin. Sein Buch über die
Edda besprach 1812 sowohl J. (Kl. Schr. VI, 106) wie W.
Gr. (Kl. Schr. II, 80 ff., 100 ff.); vgl. Br. v. J. Gr. an Tyde-
man S. 132 Anm. zu S. 35.

S. 58. Die Marburger sind eifrige Disser-
tationstauscher.] 1817 wurde bekanntlich von Marburg
aus der Tauschverein für akademische Schriften, welchem
jetzt auch Frankreich angehört, ins Leben gerufen.

Artikel wider Jean Paul] s. Kl. Schr. I, 403 ff.

Dasz Savigny vor. Jan. ein Sohn gebohren]
vgl. J. Gr. an Tydeman S. 71.

S. 59. Görres haben Sie doch gelesen?] Seine
Schrift: Deutschland u. die Revolution. Coblenz 1819, in
Folge deren von Berlin der Befehl ergieng ihn zu verhaften.
Vgl. Görresbr. II, 594.

Ferdusi.] Vgl. über Görres' Uebersetzung des Helden-
buchs von Iran aus dem Schah Nameh des Firdusi, welche
1820 in 2 Bänden erschien, zahlreiche Stellen in Görres
Freundesbr.; s. auch Br. v. J. Gr. an Tydeman S. 132
Anm. zu S. 37.

der Vicecanzler,] Georg Friedr. Carl Robert, Prof.
der Rechte. Vgl. Anm. z. S. 135.

S. 60. Rector des hies. Lyceums.] Nathanael
Caesar, welcher 1815 nach Suabedissen's Weggang von
neuem die Leitung übernahm, die er schon vor der west-
phälischen Zeit innegehabt hatte. (vgl. S. 85 u. Anm. zu
S. 84 u. J.'s Aeusserungen in seiner Autobiographie bei Justi
S. 150).

S. 60. Inscription auf dem Schloszgrundstein
von meinem gelehrten Collegen,] Generalsuperintendent Rommel, der mit Grimm u. Völkel die Censur-
Commission bildete. vgl. Fr. Müller: Cassel seit 70 Jahren.
I, S. 125 ff. Die Grundsteinlegung erfolgte am 29. Juni
1820.

S. 61 no. 36.] Der am 8. Oct. eingetroffene Gevatter-
brief fehlt. B.'s Br. 13. v. 23. 12. 1820 erwidert auf no. 36.

Er lautet: „Meine freundliche Gevatter! Je älter ich werde
u. je öfter ich in die Nothwendigkeit komme, Gevatter für
meine Kinder einzuladen, desto zaghafter thue ich das.
Aber desto inniger ist dann auch die Freude, wenn dem
gehofften Zutrauen und Vertrauen begegnet wird. Ihr liebe
Herren! habt meiner Frau u. mir diesze Freude gemacht.
Wir danken Euch darob herzlichst u. wünschen, dasz der-
maleinstens Euch auf ähnliche Art freundlich gedient werde.
— Der Tauftag war am 29. Oct., also über fünf Wochen
nach dem Geburtstag. Lassen Sie das ja keinem Pontifex
maximus gewahr werden, sonst könnte diesze Liebhaberey
am Heidenthum übel gedeutet werden. Creuzer hat getauft u.
dabey gesprochen, wie es christlich u. für alle Anwesende
passendst, also erbaulich war; Herr Wurzer, der Magnificus, ge-
ziert mit den Insignien des Löwen-Ordens hat das Kind getragen
u. ihm alle Namen gegeben, die Er u. Sie bei ähnlicher
Gelegenheit erhalten haben. Nun haben wir grosze Wahl.
Und dann wurde auch bey einem Ehrentrunk der abwesen-
den Gevattern fleiszig gedacht, wie Ihnen das Ohrenklingen
wird verkündigt haben. Das ist der Hergang, den Sie
wissen wollten. — Übrigens ist so ein unbedeutender Wicht,
wie dieszer Euer Pathe, schuld, dasz ich mich wegen seiner
Ankunft in diesze allerbesste Welt vor Ihnen noch rechtfertigen musz. Sie urgiren das, dasz ich im Julius schon
von Cassel wegeilte vorschützend die nahe Niederkunft.
Aber liebe Herren! bedenket, es geschehen auch seltsame
Dinge, die gegen Erfahrung u. Übschaft (Praxis) sind. . . .
Und was war das für ein Kerl, der da kam! Wurzer u.
Busch, die doch Hofräthe sind u. Mitglieder d. Kaiserlichen
Naturforschenden Gesellschaft, versicherten, noch nie so ein
starkes Kind bey seiner Geburt gesehen zu haben. Es wog
über eilf Pfund, u. wollt Ihr gelehrte Ignoranten in Eurem
Junggesellenstand wissen, was das sage, so fragt nur den
Präsident des Ober-Sanitäts-Collegii. Kommt so ein un-
gewöhnlicher Bube zur gewöhnlichen Zeit?" Im weiteren
freut B. sich der Erfolge von Jacob's Grammatik, bittet um
Bücher und die vom Bruder Mahler versprochenen Bilder
und grüszt die ganze Familie am Wilhelmshöher Thor.

S. 61. mein College Völkel] vgl. über sein Leben
A. Duncker Zeitschrift des Ver. f. hess. Gesch. N. F. IX.
249 ff. und Jac. Grimm's Nekrolog (kl. Schriften VI, 405 ff.)
u. zu diesem Nekrolog Rommels Brief 10 in Anm. zu S. 41.
Zu folgender Stelle desselben (ib. S. 407): „in der untersuchung . . . . über den olympischen Jupiter war er ganz
an seinem platz; eine dem letzten gegenstand zugewandte
neuere, den bestimmungen Quatremères zum theil wider-

sprechende abhandlung war für die Amalthea ausgearbeitet,
ist aber noch nicht gedruckt und wahrscheinlich von ihm,
der sich selbst am schwersten genügte, zurückgenommen
worden." ist ein Brief J. Grimm's an seinen Schwiegersohn
Geh. Justizrath Schotten (s. Anm. zu S. 125), der zur Zeit
im Britischen Museum aufbewahrt wird (Anm. zu S. 74) zu
vergleichen. Er lautet: „Zu einer Abhandlung Ihres seel.
Herrn Schwiegervaters über den Tempel des olymp. Jupiters
gehört eine bereits gestochene Kupferplatte, von welcher
sich ein Abdruck bei den Manuscripten findet. Da diese
Kupfertafel nothwendig den Druck des Aufsatzes begleiten
musz, so haben Sie doch die Güte nachzusehen, ob die Platte
unter der Hinterlassenschaft Völkels noch vorräthig ist, wie
ich vermuthe, und mich davon baldig zu benachrichtigen.
Denn es würde Kosten verursachen sie von neuem stechen
zu lassen. Vielleicht weisz R u h l, Vater oder Sohn davon?
An jenen bitte ich die Einl. zu bestellen und diese höchst
eiligen Zeilen zu entschuldigen. 9. Jan. 1831. G r i m m."
— Der Adressat hat auf den Brief die Notiz vermerkt:
„Beantwortet am 14. 1. 31 dahin, dasz sich Platte nicht
vorfände, Ruhl, Vater und Sohn nichts davon wuszten, und
gebeten den Abdruck hierher zu schicken, da J. Ruhl
eine Platte stechen solle."
Vier frühere Briefe in derselben Angelegenheit, v. 31. 1. 13.
3., 24. 4. und 13. 9. 1830, sowie einen fünften vom 10. 12. 1833
an einen andern Schwiegersohn Völkel's, Assessor u. später
Oberappellations-Gerichtsrath K n a t z veröffentlichte 1882
A. Duncker in der Zeitschr. d. Vereins f. hess. Gesch. und
Landeskunde IX. S. 343-7. ebenda S. 332 f. auch einen
kurzen Dankbrief an Amalie Völkel (spätere Frau Knatz)
geschrieben im April 1829 aus Anlass des von ihr am 14. 4.
1829 im Namen der Geschwister den Brüdern übersandten
Bildes von Völkel. Der Begleitbrief dieser Dame ist in
der Grimm-Correspondenz vorhanden.
Von Völkel selbst sind 21 meist geschäftliche Zuschriften
an die Brüder aus den Jahren 1814-28 erhalten. Ich führe
nur an Br. 3. v. 11. 3. 1821: „P.P. Dem gestern mir zuge-
kommenen Schreiben der allerhöchst verordneten Commission
zufolge soll sich jede Behörde ihren Marschall selbst wählen,
welchem der Stab aus der Hofkämmerey gegen Bescheinigung der Direction geliefert wird. Bey der Regierung, dem
Kriegs Collegium u. a. vertrit, wie ich höre, diese Stelle der
Secretarius, u. demnach musz ich also Sie bitten, unsern
Zug bey dem Leichenbegängnisz anzuführen." — Br. 4. vom
5. 11. 1821 bezieht sich auf Wilhelm's Gesuch (II. S. 7 no. 5), das
er, V., noch nicht habe überreichen können, Rivalier werde

eher dazu im Stande sein. — Br. 5. v. 26. 12. 1822 lautet:
„Hochgeschätzter Herr Secretarius! Es ist mir leyd, dasz
H. D. H[arnier?] anders erzählt, als gehört hat: aber noch
leyder dasz seine Rede Gedanken bey Ihnen erregte, welche
meinen Gesinnungen gegen Sie, u. dem Wunsche Ihrer Beförderung widerstreiten. — Unbescheiden wäre meine Frage
gewesen, wie viel Sie für den Unterricht des Kur Prinzen
erhalten. Sie selbst haben mir weder zufällig noch gelegentlich etwas davon gesagt. Warum hätte ich also nicht
glauben sollen, was ich vor der Abreise des K. Pr. schon
darüber hörte, von wem, kann ich mich nicht besinnen.
Und als etwas mir erzähltes habe ich es neulich nachge-
sprochen, jedoch mit dem Zusatze, dasz ich nicht wisze, ob
Sie jetzt nach der Rückkunft noch die 300 ✔ bekommen,
nirgends hingegen dieser Nebeneinnahme mit einem Worte
gedacht, wo etwa darauf hätte Rücksicht genommen, und
deswegen die Vermehrung Ihres Gehalts gehindert werden
können. Auf keinen Fall also kann sich die Aeuszerung
über Ihre Bittschrift weiter als auf Ihr wirkliches Einkommen von dem Unterricht beziehn, welches, auch noch
so klein, doch hoch genug angeschlagen wird; u. keineswegs hat sie ihren Grund in derselben unrichtigen Angabe,
die mir zu Ohren gekommen ist. Man weisz einmahl, dasz
Sie auszer Ihrer Besoldung vom Secretariat ein Monaths-
geld beziehn, und ohne Zweifel weisz man dies ganz genau;
es wird, wie Ihnen bekannt ist, aller Anregung ungeachtet,
auf das Museum kein Bedacht genommen: dies ist die Ursache, warum Ihre Bitte kein Gehör fand, jenes giebt eine
Veranlassung, sie zurücklegen zu lassen. Soviel aber werden Sie mir zutrauen, dasz, hätte man mich über Ihre Angelegenheit befragt, ich ohne alle Rücksicht auf Neben-
Umstände, blos das, was Sie Ihrer Stelle u. Kenntnisze
wegen längst verdienen, in Erwägung gebracht, u. der Erfolg Ihres Gesuchs Ihren gerechten Verlangen u. meinen
ernstlichen Wünschen hätte entsprechen müszen. Dasz ich
im vorigen Jahre, wo wegen der Wahl eines Begleiters des
Kurprinzen mit mir gesprochen wurde, die Gelegenheit zu
Ihrer Beförderung nicht unbenutzt liesz, würde ich nicht
erwähnen, noch mich auf das Zeugnisz des Herrn O. C.
v. B a r d e l e b e n berufen, wenn es nicht schiene, als hielten
Sie mich für gleichgültig gegen Ihr Bestes. Wie ich damals gegen Sie gesinnt war, bin ich es noch jetzt, u. werde
es jeder Zeit seyn u. nunmehr musz es mir angelegener als
sonst seyn, Sie davon zu überzeugen, u. zur baldigen Erfüllung Ihres Wunsches beyzutragen. Es kann nur mittelbar geschehn, u. noch heute will ich mich erkundigen, ob

sich jetzt von einem neuen Versuche eine beszere Wirkung
versprechen läszt. Was ich erfahre, werde ich Ihnen ohne
Verzug mittheilen. Möchte dann das neue Jahr Ihnen das
bisher entzogene bringen, u. Ihre begründeten Ansprüche
geltend machen!" — Auch die weiteren Briefe zeigen, dass
V. sich fernerhin für Wilhelm bemühte. Der letzte Brief
v. 7. Jan. 1828 lautet: „Mit dem verbindlichsten Dank verehrter Herr College! schicke ich die griechische Grammatik
zurück. — Prof. W a g n e r in Marburg ersucht mich, Sie an
die Erfüllung seiner Bitte um Ihre Meynung über h i m s e l f
und t h e m s e l v e s zu erinnern. Wollen Sie mir das Re-
sponsum zuschicken, so kann ich es dem Buche beyschlieszen,
welches in den nächsten Tagen an ihn abgehn wird." Die
Briefe der Brüder an Völkel sind vermuthlich derzeit im
Besitz seines Enkels, Amtsgerichtsrath Knatz in Cassel. Von
dem im obigen Brief Jacob's an Schotten erwähnten jüngeren
L. S. Ruhl [Geh. Hofrath in Cassel, Sohn des 1842 ebenda
verstorbnen Bildhauer J. Chr. R. u. älterer Bruder des Land-
baumeister Julius Eugen R.] sind Erinnerungen an J. und
W. Gr. in der zum 4. Jan. 1885 veröffentlichen Festnummer
der Hessischen Blätter mitgetheilt. Dieser Artikel enthält
auch einen an ihn gerichteten Brief W. Gr.'s v. 22. 12. 1825.
R. hatte W. Gr. am 10. 6. 1825 von Berlin aus zur Hochzeit beglückwünscht. Noch 21 weitere Briefe R.'s an W. Gr.
aus den Jahren 1825—47 liegen mir vor. Demgemäss wird
sich eine entsprechende Zahl Briefe v. W. Gr. im Besitz des
Herrn R. befinden. Eine Publication derselben ist erwünscht.
Ich wurde ihrer Existenz zu spät gewahr. Raummangel
nöthigte mich daher, von einer Bitte um Ueberlassung für
meine Sammlung abzusehen.

    S. 62. G r a m m a t i k] vgl. Index und Briefe v. J. Gr.
an Tydeman S. 72 sowie 140 Anm. zu S. 69, ferner Briefe
an Lachmann u. Hoffmann (Briefw. v. Meusebachs S. 328),
an Görres II, 577, an Frommann (Germ. XII, 118), an Lassberg (Germ. XIII, 247) und die schöne Vertheidigung derselben gegen Frl. A. v. Haxthausen vom 10. Sept. 1822
(Freundesbr. S. 87 f.).

    S. 64 no. 37] wird durch B.'s Br. 14. v. 31. 12. 1820 be-
antwortet. B. spricht sich über Vosz, Stollberg u. Christian
Brentano aus und bittet um einige neue Bücher während
er die früheren zurückschickt.

    S 65. d a s z i c h s e i t d e m N o v e m b e r d e m K u r -
p r i n z e n U n t e r r i c h t i n d e r G e s c h i c h t e g e b e n
m u s z.] Hierüber war bisher ausser kurzen Erwähnungen
in einem Brief an Frl. L. v. Haxthausen vom 27. Mai 1821
(Freundesbriefe S. 83) u. in einem an Lachmann (Briefw. m.

Meusebach S. 369) nichts bekannt. Wie wenig W. diese
Thätigkeit befriedigte, zeigt noch deutlicher die Aeusserung
gegen Suabedissen (S. 198), welcher bekanntlich bislang
der Erzieher des nachmaligen letzten Kurfürsten und, seinen
Briefen an W. nach, mit ihm ebenfalls recht unzufrieden
gewesen war. Wie lange W. Grimm diese Stunden fortgesetzt hat, ist ungewiss; wohl nicht über Anfang Sept.
1821 hinaus, da er nach dem Brief v. 19. Sept. (S. 202)
schon frei gewesen zu sein scheint. Seine damalige Hoffnung auf Anstellung (ib. S. 203) blieb unerfüllt, und da
auch sein Gesuch um Beförderung zum Bibliothekar vom
23. Oct. 1821 (vgl. II, S. 9) nicht gewährt wurde, darf man
wohl annehmen, dass diese seine Thätigkeit keine Anerkennung bei dem Kurfürsten fand, offenbar deshalb, weil
ihm auf Wunsch der Kurfürstin Auguste die Stunden übertragen waren. Vgl. noch Völkel's Brief 5 in Anm. zu S. 61.

S. 65 no. 38] erwidert auf B.'s Br. 15. u. 16. v. 16. 4.
u. 16. 5. 1821. In 15. meldet B. die Rücksendung von Büchern,
die ihm Mahler Müller (oder Müller Mahler) im Winter
überbracht hätte. „Müller ist doch ein herrlicher Mann",
wenn auch manche gegen sein Geschäftsleben etwas ein-
zuwenden hätten. . . . „Sie haben reiche Gelegenheit, zumahl
jetzt aus Ihrer Hauptstadt viele goldne Hoffnungen über
den Neuen Regenten auf uns Leute in der Provinz auszu-
streuen." . . . Wurzer habe als Prorector geistreich über
den verstorbenen Fürsten gesprochen, „nicht allein mit
rhetorischer Kunst, im allgemeinen, obenhin schwebend in
Worten, sondern ganz tief das Einzelne der Sache berührend
u. aus dem Standpuncte eines — mags auch seyn bornierten
Hessen." Rehm's Mittelaltergeschichte mache ihm nicht
den Eindruck als sey sie aus Forschungen entstanden.
Krug's Tendenz im Hermes sey die edelste. In 16. ruft B., wie
schon in 15. den Brüdern sich, den Pfarrer in Gossfelden, ins
Gedächtniss. — Auf no. 38 u. 39 (S. 68) antwortet B.'s Br. 17.
v. 29. 8. 1821: Die übersandten Bücher folgen zurück, die
Reisebeschreibung von Mayr entrolle ein unerfreuliches Bild
von den Griechen. „Hat ein Herr Schmidts ein Zettelchen
von mir überbracht? Wie hat Ihnen der Mann und sein
Unternehmen behagt? Es war nur zufällig, dasz ich ihn
einige Stunden lang sprach, aber der ernste Enthusiasmus,
mit dem er die Sache betreibt, hat was sehr Ehrwürdiges."
. . . Lob der Schrift über die Runen, neue Aeusserung über
den Streit zwischen Creuzer u. Voss. Bedenken und Hoffnungen über den (S. 66) angekündigten Studiendirector.
Dank für Lotte's Bild und Bitte um neue Bücher für den
Winter.

S. 68. Schweinichen's Leben] hrsg. von Büsching, Breslau 1820. vgl. J. Gr.'s Anzeige (Kl. Schr. IV, 158).
S. 70. einen jungen Prof. Namens Sartorius,] ausserord. Prof. der Theologie. Er ist 1859 als Generalsuperintendent in Königsberg gestorben; vgl. Herzog's Realencyclopädie der prot. Kirche. Bd. XIII.
S. 71. Frau Jordis,] Ludowica, geb. Brentano. Ihrer geschieht in den Briefen der Brüder aus der Jugendz. sowie in den mit Thomas aus Frankfurt (vgl. Anm. S. 74) sehr oft Erwähnung; vgl. Näheres über sie in dem allerdings wenig zuverlässigen Lebensbild Clemens Brentano's von Diel u. Kreiten, Freiburg 1877. I, 232 Anm.
S. 73. Mone,] Franz Jos. — J. Grimm hat ihn 1831 in Heidelberg besucht und stand auch mit ihm in Correspondenz (vgl. Germania XIII, 375 u. 374). Schon 1818 geht er Wilh. in der mythol. Deutung der Siegfriedsage zu weit (s. dessen Kl. Schriften II, 220).
S. 74 no. 41] erwidert auf B.'s Br. 18. v. 12. 5. 1822, worin dieser sich über das lange Schweigen beklagt, dann aber bittet ihm behilflich zu sein an das Frankfurter Gymnasium zu kommen, wohin man ihn schon vor 5 Jahren habe ziehen wollen u. wo durch Grotefends Abgang und Matthiäs Tod 2 Stellen frei wären.
S. 74. Senator Thomas] Senator und Bürgermeister in Frankfurt. Vgl. über ihn Jac. an Wilh. am 4. Jan. 1814 (Br. a. d. Jugendz. S. 212), Wendeler's Angaben im Briefw. von Meusebach's S. 361 und die Einleitung zu: 'Der Oberhof zu Frankf. a/M. etc. Nachlass v. J. Gerh. Chr. Thomas, herausg. v. Dr. L. H. Euler u. bevorwortet v. J. Grimm. Frankfurt 1841. 8⁰.' Die Briefe, welche die Brüder an ihn richteten, sind, wie mir Dr. Jung in Frankfurt freundlichst angab, mit den anderen Papieren von Thomas nach dessen Tode vollständig zersplittert. In das Franfurter Stadtarchiv kam keiner derselben. Ein ganz kurzer findet sich mit zwei weiteren Grimmbriefen (s. Anm. zu S. 61, 318) nach freundlicher Mittheilung des Herrn Prof. Kluge derzeit im Brittischen Museum (Egerton Hs. 2407 p. 162) und lautet nach von Prof. Kölbing gütigst besorgter Abschrift: „Herrn Senator Thomas zu Frankfurt empfiehlt seinen Freund August von Haxthausen. Cassel 8. Sept. 1816. Jacob Grimm." Ein anderer im Besitz des Justizrath Dr. Euler wird demnächst abgedruckt in den Mittheil. des Frankf. Vereins f. Gesch. u. Alterthumskunde Bd. VII. Heft 6. Die Zahl der ursprünglich vorhandenen Briefe muss eine sehr beträchtliche gewesen sein, da die Grimm-Correspondenz nicht weniger als 128 Briefe von Thomas u. seiner zweiten Frau, welche von

1812—43 reichen, enthält, und da noch eine Anzahl andere verstreut oder verloren sind. So besitzt Herr Landgerichtsdirector Dahlmann in Marburg aus seines Vaters Nachlass einen solchen ohne Datum, der von einem der Brüder einst an Dahlmann überschickt war. Auf dem Brief v. 15. 10. 1838 bemerkte J. Gr.: „Letzter brief von Thomas, er starb plötz-' lich am 1. nov. zwischen 8—9 morgens 53 j. alt geb. 5. febr. 1785" und Rudolf Gr. bemerkte dazu: „Jacob liebte ihn mit einem Gefühl, das an Zärtlichkeit gränzte." Diese Correspondenz ist also für die Biographie der Brüder von gröszter Wichtigkeit und wird es hoffentlich noch gelingen, die Briefe der Brüder Grimm an Thomas wieder aufzufinden u. dann einen Briefwechsel mit den Frankfurter Freunden, Thomas, Scharff, Böhmer, Guaita, Jordis u. andern zusammenzustellen. Ich beschränke mich deshalb hier die Stellen aus Thomas' Briefen auszuheben, welche auf Bang Bezug haben. Am 8. 8. 1822 schreibt er: „Auf Ihren Freund Bang wird wohl bey der Wiederbesetzung der Stelle am Gymnasium ernstliche Rücksicht genommen werden. Er ist auch von Savigny u. Creutzer empfohlen. Nur wird er nicht Matthiäs Stelle erhalten können; da man im Plan hat, Vömel zum Rector u. Schäfer von Heidelberg . . zum Conrector zu ernennen. . . . Creutzer glaubt, da B. 10 Kinder haben soll, er werde nicht auskommen hier, wenn er nicht Gelegenheit habe, fremde Schüler in Kost u. Logis zu nehmen, woran es jedoch meines Erachtens nicht fehlen wird. Er hat überdiesz nur einen Competenten, der überdiesz noch zweifelhaft ist.". . . — Am 18. 11. 1822: „Wegen des Gymnasium ist Entscheidung eingetreten. Vömel und Schäfer sind, wie ich voraus schrieb, Rector u. Conrector geworden. Für die dritte Stelle ist Bang vom Consistorium vorzüglich empfohlen an den Senat, von dem die Sache nun abhängt. . . . Es ist allerdings bei so zahlreicher Familie ein wichtiger wohl zu überlegender Schritt, den zu thun, ihm, wie ich weis, ein Universitätsfreund, der Rathsschreiber Usener bestimmt abgerathen hat. Das ist übrigens Bangs Sache." — 11. 2. 1822 (lies: 1823): „Die Ungewiszheit wegen Weber von Wetzlar, der, wie ich Ihnen schrieb uns Gymnasium gerufen war, von dem ich aber nicht glaubte, dasz er die Stelle annehmen werde, waren die Ursache, warum ich so lange schwieg. Weber hat sich jetzt entschieden zu kommen, ich musz also meine Hofnungen für Bang aufgeben, so wehe es mir thut; denn Alles, was ich von ihm weisz, hat mir sehr wohl gefallen u. da Anfangs, vor der Bewerbung Webers die besten Aussichten waren, meine Wünsche würden erfüllt werden, so hatte ich mir ein angenehmes Zusammenleben mit ihm ganz ausgemahlt.

Grüszen Sie ihn von mir herzlich u. versichern ihn, dasz es
an meinem guten Willen nicht gefehlt habe, seinen Wunsch
zu erfüllen."... Die Bedürfnisse seien übrigens in Frankf.
wirklich unglaublich. Er brauche bei höchst einfachem,
stillen Leben jährlich über fl. 5000. — Andere Stellen aus
Briefen von Thomas, vgl. Anm. zu S. 121, 210 u. 266.

S. 74. Guaita] Meline Brentano's Mann.

S. 75. Corpus juris.] vgl. J. Gr. an Tydeman vom
26. März 1820 (Briefe S. 71): „Es soll eine neue critische
Ausgabe d. c. j. c. erscheinen etc."

S. 76. Schubert über Göthe.] Gemeint ist doch
wohl 'Karl, Ev. Schubarth. Zur Beurtheil. Göthe's mit Beziehung auf verwandte Literatur u. Kunst. (2 Bde. Breslau
1817. 2. Aufl. 1820.)'?

Thorbecke] vgl. S. 226. Es ist der spätere hollän-
dische Reformminister Joh. Rudolf Th., geb. 1796.

S. 77 no. 42] erwidert auf B.'s Br. 19. v. 28. 7. 1822,
worin den Brüdern ein Bang empfohlener Tynov Martin
weiter empfohlen war.

S. 78. Koch,] Chr. H., Lehrer am Pädagog. u. ausserord. Prof. in Marburg (vgl. seine Autobiographie in Justi
S. 335 ff.), später ord. Prof. daselbst. Er starb am 28. April
1861 (s. das Marburger Rectoratsprogramm v. 1861).

S. 80. Cramer,] Andr. Wilh. Seine Autobiographie
steht in den Brockhausischen Zeitgenossen.

S. 80. Savigny's Schilderung von Bologna]
im dritten 1822 erschienenen Band seiner Geschichte des
röm. Rechts im Mittelalter.

S. 82. no. 45] erwidert auf B.'s Br. 20. v. 13. 12. 22:
Betrifft B.'s Berufungsangelegenheit nach Frankf. Creuzer
hatte ihn empfohlen, aber seine grosze Zahl Kinder erwähnt. Ein Concurrent sei Schwenck, den Welcker u. Eichhof empfohlen hätten. Usener habe ihn nicht bestimmt
abgerathen aber angegeben, dasz er mit Frau, einem Kinde
u. einer Magd jährlich gegen 5000 fl. gebrauche. Eine von
Grimm Thomas mitgetheilte Stelle aus Bangs Brief werde
ihn doch nicht compromittiren? In Beantwortung von no.
43 folgt Lob d. Grammatik, aber Bedauern über Wegfall von
Dedication u. Vorrede (vgl. S. 86). Kuithan solle ein tüchtiger
Schulmann sein, die Freunde des Realismus dürften sich
nicht auf Ernesti berufen. Creuzer's Biographie habe ihn
wegen ihrer Unterlassungssünden geärgert. Grimm habe sie
zu milde, Savigny schärfer beurtheilt. C.'s Rückkehr aus
Holland sei jedoch so erfolgt, wie er erzählt. Seine Spannung mit Paulus habe ihn aber zu einem Anachronismus verführt, denn 1791 als er sich die Psalmen-Erklärung durch

die Homerprolegomena erträglich habe machen wollen,
hätten diese noch nicht existirt. Wolf hofiere er zu sehr.
Ein liebes Büchlein sei das von Cramer. Buttmann's Untersuchungen im Lexilogus seien verfrüht. Das neugriechische
werde noch vieles aufklären. Der junge Creuzer, der seine
Dissertation über das Nibelungenlied schreiben wolle, habe
gebeten ihn den Brüdern zu empfehlen. Es folgen dann
Bücher, welche B. aus Cassel geliehen wünscht. — no 45 u.
46 beantwortet B.'s Br. 21. v. 22. 2. 23. : B. schickt damit die
Bücher zurück und bittet um neue, meint Creuzer werde
ihm doch in der Frankfurter Angelegenheit geschadet
haben. Nach Ankunft von Br. 46 bittet er um baldige Nachricht über Wilhelm's Gesundheit. Er selbst will sich wegen des
Mislingens seiner Frankfurter Pläne kein graues Haar mehr
wachsen lassen. Weber, der die Stelle erhalten, sei ein ge-
lehrter Mann. Man habe ihm für seine Privatschule den
Knaben eines Hofmarschalls aus Cassel auf -hausen angetragen; er habe aber nicht gern mit zu vornehmer Leute
Kindern zu thun.

S. 83. Schwenck,] Conrad, geb. d. 21. Oct. 1793 in
Lich b. Giessen. Schüler Welcker's und Jugendfreund von
Friedr. Diez. 1823 ging Schwenck nach Frankfurt, obwohl
er die Stelle, um welche er sich gleichzeitig mit Bang be-
warb, auch nicht erhalten hatte, erst 1825 wurde er zum Lehrer
der Geschichte am Gymnasium daselbst ernannt. 1853
wurde er als Conrector des Gymnasiums pensionirt und starb
am 14. Febr. 1864; vgl. Dr. E. Neubürger: „Einige Blätter
zur Erinnerung an Konrad Schwenck" Frankf. a/M. 1867,
sowie meine „Erinnerungsworte an Fr. Diez" S. 17 ff.; ferner
einen Br. v. Diez an J. Grimm in Z. f. rom. Phil. VII, 489.

S. 83. etymologisirt in Kannescher Art.] Offenbar Anspielung an Kanne's Pantheum, worüber vgl. J.'s u.
W.'s Aeusserungen gegenüber Görres vom 5. Dec. 1811 und
dessen Erwiderung in seinen gesammelten Briefen II 261 f.,
268 f., 283 f., wieder abgedr. in: Briefe v. J. Gr. an Tydeman S. 131. Naturgemäss ist J.'s Urtheil 1822 weniger
günstig. Ueber eine andere Schrift Kanne's s. Anm. zu S. 150.

S. 84. Hier in Cassel war zu meiner Zeit
Richter . . Rector] vgl. die Autobiographie bei Justi.
An die Schuljahre erinnerte sich J. später gern: vgl.
Freundesbr. S. 91, Brief v. 28. Merz 1824, sowie einen Br.
an Lassberg v. 24. Aug. 1829, d. h. in der Zeit geschrieben, wo
die Berufung nach Göttingen bereits so gut wie sicher gestellt war (Germ. XIII, 367): „jugenderinnerungen sind doch
die schönsten und werden immer schöner, ich möchte mich,
so oft ich daran gedenke, in meine schuljahre zurückver-

setzen (viel lieber als in die studentenjahre) die bücher
unter den arm nehmen und fröhlich über den markt springen.
So leicht ums herz wirds einem hernach doch nie wieder,
wie damals; wie voll und verweilend ist die zeit der jugend,
ein tag mehr als jetzt eine schnell verrauschende woche.'
Jacob war übrigens auch ein musterhafter Schüler gewesen.
Aus dem Festprogramm des Casseler Gymnasium von 1879:
„Zur Statistik des Lyceum Fridericianum während seines
Bestehens von 1779—1835 von Dr. F. G. K. Gross" S. V
ergiebt sich, dass schon beim Herbstexamen 1799 Nathanael
Caesar über Jacob Grimm als Primus der Oberquartaner
schrieb: „Mit Vergnügen können ihn die Lehrer als einen
der fähigsten, fleiszigsten und gesittetsten Schüler empfehlen"
und 1801 beim Frühjahrsexamen über ihn als Primus der
Untersecunda urtheilt: „Macht bei untadelhafter Aufführung
mit gewohntem Fleisz rühmliche Fortschritte", und bei
seinem Abgange aus Unterprima Ostern 1802: dass ، er durch
seinen ausnehmenden Fleisz völlig die Kürze der auf dem
Lyceo zugebrachten Zeit ersetzte." Seine am 9. April 1802
gehaltene Valedicenten-Rede: „De ingeniorum certaminibus
in sacris Graecorum ludisque solemnibus" fehlt nach derselben Quelle leider in der betreffenden Sammlung des
Casseler Gymnasium. Ueber W. Grimm sind ähnliche
Notizen nicht überliefert (vgl. Anm. zu II S. 1), ihn ängstigt
noch 1824 im Traum der Gedanke, dasz er in die Schule
gienge u. dieses u. jenes nicht wisse (vgl. S. 233).

S. 85. Jetzt siehts mit dem hies. Lyc. nicht
gut aus] vgl. S. 60.

S. 86. Creuzer, der junge] Sohn des Consistorial-
rath Creuzer in Marburg u. Neffe des Heidelberger Prof.,
vorher Hülfslehrer bei Bang in Gossfelden und dann Gymnasiallehrer in Marburg und Hersfeld.

S. 86. Vorrede u. Einl. musste wegbleiben]
vgl. Briefw. m. v. Meusebach S. 309 Anm. zu S. 7.

S. 87. Eichhorns Jahrh.] gemeint ist offenbar Joh.
Gott. E.'s Gesch. d. 3 letzten Jahrh. 3. Aufl. 1817.

S. 88. Collmann] Pfarrer, welcher in Cassel eine
Erziehungsanstalt hatte.

S. 88 no 48]. Darauf erwidert B.'s Br. 22. v. 9. 1. 24:
Dank für die Mittheilungen, näheres über Conradis Verlobung. Bücher brauche er wohl. „Brod u. Bücher. Lange
habe ich mich danach gesehnt. Aber der Gevatter Wilhelm hat alle die Aufträge vergessen in den glänzenden
Circeln Marburgs. Aber so seyd Ihr Urbani mit Eurer Ur-
banitas. Dennoch soll er herzlichst gegrüszt sein."

S. 89. serbische Gr.] Wuk's Stephanowitsch (vgl.

Anm. S. 228) kleine serbische Gr., verdeutscht u. mit einer
Vorrede v. J. Gr. Leipz. u. Berl. 1824. Vgl. Germ. XI, 385
und Kl. Schr. J. Gr.'s IV, 22.
S. 89. Preisschrift über die deutschen Ad-
jectiva] vgl. Br. v. J. Gr. an Tydeman S. 142 Anm. zu
S. 78. Sie war veranlasst durch ein Preisausschreiben der
deutschen Gesellschaft zu Königsberg, doch wurden nur die
beiden ersten Kapitel fertig gestellt. Sie sind zum ersten
Mal abgedr. in J. Gr.'s Kl. Schriften VI, 307 ff.
S. 89 no 49.] Darauf erwidert B.'s Br. 23. undatirt
(Postst. 21. April). Die Bücher folgen zurück, Eichhorn
tauge nichts. Jacobs letzter Brief vom Jan. sei trübsinnig
gewesen. Dass man ihn kränke sey ihm unbegreiflich, dasz
J. aber denken könne, er, B., glaube ihn auf falschem Wege,
das ginge über die Schnur.
S. 90 no 50] Darauf erwidern B'.s Br. 24 u. 25 v. 16. 7.
u. 26. 8. 25 — Br. 24: Glückwunsch. Das Verbot der Anspielung auf die Namen Grimm und Wild veranlasste B.
an Chrimhield zu denken und Huon Jacob einige Lob-
verse der Ehe zu citiren. Im übrigen spricht er über die
anbei zurückgehenden Bücher, über seine drei ältesten
Söhne, über seinen Gehülfen Dr. Creuzer, über Savigny's
Befinden. Ein Bonner Profess. habe ihm Ostern erzählt,
S. habe mit der Familie vielen Kampf über das Nicht-
catholischwerden seiner Kinder gehabt, er habe aber fest
widerstanden. „Als ich in der Zeitung las, dasz ein anderer
Minister der Justiz geworden, alo nicht S., habe ich eine
Bouteille alten Rheinwein, die noch bey mir lag als Ge-
schenk, ganz allein getrunken." B. bittet dann um Für-
sprache und Rath wegen eines Stipendiums für seinen
Sohn. — Br. 25 empfiehlt den Doctorandus Creuzer, seinen
Gehülfen, welcher bei M. R. Craft Hauslehrer werden solle.
C. thue es noth, etwas unter die Menschen zu kommen.
Nachfrage nach Savigny. „Habt Ihr gelesen 'Vosz und die
Symbolik' von einem gewissen Menzel? Der hat aber den
alten Steinbock mächtig gepackt." B. bittet um Auskunft
über Menzel und andere Schriften von ihm, möchte nur
wenige Buchstaben wieder einmal von Jacob sehen und grüszt
die Männer und die Frauen im Grimmschen Hause herz-
lich und freundschaftlichst.
S. 90. Meine Braut heiszt Dorothea.] Das
Heirathsconsensgesuch Wilhelm Grimm's s. Bd. II, S. 9 ff.
Die Heirath fand am 15. Mai 1825 statt. Unter diesem Tag
findet sich im Kirchenbuch der Kasseler Hofgemeinde Bd. E.
p. 411 folgender Eintrag: ₊Herr Wilhelm Carl Grimm
Secretarius bey Kurfürstlicher Bibliothek des in Hanau (!)

verstorbenen Stadtschreibers H. Wilhelm Carl Grimm hinterl.
S. und Jungfrau Henriette Dorothea Wild, des verstorbenen
Apothekers Herrn Joh. Rudolph Wild hinterl. T.“ Vgl. sonst
hier S. 238, sowie Görresbriefe III, 190 f., Briefw. mit von
Meusebach S. 322, Freundesbr. S. 231 und Jugendbr. S. 506
no. 34 den Eintrag in die Grimm'sche Familienbibel: „Im
Jahre 1825 den 15. Mai verheirathete sich mein lieber
Bruder Wilhelm mit Dorothea Wild, Tochter des verstorb.
Herrn Wild, Apotheker dahier. Die Einsegnung geschah
Morgens ½12 Uhr im Schmerfeldischen Gartenhaus. Der
Himmel gebe ihnen seinen Segen. Cassel. Jacob Grimm.“
— Das schöne Verhältniss, welches zeitlebens nicht nur W.
sondern auch J. mit Dortchen verband, geht aus zahlreichen
Stellen ihrer Briefe hervor. Ich erinnere nur an folgende:
J. Gr. an v. Meusebach v. 15. Nov. 1829 (S. 120): „Dortchen
kommt mir ordentlich wie meine frau vor, weil ich nach
der frau bibliothecarin und nicht mehr nach der frau se-
cretarin fragen höre.“ W. Gr. an Lachmann 18. Jan. 1838
(Briefw. mit Meusebach S. 415): „Jacob sitzt in Cassel. . . .
Die Trennung thut ihm weh wie uns. 'Sie thun dort alles
für mich, schreibt er, aber sie können mir nicht geben, was
ich vermisse.' Zu seinem Geburtstag am 4. Jan. reiste
Dortchen, da sich eine Gelegenheit darbot, sammt allen
Kindern hin. Sie langte den Abend vorher an, stieg bei
ihrem Bruder ab, und sie machten sich den andern Morgen
auf den Weg in die Bellevue“ etc.— Anspielungen auf ihre
Namen mussten zich die Brüder offenbar oft gefallen lassen
vgl.: „Es ist mir nur lieb, dass Sie nicht . . . meine
Grammatik eine Grimmatik gescholten haben.“ (Brief J.
Gr.'s an v. Meusebach vom 24. Dec. 1822, S. 6), vgl. auch
L. Diefenbach an Weigand vom 11. Jan. 1851 (Anm. z. S. 388).

S. 92 no 51.] erwidert auf B.'s Br. 26. v. 14. 2. 26:
Bang beginnt mit verspäteten Neujahrswunsch, erkundigt
sich nach dem Hofmeister Creuzer, dessen sich die Brüder
annehmen sollen. „Ich hoffte viel, dasz ihm das Anschauen
Ihrer ebenso geräuschlosen als groszen Thätigkeit ein
Centrum geben sollte.“ Gerücht, der Heidelberger Creuzer
gehe nach Berlin, seine und Daubs Sache sei allerdings in
H. bedeutend gesunken. „Clemens Brentano hat vorigen
Sommer in Wiesbaden eines Pfarrers Tochter zum Catho-
licismus verführt. Der Pfarrer ist ein Jugendlehrer von
Savigny und hat vor langen Jahren schon einmal die
Schmach gehabt, dasz Clemens eines seiner Gedichte so
jämmerlich mishandelte . . . . Lassen Sie doch wieder
durch einige Bücher es hier sichtbar werden, dasz Sie noch
über eine Kurfürstl. Hessische Hof-Bibliothek zu befehlen

haben. Zwar weis ich von Prof. Hupfeld, dasz Sie dieszes
drückend genug fühlen; aber ich möchte doch wieder sicht-
bare Proben davon haben. Herzlichste Grüsze an die
Frauen, Brüder, Schwester und an Euch."
S. 97. Wer wird nun curator der universität?
ich denke ministerialrath Ries]. Es handelt sich
hier nicht um den Curator in dem heutigen Sinne, der damals den Titel landesherrlicher Commissarius führte (diese
Stellung bekleidete seit 1821 bis in die 30er Jahre der
Regierungsrath Hast), sondern um den Vorstand des Ministeriums des Innern, von welchem die Universität ressortirte.
Nach der Entlassung von Kraft (Anm. S. 100) aus diesem Amt,
wurde der Vorstand des Justizministeriums Riesz zunächst beauftragt, auch die Geschäfte des Ministeriums des Innern zu
führen. Später gab er dann das Justizministerium ganz ab.
S. 97 no 53.] erwidert auf B.'s Br. 27 v. 30. 3. 26.:
„Liebe Gevattern und Freunde! Der junge Bauer aus meiner
Gemeinde, 20 Jahre alt, der im Sommer Maurer und Lehm-
arbeiter und Weisbinder ist, legt sich in den müssigen
Stunden des Winters aufs Zeichnen and Mahlen. Bey mir
holt er sich immer Bilder zum Copiren, und hat nebst den
Göttinger Professoren, Ihrem Geschenk, auch Ihr Bild, lieber
Jacob, gemahlt. Weil ich glaube, es mache Ihnen Freude,
so einen Bauer unter meinen geistlichen Söhnen zu wissen,
so schicke ich Ihnen die Copie dieses Bildes. Was sagen
Sie dazu? und was die Brüder? Vorgestern stand er lange
vor Ihrem Bild lieber Wilhelm! zweifelte aber, obs ihm gelingen werde.' Herr Kraft habe ihn besucht, er verstehe
die Kunst sich schnell zu orientiren, habe nach allem
examinirt, nach Waschen wie nach Methode u. Stoff. Er
sey ihm immer noch als ein Minister des öffentlichen Unterrichts erschienen u. habe förmlichen Unterricht im Deutschen nach Adelung oder Schmieder verlangt. „Der Debel
hohl mich, was hatte ich gleich zur Hand Ihre Grammatik
1. Ausg. u. liesz ihn sehen, was noth thue. Ehe bis wir
so weit wären, dasz diesz Buch in die gelehrten Schulen
eindringe, läugnete ich jeden anderen Unterricht im Deutschen, sagend, die Jungen müssten es lernen, wie es Savigny gelernt, der es bekanntlich gut gelernt habe.'
Kraft habe Lust gezeigt ihm seinen Jungen anzuvertrauen,
doch habe er ihn nicht darin bestärkt, übrigens habe er
grosse Achtung vor dem Mann „u. die Erfahrung wirds
lehren, ob jener Riese diesze Kraft habe." Die Schilderung
J.'s von dem jungen Creuzer stimme ganz mit seinem Urtheil überein. Er habe sie dem Vater gezeigt. Der Sohn sey
jetzt in Marburg krank, solle aber nach Cassel zurück u. die

Brüder, welche er verehre, möchten ihn zur Arbeit ermuntern
und an eine Bibliothek empfehlen. Den zweiten Bd. d.
Grammatik habe er noch nicht gelesen. Buttmann's Lexilogus sey frei von der kahlen Speculation sonstiger Etymo-
logen. Riemer sey „wohl geistreich u. witzig; aber auch
naseweis u. verwegen, ein leichter Husar, der die schwere
Cavallerie der Philologen oft ärgert.“ Passow müsse in
der Metrik noch Manches lernen. Seyffart solle dem Her-
mannschen System einen heftigen Stoss versetzt haben. Er
habe endlich an Savigny geschrieben „Glaubet fest, dasz
auch ich innigst froh seyn werde, wenn bey Euch der Ruf
erschallet: 'Es ist uns ein Mensch geboren worden.'“ —
Auf no 53 erwidert B.'s Br. 28. v. 11. 5, 26. betitelt: „'Auszug eines Briefs, den ich meinen lieben Gevattern Grimm
schreiben wollte: Glückwunsch wegen des kleinen Jacob,
Bitte B.'s Sohn, welcher über Cassel nach Göttingen reise
Bibliothek u. Museum zu zeigen. „Herrlicher Brief v. Savigny. So menschlich rein, so gelehrt! aber leider auch
sehr klagend besonders über Gesundheitszustand u. über
sectenartige Widersacherei der Hegelianer.“ Die Regierung
habe Vosz u. Paulus den Streit mit Creuzer verboten. Vosz
sey mit dem Rescript auf dem Krankenlager verschont. Die
Fama verbreite dennoch, er sey daran gestorben. Bitte um
Savigny's Abhandlungen über das Colonat u. d. Steuerver-
fassung. Er nenne sie seine gelungensten. „Der S . . dasz er
sie mir nicht geschickt! Da er doch weisz, wie mich jedes
Büchlein erfreut. Der junge Creuzer ist am Marburger
Gymn. mit 100 Thlr. angestellt.“

S. 97. Jacob] Wilh. Grimm's ältester noch im selben
Jahr verstorbener (S. 241 f.) Sohn. Vgl. über seine Geburt
Freundesbr. S. 231 f. sowie Briefw. m. v. Meusebach S. 362
Anm. zu S. 31 no. 22-3. Im Kirchenbuch der Kasseler
Hofgemeinde Bd. E finden sich folgende 2 Einträge p. 133:
„Getaufte 1826. April am 16. Jacob des Bibliothek Secretars
H. Dr. Wilhelm Grimm et ux. Dorothea geb. Wild S. n.
3. April h. p. 2. Gev. H. Bibliothekar Jacob Grimm, des
Kindes Oheim“ und p. 534: „Begrabene 1826. December
am 18. Jacob, des Bibliotheks-Secretarius Herrn Dr. W. C.
Grimm et ux. Dorothea Henriette geb. Wild S., † am 15. Dec.
h. m. V, alt 8 M. 5 T.“

S. 100. diesen Staatsmann] Ministerialrath Kraft
in Cassel, dann Obergerichtsdirector in Marburg (vgl. S. 85
u. 96). Er starb als Meiningischer Staatsminister a. D.

S. 101. Der junge Mensch.] Herr Amtmann Hille
in Darmstadt, der zu jener Zeit Bang's Schüler war, und in
dessen Besitz dieser unser Brief sich derzeit befindet, theilt

mir mit: „Es handelt sich unfehlbar um den Weiszbinder-
gesellen Bosz aus Sarnau, der allherbstlich die frischen
Kalkwände der Schulstube in Bang's Haus mit einer Rosen-
guirlande zu schmücken pflegte. Ich habe ihn Wünsche
aussprechen hören, die Bang — unter Umständen ein Bischen
Idealist — als Ausflüsse verborgenen Talents gehalten haben
mag, erinnere mich auch, dasz Bosz Bang was gezeichnetes
brachte.·

S. 101 f. Rumohr über die Kochkunst.] Dr. Reimer,
Archivar in Marburg theilt mir mit, dass sich im Besitz
seiner Verwandten ein Kochbuch befindet, in welches von
allen möglichen Freunden, darunter auch von den Brüdern
Grimm, je ein Recept eigenhändig eingetragen sei. Dasselbe
ist jetzt in Prof. A. Tobler's Händen.

S. 103. In diesen Monaten streichen die
Professoren wie Zugvögel] vgl.: „Also mit den gelehrten Vögeln, die im Frühjahr u. Herbst von einer Univ.
zur andern ziehen, haben Sie diesmal nicht streichen
wollen?" Brief W. Gr.'s an Lachmann im Briefw. mit
v. Meusebach S. 382 (datirt v. 13. April 1833).

S. 103. Offenbarungen der Dülmer Nonne]
vgl. Briefw. m. v. Meusebach S. 363, Görresbriefe II, 576.

S. 103. Ich höre, dasz man in Marburg viel
von der Versetzung der Universität hierher
spricht.] Im Marburger Universitätsarchiv befindet sich
unter den Senatsacten ein eigenes Fascikel über die Irrig-
keit dieser durch Zeitungsartikel ausgesprengten Gerüchte,
welche den Senat aber doch veranlasst hatten, in Cassel
darüber anzufragen. Vgl. Anm. zu S. 241 Suabedissen's
Br. 47.

S. 104. no 55.] ist datirt vom 18. Juni (Jnr. ist verdruckt)
1827 und erwidert auf B.'s Br. 29. v. 16. 6. 1827. Danach
hofft B. Passavants Stelle an der reformirten Kirche in Frankfurt zu erhalten u. bittet um Empfehlung. Director Vömel,
der die Schule mit dem Mystischen der Religion überfülle,
bewerbe sich allerdings auch darum, habe aber z. B. die
Neufville's gegen sich. „Ich sage nichts, wie es mir zuletzt bei
Ihnen gefallen ... wie ich Schlegel bey allen seynen unange-
nehmen Manieren u. Grimassen dennoch sehr achte." —
Auf no 55 erwidert B.'s Br. 30. v. 29. 6. 1827: B. ist in
Frankfurt gewesen u. sehr freundlich v. Thomas aufgenommen.
Der mystische Scholarch habe keine Aussicht, er aber wahr-
scheinlich auch nicht, da viele sich schon gebunden hätten.
Clemens Brentano sei von einer Reise nach Paris auch in
Frankfurt, u. sage, er B. passe als Prediger nicht für die
Frauen. Als schönsten Gewinn seiner Reise betrachte er

die Bekanntschaft mit Görres, dessen hohe Einfalt u. Klarheit ihn entzückte u. den er über Schlegel stelle. Er arbeite jetzt eifrig an einem ethnologischen Geschichtswerk, das, wie er gerade heraussage, gewaltig aufräumen würde. Eine seiner Hauptquellen seyen die dazu noch gar nicht benutzten Scholien der Alten. Er hoffe im Herbst in München angestellt zu sein. Sein Sohn, Guido, habe ihm auch gefallen, er wolle bald die Grimms aufsuchen. Frau Thomas lasse die ganze Grimmsche Familie grüssen. Christian Brentano komme bald von Rom zurück. Savigny u. Frau seien gesund, über den Sohn klagen alle. Bitte um Bücher namentl. um 2te Aufl. v. Niebuhrs Röm. Gesch. über deren Umänderungen sich Görres sehr gefreut habe, sowie um 2 Aufsätze Savigny's.

S. 105 vor no. 56.] Hier schiebt sich folgender mir nachträglich von Herrn Amtmann Hille abschriftlich übersandter Brief ein:

55a. Jacob Grimm an Bang.

Der neue Niebuhr, lieber Bang, den Sie haben wollten, ist schuld, dafs auf Ihren brief vom 29 juni so späte antwort erfolgt, das buch war nicht gleich in meinen händen, hernach wollte ich es selbst wenigstens durchlaufen und auch jetzt kann ich es Ihnen nur auf drei, vier wochen lafsen. Es haben sich noch mehrere dergleiche leser dazu gemeldet, übrigens finde ich es zwar weit ausgearbeiteter und reicher, worüber er in der vorrede mit schönem stolze spricht, aber doch nicht so grundverändert, wie Görres meint. Ein werk, das einem zu schaffen macht, wie wenige, man mufs überall streng aufmerken um zu verstehen und zu behalten: Ich lege Ihnen Ranke und Schlossers neue ausgabe bei. Von Ranke ist eben ein frisches werk heraus über das 16. 17 jh. mit gleichem geiste und fleifse geschrieben, das Sie haben sollen, wenn Ihnen jenes gefällt. — Menzels reformationsgesch. (die meinen Sie doch?) ist ausgeliehen. — Es freut uns, dafs es Ihnen zu Frankfurt nach wunsch ergangen ist, wenn auch aus der hauptsache, wie es scheint, wieder nichts werden sollte. Thomas ist ein ehrlicher, verständiger mann; der andere der nach mir fragte wird senator Scharf gewesen sein. Dafs Ihnen die männer von allen parteien recht sind, wo sie geist und gelehrsamkeit offenbaren und ein redliches herz zeigen, ist ein schönes zeugnifs für Ihren eignen sinn. Die grofsen entdeckungen des Görres aus den scholiasten begreife ich noch zur zeit nicht, wills aber abwarten, überhaupt vermag ich den gang nicht zu verfolgen den seine studien in den letzten zehn jahren, seit er wenig wifsenschaftlicher art hat drucken

lafsen, genommen haben. Den sohn habe ich auch von
anderen loben hören. — Für die mittheilungen über Clemens
und Christian danke ich. Von Savigny lauteten die
letzten meldungen gut, sind aber freilich etwas alt; doch
mufs keine neue gefahr eingetreten sein. — Senden Sie mir
doch die beiden abhandlungen Savignys über die röm.
colonen und abgaben bald wieder, ich brauche sie. — Luis
ist nach Westphalen gereist, Wilhelm und Dortchen
wohl, wir grüfsen Sie von herzen: Ihr treuer freund und
gevatter
Cassel 20 aug. 1827.   Jac. Grimm.

S. 105. no 55. a].   Auf diesen Brief erwidert B.'s Br.
31. v. 4. 10. 27: B. sendet Bücher zurück und bittet um
neue, beschreibt das Universitätsfest, welches die Brüder,
wie fast alle Cassler verschmäht hätten. Savigny werde
krank in Trages zurück erwartet und solle nie mehr in
Berlin auftreten wollen. Creuzer habe Gans ins Gesicht gesagt: dasz er S.'s Buch ganz anders habe behandeln sollen,
und habe seinen Namen auf der Berliner Recensentenliste aus-
streichen lassen. Er Bang könne eine gute Portion Wünsche
gebrauchen, da seine „Frau jetzt zum zwölften mal eine
Halbkugel tragend" von Tag zu Tag der Erlösung entgegensehe. Sonst wäre er ein Paar Tage nach Cassel gekommen. Thiersch: ‚Über öffentl. Schulen' habe ihm sehr
gefallen.

S. 108. Wit. Dörring.] Wit genannt v. Dörring.
1827—30 erschienen von ihm „Fragm. aus meinem Leben
u. meiner Zeit", 1827 in Braunschweig: Lucubrationen eines
Staatsgefangenen.

S. 108. no 57] erwidert auf B.'s Br. 32. v. 16. 1. 1829:
„Meine liebe freunde! folgendes Bruchstück aus einem
Dialog mit meinem dritten Sohn, der ein Jurist ist, giebt die
erste Veranlassung zu diesem Brief: — Sohn: Ich mag nun
im nächsten Semester das Germanicum in Marburg oder
Heidelberg hören, so will ich mich immer im voraus bekannt machen mit Eichhorn's dahin gehörigen Schriften;
gebe mir doch zu dem Ende das Buch des Herrn Grimm. —
Ich: Diesz Buch habe ich nicht; es mag noch nicht heraus
seyn. — Sohn: Heraus ist's; schon im Herbst habe ichs bey
Herrn Carl in Hanau gesehen. — Ich: Aber ich habe es
nicht. — Sohn: Warum nicht? — Ich: Der Verfasser hat
mirs nicht geschickt. — Sohn: Warum? — Ich: Herr
Grimm denkt vielleicht, ein Buch solchen Inhalts nütze mir
nichts. — Sohn: Das ist wohl richtig, aber Savigny hat Dir
doch alle seine Schriften, die noch in weit strengerem
Sinn nur juristischen Inhalts sind geschickt. — Ich: Ja

so...." Er hoffe diese neue Art Betteley werde J. nicht
ganz verwerflich finden. Thomas denke ihn immer noch
von Goszfelden fortzubringen, doch bliebe er nun gern da
(vgl. Thomas an J. Gr. v. 20. 8. 1827). Creuzer sei im Herbst
viele Tage dagewesen munter und spasshaft, Savigny sei
wohl. „Nun ist noch Raum Ihnen eine Sprachbemerkung
mitzutheilen, dasz Ewart i. e. Gesetzbewahrer in Oberhessen noch im Munde des Volkes lebe. So ist z. B. das
Währ-Ewart eine Gesellschaft von Bauern, welche das
Flusz-währ behufs der Wässerung der Wiesen in einem
groszen Umkreise aufrecht hält, das Recht selbst zu strafen
ausübt etc. Irre ich nicht, so giebts eine Dissertation de
judiciis ad Lanam."
    S. 109. Bauer, Prof. in Marburg.] Die Urtheile
der Brüder über ihn waren schon in der Studentenzeit sehr
ungünstig, wie ihre Briefe aus der Jugendzeit ergeben (vgl.
S. 9, 28, 55). Ebenso urtheilt J. Gr. in einem Brief an
Tydeman vom 8. Dec. 1812 S. 43: „An Goedes Stelle ist
Bauer aus Marburg versetzt, ein mittelmässiger Docent, der
sich nur mit unbeneidenswerthem Eifer auf das neue Recht
geworfen hat." Vgl. S. 289 Wilhelms Urtheil.
    S. 109 den Hufeland]. Gottlieb H. seit 1788 Prof. für
deutsches Recht in Jena starb 1817 als Prof. in Halle.
    er wollte mir nicht behagen] vgl. „so könnte ich
mich jetzt nicht mit Staats-, Privatrecht etc. abgeben." Brief
an W. v. 12. 7. 1805 (Jugendbr. S. 58). Dennoch beabsichtigte J. sich damals der Prüfung pro advocatura zu unter-
ziehen (vgl. ib. S. 36, 39, 57), hat aber die Absicht nie ver-
wirklicht, wenigstens findet sich in den Acten der jur. Facultät nichts darüber. Über Wilhelms Prüfung s. II. S. 1.
    S. 110. Berliner Facultät... das Diplom
ausgefertigt] vgl. Br. an v. Meusebach S. 347.
    S. 110. die statute der oberhessischen wuhre-
warte]. Gemeint sind die Währ-Ewarte in Bangs
Br. 32. Vgl. dazu: Das Wehreinwart im Amte Wetter von
Landau (Bd. 4 d. Zeitschrift d. hess. Geschichtsvereins
Kassel 1847 S. 167 ff.)
    den impertinenten Gans] E. † 5. 5. 1839, vgl.
über ihn Briefw. m. v. Meusebach S. 335 ff.
    S. 110. Holweg]. Bethmann-Holweg der bekannte
spätere preussische Unterrichts-Minister der neuen Aera.
    S. 111. ein Heft der Zeitschrift] für geschichtl.
Rechtswissenschaft herausgeg. v. v. Savigny, Eichhorn u.
Göschen. Berlin 1828. Die 2 Aufsätze Savignys sind be-
titelt: „Über den juristischen Unterricht in Italien" u.
„Über das Interdict quorum bonorum (Nachtrag zu
Bd. VI.)"

S. 111. vielleicht den Heffter]. Heffter wurde in der That 1833 nach Berlin berufen.

ib. dasz Eichhorn Göttingen verläszt]. K. Friedr. E., der Begründer der deutschen Privatrechts-Disciplin verliesz aus Gesundheitsrücksichten Göttingen 1829 und zog sich auf ein Landgut bei Tübingen zurück. Vgl. über ihn Schulte's Biographie 2te Aufl.

S. 111. das kleine Hermännchen gedeiht zu unserer Freude]. Wie rührend sich Jacob des Kindes annahm erweist auch der Schlusz seines Briefes an v. Meusebach v. 7. Oct. 1828 (S. 99 f.): „Wilhelm ist heute morgen 5 Uhr mit Dortchen . . . nach Marburg gereist . . . Leben Sie wohl, das Kind schreit, ich musz es warten helfen." Frl. Minna Bang theilte mir folgende idyllische Scene mit, die sich um diese Zeit zugetragen haben wird: „Mein Vater (der spätere Pastor in Rosenthal) hatte im Auftrage seines Vaters (des alten Bang) Grimms ein Buch zu überbringen. Beim Eintritt in ihr Zimmer sieht er Wilhelm Grimm mit einem Wickelkind auf dem Schosz, vor ihm Jacob, der sich bemüht demselben Brei einzufiltriren." — Im Kirchenbuch der Kasseler Hofgemeinde Bd. E. p. 148 findet sich folgender Eintrag: „Getaufte 1828 Jan. am 27ten Hermann Friederich des Bibliothek-Secretars Wilh. Carl Grimm et ux. Henr. Dorothea geb. Wild n. am 6. Jan. Morgens 11 Uhr Gevatter Jacob Carl Grimm."

S. 112. Abschied von Cassel]. vgl. den Briefwechsel mit Hupfeld in Anm. zu S. 280, sowie Anm. zu S. 266, einen Brief Jacobs u. Wilhelms an v. Meusebach v. 15. Nov. 1829 (S. 117 ff.) u. Brief Jacobs v. 8. Febr. 1830 (S. 354 Anm. z. S. 125). Brief Jacobs an Lassberg vom 17. Nov. 1829 (Germ. XIII., 369).

S. 112—3. Louis . . . ist mit der Tochter der Wittwe des Prof. Böttner versprochen.] vgl. S. 408 und Briefw. mit v. Meusebach S. 352 z. S. 119. Die Hochzeit fand am 20. Mai 1832 statt (ib. S. 368 f.)

S. 114. Jacob hat Rechtsalterthümer angekündigt] vgl. W. an v. Meusebach 19. 12. 1830 (S. 136).

ib. werden nur Brodcollegia gehört] vgl. Briefw. m. v. Meusebach S. 368.

S. 115. dasz ich die arbeiten, die ich im Kopfe trage, . . . vollführen könnte.] vgl. S. 314, 332, Briefw. m. v. Meusebach S. 341 Anm. z. S. 80, Germ. XIII. 374. no 14.

S. 115. Diese Bibliothek ist ein stets umlaufendes Rad oder ein stets hungriges thier]. vgl. Briefe v. J. Gr. an Lassberg v. 20. April u. 8. Aug. 1830

(Germ. XIII. 370. ff.), Tydeman (S. 143 Anm. zu S. 82. eb.
S. 145 Anm. zu S. 87) u. besonders an Lachmann v. 21. Juli 1830
(Briefw. m. v. Meusebach S. 354 f.)

S. 116. Zum professorleben .. musz man sich
vom doctor auf anschicken u. bilden. später
hin schmeckts nicht mehr]. Schon am 17. Nov. 1829
schreibt J. an Lassberg (Germ. XIII., 369): „Es hätte schon
zehn jahre früher geschehen sollen, damals waren unsere
organe noch weicher, unser ganzes wesen noch fügsamer",
am 15. Nov. an v. Meusebach (S. 120): „Der professor gemahnt mich noch seltsam, aber die mägde werfen schon
ganz fertig damit herum." u. am 26. Nov. 1831 (ib. S. 143):
„Ich hoffte diesen winter sollte die angeschlagne grammatik nicht zu stande kommen . . . Diese vorlesung macht
mir keine freude, aber viel mühe; ich muss mich besinnen,
was den studenten aus meinem kram taugt, und es für sie
ordnen und einrichten. Ich lerne nichts dadurch. Das auftreten zu bestimmter stunde auf dem catheder hat etwas
theatralisches u. ist mir zuwider." Aehnlich schreibt er an
Lassberg am 8. Aug. 1830 (Germ. XIII., 372): „Daneben
nun auch colleg zu lesen ist für einen professor, der in
seinem leben noch nie gelesen hat, eine tüchtige anstrengung; ein solches colleg ist wie eine predigt, in der man
nicht stecken bleiben soll, und kehrt täglich zu bestimmter
zeit wieder, und in den 50 minuten, die es dauert, musz
man eine menge worte sprechen. Dergleichen kostet reif-
liche und mühsame vorbereitung." Dagegen hatte J. am
13. Juli 1805 an seine Tante Zimmer geschrieben (Jugendbr.
S. 57): „Ich würde gewiss mehr Lust am Professorfach
haben, wenn mir nicht dabei die äuszere Lage sehr misz-
fiele, abgesehen, dasz die Universität auch nicht in Cassel,
sondern in Marburg ist, also immer in Entfernung von den
Meinigen." Aus demselben Grund lehnte er die Bonner
Professur ab (vgl. S. 175). Bekannt ist, dasz J. in Berlin
nur kurze Zeit Vorlesungen gehalten hat, während W. der
Docententhätigkeit mehr Freude abgewann und auch länger
Vorlesungen hielt. Was Jacob von den Aufgaben der
deutschen Universitäten dachte, hat er mehrfach ausgesprochen (vgl. Anm. zu S. 120).

S. 116—7. unsere revolution . . . Wilhelms
Erkältung .. Arnims Tod] vgl. darüber den schönen
Brief J.'s an Savigny v. 25. Jan. 1831 im Briefw. m. Meuse-
bach S. 358 f.

S. 117. hess. Constitution]. vgl. Anm. z. S. 271.

S. 117. Schenck]. F. K. W. H. Freih. v. Sch. zu
Schweinsberg. Seit 1830 Minister und wesentlich bei der

Einführung der Verfassung betheiligt, wurde im Herbst 1831 noch von Wilhelm II. vor seinem Rücktritt von der Regierung entlassen und durch Wiederhold ersetzt. (vgl. Wippermann 'Kurhessen seit dem Freiheitskriege' S. 245). Er starb 1843. Seine Tochter war Sophie v. Witzleben (vgl. Anm. S. 264). An v. Meusebach schrieb J. Gr. am 15. Nov. 1829 (Briefw. S. 120): „Um die Schenckische Familie habe ich schon lange stilles verdienst, nämlich grammatik 2, 13 thut dar, dasz Schweinsberg nicht von dem thier, sondern von dem göttlichen sauhirt zu verstehen ist, das liest aber der präsident noch viel weniger als Ihr distichon auf die weisheit."

S. 118. Justi ... möge .. ausdrücklich bemerken etc.] Es handelt sich um die Autobiographie J. Gr's. Es lag J. Gr. offenbar daran, dasz man wisze, er habe sie vor den bedeutungsvollen Ereignissen in Hessen im Herbst 1830 niedergeschrieben. Der gewünschte Vermerk steht denn auch S. 164, ist aber wohl nur von wenigen beachtet.

S. 118. no 60] erwidert auf B.'s Beileidsbr. 33. v. 6. 7. 1833.

S. 119. war die liebe Lotte schon einen halben tag todt]. vgl. Brief an Lachmann v. 20. Juni 1833. (in Briefw. m. v. Meusebach S. 386.) Sie starb am 15. Juni 1833, wegen ihrer Hochzeit vgl. Anm. S. 140, wegen ihrer Abneigung vor dem Hofleben vgl. Briefw. m. v. Meusebach S. 369. Die Grabschrift, welche ihr, ohne Hassenpflugs Mitwirkung die Brüder später setzen liessen, lautet nach Fr. Müller (Kassel seit 70 J. II., 10): „Unserer hier in Gott ruhenden liebsten Schwester Lotte Amalie, geb. 10. März 1793. Verheirathet 2. Juli 1822 mit Ludwig Hassenpflug. Gest. 15. Juni 1833, haben wir diesen Stein im Jahre 1843 setzen lassen. Brüder Grimm." Das Denkmal ist nach einer Zeichnung von Ludwig Grimm durch den Bildhauer Henschel (vgl. Anm. zu S. 146) ausgeführt.

S. 120. die gegen meinen Schwager anhängige Klage] Hassenpflug (vgl. Anm. z. S. 140) war im März 1833 von der hessischen Ständeversammlung wegen Verfassungsverletzung angeklagt, wurde aber mittelst eines, für ihn allerdings nicht sehr schmeichelhaften Erkenntnisses freigesprochen. J. Gr., der hier ziemlich mild über seinen Schwager urtheilt, hat bekanntlich sein politisches Auftreten scharf verurtheilt, ähnlich Wilhelm (vgl. Briefw. m. v. Meusebach S. 369).

S. 120. Die universitäten haben viel feinde.] Bezieht sich auf Zöpfl's Anträge in den badischen Landständen. Die hier angeführte Aeusserung Grimm's wurde

1844 von neuem in d. Allgemeinen Zeitung no. 36 abgedruckt und steht in den kleineren Schriften V, 151 ff. Unmittelbar daran schliesst sich hier eine Besprechung J. Gr.'s
von Savigny's Aufsatz, der in Ranke's Zeitschrift erschienen
war. Auch diese Besprechung ist aus d. Gött. Anz. 1833,
St. 34-5. Ueber die Aufgabe der Univ. hat sich Grimm in
seiner Schrift ‚über meine Entlassung‘ und in einer akademischen Vorlesung (Kleinere Schriften I, 211) ausgesprochen
(vgl. auch Anm. zu S. 116).

S. 121 no. 61] erwidert auf B.'s Br. 34. (den letzten der
erhaltenen) v. 28. 5. 1838: „Lieber Freund u. Gevatter.
Endlich sehe ich heute aus der Zeitung, dasz Sie in Cassel
sind, u. der Entschlusz an Sie zu schreiben wird auf der
Stelle zur That . . . Die Noth u. die Angst, die ich in
meiner Einsamkeit um Euch Alle gehabt habe u. noch habe,
vergesse ich nie . . . Ihr u. Georgia Augusta seid Eins. Sie
hat kaum den ersten Gipfel ihres Ruhms, das erste Hundert
erlebt u. gefeiert, so sinkt sie hinab, u. ihre edelsten
Häupter, *clara capita*, werden ihr entrissen theils durch den
Tod, theils durch Gewaltstreiche . . . Ich habe mich manchmal in meinen vier Wänden nicht lassen können vor Freude,
wenn ich hörte von der unsterblichen Ehre, die Euch im
Unglücke bei der gebildeten Welt wird. Geben Sie mir
bald ein Zeichen, dasz Sie mich nicht vergessen haben, dasz
Sie mich noch ein Bischen lieben. Dem vierten Theil der
Grammatik, der Schrift aus Basel, den Mährchen u. was Sie
sonst für mich passend halten, sehe ich mit Sehnsucht entgegen. Es ist nichts als Bescheidenheit, dasz ich nicht
früher mit einem Brief Sie oder Wilhelm aufgesucht u. zu
trösten u. zu verherrlichen unternommen habe. Welche
Menge guter u. schlechter Briefe werden Sie haben lesen
müssen. Nachdem es sich abgekühlt hat, komme auch ich
so schlicht als herzlich.“ — Hier seien auch die Aeusserungen
von Thomas in Frankfurt (Anm. zu S. 74) in seinen drei
letzten Briefen angeführt, welche sich auf den Protest der
Brüder beziehen. 1) vom 2. 1. 1838: ‚Ich darf es nicht erst
sagen, da Sie sich von selbst denken können, wie sehr uns
Jacob u. Sie, seit Ihrer kundgewordenen Erklärung beschäftigt u. welchen Antheil wir genommen haben. Hassenpflug war kurz nachher hier u. ich besprach die ganze Sache
mit ihm oft u. vielfach. Von meiner ursprünglichen Ansicht, Ihnen die unsrige mitzutheilen, kamen wir zurück, da
es mislich ist zu rathen ohne an Ort und Stelle zu seyn u.
ohne die Verhältnisse ganz genau zu kennen, was jetzt noch
der Fall ist u. wozu noch kommt, dasz Alles zur Entscheidung gediehen ist. Inzwischen sind wir alle bewegt u.

müszen wünschen zu wissen, wie es mit Ihrer Gesundheit
geht u. was Sie zunächst beabsichtigen, auch sind wir bereit, wie es geschehen kann u. soweit unsere Kräfte reichen
Ihnen die alte Freundschaft zu erweisen, die von äuszeren
Verhältnissen und Ansichten nicht abhängig ist." — 2) vom
5. 5. 1838: ... Zudem bin ich mit der ganzen, ohnehin ver-
wickelten Sache zu unbekannt, um ein anderes Urtheil zu
fällen, als das: dasz ich nicht zweifle, wie ich Sie kenne,
Sie werden nach aufrichtiger Überzeugung über das, was
Ihr Rechtsgefühl u. Rechtsbewusztseyn Ihnen sagt, handeln
u. gehandelt haben. So finde ich Sie auch in der gedruckten Brochüre wieder, die ich mit Interesse gelesen u.
es wiederholt sich mir, wie damals die, wie aus einer Be-
täubung auftauchende Frage: wie kann es geschehen, dasz
unser Jacob in eine politische Verwicklung geräth? Sie
thun sich noch in dieser Brochüre die Frage u. beantworten
sie, ganz so, wie ich es mir dachte u. sie von andern erklären hörte. — Was ich, wäre ich anwesend gewesen, gefragt, gedacht u. gesagt haben würde, oder auch, nach vollständiger Kenntnisz der Verhältnisse unterlassen hätte, zu
fragen, zu denken u. zu sagen, das ist jetzt nicht mehr an
der Zeit, zu erwähnen. Darüber war ich immer sicher, Sie
würden wäre ich auch nicht mit dem Resultate Ihrer Ent-
schlüsse einverstanden, aufrichtig, ehrlich u. ehrenhaft grade
so äuszerlich handeln, wie Sie inwendig denken." — 3) vom
15. 10. 1838: „Von Hassenpflug, der eben hier durchkommt,
höre ich, dasz Sie beide wieder in Cassel, in der alten
Heimath, ja im selben Hause sind. Ihren Brief, lieber Jacob,
habe ich oft u. oft zur Hand genommen, um ihn zu beantworten u. immer gefunden, dasz es schwierig ist, über solche
Sachen sich schriftlich zu verständigen, ohne Misverständnisse, denn Vieles, ja das Meiste, was Sie mir schreiben, ist
auch meine Ansicht, denn ich bin weit entfernt, schwarz,
weisz zu nennen, nur thut es mir leid, dasz Ihr Sieben jetzt
dem Lande entzogen seyd u. ich hätte gewünscht, es hätte
sich gefügt, dasz Alles, was zur Geltendmachung des Rechts
geschehen sollte, namentlich von Dahlmann in der Stände-
Versammlung selbst vorgetragen worden wäre, weil ich in
solchen Dingen die äuszerste Anstrengung zur Verständigung
für geboten halte. — Auch aus Dahlmanns Schrift ersehe
ich, dasz durch eine eigne Verwickelung, die Sache so gekommen ist u. dasz er nicht daran dachte sie aufs Äuszerste
zu stellen. Das Alles läszt daher keine schriftlichen Expli-
cationen zu u. wir müssen es, da Ihr nun so viel näher seyd
u. wir auf einen Besuch fürs nächste Jahr hoffen dürfen,
bis zur mündlichen Besprechung aufschieben. Streiten ist

ohnehin nicht meine Sache u. zwischen unseren freundschaftlichen Verhältnissen hat sich nichts geändert, es ist
Alles beym Alten geblieben, da ich nicht behaupten kann,
dasz unsere Ansichten und wie verschieden sind, ehe wir
uns gesprochen.

S. 121. meiner kleinen Schrift] Über meine Entlassung, Basel 1838.

S. 121. „deutschen Wörterbuchs".] Den Plan
des Wörterbuchs setzte J. Gr. umständlich Lachmann am
24./31. Aug. 1838 auseinander (Briefw. m. Meusebach S. 416 ff.)
Aehnliche Aufforderungen ergiengen an Berlit (S. 15),
Hupfeld (S. 282), Vilmar (S. 298), L. Diefenbach (Anm. S. 388
Br. D.'s an W. v. 26. 10. 1863), Lachmann (S. 338 Anm.).
Göthe wurde excerpiert von Klee (s. Germania 26, 127),
Thümmel von Schwabe (S. 336), vgl. auch noch Anm. zu
S. 367 u. zu S. 377, Roth an W. v. 28. 8. 1852, sowie Briefw.
m. v. Meusebach S. 459. Weigand's treuer Mitarbeit ist hier
wiederholt Erwähnung geschehen. Auch Damen haben zu
den Auszügen beigesteuert, so Hedw. u. Eleonore Wallot; vgl.
J. Gr.'s Dankbriefe an sie im Anz. f. deutsches Alterth.
X. 280-1.

S. 122. Calantra] vgl. Anm. zu S. 305.

S. 123. Gerling] Chr. Ludw. geb. am 10. Juli 1788
in Hamburg, kam nachdem er das Studium der Theologie
mit dem der Naturwissenschaften vertauscht hatte am
1. Oct. 1812 als Lehrer an das unter Suabedissen's Direktion
neu zu organisirende Lyceum in Kassel. 1814 heiratete er
Suabedissens jüngere Schwester Christine Wilhelmine Eli-
sabeth. Dadurch wurde er mit den Brüdern Grimm bekannt. Am 22. März 1814 schreibt W. an J. (Br. aus d.
Jug. S. 275): „Ein neues Kränzchen, es . . . sind unser nur
vier, nämlich der kleine Doctor Gerling ist der vierte."
1816 stand er in Unterhandlung wegen eines Rufes nach
Stralsund (vgl. S. 154) und kam dann an Munke's Stelle als
Prof. der Mathemat. u. Physik nach Marburg (vgl. S. 36),
wo er als Geh. Hofrath 1864 starb. Ueber ihn vgl. Justi
S. 140—8. — Die vorstehenden an ihn gerichteten Briefe
wurden mir von seiner Tochter, Frau Obergerichtsrath
Platner hierselbst übergeben. In der Grimm-Correspondenz sind nur vier Briefe von ihm erhalten. Vgl. Anm. zu
S. 124 no. 63, S. 128 no. 66, S. 135 no. 72 u. S. 138 no. 73.

S. 123: Görres sendet mir hundert Loose] vgl.
S. 125, 128—9, Freundesbriefe S. 211 (Anm. z. S. 49), Görres
an J. Gr. 7. 6. u. 29. 6. 1817 (II., 530 u. 536) u. J. Gr. an
Görres v. 18. 6. 1817 (II., 533 ff.)

S. 124. no 63] erwidert auf Gerling's Br. 1 v. 16.7. 1817:

G. hofft, dasz auch die Brüder nach Marburg kommen werden. Am 23. 6. habe er an Jacob den Betrag von 10 Losen der Coblenzer Armenlotterie übermacht, Bericht über seine Lehrthätigkeit, die gesellschaftlichen Verhältnisse Marburgs, über sein Kind. „Beiliegend bin ich so frei Ihnen einen Wechsel auf Schotten zu senden . . . und mich dadurch der Schuld zu entledigen, womit ich Ihnen verhaftet bin. Ich sage Ihnen nochmals meinen herzlichen Dank für diese Gefälligkeit u. verspreche dieselbe so Gott will noch Ihren Kindern u. Kindeskindern mit Zinsen zu vergelten." Gruss an Ramus, Bauer werde von Perthes die bewusste Dissertation erhalten. Gerling's verwittwete Schwägerin könne erst jetzt von Spangenberg abziehen und hoffe er sie bald bei sich zu sehen.

S. 125. Hummel] doch wohl der Maler Louis H., dessen schon in den Jugendbriefen der Brüder mehrfach gedacht wird und der als Academiedirector in Cassel starb.

ib. Räthin Pfeiffer] doch wohl die Frau des in dem hessischen Verfassungskampf später so stark betheiligten O. Appell. Rath Pf.

ib. Glimmerode] vgl. Freundesbr. S. 62 u. 67—8.

S. 125. Schotten] wohl der 1878 in Cassel als Geh. Justizrath verstorbene frühere Obergerichtsrath und Schwiegersohn des Bibliotheksdirectors Völkel. Vgl. über ihn die Statistik des Lyceum Frideric. v. Gross im Casseler Gymn. Progr. 1879, über die an ihn gerichteten Briefe v. J. Grimm s. Anm. zu S. 61.

S. 127. Ankündigungen] von Reinhart Fuchs vgl. S. 170.

S. 127. Justi d. Dichter] - W. K. vgl. seine Selbstbiographie in Strieder's Hess. Gelehrten- u. Schriftsteller-Geschichte, sowie in Justi's Fortsetzung S. 320 ff. Er war ein seiner Zeit bekannter Localpoet Marburgs und hat das Denkmal auf d. Augustenruhe bei Marburg veranlasst.

R. 127. Arnoldi d. Sprachforscher] Prof. d. Theologie u. Orientalist in Marburg † 5. Sept. 1835, studirte in Leiden. Er hiess in Marburg allgemein „Primarius Arnoldi".

S. 127. Wagner] K. F. Chr. s. seine ausführliche Autobiographie bei Justi 671 ff.; vgl. Br. Völkels v. 7. 1. 28 in Anm. zu S. 61.

S. 128. no 66]. Antwort auf Gerlings Br. 2 v. 5. 11. 1817. G. empfiehlt darin den Universitäts-Mechanicus Schubart und seinen eifrigen Zuhörer stud. mechanices Tasch, welche das Kasseler Museum besichtigen möchten. Die Einlagen seien besorgt, gelegentlich bitte er einiger Bekannten wegen um specielle Nachricht über den Ausgang der Görresschen Lotterie, er wünsche nichts sehnlicher als dasz sie einmal u. wer weiss wie es kommt, Collegen würden u. zwar hoc loco. „Von manchen unserer akademischen Angelegenheiten haben auch Sie vielleicht wunderliche Dinge gehört. Suspendiren Sie ja ihr Urtheil. Es scheint sich aus schmerzlichem Anfang ein sehr fröhliches Ende entwickeln zu wollen."

S. 129. des Mathesius Predigten] vgl. W. Gr.'s Anzeige in s. kl. Schriften I. 569 f.

S. 135. no 72] Antwort auf G.'s Br. 3 v. 29. 5. 1820: Er habe seit einem halben Jahre nicht geschrieben u. auch nichts von Wilhelm gehört. Dank für die freundliche Aufnahme seines Bruders, der sich seit kurzem in Hamburg als Kaufmann niedergelassen habe. Der zweite Bruder Gottlieb, den Gr. vor 2½ Jahren freundlich empfangen habe, verwalte jetzt in Ditmarsen, ohnweit Meldorf u. der Nordsee ein Gut. Ob denn wirklich die Universität in Kassel so gewaltig angeschwärzt sei (vgl. S. 59, 137)? So viel er sehe, gienge alles seinen gewiesenen Weg, auch die Studenten führten sich ordentlich auf. Wichtigthuerei und die Sucht nach Titeln, Orden u. Geld schienen die Hauptmotive der Denunciationen. Auch er selbst sei gewarnt, dass er suspect sey, er denke aber, ehrlich währt am längsten u. hoffe, dass in Kassel von redlichen Leuten solchen Aussprengungen entgegengetreten werde. Er sey ausgezogen u. hoffe, nun werde Gr. den schon seit drei Jahren versprochenen Besuch ausführen. Hinsichtlich Bauers habe Gr. richtig gerathen, er hätte doch die Universität, der er sein Herkommen angezeigt, von seinen veränderten Lebensplänen unterrichten müssen. Suabedissen, werde auf künftige Michaelis, wenn sein Amt in Leipzig ein Ende habe, zum Besuch nach Marburg kommen, demnächst aber noch ein halbes Jahr in Leipzig privatisiren.

S. 137. Minister v. Witzleben] vgl. Anm. S. 264 u. Briefw. d. Frh. v. Meuseb. mit d. Br. Gr. S. 16.

S. 138 no. 73] Antwort auf G.'s Br. 4. v. 19. 4. 1821. Bitte um Auskunft über einen metallenen Himmelsglobus, der von der Universitätsbibl. dem physicalischen Institut überlassen sei [u. daselbst noch jetzt aufbewahrt wird]. Derselbe sei für die Geschichte der Uhrmacherkunst sehr interessant und solle aus Wilhelm IV. Zeiten herstammen. Ihm sei die Sache nicht klar, er bitte deshalb um die S. 138 angegebnen Bücher [1. daselbst 2]: Stegmann st. Bergmann] und um Nachforschung nach ähnlichen Globen. (Später hat Gerling in Justi's Vorzeit 1825 S. 153 dargethan, dass der

Marburger Globus in der That aus der Zeit Wilh. IV. stamme
[vgl. auch Ch. v. Rommel, Neuere Gesch. v. Hessen. I.
Cassel 1835 S. 787]. In den Sammlungen des Unterstocks
der neuen Bildergallerie zu Kassel sind zwei ähnliche, aber
weit kleinere Globen, ebenso in Gotha einer, als dessen
Verfertiger sich der bekannte Mechaniker Byrgi nennt. Von
demselben Meister rührt auch eine astronomische Uhr der
Casseler Sammlungen her, mit deren Werk eine Himmels-
kugel in Verbindung steht. [Vgl. Lenz, Leitfaden f. den Besuch
d. Samml. etc. Cassel 1881, S. 15 no. 24–25 u. S. 17 no. 63.])
Man hoffe allgemein, dass die bevorstehenden Änderungen
und Einrichtungen mit den allgemeinen Wünschen überein-
stimmen würden. Ob denn nun auch einmal die Reihe an
die Universität kommen werde, welche bei der vorigen
Regierung in Vergessenheit gerathen sei. Wenn doch ein
wohl qualificierter Referent für Universitäts- u. Gymnasial-
Angelegenbeiten bestellt würde? Schliesslich bittet er ihm
anzugeben, warum Below von Cassel fort gegangen sei.

S. 139. Below] preuss. Oberst v. B., Militärgouvern.
des hess. Prinzen Friedr. Wilhelm, war 1813 von Berlin mit
nach Cassel gekommen, und lernte alsbald, wohl durch
Suabedissen, die Brüder Grimm kennen. In den Briefen aus
der Jugendzeit geschieht seiner bereits mehrfach Erwähnung.
Wilhelm wechselte mit ihm Briefe. Später findet er sich
wieder in dem Freundeskreise von Meusebach's, mit dem
er wohl durch die Brüder Grimm bekannt geworden sein
wird (vgl. Briefw. d. Freih. v. M. mit J. u. W. Gr. S. XV.)

S. 140. Hassenpflug] Lotte Grimm's Mann, vgl.
S. 77. 212. Am 13. Sept. 1815, also auf der Reise nach
Paris, schreibt Jac. an W. (Br. aus der Jug. S. 469). „In
unserm Haushalt zu Cassel war auch eine kleine Verwirrung, die Lotte ist zu Hassenpflugs gezogen, die Louise
heim auf Urlaub und also alles zugemacht.“ Schon am
3. Sept. 1809 (ib. S. 161) schreibt er an W. „durch sie [die
Engelhardin] haben mir Hassenpflugs (die mir auch sonst
gefallen) einige ganz neue [Mährchen] erzählt.“ Am 25. Jan.
1816 bestellt er Grüsse an Hassenpflug nach Göttingen. Am
2. Juli (nicht 22. wie oben verdruckt und auch nicht am
2. Juni wie S. 212 v. Wilh. verschrieben wurde) fand die
Hochzeit statt. Wegen Lotte's Tod. s. Anm. z. S. 119.
H. ist der bekannte spätere kurhessische Reactionsminister
(vgl. Anm. z. S. 120), gest. 1862 in Marburg.

S. 141. Suabedissen.] David Theodor Aug. S., geb.
14. April 1773 zu Melsungen, war seit 1800 Prof. d. Philosophie an der Landesschule zu Hanau und ging 1805 nach
Lübeck. Seines Rufes dahin thut Wilh. (in einem Brief an

J. aus der Jugendz. S. 55) Erwähnung. Schon in dieser Zeit
war er also den Brüdern bekannt, 1812 wurde er Director
des Lyceums in Cassel und muss schon ein Jahr vorher mit
den Brüdern in nähere Berührung gekommen sein (vgl. S. 281),
woraus sich bald ein intimer Freundschaftsbund gerade mit
Wilh. (vgl. oben S. 78 Jacob's Worte) entwickelte. In den
Briefen der Brüder aus der Jugendzeit kehrt sein Name
schon häufig wieder. Da er 1815 zum Instructor des Prinzen
ernannt und diesen nach Leipzig begleitete, so wird er auch
die Bekanntschaft der Brüder mit v. Below vermittelt haben.
Die weiteren Daten von Suabedissen's Leben ergiebt der
Briefwechsel, vgl. ausserdem Justi 651-9 u. Gerland's Forts.
v. Justi I 1863, 307. Eine ausführliche Biographie Suabedissens bereitet sein Enkel David Hupfeld, Superintendent
a. D. in Eisleben vor, welcher auch gütigst den Abdruck
der an Suabedissen gerichteten Briefe der Brüder gestattete,
ebenso wie auch derer, welche sein Vater Prof. Hupfeld und
sein Schwiegervater J. Müller von ihnen erhielten. Einen
warmen Nachruf an S. veröffentlichte 1835 E. Plattner. Es
heisst darin: „S. gehörte zu den seltenen Männern, bei denen
das Wissen aus dem Leben u. dessen Tiefen entspringt, u.
in deren Leben das Wissen sich reflectirt, so dass beides in
einer unzertrennlichen Einheit verknüpft ist." Die Grimm-
Correspondenz enthält 71 Briefe 70 Suabedissens, an W. Grimm
aus den Jahren 1812—35, und einen (Br. 19) an J. Gr. vom
7. 5. 1819 als Antwort auf no. 77, welcher lautet:

„Leipzig, am 7. May 1819. Eine Reise nach Dresden
und der umliegenden Gegend, von der ich erst vorgestern
zurückgekommen bin, hat mich verhindert, verehrter Freund,
Ihnen früher für das werthe Geschenk des ersten Theils
Ihrer deutschen Grammatik zu danken. Ich sehe es dem
Buche an, dasz es für mich nicht zum Lesen und Beurtheilen, sondern nur zum Lernen da ist, und habe mich dazu mit dem Pflichtgefühl eines guten Schülers angeschickt.
Ihrem lieben Bruder Wilhelm sagen Sie den herzlichsten
Gruss von mir, und durch ihn grüsse ich auch den Prinzen
Friedrich und Ob. v. Below, wenn sie noch dort sind. Ich
würde allen dreyen geschrieben haben, wenn ich nicht annehmen müszte, dasz Letztere bei der Ankunft dieser Zeilen
schon abgereist seyen, und Ihr Bruder? — sollte er sich
durch kein Wünschen und Hoffen haben bewegen lassen,
sie zu begleiten? Den Auftrag an Prof. Krug habe ich besorgt. Mit der aufrichtigsten Hochachtung Suabedissen."
S. 141. Krug,] Wilh. Traugott, Prof. in Leipzig, Herausgeber des Hermes; vgl. S. 184, 262. II, 167 (B.'s Br. 15).
S. 143 no. 77.] Vorauf gehen zwei Einladungsbriefchen

Suabedissens 1) ohne Datum: „Wollen Sie mir die Freude machen den heutigen Tag bey mir zu beschliessen u. Ihr Frl. Schwester mitbringen?" 2) C. den 6. Oct. 1812: „Villers will heute den Thee bey mir trinken. Ich weisz, dasz es ihm eine Freude seyn würde, den Abend in Ihrer Gesellschaft zuzubringen, u. hoffe, dasz Sie seinetwegen meine Einladung willfahren werden." (Briefe v. J. Gr. an Villers veröffentlichte M. Isler, Hamburg 1883, zugleich mit solchen von Benj. Constant, Görres, Göthe an denselben.) — no. 77 ist die Antwort auf S.'s Br. 3. Leipzig, 1. 12. 1815: „Dasz ich Sie von ganzem Herzen liebe, mein guter Grimm, das ist das einzige, was ich Ihnen jetzt schreibe, weil mich das Herz dazu treibt. — Noch fühle ich mich hier nicht zu Hause. Gearbeitet habe ich noch nichts; nur Einrichtungen u. Verhältnisse zu bestimmen gesucht, Lehrern nachgefragt, Lehrstunden geordnet, u. dgl. Meine Bücher liegen noch ungerührt im Koffer. Noch habe ich keinen Sitz und Tisch. Aber in den nächsten Tagen gedenke ich mich so lange herum zu drehen, bis ein Nest wird. — Manchmal beschleicht mich noch die Reue. Und doch ist nichts anders, als ich mir's vorher dachte. Aber es ist gerade so. — Below u. seine Frau lassen Sie grüszen. Sie erwarten ein Bild von Ihnen. — Leben Sie wohl, mein Freund. Möge es Ihnen wohl gehen! Suabedissen. — N. S. Meine Frau u. Kinder sind gesund. Grüszen Sie Bauer. — Herrn Bibliotheksecretarius Grimm zu Cassel."

S. 144. unserer lieben Mutter] vgl. die Stellen aus den Autobiographien der Brüder, welche ihre Liebe zu ihrer Mutter bezeugen; vgl. auch noch unten Anm. zu S. 240.

S. 144. Schmalz,] Theodor Ant. Heinr. Gemeint ist hier: Ueber polit. Vereine u. Ein Wort über Scharnhorst's u. meine Verhältnisse zu ihnen. Berlin 1815; vgl. Görres Briefe II, 487.

S. 146 no. 78.] Antwort auf S.'s Br. 4: „Leipzig, 26. 1. 1816. Vorgestern las ich in der hiesigen schaalen Zeitung, dasz der Rheinische Merkur suspendirt sey. Sollte das wahr seyn — wie es mir denn nach dem Benehmen der Pr. Regirung bey der Schmalzisch. Geschichte nicht unwahrscheinlich ist — so wäre es wohl Zeit, Ihren Gedanken in Ausführung zu bringen, u. dem braven Görres zum Zeichen der Liebe u. Achtung einen Becher zu schicken. Unterzeichnen Sie für mich 4 ℳ. — Sie haben recht gehabt, mein guter, weiser Freund, meine neue Lage einem neuen Rocke zu vergleichen, der anfangs nie bequem ist. Schon hat sich Alles ziemlich geweitet, gereckt, ein- u. angepaszt.

Zwar spannt mich's noch bisweilen hier u. da; aber wo ist
ein Rock bey uns knappen Abendländern, der nirgends
angete? Doch habe ich noch immer das Gefühl, als würde
ich diesen Rock nicht austragen. — Übrigens finde ich mich
auch schon dadurch ein wenig behaglicher, dasz ich nicht
mehr so viel Zeit durch bloszes Pflastertreten verliere, u.
die meisten Abende zu Hause zubringen kann. Sie wissen,
ich tauge nichts für die gute Gesellschaft, u. was man hier
so nennt, widersteht mir. Also, wenn ich nicht musz, bleibe
ich zu Hause. Da habe ich nun auch endlich, u. mit rechter
Freude Ihre Edda gelesen. Verlangend sehe ich dem 2. u.
3. Bande entgegen. — Meine Frau u. Kinder grüszen Sie
herzlich. Auch Ihrem Bruder meinen Grusz! Hat er sich
bestimmt? Erhalten Sie Ihre Liebe Ihrem treuen Freunde
Suabedissen." — Herrn Bibliothekssecret. Grimm zu Cassel."
　　Auf no. 78 antwortet S.'s Br. 5. Leipzig 6. 4. 1816:
„Mit nicht geringem Jubel kamen mir vor acht Tagen
meine Kinder entgegen gesprungen mit einer Rolle und
einem Zettel in der Hand. Sie hatten erkannt, dasz er von
Ihnen kam : Unser aller Freude ward noch gröszer, als sich
Ihr Bild herauswickelte, Ihr liebes Bild, woran wir Sie uns
sichern und festhalten wollen. Ich danke Ihnen, auch für
den lieben Brief. — Wie lieb mir auch gewesen wäre, wenn
Görres den Becher bald hätte bekommen können, so bin ich
doch ganz Ihrer Meinung, dasz er nach Ihrem u. Henschels
erstem Entwurfe ausgearbeitet werde, und sollte es auch
noch länger anstehen. Er soll auch für sich was bedeuten
u. das deutsche Gemüth ansprechen; auch wird Görres mehr
Freude daran haben. Ihre Beschreibung des Bechers ist so
gut gelungen, dasz ich mir ihn recht anschaulich vorstelle
und meine Freude daran wird immer gröszer. Auch Below
u. seine Frau finden Alles schön, und sind ganz der Meinung,
dasz er so ausgeführt werden müsse. — Auch über Ihren u.
Ihres Bruders wackern Fleisz freue ich mich, u. sehe den
deutschen Sagen mit Lust entgegen. Noch gründlicher ist
mein Verlangen nach der Fortsetzung der Edda. Ich habe
jetzt das Nibelungenlied wieder gelesen; es hat einen mäch-
tigern Eindruck auf mich gemacht, als das erstemal. Nun
will ich das Heldenbuch lesen. Hat man davon mehrere
Ausgaben u. welche ist die beste? — Das Buch von Kanne
habe ich nun erst gelesen, von Ihnen aufmerksam gemacht.
Ich habe das Vertrauen zu seinem kräftigen Leben, dasz in
ihm noch die Wissenschaft mit dem Christusbewusztseyn in
Eins gehen wird, wenn nur erst seine Eitelkeit gänzlich
ausgetilgt ist. — Was Sie Below von Göthe's Anzeige seines
Ost-Westlichen Divans schreiben, ist uns noch nicht klar,

da wir bis jetzt nur ein Gedicht mit der Überschrift: Ost-
westl. Divan — im Morgenblatt gelesen haben, das uns zum
Theil unverständlich, überhaupt unbedeutend scheint. —
Mit der Hessischen Verfassung glaubten wir wäre es schon
sicherer und weiter. In der Ferne eilt die gute Meinung
immer voraus. Im Allgemeinen aber, nämlich für Deutschland überhaupt, halte ich mit Ihnen an der Hoffnung u. am
Glauben fest; es wird gehen, denn es musz gehen. — Auch
im hiesigen Lande sollen bald, sagt man, die Landstände
zusammenkommen, und berathschlagen, ob keine neue Verfassung nöthig sey. Übrigens will man hier vom Deutsch-
thum nicht viel wissen; sie wollen nur Sachsen seyn. —
Harnier hat versprochen, mich bald von Frankfurt her zu
besuchen: dann werde ich hören, was für Triebe jetzt im
Herzen von Deutschland sich regen; hier ist's wie in einem
Lymphgefäsz.... N. S. Wird denn mit dem Leben der Natur
nicht auch die Reiselust in Ihnen erwachen?"
S. 146. Verbot des Merkurs] von Görres herausgegeben; vgl. S. 4 no. 7 u. Freundesbriefe S. 209 u. Brief
Jacob's an Görres v. 10. Juni 1816 (Görresbriefe II, 500). Die
Cabinetsordre, welche den Merkur verbot, erhielt G. am
12. Januar 1816.
S. 146. unsern Becher] vgl. Freundesbriefe S. 34:
„Ich habe gestern mit dem Henschel über einen schönen
und künstlichen Becher von Eisen und Gold gesprochen, den
wir dem Görres zum Andenken verehren wollen."
ib. Henschel,] Joh. Werner, geb. 1782, gest. 1850 in
Rom, Bildhauer, schon seit 1805 mit den Brüdern bekannt;
vgl. W.'s Brief an J. vom 10. Aug. 1805 (Jugendbr. S. 64),
sowie Kl. Schriften v. W. Gr. I, 558, u. Gerlands Fortsetzung
v. Strieder's u. Justi's Hessischer Gelehrten-Geschichte, Kassel
1863, S. 212 ff.
S. 149. Mein Bruder [Jacob] ist noch nicht
wieder angestellt] vgl. oben S. 8. Mein Bruder
ist eben auf ein paar Tage nach Göttingen] vgl.
Freundesbriefe S. 34 u. 209. An letzterer Stelle wird (wegen
S. 33) angegeben, er sei Ende Februar dorthin gereist, unser
Brief ergiebt, dass die Reise Ende März stattfand und kurz
zuvor ist auch der betreffende undatirte Brief W. Gr.'s an
A. v. Haxthausen geschrieben.
S. 150. Kanne] vgl. S. 83 und nach Freundesbriefe
S. 211 f. folgende Stelle aus einem Brief J. Gr.'s an Dr.
v. Ringseis vom 31. Mai 1816: „Mein Bruder hat auch Kannes
Bekenntnisse mit auf den Weg genommen, ich kann Ihnen
daher meine Meinung über einiges im Buch nicht so genau
schreiben, als ich mir früher vorgesetzt" etc.

S. 150. Die Bauern vom Diemelstrom]. Ihre Eingabe theilt Fr. Müller „Cassel seit 70 Jahren" S. 99 f. mit;
vgl. auch Wippermann S. 58 f.
 S. 151. Arnim ist krank geworden] vgl. S. 31 u.
Freundesbriefe S. 211 (Anm. zu S. 43).
 S. 152 no. 80] darauf antwortet S.'s Br. 6. Leipz. 27. 7.
1816: „Ihr lieber Brief war mir einiger Trost in der Trauer
über Ihr schnelles Hinreisen. Lieb war mir's auch, zu vernehmen, dasz Sie noch ziemlich bald den Juden losgeworden,
und dafür Göthe gesehen haben. Und was Sie mir u. Below
von ihm schreiben, hat mich sehr erfreuet. — Jetzt arbeiten
Sie wohl mit Ihrem Bruder recht wacker drein. So denke
ich Sie mir wenigstens, und wie Sie dabey ruhig glücklich
sind. Doch möchte ich Sie manchmal hierher entrücken
können, nicht blosz für mich; bisweilen auch zum zwey-
oder dreystimmigen Gesange eines lieben Volksliedes. Da
nun aber das Entrücken in dieser Zeit unsers Daseyns so
leicht nicht gehen wird, so sollten Sie bisweilen so ein Lied
— Worte u. Weise — aus der Ferne spenden...."
 S. 154. Schuckmann,] Preussischer Unterrichts-
minister u. Vorgänger v. Altenstein's; vgl. Görres Gesammelte
Briefe II 481, 487, 544, 554.
 S. 155 no. 81] beantwortet S.'s Br. 7. Leipzig 29. 11.
1816: „Haben Sie Dank, geliebter Freund, für Ihren Brief
und die Beylagen. Sie haben uns allen damit die gröszte
Freude gemacht. — Göthe's Italienische Reisen lese ich eben
jetzt, u. erfreue mich recht sehr an der Lebendigkeit und
Klarheit. Welch ein glücklicher Mensch ist Göthe! Freilich
gibt es auch Menschen, die sich an der Geistesfreyheit,
welche in diesem Buche dargelegt ist, halb krank ärgern.
— Die ewige Jugend u. Thätigkeit des Mannes beweist sich
auch jetzt wieder in dem Wunsche, die Anerkennung der
altdeutschen Kunst und Wissenschaft zu fördern. Möge er,
von Ihnen zu bestimmten Zielen gerichtet, wirksam werden!
— In den Bundestags-Reden u. Vorträgen ist mir die Menge
des Unbestimmtgelassenen erfreulich. So läszt sich hoffen,
dasz der Volksdrang nachhelfen u. ausfüllen werde.... Bey
den von allen Seiten her engenden Verhältnissen, worin jetzt
der Bundestag steht, müssen wir schon zufrieden seyn, wenn
dort die Idee des deutschen Volksthums auch nur mit
wenigen Wurzelfasern Boden erreicht. — Soll ich Ihnen
auch etwas von mir schreiben? — Seit einigen Monaten
habe ich die Ausarbeitung des dritten Bandes meines
Buches über den Menschen vorgenommen. Ihm widme ich
Morgens vor neun Uhr eine Stunde oder zwey. Wäre ich
nur rüstiger, um früher auf seyn zu können. So aber habe

ich gewöhnlich kaum angefangen, wenn ich schon endigen
musz. Um 9 Uhr gehe ich zum Prinzen, u. nun ist die übrige
freye Tageszeit dem Ungefähr hingegeben; es wird noch
Allerley gelesen, aber nichts mehr gearbeitet. — Das nächste
Französische, was ich lesen werde, soll das Buch seyn, das
Sie mir loben. — Liegt's Ihnen nicht zu weit ab, so lesen
Sie Daub's Judas Ischarioth. Ich selbst habe zwar nur erst
die Vorrede gelesen, aber die ist von einer so würdigen
Haltung und gewaltigen Ironie, dasz ich mich recht daran
erfreuet habe. — Eine Bitte noch! Der, jetzt sechszehn-
jährige, älteste Sohn des Generals von l'Estocq (der jetzt in
der Festung Königstein gefangen sitzt), einst einer meiner
Schüler in dem Lyceum zu Cassel, hat mir geschrieben und
wünscht zu wissen, ob er wohl in Kurhessen als Junker in
Dienst kommen könne, u. was in diesem Falle er oder seine
Eltern zu thun haben. Können Sie das erfahren, so haben
Sie die Güte mich — bald — davon zu benachrichtigen. —
Sie haben mir einmal geschrieben, dasz von der deutschen
Gesellschaft in Berlin ein Diplom für mich dort angekommen
sey. Nun besorge ich, dasz man mein langes Stillschweigen
übel deuten möchte; darum wünschte ich es bald zu haben,
oder zu wissen, wem ich darüber schreiben musz.... N. S.
Von Clodius hierbey nebst einem Grusze die verlangte Ab-
schrift. Zugleich macht er Sie aufmerksam auf die eigne
Lebensbeschreibung des Kephalides in den theologischen
Nachrichten (von Wachler) im August d. J."

S. 156. Zwehrner Märchenfrau] vgl. Freundesbriefe S. 203 u. Hessische Blätter vom 3. 1. 1885 S. 2.

S. 158. Hans, Lehne] = Hannchen und Helene Molter,
Nichten v. S.'s Frau. Täubchen, Brummbasz] = Marie
u. Elise, S.'s Töchter. vgl. S. 145.

S. 160. Leist] vgl. S. 157 u. Brief v. J. an W. vom
10. Juli 1809 (Jugendbr. S. 127): „Gestern kommt der St.-R.
von Leist, der an [J. v.] Müllers Stelle Generalstudien-
director geworden, zu mir und trägt mir die Generalsecretär-
stelle dabei an, ich hatte aber innerlich keine Lust dazu"
etc. Leist war vordem Prof. in Göttingen, wurde 1810
Freiherr, trat später in hannöversche Dienste über und
wurde nach Rom geschickt, um über Concordat zu verhandeln.

S. 160 no. 83] Antwort darauf ist S.'s Br. 8 v. 31. 1.
1817: Dank für den Neujahrsgruss. Für Brentanos Lied
sei man dankbar. Mit der deutschen Sprachgesellschaft
werde er es wie W. Gr. halten. Bitte um deutsche Sagen.

S. 163-4. Smid,] J. vgl. S. 196 u. Brief v. J. an W.
v. 10. März 1814 (Briefw. aus d. Jug. S. 266): „Mein liebster
Umgang ist der Senator Smid aus Bremen, ein herzensguter

u. vernünftiger Mann, mit dem ich die Verbindung auch in
Zukunft zu behalten hoffe.‘ Er war am 5. Nov. 1773 in
Bremen geb., war erst Gymnasiallehrer, dann seit 1800
Rathsherr, auf dem Wiener Congresse vertrat er Bremen,
wurde 1821 zum Bürgermeister erwählt, gab 1830 Veranlassung zur Anlage von Bremerhafen und starb am 7. Mai
1857 in Bremen. Auch Smid interessirte sich und zwar schon
im März 1829 für die Berufung der Brüder nach Göttingen,
wie ein Brief von Thomas an J. Gr. ergiebt, s. Anm. zu S. 266.

S. 164. L i t t h a u e n] vgl. eine Stelle aus einem Brief
v. Friedr. Perthes an seine Frau aus Coblenz am 2. od. 3.
Aug. 1816 geschrieben (Fr. Perthes Leben II. 1851 S. 115 ff.
citirt von Wendeler Briefw. des Freih. v. Meusebach mit
J. u. W. Grimm S. VIII.) „Der heutige Mittag war sehr
lebhaft und sehr interessant; Meusebach u. ein eiserner
Kreuzritter, welche die Preuszenpartei gegen den Rhein-
Görres bildeten, nannten alle aus der Revolution hervor-
gegangenen liberalen Ideen und Institute Napoleonismus u.
der sei es eigentlich, den die Rheinländer liebten u. den
sie nicht fahren lassen wollten. — 'Litthauer seid Ihr, rief
ihnen dagegen Görres zu, Litthauer, denen die Leibeigen-
schaft noch an der Ferse klebt!' . . . . . ferner Görres an
W. Gr. v. 15. 1. 1817 (II., 508) u. an J. Gr. v. 7. 6. 1817
(II., 530), dagegen nimmt J. Gr. an Görres vom 20. 12. 1822
(III. 10 f.) die Litthauer in Schutz.

S. 165. B e r l e p s c h]. Etwa der vormalige Hofrichter
v. Berlepsch, der in westphälischer Zeit Staatsrath in Cassel
war (vgl. Justi S. 185)? Dasselbe Buch wird in W. Gr.'s
Kl. Schr. I., 558 erwähnt.

S. 165. no. 85] erwidert auf S.'s Br. 9. u. 10. 1) Leipzig,
24. 5. 1817: „ . . . nun ist's doch seit drey Wochen recht herrlich, und wo nur ein Lebenskeim ist, thut sich alles so
wohlgemuth hervor, dasz mir manchmal ist, als wäre selbst
Leipzig ein freundlich gelegener Ort. Ein kleines Hoff-
nungsfünkchen, Sie auch in diesem Jahre zu sehen, ist in
meine Seele gefallen, seit Reimer — ich sprach ihn nur
einige Minuten — äusserte, Sie würden in diesem Sommer
nach Berlin kommen. Nun wiederhole ich, was ich Ihnen
vor zwey Monaten in Below's Namen schrieb, dasz Sie doch
nach Berlin reisen u. in Leipzig sitzen bleiben mögen.
Aber haben Sie auch meinen Brief erhalten? Es war darin
die Ankündigung und Probe einer Sammlung von Gedichten von Wellentreter (Heinroth) auf Subscription, mit der
Bitte, sie Freunden und Bekannten mitzutheilen. Nun
konnte ich zwar dem Vf. zum Voraus keine sonderliche
Hoffnung machen; aber Sie lassen doch auch kein Sylbchen

darüber fallen. . . . Was Sie mir von Görres und den Rhein-
preuszischen Dingen schreiben, ist mir leid. Diese Regierung hat wirklich Unglück in ihren Maszregeln. Auch im
Herzogthum Sachsen soll man jetzt noch unzufriedener seyn,
als im Anfange. Aber gegen unsere Bundesversammlung
sollte man gerechter seyn, als man häufig ist; die Leute
thun, was sie unter den ungünstigen Verhältnissen können,
ja vielleicht mehr als sie wollen. Möchten nur nicht so
viele unserer Fürsten sich wieder immer mehr, fast feind-
lich abwenden von dem, was deutsch und des deutschen
Volkes Art u. Bedürfnisz ist! Aber Deutschland steht in
Gottes Hand, wie Steffens sagt. Es kann nicht zu Grunde
gehen, wie viel Verkehrtes auch geschehe. Wunderbarer
Weise arbeitet sich das Bessere immer wieder aus der Tiefe
empor. — Wissen Sie schon, was Görres vom Mittelalter
schreiben wird? — Ich habe angefangen, mit Prinz Friedrich Vorlesungen des Pr. Kruse über die Geschichte des
Mittelalters zu hören. Wie da aber das gewaltige Gebäude
umsprungen u. beguckt wird! Es ist, als hätte man ein
Kartenhäuschen in der Hand. Doch für den Prinzen nicht
unzweckmäszig, da er nur noch das Aeuszere kennen lernen musz, da ihm für das Innere u. Grosze noch der Sinn
nicht aufgegangen ist. Indessen werde ich in den Wieder-
holungen andeuten und anregen, wie möglich. . . ."

2) **Leipzig** 7. 6. 1817.: „Wahrscheinlich, lieber Grimm,
haben Sie in Ihrem Leben noch keinen Fasanenhandel vermittelt. Jetzt bietet sich die Gelegenheit. Ein hiesiger
Hofrath Keil wünscht seinen Garten mit Gold- u, Silber-
Fasanen zu zieren, hat gehört, dass dergleichen in Cassel
zu haben wären, aber nur auf Empfehlung von einem dort
bekannten Manne abgelassen würden, u. wendet sich an
mich; ich aber weisz mich mit seinem Anliegen an Niemand, als an Sie zu wenden. Vielleicht können Sie es bey
einem Spaziergange abmachen. Dafür sollen Sie, wenn
Sie herkommen, bey besagtem Fasanenliebhaber einige
recht schöne Bilder sehen. - Meinen Sie, es gehöre diese
Liebhaberei mit zur Bezeichnung des Leipziger Geschmackes,
so habe ich nichts dagegen; auch das gehört dazu, dasz
man in vielen Häusern ein Papchen findet. . . ."

S. 166. Wellentreters Ankündigung] „Gesammelte Blätter von Treumund W. (Pseudonym für Joh.
Chr. A. Heinroth, Prof. der Psychiatrie in Leipzig, geb.
1783, gest. 1843) worin prosaische und poetische Reflexionen
über das Leben enthalten sind.

S. 166. stadtdirector Burchardi] weitläufiger Verwandter von Grimms.

S. 167. d e s h a l b a b e r i s t s i c h a n . . . . z u w e n -
d e n] damaliger Kanzleistil.

S. 168. v. S c h e l m u f s k y]. „Sch.'s Abentheuer zu
Lande und zur See" welchen humoristischen Roman Aug.
v. Haxthausen, der Freund der Brüder Grimm gerade damals von neuem veröffentlicht hatte. Vgl. F. L. A. Maria
Freiherr von Haxthausen. Ein photographischer Versuch
von Freundeshand. Als Ms. gedruckt Hannover 1868 (Göttinger Bibl. Hist. lit. part. 2013 ²) S. 6 ff. Danach ist wohl
Wendeler's Anm. zu S. 16 des Briefw. des Frh. v. Meusebach m. J. u. W. Gr. (S. 320—1) zu berichtigen.

S. 169. V o n A r n i m i s t e i n n e u e r R o m a n d i e
„K r o n e n w ä c h t e r" e r s c h i e n e n] vgl. Freundesbriefe
S. 55 und 213 u. W. Gr.'s Anz. in den Heidelb. Jahrb. 1818
(Kl. Schr. I. 298 ff.)

S. 170 no. 86].   Antwort auf S.'s Br. 11 u. 12 1) Leipzig. 12. 8. 1817: „. . . . Ich laufe in diesem Sommer viel
herum in den Kornfeldern, u. erfreue mich oft an der unter-
gehenden Sonne, u. arbeite wenig.   Doch musz ich wieder
etwas nebenher vornehmen, selbst zu meiner Befriedigung,
die ich leider in meinem Amte nicht ganz finde.   Darum
will ich mir den dritten Band meines Buches über den
Menschen aus dem Wege schaffen . . . . "

2) Leipzig 26. 9. 1817: „Ich fühle, dasz ich's zu arg
mache, dasz ich unausstehlich werde.   Kaum kann ich's
geradezu heraussagen, was ich Ihnen, liebster Freund, an-
sinne.   Ich musz erst mit den Gründen vorrücken, um Sie
nicht zu sehr zu erschrecken. — Mein Buch, das bey Wittwe
Aubel gedruckt wird, wünschte ich so fehlerfrey gedruckt, als
sich's thun lässt. Darum wollte ich die Correctur selbst besorgen. Nun aber finde ich erstlich, dasz diesz kostspielig ist,
zweytens, dasz es den Druck aufhält. Aus letzterem Grunde
wünscht die Aubel selbst einen Corrector in Cassel. Und ich? —
Sie haben nun den Schrecken weg — ich könnte das Ihnen
zumuthen? — Nein, Lieber, — und doch ja!   Ich meine
nämlich, vielleicht übernähmen Sie es mit Bauer's Hülfe,
abwechselnd wie es jedem von ihnen die Zeit und die
Geduld erlaubte. Darum schreibe ich auch an Bauer. Aber
schlagen Sie mir's nur beide geradezu ab; ich erwarte
nichts anderes. — Oder wollen Sie vielleicht einen Versuch
machen, einen kleinen Anfang, ob's erträglich sein wird? —
In den ersten zwey Bogen waren wenig Fehler; ich schöpfe
einige Hoffnung. . . . "

S. 170 d e n z w e i t e n B o g e n v o n i h r e m B u c h]
„Die Betrachtung des Menschen" in 3 Bden., von denen
die beiden ersten in Kassel bei Krieger, der dritte 1818 in
Leipzig bei Cnobloch erschien. vgl. S. 173.

S. 170. drei Tage im Grünen] vgl. S. 125.
S. 170. auf dem Haxthausischen Gute] Bökendorf, wohin auch A. v. Haxth. nach Absolvirung seiner Studien Michaelis 1817 von Göttingen aus zurückkehrte. In der (Anm. zu S. 168) erwähnten Biogr. A. v. H.'s steht S. 10 eine nähere Beschreibung dieses Gutes. Den vertraulichen Briefwechsel der Brüder Grimm mit verschiedenen Gliedern der Haxthausenschen Familie veröffentlichte Heilbronn 1878 A. Reifferscheid. Ueber den hier erwähnten Aufenthalt s. daselbst S. 50 ff., woraus auch hervorgeht, dasz 'incognito' hier 'ohne Urlaub' bedeutet. J. Gr.'s Empfehlung v. A. v. H. an Thomas s. Anm. zu S. 74.

S. 170. Reinhart Fuchs] vgl. S. 38 u. Briefe von J. Gr. an Tydeman S. 138 Anm. zu S. 64. sowie Briefw. m. Meusebach S. 370 ff. Br. an Diez. Z. f. rom. Philol. VI. 503. Ueber Wilhelm's Antheil vgl. hier S. 179.

S. 171. Geschichte auf der Wartburg] vgl. Br. v. J. Gr. an Tydeman S. 138 Anm. zu S. 66.

S. 173 no. 87] Antwort auf S.'s Br. 13, 14. 1) Leipzig, 9. 12. 1817: „Beiliegender kleine Zettel enthält alle Subscribenten auf Reinhart Fuchs, die sich hier bisher angegeben haben. Sollte sich noch einer oder der Andere melden, so werde ich den oder die Namen nachsenden. Man liebt hier das Altdeutsche nicht, weder in Röcken, noch in Schriften, man denkt es mit dem Neudeutschen in Verbindung, u. das können die Sachsen noch nicht verdauen. — Vor einem Monate lernte ich Frau Schopenhauer aus Weimar kennen. Sie gab mir Auftrag, Ihnen zu schreiben, dasz sie auf einen baldigen Besuch von Ihnen rechne u. sich sehr darauf freue. Damit vereinigen sich die Wünsche Ihrer Leipziger Freunde...." 2) Leipzig, 13. 1. 1818: ..."Noch immer ist Frau von Krüdener hier, und man hört allmählig auf, von ihr zu sprechen. Anfangs waren die Menschen hier auf mancherley Weise erregt. Viele sind bei ihren Gottesverehrungen, Manche allein bey ihr gewesen, Einige sind von ihr gewonnen worden, für Andere ist sie Veranlassung zu tieferer und festerer Begründung der eignen Überzeugung geworden. Soviel ist gewisz, sie u. ihre Tochter meinen es gut u. reden mit voller Aufrichtigkeit; weniger sicher ist man dessen von dem Hrn. Kellner, der bey ihren Gottesverehrungen den Prediger macht. Die Menschen dieser Zeit, lehren sie, besonders die Deutschen, seyen so verderbt, dasz sie alle jämmerlich zu Grunde gehen würden, wenn ihnen nicht noch von der heiligen Allianz, u. ihrem Vollstrecker, dem heiligen Alexander, Rettung u. Heil komme; u. s. w. Anfangs gedachte

ich auch zu ihr zu gehen. Nachdem ich aber bald
zuverlässige Kunde von ihren Lehren und ihrer Art,
zu den Menschen zu reden, erhalten hatte, habe ich den
Gedanken aufgegeben. Nach meiner Überzeugung ist sie
selbst, die als eine von Gott gesandte Busspredigerin auf-
tritt, noch nicht zum rechten Glauben durchgedrungen.
Ich müzste ihr das sagen u. würde sie ohne Nutzen krän-
ken; denn sie nimmt alles, was gegen sie gesagt wird, nur
als Prüfung auf und danket Gott für das neu zugefügte
Leid. Unrecht aber ist es offenbar, dasz die gutmeinende,
mildthätige Frau polizeilich fast wie eine Verbrecherin
behandelt wird. Denn auch hier steht eine Wache vor
ihrem Wohnzimmer und niemand darf zu ihr, der nicht von dem
Polizeydirector besondere Erlaubnisz erhalten hat. Es
herrscht überhaupt eine fast lächerliche Aengstlichkeit bey
unseren Regierungen. Die zeigt sich auch in den Erklärungen über die Wartburger Begebenheit, doch wohl mehr
traurig als lächerlich. Man kann das thörichte, in seinen
Folgen nothwendig traurige, Mizstrauen gegen das Volk
immer weniger verhehlen. Hierbey eine — verspätete —
Rede vom Reformationsfest. Bey ihrem Niederschreiben
dachte ich nicht, dasz sie gedruckt werden sollte. . . .ª
    Auf no. 87 antwortet S.'s Br. 15. Leipzig 3. 5. 1818:
„. . . Was Sie, veranlaszt durch meine Rede zur Reformations-
feier, über die reine Verehrung eines einzigen Gottes, die
der heidnischen Naturvergötterung vorhergegangen sey,
sagen, hat in seiner Einfachheit eine Fülle des Sinnes, die
mich zu öfterm weilenden Lesen angezogen hat. Aus den
Thälern u. von den Gebirgen Tibets her wird man, hoffte
ich, dereinst auch ziemlich bestimmte historische Bestäti-
gungen erlangen. — Sehr wohl hat mir gefallen, was Görres
gesagt u. geschrieben hat. Auch bin ich überzeugt, dasz
von Hardenberg das Beste zu erwarten ist. Er scheint offnen
Sinn für das Gute u. Grosze zu haben; auch hat man hier
sehr günstige Aeusserungen von ihm über die Bewohner
des Rheinlandes gehört. Wenn ihm nur nicht Verhältnisse
u. Personen in den Weg treten; man sagt, er gebe zu leicht
nach. — Unangenehm ist mir, dasz man dem Bundestage
die Sache der deutschen Landesverfassungen ganz entziehen
zu wollen scheint. Wohl müssen die Eigenthümlichkeiten
bleiben; aber das gesammte deutsche Volk hat doch auch
ein Gemeinsames. Reiszt man erst die Glieder vollends auseinander, so wird nachher Alles beliebig zerstückt oder in
einander verschwemmt. . . .“
    S. 175. Oppositionszeitung] oder Weimarische
Zeitung, erschien von 1817—20, pro Jahr zu 10 Thlr.; vgl.
S. 184.

S. 175. Wir beide sollten an die neue rheinische universität.] Ueber die Motive der Ablehnung vgl. Görresbr. II, 554 u. Wilhelm's Autobiogr. bei Justi S. 181. Schon 1816 war ein solcher Ruf ergangen und Savigny gegenüber abgelehnt (vgl. J.'s Kl. Schriften I, 182 und auch oben S. 8 no. 11). Die ersten Aussichten mochten J. Grimm schon 1815 in Paris von Eichhorn gemacht sein (s. Acten S. 15 u. Jacob's Autobiographie bei Justi S. 161), der auch später die Berufung der Brüder nach Berlin ausführte (s. Briefw. m. v. Meusebach S. 296).

S. 176 no. 88] Antwort auf S.'s Br. 16. Leipz. 16. 7. 1818: „Die freundliche Güte des Fräuleins von Scheel, einen Brief an Sie, liebster Freund, mitnehmen zu wollen, kann ich nicht unbenutzt lassen u. schicke Ihnen hiermit wenigstens einen der herzlichsten Freundesgrüsze. In meinem häuslichen u. meinem Freundeskreise wird Ihrer oft mit Liebe gedacht, u. immer schlieszt sich der Wunsch an: Wenn er doch einmal wieder herkäme! — Den 2. Theil Ihrer deutschen Sagen habe ich mit Freude gelesen. Sondern Sie nur nicht das alles von der Geschichte! Wie dürr würde sie werden, wenn Sie allen Saft ausscheiden. — Was arbeiten Sie jetzt? Wie steht's um das Edda-Werk? — Indem ich denke, dasz Sie immer so recht, wie es seyn musz, eine Arbeit, ein Werk vorhaben, fällt mir's traurig auf, wie zerstückelt meine Zeit u. Kraft hingeht, besonders auch in diesem Sommer. Zum dritten Bande meines Buches über den Menschen habe ich eine kleine Nachlese von Druckfehlern gehalten u. sie der Frau Aubel zugesandt. Das bezeichnet all mein Thun. Es ist ein beständiges Druckfehler-Verbessern. Und könnte ich sie nur ausmerzen, die fatalen Druckfehler! Aber zu meiner Pein bleiben sie unverändert stehen u. sehen mir jeden Tag von neuem ins Angesicht, wie oft ich ihnen auch zurufe: Ihr seyd Druckfehler, Fort mit euch! — Unter die hiesigen Studenten ist eine Rührung u. Regung gekommen, seit ein halbes Dutzend Jenaer die allgemeine Burschenschaft hierher gepflanzt hat. Noch widerstreben manche Landsmannschaftler, aber nur noch schwach. Ich — ein bemoostes Haupt — habe mich bey diesem Streite ganz verständig benommen."

S. 176. Frl. v. Scheele] = v. Scheel S. 262, Hofdame der späteren Kurfürstin Auguste.

S. 179. Edda] Vgl. Thorlacius Briefe an W. Grimm vom 7. Febr. 1817 u. 21. Febr. 1818 (in Briefw. der Br. mit nord. Gelehrten S. 129 ff.), ferner Br. v. J. Gr. an Tydeman (S. 124). Es erschien bekanntlich kein weiterer Band.

S. 179. Übersicht der altnord. Lit.] s. W. Gr.'s
klein. Schriften III, S. 1—84.
S. 180. Schlegel ist nun Prof. in Berlin]. A. W.
Schlegel wurde 1818 Prof. in Bonn, nicht in Berlin. Ueber
sein Verhältn. zu den Brüdern vgl. Briefw. mit v. Meusebach
S. 338 f., sonst über ihn noch Anm. zu S. 54. Einen von 7
vorhandenen Briefen J. Gr.'s an ihn theilte Klette im Verzeichniss der v. A. W. Schlegel hinterlassenen Briefsamml.
Bonn 1868 S. XI. mit.
S. 181. Dasz sie sich z. B. grosze Zöpfe ...
anhiengen]. vgl. Fr. Müller, Cassel vor 70 Jahren I, 115
ff. : „Jedesmal Pfingsten strömte die ganze Studentenschaft
von Göttingen, Marburg u. Gieszen dahin; auch Jena und
Halle stellten ihr Contingent. ... Niemals liess sich der
Kurfürst Wilh. I. durch den studentischen Uebermuth be-
irren, selbst nicht einmal dadurch, dasz derselbe seine Liebhaberei am Zopfe in drastischer Weise verhöhnte. Viele
Studenten hatten sich Riesenexemplare zugelegt und nicht
wenige trugen zwei Zöpfe. Einer erschien sogar mit einem
in solcher Länge, dasz ihn zwei andere Burschen wie eine
Schleppe ihm nachtragen mussten. Man sah darin nichts
anderes als einen Fastnachtsscherz im Sommer."

S. 182 no. 89] Antwort auf S.'s Brief 17: „Leipzig am
26. Novbr. 1818. Liebster Freund! Nicht ohne Verwunde-
rung sehe ich, dasz Ihr letzter lieber Brief schon drey
Monate alt ist. Noch keine Zeit ist mir hier so schnell
hingegangen, als der jetzige Herbst; und doch kann ich
mich eben nicht rühmen, etwas Tüchtiges darin gethan
oder vor mich gebracht zu haben. Nicht einmal viel gelesen habe ich. Einige Arbeiten für den Prinzen beschäf-
tigten den gröszten Theil meiner Freystunden; vorzüglich
ein Abrisz der christlichen Kirchengeschichte. Den eigentlichen Religionsunterricht habe ich mit ihm geendigt; auf
meine Bitte hat denselben für diesen Winter ein hiesiger
wackerer Prediger übernommen, der sich es ernstlich an-
gelegen seyn läszt, auf das Gemüth zu wirken. Ich besorge
darneben den Unterricht in der christlichen Kirchengeschichte. So, hoffe ich, wird gethan, was gethan werden
kann. — Nach der Einsegnung gedenke ich dem Prinzen
auch von anderen Religionen eine Vorstellung zu geben.
Wissen Sie mir ein dazu brauchbares Lehrbuch zu nennen?
Ausserdem beschäftigt mich auch zu Hause der Unterricht,
den ich dem Prinzen in der Hessischen Geschichte gebe.
Sie werden sich wundern, dass ich ihn gebe; aber wer
sonst sollte es hier? Zum Grunde lege ich das Lehrbuch
von Curtius. Doch habe ich nebenher auch Einiges gelesen.

Darunter S t e f f e n s C a r r i c a t u r e n d e s H e i l i g s t e n.
Gedanken- u. Gemüthsfülle hat auch diesz Buch des treff-
lichen Mannes, dem ich mit Liebe ergeben bin.　Aber ich
vermisse im Ganzen, dass die Mitte, die das Mannichfaltige
tragen und einen soll, nicht genug emporgehoben, oder
vielmehr eigentlich noch ganz im Dunkel gelassen ist. Das
scheint mir nemlich der Gedanke, dasz unser Vaterland
seine Einheit nur in einer neuen Kirche finden könne und
finden werde.　Meine Ahndung von dieser Kirche ist zu
unbestimmt geblieben, als dass ich mich nicht vor der
Hand alles Urtheils begeben müszte.　Darum nun ist mir
das Buch selbst, besonders die erste Hälfte, schwankend
erschienen. Dabey ein wenig zu reich an Worten. Das erste
Heft des H e r m e s soll in acht Tagen ausgegeben werden. Der
Wille des Herausgebers ist wacker.　Dass Ihr Bruder Ferdinand nicht zu uns gekommen ist, hat uns leid gethan.
Wir hatten uns Alle auf ihn gefreut.　Denn alles, was
Grimm heiszt u. von Grimm kommt, regt unser Aller
Herzen an.　Hannchen ist, dem Verlangen der Groszmutter
folgend, in Lübeck.　Die Andern grüszen herzlich.　Auch
Ihrem ältesten Bruder Grusz u. Segen zu dem grossen
Werke, der historischen Grammatik.　Belows lassen sehr
grüssen.　Beide lieben das angenommene Kind mit aller
Innigkeit und Freude.　Auch von dem Prinzen habe ich
einen Grusz zu bestellen.
　　S. 184. P r o f. B e n e c k e] über ihn u. seine Beziehungen
zu den Brüdern s. J. Gr.'s Kleinere Schriften I, 111. Die
Briefe der Brüder an ihn sind noch nicht bekannt.
　　S. 185. S t e f f e n s C a r r i c a t u r e n]. Carricaturen des
Heiligsten. Leipz. 1819—21. 2 Thle. Heinrich St. war
1773 geb., war 1809 Prof. d. Mineralogie in Halle und zu
dieser Zeit lebte Wilhelm in seinem Hause [vgl. Briefw. d.
Brüder aus d. Jug. S. 76 ff.]　Er starb 1845 in Berlin.
　　S. 187 no. 90], Antwort auf S.'s Br. 18, Leipz. 29. 3. 1819:
„... In der Trauer der Abwesenheit tröstet mich eine geheime
Freude, ein Gedanke, den ich wohl noch nicht sagen sollte,
— dasz Sie mit dem Prinzen bey seiner Rückkehr hierher
kommen könnten.　Thun Sie es, liebster Gr.!　Die Gelegenheit ist vortrefflich, die Jahreszeit die beste, Ihrer Gesundheit wird es zuträglich seyn, hier werden Sie Vielen, besonders mir und den Meinigen, grosze Freude machen.
Dann werden wir uns auch über Manches im Gespräche
behaglich ergehen können, besonders auch über die Zeit
u. ihre Bedürfnisse.　Es ringet ja doch einmal das Geschlecht nach Selbstbewusztseyn; u. dazu möge es der Geist
der Wahrheit führen' u. es vor Willkühr u. Fascley be-

wahren! Bewusstlos kann sich wohl die Zeit nicht mehr
ausgebären; was sie in ihrem Schoose trägt, musz zuvor
auch in den Geist, in Gedanke u. Wille, übergehen, auf
dasz es mit Ordnung an den Tag gebracht u. im äusseren
Daseyn gehalten werde. Da habe ich jetzt ein Buch in 2
Bänden vor mir: Versuch einer Darstellung unserer Zeit,
Berlin 1819, das mich anfangs gewonnen hatte. Der
Verfasser (vielleicht Buchholz?) tritt gewichtig auf, mit
einer Fülle von Gedanken. Weiterhin aber — doch bin
ich erst bis in die Mitte des ersten Bandes — habe ich
angefangen, mich zurückzuziehen, denn es kommt mir vor,
als wäre das Herz des Mannes nicht dabey. Es sollte aber
Keiner, dünkt mir, über seine Zeit sprechen, der nicht mit
seinem Herzen, obgleich gegründet im Ewigen, auch in ihr
lebt. Wärmer ist Steffens, auch wohl in Manchem klarer.
Übrigens haben Sie recht, was die Rage betrifft. Es ist so
etwas von der Berserker-Wuth. Doch thut er mir leid.
Die Berliner fahren wohl zu leicht ins Aeusserste; Alles
muss sich da parteyen. Steffens hatte doch wenigstens
darin Recht, dasz er sagte, es müsse eine Zeit kommen,
worin man den Turnplatz so besuche, wie die Reitbahn u.
den Fechtboden. Hätte doch die Preussische Regierung
einstweilen alles gehen lassen, wie es geht, bis ihr allge-
meiner Unterrichtsplan zur Ausführung reif geworden. Ihr
Urtheil über die Uebersetzungen Shakespeares habe ich mit
Vergnügen gelesen. Vom Hermes wird bald der 2. Band
ausgegeben, worin Ihres Bruders Bemerkungen über
J. Paul's Sprache befindlich sind. Für den 3. Band erwartet Prof. Krug Ihren Aufsatz. Mit meiner Gesundheit geht
es viel besser, so dasz ich mich des nahenden Frühlings
freuen kann. Nur dasz mich noch geringe Arbeit bald erschöpft. Harnier wird mich besuchen u. hat mich ein-
geladen, ihn auf der Reise, die er von hier nach Berlin u.
von da zurück über Dresden u. durch Böhmen machen will,
soweit es mir gefalle, zu begleiten. Ich weisz noch nicht,
was ich thun werde. In Berlin möchte ich wohl einige
Menschen sehen; übrigens hat das Leben dort, nach meinem Vorurtheil davon, gar keinen Reiz für mich; auch
scheue ich das lange Fahren. Gern aber ginge ich nach
Dresden: da erfreut und erquickt, was draussen u. was
drinnen ist. . . . *

S. 187. dasz ich keinen Urlaub erlangen
kann]. Die Urlaubsertheilung erfolgte stets durch den
Kurfürsten selbst und wurde, wie aus Bd. II. S. 7, 101 u.
Briefw. m. v. Meusebach S. 17, 330 hervorgeht, ziemlich ungern bewilligt. Nach dem Urlaub im Ende August 1815

erhielt W. allerdings einen neuen grossen schon im Frühjahr 1816 um Arnim besuchen zu können (vgl. S. 151 u.
Görresbriefe II., 504). Aus den Freundesbriefen ergiebt sich
(S. 39, 52, 68) dasz W. später einige Mal ohne Urlaub
verreiste (vgl. auch Anm. z. S. 170) und einmal dabei vom
Kurfürsten selbst beinahe ertappt wäre. Wie wenig Ver-
ständniss sowohl Wilh. l. wie Wilh. II. für die Leistungen
der Brüder zeigten, ergeben zwei Br. J.'s an Lachmann v.
2. März u. 12. Mai 1823 (Briefw. m. v. Meuseb. S. 329—30)
und die Resolution behufs Wiederbesetzung ihrer Stellen
1829 (II, S. 11 no. 11).
S. 189 no. 91]. Antwort auf S.'s Br. 19 (Br. 18, s.
Anm. zu S. 141.) Leipz. 16. 11. 1819: „Wie Einer, der
durch ein wildes und seltsames Land gezogen wäre, und
nun zurückkäme zu dem alten Freunde, anfangs von der
Menge der Schreckbilder, die noch vor seiner Seele schweben, nichts erzählen, sondern sich nur freuen würde, den
Freund und die Liebe wieder gefunden zu haben: so geht
mir's jetzt nach diesem halben Jahre, in dem ich Ihnen
nicht geschrieben habe. Ich freue mich der alten, unver-
änderlichen Liebe zu Ihnen und mag nichts von all dem
Zeug reden, besonders da Sie ja auch selbst in das wüste
Treiben hineingeblickt haben und hineinblicken, u. zwar
wohl mit sichrerm Gemüthe und klarerm Blicke, als ich.
Zwar weisz auch ich, dasz das Gute, seines gewissen Sieges
ungeachtet, in jeder bestimmten Zeit mit starren Ein-
seitigkeiten zu kämpfen haben wird; doch scheint mir
jetzt des Rohern, Unedlern u. Gehässigern mehr, als billig
ist. Darum habe ich in diesen Tagen die Rede von
Weiller: 'Über die religiöse Aufgabe unserer Zeit' mit
einer Art von Erquickung gelesen; denn es spricht der
Geist der Liebe in ihr. Weiller — und noch mehr —
J. M. Seiler in Landshut mögen dort mächtig Gutes wirken
in ihren Kreisen, und den Glauben, die Hoffnung u. die
Liebe in vielen Seelen stärken. Ueberhaupt mag es jetzt
in Altbaiern ganz anders aussehen, als zur Zeit, da Nicolai
seine Briefe schrieb, u. wieder ganz anders, als zur Zeit
der Illuminaten. ... N. S. Bey der hiesigen Universität ist
zufolge der Carlsbader Beschlüsse noch keine Veränderung
eingetreten; auch sind diese Beschlüsse überhaupt, soviel
ich weisz, hier im Lande noch gar nicht als Gesetze bekannt gemacht worden. Wenigstens hat die hiesige Zeitung nichts darüber enthalten.'
    Auf no. 91 antwortet S. Br. 21: „Leipz. am Himmel-
fahrtstage 1820. Möge Ihnen, liebster Freund, der Himmel
im Gemüthe heute so klar erscheinen, als er Alles besee-

ligend, draussen über der Natur ausgebreitet liegt! Es ist
die Himmelfahrt doch ein herrliches Fest! Auch äusserlich ist der Tag fast immer schön und herrlich. Freundlich senkt sich der Himmel herunter, um uns in sich aufzunehmen. Wie habe ich heute gefeiert? — Früh war ich
in der Kirche bey unserm, der Liebe und des Glaubens
vollen, Wolf, mit Andacht. Dann bey dem Prinzen. Nun
schreibe ich meinem lieben Freunde; und dann laufe ich
mit meinen guten Kindern in das Feld, bis die schöne
Sonne untergeht. Zuerst haben Sie Dank für Ihren lieben
Brief vom 20. Februar (den ich erst am 5. April erhielt).
Sie hatten mir, ich Ihnen lange nicht geschrieben; aber
meine Liebe war u. ist die alte, unverändert. — Vor acht
Tagen besuchte mich Reimer u. brachte den Prof. Raumer
von Halle mit; sie blieben den Abend bey mir, u. waren
mir auch deszhalb lieb, weil wir da alle zusammen Ihrer
mit Liebe gedenken konnten. Reimer brachte meinen Kindern die 2. Ausg. Ihrer Märchen als Geschenk mit. Das
machte grosze Freude; Elise besonders ist mit der gröszten
Liebe darüber her gewesen, u. hat mir schon Vieles von
den herrlichen neuen Sachen erzählt, die darin sind.
Meiner Frau hat die Vorrede sehr gefallen; ich konnte
noch nichts davon lesen..... Wohl hoffe ich u. sehne mich,
Sie, lieber Freund, wie auch andere Freunde u. meine Verwandten in Hessen im Herbste dieses Jahres wieder zu
sehen. Mein vorläufiger Reisegedanke ist folgender: Entweder ich begleite den Prinzen; dann komme ich zuerst
zu Ihnen nach Cassel, eile aber von da nach meiner Mutter,
u. s. w. Oder es ist nicht nöthig, dass ich den Prinzen
begleite; dann verlasse ich ihn in Gotha u. gehe zuerst zu
meinem Bruder im Schmalkaldischen, wende mich von da
in das Fuldathal, u. besuche in Rotenburg eine Schwester,
dann in Melsungen meine Mutter, komme dann zu Ihnen,
u. reise von Ihnen nach Marburg. Meine Frau u. Kinder
bleiben einstweilen hier u. ich selbst kehre hierher zurück
u. bringe den Rest des Winters hier zu. Denn ich habe
ein groszes Bedürfnisz, einige Zeit für mich zu sein. Dann
auch erst wünsche ich mich in Hinsicht des Aeussern meines
künftigen Lebens zu entscheiden. Entschieden zwar bin
ich in der Neigung u. dem Entschlusse, mein dann noch
übriges Leben der Wissenschaft, ich meine der Philosophie,
zu widmen. Ob aber nur stille für mich oder auch mündlich lehrend, um das zu entscheiden, musz ich erst wieder
ganz zu mir gekommen seyn, u. inne werden ob mein
Leben nicht schon zu tief angefressen ist, als dasz es noch
zu mündlicher Lehre Kraft haben könnte. — Doch, es ist

ja noch, wenigstens meinem Gefühle nach, sehr lange bis zum Herbst ...."
S. 189 f. Streit zwischen Vosz u. Stolberg].
vgl. Freundesbriefe v. 5. Mai 1820 (S. 80 u. 217).
S. 191. Tante] Zimmer vgl. Briefe v. J. Gr. an Tydeman S. 134. Sie starb am 15. April 1815.
S. 192 no. 93] Antwort auf S.'s Br. 22: „Leipzig am 29. Dcbr. 1820. Mein geliebter Freund. Dasz ich vor einigen Wochen von meiner Reise wohlbehalten bey den Meinigen angekommen bin, werden Sie durch Ob. v. Relow erfahren haben. Ich hatte darauf den besten Willen, mich den Büchern u. Gedanken zuzuwenden, wenn nur nicht das menschliche Leben unstet u. unruhig, u. das menschliche Herz ein trotziges u. verzagtes Ding wäre. Es hat sich nämlich die Frage, wo ich künftig wohnen und was ich treiben solle, so nahe herangedrängt, dasz sie erst beantwortet u. abgethan seyn musz, ehe ich etwas mit rechter Ruhe u. Freyheit unternehmen kann. Ich selbst fühle mich aber so unsicher u. unbestimmt in meinem Wollen u. Wünschen, dasz ich nie mehr des Rathes bedurfte. Darum will ich Ihnen, lieber Freund, das Für u. Wider darstellen, wie es sich mir darstellt, u. bitte um den Rath, den Ihnen Gefühl zugleich u. Gedanke eingibt. — Du solltest — so sage ich zu mir von der einen Seite — den Werth des freyen Lebens, das Dir jetzt zu Theil geworden, zu schätzen wissen. Dein Leben u. Deine Kraft ist auf der Neige; benutze, was Dir davon übrig ist, um Deine Überzeugungen von dem Menschen u. seinem Verhältnisse zu Gott u. der Welt auszubilden u. schriftlich darzustellen. So wirst Du Dir selbst genügen u. Andern nützlich seyn! — Ich kann aber — erwiedere ich von der andern Seite — nicht sorgenfrey von meiner Pension leben. Schulden möchte ich gern bezahlen, nicht mehrere machen. Und wenn man nicht unbekümmert lebt, kann das Gemüth sich nicht frey u. tief der Betrachtung ergeben. Dazu kommt, dasz ich glaube, durch mündliche Mittheilung meiner Überzeugungen sicherer wirksam zu seyn, als durch schriftliche. — Du wünschest also — spricht es wieder von der ersten Seite — doch kein anderes Amt, als ein Lehramt der Philosophie. Ein solches aber ist in dieser Zeit, da man die Freyheit der Lehre misztrauisch bewacht u. beschränkt, mit Gefahren u. Verdrieszlichkeiten verbunden. Und, was das Auskommen mit Deiner Pension betrifft, so ziehe nach einem andern Orte, wo wohlfeiler zu leben ist, nach Hanau etwa oder einer Hessischen Landstadt, oder suche irgend eine einträgliche Nebenbeschäftigung! — Man soll wirken — antworte ich hierauf — so lange es

Zeit ist, u. Gefahren nicht achten. Die Kosten der Reise an
einen andern Ort u. der Einrichtung an demselben möchten
leicht mehr betragen, als in einigen Jahren durch die
gröszere Wohlfeilbeit gewonnen würde. Die Nebenbeschäftigung aber — worin sollte sie bestehen? Etwa in Privat-
unterricht oder Recensiren? leicht möchte das meine Zeit u.
Kraft hinnehmen u. zur Hauptbeschäftigung werden. — So
w a r t e doch wenigstens, bis die Zeiten günstiger werden.
Dann kannst Du einer Anstellung entgegensehen, die in
jeder Hinsicht Deinen Wünschen entsprechen wird! — Aber,
w i e l a n g e warten? Es sieht nicht darnach aus, als wenn
bald günstigere Verhältnisse eintreten würden; u. weder
mein Alter, noch meine Vermögensumstände gestatten ein
langes Warten. Dazu kommt, dasz indessen Lust zugleich
u. Fähigkeit, Philosophie zu lesen, schwinden möchten. —
So weit, lieber Freund, Gründe u. Gegengründe im Allgemeinen. Gesetzt, es entschiede sich Ihre Meinung dafür,
dasz ich jetzt ein Lehramt der Philosophie wünschen müsse;
so entsteht nun die zweite Frage: ob ich ein solches i n
M a r b u r g wünschen solle. — Da würdest Du nicht viel
wirken können -- heiszt es dagegen — da die Zahl der
Studirenden so gering ist! — Aber doch etwas; auch ist die
Wirksamkeit nicht immer nach der Menge der Schüler zu
messen, sondern öfter noch nach dem vorhandenen Bedürfnisz. — Aber scheue die ungnädige Stimmung gegen
Dich von oben her. Bei irgend einer Veranlassung könntest
Du Amt zugleich u. Pension verlieren! Das ist wahr und
scheint sehr bedenklich. Aber wahrscheinlich ist es doch
nicht, wenn man mir einmal (was man ja wohl nicht thun
würde, wenn man mich nicht haben will) das Amt gegeben,
u. die Beybehaltung der Pension für jeden Fall versprochen
hat. Auch ist auf der andern Seite zu bedenken, dasz jetzt
wohl an keinem Hofe in Deutschland eine gute Meinung
von den Universitäten, am wenigsten von der Philosophie,
zu finden seyn möchte; nicht weniger, dasz, hinsichtlich
meiner, bey einer etwaigen Anstellung an einer andern
Universität eher eine Anzeige oder Verdächtigmachung zu
befürchten seyn möchte, als bey einer Anstellung in Hessen.
— Dazu kommt, dasz mir jetzt keine Anstellung auf einer
andern Universität geboten wird. — Nun sagen Sie mir, ob
meine Gegenstellung richtig ist, u. wohin sich Ihr Urtheil
neigt. Ich habe absichtlich nichts von den Gründen gesagt,
welche die Logiker subjective nennen. Sie sind auch auf
beiden Seiten ungefähr gleich. — Belows Rath habe ich;
doch mögen Sie die Sache gelegentlich noch einmal mit
ihm besprechen; — u. schreiben Sie mir bald. . . . . •

S. 196 no. 94] hierauf wie auf no. 93 antwortet S.'s
Br. 23: „Leipzig, am 2. März 1821.... Ihrem Bruder, dem
Maler, soll ich herzliche Grüsze von dem Maler Blum sagen,
den ich in der vorigen Woche bey Marheinecke in Berlin
kennen lernte. Reimer war verreist. Interessant ist mir
Berlin erschienen, aber es hat mich nicht angemuthet.
Ausser dem Mangel an Berg und Thal — wonach ich immer
sehnsüchtig bleibe — ist mir unter den Menschen ein Parteyen entgegengetreten, das mir in allen Dingen, am meisten
in der Religion, verhaszt ist. — Bey der Universität scheint
viel geistige Lebensregung. — Auf die erhaltene bestimmte
Nachricht, dasz unter der Professur, wovon man mir, als
ich in Cassel war, sagte, nicht die durch Tennemanns Tod
erledigte, wie ich glaubte, sondern eine bis jetzt noch nicht
erledigte zu verstehen sey, habe ich mich entschlossen, zu
Ostern einstweilen mit den Meinigen nach Lübeck zu reisen.
Ich befriedige dadurch die immer gröszer gewordene Sehnsucht meiner Frau, u. weisz, dasz wir dort herzlich willkommen sind. Den Gedanken, wenn ich mich entschiede
oder entscheiden müszte, noch mehrere Jahre oder immer
ohne amtliche Wirksamkeit zu leben, Hanau zu meinem
Wohnorte zu wählen, habe ich noch nicht in meinen Willen
aufgenommen. — Von Bremen habe ich die frohe Nachricht
erhalten, dasz meinem Bruder ein Sohn geboren worden.
Ich soll Pathe seyn, u. werde darum vielleicht, da das Kind
erst in zwey Monaten getauft werden wird, den Weg über
Bremen nehmen. — Dasz Sie bey Ihrem Unterrichte viel
Gelegenheit haben werden, Geduld und Glauben zu üben,
kann ich mir wohl denken. Wie oft hat das schmerzliche
Gefühl, nichts wirken zu können, mein Innerstes durch-
schnitten! Aber man musz immer von Neuem Muth fassen.
Seelen kann man nicht verändern — u. das ist gut! — aber
es gibt Seelen, die zwar selten, aber doch bisweilen angesprochen werden, u. dann, ohne sich's merken lassen zu
wollen; — u. unter diese gehört die, womit Sie es zu thun
haben. — Für den gründlich freundschaftlichen Rath, den
mir Ihr Brief vom 7. Januar überbracht hat, sage ich herzlichen Dank. — Von Hannover ist mir nichts zugekommen;
auch würde ich mich schwerlich darauf eingelassen haben....‘
    S. 198. Was meine Stunden etc.] vgl. Anm. zu
S. 65.
    S. 198. Der Mahler scheint ein grösseres Bild
vorzuhaben] vgl. Freundesbr. v. 27. Mai 1821 (S. 83 und
die Biographie von Ludwig Grimm in d. Allg. Encycl. v.
Ersch und Gruber aus der Feder von Hermann Grimm.
    S. 198 no. 95] Antwort auf S.'s Br. 24:

„Leipzig, am 10. April 1821. Durch Below habe ich die
angenehme Versicherung erhalten, dasz Sie, liebster Freund,
sich wohl befinden. Er kam am 31. März Nachmittags hier
an, und reisete schon den folgenden Tag um 10 weiter. Es
war mir lieb, ihn zu sehen. Er war zufrieden, schien sich
auch, so wie seine Frau und das Kind, wohl zu befinden,
obgleich er viel mit seinem ehemaligen Arzte über seinen
Gesundheitszustand redete. — Auch ich werde nun Leipzig
bald verlassen. Morgen über acht Tage werden meine
Kinder eingesegnet, an einem der Festtage werden sie zum
h. Abendmal gehen, und dann, wahrscheinlich den 25., ziehen
wir fort. Ich verlasse Leipzig mit einem gemischten Gefühle. Freundschaft u. Wohlwollen habe ich hier gefunden,
doch ist mir nicht heimathlich geworden, hauptsächlich
wohl, weil ich in meinem Berufe keine Befriedigung fand.
Die hieraus entstandene Seelenbeklommenheit liesz mich
auch der Liebe der Menschen nicht recht froh werden. —
Wenn Sie mir schreiben wollen, guter Grimm, so schicken
Sie mir die Briefe bis in die Mitte May nach Bremen.....
Hierbey ein Friedensbüchlein, zunächst geschrieben zu einer
Vorlesung unter Freunden..... Die Hannöversche Schul-
angelegenheit ist nun doch noch an mich getreten; aber
ich habe keine Neigung, u. meine entscheidende Antwort
nur verschoben, weil ich doch nächstens selbst durch Hannover komme......"

Auf no. 95 antwortet S.'s Br. 25: „Lübeck, am 20.
Junius 1821. Liebster Freund. Gleich nach dem Empfange Ihres Briefes vom 23. May habe ich meinem
Bruder in Bremen Ihres Bruders Carl wegen geschrieben,
u. weisz, dasz er sich dafür bemühen wird..... Es sind nun
schon bald sechs Wochen, dasz ich mit den Meinigen hier
bin, es scheint uns aber kaum 14 Tage. Täglich erhalten
wir von unsern Verwandten u. Freunden Beweise groszer
Liebe, u. ich fühle schon, was ich zum voraus befürchtete
— dasz der geringe Eisengehalt, den meine Seele hat, (im
Leben doch so nothwendig!), hier vollends in Flusz kommt.
Es ist hier, dünkt mir, und zwar nicht blosz bey meinen
Verwandten, sondern im Allgemeinen hier in der Stadt u.
auf dem Lande umher, eine stillere u. innigere Liebe u.
Frömmigkeit in den Familien, bei geringerer Sorge um
Literatur und Politik, als wo ich sonst war. Mein Schwager
lebt ganz in diesem Sinne; seine Frau ist ganz Herz, ganz
Lauterkeit u. Verständigkeit; sein Haus überhaupt ein
Heiligthum der Liebe. Ausserdem lebe ich viel mit Geibel.
Bey unverminderter Rüstigkeit ist er zu seltener Gediegen-
heit der Ueberzeugung gelanget, ist ganz Theologe oder

vielmehr Christologe, u. in seinem Hause ein Patriarch in
der Mitte seiner acht blühenden Kinder, vier Söhnen u.
vier Töchtern. Freilich gibts daneben auch bisweilen Ein-
ladungen auf halbe Tage, wo einem die Güte der Menschen
zu lang wird. — Für Ihre Bemerkungen über meine letzte
kleine Schrift page ich Ihnen Dank; ich habe sie beherziget.
Wir hätten uns wohl noch über Das, was eigentlich die
Geschichte ist, zu verständigen, welches aber schriftlich
nicht ohne grosze Ausführlichkeit u. Gefahr des Miszver-
standes würde geschehen können. — Gerling hat mir vor
einigen Tagen geschrieben, dasz die philosophische Facultät auf Wiederbesetzung der Tennemann'schen Stelle an-
tragen u. mich dazu vorschlagen wolle. Ich bin es zufrieden, hinsichtlich des Erfolges aber sehr zweifelhaft.....
S. 202 no. 96]. Antwort auf S.'s Br. 26: „Melsungen, am
17. Sept. 1821. Mein geliebter Freund. Seit kurzem bin ich,
einer früheren Verabredung getreu, hier, um meine Mutter
und Schwestern zu besuchen. Mächtig zog es mich, als ich
bei Cassel vorbeikam, hinein zu Ihnen.... Wann aber werde
ich Sie wiedersehen? Wie sehr würde ich mich freuen,
wenn Sie der Einladung des Reg.rathes Lotz folgen und
hierher kommen wollten! Dasz man in Marburg den Gedanken gehabt hat, mich da als Lehrer der Philosophie
zu haben, in Cassel aber mich lieber als Schulrath bei der
dortigen Regierung anstellen wollte, haben Sie vielleicht
gehört. Ich schrieb dem Ministerialrath Kraft, dasz mir
die Anstellung in Marburg angemessener seyn würde; doch
wolle ich mich, wenn etwa besondere Gründe dafür entschieden, auch der Anstellung in Cassel nicht versagen.
Seitdem sind schon zwei Monate vergangen, ohne dasz ich
weiter etwas gehört habe. Darum vermuthe ich, dasz beide
Anstellungsgedanken aufgegeben worden sind, u. bereite
mich, einstweilen den nächsten Winter hier zuzubringen...‟
    S. 202. Lo t z], Reg. R. Derselbe, wie der Auditor Lotz
der S. 330, 412 der Briefe aus d. Jugendz. erwähnt wird; nach
dem Marburger Studentenverzeichnisz vom Sommer 1802 war
er aus Borken gebürtig und am 16. Nov. 1800 als Jurist in
Marburg eingeschrieben. Seine Vornamen sind Phil. Friedr.
Carl. Er war später während der vierziger Jahre Regierungsdirector in Hanau, wo ihn, wie mir Herr F. Bang hierselbst mittheilt Grimm einmal besuchte, später kam er als
Regierungsdirector nach Marburg, wo er starb.
    S. 205 no. 98]. Antwort auf S.'s Br. 27 v. 20. 1. 1822,
in welchem S. meldet, dasz es nun entschieden sei, dasz er
nach Bremen gehe, aber noch um einige auf Spener bezügliche Bücher bittet, und sich über das erste Heft der

Morphologie von W. v. Schütz ausspricht, sowie nach der
dritten Auflage von Schleiermachers Reden über die Religion erkundigt. — Auf no. 98 antwortet S.'s Br. 28 v. 18.
2. 1822, mit welchem er die übersandten Bücher zurückschickt, von den unvermuthet wieder zu tage getretenen
Aussichten, dasz er nach Marburg an Tennemanns Stelle
kommen könnte, meldet, u. um Nachricht bittet sobald
etwas entschieden sei.

S. 205. Spener]. Snabedissen schrieb um diese Zeit
einen Abrisz v. Spener's Leben, welcher 1824 in Rochlitz
„Jährliche Mittheilungen III. S. 1—120 erschien.

S. 207 no. 99]. Antwort auf S.'s Br. 29. Melsungen
d. 17. 3. 1822 : Bitte um die zweite Auflage v. Creuzer's
Symbolik u. Mythologie, welche der Bote von R. R. Lotz
abholen werde. „Meine zweite und angelegenere Bitte ist,
dasz Sie recht gesund seyn sollen! In der vorigen Nacht
sind Sie mir so krank vorgekommen, als gar nicht erlaubt
ist, so dasz ich schelten möchte, wenn ich nicht lange her
selbst nichts getaugt hätte. Mit herzlicher Liebe Ihr S.“

S. 209. no. 100]. Antwort auf S.'s Br. 30:
„Marburg am 6. Junius 1822. Es ist wohl unrecht,
liebster Freund, wenn Einer, der in eine neue Lebenslage
versetzt worden ist, seine Freunde nicht bald benachrichtigt, wie er sich darin befindet, oder vielmehr, wie er
sich in dieselbe findet. Das scheint noch mehr unrecht,
wenn die Veränderung in einem Alter, wie das meinige,
geschehen ist, das schon eine gewisse Starrheit zu haben
pflegt u. sich weniger bequem in neue Lebensverhältnisse
fügt; — weil dann die Freunde Ursache haben, besorg-
licher zu seyn. — Darum will ich Ihnen nun gleich vor
Allem sagen, dasz es mir, meinem Gefühle nach, wohlgeht.
An diesem Gefühle mag wohl die Herstellung meiner Gesundheit einigen Antheil haben, u. zu dieser Herstellung
mag wohl gewirkt haben u. fortwährend zu meinem Froh-
sinn wirken die herrliche Jahreszeit, der prächtige Himmel,
das helle Licht, die reine Luft, und die freie Lage meiner
Wohnung, die mich wie in die Mitte dieser Elemente
hineingehoben hat. Zwar dröhnet mein Häuschen, erschüt-
tert in seiner Grundveste durch mächtige Schläge — man
bauet da eine Küche, haut Fenster in die Mauern, etc. —
aber das kümmert mich wenig; ich sitze oben, wie ein
Vogel in seinem Bauer; habe auch — zum Beweise, dasz
ich hier zu nisten gedenke — auf drey Jahre gemiethet, obgleich vorauszusehen ist, dass im Winter durch die schlot-
ternden u. zerrissenen Fensterrahmen oft mehr frische Luft
einströmen wird, als zum Leben nothwendig ist. . . .“

Auf no. 100 erwidert S.'s Br. 31: „Marburg am 4.
Januar 1823. Liebster Freund, ... Nun hole ich, da ich
Sie doch nicht selbst hier habe, Ihren lieben Brief vom
17. July herbey, ihn noch einmal zu lesen. Dasz Sie sich
meiner Wohnung noch so gut erinnern — denn damit beginnt Ihr Brief — ist mir nicht wenig lieb, da Sie deszwegen bisweilen auch unwillkürlich durch Vorstellungen
aus früherer Zeit mit Ihren Gedanken zu mir hergeleitet
werden müssen. Eine meiner liebsten Hoffnungen für
dieses Jahr ist, dasz Sie selbst nachgezogen werden mögen.
Freilich werden Sie dann die Wände, wo sonst die schönen
Kupferstiche hingen, leer finden; jetzt noch, wie sonst, ist
mein Zimmer puritanisch einfach; es ist nur ein Bild
darin, das Ihrige. Aber die Natur umher ist doch noch
freundlich, wie immer; u. selbst in der jetzigen Jahreszeit
sehe ich, als Ersatz für das Grün der Bäume u. Felder, die
Sonne, die sich im Sommer hinter den Dammelsberg wendet, vor mir über Ockershausen untergehen. .... In ihrem
Briefe weiter lesend komme ich über die Ausgleichungs-
aufgabe Ihres Nervensystemes mit dem Staabstrompeter u.
dem Schmidt — die nun hoffentlich ganz gelöszt ist — zu
der mir stets in frischer Erinnerung gebliebenen höchst er-
freulichen Nachricht von der Herstellung Ihrer Gesundheit
durch Milch u. andere milde Nahrungsmittel. Ich hoffe,
dass sie indessen bis zum Wasser vorgedrungen sind; dann
wird nicht leicht wieder ein böser hitziger Dämon in
Ihnen aufkommen können. Dann folgt ein Absatz in Ihrem
Briefe, der mich beunruhigt hat, weil ich ihn nicht
recht verstanden habe. Es ist darin die Rede von
innerlicher Krankheit, aber auch von innerlicher Gesund-
heitskraft. — Letztere wird vollends gesiegt u. aus-
geworfen haben, was nicht ins Innere gehört, gewiszlich!
Darum hätte ich dieses passus gar nicht erwähnen sollen;
da es nun aber geschehen ist, liebster Freund, so lassen
Sie uns bey dieser Veranlassung uns einander versprechen,
dasz das Leben, das Leben aus dem Urgrunde, das gerade, aufrichtige Leben, in uns feststehen u. den Tod nicht an sich kommen lassen soll. Vivat das Leben, pereat der Tod! — Das
ist mein Wahlspruch. u. soll es auch dann noch seyn, wenn
mein schwaches Daseyn vollends zusammensinkt. Zum Be-
schlusse enthält Ihr Brief einige freundliche Nachrichten u.
Mittheilungen, deren letzte ein herrliches Urtheil über Göthe
ist, veranlaszt durch den zuletzt erschienenen Theil seiner
Lebensdarstellung. Das Buch habe ich nun endlich auch
erhalten, aber noch nicht gelesen. ... Gern möchte ich auch
Ihr Urtheil über Pustkuchens: Meisters Wanderjahre

wissen, obgleich ich selbst auch dieses Buch noch nicht
gelesen habe. Sie werden lachen über mein : Nicht gelesen
haben. Aber so geht's jetzt hier am Berge! Ich halte
Vorlesungen, u. arbeite dafür, u. weiter nichts!— Uebrigens
befinde ich mich ziemlich wohl. . . ."

S. 210. Da ich mich genau Ihrer jetzigen
Wohnung erinnere] vgl. Anm. zu S. 1. Marburg].

S. 210. Ich bin endlich an meine Wohnung
gewöhnt] vgl. hier S. 233, Freundesbr. S. 89 u. 91, sowie aus einem Br. von Thomas an J. Gr. v. 11. 2. 1823
folgende Stelle: „Der Verlust Ihrer schönen Wohnung thut
mir recht leid, besonders da Sie eine engere getroffen.
Das letzte fühle ich aus eigner Erfahrung." Diese Interims-
wohnung, welche die Brüder nach Lottes Heirath im Sommer 1822 bezogen haben müssen und bis Ende April 1824
inne hatten, ist bisher nicht festgestellt; (vgl. Duncker, Die
Brüder Grimm S. 53 f.) Herr Cand. Euler benachrichtigt
mich freundlichst, dasz dieselbe nach Angabe der in Cassel
wohnhaften Wittwe des Kupferstecher u. Prof. Grimm
in der jetzigen Fünffensterstrasze belegen war, also
in der Nähe der Gardeducorps-Kaserne. Die Hausnummer
vermochte er bisher nicht zu ermitteln, da eine Schmiede,
welche sich nach obigen Angaben im Hause befand, dort
nicht mehr vorhanden ist. Dasz Jacob aus seinem Fenster-
chen dort ein Stück Nordwesthimmel mit dem groszen Bär
sehen konnte, deutet er auch in den Kl. Schriften I, 186
an. — Nur auf eine Verlegung von J.'s Studirsimmer deutet
es hin, wenn Thomas unter d. 2. 8. 1826 an J. Gr. schreibt:
„Hoffentlich ist ihr Auszug vorüber u. der wackere Schriftsteller Jacob II. (v. Meusebach hatte scherzweise dem kleinen
Jacob am 25. 5. 1826 ein Exemplar des Dasypodius übersandt, s. Briefw. m. v. Meusebach S. 327 f.) hat sich an die
neue Wohnung schon gewöhnt. Ich wünsche Ihnen Glück,
dasz es überstanden ist."

Harnier] der ältere [R. geb. 1775] u. jüngere [E. geb.
1790], beide Aerzte. Schon in den Brief. aus der Jug. begegnet der Name H. sehr oft seit Anfang 1814, doch lassen
sich beide Brüder (172) nicht deutlich auseinander halten.
E. Harnier der Jüngere scheint früher verheirathet gewesen
zu sein als R., aber mit den Brüdern nicht viel verkehrt
zu haben, der ältere war Hofrath und hatte sich im April
mit der Tochter des hannöverischen Ministers Ruhmann
verlobt (S. 139), im September fand die Hochzeit statt.
(S. 203, 206). Auch die vielen Stellen der Jugendbr. der
Brüder scheinen sich auf ihn zu beziehen. Er starb als
urf. Geh. Hofr. 1856, sein Bruder E. starb 1857 als Geh.

O. Med. Rath. Vgl. Gross Statistik des Lyc. Frideric. Casseler Gymnasialprogramm 1879.

Es gibt ein geistiger Schmerz.]. So im Original.
S. 212. 2. Juni] verschrieben für: „2. Juli" vgl. Anm. zu S. 140.

S. 212. Wilhelmshöher Bibl.] vgl. Briefe mit v. Meuseb. S. 8.

S. 213. Kopp] Ulrich, Friedr. geb. 18. 3. 1762 in Cassel. Er ist besonders als Verfasser der Palaeographia critica bekannt u. stand besonders mit Völkel in freundschaftlichem Verkehr und regem Briefwechsel. Vgl. über ihn noch: Briefw. der Brüder Grimm m. nord. Gelehrten S. 119, Görres' Briefe III. 31.

S. 214. Es klebt Goethes Werken zu viel Studium an] vgl. S. 74 und dagegen einen Brief an Lachmann (Briefw. m. v. Meusebach S. 368).

S. 215. no. 101] gehört zwischen no. 105 u. no. 106, indem 1823 statt 1824 verschrieben ist. (Vgl. Suabedissens Br. 35 in Anmerk. zu S. 226, auf welchen no. 101 antwortet.) Auf no. 101 antwortet S.'s Br. 36 v. 11. 2. 1824: S. schickt die Bücher zurück und dankt für W. Gr.'s Mittheilungen. Die Frage, ob, was vom altdeutschen Epos erhalten, Ausflusz eines einzigen höchst vollkommenen Gedichtes sei, sei eine tiefe, „die bei allen nicht gemeinen Dingen des Lebens wiederkehrt. Ich nach meiner Eigenthümlichkeit, bin immer, wo zwischen der Annahme einer zeitlichen oder überzeitlichen Einheit und Ursprünglichkeit die Wahl ist, zunächst geneigt, mich zum Ideale zu wenden, und es für die Lebenswurzel (die immer zeitlos gegenwärtige) der zeitlichen Versuche zu halten, ohne darum zu bestreiten, dasz es auch irgendwo u. irgendwann zu zeitlicher Herrlichkeit vorgetreten seyn könne. Nicht selten aber wandelt mich Trauer an, wenn ich gewahr werde, dasz so viele Menschen das Ideale für das Nichtwirkliche, Nichtwesenhafte, blosz Gedachte halten. . . . ."

S. 215. des wunderlichen u. ängstlichen Hoffmanns Leben], gemeint ist der bekannte Dichter E. Amadeus H., der 1822 gestorben war, 1823 erschien: Aus H.'s Leben u. Nachlass (v. I. E. Hitzig) Berlin. vgl. S. 227.

ib. Weitzels Leben], J. W. 1771 im Rheingau geboren, bekannt als Publicist, er starb 1837 in Wiesbaden, wo er seit 1820 Bibliothekar war. 1821 erschien: „Das Merkwürdigste aus meinem Leben" Leipz. 2 Bde.

S. 216. dasz es nicht die Nase u. das Wesen des Groszvaters Hassenpflug bekommt]. Der

alte Hassenpflug ist jedenfalls derselbe, dem W. nach seiner
Mittheilung an J. (Briefe aus d. Jugendz. S. 250) bei seiner
Anstellung den Eid nachsprechen muszte. Er war Regierungs-
rath. Vgl. auch Freundesbr. S. 34.

S. 217. Mir kommt es zumeist auf die Entstehung u. Entfaltung d. Dichtungen an] vgl.
Anm zu S. 308.

S. 222. no. 102.] der Brief ist erst nach dem 7. Oct.
1828 geschrieben. S.'s Br. 56 undatirt bildet die zusagende
Antwort; vgl. einen Brief J. Gr.'s an v. Meusebach (Briefw.
S. 99 no. 52): „Wilhelm ist heute morgen 5 uhr mit Dortchen und Frau Sophie von Witzleben (vgl. Anm. S. 264)
über Ziegenhain nach Schweinsberg und Marburg gereist.“
Dass der Brief nicht Mitte August 1829 geschrieben sei
(vgl. S. 264), geht aus einem Brief W.'s an v. Meusebach
(S. 123) hervor. „Nach Schweinsberg u. zum Tanz auf der
Kirmes konnte ich leider dieses Jahr nicht mitgehen, weil
eben meine Verwandelung in einen Hannoveraner vor sich
gehen sollte.“ — No. 102 sollte also nach no. 118 stehen.

S. 223. Frau v. Schwertzell] vgl. S. 204 Herr
Georg v. Schwertzell in Willingshausen theilte mir, auf
meine Anfrage, mit, dasz er Briefe W.'s an seine Mutter
besitze u. dasz deren Inhalt die freundlichen Beziehungen,
welche zwischen W. Gr. u. seinen Eltern bestanden, berühre.

S. 224. E. Platner.] Seit 1811 Prof. der Rechte in
Marburg, starb daselbst am 5. 6. 1860.

S. 224 no. 104.] Antwort auf S.'s Br. 32 u. 33 v. 22. 6.
u. 2. 7. 1823, worin er meldete sein Nachbar Kessler [Zeichen-
lehrer in Marburg] sei gestorben, u. den jüngeren Bruder
W.'s, den Maler, aufforderte, sich um seine Stelle zu bewerben.

S. 226. no. 105.] Antwort auf S.'s Br. 34 v. 20. 8. 1823,
welcher Rücksendung geliehener Bücher und Bitte um neue
im Herbst betrifft.

Auf no. 105 antwortet dann S.'s Br. 35 v. 23. 11. 1823:
S. schickt die 5 Hefte von Göthe über Kunst u. Alterthum,
an welchen er sich sehr erfreut habe, zurück. „Es war
mir oft, als wäre ich mit in dem engern Kreise, dem diese
mannigfaltigen Mittheilungen zwar mit Selbstgefühl, aber
immer mit würdiger Haltung gemacht werden. Ins besondere freute es mich, dasz auch noch das, was G. nach
seiner Krankheit geschrieben, so vollgehaltig ist u. noch
so vieles verspricht. Ueber manche Aeusserungen möchte
ich Sie gern fragen, wenn Sie hier wären, z. B. ob auch nach
Ihrer Meinung Lord Byron der gröszte Dichter ist.“ Weitere
Urtheile über Schlosser's Gesch. des 18. Jh. u. Tiecks Phan-
tasus, Bitte um Hoffmanns u. Werners Biogr., das letzte Heft

zur Naturwissensch. v. Goethe u. um Calderon's Tochter der
Luft (v. Gries); Theilnahme an den Mittheilungen über die
serbischen Gedichte; Beschreibung der Ferienreise nach
Melsungen; Familiennachrichten. Der Schluss dieses Briefes
lautet: „Möchten Sie, liebster Freund, recht gesund seyn
u. weder über Brust u. Herz, noch über den Magen zu
klagen haben. Sie bedürfen nicht des Pfahles im Fleische,
oder vielmehr da dieser Pfahl so lange her doch nicht den
Schalksgeist (wie die Leute meinen) austreiben konnte, so
wäre wohl einmal zu sehen, wie sich dieser zweideutige
Genius ohne jenen verdrieszlichen Gesellen gehaben u. benehmen würde." (Die Antwort auf diesen Brief bildet
Brief no. 101, dessen Datirung irrig ist).

S. 228. W u k] Stephanowitsch, serbische Lieder vgl.
J. Gr.'s Anzeigen derselben (Kl. Schr. IV. 197 ff., 218 ff.)
u. Freundesbriefe S. 92 u. 221. Wegen seiner serbischen
Gram. s. Anm. zu S. 89.

S. 229. no. 106]. Darauf antwortet S.'s Br. 37 v. 15. 10.
1824: „Ich danke Ihnen, liebster Freund, dass Sie mir etwas
zu lesen zugeschickt haben, was sich zwischen das einförmige Ackerland meiner gewöhnlichen Beschäftigungen wie
ein Wiesengrund gelegt hat. Zuerst habe ich die Hefte
von Göthe gelesen: gern und mit Behagen, denn
ich lasse mir Alles, was er giebt, Kleines und Groszes,
wohlgefallen. Dann las ich die beiden letzten Stücke
von Lope u. von Calderon das erste. Schon seit
einigen Jahren habe ich die Erfahrung an mir gemacht, dasz dramatische Sachen vorzüglich der tragischen
Gattung, mich nicht mehr so anziehen, wie sonst. Ist es
Folge des Alters? nämlich der mit den Jahren zunehmen-
den Zurückziehung der Theilnahme an dem treibenden u.
wirkenden Leben? — Doch glaube ich, dasz ich Shakespeare
bis zu meinem Tode gern lesen werde, u. nach Shakespeare
Calderons ernste Stücke. — Von Lope hatte ich noch nichts
gelesen, Nach den zwey jetzt gelesenen Stücken zu urtheilen, scheint er mir mehr auf dem irdischen Boden der
herrschenden Denk- u. Gefühlsweise seines Volkes zu stehen,
als Calderon, dessen Geist den Glauben u. die Begriffe seines
Volkes in den reinern Aether der Freiheit u. der Idee emporgehoben zu haben, u. eben darum zugleich ernster u.
künstlerisch spielender mit denselben zu verfahren scheinet.
Auch daher vielleicht die gröszere Liebe des Spanischen
Volkes zu Lope. Aber ich kenne weder diese Dichter, noch
dieses Volk hinlänglich, um ein bestimmtes Urtheil darüber
zu haben! Meine Seele aber ist wund für das jetzige
Schicksal dieses Volkes, u. darum habe ich einige Scheu,

den Alonzo des Salvandy zu lesen. Doch will ich diesz
Buch lesen, u. bitte Sie, es mir, wann Sie es nicht mehr
brauchen werden, zu schicken. .... Kommen Sie einmal in
guter Jahreszeit zu uns, wie wir alle gar sehr wünschen,
so wollen wir zusammen nach dem Stauffenberge fahren.
Man hat da eine reizende Aussicht. Zwar Sie können
darnach kein Verlangen haben, da Sie sich aus Ihrer
Wohnung ohne alle Mühe der freundlichsten erfreuen, und
dasz dem so ist, dasz Sie wieder eine Wohnung haben, die
Ihnen zusagt, ist mir nicht wenig angenehm. . . . . . '

S. 231. Malsburg] Ernst Freiherr v. d. M., geb. d.
23. Jan. 1786 in Hanau, gest. 1824. Er verliess gleichzeitig
mit den Brüdern Grimm das Casseler Lyceum, als Schüler
der Oberprima, und bezog mit Jacob alsbald die Universität
Marburg. Nach dem Marburger Studentenverzeichniss wurde
er als Jurist am 8. Mai 1802 eingeschrieben u. wohnte bei
Prof. Bauer no. 160. Die auf S. 230 erwähnte Calderon-
Uebersetzung ist offenbar nicht die seinige, sondern die von
Gries. Vgl. über ihn u. seine Schriften Justi S. 437—41.

S. 233. weil ich ihn [diesen Sommer] in meiner
Wohnung recht habe genieszen können] vgl. Anm.
zu S. 210.

S. 234 no. 107]. Darauf antwortet S.'s Br. 38 v. 22. 12.
1824, worin er für Luis' radirte Blätter, von denen er durch
Göthe in Kunst u. Alterthum erfahren hatte, dankt, und
von Krankheitsanfällen seiner Frau u. eignen berichtet.

S. 236 no. 108]. Darauf antwortet S.'s Br. 39 v. 31. 12.
1824: S. sendet Alonso Bd. 1 u. 2 zurück. Pfarrer Bange
habe die Bücher noch nicht holen lassen. Der Brief, welcher
dem Pfarrer Bang die Uebersendung der Bücher an S. mittheilte, ist nicht erhalten, in dem Antwortsbrief auf no. 50
schickt B. aber die hier erwähnte Sendung Bücher zurück.
— Nach no. 108 fehlt ein Brief W. Gr.'s, in dem er seine
Verlobung anzeigte. Darauf antwortet S.'s Br. 40 v. 9. 1.
1825: „Wir nehmen alle den herzlichsten Antheil an der
lieben Neuigkeit, die Sie uns zum Neuen Jahre gesagt
haben. Für Sie also, liebster Freund wird dieses Jahr eine
vorzügliche Wichtigkeit haben, wird die Mitte Ihres Lebens
ausmachen. So müsse auch fortan Ihr Herz — das früher
oft ängstlich kranke — von Befriedigung durchdrungen, der
Mittel- u. Quellpunct Ihrer steten Gesundheit werden. Ich
kenne Ihre Braut nicht, aber ich darf doch wohl bitten, sie
von Ihrem Freunde zu grüszen. . . . . . '

S. 237 no. 109] wird von S.'s Br. 41 v. 24. 1. 1825 beantwortet: S. sendet den letzten Theil des Alonzo zurück.
Er habe das Buch gern gelesen. Die Erwähnung, dass die

Prinzessinnen das Buch gelesen hätten, liesse ihm wünschen, dass auch der Kurprinz dergleichen Bücher lesen möchte. „Aber ich bin am wenigsten in dem Verhältnisse zu ihm, um solchen Rath geben zu können, denn er ist fremd gegen mich. . . .“

S. 238 no. 110] beantwortet durch S.'s Br. 42 v. 27. 5. 1825.

S. 239 no. 111]. Antwort auf S.'s Br. 43 u. 44 v. 20. 10. u. 25. 12. 1825, Br. 43 überbrachte Freund Clodius aus Leipzig u. seine Frau. Br. 44 lautet: „Mit dem Grusze, den Sie vor zwey Monaten bei Clodius auf ein Blättchen schrieben, hatten Sie mir zugleich eine liebe Hoffnung zugesandt, die von mir und den Meinigen so gut gehegt und gepflegt worden ist, dasz wir nun die groszgezogene nicht lange mehr werden abhalten können, zu Ihnen zurückzufliegen. Sie müssen also nun entweder kommen, oder unsere liebe, aber ungeduldige Hoffnung durch eine neue bestimmte Zusage beruhigen. — Es ist wahr, einladen darf ich eigentlich nicht. Was Marburg Freundliches hat, sind seine Hügel und Thäler in der Zeit des Grünens u. Blühens. Von einem ersten Besuche im Winter zu Marburg würde Ihrer lieben Frau nur der Gedanke u. das Gefühl zurückbleiben: „Diesmal und nicht wieder!“ Dazu kommt bey mir das Unangenehme, dasz ich Sie in meiner kleinen Wohnung Nachts nicht beherbergen kann; dasz Sie also, wie Clodius u. seine Frau, die Nacht in einem Gasthause würden zubringen müssen. Also: einladen darf ich eigentlich nicht! Aber die Wünsche sind unbescheiden. Ich bin gewisz, wenn meine Frau u. Kinder zu entscheiden hätten, und ich fragte sie: ob Sie und Ihre liebe Frau jetzt, in der ungünstigen Jahreszeit, oder im Frühling kommen sollten, — alle würden rufen: Jetzt! und ich selbst würde mich wohl kaum erwehren können einzustimmen. . . . .'

S. 239. Clodius] Chr. Aug. Heinrich. Prof. in Leipzig, (vgl. S. 49, 184) besuchte 1825 mit seiner Frau die Brüder in Cassel (vgl. Briefwechsel m. v. Meusebach S. 25 no. 16), † 1836: A. D. B. IV, 334.

S. 240. Ähnlichkeit mit der seel. Mutter.] vgl. 243, Anm. zu S. 144 u. Freundesbriefe S. 111 f. Wilh. an Frl. L. u. A. v. Haxthausen vom 5. Jan. 1826.

S. 240. Dortchen . . ist vor 15 Jahren in Marburg bei einer nun verstorbenen sehr geliebten Schwester gewesen]. vgl. Briefwechsel der Brüder a. d. Jugendz. S. 93, 108 no. 34. — Gretchen Wild war in Marburg verheirathet (vgl. ib. S. 173 oben). Später 1814 lebte sie wieder in Cassel (vgl. ib. 253, 399).

S. 241 no. 112] beantwortet durch S.'s Br. 45 v. 30. 4.
1826: Glückwunsch zur Geburt des kleinen Jakob. — Im
Juni 1826 hatte W. Gr. Suabedissen einen Besuch abgestattet,
wie aus S.'s Br. 46 v. 23. Juny 1826 hervorgeht, womit er ihm
einen nachträglich eingetroffnen Brief nach Cassel nach-
schickte. Beide waren in dieser Zeit einmal gemeinsam nach
Gossfelden zu Bang gewandert u. unterwegs von einem
Regengusse überfallen. — Am 10. 9. 1826 folgt S.'s Br. 47:
„...Man hat hier viel davon gesprochen, dasz die Universität nach Cassel solle; u. was mich betrifft, so liesze ich
mir's gefallen, wenn man mich unter andern Mobilien auch
dorthin schaffen wollte. — Doch wird man uns wohl noch
vorher hier jubiliren lassen. Und wollen Sie dann nicht
dabey seyn? Zwar wird man Mühe haben, schon alle die
Pastoren, die dann herauf ziehen werden, unterzubringen;
aber das eben wird der Hauptspasz seyn. — Vor Kurzem
war Ulrich Peter Kopp vierzehn Tage hier. Er machte sich
und den Studenten den Spasz, sich immatrikuliren zu lassen,
u. zog dann Abends mit einer Fackel in der Hand im Zuge
mit, bey einer Musik, die dem Prorector u. s. w. gebracht
wurde. Heute vor acht Tagen verliesz er Marburg auf
einem Philister-Miethgaul vor seinem Wagen her, nachdem
er vorher einen gedruckten Zuspruch un die Studirenden
hatte ausgeben lassen. — Was ich aber eigentlich wollte
mit diesem Briefe? Nur Sie recht herzlich grüszen, liebster
Freund, u. Ihnen sagen, dasz ich Sie aufrichtig liebe, u.
dasz Sie es nicht genau nehmen sollen, wenn ich mich un-
geschickt benehme u. ausdrücke. — Ich wünsche, dasz Sie
indessen mit Ihrem Heidelberger Dickbauche zu Stande
gekommen seyn mögen. — Meine Frau u. die Kinder (sie
waren letzte Nacht auf einem Balle bey Schenks) lassen
gar sehr grüszen, u. letztere auch danken für die Sternchen;
sie hätten schon manche Elle Erinnerung auf- u. abge-
wickelt. . . . .“
S. 242 no. 113] Antwort auf S.'s Br. 48 u. 49 v. 31. 12.
1826 u. 1. 1. 1827. — Br. 48: „Das beste Glück zum neuen
Jahre! zunächst, dasz Sie es Alle recht gesund beginnen
mögen! Ich denke dabei vorzüglich an Ihr liebes Kind, weil
mir vor drey Wochen Frau v. Schenk sagte, dasz es lange
Zeit krank gewesen sey. Das möge gewesen seyn! . . . .
Ich habe mich in diesen Tagen an den Irischen Elfenmärchen erfreut u. aus der Einleitung belehrt....“ — Br. 49:
„Heute habe ich von Frau v. Witzleben gehört, dasz Ihr
liebes Kind gestorben ist. Welch ein Schmerz für Sie u.
Ihre liebe Frau! . . .“ — Auf no. 113 folgt S.'s Br. 50 vom
27. 4. 1827, in welchem er seine glückliche Rückkehr von
Cassel meldet.

S. 243. Meiner Schwester Kind hat mir eben
so leid gethan wie mein eignes] vgl. Freundesbr.
S. 118, ferner Briefw. mit v. Meusebach S. 334 Anm. zu S.
62, S. 335 Anm. zu S. 66.
S. 244. habe.. in Ihrem Buche gelesen] Die
Betrachtung des Menschen. Cassel u. Leipzig 1818. 3 Bde.
vgl. Anm. zu S. 170.
ib. Ich glaube, wie Sie, dasz Liebe ... das
einzige ist, was uns aufrecht erhält] Vgl. W. Gr.'s Br.
an Lachmann v. 17. Oct. 1833: „das habe ich lebendiger als
je empfunden, dasz die Liebe das einzige ordentliche Ding
ist, das wir auf der Welt davon tragen und das widerhält,
wenn die anderen Lumpereien zu Grund gehen." (Briefw.
mit v. Meusebach S. 389 Anm. zu S. 198.)
S. 246. die kleine Schrift] „Zur Einleitung in die
Philosophie". Marburg 1827. gr. 8⁰.
S. 246 no. 114] Darauf erwidert S.'s Br. 51 v. 13. 10.
1827: ·Besuch gehabt, Herbarts Psychologie gelesen etc.,
lange nichts von W. Gr. gehört. Was W. Gr. ihm über
Philosophie u. Poesie geschrieben, habe er mit Nachsinnen
gelesen und werde es gelegentlich wieder lesen.
S. 247—50] vgl. Tiecks Einl. zu seiner Einl. von Lenzens
Werken, und S 255-6. .
S. 248. Scheidler Einleitung zur Philosophie]
Propädeutik und Grundriss der Psychologie von Dr. C. H.
Scheidler. Jena 1827.
ib. J. J. Wagner], wohl in „Religion, Wissenschaft,
Kunst u. Staat in ihren gegenseitigen Verhältnissen be-
trachtet.' Erlangen 1819.(?) Wegen anderer Schriften von
J. J. Wagner s. Tennemann's Grundriss d. Geschichte der
Philosophie. 5. Auflage von A. Wendt. Leipzig 1829. S. 552.
S. 252 no. 115] beantwortet durch S.'s Br. 52 vom 9. 1.
1828: Glückwunsch .. „Von Elise soll ich sagen, das Süsze
u Freundliche sey ihr jetzt lieber als das Saure."
S. 254 no. 116] vorauf geht S.'s Br. 53: Melsungen 6. 4.
1828, worin er seine baldige Ankunft in Cassel ankündigt
und S.'s Br. 54 Marb. 30. 6. 1828: „Herr Cand. Münscher
hat, wie einst sein Vater, eine vorherrschende Neigung zu
historischen Studien, u. hofft darin durch Ihre Güte mit
Büchern unterstützt zu werden. Ich gebe ihm die herzlichsten Grüsze von mir u. den Meinigen an Sie, liebster
Freund, an Ihre liebe Frau u. an Ihre Brüder mit." Er habe
Besuch von seinem Schwager [Molter] aus Lübeck gehabt
u. erwarte ebendaher Pastor Geibel, der mit seiner Tochter
nach Ems gehe. Wie es mit des Bruders Gesundheit und
mit der des lieben Kindes stehe.

S. 254. Hr. Münscher] derzeit Geh. Regierungsrath und Gymnasialdirector a. D. in Marburg. Ihm verdanke ich mancherlei mündliche Mittheilungen über Persönlichkeiten dieser Briefwechsel.

S. 256. Hegels Recension von Solger]. Hegels Recension von Solgers nachgelassenen Schriften und Briefwechsel, herausgegeben von L. Tieck und Fr. v. Raumer, II Bde. 1826, steht im Jahrbuch für wissenschaftl. Kritik 1828 u. ist wieder abgedruckt in Hegels Werken Bd. 16 S. 436 ff.

S. 256 no. 117] Antwort auf S.'s Br. 55 v. 7. 9. 1828: S. bittet um W. Gr.'s versprochenen Besuch im Herbst. „Ist Ihnen das kleine Zimmer, das Sie schon einmal aufnahm, Raumes genug, so bringen Sie diesesmal auch die Nächte bei uns zu. Wir wünschen es sehr u. bitten darum. . . . .“

S. 258. Landgrebe] Dr., Privatdocent in Marburg für Geologie bis Sommer 1836, siedelte später nach Cassel über, wo er starb, vgl. S. 261.

S. 258 no. 119] beantwortet durch S.'s Br. 57 (Br. 56 s. Anm. zu S. 222 no. 102) v. 5. 11. 1828. S. dankt für W.'s Besuch. „Lassen Sie's uns doch so halten, dasz wir alle Jahre einmal eine Weile zusammen leben.“ Eine Ausgabe von Lazius Antwerpen 1698 werde Bibliothekar Rehm ihm selbst schicken.

S. 261 no. 121] Antwort auf S.'s Br. 58 v. 18. 2. 1829, worin S. den Tod seiner Mutter u. den am 5. Dec. erfolgten der Professorin Clodius meldet. Weiter heiszt es darin: „Hierbei das Buch, von dem Sie wissen, [Grundzüge d. Lehre vom Menschen, Marb. 1829]. Als ein Schulbuch ist es bescheiden u. macht nicht einmal den Anspruch, von Ihnen gelesen zu werden, wenigstens nicht (was auch wohl ein mühsam Stück Arbeit wäre) in einem Zuge. Das Buch, an welchem Sie arbeiten, mag wohl zu gelehrt für mich werden; aber ich nehme es doch gern, wenn Sie ein Exemplar übrig haben werden . . . . . Recht geärgert hat es uns, dasz Ihr Bruder u. Sie nach Völkel's Tode nicht vorgerückt sind.“

S. 263 no. 122]. Antwort auf S.'s Br. 59 v. 9. 8. 1829, worin S. mit Bezug auf eine Mittheilung v. Hannchen [Molter], er wolle S. besuchen, wenn S. erst 'gesunder u. kränker' wäre, zu nunmehrigem Besuch auffordert, da er kränker gewesen, jetzt aber wieder besser sei. Auch Frau v. Witzleben lasse ihn auffordern u. wolle Frau u. Kinder bei sich aufnehmen.

S. 264. Witzleben, Sophie v.] Frau des 1825 verstorbenen Obergerichtsraths v. W., des Schwagers v. Freih.

v. Meusebach und Sohnes d. hess. Ministers (vgl. S. 137).
Sie war eine geborene Freiin Schenk zu Schweinsberg,
Tochter des Min. Ferd. Schenk (vgl. S. 117) und am 24.
Jan. 1796 zu Marburg geboren. In zweiter Ehe war sie
mit dem hess. Regierungs-Präsid. Freih. v. Dörnberg ver-
heiratet und starb als Wittwe in Marburg am 17. Dec. 1873
(Wendeler giebt im Briefw. v. Meusebachs S. 326 irrig an, sie
habe noch 1880 gelebt). Vgl. Anm. S. 222. Nach gütiger
Mittheilung ihres Bruders des Herrn Erbschenk Ernst
Schenk zu Schweinsberg haben sich in ihrem Nachlass
keine Briefe von W. Grimm vorgefunden.
— ib. schwester der Frau Platner]. Die Frau
E. Platners war eine Tochter des bekannten Kanzelredners
Wolf in Leipzig, vgl. S.'s Br. 21 in Anm. zu S. 189.
S. 265 no. 124]. Antwort auf S.'s Br. 60 v. 16. 10. 1829.
S. schickte ihm damit sein Bild, welches der Maler Hach
gezeichnet und nebst andern Professoren-Bildern hatte
lithographiren lassen (ein Exemplar davon hängt in den
Räumen des Marburger Museums), ferner seine Abhandl. 'von
dem Begriffe der Psychologie' und äusserte sich über seine
weiteren wissenschaftlichen Pläne. — Auf no. 124 antwortet
S.'s Br. 61 v. 3. 11. 1829: „Wohl kann ich fühlen, geliebter
Freund, dasz Sie Cassel mit Schmerz verlassen; aber es ist
so recht u, gut u. so werden Sie am neuen Wohnorte sich
bald zu Hause fühlen, u. sich der neuen Verhältnisse ermächtigen. Dasz Ihnen aber Hessen immer lieb bleiben
wird, dessen bin ich gewiss; u. darum hoffe ich, dasz Sie
die Grenze nie für eine Abscheidung u. den Lutterberg für
keinen unübersteiglichen Hämus halten werden . . . Scheidler hat mir seine Schrift über die Duelle zugeschickt. . . ."
    S. 265. Ihre Religionslehre] S.'s 'Grundzüge der
philos. Religionslehre' erschienen Marburg u. Cassel 1831.
    S. 266. verlasse Cassel mit bitterm Schmerz]
vgl. S. 404 und Anm. z. S. 112. Jedenfalls war Suabedissen
schon im August mündlich · unterrichtet worden. Die
früheste, flüchtige Andeutung von der möglichen Veränderung der Stellung findet sich in einem Brief an deu
Bruder Ferdinand. Lachmann erfuhr davon am 1, Aug.
(Briefw. m. v. Meusebach S. 351), Lassberg schon ziemlich
bestimmt am 24. Aug. (Germ. 13, 368). Auf Benecke's Veranlassung (vgl. Germ. 13, 367 no. 10) wurden die Verhandlungen wegen Berufung der Brüder nach Göttingen in Angriff genommen. Sie wurden durch ein Schreiben
Heeren's an den Geh. Cabinetsrath Hoppenstedt v. 15. Febr.
1829 eröffnet, nachdem, wie II. S. 10. no. 8 ergiebt, bereits
unter den 5. Febr. das v. 2. Febr. datirte Gesuch der Brü-

der um Beförderung, zu welchem der Tod Völkels († 31. Jan.)
Veranlassung gegeben hatte, abschläglich beschieden war.
Die Verhandlungen wurden zunächst nur für den Fall der
Amtsniederlegung des derzeitigen ersten Bibliothekars Hofrath Reusz geführt, gingen dann aber in Folge Buttmanns
Tod, der in Berlin Bibliothekar war, seit Ende Juni darauf
hin, die Brüder sofort zu berufen. Sie wurden durch definitive Annahme J. Gr.'s am 4. Aug. zum Abschlusz gebracht. (Vgl. darüber wie über den ganzen Göttinger
Aufenthalt F. Frensdorff's Mittheilungen in den Nachrichten d. Ges. d. W. zu Göttingen 1885 I.] — Ich setze hier
noch 2 interessante Stellen aus den Briefen von Thomas
an die Brüder her : 1) v. 17. 3. 1829: „Da ich so lange
nichts gehört, so musz ich wieder anklopfen. Smid schrieb
mir unlängst, ob Sie denn nicht nach Göttingen gehen
wollten. Im Fall Sie Neigung hätten, will er dazu mit-
wirken. Nun sehe ich, dass Eichhorn von Göttingen weg-
geht, den Jacob mehr als ersetzen kann und für Wilhelm dürfte sich auch etwas angemeszenes finden laszen.
Schreiben Sie mir darüber Ihre Ansicht. Ich würde hieran
nicht denken, wenn ich nicht glauben dürfte, Sie könnten
jetzt Motive haben zu einem Entschlusz der Art." (Das
klingt fast wie auf den Busch klopfen.) 2) der nächste Br.
v. 2. 18. 1829: „Lieber Freund (d. h. Wilhelm)! In dem das
lange Erwartete endlich eingetreten u. ich den herzlichsten u.
freudigsten Antheil mit allen hiesigen Freunden daran nehme,
im voraus mich freue, Sie in einem angemeszenem Beruf, mit
dem Bruder Jacob zu sehen, zu gleicher Zeit die Hofnung belebt wird, dasz Sie beyde, sich freyer bewegen können u.
wir Sie beyde nun öfter hier sehen werden, begreife ich
doch ganz Ihre Gefühle beym Abschiede aus einer Stadt,
wo Sie so viel Liebe u. Leid erfahren haben u. so viele
Freunde zurücklassen. Und wenn auch Göttingen nahe ist,
mithin häufiges Wiedersehen zugelaszen wird, Sie leben
doch nicht mehr an demselben Orte." (Vgl. auch Hupfeld's
Br. v. 29. 12. 1829 in Anm. zu S. 280).

S. 266. Zwischen no. 124 u. 125| fehlen mehrere Briefe,
wie aus den dazwischen gehörigen Br. 62—67 S.'s hervorgeht. Br. 62 v. 27. 3. 1830 wünscht die schwere Zeit für
W. möge nun bald vorüber sein und sie sich, wenn sie im
May in die bessere Wohnung gezogen, alle in Göttingen
heimathlich fühlen. Ihm selbst gienge es noch schlecht,
Brustbeschwerden machten ihm alles Schreiben zur Arbeit.
„An den Kurprinzen kann ich nicht ohne ein Gefühl denken, in welchem sich Trauer u. Unwille mischen. Vor
sechs Wochen etwa ist seine Rückkehr mit Bestimmtheit

von seiner Mutter erwartet worden. Jetzt sagt man, er
richte sich in Frankfurt, wo er bisher in dem Hof von
England gewohnt hat, häuslich ein. Immer noch habe
ich ihm bisher, um nicht gänzlich abzureissen, jährlich
einmal, an seinem Geburtstage, geschrieben, aber schon
seit vielen Jahren, hat er mir nicht mehr geantwortet." —
Br. 63 v. 7. 9. 1830, ebenso wie 64 u. 65, von Marie Suabedissen's Hand, dankt für die liebevolle Gesinnung, womit
W. ihm am 21. 7. geschrieben hätte, klagt über immer
noch schlechtes Befinden, verspricht aber einen Besuch in
Göttingen, sobald er wieder hergestellt sei. Sechs Stunden
täglich ein so einförmiges Geschäft [in der Bibliothek] zu
treiben, müsze wohl sehr beschwerlich sein. Bitte um Besuch in den Ferien, Grusz an Lücke. Gerling werde demnächst durch Göttingen kommen. — Br. 64 v. 2. 11. 1830
lautet: „Herzlichen Dank, geliebter Freund, für den Brief, den
Sie Gerling mitgegeben haben. Dasz Sie Ihren Reiseplan
nicht durchführen konnten musz ich beklagen; doch ist
mir's lieb für die Kurfürstin, dasz Sie bis Fulda gekommen
sind; sie wird sich über Ihren Besuch sehr gefreuet haben.
Was Sie vom Kurprinzen melden, freut mich; es ist merkwürdig. Einst sahe ich während eines Jahres seine physische
Constitution sich gänzlich verändern; sollte nun etwas
Aehnliches mit dem Psychischen geschehen seyn? Wir
wollen indessen wünschen, dasz die Veränderung innerlich,
und zwar nicht in bloser Klugheit gegründet, und dasz sie
von Bestand sey. — Die Ereignisse in Frankreich sind mir
von Anfang an wenig erfreulich gewesen. Meine Gesinnung
erklärt sich für das Benehmen von Chateaubriand; wohl
aber erkenne ich, dasz die Andern den Drang der Umstände
für sich haben; es muszte gehandelt werden, in solchen
Zeiten ergreift die Nothwendigkeit den Menschen. Und
loben musz ich das bisherige mäszige Bestreben der neuen
Regierung. Im Ganzen scheint die Richtung darauf zu
gehen den blosen Verstandesbegriff einer bürgerlichen Gesellschaft zu verwirklichen. Daraus kann wohl zunächst
Gutes kommen; im Fortgange aber wird's doch auch die
Franzosen nicht befriedigen. Widrig wäre es, wenn sich
die Regierung gezwungen sehen sollte, dem Pöbel das
blutige Schauspiel der Hinrichtung der gewesenen Minister
zu geben. — Bei den traurigen Ereignissen in den Nieder-
landen mögen wohl allerdings Leidenschaften, Aufreizungen
und einseitige Ansichten mancher Art mitgewirkt haben.
Im Ganzen aber erscheinen sie mir, als die früher oder
später nothwendige Folge einer falschen Politik, welche
ohne Berücksichtigung der Eigenthümlichkeit des Lebens

der Völker, zu einem blosz äusserlichen Zwecke, Unverein-
bares zusammengebracht hatte. — Bei den Volksbewegun-
gen in deutschen Staaten scheint es charakteristisch für
unsere Zeit, dasz das, was von einseitigen Richtungen roher
Pöbelgewalt angefangen worden, von dem Bürgerverstande an
den meisten Orten aufgenommen, und für allgemeinere Bedürfnisse geltend gemacht wird. Mögte es auch bei uns in
Hessen zu einem endlichen guten Ziele führen. Aber ich
ersehe leider auch aus Ihrem Briefe, wie grosze Schwierigkeiten entgegen stehen. Zu besorgen ist ausserdem, dasz
auch unsre Bauern, die sich bis jetzt zurückgehalten haben,
wenn sie nicht bald die bestimmt von dem Landtage er-
warteten Erleichterungen erfahren, sich endlich wilden Aus-
brüchen überlassen werden. — Hierbei meine Religionslehre. Wenn ich das Buch recensiren sollte, würde ich
etwa anfangen: ‚Dem Verfasser ist widerfahren, dasz der
Anfang seines Buches an das Ende getreten ist. Der Gedanke nämlich: der Mensch weisz von Gott, weil sich Gott
ihm offenbart, ist die Grundlage des Buches. Es ist ein
Versuch zu verdeutlichen was der Mensch durch Gottes ursprüngliche Offenbarung von ihm weisz. Nun aber wird
von der Offenbarung Gottes erst am Ende gehandelt‘
u. s. w. Wenn Sie das Buch lesen wollen so wird sich
durch diese Ansicht vielleicht das Abstöszige, das es von
vorn herein für Sie haben mögte, um etwas vermindern. —
Mit meinem Befinden ist's seit einigen Wochen wieder
schlecht gegangen; darum musz ich auch jetzt wieder
Mariens Hülfe zum Schreiben in Anspruch nehmen. Es
möge Ihnen und den Ihrigen recht wohl gehen. Mit der
herzlischsten Liebe Ihr Suabedissen.‘

Br. 65 v. 12. 3. 1831: „Liebster Freund. Ich danke
Ihnen herzlich für Ihren lieben Brief vom 6ten dieses Monats. Schon lange wuszte ich von Ihrer Krankheit, aber
mit der ersten Nachricht vereinigte sich auch schon der
Trost, dasz die gröszte Gefahr überstanden sey, und seitdem erwartete ich vertrauensvoll dasz Sie mich über den
Fortgang Ihrer Genesung selbst in Gewiszheit setzen würden. Möchte nun Ihre Gesundheit mit dem Frühling wie
der Frühling wachsen! Welche Freude würde es mir seyn,
wenn ich Sie dann zur Zeit der vorgetretenen Frühlings-
pracht tageweise hierher versetzen könnte, dasz Sie sich
dieser Lebensherrlichkeit theils von dem kleinen Eckzim-
mer aus, theils in dem Garten, den ich am Schloszberge
gemiethet habe, erfreuen möchten! .... Die Göttinger Revolution war freilich ein tolles Unternehmen und es ist
seltsam und bedenklich, dasz so etwas in dem Hauptsitze

der Verständigkeit ausbrechen konnte. Gut aber dasz nun
den gestrengen Herren zu Hannover die Augen aufgegangen
sind und ich wünsche den besten Erfolg. Indessen haben
wir vor ganz kurzem nun auch hier unsre Unruhen gehabt.
Dasz Reich der Bürgerwache ist in sich selbst zerfallen
über einen Bürgerkapitän, den die Einen ausstoszen, die
Andern behalten wollen. Daher ein Durchziehen der Stadt
von beiden Parteien und viel Lärm, auch Stösze und Püffe.
Endlich hat das ordentliche Militär in Verbindung mit der
einen Partei zugegriffen und den strittigen Kapitän einstweilen aufs Schlosz gesetzt. Dazu kommt dasz seit einiger
Zeit die Bauern umher sich Holz und Wild nach Belieben
zu holen angewöhnt hatten und meinten das Naturrecht
gestatte es. Nun sind aber Jäger und Husaren von Cassel
gekommen um diese Theorie handgreiflich zu bestreiten. —
Gestern hat die Universität den Professor Jordan von
neuem zu ihrem Landtagsdeputirten erwählt. Der bevor-
stehende Landtag, der erste auf der Basis der erneuerten
Verfassung wird, meine ich, dadurch wichtig werden, dasz
durch ihn erst die erneuerte Verfassung, die bis jetzt noch
unstät woget, ihre zugleich gemäszigte und feste Haltung
wird bekommen können. Es wird sich nämlich, glaube ich,
bei uns von nun an von dem Militär und von der Beamten-
welt aus eine sich allmählig steigernde Rückwirkung gegen
die Verfassung bilden, wodurch sie um so mehr in Gefahr
kommen wird in ein dürres Sandufer hingeworfen zu werden, als der hessische Bürgerstand noch keine hinlängliche
Selbstständigkeit erlangt zu haben scheint, um dann, wann
die jetzige Aufregung vorüber gegangen, eine ruhige und
sichere Kraft zu behaupten....."
Br. 66 v. 23. 12. 1831: „Liebster Freund. Ihre liebevolle Theilnahme an der Verlobung meiner Marie mit Prof.
Hupfeld ist mir recht rührend... Auch vor einigen Monaten
haben Sie mich durch einen lieben Brief erfreuet, wofür
ich herzlich danke.... Nachmittags. Heute gegen Mittag
wurden wir alle freundlich überrascht durch das Kindes-
bild meiner Marie, das Sie ihr geschickt... Des Briefwechsels
zweier Deutschen von Pfizer konnte ich bisher nicht habhaft
werden, obgleich in einer Buchhandlung [der Elwertschen]
wohnend..... Am 24. Der widrigen Vorfälle in Cassel mag
ich kaum gedenken. Zu wünschen ist nur, dasz dieser ge-
waltsame Ausbruch den Übergang zu einer Ausgleichung
gemacht haben möge, die den Landesangelegenheiten
freien Fortgang gestatte. — Die Kurfürstin schrieb mir
vorgestern, ihr Gemüth u. ihre Gesundheit sey durch die
Anwesenheit des Prinzen Albrecht u. seiner Frau sehr auf-

gerichet worden. — Hier ist alles ganz ordentlich u. stille.
Ich habe in meiner jetzigen Wohnung zu beiden Seiten
Weinhäuser u. gegenüber die Policei; wenn aber nicht der
Nachtwächter sich hier mehr befleissigte seinen Pflichteifer
durch sein dröhnendes Horn zu verkündigen, so wäre auch
Nachts alles so ruhig wie bei meiner vorigen Wohnung.
An freundlicher u. freier Aussicht aber habe ich allerdings
viel verloren, werde Ihnen aber doch, wenn Sie mich
nächsten Sommer besuchen wollen, ein Zimmer mit der
Morgensonne u. einem freundlichen u. mannichfaltigen
Vorgrunde geben können. — Es ist wohl merkwürdig, dasz
die politischen Erregungen unserer Zeit (ganz anders als
in den Jahren 1789 ff.) die Gemüther unserer Studirenden fast gar nicht berührt haben; — vielleicht zum Theil
darum, weil sie die Bürger bewegt sehen. So möchte es
wohl geschehen (oder vielmehr, es ist schon geschehen),
dasz das eigentliche Philisterthum mitten unter den Studenten u. den aus ihnen hervorgehenden Ständen seine
Heimath aufgeschlagen hat. — Ist das aber nicht hauptsächlich dem Prof. d. Philosophie zur Last zu legen? Musz
nicht alles Leben der Lebenswissenschaft erloschen seyn,
wo solch eine Ideenlähmung, solch ein Tod in den jugendlichen Gemüthern Platz greifen kann? . . . . . " — Dabei
liegt ein Brief v. Marie Suabedissen vom gleichen Tage:
„Lieber Herr Grimm! Herzlichen Dank für das Bild-
chen das Sie mir geschickt haben und für die Freude
die Sie mir dadurch gemacht haben. Ihre liebevolle Theilnahme, und Ihr freundlicher Gedanke
auch Hupfeld zu Weihnachten eine Freude zu machen,
rührt mich sehr, und ich bitte Sie, dasz Sie mich
auch ferner lieb behalten. Wir hoffen Sie nächstes Frühjahr hier zu sehen und freuen uns alle sehr darauf und
wenn Sie dann den Hupfeld näher kennen lernen, werden
Sie ihn auch gewisz lieb gewinnen, denn er ist eine gute
liebe Seele. . . ." — Br. 67 v. 6. 3. 1832: S. meldet die Verlobung
seiner Tochter Elise mit dem Obergerichtsassessor Jäger in
Marburg, ihre Hochzeit werde erst im Herbst stattfinden,
Marie's im nächsten Monat. Vgl. Anm. zu S. 273.

    S. 267. Die wohlwollende . . . . . weise des
Herzogs] von Cambridge, des von König Wilhelm I. im
voraufgehenden Jahre ernannten Vicekönigs von Hannover.

    ib. die Hannöversche von Pertz redigirte
Zeitung] Wegen dieser Zeitung vgl. J. Gr.'s Kl. Schriften
VII, 536 f. Die Briefe der Brüder an Pertz sind, bis auf
einen, der sich auf Prof. Gödeke in Göttingen bezieht,
von Bibliothekar Dr. Müller in der Beilage z. Leipz. Z.

1882 no. 91—3 u. in Zachers Zeitschr. f. d. Philol. XVI.
S. 232 ff. veröffentlicht. (vgl. Anm. zu S. 11 no. 15).
S. 269 no. 126] Antwort auf S.'s Br. 68 v. 13. 10 1832,
worin dieser bedauert, dass W. ihn nicht besucht habe,
über seine Gebrechlichkeit klagt, seiner Töchter Zufrieden-
heit und Glück schildert, und zur Geburt der Tochter
gratulirt.
S. 271. In Hessen hindert ... einen ... glück-
licheren Zustand] vgl. S. 117 u. Briefw. m. v. Meusebach
S. 354 Anm. z. S. 127, sowie S. 357, Anm. z. S. 137.
S. 270. über die Nibelungen gelesen] vgl. Briefw.
m. Meusebach S. 368.
S. 273. Frau Nimrod] = Frau Geh. Justizrath
Jäger, derzeit in Cassel lebend, eine Tochter von Prof.
Suabedissen. Vgl. S.'s Br. 67 in Anm. z. S. 266.
S. 273. Kurfürstin] Auguste s. Anm. zu S. 404.
S. 274 no. 127] gehört offenbar nach no. 128 und datirt
v. 10. 1. 1834 (nicht 1833), denn er wird beanwortet durch
S.'s Br. 69 v. 2. 2. 1834: S. meldet darin, dass sein Gesundheits-
zustand befriedigend, dankt für das schmackhafte Geschenk,
und hegt keine Besorgnis für die Universitäten.
S. 275. Unser neuer Philosoph Herbart]
Herbart war schon früher 1805—9 in Göttingen gewesen,
und kehrte jetzt dahin von Königsberg aus zurück. Er
starb 1841.
ib. dasz Twesten aus Kiel Plancks Stelle besetzen sollte] Twesten ist nicht nach Göttingen, sondern
an Schleiermachers Stelle 1835 nach Berlin berufen. Neben
P. wirkte bereits zu dessen Lebzeiten seit 1831 Gieseler.
S. 275. Planck] Gottl. Jac., Senior der theol. Facultät war am 31. Aug. 1833 gestorben. Vgl. über ihn:
Lücke's Biogr. Göttingen 1835 u. Herzog's Encyclopädie.
S. 276. Tod d. Königs von Spanien] Ferdinand VII.
am 29. Sept. 1833. Ihm folgte in Folge des 1830 wieder
eingeführten weiblichen Successionsrechtes seine 3jährige
Tochter Isabella unter Vormundschaft ihrer Mutter Maria
Christine. Gegen sie trat Don Carlos als Kronprätendent
auf, was zu den langwierigen noch immer nicht völlig er-
loschenen Carlistenaufständen führte.
S. 277. Es war innere Gicht] vgl. Briefw. m. Meusebach S. 395. f.
S. 277 no. 129] Vorauf ging ein verlorener Brief v.
11. Sept. 1834, wie sich aus S.'s Br. 70 v. 2. 10. 1834 ergiebt, welcher über die Hitze des Sommers klagt, die Ein-
stellung seiner Lehrthätigkeit für den Winter mittheilt,
die geplante Verbindung der theologischen Professur mit

der Direction des zu errichtenden Predigerseminars miss-
billigt und einige Familiennachrichten erzählt. — Auf no.
129 erwidert S.'s Br. 71, geschrieben v. 30. 3. —1. 4. 1835:
„Mit trauernder Theilnahme, mein geliebter Freund,
und nicht ohne Besorgnisz habe ich den Winter über oft
von Ihrem Krankseyn gehört. Desto gröszer war meine
Freude, als ich auf dem Briefe, der mir am 24. gebracht
wurde, die lieben Züge Ihrer Handschrift erblickte. Möchte
doch der milde, belebende Frühlingsathem nun bald kommen
u. Ihnen alles leisten was die Aerzte davon versprechen!
Hier aber herrscht seit 14 Tagen ein feindseliger Luftgeist
bei einer hinauslockenden Sonne. Ich wünsche sehr, dasz
Sie sich gehütet haben mögen. — Mit meinem Befinden
ging's bis zum Ende des vorigen Jahres fortwährend schlecht.
Seit dem Anfange des jetzigen sind wieder bessere Zwischenzeiten eingetreten. Ich habe dann bisweilen wieder etwas
lesen können, was nicht blosz Zeitung war; auch sogar bisweilen, wie heute, einige Zeilen schreiben können. Und
ich halte es für thunlich, u. bin stark Willens, im nächsten
halben Jahre wieder Vorlesungen zu halten. Überhaupt
habe ich in solchen Zwischenzeiten gar zu leicht einen fast
jugendlichen Muth, u. habe doch schon so oft von der stets
lauernden Tücke meiner Krankheit Erfahrung gemacht.
Ich träume dann auch wohl von Reisen, nach Gieszen etwa
oder nach Rotenburg, am liebsten zu Ihnen, u. habe doch
seit dem Tauftage meines jüngsten Enkelchens nicht zum
Hause hinaus kommen können. Wohl sollte meine Philosophie
meditatio mortis seyn, ist aber noch immer meditatio vitae.
— Am 31. März. Lücke's Urtheil über meine Religions-
philosophie ist mir erfreulich. Sonst kann ich mit den
öffentlichen Urtheilen über mein Philosophiren, die mir
vorgekommen sind, nicht sehr zufrieden seyn. In keinem
finde ich aufgefaszt, was die Mitte u. Einheit meines
Philosophirens ist. Das würde sich bestimmter als bis jetzt
geschehen in meiner Metaphysik darlegen; u. auch aus
diesem Grunde sollte ich mich aufgefordert finden, meine
bereits erschienenen Lehrbücher der Philosophie durch die
noch zurückstehenden zu ergänzen. Ich sehe aber voraus,
dasz meine Lehren, wenn man überhaupt Notiz davon
nehmen wollte, bei den Bestrebungen welche jetzt den Markt
des Philosophirens in Deutschland beherrschen, vielen An-
fechtungen ausgesetzt seyn würden; u. ich hätte dann
weder die Kraft noch die Neigung das was ich in die Welt
geschickt in ihr auch zu vertreten. Doch habe ich bereits
vor einigen Jahren die Grundsätze meiner Vorlesungen über
die Metaphysik in's Reine schreiben lassen, u. bin jetzt

daran, mitunter das Wesentliche meiner Vorträge über die
Tugend- u. Rechtslehre zu dictiren. Vielleicht wird's nach
meinem Tode erscheinen. — In dem Repertorium von Gers-
dorf habe ich gestern gelesen, dasz Sie bereits im vorigen
Jahre den Freidank herausgegeben haben. Das ist wohl
eine grosze u. schwere Arbeit gewesen, u. ich wuszte gar
nicht, dasz Sie damit beschäftigt waren. — Was Sie von
den Casselschen Religionsunruhen urtheilen, ist auch ganz
meine Ansicht. Ich habe in diesen Tagen eine jetzt hier
cursirende Predigt von Ernst in Cassel „über die unzer-
trennliche Verbindung der Vernunft u. des Christenthumes",
nebst einer Gegenrede (angeblich von einem Studenten der
Theologie) mit der Aufschrift: „Die Vernunft ist dem
Christenthume untergeordnet", gelesen. Jene schmeckt wie
ein Stück derbes Schwarzbrod, diese wie ein Fetzen Leb-
kuchen. Weder dort noch hier eine Ahnung, dasz Christus
die Vernunft ist. — Von Müller's Predigten habe ich die
sechs ersten gelesen; mit Wohlgefallen. Von der Errichtung eines Predigerseminars und der Veranstaltung einer
Kirchensynode ist jetzt alles stille. — Göthe's Briefwechsel
mit einem Kinde ist jetzt nicht hier. Ich habe ihn mir
bestellt. — Mein erstes Enkelchen ist heute schon zwei
Jahre alt geworden. Es ist zugleich der Geburtstag seines
Vaters, u. morgen ist der Geburtstag seiner Mutter. Der
wird bei mir gefeiert werden. — Am 1. April.... Prof. Müller
wird sich durch das Geschenk, das er uns von Ihnen mitbringt, sehr empfehlen. Ich werde es vertheilen, mich aber
dabei am meisten bedenken. Sie können von allen Em-
pfängern der gerührtesten Dankbarkeit versichert seyn. —
Ihrer Frau u. Ihrem Bruder meine herzlichen Grüsze. Auch
die Meinigen alle (so viel ihrer erfahren haben dasz ich
Ihnen schreibe) lassen herzlich grüszen. Mit unveränderlicher Liebe Ihr Suabedissen."

Auf diesen Brief hat W. Grimm bemerkt: „Sein letzter
Brief an mich, er starb am 14 Mai Abends 6 Uhr."

S. 278. Müller], J., (Bruder v. Ottfried M. (s. Anm.
zu S. 290), geb. d. 10. April 1801 in Brieg, war von 1831-5
Universitätsprediger in Göttingen, seit Sommer 1835 o. Prof.
d. Dogmatik in Marburg, kam 1839 nach Halle, † 1878 daselbst (vgl. Anm. zu S. 141).

ib. Lücke] vgl. Anm. zu S. 291. — Schleiermacher]
Er war am 12. 2. 1834 gestorben.

S. 279. Lang in Cassel] Lutherischer Pfarrer daselbst. Er hatte namentlich durch Veranstaltung religiöser
Privatversammlungen Anstoss erregt. Dadurch war auch
ein Votum von Prof. Hupfeld in Marburg (Darmst. Kirchen-
zeitung 1837 no. 29—32) veranlasst.

S. 279. e i n e t i e f e u. r e i c h e m e n s c h l i c h e S e e l e]
Bettine v. Arnim; vgl. Briefw. m. v. Meusebach S. 369, 394 f.,
397 f., 410 f. und die zur Feier ihres hundertsten Geburts-
tages erschienene Festschrift v. Conrad Alberti, Leipzig 1885.
S. 280. P r o f. H u p f e l d], H. geb. 1796 in Marburg,
wurde hier 1830 Prof. der Theologie, siedelte 1843 nach Halle
über, wo er 1866 starb. Vgl. Anm. zu S. 278, 22 u. Justi S.
277 ff. Von Hupfeld sind in der Grimm-Correspondenz drei
Briefe an W. erhalten, ausserdem aber noch 27 Briefe an
J., denen 19 v. J. an Hupfeld entsprechen, welche mir Herr
Superintendent Hupfeld noch nachträglich zustellte, und
ich daher hier zusammen mit denen Hupfeld's mittheile:

1. H u p f e l d an J. G r i m m.

„Spangenberg, den 7. Jul. 1823. Hochgeehrtester Herr!
Erst gestern kam mir Ihr Schreiben vom 30. Juny zu
Handen, und ich beeile mich daher um so mehr, Ihnen die
verlangte Auskunft zu geben, so gut ich sie geben kann.
Vorerst eine kurze Beschreibung des erwähnten Reliefs
selbst, da ich nicht weisz, inwiefern es Ihnen bekannt ist.
Es zieht sich an dem vordern Rande eines Rauchfangs (über
dem Kamin) hin, ungefähr 4 Schuh lang, 1 Schuh hoch, u.
besteht aus ziemlich grob aber deutlich gearbeiteten, und
gefärbten, Figuren. Am linken Ende steht ein Bogenschütze
unter Bäumen, etwas weiter noch ein andrer, aber gröszten-
theils verdeckter, u. dann ein Hirsch. Wo die Bäume aufhören, sieht man einen Eber, von der Lanze eines Ritters
durchbohrt, der aber selbst — das Pferd ist gestürzt —
hoch aus dem Sattel fliegt u. seiner Lanze zu folgen scheint.
Hinter ihm eine Menge Hunde, dann wieder Bäume mit
rothen Aepfeln, u. am Ende eine offne Thüre, also Andeutung eines Gartens. Vor der Thüre steht eine kurze,
dicke weibliche Figur, u. vor dieser ein Bursch mit einem
Vogel auf der Hand, der den Beschlusz macht. Ueber jeder
dieser beyden Figuren hängt eine bandförmig gewundene
I n s c h r i f t (ad modum derer, die sonst in dergleichen
Bildern den Leuten aus dem Maule heraushängen), die die
Anrede der erstern, u. die Antwort des letztern enthalten.
Dieses sind die Inschriften, von denen die Rede ist. Sie
sind nicht etwa auch erhobene Arbeit, sondern schwarz
geschrieben mit unserer gewöhnlichen Fracturschrift, also
nicht aus dem Mittelalter. Die Anrede der weiblichen Figur
besteht aus den Worten: ‚Was suchet ir was bringt ir mir,
das sagett alhier.‘ Die Antwort der männlichen lautet:
Ich, bringe ein — lein (wahrscheinlich ‚Vöglein‘ — das übrige
ist vor Schmutz nicht zu erkennen) auff meiner handt zu

euerm gartn aus frembdem landt võglein zu fangen bin ich
gesandt.' Es besteht also jede aus einem 3fachen Reim....
Auch die Figuren haben nichts Alterthümliches — der
Bogenschütz z. B. hat rothe Hosen. — Das Alterthum dieses
Denkmals mag also wohl nicht weit her seyn. Da der
Bogen noch darauf erscheint, so ist es wahrscheinlich Darstellung irgend einer ältern Sage, nicht einer gleichzeitigen
Begebenheit. Das ist Alles, was ich darüber muthmaszen
kann. So wenig ich auch in dieser Art von Archäologie bewandert bin, so glaube ich doch, dasz sich das Stück nicht
zu einer archäologischen Untersuchung eignet....."

Auf den Brief hat J. Gr. mit Antiquaschrift bemerkt:
„hiernach ist kein gedanke an den nibelungischen tod Sieg-
frieds auf diesem bilde, weder den figuren, noch den worten,
noch der zeit nach, worin dies steinbild gehauen worden
sein mag: aus der Sprache jener handschrift zu schlieszen,
etwan erst im 16 oder gar 17 jahrh.' und auf der Adresse:
„An Archivdirector Rommel zur Einsicht." Dieser hat dazu
geschrieben: „Zurückgestellt. 1827. May." Es handelt sich
also hier wohl um eine der vermeintlichen Entdeckungen
Rommels vgl. Anm. zu S. 38 Bangs Br. 6 u. Anm. zu S. 41.

2. Hupfeld an J. Grimm.

„Hier, verehrtester Herr Doctor, folgt das gütig geliehene
mit meinem lebhaftesten Danke wieder zurück. Entschuldigen Sie nur, wenn, wie ich fürchte, das Büchlein durch
das Herumtragen mit mir auf der Reise u. das häufige.
Oeffnen etwas im Aeuszern gelitten haben sollte. Die
grammatische Bekanntschaft mit Hrn. Bopp, dessen combi-
natorischer Scharfsinn sich in seinem Lehrgebäude durch
die dort gebotene Zurückhaltung dem Anfänger verbirgt, ist
mir so erfreulich gewesen, dasz ich auf eine fernere Gabe,
die der Titel: „erste Abhandlung" ankündigt, sehr begierig
bin, und mir die Freyheit nehme, Sie zum voraus um deren
Mittheilung zu bitten, da dergleichen Abdrücke nicht in
den Buchhandel zu kommen scheinen, und die gesammelten
Abhandlungen der Berliner Akademie, wie ich sehe, nicht
Alles enthalten. Mich Ihrem Wohlwollen empfehlend Ihr
inniger Verehrer H. Hupfeld. Marburg, 4. Mai 1827."

3. J. Grimm an Hupfeld.

„Verehrter Herr Profefsor, Ich besitze keine weitere Abhandlung von Bopp. Seine Beurtheilung meiner Gramm.
in der neuen Berliner Lit. zeitung werden Sie gelesen haben,
sie ist gelehrt und lehrreich, auch mir ganz recht, wiewohl
keine Recension meines Buchs. Kann ich Ihnen mit dem

'essai sur le Pali par Burnouf et Lassen, Paris 1826' dienen?
es scheint eine tüchtige Arbeit, so wie mir auch Lassen, der
vorigen Monat mit Schlegel hier war, wohlgefallen hat.
Schlegel rühmte eine neue Abhandlung von Humboldt
aufserordentlich, welche Remusat soeben hat drucken lafsen,
obgleich sie ihn selbst widerlegt. Zu Göttingen hat Heeren
den Schlegel höflichst auf der Bibl. herumgeführt; schön
wäre gewesen, wenn auch Niebuhr dazu gekommen wäre.
Heerens Antwort ist in Bezug auf den Vorwurf wegen
Robertsons allerdings treffend. — Die Marburger Bibl. ist
wahrscheinlich, von Estors und Hoffmanns Zeiten her, mit
publicistischen Deductionen wohl ausgestattet. Sollten sich
nachstehende, die mir hier abgehen und die ich sogar in
Göttingen vor einigen Tagen vergeblich gesucht habe, vor-
finden, so bitte ich solche für mich auf ganz kurze Zeit zu
leihen und durch Krieger herzuschicken: abhandlung von
den gerechtsamen eines obermärkers in anwendung auf die
mark bei Miltenberg. 1757. fol. (auctore Ohlnhausen)
— deduction von Wülfften. Wien 1766. 1768. (auctore
v. Taube) — vorstellung die redintegration der grafschaft
Schleiden (in Westphalen) betr. (annum et auctorem
ignoro) — reichsfreiheit der gemeinden Sulzbach und
Soden (auctore Fr. C. v. Moser) 1753. — Herrn Rehm
kenne ich nicht, sonst würde ich mich gerade an ihn wenden; Empfangscheine werde ich nötbigenfalls übermachen.
Mit wahrer Hochachtung u. Ergebenheit der Ihrige Grimm.
Cassel 10. Mai 1827."

4. Hupfeld an J. Grimm.

„Marburg 14. May 1827. Hochverehrter Herr Doctor!
Sie machten mir eine grosze Freude, indem Sie mir eine
Gelegenheit zuzuweisen schienen, Ihnen eine kleine Gefälligkeit zu erzeigen. Allein leider musz es dieszmal bey
dem guten Willen sein Bewenden haben. Ich war am Sonn-
abend auf der Bibliothek.... aber fand die Schriften nicht.
Die Marburger Bibliothek kann also auch hier ihrer reichen
Schwester in Göttingen nichts zuvor thun, wie ich gehofft
hatte. Möchte ich bald eine andre Gelegenheit erhalten,
glücklicher als dieszmal zu seyn! — Ihr gütiges Anerbieten
der Mittheilung von Burnouf & Lassen essai nehme ich mit
dem gröszten Danke an. Ich kenne Burnouf aus dem asia-
tischen Journal als einen Philologen, der sich über die
französische Empirie zu erheben und namentlich den
deutschen Sprachforschungen zugewendet zu seyn scheint.
Wenn es nicht Miszbrauch Ihrer Güte wäre, so möchte ich
auch wohl um eine Abhandl. von Humboldt über die

Buchstabenschrift u. ihren Zusammenhang mit dem Sprachbau, die in den Schriften der Berl. Akademie, so weit wir sie hier haben, nicht steht, bitten. Es ist jetzt eine schöne Zeit für die Sprachforschung, dasz höher stehende u. umfassendere Geister, die nicht grade im Schulstaube leben und ums Brod speculiren, sich bey uns nicht mehr zu vornehm für diese Studien dünken sondern so wacker zugreifen, und dasz drey Länder, die sich sonst so selten zusammenverstehen, Deutschland, England u. Frankreich, hierin wetteifernd die Hände zu bieten anfangen. Wenn nur auf dem edeln Kampfplatz nicht so viel kleinliches, unedles Leidenschaften-Getriebe zu sehen wäre, und unsre vornehmen Schriftsteller etwas mehr vornehmen Anstand im Fernhalten oder Ignoriren von Persönlichkeiten zeigen wollten! Der Streit zwischen Schlegel u. Heeren, den Sie berühren, scheint mir doch rein vom Zaun gebrochen, so weit ich ihn aus der indischen Bibliothek kenne (die Antwort Heerens ist mir nicht bekannt); und so hat in den meisten jetzt laufenden Fehden die Wissenschaft den geringsten, ungemessenes Persönlichkeitsgefühl u. kleinliche Eitelkeit, die durch das geringste Wort zu einer Ergieszung gereizt wird (auch eine impotentia, wie die der Despoten) den allergröszten Antheil. Damit scheint freylich die Höflichkeit des persönlichen Verkehrs zu contrastiren, aber ich glaube, dasz diese eben beweist, wie unmächtig u. kleinlich diese Leidenschaften sind — die Herren haben entweder zu wenig Husz, oder zu wenig Courage, um es persönlich auszufechten. — Mich Ihrer fernern Gewogenheit empfehlend mit bekannter Verehrung Ihr gehorsamster Hupfeld."

5. Hupfeld an J. Grimm.

„Mit herzlichstem Danke, verehrtester Herr Doctor, sende ich hier das gütigst Mitgetheilte zurück. Der ,Essai sur le Pali' scheint mir ein Muster, wie eine in Denkmälern neu aufgefundene Sprache, die sich an einen schon bekannten Stamm anschlieszt, darzustellen ist. Ein neulich hier durchreisender Orientalist, der von Paris kam, behauptete, dasz der junge Burnouf (der auch das Zend beurbeitet, wie Olshausen u. Rask) es weiter bringen werde als alle lebenden Orientalisten in Paris. Der Abhandlung von Humboldt über die grammatischen Formen und ihr Verhältnisz zur geistigen Bildung der Völker verdanke ich mehr Belehrung u. Zurechtweisung als ich je geahndet hätte, und ich bewundre den feinen Geist, der, freylich durch umfassende Empirie unterstützt, so geheime Verrichtungen des unbewuszten Sprachgenius u. ihre unsichtbare geistige Macht zu erspähen

u. zu ermessen vermag. Er scheint sich mit Vorliebe auf
diesem Gebiete zu bewegen, nur meine ich, dasz sein Vortrag etwas weniger abstract u. abgemessen seyn könnte.
Der Abhandlung über die Buchstabenschrift, so wie einer
frühern über Sprachvergleichung habe ich aus diesem
Grunde noch keinen rechten Geschmack abgewinnen können
— vielleicht bey einer wiederholten Lesung auf einer etwas
höhern Stufe der Reife. Mit Verehrung u. Dankbarkeit der
Ihrige Hupfeld. M. 6. Juni 1827."

6. J. Grimm an Hupfeld.

„Den büchern, die ich nun schon wieder von Ihnen,
verehrter professor, zurückerhalten habe, war ein blatt beizulegen vergessen worden, worin ich für die verlorne mühe
dankte, die Sie sich meinetwegen um die aufsuchung der
gewünschten deductionen gemacht hatten. ich wiederhohle
also meinen dank. — Humboldt ist sehr geistreich. aber doch
scheinen mir seine untersuchungen von der art, dafs man sie
kaum für die eignen studien verwenden darf. wenigstens mir
geht es so. er ist nicht materiell genug, allein der materiellste
und abstracteste müfsen bewundern, wie viel ihm gelingt
und wie hoch er schwebt. Hätte doch solch ein mann, und
nicht erst im alter, sich umfafsenden arbeiten über die
Sprachen der erde hingegeben, das wäre ein anderer Mithri-
dates geworden, als der unter Adelungs und Vaters hand!
— Schlegel, statt die ausg. seines ind. gedichts zu fördern,
hält diesen sommer über Berliner herrn und damen vorlesungen über literatur, aber schwerlich mit dem alten erfolg und beifall. — Zieht Sie Lachmanns Walther von der
Vogelweide nicht einmal zur altdeutschen poesie? inhalt
und critische behandlung scheinen mir gleich vortrefflich.
[Unterschrift weggeschnitten.] Cassel, 13. Juni 1827."

7. Hupfeld an J. Grimm.

„Marburg 2. Aug. 1827. Verehrtester Herr Doctor!
Ich nehme mir die Freyheit, Ihnen hier, nicht nur in
eigenem sondern auch in des Prof. Bickells, eines eifrigen
Verehrers Ihres Geistes, Namen eine kleine Schrift zu
überreichen, die durch unser neuliches Jubiläum veranlasst
worden ist, u. deren Zweck unstreitig das Verdienstlichste des
ganzen Unternehmens ist, wenigstens was meine Arbeit betrifft.
— Denn die gründlich gelehrte, mühsam aus seltnen, (schwer
zugänglichen) Quellen geschöpfte Abhandlung Bickells, die
Männer wie Sie u. Savigny zu würdigen wissen werden,
kann ich füglich mit meiner, die ein Erzeugnisz des Augen-

blicks ist, nicht in eine Kategorie stellen. Eine Durchsicht
der letztern wird Ihnen zeigen, dasz das Beste darin noch
dazu I h n e n angehört, also auch des Verdienstes der Neu-
heit, das solchen Erzeugnissen des Augenblicks sonst einigen
Werth giebt, entbehrt, und sich auf das kleine Verdienst
beschränkt, einige Ihrer Ideen, die für die Lexikographie
von fruchtbarer Anwendung zu seyn scheinen, den Männern
meines Fachs näher vor Augen zu rücken, u. den herrschenden Empirismus durch Vorstellung des hohen Ziels
wo möglich aus seiner selbstzufriedenen Behaglichkeit zu
rütteln. Ich fühle es, wie unbefriedigend ein allgemeines
Raisonnement ohne gehöriges Material von Beyspielen u.
Anwendung ist, u. bedaure es daher den oft allegirten
Lexilogus, nicht sogleich mitgeben zu können, aber ich
musz zu meiner Entschuldigung anführen, dasz ich ursprünglich gar nicht an eine allgemeine Abhandlung
dieser Art dachte, sondern lediglich einen Lexilogus d. h.
eine Zusammenstellung von lexikologischen Thatsachen beabsichtigte, aus denen ich nachher einige allgemeine Folgerungen zu ziehen gedachte, und erst wenige Tage vor dem
Jubiläum, als ich sah, dasz dieser Lexilogus aus Mangel an
Zeit u. Typen nicht mehr gedruckt werden könne, mich
schnell entschloss, jene allg. Folgerungen nebst einigem Ge-
schichtlichen als Einleitung vorangehen zu lassen. Bey der
Ausarbeitung dieser Einleitung selbst bin ich erst auf die
meisten der hier geäuszerten allg. Ideen u. Analogieen gekommen, indem der Blick, früher durch das Material gefesselt u. beengt, nun, jemehr dieses zurücktrat, u. jemehr
die Analogie u. die Idee, besonders von Ihnen angeregt,
einzuwirken anfieng, sich ins Allgemeinere hob. Doch
hoffe ich nicht meinem Material ungetreu geworden zu
seyn, u. wenn es auch in Einzelnem hinter der Idee zurückbleiben sollte, so doch gewisz nicht im Ganzen, u. was
mich in dieser Sache am sichersten macht, ist der von
einem kleinen, unbewussten Anfang ausgehende u. sich
allmählig, nur bey Gelegenheit, erweiternde Gang meiner
Beobachtung, und die Erfahrung, mit diesem Schlüssel
Licht u. Ordnung in diese rudis farrago, hundert einzelne
Fälle darnach berichtigt, geordnet u. in überraschende
Analogie gebracht zu haben, u. bey jedem Ansatz mit
reicher Beute zurückgekehrt zu seyn. Diese innere Erfahrung gilt mir mehr als alle äuszeren Stimmen u. giebt mir
die feste Ueberzeugung, dasz wir vor einem Geheimnisz der
Sprachbildung stehen, das schon die Alten geahnt haben,
u. die Folgezeit vielleicht lösen wird, wenn auch Einzelnes
auf immer unlösbar oder zweifelhaft bleibt, und wenn auch

einige meiner praecepta sich nicht bewähren. — Ich lege
auch ein Exemplar für Ihren Herrn Bruder, dem ich mich
zu empfehlen bitte, u. für die Bibliothek bey. Bickell
wünscht auch seinem Meister Savigny ein Exemplar zu
schicken, der ist aber in Italien — wissen Sie keinen Weg
zu ihm, u. dürfte ichs allenfalls Ihnen zur Besorgung zuschicken? Mit bekannter Gesinnung Ihr Verehrer Hupfeld."

Das mit diesem Brief übersandte Programm bildete das
am Tage des Universitätsjubiläums veröffentlichte Gratu-
lationsschrift zum 50jährigen Dienst-Jubiläum des Herrn
Primarius Arnoldi und enthält die 2 Abhandlungen 1) ‚De
paleis quae in Gratiani decreto inveniuntur disquisitio
historico-critica auctore Bickellio‘, 2) Hupfeld's ‚Comment.
de emendanda ratione lexicographiae semiticae.‘ — Ueber
J. W. Bickell (geb. 1799 in Marburg und seit 1826 ord. Prof.
der Rechtswissenschaft daselbst, später Vorsteher des Justiz-
minist. in Cassel, gest. 1848 daselbst) vgl. Justi's Grundlage
zu einer hess. Gel. etc. Geschichte S. 24.

8. J. Grimm an Hupfeld.

„Werthester Freund, ich habe es fast zu lange aufgeschoben,
Ihnen und herrn professor Bickell für das auch durch diese
gemeinschaft sowie seiner veranlaszung wegen anziehende programm zu danken. Mir ist darin von Ihnen offenbar zu viel
ehre angethan worden. meine deutschen grammaticalien
dachten ursprünglich sicher nicht daran, dafs Sie einen mafs-
stab hergeben sollten, der einmal an semitische Sprachen gesetzt werden könnte und doch sind solche vergleichungen
natürlich und liegen noch weit näher, als die blofse ab-
straction, worin wir uns so leicht versteigen. Ich freue
mich nun auf Ihre versprochene eigentliche ausführung,
soweit ich sie werde fafsen können, denn ich spüre bis
jetzt von Kopps muthe noch wenig in mir, mich an das
hebräische ordentlich zu wagen. überhaupt ziehen mich
schon in meinem engeren kreise allgemeine untersuchungen
zwar an, aber ich fliehe Sie doch auch wirklich zuweilen,
ich fürchte sie verlocken mich und nehmen mir den stand-
punct weg, von welchem aus ich nach meinen kräften
das beste leisten könnte. Mit dem capitel von den ab-
leitungen bin ich, aber nicht aus diesem Grunde allein, in
meinem buche am wenigsten zufrieden. Da würde besonders das indische und persische auf belehrende ähnlich-
keiten führen und doch möchte ich lieber recht von grund
aus litthauisch und slavisch wifsen als Zend und Sanskrit.
Gegen das Studium des hebräischen und arabischen habe

ich das vorurtheil, dafs sie uns Japhetiden zur Sprachvergleichung weniger haltpuncte darbieten. Den Schultens
loben und tadeln Sie wahrscheinlich mit grofsem fug, ich
mafse mir kein urtheil an, aber fast in allen wifsenschaften
sind mir die Holländer unausfstehlich pedantisch. Welch
ein frischer mann ist z. B. der deutsche Reiske (der auch
mit Schultens zu thun hatte) gegen sie gehalten. — Grüfsen
Sie herrn prof. Bickell. ich habe seine gründliche abhandl.
mit vergnügen gelesen und schon der name paucapalea ist
mir merkwürdig. Savigny ist noch nicht aus Italien
zurück, näheres hoffe ich diese herbstferien von Hugo oder
Göschen zu hören. Soll ich einem von diesen das exemplar für Savigny zusenden? die werden es am besten besorgen; oder will es Bickell selbst dem Hugo schicken?
— Wilhelm empfiehlt sich und ich bin mit freundschaftlicher hochachtung der Ihrige Grimm. Cassel 1. Sept. 1827."

9. Hupfeld an J. Grimm.

„M. 20. Sept. 1827. Verehrtester Herr Doctor! Hier
kommt endlich mit meinem herzlichsten Danke Humboldts
lettre à M. Abel Remusat wieder zurück, die Sie mit so zu-
vorkommender Güte mir mitgetheilt haben.....So sehr die
Schrift den Stempel des Humboldtschen Genius trägt, so
weisz ich doch nicht, warum Schlegel sie grade so vorzüglich vor den frühern hervorhebt. Nach dem Totaleindruck
einer raschen Lesung zu urtheilen, ziehe ich jene deutsche
Abhandlung über die Entstehung der grammatischen Formen
vor, in der ich das Alles, was hier in ungleich gröszerm Umfang
behandelt wird, mit gröszerer Schärfe u. Bündigkeit gefunden
zu haben meine, u. deren Verhältnisz zu dieser lettre mir, abgesehen von der Anwendung auf die chinesische Sprache,
fast wie das eines deutschen Originals zu einer französischen
Uebersetzung vorkommt. Das ist nun freylich, da sie für
Franzosen geschrieben ist, ganz in der Ordnung, u. mag in
künstlerischer Hinsicht ein Kunststück seyn, das ihm so
leicht kein Deutscher nachmacht, aber ich sehe doch die
deutsche Sprachphilosophie wie die Philosophie überhaupt
lieber im heimischen schulgerechten Aufzug. Die Noten
von A. R. scheinen mir verwundersam. Bey aller französischen Verständigkeit zeigt sich doch darin noch bedeutende
Verstocktheit gegen H.'s Belehrungen. — Den versprochenen
Lexilogus würde ich schon ans Licht gefördert haben, wenn
ich nicht, um die Druckkosten zu sparen, mich nach einem
Platz in einem Journal hätte umsehen müssen.... Nachdem
ich nun endlich auch die Boppschen Recensionen Ihrer
Grammatik gelesen, bin ich sehr begierig zu hören, wie Sie

in Absicht auf die Ablaute nun gesinnt sind. Es hat mir schwer gehalten, in diesem lieblichen Farbenspiel etwas Unursprüngliches zu sehen, aber bey wiederholter u. genauerer Betrachtung konnte ich doch B.'s kühner aber scharfsinniger Deduction nicht widerstehen, wenn man gleich bey solchen transcendenten Fragen ·sich des Gefühls der Unsicherheit nicht erwehren kann und sich gern bescheidet, dasz neue Thatsachen manche Reihe von Folgerungen gradezu umkehren u. ein entgegengesetztes Resultat liefern können. Die Behauptung B.'s, dasz innere Ablautung ein späteres Flexionsprincip sey als äuszere Ableitung, findet übrigens auch in den semitischen Sprachen ihre Anwendung, wo der ursprüngl. Bildung der Verbalien durch äuszere Zusätze in reicheren Dialecten zugleich eine vocalische zur Seite tritt u. einen wahren Ueberflusz hervorbringt, den die Sprache noch nicht hinlänglich vertheilt hat. — Sehen Sie es nur als ein Zeichen meines guten Willens, Ihnen etwas aus meiner Armuth mitzutheilen, was Interesse für Sie haben könnte, wenn ich Ihnen hier einige Producte würtembergischer Volkspoesie oder vielmehr ·politischer Volksschriftstellerey beylege. Was ihnen an poetischer Kraft abgeht (wiewohl ich als Kenner schwäbischer Bauernsitten bezeugen kann, dasz die Zeichnung treu ist, wenn auch einiꞬe nicht zu diesem Kreis gehörige Personen matt sind), das mag das sprachliche Interesse ersetzen. Der merkwürdige Diphthong o a (ua, uo) der hier eine so grosze Rolle spielt ist Ihnen aus der bairischen Mundart bekannt, u. wechselt in andern Gegenden mit oi, welches ich öfter gehört habe als jenen, z. B. in dem Munde meiner Groszmutter. Der Uebergang des oi in oa findet seine Parallele im franz. oi, welches ebenfalls aus urspr. e verdorben ist. Diese DipbthonꞬe oi, oa finden sich, nämlich nur in solchen Wörtern, die im niederdeutschen mit e gesprochen werden (goth. ai), während das hochdeutsche ei, welches aus i entstanden ist (wie noch jetzt in der schweizerischen Mundart) unverändert gelassen wird. Merkwürdig ist, dasz dieser Unterschied auch in der Sprache der gebildeteren Schwaben eine genaue Analogie findet, die, als gänzlich bewusztlos, reine Sache der Tradition ist. Sie sprechen näml. das ei = i ganz gedrückt, wie die Elberfelder, u. wie vielleicht das gothische ei, dagegen das ei = e breit wie ai z. B. Weisheit wie Wëishait, u. so hat also der uralte Ꞓoth. Diphth. ai sich in der schwäbischen Mundart als Diphtong oi, oa; ai erhalten, und sich von der Vermischung mit ei (i) frey gehalten. Doch das werden für Sie keine Neuigkeiten seyn. Ich werde leicht verleitet, sie dafür zu halten,

da ich sie durch Beobachtung auf meinen Wanderungen in
Nord- u. Süddeutschland gelernt habe. Leben Sie wohl u.
bleiben Sie gewogen Ihrem ergebensten H. Hupfeld."

10. Hupfeld an J. Grimm.

Marburg 4. November 1827. Verehrtester Herr Doctor!
Hier sende ich Ihnen ein merkwürdiges Ding: meine
erste Recension; eine Arbeit, die mir vorigen Sommer viel Mühe u. Zeit gekostet hat, bey der ich viel gelernt
habe — wahrscheinlich mehr als der daraus lernen wird,
dem sie bestimmt ist —, die mir aber unter der Hand zu
einem kleinen Ungeheuer angewachsen ist. Der Gegenstand
brachte dieses gewissermaszen mit sich. Ich hatte es nicht
blosz mit Hrn. Ewald zu thun, sondern auch mit dem Publicum; die Recension enthält nicht sowohl die Kritik
eines einzelnen Werks, als der Wissenschaft selbst, und
stellt ein neues System in seinen Hauptpartieen dar. Dadurch bin ich nun in eine Verlegenheit gerathen. Sie war
von drey verschiedenen kritischen Instituten bestellt; von
einer theologischen Zeitschrift, die nächstes Jahr hervortreten will, einer philologischen, u. von der Hall. Lit. Zeitung. Ich bestimmte sie für die letztere. Während ich
daran arbeitete, schrieb mir Gesenius, dem ich kurz vorher gelegentlich meine Absicht u. Ansicht geäuszert hatte,
dasz ich ihm die Recension einschicken möchte, er wollte
ihr auf jeden Fall einen guten Platz ausmachen. Mir be-
hagte das nicht, weil ich alles Partheygängerwesen hasse
und mich nicht einem Verdacht aussetzen wollte, dem ich
selbst das Urtheil in der Recension gesprochen habe. Ich
gestand daher Ges. meine Bedenklichkeiten offen, die Rec.
durch einen Betheiligten ins Publicum zu bringen, u. meinen Wunsch, auch äusserlich so unpartheyisch u. rück-
sichtslos dazustehen, wie es der innere Charakter der Rec.
sey. Der Erfolg war, dasz die Redaction der Hall. L. Z.
ihren Auftrag zurücknahm, weil Gesenius selbst die Rec.
übernommen habe. Nun blieben mir zwar die beyden andern Zeitschriften noch übrig, allein für diese, bey denen
die hebr. Philologie nur ein unbedeutendes Nebenfach ausmacht, war der Anfang der Rec. durchaus nicht geeignet.
An die Jenaer L.-Z. mochte ich mich nicht wenden, weil
ich mit Hrn. Eichstädt u. seinem immer gehaltloser werdenden Institute nichts zu thun haben will, u. an die
Berliner Jahrbücher eben so wenig, weil mir diese ganze
sich vornehm spreizende Clique zuwider ist (weszhalb ich
mich auch höchlich gefreut habe, Ihren u. Ihres Herrn
Bruders Namen nicht mehr darunter zu finden, und wünsche,

dasz Ihr Beispiel von einigen andern, die ich ungern darin sehe. befolgt werden möge). Der liebste Platz wäre mir der Hermes oder die Wiener Jahrbücher — aber ich stehe in gar keiner Verbindung mit den Redactionen derselben, u. mag mich als junger, unbekannter Mann nicht aufdringen. Da ist mir endlich eingefallen, dasz Sie mir vielleicht dazu verhelfen könnten, wenn Sie die Arbeit Ihrer Empfehlung u. des Platzes würdig fänden. Ob sie dieses ist, und ob sie, wie ich mir einbilde, ein mehr als blosz hebräisches Interesse hat, werden Sie. obgleich nicht eigentlicher Orientalist, und vielleicht gerade deszwegen am beszten, ihr leicht ansehen. Im Falle einer günstigen Entscheidung mache ich jedoch zur Bedingung, dasz Sie alle Portoauslagen, die Ihnen Ihre Verwendung in dieser Angelegenheit verursachen sollte, zu meiner Kunde kommen lassen. — Ob der Ton der Rec. bei der oft zur Indignation herausfordernden Beschaffenheit der Schrift und der mir natürlichen Freymüthigkeit und Rücksichtslosigkeit, nicht zuweilen den Geboten der Schicklichkeit u. Humanität zu nahe getreten ist, ist mir nicht ganz klar. Mein Freund Bickell, dem ich meine Sachen mitzutheilen pflege, wie er mir, meint es; allein ich kann mich gerade hierin am wenigsten auf sein Urtheil verlassen, da er durch eine weibische Erziehung, verbunden mit seiner natürlichen Gutmüthigkeit, eine oft an Feigheit gränzende Aengstlichkeit erhalten hat. Wollten Sie in dieser Hinsicht an der Schrift einige Freundschaftsrechte ausüben, so würde ich das mit dem gröszten Danke anerkennen. — Das Manuscript ist nicht so rein als ich es wünschte, allein so sind fast alle meine sogenannten Reinschriften. Sie tragen das Gepräge meiner Grübeley und die Stigmaten meiner Leiden bey der Darstellung an sich. Die Ideen strömen bey mir schnell, die Abwägung u. Untersuchung geht schon langsam, aber gar die Darstellung ist ein wahres Märtyrerthum, durch eine gewisse Negativität des Geschmacks, der sich zu keiner bestimmten Form entschlieszen kann, weil mehrere gleich gut möglich sind; die Folge einer mathematischen Erziehung, die das kritische Gefühl zu früh weckte, und Phantasie und plastische Kraft zurückdrängte. Das macht mir die schriftstellerische Laufbahn einigermaszen zur Dornenbahn, und nimmt der wissenschaftlichen Forschung und Ausbildung viel köstliche Zeit weg. — Ich war neulich auf einer Rheinreise in Bonn, mochte aber die Männer, die ich gern gesehen hätte, Niebuhr u. Schlegel, nicht mit einem Besuch belästigen. Wenn ich einmal wieder die Reise mache, will ich sehen, dasz ich vorher einen Auftrag von Ihnen oder sonst jemand bekomme, um mit Anstand zu ihnen gehen zu können. — Leben Sie wohl und bleiben Sie gewogen Ihrem ergebensten H. Hupfeld. — N. S. Hat das übersandte schwäbische Büchlein einiges Interesse für Sie gehabt? Ich fürchte, meine Vorliebe für solche Sachen (ob ich mich gleich darin mit dem Herrn Massmann nicht messen kann), die ich alle wie ein Eingeborener spreche u. für mein Leben gern vorlese, hat mir einen Streich gespielt, u. Sie mit einem unbedeutenden Ding belästigt. Es handelt sich um die Bd. XXXI Heft J des Hermes abgedruckte Recension von Ewalds hebräischer Grammatik.

11. Hupfeld an J. Grimm.

„Ich bedaure sehr, verehrter Freund, dasz Sie von der Ihnen gegebenen Vollmacht einen so eingeschränkten und für Sie belästigenden Gebrauch gemacht, und nicht die Ihnen anstöszigen Stellen brevi manu durchgestrichen haben (denn das verstand ich unter dem Freundesrechte, das ich von Ihnen gebraucht wünschte). Die letzte Stelle hatte ich besonders bey diesem Wunsche im Auge, u. ich würde sie selbst schon gestrichen haben, wenn ich nicht gedacht hätte, es würde sicher von Ihnen geschehen. Um jedoch nicht bey Ihnen in den Verdacht des Leichtsinns oder der Frivolität gegen einen groszen Mann zu fallen, musz ich Ihnen gestehen, dasz die Stelle meine vollkommene Ueberzeugung ausdrückt, die sich auf Thatsachen gründet, die Ihnen unbekannt zu seyn scheinen. Eichhorn, durch eine an Vergötterung gränzende Schmeicheley seiner Zeitgenossen verwöhnt (und, setze ich hinzu, vielleicht weil ihm sein Ruhm zu leicht geworden war, den er mehr seinem Geschmack als tiefer Forschung verdankte), hatte schon frühzeitig Widerspruch zu vertragen verlernt, und schon bei der 3ten Ausg. seiner Einleit. ins A. T. 1803 seine Forschung für abgeschlossen erklärt, mit dem fast beleidigenden Zusatz ‚dasz ihm seine Zeitgenossen keine Veranlassung gegeben hätten, die Resultate seiner frühern Untersuchung mit andern Ueberzeugungen zu vertauschen‘ (NB. seit 1787!) Diese Stellung hat er auch nachher, nach dem Auftreten von Vater, de Wette, Gesenius u. A., die der Wissenschaft eine fast gänzliche Umwandlung gegeben haben, beybehalten und in der 4. Ausg. 1824 die Stirne gehabt, nicht nur die ebenerwähnte Aeuszerung zu wiederholen, sondern auch alles was jene geschrieben aus persönlichen Groll gegen ihn abzuleiten! In seinen Vorlesungen hat er von einem gewissen Gesenius gesprochen,

dessen Schriften er aber nicht kenne. Berüchtigt sind auch
einige niedrige Angriffe auf Gesenius durch Clienten von
ihm, namentlich der des Prof. Mahn, eines miserabeln
Scribenten, der Abbitte thun muszte. Dasz auch Ewald von
einiger Augendienerey nicht ganz frey ist, bin ich ebenfalls
überzeugt. Er hat zuerst den Krieg gegen Ges. in einem
kleinen, Eichhorn gewidmeten Büchlein über das Hohelied
mit einigen vom Zaun gebrochenen u. ganz schiefen Bemerkungen, denen man einstweilen nur den guten Willen
ansah, eröffnet. Darauf verbreitete Eichhorn den Ruf von
einem grammatischen Werk des jungen Helden, das Ges.
todt machen würde (mir kam der Ruf schon ¹/₂ Jahr vor
der Erscheinung desselben durch den Prof. Hartmann von
Rostock zu, der von Eichhorn kam, u. auch eine kleine
Malice auf Ges. hat). Wissenschaftl. ist übrigens Eichhorn
bey diesem Werke ganz unbetheiligt, denn als Grammatiker
ist er nie aufgetreten. Ich kann nun nichts weniger leiden,
als den heiligen Dienst der Wissenschaft mit solchen unlautern Schildknappendiensten vermengt zu sehen; und Sie
werden sich nun die Bitterkeit der Stelle deuken können,
die schon gedacht war, ehe Eichhorn starb u. einem
höhern Richter anheimfiel. — Wenn ich die Wahl habe,
so ziehe ich den Hermes vor. Ich füge hinzu, dasz die
Verlagshandlung vielleicht wohl thäte. einen besondern
Abdruck nebenher zu veranstalten, weil die Rec. zugleich
eine unabh. Abhandlung bildet. — Vorläufig meinen
wärmsten Dank; u. Verzeihung, dasz aus den beabsichtigten
zwey Zeilen wieder ein voll gerüttelt Masz geworden ist. —
Inliegend eine in der Eile ausgefertigte Antwort von
Bickell. Der Ihrige Hupfeld.‘

12. Hupfeld an J. Grimm.

„Marburg 16. Jan. 1828. Verehrter Freund! Ich hatte vor
etwa acht Tagen, um Sie nicht schon wieder mit Briefschreiben
zu beschweren, meinem Freunde Schröder in Kassel aufgetragen,
sich bey Ihnen zu erkundigen, ob Sie noch keine Nachricht von
dem Schicksal meiner Recension hätten. Während ich
seiner Antwort entgegensehe, kömmt in diesen Tagen ein
Brief von den Redactor der Zeitschrift, für die sie ursprünglich bestimmt war (Jahrbücher der Philologie u. Pädagogik
in Leipzig), der mich doch nun bestimmt, mich schriftlich
an Sie zu wenden. Ich hatte diesem vor einiger Zeit
Nachricht gegeben, dasz die versprochene Recension zu
dickleibig für seine Zeitschrift, die eigentlich nur der clas-
sischen Philologie bestimmt ist, geworden wäre und Sie die
Güte haben wollten, ihr einen andern Platz zu verschaffen.

Nun dringt der Mann in mich, ihm doch, wenn es möglich
wäre, die Sache zu redressiren, die Recension zuzuwenden,
da sie bey der Wichtigkeit des Werks keineswegs für seine
Zeitschrift zu lang sey. Wenn daher die Rec. im Hermes
keine Aufnahme gefunden hat, und noch nicht nach Wien
abgegangen oder dort noch nicht angenommen ist (was,
wie mir nachher beygefallen ist, vielleicht wegen einiger
Stellen Bedenken haben könnte), so möchte ich allerdings
dem Redactor jener Zeitschrift, dem ich auch hinsichtlich
eines andern Versprechens schon lange verschuldet bin,
gerne den Gefallen thun, besonders da ich hier ein baldiges
Erscheinen derselben erwarten u. mir einen besonderen
Abdruck derselben, woran mir gelegen ist, ausbedingen
kann. Ist aber schon Alles in Ordnung, oder machte Ihnen
die Sache eine neue Mühe, so bleibt es natürlich beym
Alten. — Mit herzlicher Empfehlung an Ihren Herrn Bruder
Ihr ergebenster Hupfeld."

13. J. Grimm an Hupfed.

„Cassel 16 merz 1828. Werthester freund, endlich folgt
hierbei das geliehne schwäb. buch mit dem gröfsten dank
zurück, einige meiner bekannten wollten es gern lesen und
daher rührt die verspätung. Alle vier stücke sind vortrefflich,
herrlich aber besonders madame Justitia. In allen ist zehn-
mal mehr geist als im frankfurter bürgercapitain, der sie
vielleicht veranlafzt hat und der nur theatralischer ist.
Ich habe mir sie selbst verschrieben. — Dafz ich in besorgung Ihrer recension durchaus nichts versäumt habe,
wird Ihnen schon hr. Schröder gemeldet haben. Da Sie
Hermes den Wienern vorzogen, sandte ich bereits vorigen
november das manuscript nach Jena mit dem ersuchen,
falls unerwarteter weise kein gebrauch davon gemacht werden könne, es alsbald zurückgehen zu lafsen. Dieses geschah nicht, folglich war ich der aufnahme sicher. Schmidt
meldet mir eben, dafz der abdruck erst im mai erscheinen
wird. Ich lege Ihnen lieber hier seinen brief bei. An
Jahns zeitschrift dachte Ich hinterher auch, als es bereits
zu spät war. doch hat Hermes ein ausgebreiteteres publicum.
— Ich bin seit anfang decemb. fortwährend brustkrank
gewesen, zwar nicht bettlägerig, aber doch verstimmt über
das beständige stubenhocken und das versäumen der nothwendigsten arbeiten. Seit vierzehn tagen befsert es sich
nun ernstlich und ich bin schon einigemal in der luft gewesen. Meine briefschreiberei hat unter diesen umständen
sehr gelitten und auch darum entschuldigen Sie mein
langes stillschweigen. (Unterschrift ist weggeschnitten.)"

14. Hupfeld an J. Grimm.

„Marburg 24. März 1828. Verehrter Freund! Indem ich
hier den mitgetheilten Brief des GR. Schmid in Jena wieder
zurückgehen lasse, sage ich zugleich meinen herzlichsten
Dank für die Mühe, der Sie sich in dieser Angelegenheit
unterzogen haben. Mein Dank hätte billig früher kommen
sollen, da ich von dem Erfolg Ihrer gütigen Verwendung
schon lange Nachricht habe, und ich hole ihn jetzt um so
mehr mit einiger Beschämung nach, da Sie sich sogar wegen
der Nichtbeantwortung einer unnöthigen Anfrage von meiner
Seite entschuldigen. Wenn Sie nur wüszten, wie theuer
mir Ihre Zeit ist, u. wie wenig es meinem Sinne gemäsz ist,
wenn Sie ohne Noth nur einen Theil derselben durch Briefschreiben opfern, so würden Sie sich wegen so etwas nicht
entschuldigen u. es überhaupt mit der Etiquette gegen mich
nicht so genau nehmen. Mein Zugang zu Ihnen darf Sie
nicht belästigen, sonst werde ich ängstlich u. befangen;
und ich bin selbst so ein Freund der Bequemlichkeit und
Zwanglosigkeit, dasz ich nur da in meinem Elemente bin,
wo ich sehe, dasz ich nicht störe. Es ist nicht blosz Ihre
Musze zu Ihren wissenschaftlichen Arbeiten, die ich zu
stören besorge, sondern Sie werden auch, denk ich, der
Correspondenz ohnehin schon übergenug Zeit opfern müszen.
— Der Hermes ist mir in der ganzen Journalwelt der liebste
Platz, und ich freue mich nicht wenig darauf, meine erste
Recension so breit darin prangen zu sehen. Ich bin auch
nun der Sorge wegen des zweyten Artikels, der künftig
folgen soll, überhoben — denn der erste wurde unter der
beständigen Besorgnisz geschrieben, dasz das Alles vielleicht
blosz zu meiner eigenen Gemüthsergözung diene, und um
öffentlich erscheinen zu können vieles von diesen schönen
Sachen, die ich der Welt sagen wollte, würde jämmerlich
beschnitten und verschnitten werden müszen. Ich bin indessen mit einer selbsteigenen Grammatik nachgerückt, u.
wenn ich auch nur eine erträgliche Methode zum Schriftstellern hätte, so müszte sie bereits längst fertig seyn. So
aber hat jetzt erst der Druck angefangen, u. es wird vorläufig nur ein erstes Heft, die Laut- und Schriftlehre enthaltend, erscheinen. Die systematische Form in Anordnung
u. Schreibart, verbunden mit dem genetischen Gang u. Ton
einer Untersuchung, was mir meine Natur beydes zum
Gesetz machte, hat mich wieder mehr als bey irgend einer
frühern Arbeit um viel edle Zeit gebracht, die besser der
Forschung selbst gewidmet gewesen wäre; und ich sehne
mich sehr nach der Zeit, wo ich dieses Jochs entledigt
wieder fortstudiren kann ohne über der Darstellung grübeln

und brüten zu müszen. Ich will mich dann wieder der
Lexikographie zuwenden, in der ich, weil es hier kein zu-
sammenhängendes Gedankensystem herzustellen gibt und
jeder flüchtige Einfall sogleich seine Stelle findet, eben so
leicht und ergiebig arbeite, als in allen übrigen Dingen
mühsam u. spärlich. — Nach Ostern werde ich nach Cassel
kommen und mir dann das Vergnügen machen Sie zu besuchen. Ich gedachte früher mein Büchlein bey dieser Gelegenheit überreichen zu können, aber ich musz nun doch
mit leeren Händen kommen. — Sehr hat michs gefreut,
dasz Ihnen mein Schwabenbüchlein gefallen hat. Dasz Sie
es dem Bürgercapitain sogar vorziehen würden, hatte ich
mir nicht einfallen lassen — ich fürchtete immer, es wäre
nur so eine Narrheit von mir; oder eine Wirkung meiner
Vorliebe für jenes Land. Nun sehe ich doch, dasz Bauren-
witz auch bey Ihnen was gilt, u. mehr als Pflastertreter- u.
Philisterwitz. Ich habe ihn wenigstens auf meinen Fusz-
reisen in Wirthshäusern u. sonst immer viel frischer u. er-
quicklicher gefunden als Stadtwitz. Sollten Sie Lust tragen,
die Sprache der guten Schwaben auch mit leiblichen Ohren
zu vernehmen, so steht Ihnen mein Mund, der nach dem
Kennerurtheil meiner Mutter den Dialekt in seiner ganzen
Breite u. Pracht darstellt, zu einer Probe zu Diensten. Mit
Verehrung u. Liebe der Ihrige H. Hupfeld. — N. S. Haben
Sie was nach oder aus Indien zu bestellen? Ich hatte im
vorigen Jahre einen Engländer bey mir, dessen Bruder ein
Ostindierfahrer ist, und kürzlich bey mir anfragen liesz, ob
er mir etwas von dort mitbringen könne? Im Juny geht
er ab. Vielleicht wäre das eine gute Gelegenheit für die
Herren, die sich unlängst über ihre indischen Studien gegen-
seitig explicirt haben."

15. Hupfeld an J. Grimm.

„Verehrter Freund! Hier einstweilen eine ganz kleine
Gabe für Sie und Ihren Herrn Bruder (besondre Abdrücke
von ein paar Abhandlungen in den Jahrbüchern der Philologie [Über den gramm.-hist. Werth d. bessern deutschen
Volksmundarten, hinsichtl. d. Bewahr. d. wichtigsten in d.
Schriftspr. untergegang. Vocalunterschiede in Jahns Jahrb.
f. Ph. u. Päd. 1829 Heft 3. — ‘Von d. Natur u. d. Arten d.
Sprachlaute‘ ebendas. Heft 4.] etc., die ich mir zum Ver-
schenken an Freunde habe machen lassen), bis ich endlich im Stande bin auch einmal etwas, was einigermaszen
einen Körper hat, zu geben. Es verzögert sich damit
länger als ich je gedacht hätte. Meine Natur hat
eine zu entschiedene Neigung sich in Einzelheiten zu

vergraben und resp. zu verirren...... So ist denn seit
fast einem Jahre meine hebr. Gramm. noch auf dem alten
Fleck mitten im Druck stehen geblieben, weil ich ein paar
früher übersehene Lücken ausfüllen wollte; die mich allmählich in die weitschichtigsten theils philosophischen
theils literarhistorischen Untersuchungen verwickelt haben,
aus denen ich noch nicht ganz heraus bin. Ich habe mich
Monate lang mit dem Wesen des Accents und seinem Verhältnisz zu den verwandten Begriffen der Quantität, Modu-
lation, Rhythmus beschäftigt, dann Monate lang den Schlüssel
der berüchtigten hebr. Accentuation gesucht, dann dem
Ursprung und Bildung unsrer masorethischen Glossen in der
Bibel, endlich dem unsrer Versabtheilung etc. nachgeforscht,
und ich bin noch jetzt in Folge dieser letztern in Verfolgung der Interpunction und Sinnabtheilung in unsern
ältesten sowohl morgenländischen als abendländischen Denkmälern begriffen — lauter Untersuchungen, die zu den
feinsten u. schwierigsten im philosophischen u. lit. historischen
Gebiete gehören, die aber ein Anderer in Verfolgung eines
gröszern Zwecks nur leicht berühren und das Unerforschte
bei Seite liegen laszen würde. Das ists eben was ich nicht
kann, und was ich noch lernen musz. Zwar habe ich auf
diesem Wege manchen Fund gethan, manches alte Räthsel
mir aufgeklärt, und manchen Genusz gehabt den das Finden
gewährt (am stolzesten bin ich gewesen als sich mir das
rhythmische Gesetz in seiner ganzen Allmacht aufthat, wie
ich es nun aus unsrer innersten Lebensquelle sich ergieszen
sah und mich auf seinen stolzen Wogen wiegte); aber ich
habe mirs doch dabei nicht verbergen können, dasz solche
extemporirte Untersuchungen, in die man zufällig und un-
willkührlich verwickelt wird, mit weit mehr Zeitverlust verbunden sind, als wenn man mit Vorbedacht, planmäszig
und wohlgerüstet daran geht. Mein Trost ist dasz daran
auch literarische Unerfahrenheit ihren groszen Antheil hat,
also die Versuchung sich mit zunehmender Bekanntschaft u.
Erfahrung in der Literatur von selbst mäszigen wird, auch
wird ja wohl die Kraft der Selbstbeherrschung und Beschränkung desto mehr eintreten je mehr man sich orientirt,
und so der Spruch: was man in der Jugend wünscht hat
man im Alter genug, auch an mir in Erfüllung gehen....
Wir haben diesen Winter bei einer und der andern Gelegenheit viel und lebhaft von Ihnen gesprochen. Obgleich
bei dem gegenwärtigen Zustand der Dinge in unserm Vaterland Alle leiden, und daher der Einzelne im Gefühl des
allgemeinen Elends seine eigne Kränkung leichter ver-
schmerzt, so hätten wir Sie doch in unsrer Indignation gern

augenblicklich und bis auf bessere Zeiten in ein etwas freundlicheres Klima versetzt, und ich für meine Person war so determinirt dasz ich auch gleich den Ort wuste wohin ich Sie bringen wollte, nämlich Göttingen (denn den Berlinern gönne ich Sie nicht). Haben Sie gar keine Neigung zum Professorleben? (Ich meinestheils möchte nicht existiren ohne die Gelegenheit das auszusprechen was mir die Brust bewegt, besonders da mir die Feder so langsam geht). Genug, auf welche Weise es auch sey, wir dürsten nach einer Satisfaction für Sie an dem undankbaren Vaterland, und so denken grade diejenigen, die sich dieses Mitbürgers bisher am meisten freueten. — Mit dem Hofr. Suabedissen geht es leider immer schlechter, und ich kann mir die traurige Aussicht nicht mehr verhelen, dasz er nicht mehr lange unter uns weilen wird. Er ist so schwach dasz er längst nicht mehr ausgehen kann, und ich zweifle ob er seine Vorlesungen wird wieder anfangen können, ob er es gleich bis zum Schlusse des Winterhalbjahrs erzwungen hat. Seine Familie scheint noch ohne Arg. — Sie haben doch wohl nicht die Martianaysche Ausgabe des Hieronymus auf der Bibliothek? In dem Fall würde ich um den 1. Band bitten, den ich im Begriff bin von Göttingen zu verschreiben. So auch Jos. Mar. Carus (Card. Tommasi) Psalterium. Rom 1683. u. 1697 u. in Tommasis Werken. — Mich Ihrem fernern Wohlwollen empfehlend ganz der Ihrige Hupfeld. M. 13. Apr. 1829."

16. J. Grimm an Hupfeld.

„Verehrter freund, ich habe Ihren brief vom 13 april durch die saumseeligkeit der Kriegerschen buchhandlung erst den 27ten erhalten und bin vorige Woche durch eine augenentzündung gehindert worden zu lesen und zu antworten. Denn allerdings hätte ich Ihnen auf der stelle melden sollen, dasz wir weder die verlangte ausg. des Hieronymus noch des Tommasis psalterium auf der bibl. haben, damit Sie nicht unnötig warten, ehe Sie darum nach Göttingen schreiben. — Ihre beiden abhandlungen habe ich mit groszer freude und belehrung gelesen. In der ersten entwickeln Sie die elemente der sprache scharfsinnig und viel feiner und genauer, als ich es an dem bloszen deutschen konnte. Bei einer umarbeitung des ersten theils meiner grammatik (wovor mir ordentlich bange wird,) will ich groszen vortheil daraus ziehen. Sie gehen fast zu gut mit mir um, indem Sie mich nur da anführen, wo Sie mir beifallen können, nicht aber da, wo Sie mich tadeln müsten. Was die consonanten betrifft, so glaube ich hätte sich aus näherer berücksichtigung der slavischen sprachen noch einiges schöpfen laszen, freilich nicht zur berichtigung des reinen semitischen ursystems, sondern zur erforschung der späteren modificationen. — Erfüllen Sie ja Ihr versprechen und schreiben Sie gegen Bloch, dessen buch mir auch nicht behagt hat. Wie mag man der altgriech. aussprache zutrauen, dasz sie ihre schöne mannigfaltigkeit von lauten nicht wirklich beseszen, sondern etwa nur geschrieben habe? Die neugriech. pronuntiation kann darüber sicher nicht entscheiden. Ist doch auch die uns jetzt schwer erreichbare vermählung des accents mit dem princip der quantität untergegangen. Und wir sehen, was aus der deutschen aussprache geworden ist, verglichen mit der alten. Zwei fühlbare bedürfnisse sind noch da, eine ordentliche grammatische untersuchung der celtischen (galischen) sprachen und eine gelehrtere entwickelung der romanischen aus dem latein. Raynouard hat für letztere viel zu wenig geleistet. — Es hat mich in Ihrer zweiten abhaudlung überrascht, wie tief Sie in das deutsche eingegangen sind. Von der hessischen mundart weisz ich gar wenig, weil ich nie in das land gekommen bin. Ihr gedanke, dasz man jedem volksdialect, um über ihn aufs klare zu kommen, seinen mittelpunct aufsuchen müsze, scheint mir schwierig in der ausführung. Gibt es überall solche bezirke, so kann das nicht zufällig sein, sondern musz sogar zu historischen folgerungen über die völkerstämme führen. Ich lasze mir aber alle versuche und beispiele gefallen. — Kein zweifel, der organismus oder die echtheit der laute und formen ist in unserer heutigen sprache vielfach gestört und getrübt. Ich weisz aber nicht, ob sich jetzt noch etwas bedeutendes ändern und zurückbringen läszt. Es scheint, dasz der geist der menschen und die zeit beide darauf hinarbeiten, die sprache undurchsichtiger zu machen. Man kann sagen, zugleich herber und milder. Oft bricht ein neuer wohllaut an einer andern ecke heraus. An sich klingt uns der unechte diphthong, wie sonst der echte und ein gewisses gleichgewicht stellt sich immer leidlich her; ja es können artikel, hilfswörter und alles geschleppe, wovon die alte sprache nichts weisz, eine gefüge gefälligkeit bewirken, wozu sich die verlornen sinnlicheren lautverhältnisse nicht mehr recht schickten. Ein freund der alten sprache darf das auch so ausdrücken: unsere heutigen armen flexionen sind der alten schönen laute nicht mehr werth. — Die beiden neusten lustspiele des Würtenbergers sind mir viel geringer vorgekommen, als die vorausgegangnen, obgleich noch viel schönes angebracht ist, z. b. die treffliche letzte scene des handstreichs.

— Ihre freundschaftliche theilnahme an dem, was mich persönlich betroffen hat, musz mir wohl thun. Mich hält hier nichts zurück auszer mir selbst. Ich bekenne indessen, dasz alles mögliche geschehen ist um mir meinen dummen patriotismus auszutreiben. Die wenigen, die mich zurückhalten würden, vermögen gar nichts, und die etwas vermögen, werden mich ohne mühe und selbst mit vergnügen fortlaszen. Es hätte aber noch weit ärger kommen können, als es gekommen ist, und hatte alles ansehen dazu. — Ihre nachricht von dem guten Suabedissen ist betrübend; der leidige trost, dasz er sich schon öfter aus einem fast verzweifelten zustand erholt hat, kann die länge auch nicht mehr hinhalten. — Wilhelm grüszt Sie mit mir auf das herzlichste. Gr. C. 9 Mai 1829.“

17. J. Grimm an Hupfeld.

„Cafsel 21 dec. 1829. Zu guter letzt, lieber freund, sende ich Ihnen meinen herzlichen scheidegrusz aus Cassel. Der entschlusz dem geliebten vaterlande zu entsagen ist uns schwer geworden; allein wir waren zu empfindlich gekränkt, ohne aussicht, es hier unser lebenlang weiter zu bringen und die luft hatte, auch wenn alles übrige geboten worden wäre, etwas beengendes und drückendes. Niemand unter meinen freunden und bekannten verdenkt es mir daher, so und nicht anders gehandelt zu haben, und Ihrer billigung war ich schon voraus sicher, da Sie mir, es ist noch kein halbes jahr, selbst riethen wegzuziehen und weissagend sogar den ort angaben, wohin. Ob ich nun dort der erwartung, die man sich von mir macht, entsprechen kann, mag die zukunft lehren, an redlichem willen mangelt es mir nicht; ich wollte aber das probejahr wäre schon überstanden und ich werde meine volle last bekommen, da ich eben auch den dritten band meines buches ausarbeiten musz; es sind schon zwölf bogen gedruckt. Der abschied wurde uns hier auf der stelle ertheilt. Sechs wochen später, nachdem längst alles in Hannover richtig gemacht und unsere ernennung der universität angekündigt war, erfolgte ein unerwarteter versuch, uns zurückzuhalten, ich weisz nicht, durch welche art von überlegung veranlaszt. War es ernst damit, so verfuhr man sehr linkisch; sollte es im publicum nur irgend einen schein hervorbringen, da man fast sicher war, dasz wir nicht gegen alle pflicht und ehre, wieder abtrünnig werden würden, so schmerzt es mich, auch diese erinnerung mitzunehmen. — Hier haben sich viele, zum theil sonderbare leute zu dem Schlüszel für die nun seit zwei monaten gesperrte bibliothek gemeldet. ich höre, dasz man mit Börsch in Marburg, und

nun auch mit Bernhardi in Löwen (aber einem gebornen
Zierenberger) unterhandelt. — Erhalten Sie mir Ihre freundschaftliche gesinnung, in zwei oder drei tagen reisen wir
mit sack und pack ab. Stets der Ihrige Jac. Grimm. —
ich bitte die einlage abzugeben; auch an prof. Bickell
meine herzl. empfehlung.“

18. Hupfeld an J. Grimm.

„Marburg 29. Dec. 1829. Verehrter Freund! Das hätte
ich nicht vermuthet, dasz meine Weissagung oder vielmehr
der Wunsch meines zornigen Herzens so bald und so genau
in Erfüllung gehen würde! Meinen herzlichen Glückwunsch
zu Ihrer Befreiung aus dem schwülen drückenden Dunst-
kreis Ihrer bisherigen Stellung! Freilich sollte ich nicht
jubeln über einen Verlust den das Vaterland leidet: aber
dieses arme von Barbaren beherrschte Vaterland ist es
schon gewohnt seine besten Söhne austreiben zu müszen,
weil es sie auf die Länge nicht mehr nähren und pflegen
kann — grade die Söhne die am ungernsten gehen. Das
ist einmal der Fluch der auf diesem Lande ruht, dasz es
sein bestes hergeben und fast nur für die Fremde erziehen
musz — alle wiszen nicht anders und bescheiden sich dasz sie
wie Savoyarden und Piemontesen ihr Glück auswärts suchen
müszen. Und das thut auch am Ende nicht viel, da man
immer im deutschen Vaterlande bleibt, wenn man nur der
Heimath im Herzen treu bleibt. Dasz Sie dies thun und
dem Vaterlande nur mit Schmerz entsagt haben, hat mich
besonders gefreut u. erhoben. Auch ich bin ein guter Hesse.
u. bin stolz auf mein Vaterland u. mein Volk. Wie un-
scheinbar es seyn mag, es ist ein edles Land, das — von
keinem Strahl fürstlicher Gnade erwärmt, in rauhem
Himmelsstrich — doch so fruchtbar an tüchtigen Männern
ist, und unermüdet, wie eine treue Mutter sie für Andre
grosszieht. Ob ich gleich oft recht auf unsre Hessen schelte,
wegen ihrer Apathie und tiefen Prosa, so wird es doch nicht
leicht noch einen deutschen Stamm geben wo so viel Be-
sonnenheit und gesundes Urtheil sich findet, und so viel
Tüchtigkeit ohne Grimasse (um mit Ihrem sel. Vorfahr,
dem alten Strieder zu reden), die einen in Sachsen, Preuszen
u. anderwärts so anwidert. — Dasz Sie unsern Grenzen so
nahe sind, ist recht tröstlich: man kann sie nun fast noch
eben so leicht besuchen als in Kassel — Suabedissen meint
sogar leichter, weil dem Kassel zuwider ist. Ich habe
nun einen Antrieb mehr, auch einmal Göttingen zu sehen;
was nun — nachdem ichs immer wieder aufgeschoben —
künftige Ostern ganz gewisz ausgeführt werden soll. Ich

bin begierig zu sehen wie Ihnen das akademische Leben
zusagt — denn wie ich aus der Frankf. OPA Zeitung ersehen habe, sind Sie auch in meinen Orden getreten, worüber
ich mich sehr gefreut habe. Ich habe immer gedacht, das
Katheder müsse Ihnen wohl anstehen, und es müsse Ihnen
Freude machen nicht blosz durch das todte Wort sondern
auch durch das lebendige zu wirken. Freilich ist dieser
mündliche Wirkungskreis beschränkter, und man musz sich
weit mehr herunterlaszen als im Buch, hat auch wohl mit
Stumpfheit eine Zeitlang seinen Kampf: aber es ist doch
auch ein eigner Genusz eine junge Welt endlich beseelt u.
begeistert zu sehen, und eine lebendige Pflanzschule und
Tradition zu gründen — die Rückwirkung einer solchen
Gemeinschaft auf den Lehrer gar nicht einmal zu rechnen!
— Der irritus conatus Sie zu halten hat uns, Bickell u. mich,
nicht wenig gewundert, nachdem wir gehört hatten dasz
Seren. die Gelegenheit Leute die so wenig nach seinem
Geschmack waren los zu werden mit einiger Hastigkeit
benutzt hatte. Was sagen Sie dazu dasz mir Ihre Stelle
angeboten worden ist? Die Versuchung wäre vielleicht in
spätern Jahren reizend für mich gewesen (abgesehen von
den Hofverhältnissen): aber jetzt ist mir das Lehren noch
zu sehr Bedürfnisz, u. meine Lehrerlaufbahn kaum erst
recht im Beginnen, als dasz ich nicht sogleich entschlossen
gewesen wäre sie abzuweisen. Ich habe Börsch lebhaft
empfohlen (der meiner Meinung nach ganz dazu paszt)
und bin begierig ob es was helfen wird. — Sie werden sich
wundern diesen Brief durch Prof. Ewald zu erhalten. Er
hat mich neulich mit einem Brief überrascht, worin er sich
zwar über mich beschwert, aber sich doch ein weiteres frei-
müthiges Urtheil über seine kleinere Gramm. ausbittet.
Ein Zeichen dasz ich ihm doch nicht so sehr Unrecht gethan haben kann, weil man sich dergleichen eben nicht
zum zweitenmal erbittet. Ich habe diese Gelegenheit benutzt mich über meine ganze wissensch. Stellung zu ihm zu
erklären, um mich wo möglich mit ihm zu verständigen.
(ich fürchte nur meine Weise ist ihm zu derb freimüthig,
und ich werde ihn wohl abgeschreckt haben sich mit mir
einzulassen.) — Möge Ihnen Ihr neuer Wohnort u. Wirkungskreis an Leib u. Seele zuschlagen [!], und einigermaszen die
Belohnung gewähren die das Vaterland unter den jetzigen
Umständen nicht geben konnte! Vergessen Sie nicht in
der freundlicheren Fremde des armen schlichten Vaterlandes, dessen Stolz Sie sind, das Sie mit Schmerzen ent-
läszt, aber sich freut den hessischen Namen an einer berühmten Stätte durch Sie verherrlicht zu sehen! Gedenken

Sie unter Ihren hessischen Freunden fernerhin auch dessen
der Ihnen u. Ihrem Herrn Bruder von Herzen zugethan ist.'
                                                H. Hupfeld.
N. S. Ich habe den Jo. Morinus exerc. bibl. nebst
andern Büchern, die ich von der Göttinger Bibliothek hatte,
im October mit der Post abgeschickt, aber keine weitere
Nachricht von ihrem Schicksal: sie sind doch wohl richtig
angekommen? — Mit Snabedissen gebts wieder recht
schlimm seit Anfang dieses Monats. In wenig Tagen war
er wieder auf dem alten Puncte vom vorigen Frühjahr."

19. Hupfeld an J. Grimm.

„Marburg 4. März 1830. Hier, verehrter Freund, wieder
ein k l e i n e s Büchlein von mir, statt des lang versprochenen
gröszern, das aber nun (freilich für die lange Zeit die
daran gedruckst wird ziemlich dünn aussehend) bald
nachfolgen wird — ich habe mich nämlich entschlossen die
Schriftlehre der hebr. Sprache (die eigentlich nur die
erste Hälfte der Elementarlehre ausmacht) vorläufig an
ein Pfand des übrigen allein ausfliegen zu lassen [als erstes
Theils erstes Heft seines kritischen Lehrbuchs d. hebr.
Sprache u. Schrift Marb. b. Krieger], um nur einmal
eine Epoche in meiner sauern Arbeit zu bekommen. —
Nun es wird ja auch für mich die Zeit der Erndte wohl
noch kommen. Ich möchte freilich manchmal vergehen
vor Ungeduld u. Eckel, wenn ich mich herumschlagen musz
mit wahren Gespenstern und meine Kraft daran zersplittere,
während platte Gesellen sich breit machen und das grosze
Wort führen, die ich ganz aufs Maul schlagen könnte wenn
ich meiner überströmenden Brust nur Luft machen könnte.
Es häuft sich durch diesen gezwungenen Zustand eine Galle
in mir an, die nicht ermangeln kann sich bei Gelegenheit
recht bitter zu entladen, und die mir einmal (wenn ich
erst mehr freie Hand bekomme und mich öfter äuszere)
noch viel Verdrusz machen wird. Ich freue mich sehr der
herannahenden Ferien, weil ich mir vorgenommen habe Sie
in Göttingen zu besuchen.... Bickell der vielleicht noch
etwas für Sie beilegen wird, wird wieder nach Paris wall-
fahrten, wohin auch Biener u. Raumer von Berlin in diesem
Augenblick hier durchreisen. Ich werde den Gang auch
noch einmal thun, aber erst dann wenn meine Bildung so
weit ist dasz mir die groszen Bibliotheken mehr nütze sind.
Die literarhistorische Richtung fängt aber jetzt erst bei
mir an sich mit Macht zu entwickeln, da bisher die specu-
lative zu vorherrschend war. — Mit Ewald bin ich wieder
nach einigem Briefwechsel auseinandergekommen. Es war

ihm blosz um eine Ehrenerklärung von mir zu thun, um
die Autorität seiner hebr. Grammatik von meinem ihm
lästigen Widerspruch zu befreien. Er sprach zwar viel von
heiligem Wahrheitsstreben u. dgl., aber ich habe ihm zu
erkennen geben wie wenig ich auf diese Redensarten halte.
Es gefiel mir von vorn herein nicht dasz er sich an mich
wandte, wenn er (wie sich bald nur zu sehr zeigte) gar
nichts von mir angenommen hatte, und sich in allen
Stücken für gravirt hielt. Ich weisz nicht wie unsre meisten
jungen Leute jetzt sind: so viel Eitelkeit u. Ehrgeiz, u. doch
so wenig wahres Ehrgefühl u. Würde! Da sind auch so
ein paar leipziger Grössen in unserem Fach, die unter der
Hand — wie man gewahr wird — wahre Kriecher sein
können. Ewald scheint mir ein junger Fant zu sein dem
seine Successe in der Wissenschaft zu Kopfe gestiegen sind,
weil ihm der Geist der Selbstkritik noch wenig an seinen
Einfällen (wie sie jeder gute Kopf reichlich hervorbringt)
verdorben hat, u. ihm der Beifall des groszen Haufens
für das Ziel gilt. Ich habe ihm gesagt, das sei eine gemeine Eitelkeit sich mit deren Beifall zu kitzeln: man musz
einen höhern Ehrgeiz haben u. um den Beifall der ersten
seines Fachs ringen. Er will nun eine Antikritik schreiben,
womit ich mich auch ganz zufrieden erklärt habe, u. auf
die ich schwerlich etwas antworten werde, wenn er mir sie
nicht etwa zuschickt, was ich ihm vorgeschlagen habe, mit
dem Erbieten was ich milderndes u. anerkennendes wüste
beizusetzen.... N. S. Prof. Bickell, der sich Ihnen empfehlen
läszt, hat mir beiliegendes theils für Sie theils zur gütigen
Besorgung gegeben."

20. J. Grimm an Hupfeld.

„Göttingen 13 merz 1830. Während ich mir schon heim-
liche vorwürfe machte, verehrter freund, auf Ihren brief
vom 29 dec. nichts erwiedert zu haben, beschämen Sie mich
durch einen neuen. Ich bin hier noch nicht recht wieder
in meinen fugen und der hauptgrund liegt mit in der be-
engten wohnung, die wir jetzt einstweilen einnehmen. nach
Ostern werden wir in die eigentliche einziehen und die
nachricht von Ihrem besuch würde mich noch mehr gefreut
haben, wenn ich Ihnen schon in der letztern ein gastzimmer
hätte bereit halten dürfen. Dies versteht sich wenigstens
für künftige fälle. — Ich danke für die übersandte abhandlung. Soviel ich beurtheilen kann, was darin ver-
handelt wird, musz ich Ihrer ansicht beistimmen; das aber
fühle ich ganz klar, mit welchem innerlichen drang Sie
schreiben. Aus dieser bewegung hoffe ich wird einmal ein

ruhiges und bedeutendes werk hervorgehen. Gegen Ewald
mögen Sie in dieser sache recht haben. Ihn dachte ich
mir persönlich ganz anders, ich glaubte einen sehr deter-
minierten jungen mann zu finden, wie er sich in seinen
recensionen ausspricht. Er redete ganz schüchtern und sah
kränklich aus, ihrer wurde bei dem ersten antrittsbesuch
gar nicht gedacht. Später kam er zu mir und brachte
Ihren brief, wurde aber in seiner explication durch andere
besuchende, die dazwischen kamen, gestört. Seitdem habe
ich ihn nicht wieder gesehen, eben weil ich meine, dasz ich
in der Sache doch nichts vermitteln kann: Mag er Ihnen
in manchen puncten der hebr. gramm. blöszen geben; so
kommt mir Ihr rückhaltloses urtheil darüber doch fast zu
hart vor. So weit ich hier höre, steht Ewald bei allen in
achtung und seine vorlesungen werden zahlreich besucht.
Er ist von armen eltern und soll als schüler und student in
ihrer kleinen stube und bei ihrer spärlichen lampe alles
erlernt haben. Jetzt geht es ihm beszer, und seit einem
monat ist er mit einer tochter des hofrath Gaufs verlobt.
Nehmen Sie sich also vor zürnenden gestirnen in acht! —
Von meinem dritten theil sind erst 300 seiten gedruckt;
ich kann jetzt wirklich nur langsamer daran fort arbeiten,
die bibliothek nimmt mir mehr zeit weg, als ich wünsche,
und es fehlt nicht an andern abhaltungen, über die ich in
Cassel hinaus war. Das alles musz sich erst setzen, ehe ich
gründlich vortheil und nachtheil abwägen kann: Ich wollte
mit einer vorlesung über Otfried beginnen, aber die erwartete Graffische ausgabe wird erst den sommer erscheinen
und nichts anders kann man den zuhörern in die hand
geben. Also müszen mir die rechtsalterthümer zuerst aus
der noth helfen, die ich noch ziemlich im kopf habe. —
Aus München habe ich vor einigen tagen aushängebogen
der längst ersehnten Evangelienharmonie, die aber unter
dem passenderen titel Heliand (salvator) herauskommt, erhalten. Ein alliterierendes gedicht des neunten jh. und
überaus lehrreich. Ich bin voller freuden darüber. — Meinen
schönsten dank an Bickell für die berichtigung der würz-
burger glossen, ich wünsche ihm vergnügte reise. Hugo
meint er werde bald die längste zeit zu Marburg gewesen
sein. — Mein bruder grüszt; mündlich bald mehr. Ihr
Jacob Grimm.“

21. Hupfeld an J. Grimm.

„M. 3. Sept. 1830. Verehrter Freund! Hier die Fortsetzung der früher überreichten kleinen Gabe. Leider ist
gröszeres das ich bereite, noch immer nicht fertig. Doch

wird eins davon hoffentlich in den nächsten Monaten unter
dem Preszbengel hervorkommen. Dann will ich mich einmal mit meinen Sachen dem Hrn. von Humboldt präsen-
tiren — etwa durch Ihre Vermittelung. Mit Bopp bin ich
neulich durch persönliche Bekanntschaft in Verbindung gekommen. Wahrscheinlich verdanke ich Ihnen diesen Besuch:
denn er brachte mir einen Grusz von Ihnen. Sein Sie
schönstens bedankt dafür, und weisen Sie mir mehr solche
Bekanntschaften zu. Er schenkte mir seine letzte Abhandl.
über die Vergleichung des Sanskrit, auf deren Studium ich
mich freue. — Ich bin sehr begierig zu hören wie Ihnen
der Katheder zusagt. Bisher habe ich noch nichts darüber
in Erfahrung bringen können. Meine Absicht Sie diesen
Herbst in G. zu sehen wird zu Wasser. Wird Ihr Herr
Bruder uns nicht (wie ich neulich von Suabedissen hörte)
vielleicht auf dem Durchfluge nach Steinau erfreuen?
Mit Suabedissen hat es diesen Sommer sehr schlecht gegangen. Keine der doch im vorigen Jahr von Zeit zu Zeit
sich einstellenden Ebben ist diesmal eingetreten. Doch liest
er mit Unterbrechungen u. unter groszen Leiden fort. Es
ist ein wahrer Jammer. — Inlage bitte ich an Ewald zu
senden. Grüszen Sie die Ihrigen herzlich und leben Sie
wohl: Der Ihrige Hupfeld."

22. J. Grimm an Hupfeld.

„Gött. 24. Nov. 1830. Mit einer gelegenheit übersende
ich beifolgendes programm [Hymnorum veteris ecclesiae XXVI
interpretatio Theodisca nunc primum edita Gött. 1830 4.],
nicht weil ich mir denke dasz es Sie besonders interessiert,
sondern weil Sie mich so freundschaftlich mit Ihren auf-
sätzen, die mehr werth sind, beschenken. Vielleicht komme
ich ein andermal auch mit etwas besserem nach. Es ist
keine zeit da mehr hinzu zu setzen, leben Sie in diesen
vielfach bewegten tagen so vergnügt als es geht und
grüszen mir Bickell Von herzen Ihr Grimm. — einlage an
Justi bitte zu besorgen."

23. Hupfeld an J. Grimm.

„Marburg 12. Dec. 1830. Verehrter Freund! Herzlichen
Dank für das Geschenk womit Sie mich in der vorigen
Woche erfreut haben. Dasz es Interesse für mich
haben werde, dürfen Sie nicht zweifeln. Für jeden Deutschen dem die Ueberlieferungen seines Volks werth sind,
müssen die Früchte Ihrer Studien Interesse haben; wie viel
mehr für einen Philologen von Profession! Es ist der erste
althochdeutsche Text der — abgesehen von einer kleinen

Schrift Lachmanns — in meinen Besitz kommt. — Meine
Zusendungen machen durchaus keinen Anspruch auf Erwiederung, sie gehen lediglich von dem einem jungen
Manne natürlichen Triebe aus nach einem Kampfe den man
ehrenvoll bestanden zu haben glaubt (und Sie wissen schon
wie heisz und sauer sie mir werden), sich einem verehrten
Meister zu zeigen und die Degenspitze vor ihm zu senken,
zufrieden wenn er einen theilnehmenden Blick darauf wirft.
Wollte Gott dasz Sie vermöge Ihrer Studien Kampfrichter
sein könnten: aber leider sind die Gegenstände an die ich
durch eine Bizarrerie meiner Natur meist gerathe von so
beschränktem Interesse u. dorniger Natur dasz ich selbst
unter den Männern vom Fach nur auf äuszerst wenige
Leser und auf noch weniger competente Beurtheiler rechnen kann. Mein Trost ist, dasz meine Stimme doch bei
einzelnen derjenigen Männer um derer willen es allein sich
der Mühe verlohnt zu schreiben, nicht überhört werde,
folglich nicht wirkungslos verhallt. Diesen Trost haben
Sie mir vornehmlich bisher durch Ihre freundliche Theilnahme gewährt und ich musz Ihnen nur gestehen, dasz Sie
mir beim Arbeiten oft gegenwärtig sind, und so oft ich
etwas in Ihrem Geiste gethan zu haben glaube, mir denke
wie Sie eine Freude daran haben müszten wenn ich Sie in
den Zusammenhang einführen und orientiren könnte. Auch
Bopps mündliches Urtheil hat mich vorigen Herbst gestärkt. Dagegen habe ich auf Ewald, der jetzt auf völlig
freundschaftlichem Fusze mit mir steht und sich sehr gut-
müthig u. gefällig erwiesen hat, bisher wenig Wirkung gehabt, und seine Sachen stoszen mich fortwährend, wie viel
treffliches ich im einzelnen finde und wie sehr ich die Fülle
seiner Kenntnisse bewundere, im ganzen sowohl der Form
als dem Geist nach ab, u. ich erkenne hier ein völlig dis-
parates Ingenium, das an mir, wenn ich mich noch einmal
öffentlich äuszern müszte, einen eben so entschiedenen Gegner haben würde als früher. Namentlich musz ich ihm
allen gesunden historischen Geschmack u. Sinn absprechen.
— Wie ist Ihnen denn bei den Umwälzungen der letzten
Zeit zu Muthe gewesen? Ich habe mich hier sehr bald in
einer gewissen Opposition gegen die herrschende Ansicht
befunden, die alle die Tumulte und Unordnungen grosz u.
klein als Regungen des seine Menschenrechte reclamiren-
den und eine schönere Zukunft verheiszenden Freiheitssinnes
betrachtet und mit ungetheiltem Jubel aufnahm, während
ich schon in den auf die wirklich schönen 3—4 Juliustage
folgenden Vorgängen des August zu Paris nur die pure
Anarchie (die Grundsuppe die gewöhnlich auf die erste

schöne Begeisterung des Befreiungskampfes folgt), u. in dem was darauf in andern Ländern gefolgt ist meist nur eine Nachäfferei der Pariser (wie einer Mode) zum Theil nur miserabelen Pöbelunfuge, der die Feigheit der Behörden benutzte um sich einmal ungestraft ein Gütchen zu thun, erblicken und nur mit wahrem Schrecken wahrnehmen konnte, wie schlaff die Banden der bürgerlichen Ordnung, wie ausgehölt die moralischen Grundlagen der Gesellschaft selbst in den Gemüthern der gebildeten Stände sind. Ich habe zwar schon lange in dieser Hinsicht nicht das beste Zutrauen zu unsern gebildeten Ständen u. dem unter ihnen herrschenden Liberalismus oder pol. Rationalismus, dessen revolutionäre Natur freilich die Wenigsten einsehen: aber diese Schwindelei in unserem Volk, diese pflicht- u. ehrvergessene Gleichgültigkeit gegen alle Ausschweifungen der Anarchie, die nicht einmal die Entschuldigung der Leidenschaft für sich hat, sondern blosz die Charakter- und Haltungslosigkeit unserer Zeit kundgibt, hat doch meine Erwartung weit übertroffen. Ich versichere Sie, mit Ausnahme des 15. Sept. in Kassel (wovon die Begeisterung allerdings reell und schön, der ihr vorhergehende Heroismus aber von diesem theatralischen und seine Zustände immer mit einem zu groszen Maszstabe messenden Volke hinterher sehr übertrieben worden ist) hat sich das Städtevolk in ganz Hessen, auch da wo es nicht zu eclatanten Excessen gekommen ist wie hier, auf eine solche Weise benommen, dasz ich immer heimlich erröthe wenn ich von „biedern" Hessen reden höre. Diesen Ruhm haben wir m. E. vollständig verwirkt. Gott gebe dasz die Landstände uns statt papierner Freiheiten wie sie unsere süddeutschen Landsleute sich aus den Constitutionen aller Welt copirt haben, einige lebendige kräftige Institutionen für unser verödetes aller Tradition u. Eigenheit beraubtes Volksleben schenken, worunter ich die Emancipation der G e m e i n d e n in bürgerl. wie kirchl. Hinsicht als die Grundbedingung ansehe. — Dasz ich in Folge eines Rufs nach Gieszen ordinarius in der theol. Fac. (mit Beibehaltung des Sitzes in der philos. Fac.) nebst einer vorläufigen baaren Zulage von 100 Thlr. u. der Anwartschaft einer weitern von 200 Thlr. bei der ersten Vacanz, geworden bin, haben Sie wohl schon durch Gerling erfahren. Ich weisz nicht recht, wem ich eigentl. den Ruf zu verdanken habe (ich vermuthe aber Schleiermachern in Darmstadt, der sich wenigstens gegen einen Bekannten günstig über meine äthiop. Schrift geäuszert hat). — Einen schönen Grusz von Bickell, der sich Ihres Andenkens freut, u. einige Wünsche an Ihre U.-Bibliothek auf beilieg. Zet-

teln verzeichnet hat, so wie auch ich Sie in dieser Hinsicht
zu belästigen so frei bin, da ich voraussetze, dasz Sie die
Verpackung u. Versendung einem Diener auftragen werden,
dem ich für seine Mühe etwas schicken werde, wie ich das
schon früher so gehalten habe. Empfehlen Sie mich Ihrem
Hrn. Bruder u. Ihrer Frau Schwägerin, u. bleiben Sie gewogen Ihrem getreuen Hupfeld."

24. J. Grimm an Hupfeld.

„Göttingen 20 dec. 1830. Hierbei erhalten Sie, lieber
freund, die verlangten bücher alle, bis auf das von Bickel
geforderte von Wansleb über die alex. kirche, das wir zwar
auch haben, das sich aber seiner kleinheit wegen an den
unrechten ort verkrochen haben musz, wenigstens habe ich
es mit aller anstrengung vergeblich gesucht. In der hofnung es noch hinterher zu finden will ich indessen Bickels
Schein noch aufheben. — An den groszen und schweren
zeitbegebenheiten nehme ich den eifrigsten innerlichen antheil und mache mir genug gedanken darüber. Im neusten
theil seiner röm. geschichte hat sich Niebuhr merkwürdig
ausgesprochen, er sieht aber zu dunkel, und gibt zuviel
verloren, die barbarei des 2 jh. und der völkerwanderungen
könne wieder einkehren. Was mich anbelangt, ich glaube
doch mehr an einen fortschritt des guten, vieles wurm-
stichige kann durch die ereignisse weggeschafft werden.
Das revolutionäre würde man gern von sich halten, stände
es nur im innern Deutschland kräftiger und beruhigender;
es läszt sich doch unmöglich verkennen, dasz in Braunschweig, Hessen und Sachsen heilsames erreicht worden ist,
im gewohnten gleise wäre gar nichts auszurichten gewesen, sondern es muszte in dieser etwas rauhen fractur
geschrieben werden. Gewiszermaszen läszt sichs unter
einer despotischen verfassung am sichersten und ruhigsten
leben und arbeiten, wiewohl dadurch zähheit und eintönig-
keit der gedanken auch begünstigt wird, die öffentliche
freiheit theilt dagegen den arbeiten und studien bewegung
und schwung mit, die nicht zu verachten sind. — Möge
der himmel wachen, dasz die eigenthümlichkeit unseres
volkes nicht unterliege, sondern aus solchen prüfungen
neugestärkt hervorgehe. — Ich schreibe jetzt wieder grammatik, aber etwas langsam; was Sie meisterhaft an mir
nennen, erscheint mir dabei oft als etwas gewaltig stümper-
haftes. Von Graffs Otfried sind schon drei bücher hier,
auch der altsächs. Heliand ist mir sehr viel werth. —
Dortchen und Wilhelm grüszen Sie und ich den Bickell.
Bleiben Sie gut Ihrem Jac. Gr. — in eile, $1/_2$12 uhr nachts.'

25. Hupfeld an J. Grimm.

„Marburg, 9. März 1831. Verehrter Freund! Hier
sende ich endlich die von Ihrer U.-Bibliothek geliehenen
Bücher zurück, auch das zuletzt angekommene von
A. Rémusat, welches mir von gröszerem Nutzen gewesen
sein würde wenn der darin stets angeführte Append. mit
Alphabeten und Schrifttafeln dabei gewesen wäre, der demnach noch gar nicht erschienen zu sein scheint. Meinen
herzlichen Dank für die Sorgfalt womit Sie sich meiner
Wünsche angenommen haben, wiewohl mir bei jeder Sendung — so theuer mir auch die Zeilen sind, die sie jedesmal begleiteten — der Gedanke schmerzlich war Ihnen
auch meinerseits durch solche Geschäfte, die ich bei Ihnen
sehr beklage, Ihre edle Zeit verdorben zu haben. Beil. 12
Groschen für den Diener. — Die Nachricht von der gefähr-
lichen Krankheit Ihres Herrn Bruders, die ich im Januar
durch Ewald erhielt, hat uns hier sehr geängstigt, und wir
haben sie dem guten Suabedissen, dessen Zustand höchst
elend ist und von so etwas leicht afficirt wird, verschwiegen,
bis bald darauf von Kassel aus die Nachricht von der Beszerung kam. Heute hörte ich auch dasz bereits ein Brief
von ihm angelangt ist. Wünschen Sie ihm in meinem
Namen Glück zu dieser Rettung aus so groszer Gefahr.
Möchte er uns im nächsten Frühjahr oder Sommer — je
bälder je beszer — einmal wieder hier mit seiner beleben-
den Gegenwart erfreuen: ich fürchte er darf einen solchen
Vorsatz wohl nicht mehr lange aufschieben wenn er seinen
Freund Suabedissen noch einmal sehen will. — Sie haben
inzwischen auch etwas von der „Bewegung" unserer Zeit
zu schmecken bekommen, u. zwar gerade, wie es scheint,
eine der piquantesten Manifestationen derselben. Ich hätte
die Scene wohl mögen mit ansehen, wenn ich nur den
hohlen Enthusiasmus der Philister und Strohrenommisten
ohne Aerger sich spreizen sehen könnte. Diese tolle Göttinger Revolution, deren gescheidteste Seite war dasz sie
nicht lange dauerte, hat nur zu verwünschte Aehnlichkeit
mit den italienischen Farcen dieser Art, und fürchte ich
den Ausländern wieder etwas auf Kosten des deutschen
Charakters zu lachen gegeben. Leider ist die Sache überall nicht viel beszer bestellt, u. die meisten unsrer deutschen Revolutionen, wo nicht alle (die Braunschweiger
nehme ich allein aus) würden schwerlich die Probe einer
englischen Policei, die in dergleichen Auftritten zieml.
Uebung hat, bestanden haben. Da musz man Respect vor
den Polen haben, deren Revolution mir zwar von vorn
herein höchst toll erschienen ist, die aber den Muth zeigen

die angefangene Rolle auch würdig zu Ende zu spielen,
und wirklich das zu thun was die Revolutionshelden ge-
wönlich nur im Munde führen, nämlich zu siegen oder zu
sterben. Selbst unsere Staatsmänner und Gesetzgeber glauben es käme nur darauf an dasz ein Regent liberal oder
schwach genug wäre dem Volk brav Rechte einzuräumen,
dann wäre die Freiheit gemacht, und jemehr man ihm ab-
zupreszen wisze desto vollständiger sei der Zweck erreicht.
Ich will wünschen dasz sie in unserm Lande nicht zu un-
sanft aus ihrem Traume gerüttelt werden, und die 160 §§
unserer Verfaszung aus todten Buchstaben lauter Leben
werden möchten; aber ich habe wenig Hoffnung zur Erfüllung dieses Wunsches. Das unruhige Treiben und die
Gesetzlosigkeit die man bisher mit der Ungewissheit unseres pol. Zustandes entschuldigte und die man mit dem Eintritt der Constitution mit einem Schlag beendigt zu sehen
hoffte, hat nicht nur nicht aufgehört, sondern noch zuge-
nommen, und die Bürgergarde, die ich immer als einen
Misgriff (eine franz. Schwindelei) betrachtet habe und die
bei uns der eigentliche Heerd der Unruhe war, ist nun in
völlige Demoralisation gerathen und wäre am Sonntag beinahe handgemenge miteinander geworden. Die Haupt-
anstifter sind endl. heute arretirt worden, aber mit einem
lächerlichen Aufgebot von militärischer Macht, die jetzt
die Stadt und Umgegend so stark besetzt hat, dasz man
im Kriegszustand zu sein glaubt. Wäre es Hessen allein,
so wäre es mir nicht bang dasz, bei einiger Festigkeit und
besonders Gesetzlichkeit im Verhalten der Regierung,
die Ordnung sich allmählich wiederherstellen würde, da
wirs mit keinen gewaltigen Leidenschaften und einem im
ganzen pflegmatischen Volke zu thun haben: aber wenn
ich dran denke, dasz in ganz Deutschland, ja in ganz
Europa derselbe Geist der Unruhe u. Gährung herrscht, dabei die sehr geringe moralische Kraft, die den guten Ausgang einer Krise allein verbürgen kann, in Anschlag bringe:
dann wird mirs allerdings bange für unsre nähere oder ent-
ferntere Zukunft (denn über kurz oder lang musz jedenfalls ein
Ausbruch erfolgen), u. Niebuhrs bekanntes Wort, zwar
eines schon kranken Mannes, ist nicht so gar weit von
meiner Ansicht entfernt. Auch dünkt mich dasz ein
groszer Theil des Publikums etwas von der früheren Zuversicht verloren habe u. die Sache ernsthafter zu nehmen
anfange. Was solls am dürren Holz werden, wenn am
grünen Holz von Paris die „glorreiche Revolution" wie ein
böser Wurm zu nagen anfängt? Es ist ein böses Verhängniss für Deutschland, dasz es seine Freiheitsbegriffe,

wie seine ganze sogenannte Civilisation von einem so oberflächlichen und der wahren Freiheit und Cultur unfähigen Volke wie die Franzosen übernahm und dasjenige germanische Volk bei welchem die ächten und germanischen Institutionen der Freiheit zu voller historischer Ausbildung gekommen sind, unserm Gesichtskreis zu fern liegt. Und so fürchte ich dasz wir auch eine französische Revolution durchzumachen bestimmt sind, die das leichtsinnige Volk — nach den Faseleien seiner Wortführer, namentlich der überwiegenden Majorität seiner Journale zu schlieszen — noch einmal mitzumachen leicht zu bewegen wäre."

26. Hupfeld an J. Grimm.

"Marburg 8. Dec. 1831. Ich habe Ihnen eine Nachricht mitzutheilen die Sie, da Sie an meinem Wohl und Wehe freundlichen Antheil nehmen und zugleich mit dem Suabedissenschen Hause befreundet sind, doppelt erfreuen wird. Dasz ich ein Bräutigam geworden bin mit M a r i e S u a b e d i s s e n, der ältesten Tochter S.'s. Das Ereignis ist ein so natürliches,... wenn ich daran denke dasz ich schon über 6 Jahre im S.'schen Hause aus und eingehe, schon seit mehr als 3 Jahren mit meiner Braut in einem nähern freundschaftlichen Verhältnisse stehe, sie auf's genauste kenne, das edelste Herz mit seinem ganzen unendlichen Schatz von Liebe u. Liebenswürdigkeit offen vor mir ausgebreitet sehe.... Nun Gott gebe, dasz ich noch nicht ganz zum Ehemann verdorben bin, und meine gute Marie glücklich mache, was mein ernstlicher Vorsatz und ein fast noch älterer Gedanke als meine Liebe zu ihr ist. Da ein Professor, besonders wenn er ein neues Colleg liest, im Laufe des Halbjahrs nicht gut Hochzeit machen kann, so werden dazu die nächsten Osterferien abgewartet werden. Meine Braut hat mir noch vorhin die herzlichsten Grüsze an Sie, Ihren Herrn Bruder u. Frau Schwägerin aufgetragen. Auch Suabedissen läszt grüszen u. wird nächstens selbst schreiben. Es geht, nachdem es vorigen Sommer sehr schlecht mit ihm gestanden hatte, seit September bewunderungswürdig beszer mit ihm.... Dasz die Landstände unsrer Universität einen Zuschusz von 12—15000 Thlr. verwilligt haben, werden Sie in den Zeitungen gelesen haben.... Mir scheint es für unser Land aller Ehren werth, und ich glaube dasz damit, wenn sie weise vertheilt und angewendet werden, sich etwas tüchtiges aus der Univ. machen läszt..... Was die Hauptsache ist, die vorhandenen Lücken mit tüchtigen L e h r e r n zu besetzen, durch zweckmäszige Berufungen und

Pflege einheimischer Talente, damit wird es, fürchte ich.
den alten Gang nehmen, so lange das Ministerium, als eine rein
mechanische Geschäftsbehörde, dergleichen Angelegenheiten
wie alle andren auch durch Senats- u. resp. Facultäts-
berichte entscheiden läszt, und es an einer sachkundigen
Universitätscuratel gebricht. Sie sollten nur einmal unsre
Facultäts- u. Senatsdeliberationen über solche wichtige
Gegenstände anhören oder lesen: ich versichere Sie die
Urtheile und Motive der Mehrzahl geben denen bei der
Schulmeisterwahl in Blindheim um kein Haar nach. Wenn
ein gedeihliches Resultat dabei herauskommt, so ist es ein
purer Zufall. Doch bin ich bis jetzt in beiden Facultäten,
der philosophischen u. theologischen, glücklicher gewesen
als ich je gehofft. In der philos. ist hauptsächl. ein Phi-
lologe zu berufen und da wird auszer L a c h m a n n in
Berlin (was ich freilich für thöricht halte, da L. über die
Zumuthung lachen wird von B. nach M. zu gehen) der
junge D. H e r m a n n in Heidelberg vorgeschlagen werden,
welches ich in jeder Hinsicht für eine passende Partie für
uns halte. Auszerdem wird R u b i n o von Kassel herkommen, der bereits ein Expectanzrescript vom J. 1829 hat. den
aber die Univ. nur als Privatdocent (mit Gehalt) zulassen
will, bis die staatsrechtl. Frage weg. der Juden entschieden
ist, u. R. sich auf dem ak. Katheder gezeigt hat. Die Philologie scheint demnach künftig hier gut besetzt zu werden. In der Theologie ist es mir gelungen den Vorschlag
d e W e t t e's, dem sie im Grunde alle abhold sind, primo
loco durchzusetzen. Ob aus der Berufung etwas wird, ist
freilich noch sehr problematisch. Die Idee ist unter unsern
Studenten schon seit vorigem Winter im Gange und würde.
dünkt mich, wenn sie gelänge allgemein einen guten Eindruck machen, unsrer abgestorbenen Facultät aber eine
eigentl. Seele geben. — Herzliche Grüsze an Ihren Herrn
Bruder! Wird er uns denn nicht bald einmal wieder mit
seiner Gegenwart erfreuen? Alle freuen sich darauf. —
Ich wollte an Ewald ein Briefchen beilegen u. ihm meine
Verlobung bekannt machen, aber die Zeit ist mir jetzt zu
kurz: wollten Sie wohl bei Gelegenheit ihn von mir
grüszen und ihm die Nachricht mittheilen?"

27.   J. G r i m m a n H u p f e l d.

„Göttingen 13 dec. 1831. Auf eine so erwünschte mittheilung musz man es nicht machen, wie ich sonst mit meinen antworten, sondern seine freudige theilnahme gleich zu
erkennen geben. Also herzlichen glückwunsch; wir kommen einander durch diese verbindung noch näher, denn ich

achte Ihren schwiegervater und seine familie schon lange
sehr hoch, obgleich Wilhelm genauer mit ihnen bekannt
geworden ist. Grüszen Sie Ihre braut von mir, von Wilhelm und von Dortchen und sagen ihr, wie aufrichtig wir
uns freuen. Auch die frohe nachricht dasz sich Suabedissens gesundheit erholt hat uns wohlgethan. — Ich habe
eine vergnügte und erquickende herbstreise gemacht, nach
welcher das hiesige enge und einförmige leben mir noch
nicht behagen will. Ich war in Carlsruhe, Stuttgart und
einem theil der Schweiz ; aus bibliotheken und archiven ist
mir manches willkommne, gesuchte und gefundne zu theil
geworden. So frei möchte ich immer arbeiten. Auf dem
weg durch Schwaben dachte ich mehrmals an Sie, an Ihr
zweites vaterland und was Sie mir davon erzählt. Uhland
verfehlte ich leider, bei dem ehrlichen Schwab sah ich
Gustav Pfizer und trug ihm grusz und dank auf an seinen
bruder Paul für das buch über unser vaterland. [Gemeint
ist: Der Briefwechsel zweier Deutschen, Stuttg. 1831, dessent-
wegen Paul Pfitzer aus dem würtemb. Staatsdienst entlassen
aber dann von Tübingen in den Landtag geschickt wurde.] —
Durch Marburg kam ich beide mal bei nacht und konnte mich
nicht aufhalten. — Die jüngsten Casseler auftritte sind
wieder sehr niederschlagend ; das wird auch den vocierten
ausländern keine lust erregen, in einem so bewegten stür-
mischen land sich niederzulassen. Von den fürsten geschieht alles, um die letzten reste ihres ansehens zu zer-
stören. — Sollten Sie oder Suabedissen beruf und anlasz
haben, sich über politische und literarische angelegenheiten
in Hessen zu äuszern, so kann ich alles an Pertz befördern,
der von neujahr an eine zeitung zu Hannover redigirt und
in so edelm sinn, dasz er von allen woblmeinenden redlichen männern unterstützt zu werden verdient. Richten
Sie diese bitte in meinem Namen auch an Bickel. — Den
auftrag an Ewald hätte ich vorgestern ausrichten können,
wo ich mit ihm in gesellschaft war. Er ist noch immer
hölzern und trocken unter den leuten, mit der feder in der
hand aber desto eifriger und heftiger. — Mit herzlicher
freundschaft Ihr Jacob Grimm."

28. Hupfeld an J. Grimm.

„Kassel 17. Jan. 1832. Verehrter Freund! Ich bin mit
Bickell vom Ministerium hieher berufen worden um an
einer obern Kirchencommission Theil zu nehmen, die für
die Verbeszerung des hessischen Kirchenwesens Vorschläge
machen und der zu dem Ende zusammenzurufenden Synode
vorarbeiten soll. Ob ich mir gleich von dem guten Willen

und der Einsicht unsrer Staatsmänner, besonders im Drange
der gegenwärtigen Zeitumstände, nicht viel reelles von
dieser Operation verspreche, und meine und Bickells Ansichten hierüber, ungeachtet des bisher erhaltenen Beifalls,
zu weit von der bisher üblichen Staats- und Kirchenpraxis
abstehen als dasz wir damit durchzudringen hoffen dürften,
so wollen wir doch das unsrige thun, und ich will es
namentlich nicht an der Mühe u. den Studien fehlen lassen
meine Ansichten möglichst zu begründen, zu vervollständigen
und zu vermitteln. In dieser Hinsicht wünschte ich
namentlich ein Buch, das ich früher einmal in Händen gehabt habe aber hier nicht auftreiben kann, nämlich
v. Schuberts Werk über die schwedische Kirchen- u.
Schulverfaszung 1820 in 2 Bd. erschienen, zur Hand zu
haben. Ich weisz daher keinen andern Rath als mich an
Ihre Bibliothek zu wenden und Sie um gefällige Zusendung
desselben zu bitten. — Ihrem Bruder Wilhelm bin ich sehr
dankbar für die grosze Freude die er mir mit dem Bilde
meiner Braut gemacht hat. Es war ein schöner Gedanke
u. ich wüste nicht was mir für ein lieberes Christgeschenk
hätte gemacht werden können. Grüszen Sie ihn wie Ihre
Schwägerin aufs herzlichste. Von ganzem Herzen der Ihrige
H. Hupfeld. — Ich wohne hier im Römischen Kaiser. In
Eile."

29. J. Grimm an Hupfeld.

„Göttingen 5 sept. 1832. Lieber freund, eine sonderbare
frage, die ich aber hier doch keinem bekannten vorlegen
kann. Im Reineke de vos buch 3 cap. 6. (oder wenn Ihnen
das buch nicht zur hand ist, selbst in Göthes bearbeitung,
gleich zu eingang des X. gesangs) geschieht eines juden
Abrion von Trier erwähnung, der alle zungen und
sprachen verstanden, alle kräuter und steine gekannt habe.
Möglich dasz alles erdichtung ist, doch nicht unwahrscheinlich, dasz eine wirkliche person zum grund liegt. Kann
nun die form Abrion ein gerechter hebr. name sein?
oder ist sie entstellt aus Abraham? Aaron? schwerlich der
verfluchte name Abiram? ich habe in Wolfs bibl. hebr.
vergebens geblättert. Vielleicht fällt Ihnen etwas ein, was
auf eine spur leitete? Jedenfalls müste der jude mindestens
im 15 jh. gelebt haben, wo nicht früher. — Dasz Dortchen
am 21 vor. monats dem Wilhelm eine gesunde tochter geboren hat, wird zu Ihren und Ihrer schwiegereltern ohren
längst gedrungen sein. Von herzen der Ihrige Jac. Grimm."

30. Hupfeld an J. Grimm.

„Marburg 19. Sept. 32. Entschuldigen Sie, verehrter Freund, meine saumselige Antwort. Ihr Brief fiel in den Schlusz des Halbjahrs, der für mich mit vielerlei Geschäften, namentlich einer Reihe von Prüfungen, verbunden ist, so dasz ich erst jetzt meine Ferien bekomme, die Andre längst angetreten haben. Am meisten aber bedaure ich dasz ich Ihnen über den Gegenstand Ihrer Frage nichts erkleckliches melden kann.... Ihre Nachricht von der Ankunft eines Töchterleins in Ihrem Hause war hier neu und wurde mit groszer Theilnahme vernommen. Ich erwiedere sie durch die von der am 2. Sept. stattgehabten Hochzeit der Elise S. mit dem Assessor Jäger, wozu sich eine fast 80jährige jugendlich rüstige Groszmutter des Bräutigams aus Hanau eingefunden hatte...."

31. Hupfeld an J. Grimm.

„Marb. 19. Jun. 1833. Verehrter Freund! De Wette in Basel trägt mir auf ihm einen Philologen für deutsche Sprache u. Literatur zur Anstellung an der dortigen Universität vorzuschlagen, entweder als Lector mit 300 Kronthaler oder als Professor mit 400 Krthl. Gehalt; ersteres würde man zur vorläufigen Probe vorziehen. Er soll daneben 6—8 Stunden am Paedagog Unterricht geben. Sehr passend fände man es wenn er zugleich Lehrer der englischen Sprache werden könnte. Wäre es ein Mann von Geist, so würde er durch Vorlesungen über deutsche Literatur für ein gemischtes Publicum sich viel verdienen können. Man wünscht aber einen gemäszigten Mann, keinen Mittelalters-Adepten und enragirten Romantiker. An Wackernagel in Berlin ist schon gedacht u. geschrieben. Könnten Sie mir wohl noch einige zur Auswahl nennen? Denn ich bin mit Niemand der Art bekannt. ... Grüszen Sie die Ihrigen herzlich, u. besorgen Sie gefälligst die Inlage, die mir de Wette zugeschickt hat. Von ganzem Herzen der Ihrige Hupfeld."

32. Hupfeld an J. Grimm.

„Marburg 13. Sept. 1837. Anbei, verehrter Freund, nach langer Zeit, während deren ich von Jahr zu Jahr vergebens hoffte ein wissenschaftliches Lebenszeichen von mir geben zu können u. nur darum geschwiegen habe, endlich ein kleines Zeichen, das freilich wenig Interesse für Sie haben kann, da es einen sehr abstrusen Gegenstand in trockner Form behandelt, das ich Ihnen aber doch als Fortsetzung

einer früher mitgetheilten Arbeit glaubte senden zu dürfen,
in Ermangelung einer beszern..... Mein Bruder rühmt
sehr die Güte die er in Ihrem Hause erfährt. Auch meinen
herzlichen Dank dafür...."

33. Hupfeld an J. Grimm.

„Marburg 1. Dec. 1837. Verehrter Freund: Herzlichen
Dank für das schöne Geschenk womit Sie mein Haus ge-
segnet haben: Denn ich denke dasz es ein rechter Haus-
schatz werden soll, für meine Kinder u. für die Alten.
Meine Frau kennt sie von der frühern Ausgabe her halb
auswendig, u. hat sie schon vielfach den Kindern erzählt,
wird aber hier, wie es scheint, auch neue Bekanntschaften
machen; u. ich selbst gedenke mich mit dieser Welt nun
auch etwas vertrauter zu machen als ich es bisher war;
wie ich denn überhaupt in reifern Jahren viel in meiner
unpraktischen Erziehungsweise versäumtes nachzuholen habe,
was Glücklichere zu einer günstigern Zeit sich eingeprägt u.
eingebildet haben. Meine Frau wird ihren Dank noch selbst
bei Ihrem Hrn. Bruder ausrichten. — Wollte Gott dasz wir
Ihren freundlichen Besuch, womit Sie mir die angenehmste
Überraschung, die mir seit lange widerfahren bereitet, und
die sonst öden Ferien auf einen Tag belebt haben, auch für
Sie etwas belohnender hätten machen können. Aber ich
fürchte nur zu sehr dasz Sie nichts gefunden haben was Sie
nur einigermaszen für die Mühen der Reise hätte ent-
schädigen können, u. dasz Sie sie bereut haben. Wie oft
habe ich die Ungunst des Wetters beklagt, das schon den
andern Tag so schön wurde als man es für diese Zeit
wünschen konnte; aber auch mir Vorwürfe gemacht dasz
ich die wenigen Stunden Ihrer Anwesenheit so schlecht zu
verwenden verstanden! Möge ich bald Gelegenheit haben
das verfehlte wieder gut zu machen, u. Marburg, sich in
einem schönen Lichte zu zeigen u. in Ihrer Phantasie zu
erneuern! — Seit dem Erscheinen des berüchtigten Patents
habe ich Ihrer u. der Göttinger Collegen überhaupt viel
mit Sorgen gedacht, da ich von Müller gehört hatte dasz
man dort keineswegs sich neutral zu halten gesonnen sei:
und diese Sorge ist nun zu einer ordentl. Spannung gesteigert, seitdem uns die Kunde von der Protestation der
sieben, worunter wir mit Bewegung auch Ihre Namen
lasen, überraschte. Merkwürdigerweise haben sich bei dem
Eindruck den diese Nachricht auf mich u. meine Frau
machte, die Rollen vertauscht: meine Frau nahm sie mit
ungemischter männlicher Freude u. Begeisterung auf (die
ihr freilich, wie Sie sie als die Tochter ihres Vaters kennen

werden, überhaupt eigen ist); ich dagegen, was man wohl
nicht von mir erwarten sollte, mit dem überwiegenden
weibl. Gefühl der Bangigkeit u. des Schreckens Sie so vor-
gewagt u. ausgesetzt zu sehen, mitten unter einer, wie es
nach allen Zeitungsnachrichten schien, gleichgültigen u.
passiven Masse. Es ist zwar inzwischen der Trost gekommen dasz der Senat überhaupt als Wahlkörper seinen
Protest ausgesprochen (u. das war es worauf ich gewartet hatte): aber von andern Corporationen, namentl.
den Städten, hat bis jetzt nichts sicheres verlautet; im
Gegentheil sind die Zeitungen voll von den in einem solchen
Augenblick widerlichen Huldigungen der Städter u. Bauern
welche die Reise des Königs berührt, u. woran sich jetzt
sogar eine mir nicht recht begreifl. Deputation der
Universität anschliesst. Möchte das hanoversche Volk
(wenigstens derjenige Theil der politisch allein in Betracht
kommen kann) diese Prüfung beszer bestehen als ich von
ihm u. den Deutschen überhaupt erwarte u. als das (für
die Ehrbegriffe unsers Adels charakteristische) Benehmen
der Minister erwarten läszt! Die Universität hat ihre
politische Ehre bereits glänzend eingelöst, u. ein Beispiel
gegeben das die herrschende Meinung von den deutschen
Gelehrten, namentl. den Göttinger Professoren, erfreul.
widerlegt — wie ich denn nicht zweifle dasz was in Deutschland von höherer Ansicht u. Gesinnung sich findet, sich
hauptsächl. in diesem Stande finde, u. weit mehr als in dem
sich spreizenden Staatsdienerstande. Als ein solches Zeichen
u. Beispiel ist mir Ihre Protestation ein Gegenstand aufrichtiger Freude u. Bewunderung, die ich mit Müller theile
(der sie Ihnen, wie er mir sagt, schon ausgedrückt hat), u.
ich wünsche dasz es nicht ohne Wirkung u. Nachfolge
bleibe, nicht blosz in Ihrem Lande, sondern auch anderwärts; ob ich gleich ehrlich bekennen musz dasz ich mich,
in einer solchen politischen Frage, wenn ich nicht der guten
Gesellschaft wegen ein übriges gethan, mehr auf eine rein
defensive Rolle beschränkt haben würde, u. so edles Blut
für eine Verfaszung die das übrige Volk preisgibt nicht ohne
Bedauern aufs Spiel gesetzt sehen kann. Gott gebe dasz Sie
viele Mitstreiter finden, wodurch allein der Wurf gelingen
kann, vor allen aber dasz der Muth womit Sie sich aus
Ihrer stillen Werkstätte in diesen Kampf geworfen haben,
Ihnen auch ferner unerschüttert zur Seite stehe u. Sie mit
Freudigkeit u. Kraft zur Ausdauer erfülle, u. dasz alles zu
einem friedlichen Ausgang komme! Unsre Wünsche und
Gebete begleiten Sie. — Noch in der fatalen Gesangbuchs-
geschichte begriffen u. durch das Drängen des Minist. zu

Zusammenraffen aller Zeit zur Beendigung derselben genöthigt, musz ich mir hier Einhalt thun, u. es bei so un-
genügenden Äuszerungen wie die obigen bewenden laszen,
so gern ich mich auch über ein so wichtiges Thema etwas
weiter ausliesze, jetzt da es für so verehrte theure Freunde
eine persönliche Beziehung bekommen hat. Ich hoffe es
ein andermal zu thun, u. kann einstweilen nur noch die
Bitte hinzufügen dasz Sie, wenn ich Ihnen bei dieser Gelegenheit etwas mattherzig erscheine, besonders im Vergleich
mit dem was selbst Fremde (ich lese eben in der Zeitung
von einer Hamburger Addresse) Ihnen zuzurufen sich gedrungen fühlen, weder an meiner politischen Gesinnung
noch an meiner Liebe u. Ergebenheit irre werden mögen.
Ich fühle allerdings einen gewissen Zwiespalt der Gefühle
in mir, über den ich noch nicht ganz im reinen bin, von
dem ich mir aber wenigstens so viel bewust bin dasz er
weder auf etwas Unlauterm noch auf politischer Feigheit
beruht. — Leben Sie wohl, grüszen Sie herzl. Ihren Herrn
Bruder (von dessen Befinden Ihr Brief nichts erwähnt) u.
bleiben Sie gewogen Ihrem treu ergebenen Hupfeld."

34. Hupfeld an J. Grimm.

„Marburg 27. April 1838. Verehrter Freund! Wie viel
wir diesen Winter an Sie gedacht u. von Ihnen gesprochen
haben, werden Sie mir leicht glauben, wenn ich auch nicht
dazu gekommen bin Ihnen meine Theilnahme schriftlich
zu bezeugen. Ich dachte wohl zuweilen daran, u. es drängte
mich von Zeit zu Zeit dazu: aber (abgesehen davon dasz
Schreiben wie Handeln bei mir schwer vom Gedanken zur
That wird) hielt mich immer wieder ein Gefühl ab dasz
Sie in dieser Sache vom deutschen Publicum nur gar zu
viel Phrasen bei kahler That haben über sich ergehen laszen
müszen, u. ich gedachte wenigstens das Gedränge sich erst
verlaufen zu laszen, wozu bei uns nicht viel Zeit gehört.
Mittlerweile hat sich die Sache auf eine so traurige und
meine finstern Erwartungen noch überbietende Weise ge-
staltet, dasz man kaum den Ekel überwinden kann von
den Dingen zu sprechen die dabei zum Vorschein gekommen
sind. Wenn ich in meinem letzten Briefe Zweifel äuszerte
ob Ihr Schritt nicht zu weit gegangen sei, u. darüber noch
eine weitere Erörterung in Aussicht stellte, so ist mir jetzt
diese Frage durch die Ereignisse ziemlich in den Hintergrund geschoben. Ich hatte mir damals, gleich nach Erscheinung des Patents als ich dadurch eine so ernste Ent-
scheidungsfrage auf den Frieden meiner Göttinger Freunde
u. Collegen losrücken sah, eine Lösung ausgedacht die die

Frage vom Gebiete des Gewiszens auf das des Rechts u. der Nationalehre schob, u. die, wenngleich nicht mir u. meinesgleichen, doch allen denen die sich um Verfaszung u. dgl. nicht zu bekümmern gewohnt sind, zu Gute kommen, u. in diesem Conflict, dessen gleichen ich in meiner Jugend in unserm Vaterland an der Eindrängung einer unrechtmäszigen Fremdherrschaft erlebt hatte, die Gewissen schonen sollte. Ich mag dabei leicht zu weit gegangen u. zum Theil durch den Widerspruch gegen einen unnützen Schwätzer in meiner Nähe dahin getrieben worden sein: Aber es liegt mir jetzt fern mein Recht oder Unrecht zu untersuchen, nachdem auf der Gegenseite solche Thaten geschehen u. Reden gefallen sind, die das tiefste Rechts- u. Ehrgefühl empören müszen. Damals hatte das Patent in meinen Augen noch einen gewissen Schein u. Anstand einer politischen Rechtssache: aber nachdem nun dieser so schnöde abgeworfen u. alle Würde u. Ehre verläugnet worden: wer möchte noch darüber rechten ob solcher Macht gegenüber der rechtmäszige Widerstand etwa zu früh oder zu wenig schonend gewesen sei? Was ist zu scharf gegen einen solchen Feind? Und was ist unter solchem Regiment an der Universität zu ruiniren? Wer kann hiebei an ein Gedeihen einer solchen Anstalt denken? Wenn man nun aber gar sieht, welche Grundsätze bei dieser Gelegenheit in dem gepriesenen Preuszen sich nicht geschämt haben hervorzutreten (wie in dem Briefe des Ministers Rochow an die Elbinger): dann entdeckt man erst die ganze Bodenlosigkeit unseres öffentl. Zustands u. die weite Kluft zwischen Regierenden u. Regierten, deren Gemeinschaft selbst einer nothdürftigen moralischen Basis, geschweige einer rechtlichen, zu entbehren scheint. Es hat mir von Anfang nichts gutes geahnt, aber so roh u. schlimm dachte ich mirs nicht. Der Friedensstand deckt das Elend zu u. wiegt in Sicherheit, aber jede Bewegung, jede irgend entschiedene That die aus dem gewöhnlichen Geleise heraustritt, zieht es schreiend ans Licht. Solche Enthüllungen, die das herrschende öffentliche Lügensystem unterbrechen, mögen, wie alle auch die traurigste Wahrheit, zur Entwickelung dienen u. sofern heilsam sein: nur sehe ich eben keine Entwickelung vor uns deren wir uns zu freuen hätten. Wo auf beiden Seiten so wenig Rechtlichkeit u. moralische Kraft ist als sich bei jeder Gelegenheit zeigt, was kann da am Ende der Ausgang anders sein als eine wüste Revolution? Solche Betrachtungen u. Erfahrungen über unsern öffentlichen Zustand müszen Ihnen Ihr eignes Unglück, das an sich schon hart genug ist, noch bedeutend erschwert haben, ja es ist vielleicht für Sie grade das schwerste dabei gewesen. Doch tröste ich mich noch einigermaszen damit dasz Ihre Ansicht, nach frühern Erfahrungen zu schlieszen, vielleicht eine weniger hypochondrische und hoffnungsvollere ist als die meinige, u. dazu wollte ich Ihnen denn jetzt mehr als je Glück wünschen. Ihre persönl. Lage betreffend, bin ich auch nicht so hoffnungslos als in jener öffentl. Hinsicht. Ich kann mir unmöglich denken dasz, wie auch die Gesinnungen der Regenten sein mögen, man noch lange übers Herze bringen wird Sie und Ihre Gefährten in dieser Lage zu laszen. Der Scandal ist zu grosz, das Princip zu erbärmlich u. unhaltbar, u. der deutsche Charakter nicht schroff genug um das schlechte u. von der öffentlichen Stimme verworfene auf die Länge zu behaupten. Auch ist nun durch die Entschloszenheit der Würtembergischen Regierung schon ein Loch in das System gemacht. Das wird hoffentl. der Unentschloszenheit anderer einen Impuls geben und baldige Nachfolge finden, da bei uns, wo in der erbärmlichsten u. unbedenklichsten Sache niemand gern vortreten u. das Signal geben will, der erste Schritt das schwerste ist. Und dann, wie wenig ich auch von der Rechtlichkeit der Regierungen u. des Bundes erwarte, kann ich doch nicht umhin zu denken dasz der Herr Bruder von Hannover, der alle Tricks eines Orangistenhäuptlings entwickelt, es ihnen doch zu bunt treibt, u. den Skandal — den man bei uns mehr als alles andre scheut — zu grosz macht, als dasz sie auf die Länge Gefallen daran finden könnten, u. sich nicht am Ende bewogen finden sollten dem Skandal durch irgend eine Verwickelung, wie sie auch ausfallen mag, ein Ende zu machen; wobei man doch auch die Universität nicht leicht vergeszen würde, da eben ihr Zustand einen Haupttheil des Skandals ausmacht u. sie zu bedeutend u. wohlgelitten bei den Machthabern ist als dasz sie übersehen werden könnte. Parlamentarisch scheinen nun auch die Halbheiten u. Vermittelungen, die die Sache zu verderben drohten, sich ausgespielt zu haben u. die Sache nun wirkl. auf den Punct gekommen zu sein wo man sie von Anfang wünschen muste, so dasz nichts übrig zu sein scheint als ein äuszerstes, also Skandal, den man eben vermeiden wollte. Wenn es erst da ist, ist mir für das weitere nicht mehr bang. . . — Da nun die schöne Jahreszeit im Anzuge ist, so wiederholt sich bei mir der schon in dem letzten Brief geäuszerte Wunsch, dasz Sie dieselbe zu einem Besuche bei uns verwenden möchten, unter den gegenwärtigen Umständen um so mehr. Bickell wird um Pfingsten, also gerade in der schönsten Zeit, herreisen. Haben Sie nicht Lust ihn zu begleiten, oder die Zeit während

seines Hierseins, etwa die Pfingstwoche, wo wir überdies
Ferien haben, dazu zu wählen? Auch wäre Ihnen wohl
eine kleine Abwechselung in Ihrem jetzigen Aufenthalt, der
eine schwüle Atmosphäre haben musz, wohlthätig. ... —
Hassenpflug bitte ich zu grüszen, der mir zwar auf meinen
Brief nicht geantwortet hat, aber hoffentlich mir nicht böse
ist. Sein Schicksal macht mir die gröszte Sorge, u. ich erkenne auch darin den bösen kleinlichen Geist der jetzigen
Zeit, die für einen Mann von seiner Kraft keine Stelle hat,
weil er — das unverzeihliche Verbrechen begangen hat sich
nicht mit Füszen treten laszen zu wollen. [Vgl. unten S. 288].
Bleiben Sie gewogen Ihrem getreuen H. Hupfeld.«

35. J. Grimm an Hupfeld.

„Lieber freund, eine äufserung Bickells macht, dafs
ich nicht erst seine nahe reise nach Marburg abwarte und
ihm die herzlichsten freundschaftsversicherungen an Sie
auszurichten auftrage, sondern gleich auf der stelle einige
zeilen entsende, die Ihnen hoffentlich alles mistrauen benehmen. Ich hätte Ihren letzten brief vom 27. apr. und
den viel früher empfangnen, in welchen beiden Sie die
offenste theilnahme an unserm geschick so wohlthuend darlegen, längst beantwortet, wenn ich zum briefschreiben auf-
gelegter und fähiger gewesen wäre, und nicht andere geschäfte (auch ein fertig zu machendes buch) auf mir ge-
lastet, vielfache störungen mich unterbrochen hätten. Ihre
liebe und zuneigung ist mir von lange her zu werth, als
dafs ich sie verletzen könnte oder fahren lassen möchte,
wenn auch jetzt einige meinungsverschiedenheit zwischen
uns sich hervorthun sollte, wie mir scheint eine weit geringere, als sie wirklich in dieser zeit von einigen mir sehr
nahen und theuern freunden, ja verwandten [Vgl. II 184 f.]
geäufsert worden ist. An Ihnen kenne und schätze ich eben,
dafs Sie allem schlechten und aller ungerechtigkeit und lüge
von grund aus zürnen, und so wüste ich gar nicht, wie die
sache meiner gegner Ihnen nur irgend gefallen könnte.
Meine innerste gesinnung vor der welt darzulegen bin ich
nun bewogen und gedrängt worden, ich brauche darum
wenig über mich hinzuzufügen, sondern habe mir nur von
dem eindruck rechenschaft zu geben den die urtheile anderer redlicher leute auf mich machen. Da finde ich denn,
um von der beistimmung zu schweigen, die freigesinnte
unserm schritt geben, dafs die partei der monarchisten
zwar nicht verkennen kann, dafs wir grund und antrieb ge-

nug hatten zu handeln, aber die verschiedensten bedingungen aufstellt, an die wir uns hätten binden müssen, alles
aus furcht und scheu, es möchten revolutionaire gefahren
daraus entspringen. Es hat sich in den letzten zehn oder
fünfzehn jahren ein so überfeines, parfümirtes und unnatür-
liches system von monarchismus festgesetzt, das nicht den
gesundesten kampf gestattet, und neulich von einem preufs-
ischen minister, gegen welchen im ganzen königreich keine
einzige stimme laut zu werden wagt, so widrig zur schau getragen wird, dafs man ordentlich froh sein sollte, wenn
durch unsere sache die unverjährbaren rechte der mensch-
lichen natur, allem bösen, woher es auch komme, zu widerstreben, gestärkt und hervorgehoben werden. Wozu ein-
gebildete gefahren fürchten, wenn das gegenwärtige leben
schon in einem zustande unsäglicher knechtschaft befangen
ist, in dem zu verharren wahrlich keine wohlthat sein
kann? Der himmel läfst den unfug und die anmafsung
der Römer in der catholischen sache als ein zweites zeichen
hart daneben erscheinen, um uns Deutschen die augen zu
öfnen, dafs unsere regierungen endlich wieder freier und
mannhafter verfahren müssen und das gängelnde system
aufgeben, das sich weder für die unterthanen noch für die
fürsten der heutigen welt schickt. Ich heifse die rohen
und gewaltsamen neuerungen nicht gut, aber eben so wenig
billige ich die aufrechterhaltung des abgelebten durch
jesuitische lügen und kunstgriffe; Gott läfst überall und
immer keime des besseren aufgehn, über die wir uns
freuen und die wir hegen sollen. Solche keime sind auch
in die ständischen verfassungen gelegt, es ist eine neue
noch unscheinbare frucht die aber für die felder taugen
kann, auf welchen der alte same entartet ist. — Die uns
in Göttingen schelten dafs wir zu früh und unzeitig geredet, die hätten sicher auch später das maul gehalten,
und wären um so schmiegsamer geworden, wenn wir geschwiegen hätten; jetzt verleiht ihnen unser beispiel einige
aber gefahrlose scheinstärke. wer sich den eidbruch auf-
bürden läfst, was hätte sich der wider die wahl gesträubt;
jene anmutung war viel factischer und aufregender. ich
preise Gott, dafs er uns regiert hat, dafs wir gerade zur
rechten zeit den rechten fleck getroffen haben; seine gnade
wird nicht nur mit uns sein, er wird auch segen in die
folgen und wirkungen unserer that legen, die kein licht
zu scheuen brauchte. Wir sind ruhig und getrost. — Wilhelm grüfst. grüfsen Sie Ihre frau, und behalten Sie mich
lieb Jacob Grimm. — 15 mai, abends 11 uhr".

36. Hupfeld an J. Grimm.

„... Meinen herzlichen Dank für Ihren letzten tröstlichen Brief.... Ich war dieses Trostes sehr bedürftig, da mir der Gedanke Ihre Gunst oder wohl gar Ihr Vertrauen verloren zu haben zu unerträglich war; u. ich hatte grade in jenen Tagen mehrmals Briefe an Sie angefangen, um Sie selbst um ein tröstliches Wort zu bitten, aber wieder unterdrückt weil ich Sie immer noch nicht sanft genug angefaszt zu haben glaubte, und neuen Entwürfen Raum gegeben, als mich Ihr Brief zu meiner nicht geringen Freude all dieser Sorgen enthob. Ich hatte mir nämlich — ich weisz nicht recht warum — Ihre Stimmung so gedacht, dasz Sie, im Bewusstsein des reinen groszen offen vorliegenden Princips Ihrer That aller Erörterung darüber abgeneigt wären — wie man ja grade das was aus dem tiefsten Herzensdrang gekommen ist am wenigsten beschwätzen u. sich bekriteln laszen mag — ja wohl auch durch Ihr Unglück in diesem Punct reizbar geworden. Ich hatte längst meine Pedanterie verwünscht, dasz sie, nichts bergen könnend, in meinem ersten Briefe den Ausdruck meiner aufrichtigen Bewunderung sich nicht hatte enthalten können eine Mäkelei über die Form beizumischen, durch die ich mich hatte stören laszen, ob wohl wiszend, dasz eine grosze That selten ganz formgerecht, u. umgekehrt aus kritischen Formerwägungen selten eine grosze That hervorgeht. Zu meiner Entschuldigung darf ich sagen. dasz die kritische Regung hier hauptsächlich aus der Liebe stammte, zu den Männern nämlich die ich eben durch die gewählte Form ohne Noth u. vielleicht ohne Nutzen so viel preisgeben sah.... Besonders war mirs ein trauriger Gedanke, eine stille nur den Heiligthümern unsrer Vorzeit geweihete Werkstätte (deren Frieden auch in Ihrer letzten Flugschrift so rührend vor die Seele des Lesers tritt) nun durch die Kämpfe des Tages gestört, u. ihre Priester in die wüste Welt hinausgeworfen u. dem Kampf um eine neue Existenz ausgesetzt, denken zu müszen. In dieser Hinsicht bin ich nun schon durch Ihre Flugschrift sehr beruhigt worden, aus der ein starker muthiger, von der Gnade der Machthaber nichts hoffender u. nichts fürchtender Sinn, u. mehr Theilnahme an den Angelegenheiten der Gegenwart u. den Kämpfen des Tages als man erwarten konnte hervortritt. Meine Einwürfe gegen die Form der Protestation waren bereits durch die folgenden Ereignisse u. die moralische Indignation die sie erwecken müssen, ziemlich in den Hintergrund getreten, da einem solchen Feinde gegenüber der offenste Angriff der paszendste er-

scheint. Aus Ihrer u. Dahlmanns Schrift aber ersah ich
zugleich dasz zwei Hauptbedenken auf falscher factischer
Voraussetzung beruhten. Die erste war, dasz der Zweck
der Protestation auf die Veröffentlichung mitberechnet gewesen sei, um ein Beispiel zur Nachfolge zu geben: da sich
nun evident zeigt dasz eine solche nicht beabsichtigt, sondern rein zufällig gewesen. Die zweite, dasz durch dieses
zu frühe Vortreten u. Ausscheiden der besten Elemente
aus der Masse eine Vereinbarung zu gemeinsamem Handeln vereitelt worden sei: während ich nun sehe dasz an
eine solche schon damals nicht mehr zu denken u. Gefahr
bei längerm Verzuge war. . . . Dasz in dem engern Kreise
Ihrer Freunde Ihr Schritt auf wesentliche Meinungsverschiedenheit gestoszen ist, war mir unerwartet und betrübend. Wenn ich freilich an die Aeuszerungen des politischen Wochenblatts denke, mit dem doch wohl mehrere
dieser Freunde zusammenhängen, so hätte ich auch dies
leicht denken können. Ich musz aber gestehen dasz eben
diese Aeuszerungen des pol. Wochenblatts so wie die ganze
Rolle die es in der Hannoverschen Sache gespielt hat, für
mich zu den betrübendsten Erfahrungen dieser Zeit gehören. Ich kann zwar nicht rühmen dasz ich dem darin sich
spreizenden Junkerthum u. Monarchismus volle Zuneigung
u. Vertrauen hätte schenken können — es geht mir damit
wie mit so manchen Aeuszerungen heutiger Frömmigkeit
u. Orthodoxie: sie sind mir zu gepfeffert u. sublimirt oder,
wie Sie es nennen, zu parfumirt, als dasz ich so etwas für
ehrliche u. gesunde Überzeugung halten u. erwarten könnte
sie auch in der Praxis bethätigt zu sehen. Ich freute mich
eigentl. nur des Gegensatzes darin gegen die traurige Mo-
notonie des Liberalismus in den öffentlichen Blättern u. besonders der Preuszischen Bureaukratie u. Hierarchie, die
m. W. sonst durch keine einzige einigermaszen lebendige
Stimme in diesem groszen Reiche unterbrochen wird. Aber
eine solche niederträchtige freche Verläugnung alles Rechts-
u. Ehrgefühls hätte ich doch nimmermehr erwartet. Seit
der Zeit sehe ich das Blatt nicht mehr an: das piquanteste
Gerede ist mir in einem ehrlosen Munde gleichgültig, u.
wenn ich Gelegenheit hätte, ich würde ihnen zurufen: tur-
nirt nur immer hin ihr Cavaliere, für eure auserwählten
Cirkel, aber ein ehrlicher Mann hebt euch keinen Hand-
schuh mehr auf. Wenn's noch eine Gerechtigkeit gibt, so
kann solche Frechheit nicht ungestraft bleiben. Was Sie
über diesen unlautern krankhaften Monarchismus des
neuesten Schnitts sagen, ist mir ganz aus dem Herzen gesprochen, ebenso wie der Zweifel ob denn der gegenwärtige

Zustand solche zärtliche Aengste vor jeder Bewegung auch
nur v e r d i e n t u. e n t s c h u l d i g t. — In der katholischen
Angelegenheit denke ich etwas anders weil ich in Ehe-
sachen die Rechte der Kirche, auch der protestantischen,
von dem Staate seit lange misachtet sehe, u. es schon
recht ist wenns darüber einmal Geschrei gibt. Erst dieser
Rechtspunct zwischen Staat u. Kirche festgesetzt u.
der Kirche gegeben was der Kirche ist, dem Staat was dem
Staate ist; dann erst ist die Zeit mit der katholischen
Kirche für gemischte Ehen zu vertragen, wozu es jetzt noch
am gehörigen Fundamente fehlt. Lieber Civilehe, wenns
nicht anders ist, als durch Staatsgesetze erzwungene kirchl.
Weihe.... Von Herzen der Ihrige Hupfeld. M. 30. Mai 1838."

37. J. Grimm an Hupfeld.

„Cassel 28 aug. 1838. Lieber freund, Als ich zu anfang
dieses monats hierher zurückkehrte, betrübte es mich zu hören,
dafs Sie krank geworden und in ein bad gereist seien.
Neuerdings wird mir jedoch Ihre heimkunft und besserung
gemeldet. Mögen Sie bald vollends hergestellt sein! —
Von mir kann ich wenig sagen, aufser dafs ich gesund und
beherzt bin; das gilt auch von Wilhelm. Wir wollen unbekümmert darum, was die Welt mit uns vorhat, selbst
vor den rifs stehen. Wir haben uns in eine grofse, weite
arbeit eingelassen. die uns auch äufserlich halt und stütze
gewähren soll, wir denken ein ausführliches deutsches wörterbuch von Luther an bis zu Göthe zu unternehmen und
haben es schon mit einem verleger (Weidmann in Leipzig)
verabredet. A l l e schriftsteller sollen dafür gründlich ausgezogen werden. An gelehrten und tüchtigen mitarbeitern
soll es dabei nicht fehlen, und kommt die sache, wie ich
hoffe, in rechten zug, so wollen wir froh sein, dafs unsere
mufse und unser beruf dazu nicht durch amtslast ge-
schmälert wird. Soviel trotz fühle ich dann auch in mir,
dafs ich den verspäteten anträgen absage. — Da Sie Ihre
vorlesungen jetzt doch nicht wieder aufnehmen, will ich
Sie mit einer kleinigkeit bemühen. In Hermanns verzeichn.
der marburger hss. steht 2, 38, dafs der cod. D. 21 einen mir
unbekannten tractat des Jacobus de Clusa 'de s u p e r -
s t i t i o n i b u s' enthalte. Haben Sie einmal eine viertel
stunde lust und mufse, so sehn Sie doch zu, ob es nur allgemeine theologische betrachtungen über zauberei und
aberglaube sind (wie ich vermute), oder ob einzelne super-
stitionen beschrieben werden. Im letzten fall könnte mich
die abhandl. interessiren. — p. 8 hält Hermann die cleri-
calis disciplina des Alfonsus für ungedruckt. Sie ist von

Fr. Wh. Val. Schmidt Berlin 1827 herausgegeben und zwei
jahre später noch einmal zu Paris erschienen. — Sein Sie
mit Ihrer frau gegrüſst und halten sich frisch. Bickell
verzärtelt sich immer noch ein wenig. Jacob Grimm.'

38. Hupfeld an J. Grimm.

„Marburg 15. Dec. 38. Verehrter Freund! Anbei wieder einmal ein Fragment in meiner alten Weise.... Durch
Ewalds dringende Bitten um einen Beitrag für seine Zeitschrift veranlaszt, glaubte ich allerdings etwas zu liefern
was auch für Japhethische Philologen Interesse haben
würde. Es war zwar nichts als eine kl. Tafel der ge-
bräuchlichsten Sem. Pronominalbildungen.... Aber meine
Pedanterie konnte sich wieder nicht enthalten nach einer
Vollständigkeit zu streben auf die ich nicht gerüstet war....
So kommt mir denn die Arbeit in dieser Gestalt, ungeachtet aller Mühe die ich daran verschwendet, viel schlechter vor als in ihrer ursprüngl. Gestalt.... Die Sache spinnt
sich mir unter den Händen so aus, dasz ich wahrscheinlich
noch einen dritten Artikel werde hinzunehmen müszen um
fertig zu werden. Ihre Entwickelung der Deutschen Pronomina im 3. B. der Gramm. (den ich zu meiner Schande
bis jetzt noch ungebraucht da stehen hatte) habe ich nun
auch gelesen, u. fühle mich zieml. beschämt mit meiner
Armuth so breit gethan zu haben. — Im vorigen Sommer
bin ich während meiner Krankheit wo ich gröztenth. nur
leichtere Lesereien treiben durfte, an die deutsche Heldensage, u. dadurch an die nordische Sage gekommen, u. da
ich eine Vorliebe für diesen Zweig der deutschen Helden-
poesie gefaszt habe, so dasz ich mich darin heimisch zu
machen wünsche, so habe ich mich auch an die nordischen
Sprachen gemacht (die altnordische nach Ihrer Grammatik),
u. ich will nun, da ich einmal daran bin, soviel meine
nähern Berufsstudien erlauben, sachte im Studium der alt-
nordischen Literatur fortfahren, an deren Eingange ich
stehe. Hierbei vermisse ich nun vor allen Dingen die
Sämundische Edda, die auf der hiesig. Bibl. fehlt.... Vielleicht ist aber was uns hauptsächl. noth thut mit wenigen
Namen genannt, die Sie die Güte hätten mir an Hand zu
geben. Auch möchte ich wissen ob die dänischen Kjämpe
Viiser in einer neuen Ausg. erschienen sind, wie ich mich
gelesen zu haben erinnere. — Endl. noch eine Frage: Kennen Sie eine Sammlung: Rerum Hibernicarum scriptores
veteres ed. O'Connor 4. Bde. 4⁰., welche grade die wichtigsten u. ältesten Denkmäler des Galischen resp. Irlän-
dischen, meistens aus d. 10.—14. Jh., ja bis zum 6. u. 7.

Jahrh. hinaufsteigend, enthalten soll, wie ich bei A. Pictet
de l'affinité des langues Celtiques avec le Sanscr. (Par.
1837)' S. IX finde? ... In dem Ihnen gewidmeten Buch von
Prichard — das übrigens für einen Engländer u. noch dazu
einen Arzt alles mögliche ist — kann ich das meiste nicht
beweisend finden u. meine Scrupel sind dadurch nicht gehoben; interessant ist was über die Pronomina beigebracht
wird: aber grade hier haben die verschiedensten Sprachen
Berührungen, vgl. z. B. die Tatarischen. — Von Göttingen
ist ja wieder ein neuer Gestank ausgegangen — in der Beschreibung des Jubiläums. Nach Zeitungsnachricht hätten
wir den Verf. dieser edlen Schrift in unsrer Facultät!
Warum haben aber die Göttinger einen so verdienten und
brauchbaren Mann nicht festgehalten u. uns zugeschoben?
Wie ich höre, soll Bergmann dabei den Censor gemacht
u. die Scheere geführt haben. Welch ein Abgrund von
Unehrlichkeit doch heut zu Tage in sog. ehrenhaften u. an-
gesehenen Männern steckt. — Einen nicht minder ekel-
haften Anblick von der pöbelhaftesten Gemeinheit u. nie-
derträchtigsten Servilität verbunden mit groszer Virtuosität
in banalen Phrasen bietet mir eine Fraction des jungen
Deutschlands die ich das j u n g e P r e u s z e n nennen
möchte u. die z. Th. in d. Hallischen Jahrbb. ihr Organ gefunden hat. Welch ein schauerlicher Auswurf junger
Sophisten, denen, wie ihrem Patriarchen Heine, alle Gesinnung u. ehrliche Überzeugung abzugehen u. Alles für den
Effect einer Phrase oder d. Beifall der hohen Gönner feil
zu sein scheint. Abgesehen von der Fehde mit Leo — der
sich über die gröbsten Prügel nicht beschweren kann —:
aber gibt es etwas unwürdigeres als die Art wie diese
Menschen alles was es von hochstehenden Notabilitäten
noch unter uns gibt, Männer wie Schleiermacher, Niebuhr,
Savigny zu begeifern und in den Koth zu ziehen suchen,
blosz weil sie, obwohl bewährte Patrioten, ihr Knie nicht
vor diesem hohlen Götzen des 'P r e u s z e n t h u m s' beugten?
Die kath. Sache hat das Gesindel vollends munter gemacht....
Ihr getreuer H. H. — Hermann läszt fragen ob in dem cod.
theol. D. 2 der hies. Bibl. (i. s. Verzeichniss Pars II. p. 13)
die zuletzt angeführten E l e g i e n wohl schon irgendwo
abgedruckt wären oder nicht.“

39. J. Grimm an Hupfeld.

„Cassel 8 febr. 1839. Ihrem briefe vom 15 dec. ist es
folgendermafsen ergangen, lieber freund. ich reiste um diese
zeit gerade nach Jena, um das weihnachtsfest und neujahr
bei Dahlmann zuzubringen. zurückgerufen durch die leidige

botschaft von Dortchens schwerer erkrankung, verlebten wir
den jahrswechsel und die erste hälfte januars in beständig
schwankender sorge und angst; nach dem sich die genesung
kaum entschieden hatte, wurde Gustchen von der bösen
bräune befallen, was aber nun auch glücklich vorüber ist.
gearbeitet wurde weniger als es nach den getrofnen vor-
bereitungen dringend nöthig gewesen wäre und das nach-
zuholende lastet nun desto schwerer auf den schultern. —
Ihr paket nun hatte Wilhelm in meiner abwesenheit er-
öfnet und mir zugestellt. ich glaubte dafs es blofs der
aufsatz über das demonstrativ etc. wäre, und nahm mir vor,
ihn bei erster mufse ordentlich zu lesen. heute als ich mich
dazu anschicke, fällt mir daraus Ihr brief entgegen. da
Ihnen vielleicht daran gelegen hat, auf die darin enthaltne
anfrage wegen der altnord. literatur einigen bescheid zu
empfangen, so zögere ich damit keinen augenblick, denn es
ist ebenso schön als selten, dafs ein theolog nach solchen
profanen büchern greift. Da die dortige bibl. einmal Finn
Magnussens myth. lexicon besitzt, welches den dritten theil
der copenh. edda bildet, scheint es freilich rathsam die
beiden ersten noch dazu anzuschaffen, zumal sie selbst dem
der die wolfeilere und bessere stockholmer ausg. hat, noch
manches bietet, namentl. eine übersetzung daneben. Vor
einigen monaten hat ein strafsburger namens Bergmann
[Vgl. 3 Briefe J. Gr.'s an ihn im Anz. f. d. A. 11, 92]
einige lieder der alten edda unter dem titel 'poëmes is-
landais tirés de l' edda Paris 1838' recht tüchtig behandelt,
text und übersetzung, es sind aber nur erst vier stücke, doch
das buch ist leicht zu haben und nicht unlesenswerth. Die
übrige literatur bietet leidlich und genau genug dar: 'literar.
einleitung in die nord-mythologie von C. F. Köppen
Berlin 1837.' Die lieder von den Nibelungen verdeutsche
Ettmüller, Zürich 1837 und es ist eine seiner besseren
arbeiten, doch gibt er das original nicht daneben. Ich
würde der bibl. rathen Rafns 'fornaldarsögur Nordrlanda.'
drei bände Copenh. 1829. 1830 zu erwerben, worin sich die
mythischen sagen in gutem isländ. text, ohne übersetzung,
finden. das werk ist völlig verschieden von den fornmanna-
sögur. Auch die 'Isländinga sögur Copenh. 1829. 1830' sind
kaufenswerth. Von der Snorra edda mufs man freilich die
stockholmer ausg. von 1818 besitzen; es kommt sicher bald
zu einer neuen und verbesserten. Da hätten Sie vorläufig
genug zu lesen. Die dän. kämpeviser sind von Nyerup und
Rabbek 1812—1814 in 5 bänden herausg., ich ziehe aber,
was lieder und was ausg. betrift, die schwedische samlung
vor. 'svenska fornsånger af Arwidsson', wovon erst 2 theile

Stockh. 1834. 1837 erschienen sind. Oconnors saml. ist allerdings ein bibliotheksartikel und bereits in Göttingen und Berlin vorhanden, aber selbst in England wenig verbreitet. die critik wird manches daran ausstellen müssen, obgleich es Pictet (in seiner recht lobenswerthen preisschrift) gerade als critisch rühmt; ich habe das buch zu Göttingen erst flüchtig gekannt, nachher hatte es Lappenberg entliehen, der für die haller encycl. den artikel Irland ausarbeitet, und wahrscheinlich ist es noch jetzt bei ihm zu Hamburg. Die galischen und welschen sprachen mit ihren denkmälern ziehen genug an und werden es sicher bald noch mehr. — Ich mufs mich für meine arbeiten sehr zus. raffen; wenn ich recht gesund werde und bleibe, erscheinen dies jahr wenigstens zwei bände, ein band der weisthümersamlung und der erste th. der grammatik völlig umgearbeitet. Aus den einheimischen quellen war so viel neues zuzulernen, dafs ich mich der verführerischen vergleichung des fremden so viel es nur geht, entschlage, besonders seitdem ich gesehn, dafs Graffs wörterbuch dadurch nur verloren hat. Je näher mir das steht was ich entdecke, desto sicherer ist meine freude. — Aus den wenigen zeilen die Hermann p. 131 von den lat. elegien anführt kann ich mich nicht auf etwas gedrucktes besinnen. — Dieser monat wird, wie es scheint, in der politik aufräumen; das treiben zu Hannover ist immer giftiger geworden. eine kleine schrift über das verfahren der hannöv. geistlichkeit (aus dem polit. journ. auch besonders abgedruckt) zeigt ehrenwerthe gesinnung, beweist aber dafs es an mut und entschlufs fehlte, nicht bei Lücke allein. Grüfsen Sie Jul. Müller, ich fürchte, dafs er die längste zeit in Marburg gewesen ist. — Sie aber halten Sie sich vor allem gesund auf und bleiben zugethan Ihrem Jac. Grimm."

40. J. Grimm an Hupfeld.

„Lieber freund, Weil ich zu viel briefe schreiben mufs, bin ich ein schlechter briefsteller geworden, und mag mir meine alten sünden nicht gern vorhalten. Ihre herzliche zuschrift vom 11 nov. [fehlt] hatte uns aber so wol gethan, dafs ich Wilhelm, den es auch zur antwort drängte, bat, mir diesmal die vorhand zu lassen. Nun wurde ich krank und habe vierzehn tage das bett [hüten] müssen, ganz wider meine natur; darum schreibe ich erst heute. Einer von uns, haben wir uns schon vorgenommen, wird auch vor unserm abzug aus Hessen erst einmal nach Marburg zu Ihnen kommen; es war ein alter wunsch und bedürfnis, Ihnen und Ihrer frau für so viel erwiesne theilnahme und

freundschaft persönlich zu danken. Dieser tage reise ich
nach Berlin, um zu recognoscieren, denke aber noch vor
neujahr zurück zu kehren, und dann wird sich ausweisen,
wie lange wir noch hier bleiben. — Wir ziehen gar nicht
mit überspannten hofnungen nach Preufsen; was Sie über
die dortigen zustände äufsern ist gröfstentheils auch meine
stimmung und empfindung. Der könıg hat reinen, edeln
willen und der kann ihn aus fehltritten und irthümern
reifsen, in denen er jetzt noch befangen scheint. Was dort
von beiden seiten geredet wird, ist mir zu fett und hat zu
wenig mager fleisch; die gedrehten phrasen weisen nicht auf
tiefe und stärke gesunder gesinnungen. Sie haben recht, es
gibt keine politik als gerechtigkeit und wahrheit; es ist
vor allem königlich, wort zu halten. und das 1813 gegebne
unerfüllte wort läfst sich nicht wegschaffen, sondern wird
immer als vorwurf auftauchen. Keine halbheit und windung
hilft dagegen. Hassenpflugs anstellung ist blofses partei-
spiel; wenn ich bedenke, dafs Dahlmann, einer der reinsten,
edelsten menschen, dessen wirkung zu Berlin die heilsamste
gewesen wäre, verschmäht und genöthigt wird, dem vaterlande den rücken zu kehren, bin ich tief betrübt. — Das
letzte jahr über habe ich doch nur ein stück der lautlehre
umarbeiten können; über die art und weise meiner studien
spricht sich die vorrede so aus, dafs ich fürchte mehrern zu
misfallen. Es schien mir jedoch nöthig an mich, und die
allgemeine sprachvergleichung mir möglichst vom leibe zu
halten. Was ich dadurch einbüfse, gewinne ich an sicherheit und praxis für das deutsche selbst. — Sein Sie und
Ihre frau aufs treuste gegrüfst. Jacob Grimm. — Um abgabe der einlagen bitte ich. Cassel 5 dec. 1840. ·

41. J. Grimm an Hupfeld.

„Cassel 12 merz 1841. Der entschlufs Sie, geliebter
freund, vor unserm abzug aus Hessen noch zu besuchen.
ist uns vereitelt worden. ich für mein theil habe seit neujahr in einem fort gekränkelt, die stube und das haus ein-
gehalten, und fühle mich immer noch nicht wie es sein
sollte; von der gröfseren reise und dem frühlingswetter erwarte ich gänzliche heilung. Wilhelm, der sich jetzt viel
tapfrer hält, hat es anfangs zu lange verschoben, in der
letzten zeit häuften sich bei ihm correcturgeschäfte und
· Dortchen wurde bettlägerig, dafs er sie nicht zu verlassen
wagte. In diesem augenblick hat sie sich leidlich erholt.
so dafs sie übermorgen die reise mit uns unternehmen
kann. Wie gern hätten wir beide, Wilhelm und ich, die alten
Marburger erinnerungen aufgefrischt, und mit Ihnen und

Ihrer guten frau ein paar vergnügte tage zugebracht. Fristen Sie uns nun bis auf eine ferienherbstreise, wo nicht dieses, doch das nächste jahr, es wird uns doch immer in die heimat am meisten ziehen. — Von Berlin aus sollen Sie bald einmal hören, ob und wie wir anwachsen und gedeihen. Die äufseren bedingungen des daseins sind so wie sie uns nirgend anders hätten können geboten werden. Wir erkennen Gottes fügung und geben uns ihr willig hin. Die drei Jahre des banns und unglücks möchte ich auf keine weise aus meinem leben wissen, so viel erhebung und innere freudigkeit haben sie mir gebracht. Auf Ihre freundschaft und anhänglichkeit rechnen wir als auf eine gewisse sache, und· es wird auch in Ihren augen keiner neuen versicherung unsrer beständigen gesinnung bedürfen. Grüfsen Sie von mir Hubers und Vilmar. Jac. Grimm."

42. Hupfeld an W. Grimm.

„Halle 17. Jan. 1844. Verehrter Freund! Ich habe Ihnen herzzerreiszendes zu melden. Das himmlische Wesen das mich bisher liebend u. schützend umgab, das mir das höchste Glück bereitete das je ein Mann in der Ehe genosz, das mich erst im verfloszenen Jahr durch seine unermüdete Pflege in schwerer Krankheit dem Tode entriszen u. mich dann sicher in das fremde Land geleitet u. mit Überwindung so mancher Widerwärtigkeit mir eine Stätte bereitet hatte, ist mir plötzlich von der Seite geriszen worden, u. läszt mich mit meinen 6 unmündigen Kindern u. meiner alten Schwiegermutter, die nur aus Anhänglichkeit an mein Haus gefolgt ist, in fürchterlicher Vereinsamung u. Hülflosigkeit zurück, mitten unter fremden Menschen, da unsre Herzen noch voll Heimwehs u. Unbehaglichkeit in dieser Einöde sind! . . . . Auch Sie werden um meinen Engel trauern, den Sie von seiner frühesten Entfaltung an kannten u. schätzten. Sie war ein lebendiges Glied in jedem edlen Freundschaftsbund ihres Vaters wie ihres Mannes, und Sie wiszen wie sehr sie vor allen dem Namen Grimm zugethan war. Grüszen Sie herzlich Ihren Herrn Bruder und Ihre l. Frau, u. erhalten Sie mir u. meinem Hause Ihre Theilnahme u. Freundschaft. Ihr ergebenster H. Hupfeld. — Darf ich bitten die Trauerkunde auch Hassenpflug u. Huber nebst einem Grusze mitzutheilen?"

43. J. Grimm an Hupfeld.

„Berlin 4 april 1844. Lieber freund, ich lasse bei seite was Ihnen und uns in der letzten zeit schmerz gemacht

hat, und thue heute blofs eine frage: wie kommt es dafs
hebräisch (oder doch jüdisch, in der Gaunersprache) aschkenas deutsch bedeutet. ich sehe wol, dafs dieser name
zusammenhängt mit gen. 10, 3 und Jerem. 51, 27; doch
seit wann hat man ihn auf Deutschland, und etwa den
deutschen Stammherrn Ascanius bezogen? Herzlichen
Grufs von Ihrem Jacob Grimm."

44. J. Grimm an Hupfeld.

„Berlin 20 juni 1844. Durch herrn Dr. Sommer über-
mache ich Ihnen, lieber Hupfeld, ein kalbfell zur ansicht,
welches mein freund Haxthausen neulich aus Feodosia in
der Krim mitbrachte. dort schenkte es ihm nebst andern
stücken derselben art ein karaitischer rabbiner, der ein
übertrieben hohes alter dafür behauptete. Sie werden
gleich sehn, dafs es aus dem pentateuch und zwar dem
leviticus ist, und es wird Ihnen leicht sein das ungefähre
alter der schrift zu bestimmen. die züge sind schön und
regelmäfsig, aber dafür bestand ja eben alte regel. Diese
Karaim behaupten unabhängig von den andern Juden und
unmittelbar aus der babylonischen gefangenschaft nach
Taurien gelangt zu sein. Neulich wurde uns durch Müllers unfall ein schrecken eingejagt, gottlob dafs die gefahr
weit geringer war und ich hoffe sie wird jetzt völlig vorüber sein. — meine schwägerin hütet schon drei wochen
das bett und machte uns auch sorge, die sich nunmehr
auch wieder verliert. Möge es Ihnen wol ergehn.

Ihr Jac. Grimm."

45. J. Grimm an Hupfeld.

„Berlin 5 dec 1848. Lieber freund, nach langer zeit
einmal ein brief, und nicht einmal zum dank für Ihre
letzte zuschrift, welche hefte über theologische zeitfragen mittheilte [fehlt], sondern mit unschuldigen philologischen fragen.
— Läfst sich von den frauennamen der genesis Eva Sara
Rebecca Lea Rahel Bilha Silpa Dina (um der Ada, Ahali-
bama und Basmath zu geschweigen) eine leichte deutung
geben? die Ihnen auf der stelle beifällt, Sie nicht zu ge-
lehrter forschung verleitet? — hat nicht Hieronymus schon
alle biblischen namen ausgelegt? in welcher seiner schriften? doch sind das wol herbeigezogne erklärungen die
irgend einen sittlichen begrif enthalten oder aufs N. T.
anspielen sollen. — Wir leben noch alle fort, leidlich gesund, wenn ich Wilhelm ausnehme, der voriges jahr herun-
tergekommen war, Gott sei dank sich allmälich erholt.

Ihr Jacob Grimm."

46. Hupfeld an J. Grimm.

„Halle 10. Dec. 48. Verehrter Freund! .... Die weiblichen Namen des A. T. nach denen Sie fragen laszen sich zwar, wie alle Namen des A. T. u. der orientalischen Völker, auf eine Etymologie im Hebräischen oder einen andern der Semitischen Dialekte zurückführen, wofern die Wurzel nicht etwa ganz untergegangen ist: aber sie sind nicht bedeutsam im engern Sinn d. h. symbolisch, was allein der Etymologie ein Interesse geben könnte; wie es einige der an der Spitze der Geschichte stehenden Mannsnamen sind z. B. Adam (Mensch), Kain (Schmid), Habel (Vergänglichkeit), Enosch (wieder Mensch, Anfang einer zweiten Reihe, worüber Buttmanns höchst scharfsinnige Abh. im Mythologus 1. B. zu vergleichen), Noah u. seine 3 Söhne (worunter wenigstens Cham = Hitze, u. Japhet = Weite, von der weiten Zerstreuung dieser Völker, eine deutliche Beziehung auf ihre Lage u. Geschicke haben); wie denn einige der in der theokratischen Geschichte an der Spitze stehende Namen, die der ersten Patriarchen Abraham, Isaak u. Jakob nebst seinen Söhnen ausdrücklich im A. T. gedeutet werden. Bei den Weibernamen ist dies nicht der Fall, mit Ausnahme der Eva — welche Gen. 3 „Mutter aller Lebendigen", beszer „Lebendige" oder Lebengebende gedeutet wird. Sarah, als Stammutter des heil. Volks erleidet mit ihrem Mann eine Namensänderung, die eine Epoche in der heil. Geschichte bezeichnet, aus Sarai in Sarah, aber nur das letztere Wort hat eine Bedeutung (Fürstin), das erste nicht, während Abram u. Abraham beide eine Etymologie geben; jedenfalls ist dieser Namenswechsel, der auch noch bei Jakob vorkommt, nur ein epischer Schmuck der Geschichte, u. bei Israel ist er Gen. 32 durch eine eigne bedeutsame Scene begründet (Gotteskämpfe), deren Bedeutung freilich nicht ganz klar ist. Die Etymologie der fraglichen Weibernamen (worunter Ahalibamah vielmehr Oholibamah, zu sprechen ist) gibt übrigens jedes Lexikon. Die Bedeutung ist im ganzen wie die der Arab. u. orientalischen Weibernamen überhaupt, von weiblichen Thieren, Tugenden, Zierden, Begegnissen etc. hergenommen. — Hieronymus hat ein Onomasticon der Ortsnamen des heil. Landes geschrieben (oder vielmehr das des Eusebius übersetzt aber ein dergl. Buch über die heil. Personen ist mir nicht bekannt. — Ich habe Sie im Herbst an dem verhängniszvollen 18. Sept. in der Paulskirche aus der Diplomatenloge gesehen. Der Belagerungsstand machte alle Besuche zu nichte. Nur Arndt sah ich

den Tag zuvor im Garten der Frau Lindheimer, wo ich mit
meinen Kindern Gast war, u. von ihm hatte ich das Billet
in die Paulskirche. Ich wünsche Ihnen· Glück, dasz Sie
ihr entronnen sind, wie ich alle die ehrenwerthen Leute
die noch darin sitzen bedaure, an einem Werk arbeiten zu
müszen das einen zu revolutionären Ursprung u. Charakter
hat als dasz es Segen bringen und auch einen nachhaltigen
Erfolg haben könnte, das leider, fürchte ich, nicht einmal
die so ersehnte deutsche Einheit weiter bringen sondern
eher gefährden wird u. mit dem Schicksal des Bab. Thurm-
baues bedroht ist. Und wie kann es ein Uhland aushalten
unter dem Gesindel wo er sitzt u. stimmt! Dies u. so
vieles andere gehört zu den schmerzlichsten Erfahrungen
die es gibt. Das vorige Jahrhundert hat, nach Joh. Müllers Ausdruck bei der Polnischen Theilung die „Moralität
der Groszen“ gezeigt u. gerichtet; das gegenwärtige wird
fürchte ich die der Völker noch schrecklicher offenbaren.
u. vor allem das Jahr 1848 für das Deutsche eine Schand-
säule sein. — An Ihren Bruder Wilhelm u. Ihre Frau
Schwägerin meinen herzlichen Grusz u. Wunsch fernerer
Erstarkung. Mit alter Treue der Ihrige H. Hupfeld.“

    S. 280 no. 130]. Antwort auf den S.'s Tod meldenden
Brief Hupfeld's v. 15. 5 1835:

    „Verehrter Freund! Ich habe die traurige Pflicht zu
erfüllen Ihnen den gestern erfolgten Heimgang meines
Schwiegervaters zu melden. Wir hatten ‚uns an seine lei-
densvolle Krankheit u. seine verfallene Gestalt so gewöhnt,
dasz wir noch vor Kurzem an eine baldige Katastrophe
nicht von ferne dachten. Der Verewigte selbst, der vorigen
Winter im ganzen leidlicher als den vorhergebenden Sommer zugebracht hatte, hatte die Freude am Leben u. die Hoffnung auf eine längere Fortsetzung so wenig verloren dasz
er fest entschlossen war die im vorigen Winterhalbjahr
ausgesetzten Vorlesungen in diesem Sommer wieder aufzunehmen. Er war eben im Begriff sein Sommerzimmer neben
dem Auditorium wieder zu beziehen und Anstalten für die
in Kurzem beginnenden Vorlesungen zu treffen, als gegen
Ende April ihn ein fürchterlicher Brustkrampf befiel, der
ihn in einem nie zuvor gesehenen Grade von Abends 9 Uhr
an fast 12 Stunden schüttelte und zur äuszersten Kraftlosig-
keit herunterbrachte. . . . Sein Tod war ganz sanft, das un-
merkliche Auslöschen eines glimmenden Dochtes. u. dauerte
von 10 Uhr Morgens bis 6 Uhr Abends. Ihm ist wohl, aber
wir haben den Mittelpunct unseres Familienglücks verloren,
das seine Tage noch erheiterte u. um dessen willen er das
Leben noch länger wünschenswerth fand. Bis zu seinem

letzten Tage dauerte diese Theilnahme, besonders an meinen Kindern, fort, er liesz sie sich noch am letzten Morgen bringen u. das letzte Wort aus seinem Munde war eine Frage nach den Blattern des kleinsten. Es ist ein unendlicher Schatz von Liebe mit ihm aus unserm Kreise geschwunden u. wir fühlen uns wahrhaft verwaist. Unaussprechl. ist der Schmerz meines guten Weibs, die von Kind auf mit allen Fasern der Seele an seiner Seele hing, u. nun von ihr wie aus einem mütterlichen Boden losgerissen wird. Sie hat den Trost, ihn die letzten Tage u. namentl. die letzte Nacht gepflegt zu haben, wie sie es früher gewohnt war. Denn seine gewöhnliche Pflegerin, Karoline Suabedissen (eine jüngere Schwester) erlag im Laufe dieser letzten Krankheitsperiode der übermäszigen Anspannung Tag u. Nacht u. liegt noch fast hoffnungslos danieder, da ihre Krankheit einen nervösen Charakter hat u. ihre Kräfte ohnehin sehr schwach sind. Sie hat ihren schönsten Lebenszweck in der mehrjährigen treuen Pflege unseres Vaters gefunden, u. in dieser Hinsicht genug gelebt. — Wir haben letzten Winter viel Sorge um Sie gehabt. Möchten wir bald wieder tröstliches von Ihrer Gesundheit vernehmen. Grüszen Sie herzlich Ihren Herrn Bruder, u. wir alle empfehlen uns Ihrer ferneren Freundschaft u. Liebe.

Hupfeld.‘

S. 281 no. 131]. Eine Antwort H.'s auf diesen Brief liegt nicht vor, doch geht ihm ein Br. H.'s v. 26. 4. 1837 vorauf: „Verehrter Freund! Ich kann meinen Bruder, der nach beendigtem hiesigen Studienlauf u. gemachtem philol. u. theolog. Examen sich noch ein halb Jahr in Göttingen auf dem archaeologischen Gebiete umsehen will, nicht abgehen lassen, ohne mich u. die meinigen wenigstens durch ein paar Zeilen ins Andenken zurückzurufen u. Sie unserer fortdauernden Liebe zu versichern. Wir haben zu seiner Zeit mit groszem Leidwesen Ihre schwere Krankheit erfahren u. sind dem Fortgange, so weit wir ihn erkunden konnten, mit bangem Herzen gefolgt, haben uns aber seit einiger Zeit, da Sie wieder in öffentlicher Wirksamkeit erscheinen, mit der Voraussetzung getröstet, dasz es nachgrade wieder ins alte Geleise gekommen sei, obgleich die letzten mündlichen Nachrichten durch Lücke von der Veränderung in Ihrer Stimmung und Lebensfreudigkeit nicht gerade tröstlich waren. Gott gebe, dasz Sie bald wieder Ihrer alten schönen Heiterkeit zurückgegeben werden, u. dasz auch wir noch einmal etwas von Ihnen zu genieszen haben! Werden Sie nicht wieder einmal eine Gesundheitsreise nach dem Süden machen, wenns auch nicht gerade in

ein Bad wäre? Dann rechnen wir darauf dasz Sie uns
nicht vorbeigehen, und sich ein paar Tage bei uns aus-
ruhen. Das soll ich Ihnen namentl. auch im Namen meiner
Frau ans Herz legen, u. mein Bruder hat schon den Auftrag dasselbe mündlich zu thun. — Ihrem Herrn Bruder
einstweilen meinen herzlichen Grusz. Dasz ich aus dem
schriftl. Verkehr mit ihm schon so lange herausgekommen
bin, kommt daher, dasz ich literärisch seit Jahren in Rück-
stand gekommen bin, ohne Gabe mag ich nicht erscheinen.
— Ihr Schwager Hassenpflug [Vgl. S. 273 o.] entwickelt sich
auf seinem Posten in neuester Zeit so, dasz seine Freunde, die es
wahrhaft gut mit ihm u. zugleich mit der guten Sache meinen,
sich darüber betrüben, u. ich mich wohl ganz werde von
ihm abwenden müszen. Auch Sie werden sich über manche
Vorgänge wenig erbaut haben. Patriotische Hoffnungen
die ich ehedem auf ihn baute, habe ich längst aufgegeben.
Es handelt sich, wie ich immer deutlicher sehe, nur um
alten faulen Herrendienst, um mögliche Wiederherstellung
des ancien régime, u. daneben um persönl. Ehre u. Glanz.
Das neueste mit der Universität wird Ihnen Huber erzählt
haben. Wohl dem der sich von den öffentl. Angelegenheiten so ganz abwenden kann wie das den Göttinger
Herren im allgemeinen nachgesagt wird. Ich möchte mir
jetzt etwas von dieser Gabe wünschen. . . .

S. 282. Mitarbeiter am Wörterbuch] vgl. Anm.
zu S. 121.

S. 283 wie sorgenvoll seine [J. Müllers] lage ist.
Vgl. Anm. S. 278.

S. 283. In Hanover stehen die Sachen so].
Vgl. Briefwechsel der Brüder mit Dahlmann, der auch
alle anderen mit der Vertreibung der Sieben zusammen-
hängenden Ereignisse die beste Auskunft gewährt.

S. 283. Hermann habe einen ruf nach Göt-
tingen]. K. Fr. H. 1804 in Frankf. a. M. geb., war seit
1832 Prof. in Marburg und ging 1842 in der That als Nachfolger Ottfried Müller's (vgl. Anm. z. S. 290) nach Göttingen,
wo er 1856 starb.

S. 283 no. 132] darauf erwidert Hupfeld am 9. 10. 1840:
„Verehrter Freund! Ich habe erst heute jemand finden
können der mit auf die Bibliothek ging, da diese in den
Ferien geschlossen ist u. beide Bibliothekare unpäszlich
sind. Ob nun gleich mehreres von Jac. Grethe vorhanden
war, namentlich ein ganzer Foliant 'opera omnia de
cruce Christi, so hat doch die Hoffnung die Schrift
selbst zu finden getäuscht. Können Sie vielleicht jenen Folianten de cruce Chr. brauchen, so dürfen Sie nur befehlen. —

Dasz Hermann nach Göttingen berufen werden würde, hatte
ich ebenfalls schon längst von einem durchreisenden Würt.
Candidaten gehört. u. ich erwartete es nicht anders. Auch
wäre H. wahrscheinlich gegangen, da keiner der an dem
Wohlergehen der Univ. lebendigen Antheil nimmt wie er
sich unter dieser Curatel hier gefallen kann, u. er überdies
von neuem durch die hirnlose Verzögerung seiner Bestätigung seiner Wahl zum Prorector — wozu man ihn, nach
der eben so hirnlosen Verweigerung der Bestätigung Gerlings — schon wieder gewählt hatte — schnöde vor den
Kopf gestoszen war. Indessen hat H. selbst ... die Ueberzeugung mitgebracht, dasz man ... nur einen eigentlichen
Archäologen (Kunstarch.) sucht. Das ist ... für uns gut, und
wohl auch für ihn, da ich wenigstens ihm wünschen möchte
unter günstigern Umständen nach Göttingen zu kommen
als die jetzigen sind. Mir ist jetzt Göttingen und das ganze
Hannoversche Land wie unter einem Fluch und in Trauer
stehend, während es seine Restitution erwartet — wer
möchte, der nicht schon daran gefesselt ist, jetzt sein Geschick daran fesseln. Ich freue mich zu hören, dasz Sie
beide sich frisch halten und kräftig in der Arbeit sind. u.
Ihr Brief fügt dazu die erfreuliche Kunde dasz Ihre l. Frau
sich auf dem Lande gestärkt hat. Meine Frau, die an
allem dem groszen Antheil nimmt, läszt Sie alle r e c h t
o r d e n t l i c h — mit diesem Ausdruck, den sie mir besonders aufgetragen — grüszen, u. ich nicht minder die Ihrigen.
Von Herzen Ihr H. Hupfeld.“

S. 284. Prof. J. Müller] s. über ihn Anm. zu S. 278.
In der Grimm-Correspondenz sind von ihm 3 Briefe an W.
u. 1 an J. Grimm erhalten.

S. 284 no. 133] Antwort auf J. M.'s Br. v. 25. 11. 1837:
„Hochverehrter, theurer Freund, Es ist zwar etwas
Lächerliches, was ich thue; aber ich fühle mich nun einmal in meinem Herzen gedrungen, Ihnen meine innigste
Freude an Ihrer und Ihrer 6 Kollegen Erklärung, die ich
diesen Augenblick gelesen habe, zu bezeugen. Doch ist ja dabei die Meinung nicht, als könne diese Zustimmung für Sie
irgend einen Werth haben, sondern nur darum drängt es mich
Ihnen zu schreiben, weil ich mich Ihnen zum innigsten
Danke verpflichtet fühle für die Herzerquickung, die eine
solche That zweifach gewähren musz in einer Zeit, die wohl
an nichts so arm ist, als an kräftiger entschiedener Gesinnung und an Gewissen der Macht gegenüber. — Gott segne
und stärke Sie, geliebter, verehrter Freund und lasse Sie
und Ihre trefflichen Mitstreiter heilsame Früchte Ihrer Ihm
wohlgefälligen That sehen. — Verzeihen Sie mir diese son-

derbare Explosion eines überströmenden Gefühls. Von
ganzem Herzen Ihr treuergebener Jul. Müller.«

S. 285 no. 134] beantwortet durch J. M.'s Br. v. 27.
12. 1837: „Theurer, verehrter Freund, Sie verlangen von mir
Auskunft über eine bei Rothschild in Kassel für Sie depo-
nirte Summe (eigentlich hatte er Auftrag Ihnen sogleich
einen Wechsel darauf einzusenden: er hat aber, Ihre Weigerung der Annahme besorgend, diesen Weg vorgezogen),
und ich halte es für meine Pflicht, Ihrem Verlangen schleunigst zu entsprechen. Die Summe kommt der Hauptsache
nach von vier Freunden [Gerling, Hupfeld, Huber, Müller],
die unter uns Marburgern sich rühmen dürfen Ihnen am
nächsten zu stehen. In diesen regte sich sogleich bei
der Nachricht von Ihrer Entlassung die Besorgnisz, dasz
Sie für den Augenblick in irgend eine pekuniäre Verlegenheit gerathen könnten, und sie glaubten sich durch ihr
Verhältnisz zu Ihnen berechtigt, Ihnen diesz unbedeutende
Zeichen freundschaftlicher Theilnahme und Bereitwilligkeit
zu geben. Zwei davon haben den Gedanken ein Paar anderen
vertrauten Freunden [wohl Bickell und Hermann] mitgetheilt, und diese haben in derselben Gesinnung es sich
nicht nehmen lassen, mit einem kleinen Beitrag hinzuzu-
treten. Die ganze Sache ist in diesem allerengsten Kreise
geblieben; Niemand sonst hat hier etwas davon erfahren.
Ihren Andeutungen, wie Sie sich gegenüber dem unvermeidlichen Andrängen der liberalen Partei zu verhalten gedenken,
musz ich von ganzem Herzen beistimmen; aber damit hat unsre
einfältigen Sinnes dargebotene Freundesgabe auch nicht
das Mindeste zu schaffen. Wir freuen uns sehr der Hoffnung, die Ihr Brief uns läszt, dasz Sie das so Dargebotene
freundlich annehmen wollen. — Durch Ihre freundliche
Vermittelung, mit einigen lieben Worten von Ihnen über-
schrieben, habe ich kürzlich eine Schrift gegen Strausz im
Auftrage ihres Verfassers erhalten, und sage auch Ihnen
herzlich Dank dafür. Mir ist das ernste religiöse Interesse
und die entschiedene und doch freie Behandlung des Gegen-
standes sehr zusagend und erfreulich und zwiefach erfreulich,
wenn wirklich, wie ein Artikel der Allg. Zeitung andeutet, Herr
v. Kanitz, dessen Persönlichkeit mich auf Ihrem verhängniszvollen Jubiläum sehr angezogen hat, der Verfasser ist. Aber
wenn er es ist, will er gewisz nicht erkannt sein, und ein Dank
von mir würde ihn nur verletzen. — Wir freuen uns herzlich, dasz es mit Ihrer Gesundheit doch leidlich gut geht,
und nehmen den lebhaftesten Antheil an Allem, was wir
über Sie und die theuern Ihrigen erfahren und erkund-
schaften können. Hupfeld, Gerling, Huber tragen mir auf,

Sie herzlich zu grüszen. Bitte, grüszen Sie auch von uns
tausendmal Ihre liebe, muthvolle Frau. In treuer Ergebenheit und Verehrung Ihr Jul. Müller."

S. 285] ein paar Zeilen von unbekannter
Hand]. Dieselben waren in der That von Suabedissens
Tochter, Marie Hupfeld geschrieben, und zwar deshalb weil der
Marburger Freundeskreis meinte, ihre Hand würde von den
Brüdern Gr. nicht erkannt werden.

S. 287 ff.] Die hier folgende Schilderung, welche Stellung jeder einzelne College zu dem Proteste der Sieben
einnahm, liegt offenbar der Stelle von Jacobs Schrift: „Über
meine Entlassung", welche von der Stellung der Fakul-
täten zu dem Protest handelt (Kl. Schr. I, 43) zu Grunde.
Die Worte auf S. 290 „Es ist unglaublich, wie etc. kehren
darin sogar fast wörtlich als ein Ausspruch Wilhelm's
wieder: „die Charaktere fiengen an sich zu entblättern
gleich den Bäumen des Herbstes bei einem Nachtfrost; da
sah man viele in nackten Reisern, des Laubes beraubt, womit sie sich in dem Umgang des gewöhnlichen Lebens ver-
hüllten." (ib. S. 37 f.)

S. 290. so wie Ihr Bruder wollte]. Ottfried
Müller (geb. 1797) war seit 1819 Prof. der Archäologie in
Göttingen und st. 1840 in Athen. Seine Frau, die 'schöne
Müllerin' [Briefw. v. Meusebachs mit J. u. W. Grimm S. 188]
war eine Tochter des Pandectisten Hugo. Über seine Stellung zu den Göttinger Sieben vgl. J. Grimms Kl. Schr. I.
54—6. Es handelt sich hier um die Erklärung, welche am 13.
12. 1837 K. O. Müller, Kraut, Ritter, Schneidewin, H. Thöl
und E. v. Leutsch in Kasseler Blättern zu Gunsten der
sieben gemaszregelten Collegen, veröffentlicht hatten.

S. 291. Über den Tag in Witzenhausen] gemeint ist die bei Vertreibung von Dahlmann, Jacob Grimm
und Gervinus in Witzenhausen improvisirte Abschiedsfeier.
Zu Fusz waren hunderte von Studenten den Wagen voraus-
geeilt, da den Fuhrleuten untersagt war, ihnen Wagen zur
Disposition zu stellen. Unter denen, welche jenseits der
hannöverschen Grenzen, die Pferde der Verbannten aus-
spannten. befand sich auch ein Glied der Familie Rothschild. Noch 1852 schreibt J. Gr. an Hofmann v. F. (Germ.
XI. 511) von dem „glorreichen studentenauszug nach Witzenhausen."

S. 291. Lücke's Frau sagte etc.] vgl. S. 287, vgl.
Freundesbr. S. 150: „Der Unglücklichste hier von uns
allen ist Lücke." Lücke geb. 1791 war seit 1818 Prof. der
Theol. in Bonn, seit 1827 in Göttingen, wo er 1855 starb.

ib. Huber] Prof. Vict. Aimé seit 1836 in Marburg.

19*

später in Berlin, wo er auch mit den Brüdern Gr. verkehrte.
Vgl. Anm. zu S. 318 Br. 2. [II S. 308.]

S. 292. Bei unserm Schritte lag blosz die
religiöse Überzeugung zu Grunde] vgl. Freundesbr. S. 149 f.: „ich besorge, man wird nirgends glauben,
dasz wir Gott mehr als den Menschen haben gehorchen
wollen, u. die in Parteien getheilte Welt glaubt nicht, dasz
jemand anders als aus Parteiansichten habe handeln können. Ich musz entweder abgeschmackte Lobpreisungen
(einige ausgenommen, welche die Wahrheit fühlen) oder
hoffärtige Verhöhnung ertragen, ich weisz nicht, was von
beiden mir mehr zuwider ist."

Über die sonstige polit. Gesinnung der Brüder vgl.
Briefw. m. v. Meusebach S. 357 f. u. Beiträge zu Görres Rhein.
Merkur in dessen kl. Schriften Bd. I. 536 ff. sowie hier be-
sonders II 260, 265, 310 no 5, 313 no 7.

S. 292. Dasz der König von Sachsen uns Sieben
erlaubt hat, Vorlesungen in Leipzig als prof.
honor. zu eröffnen]. Aus den Briefen mit Dahlmann
ergiebt sich, dasz diese Erlaubnisz doch nur mit Cautelen
gegeben war und daher von ihr kein Gebrauch gemacht
wurde.

S. 294 no. 136] Voraus geht ein Br. J. M.'s v. 11. 6. 1839:
„Innig verehrter Freund, Hier sende ich Ihnen das gewünschte Document, von meiner Tochter Klara abgeschrie-
ben. Es kann Einem ein Grauen ergreifen, wenn man in
diese bodenlose Sicherheit der verstocktesten Verblendung
— oder ist es quasi Heuchelei? — hineinsieht. — Die ungeheure Plattheit auf S. 2 ist nun wohl zu ergötzlich, als
dasz man es sich versagen könnte sie vertrauten Freunden
gelegentlich mitzutheilen. Was aber den Brief selbst betrifft, so habe ich Huber gesagt, dasz Sie ihn treulich für
Sich in Ihren Akten zu dieser denkwürdigen Geschichte be-
wahren wollen. . . . Wenn ich von Ihnen bin, so fällt es
mir immer aufs Herz, über wie Manches ich noch hätte mit
Ihnen reden mögen, und wie wenig ich Ihnen meine innige
Anhänglichkeit an Sie zu erkennen gegeben habe. — Gott
schütze die gerechte Sache und die um ihretwillen leiden.
Von ganzem Herzen der Ihrige J. Müller."

S 295. Schönlein] Geh. Obermedicinalrath u. Leib-
arzt des Königs. Der König hatte ihn auf die Nachricht
von W. Gr.'s Erkrankung zu denselben geschickt. Laszt
uns dem Aesculap einen Hahn opfern, rief Sch. mit lauter
Stimme durch das Zimmer als die Fieberkrisis überwunden
war. Im Fieberschauer hatte W. zuvor aus dem Bett steigen
wollen und Dahlmann's Sohn, dessen mündlichem Bericht

ich diese Daten entnehme, vermochte seiner nicht mehr
Herr zu werden. Da rief er den im Nebenzimmer arbei-
tenden Jacob herbei. Er kam schweigend, setzte sich an
das Bett dem Kranken gegenüber und schaute ihn ernst
mit seinen treuen Augen an. Da legten sich die Fieberschauer und der Kranke sank ruhig zurück in die Kissen
und in erquickenden Schlaf. Ein bezeichnendes Beispiel,
welche moralische Gewalt Jacob über seinen Bruder besasz.
Vgl. über diese Krankheit Wilhelm's noch J. Gr.'s Brief an
K. A. Hahn (Germania XII., 117.)

S. 296. d i e s e B l ä t t e r] „Über meine Entlassung".

S. 296 no. 137.]   Darauf antwortet J. M.'s Br. v. 16.
5. 1838: „Theurer, innig verehrter Freund, Empfangen Sie meinen herzlichen Dank für das Geschenk, das Sie mir, von
so freundlichen lieben Zeilen begleitet, gesandt haben. Wie
sehr ich mich an Ihrer Schrift erquickt und erbaut habe,
brauche ich Ihnen nicht zu sagen; Sie kennen meine Gesinnung. Wer es ernstlich wohl meint mit unserm armen
Vaterlande, und nicht will, dasz es dem perfidesten Treiben
und den wildesten Revolutionen Preis gegeben werde, der
musz es Ihnen und Ihren Kampfgenossen ungemessenen
Dank wissen, dasz Sie es gewagt haben, Sich vor die
Bresche zu werfen, im Unterliegen gewisz den Sieg berei-
tend, weil die heilige Macht Gottes mit Ihnen ist. Auch
haben gerade Sie durch Ihre Schrift allen denen, welche
sich gerne damit beschwichtigen möchten, dasz sie ihren
Schritt auf Rechnung eines politischen Parteiinteresses
setzen, alle Entschuldigung abgeschnitten, und wenn sie
vielleicht nicht zu heilen sind, doch ein klares Zeugnisz
über sie abgelegt, das sie scheuen müssen. — Mir ist mehr
als einmal beim Lesen das Herz wahrhaft aufgegangen,
und ich hätte viel darum gegeben einen Augenblick bei
Ihnen zu sein, um Ihnen mit Einem Worte sagen zu können, wie innig ich mich mit Ihnen einverstanden fühle. —
Diesz führt mich darauf einen Wunsch gegen Sie auszusprechen, den ich schon lange im Herzen trage, und den
hier Viele mit mir theilen. Möchte es Ihnen doch gefallen, ehe Sie Kassel verlassen, vielleicht während der Pfingst-
zeit, wo unsere Gegend sich am schönsten herausputzt,
einige Tage bei uns zuzubringen. Bickell will ja, soviel
ich weisz, kommen; könnten Sie ihn nicht begleiten? Und
wenn Sie kommen, nicht wahr, dann kehren Sie bei uns
ein, und nehmen mit einem dazu bereiten Zimmer, wie Sie
es eben finden, vorlieb? Meine Frau, die sich Ihnen herzlich empfiehlt, würde sich sehr betrüben, wenn sie in diesem
Falle nicht die Freude haben sollte, auf einige Tage Ihre

Hauswirthin zu sein. Am allerschönsten wäre es, wenn Ihr Bruder Wilhelm, den ich tausendmal zu grüszen bitte, wenn Sie ihm schreiben, mit Ihnen kommen könnte. Vielleicht ziehen Sie es dann noch einmal in Erwägung, und wählen zu Ihrem künftigen Aufenthaltsorte statt Leipzig unser stilles Marburg, wo Sie gewisz von herzlicherm, uneigennützigerm Wohlwollen umgeben, und allen Zudringlichkeiten des Parteiwesens viel mehr überhoben sein würden als dort. — Gott leite und schütze Sie, geliebter, verehrter Freund. Von ganzem Herzen Ihr treuergebener J. Müller. — PS. Wenn Sie uns die Freude Ihres Besuches machen wollen, lassen Sie es uns wohl vorher wissen, wann wir Sie erwarten dürfen; ich könnte sonst am Tage Ihrer Ankunft zufällig abwesend sein."

S. 297. Vilmar] Aug. Friedr. Christ. Der bekannte hessische Theolog und Literarhistoriker, geb. 1800 gest. 30. Juli 1868 in Marburg. In dem Briefwechsel Weigand's befinden sich 21 Briefe Vilmar's von 1843—67, darunter einer von 1867 auf roth gerändertem weissem Papier mit dem photographischen Bildniss des letzten Kurfürsten. Natürlich erwähnt Vilmar in diesen Briefen verschiedene Mal die Brüder. Ich hebe einige Stellen heraus: 20. Merz 1845: „Jacob Gr. klagt gegen mich sehr über das abnehmende interesse der welt an unserer wissenschaft; aber woher kommt diese abnahme?" — 18. Aug. 1846: „bis dahin (eintreffen v. W. Gr.'s Athis u. Prophilius) hatte ich mich an J. Grimm's Geten-Gothen und etymologischen kühnheiten in der vocalabhandlung erfreut . . . es mögen also diese Rimberge ursprünglich reginberge gewesen sein, u. somit uralte culturstätten der raginê. In der nähe dieses oberhess. Rimbergs bei Caldern sucht bekanntlich Mone nicht ganz ohne wahrscheinlichkeit die Gnitaheide." — 28. Dec. 1846: „Wir Philologen und Dichter haben uns [auf d. Germ.-Vers.] gut mit einander verschlagen, bis auf die kleinen spitzen, welche ich notgedrungen gegen W. Grimm in angelegenheit der zu erneuernden Hauptschen zeitschrift herauskehrte, und die auch J. Grimm in seinem bericht in der allg. zeitung nicht ganz übergangen hat. das ding kam beinahe heraus, als wenn Haupt die zeitschrift gepachtet hätte, während er doch aus freien stücken die sache niedergelegt hat. F. Pfeiffer, den ich in den vordergrund rückte, schienen die Grimm die zeitschrift nicht recht gönnen zu wollen. . . . die übrigen expectorationen in Fft. hätte ich den herrn Juristen herzlich gern geschenkt; . . . u. Reyschers eseleien gegen J. Grimm in d. allg. zeitung haben ebenso [bös] auf viele andere gewirkt." — 31. Mai 1849: „Ich habe Sie beneidet,

dasz Sie am 18. sept. v. J. in aller gemüthlichkeit sich
haben bibliotheken ansehen und codices untersuchen und
excerpieren können. das wäre mir völlig unmöglich gewesen. J. Grimm that auch wohl, dasz er sich von Frankf.
entfernte; es thut mir leid, dasz ihn seine eitelkeit ver-
führte, sich für F. zuzudrängen (denn das hat er gethan),
u. wählen zu lassen, um sich — lächerlich zu machen.
J. Gr.'s existenz in der Nat. V. ist unsern studien oder vielmehr deren geltung nicht förderlich gewesen. doch darnach
fragen wieder die Grimms nicht — sie wollen ihre sachen
eben nicht aus dem kreise der gelehrsamkeit gerückt sehen;
exclusiv oder gar nicht! ist ihr alter wenn auch un-
ausgesprochener wahlspruch. -- L. Uhland ist weniger klug
als die Grimms, und scheint sich völlig ruiniren zu wollen."
— 6. Aug. 1867: „Den Tod Jacob Grimms habe auch ich
auf das Schmerzlichste empfunden; es macht sich dieser
Verlust auch sonst durch die einreiszende Meisterlosigkeit
auf dem deutschen Sprachgebiet und den bittern Hader,
welcher überall auftaucht, empfindlich bemerkbar."
   In der Grimm-Correspondenz haben sich nur 4 Briefe V.'s
an J. Grimm erhalten. Auf den ersten derselben fehlt die
Antwort v. J. Gr. Er lautet: „Wohlgeborener, Hochverehrtester Herr Professor! Ein Neuling überreicht Ihnen
hierbei seine Arbeit — nicht. als ob er meinte, es sei dieselbe an sich Ihrer Aufmerksamkeit würdig, wohl aber, um
Ihnen durch ein äuszeres Zeichen darzuthun, dasz die Zahl
Ihrer, für ein ganzes Leben dankbaren Schüler sich um
Einen vermehrt hat, der, freilich nun schon vor Jahren, an
Ihren Schriften lernte, zu lernen, und sich mit seinen Ansichten von den Dingen den Dingen selbst unterzuordnen.
Möge der verehrte Meister auch die geringe Leistung eines
seiner schwächeren Schüler nicht verschmähen, der, über
zwei Jahre lang aus der Bahn der Wissenschaft in das
Gebiet des Geschäftslebens verschlagen, mit dieser Arbeit
zuerst wieder den wissenschaftlichen Boden betritt. — Ich
hätte sehr gewünscht, diese Abhandlung vollständiger aus-
reifen lassen zu können, indesz geboten die Amtsverhältnisse
Eile in der Ausarbeitung und Herausgabe, und so kann und
soll sie denn nichts anderes sein, als eine kleine syntaktische
Concordanz für den Genitiv im Heliand. — Die Grund-
linien einer Theorie des Genitivs, die ich zu ziehen versucht
habe, mögen, von einem höheren Standpunkte aus angesehen, unhaltbar erscheinen — ich gebe sie gern daran
— indesz konnten mich die bisherigen Theorien noch weniger
befriedigen. weil diese auch nicht einmal einen beschränkten
Kreis von Thatsachen mit Vollständigkeit zu Ihrer Grund-

lage genommen hatten. — Mit lebenslänglicher Dankbarkeit
und Verehrung habe ich die Ehre, mich zu nennen Ew.
Wohlgeboren ergebensten Dr. A. Vilmar, Gymnasialdirector.
Marburg am 29. März 1834."
Die übersandte Arbeit ist V.'s Gymn.-Progr.: ‚De geni-
tivi casus syntaxi quam praebeat Harmonia Evangeliorum,
saxonica dialecto seculo IX conscripta, commentatio.'
    S. 297 no. 138] Antwort auf V.'s Br. 2: ‚Hochwohlgeborener,
Hochverehrtester Herr Hofrath! Gestatten Sie mir, dasz
ich, ermuthigt durch die nur zu gütige Aufnahme meines
Schulprogrammes vor anderthalb Jahren, auch das anliegende [von der stete ampten und der fursten ratgeben
1835. 4.] Ihnen überreiche. Dasz ich dies kleine Stück herausgegeben, hat freilich zunächst mehrere äuszere Ver-
anlaszungen — welchen auch die, so wie sie da (S. 4—5)
stehen, sehr überflüszigen Bemerkungen über u und ü angehören — indesz sprach mich doch auch das frische Leben
in diesem derben, einem noch gesunden Boden entsproszten
Gewächse an. Wie ich es herausgegeben — darüber ist
eben nichts zu sagen. Abschreiben ist keine Kunst, doch
wuszte ich hier ernstlich nicht, was ich beszeres hätte thun
sollen. — Unter den vielen freudigen Stimmen, welche von
allen Enden her sich über Ihre deutsche Mythologie erheben werden, erlauben Sie auch der meinigen, sich hören
zu laszen. Die vielen einzelnen, leisen Töne und Stimmen,
die fast verhallend an Berg und Wald vorüberziehen, klingen
nun zusammen in einem einzigen, lauten und hellen Klange.
Mit wem jene Töne aus der frühen Kindheit her durchs
Leben gegangen sind, der wird sich noch ehe er den vollen
Klang des Ganzen technisch bewundert, daran persönlich zu
freuen im Stande sein. Den wissenschaftlichen Gewinn
und das Lernen aus Ihrem Werke theile ich mit sehr Vielen,
die Freude mit nicht Wenigen; jeder hat denn nun seine
besondere und besonderste Freude. So ist es unter Vielem
kein geringes Vergnügen, die auch in Hessen wohlbekannten
Elbentrötschen (Hilpentritschen) in so guter Gesellschaft
auftreten zu sehen. Die Jagd der H. Tr. bestand noch vor
zwanzig Jahren als ein sehr alter Pennalismus in Hersfeld.
Seitdem ist auch diese letzte schwache Spur erloschen und
lediglich der Tradition anheimgefallen. — Mit der innigsten
Verehrung habe ich die Ehre, mich zu nennen Ew. Hochwohlgeboren gehorsamster Dr. A. Vilmar. Marburg 7. Nov.
1835."
    S. 298. über den hersfelder Hilpentriterde]
verdruckt für Hilpentritsch. Vgl. noch Vilmar's Idiotikon von Kurhessen Marburg 1868 s. v. Hilpentritsche: ‚Dasz

die Hilpentritschen in Hersfeld vorkommen, hat er (d. h.
J. Gr.) aus meiner Mitteilung."

S. 298. Mohr] vgl. folgende Stelle eines Briefes von
Vilmar an Weigand v. 5. jan. 48: „Sind Sie gemeint, wenn
der 'pröfessör Jösuâ Eiselein' von einem 'pröfessör Weigand
in Mainz' spricht? der mann scheint zu den vielen halb-
tollen zu gehören, die wir in unsern disciplinen haben auftauchen sehen: Berndt, Radloff, K. Roth, Crüger, Wil-
brand, Mohr (dieser ist denn doch im irrenhause gestorben!)
und viele andere geben eine schöne reihe."

S. 298. ob Sie geneigt ... beitrag für das
deutsche wb. zu liefern?] vgl. Anm. z. S. 121.

S. 299. Blackert]. Lehrer am Gymnasium in Marburg wurde 1845, wie ein Brief Vilmars an Weigand ergiebt, nach Rinteln versetzt, wurde dann Pfarrer, trat
später zum Katholizismus über und starb als Professor in
Cernovitz. Er wird wohl nie etwas für das Wörterbuch
geliefert haben.

S. 301. mein bruder will das programm in
dem gött. anz. beurtheilen]. Vgl. die Anzeige in
W. Grimm's kl. Schriften II, 481.

S. 302. Dem münchener Roth]. K. Roth am
Reichsarchiv zu München geb. 1802 † 1880. vgl. S. 403,
J. Gr. an K. Frommann v. 10. apr. 1839 (Germ. XII, 119)
u. Anm. zu S. 298: Mohr. — Über seine Schriften vgl.
K. v. Bahder's Deutsche Philologie.

S. 303. bogen etymologie über „sünde"] in
Theol. Studien u. Kritiken hsg. v. Ullmann u. Umbreit
1839 s. 747—52 (= Kl. Schr. IV, 288 ff.)

S. 303. Bemerkungen über hessische orts-
namen] in d. Zeitschr. d. Vereins f. hess. Gesch. u. Landeskunde. Bd. 2 (1840) S. 132—54 (= Kl. Schr. V. 297 ff.)

S. 304. Haupt.] vgl Anm. zu S. 314. Von ihm
liegen mir 4 Zuschriften an Weigand vor, aus den Jahren
1841—8. Ich setze aus dem letzten v. 27. Oct. 1848 datirten
Brief den Eingang her: „Haben Sie freundlichsten Dank
für die Zusendung Ihres evangelien-bruchstücks. ich habe
es soeben erhalten u. mich über den schönen auch durch
grosze reinheit des versmaszes merkwürdigen Fund sehr
gefreut u. werde dafür sorgen, dasz Jacob Grimm an seinem Geburtstage abdrücke erhält". (Im weiteren bean-
standet er die Ansetzung des Anfangs d. 11 Jh. für die Hs.
und Weigand acceptirte seine Ansicht, dasz sie dem Anfang des 12. Jh.'s angehöre) Vgl. Anm. zu S. 327.

S. 305. Stielers sprachschatz]. Der deutschen
Sprache Stammbaum u. Fortwachs od. deutscher Sprachschatz etc. Nürnberg 1691 4⁰.

S. 305. Horus u. Kiliandr] vgl. S. 122 ferner
einen Brief v. Vilmar an Weigand v. 18. 8. 1846 (in Anm.
z. S. 297) und v. Müllenhoff an Weigand v. 25. 1. 1857 (in
Anm. zu S. 359). In der zweiten von Müllenhoff 1867 be-
sorgten Ausgabe von W. Grimm's Heldensage ist der Iden-
tität von Kiliandr mit Calantra, welche Mone ohne weiteres annahm, ebensowenig gedacht, wie in der ersten.
Nach W. Kolbe: 'Die Sehenswürdigkeiten Marburgs u. s.
Umgebungen. Marb. 1884' S. 145 ist allerdings noch heute
in Kernbach eine vor den Ohren der Städter wohl ge-
hütete Überlieferung lebendig, wonach dort der Lindwurm
gehaust habe, den Jungsiegfried erschlug.

S. 307 no. 144] Antwort auf V.'s Br. 3: „Hochverehrtester Herr Professor! Inliegende kleine Schrift, nicht
für die Oeffentlichkeit bestimmt, vielmehr nur ein in groszer
Eile beschafftes Surrogat für Dictate, würde an sich nicht
gewagt haben, sich Ihnen zu zeigen, und nur gelegentlich
würde ich es als ein Curiosum — damit Ihnen auch dergleichen Dinge wenigstens zu Gesicht gebracht würden —
Ihnen vorgelegt haben. Die Indiscretion des Buchhändlers,
welcher das Stück wider die bestimmteste Abrede ver-
sendet, erinnert mich, ihn nicht an Unverschämtheit zu
überbieten, indem ich es darauf ankommen liesze, dasz
Ihnen das Stück anderwärts zu Gesicht käme, nicht durch
mich. Die Absicht ist nicht eben, dasz Sie es lesen sollten; denn wer kann solchen Abhub (und mehr können
freilich alle dergleichen Schulhefte nicht sein) ohne schmäh-
liche Zeitverderbnis durchgehen? — Für Ihren [Wilhelm's]
Wernher habe ich nicht einmal gedankt; was werden Sie
von mir denken? Der Wunsch, mit mehr als der allgemeinen Formel, mit Beweisen des Gelesen-Habens und des
Nutzens aus dem Lesen, zu danken, liesz mich im Anfange
Aufschub suchen; nachher traten die seit einem Jahre wieder
unabläszig andringenden Amtshindernisse, wie diese bei
unsern Verhältnissen so häufig kommen, in den Weg. —
Beiliegendes Citat wird Ihnen wohl längst bekannt sein;
seit drei Vierteljahren liegt es nun schon bei mir. Ein
wirklich interessantes, Ihnen vielleicht unbekanntes und
nicht ganz unwichtiges Zeugnis werden Sie neulich von
Dr. Dietrich erhalten haben oder doch in der Kürze erhalten. — An Ihrer [Wilhelm's] goldenen Schmiede habe ich
vielfache Freude gehabt: zunächst die billige und milde und
doch entschiedene Abwehr des fremden Maszstabes; vor allem

aber das theologisch-poetische Glossar, welches für die
innere Kirchengeschichte nicht hoch genug in Anschlag
kommen kann. Wie reich ist diese Fundgrube, und wie
wenige kennen sie; denn seit Peschek meine ich kaum
eine Andeutung dieser Dinge gelesen zu haben. Ohne
Eingehen darauf, von den angelsächsischen Stücken, Otfried
und Heliand an bis hinab in das 15. Jh., werden wir aber
niemals eine Geschichte des Christenthums in Deutschland
bekommen. Mit der herzlichsten Verehrung und Ergebenheit Ew. Wohlgeboren ergebenster Vilmar. — Marburg,
28. Sept. 1840.'

S. 307. Ihre mir ... übersandte schrift] Deutsche
Schulgrammatik etc. Marb. 1840, 7. Aufl. 1871.
ib. unserer grammatik ihre eigenthümlichkeit zu bewahren] vgl. S. 334.

S. 308. die .. reduction des textes erschreckt
doch ein wenig] vgl. S. 314, 332, 217 u. J. Gr.'s Anzeige
v. Lachmann's Schrift über die ursprüngliche Gestalt der
Nibelunge Noth. Berlin 1816. (Kl. Schr. IV 92 ff.) sowie die
W.'s (Kl. Schr. II, 176 ff.) und W. Gr. an Görres v. 6. 12.
1816 (Görresbriefe II 505). Die spätere Correspondenz Lachmann's u. Wilh. Gr.'s über das Nibelungenlied steht in
Zacher's Zeitschr. II, vgl. dazu Wegener's Anm. in dem
Briefw. m. v. Meusebach S. 366 f. Jacob's Correspond. mit L.
begann 1819, vgl. ib. S. 303 f.

S. 308. Gervinus fünften Theil] Gesch. d. poeti-
schen Nationalliteratur d. Deutschen. 1—5. Bd. Leipzig
1835—40. 5. Aufl. bes. v. K. Bartsch 1871-74. 8°. — Bekanntlich war Gervinus mit Dahlmann und J. Grimm 1837
gemeinsam aus Hannover verbannt. Aus den 7 mir vorliegenden Briefen an Weigand (von 1847—53) hebe ich folgende seinen Berliner Aufenthalt 1852-3 beleuchtende Stellen
heraus: Heidelberg 28. 9. 1852: „Ich würde Sie dann bitten,
mir dasselbe unter J. Grimm's Adresse nach Berlin zu
schicken, wohin ich übermorgen abreise, vielleicht um den
ganzen Winter dort zu bleiben.' — Berlin Behrenstr. 6. —
18. 12. 1852: „Ich werde hier wohl noch längere Wochen
oder selbst Monate aushalten müssen. Die Masse des Vor-
rathes ist gewaltig.' — H. 1. 3. 1853: „Die lange Ver-
schleppung dieser Antworten entschuldigen Sie gewisz gerne
mit den häszlichen Zwischenfällen, die mich, zum Schaden
auch meiner neuen Auflage der Lit. Gesch. vorschnell aus
Berlin nöthigte. Es ist ein seltsames Schicksal, dasz ich
über der Überarbeitung des 3. Bandes gerade so aus Berlin
vertrieben wurde (u. vielleicht noch weiter aus Baden u.
Deutschland weg) wie ich bei der ersten Ausarbeitung eben

dieses Bandes aus Göttingen verjagt wurde . . . ich könnte
wahrscheinlich in Wochen noch nicht hier weg, weil mit
einer demnächstigen Freisprechung, an der ich nicht zweifle,
die Sache noch nicht zu Ende sein wird." — 23. 9. 1852:
„J. Grimm war schon weg; er blieb nur 1—2 Tage, u. sah
leider recht verarbeitet aus." (vgl. Fr. Roth an Weigand
12. 9. 1852. Anm. zu S. 377). — Gervinus' Briefwechsel mit
den Brüdern wird demnächst von Dr. Ippel veröffentlicht.

S. 308. Ihre Nationalliteratur] Geschichte der
deutsch. N. Marb. 1845. 8. 22. Aufl. 1886.

S. 309. theilnahme d. publicums an der altd.
lit. nimmt ab.] vgl. Vilmar's Aeusserung an Weigand in
Anm. zu S. 297. — Seifrid Helbling steht in Bd. IV v.
Haupt's Zeitschr.

ib. Müllers u. Schaumanns leere Einbil-
dungen] vgl. L. Diefenbach an Weigand v. 5. 6. u. 28. 7.
1845 in Anm. zu S. 388, sowie J. Gr.'s Recension v. W. Müller's
Geschichte u. Syst. d. altd. Religion. Göttingen 1844 (Kl. Schr.
V S. 336 ff.) u. seine weitere Erklärung in der Allg. Zeitung
1845 (Kl. Schr. VII S. 600). Wegen Schaumann's vgl. J. Gr.'s
Bemerkungen zu Schaumann's Aufsatz über das wehrgeld
d. freien nach d. Lex. Saxonum in Bd. 11 d. Zeitschr. f.
gesch. rechtswissensch 385 ff.

S. 310. phol] vgl. „Schon mehr über phol" in der
Zeitschr. f. das Alterthum v. Haupt Bd. 2. 1842. S. 252-7
(= Kl. Schr. VII S. 101).

ib. Ihrer abhandlung über den Heliand]
Deutsche Alterthümer im Heliand etc. Progr. 1845.

S. 311 z. 1 v. u.] lies: 'des von 1594' st. 'der'.

S. 312. Pertz davon benachrichtigt] Vgl. Anm.
S. 267. Pertz war bekanntlich Oberbibliothecar an der
königl. Bibliothek in Berlin.

ib. Schadewitz] Vgl. in Anm. zu S. 313 V.'s Br. 4
auf S. 302.

ib. Pfeiffer will . . . neue zeitschrift beginnen, was mir lieb ist]. Vgl. S. 314, Germania XI, 122.
Die 22 mir vorliegenden Briefe Franz Pfeiffer's an Weigand
von 1843—68 bieten keine Ausbeute für Pf.'s Verhältniss
zu jedem der beiden Brüder, das, wie auch deren Briefe an
Weigand ergeben, ein sehr verschiedenes war. Vgl. noch
Wilhelm's Kl. Schr. II, S. 508 ff.

S. 313 no. 148] Antwort auf V.'s Br. 4: „Marburg
4. Januar 1859. Hochverehrtester Herr Hofrat! Nicht um
die gratulantenschar zu vermehren, welche, erwünscht und
unerwünscht, an diesem tage sich Ihnen zu nahen pflegt,
komme ich, wol aber, um doch wenigstens einmal an diesem

tage Ihnen, mein hochverehrtester meister, meine verehrung
auch brieflich auszudrücken, die mich ja freilich seit nunmehr länger als dreißig jahren keinen tag verlassen hat.
leider bin ich seit zehn Jahren fast ganz, seit länger als
drei jahren gänzlich aus der bahn herausgeworfen worden,
auf der ich Ihnen von fern folgen konnte, wenn gleich allerdings auch in jenen ersten zwanzig jahren die geschäfte des
amts nur ein sehr fernes und langsames folgen erlaubten;
aber auch auf dem felde, auf welches ich, viel zu spät,
zurückgeworfen worden bin, freut es mich, die nach-
wirkungen Ihrer meisterschaft, wenn auch für jetzt noch in
den ersten anfängen, zu bemerken. ganz junge aber tüchtige
kräfte beginnen die ausgefahrenen gleise der alten exegese
zu verlassen, und eine gründliche forschung sich zur aufgabe
zu machen, wie dieselbe von Ihnen vorgezeichnet worden
ist, so z. b. dr. Zöckler in Gießen und prof. v. Zezschwitz
in Leipzig. — Dagegen ist es mir schmerzlich, in einem
puncte, und einem sehr wesentlichen, einen abfall gerade
derjenigen jüngern welt bemerken zu müsen, welche Ihre
pfade einzuhalten berufen ist. das wirrnis, welches Holzmann in der ansicht von den Nibelungen angerichtet hat,
trägt je länger desto üblere früchte, welche wiederum ihre
samen auf weite gebiete, nicht blofs der deutschen literatur
und sprachwifsenschaft hinaus tragen wird. die ganze ansicht von dem was volkspoesie, was epos, ja was poesie
überhaupt ist, gerät in schwanken, verwirrung und — schon
jetzt — in verfall. ich verkenne ja nicht, dafs Lachmann,
der in allem guten seine säfte aus Ihnen zog, und nur wo
er sein Ich ungehemmt walten liefs, formell fehlte, durch
seine abstruse methode an dem abfall — nicht schuld ist,
aber seinen anteil hat; denn die schuld liegt an denen, die
zu träge sind, sich durch das Lachmannsche gestein hin-
durchzuarbeiten. aber dafs man nun die sachen auf den
kopf stellt, und Lachmann als auf dem kopf stehend darstellt, das ist mir zu arg. wie hat sich Zarncke dazu herbei lafsen können, die schülerhaften misverständnisse, welche
Holzmann, und noch neuerlichst Fischer, zu tage bringen,
nur gelten zu lafsen? ist denn niemand da, welcher, mafs-
voller und geschickter als der gute Müllenhoff, für die
meister einträte? — geht es so fort, so ist ein untergang
der wifsenschaft, welche lange zeit die königin gewesen ist,
auf dem gebiete der literatur der poesie nicht schwer zu weis-
sagen. warum schweigt Haupt? — Herr Wurm ist ja nun mit
seinem Anti-Grimm, wenigstens mit einem probebogen,
heraus gekrochen. er wird niemanden überreden, dafs er
ein drache sei. möge es Ihnen aber vergönnt sein, Ihr

wörterbuch zu einem frölichen und siegreichen ende zu
bringen! Mit den herzlichsten wünschen für Ihr äufseres
und inneres wolergehen in bekannter innigster verehrung
Ihr ergebenster Vilmar, prof. d. th. u. Cons. R. — Es fällt
mir ein, dafs ich Ihnen noch die beantwortung einer frage
schuldig bin; falls Sie die antwort noch interessiert, so folgt
sie hier: der buchdrucker Schadewitz in Kassel führte
diesen namen wirklich, und es lebt in Kassel sogar noch
ein nachkomme des buchdruckers, welcher diesen namen
führt."

S. 314. anderes in sich verschlossen halten
musz] vgl. Anm. zu S. 115.

S. 314. Dem wörterbuch ist .. wenig anerkennung zu theil geworden] vgl. Germ. XI., 252.

ib. 8. deutsche Wb. unter der presse] vgl.
S. 352.

ib. Lachmann's ansicht] s. Anm. z. S. 308.

ib. Haupt ist ... in seine Fusztapfen getre-
ten]. vgl. Briefw. mit v. Meusebach S. 395. Wegen
Haupt vgl. noch Anm. zu S. 304.

S. 314. Meyenbergs] verdruckt st. Megenbergs.

S. 314. Conrad heiszt sicher nicht von Würzburg nach der stube (?) in Basel]; Vgl. Wackernagel
Joh. Fischart S. 78 Anm. 170 u. Germania IV. S. 113 ff., sowie Jac. Grimm an Pfeiffer v. 8. 2. 1859 (ib. XI. S. 113 ff.
no. 28): „Conr. v. W. hat lange zu Basel gelebt und ist da
gestorben; doch kommt mir der beweis, den Wackernagel
aus dem Baseler hause zieht, bedenklich vor."

S. 315. Wer den Gargantua endlich heraus-
gibt, wollen wir sehen, Meusebach sah vielerlei ein]. vergl. Fischartstudien d. Frh. K. H. Gregor v.
Meusebach. Mit einer Skizze s. liter. Bestrebungen herausgeg. v. Dr. Camillus Wendeler Halle 1879. Demselben
Herausgeber verdanken wir auch den hochinteressanten Briefwechsel des Frhn. v. M. mit Jac. u. Wilh. Grimm Heilbr.
1880, dessen so werthvollem Commentar leider ein leicht
orientirender Index fehlt.

S. 315, Prof. Weigand] K. in Giessen, wohl der wärmste
und aufoperndste Freund der Brüder. Über ihn vgl. besonders O. Bindewald: Zur Erinnerung an Friedr. Ludwig
K. Weigand Gieszen 1879, wo auch verschiedene Aeuszerungen W.'s über die Brüder mitgetheilt sind. Die Briefe
der Brüder an ihn, so wie seine gesammte sauber aufbe-
wahrte wissenschaftliche Correspondenz, eine Anzahl von
ihm gehaltene Vorträge, seine Collegienhefte sowie eine
Anzahl Collectaneen sind mir von seiner Tochter, der Frau

Oberlehrer Dr. Flach in Wiesbaden freundlichst anvertraut worden. Das seit langer Hand von W. gesammelte Material zu einem Wetterauer Idioticon hat Prof. Crecelius in Elberfeld in Händen und denkt es demnächst um anderes vermehrt zu veröffentlichen. Das Material über Lamprechts Tochter Sion hat Prof. Weinhold verwerthet (vgl. Anm. zu S. 316). Einen Vortrag über Ickelsamer hat Fechner (vgl. S. 340) abgedruckt, einer über die Beziehungen der einzelnen Landestheile des Groszherzogthum Hessen zur deutschen Literatur sollte im Feuilleton der Frankfurter Zeitung 1885 mitgetheilt werden. Auszerdem liegen mir noch je ein Vortrag über Jacob und Wilhelm Grimm und einer über Schmeller aus den Jahren 1863, 1870, 1869 vor. Sie spiegeln die aufrichtige Verehrung Weigands für diese drei seinem Herzen so nahe stehenden Männer wieder. Die anderen Vorträge handeln: über die deutsche Lexicographie (26. 1. 1855), die Forschung in den deutschen Mundarten, deutsche Etymologie (2. 8. 1867), den Buchstaben R im Deutschen (29. 11. 1861), Bürgers Lenore (2. 2. 1872), den Göttinger Dichterbund oder den Hainbund (4. 7. 1873), Max u. Thekla in Schillers Wallenstein (19. 2. 1875), Bürgers Ballade „des Pfarrers Tochter zu Taubenhain" (24. 11. 1876), von welchen der eine oder andere auch jetzt noch veröffentlicht zu werden verdient. Von der sehr umfangreichen wissenschaftlichen Correspondenz habe ich für meine Anm. verwerthet, die Briefe v. L. Diefenbach (s. Anm. zu S. 388), Ph. Dieffenbach (S. 370), Dietrich (S. 372 u. 377), Gervinus (S. 308), Grieshaber (S. 321), M. Haupt (S. 304), Ad. v. Keller (S. 333), K. Müllenhoff (S. 359), Franz Pfeiffer (S. 312), Franz Roth (S. 377), Heinr. Rückert (1 Br. v. 16. 10. 1851), J. A. Schmeller (S. 333), Vilmar (S. 297), W. Wackernagel (S. 338), J. W. Wolf (S. 318). — Vgl. auch noch Anm. zu S. 353 einen Brief Weigands an S. Hirzel, von dem natürlich ein dicker Pack Briefe, welche das deutsche Wb. betreffen, vorliegt. — Wie pietätvoll Weigand bis ins kleinste gegen die Brüder gesonnen war, geht unter anderem daraus hervor, dasz mir nicht nur die Couverte zu no. 149, 152, 182 vorliegen, sondern auch 1) ein Sedezzettel mit der Adresse: „An Frau Professorin Dorothea Grimm Bad Heringsdorf bei Swinemünde. — fr. Jac. Grimm Abg[eordneter] zur N[ational] V[ersammlung]" (Poststempel: Frankfurt d. 9. (?) Aug. 1848), dessen Rückseite von Dorothea Grimms Hand folgende zweite Adresse trägt: „Herrn Professor Wilhelm Grimm Berlin 20 ✔," Poststempel: Swinemünde 11. (?) 8. — 2) der Entwurf einer auf die Anzeige von Jacob Grimms Tod hin aufgegebenen De-

pesche: „Frau Professor Wilhelm Grimm Berlin. Tiefster
Schmerz. Gott mit Ihnen! Bitte gleich Nachricht, wenn
die Beerdigung morgen nachmittags. Weigand.", sowie der
telegraphischen Antwort: „Professor Weigand Giessen in
Hessen. Die Beerdigung ist Donnerstag früh um 9 Uhr.
Professorin Grimm Linkstr. 7." Dasz Weigand sich ein
eigenes Grimmzimmer eingerichtet hatte, wird allen denen
die, wie ich, das Glück hatten den freundlichen alten Herrn
in seiner Wohnung zu besuchen, bekannt sein. — In der
Grimm-Correspondenz sind nachstehend angezogene 98 Briefe
von ihm erhalten.

S. 315 no. 149]. Voraus geht W.'s Br. 1, womit er
seine 'Kurze deutsche Sprachlehre für Real-, Bürger- u.
Volksschulen Mainz 1838' an J. Gr. übersendet. Bindewalds
Darstellung l. c. S. 45 f. u. 49 wird durch diesen Brief etwas berichtigt. Er lautet: „Wohlgeborner, Hochzuverehrender Herr Hofrath! Wenn ich es hiermit wage, Eurer
Wohlgeboren das anliegende kleine Schriftchen zu übersenden, so folge ich dem Drange meines mit Verehrung
gegen Sie erfüllten Herzens. Als ich frühe schon, mit meinem Adelung beschäftigt und dann in den mittelhoch-
deutschen Sprachdenkmälern, die ich erlangen konnte,
lesend, das Studium der deutschen Sprache lieb gewonnen
hatte und mit der gröszten Freude in demselben weiter zu
kommen suchte, zeigte mir Ihre Sprachlehre erst, was ein
solches Studium sei und wie dasselbe betrieben werden
müsse. So ward ich Ihr Schüler und lernte Sie verehren,
und diesz um so mehr, je mehr sich mir unter Anleitung
und Hilfe des Herrn Geheimen Regierungsrathes Schmitthenner dahier schon in den Jahren meiner Studienzeit auf
der Universität die althochdeutschen Quellen mit denen der
übrigen Mundarten im Altdeutschen aufschlossen. Wie sehr
würde es mich nun freuen, wenn Eure Wohlgeboren dem
hier übersendeten wenn auch geringen Büchlein, das unter
gröszeren Arbeiten und während meines Unterrichts sich
bildete, eine freundliche Aufnahme und gütige Nachsicht
nicht versagen wollten! — Ich habe Bedeutendes zu einem
Wetterauischen Idiotikon gesammelt und geordnet, und
dabei mancherlei Freude gehabt. Diese gewährte mir
theils das Auffinden alter aus der Schriftsprache verschwun-
dener Wörter, die in der Wetterau noch gang und gäbe
sind, z. B. die Üssel (agf. ysla) = Funke und Funkenasche:
iderüchen (ahd. itaruhhan) = wiederkäuen, Athem holen;
die Urschwinge (ahd. âfwinka), die bei dem Brechen des
Flachses abgefallenen gröberen Fasern, b. Alberus: ehschwingen; aut = etwas und naut = nichts; die Schnübe

= Kopfbedeckung, Haube (ahd. fnuaba); Walt. v. d.
Vogelw. 'Schapel und Gebände'; die Semde = Binse
u. s. w. Theils freuten mich manche Formen, z. B. beede,
bode, beide, ähnlich dem daselbst beobachteten zween, zwo,
zwei; die regelmäszige Bildung der Diminutivformen auf i
bei Sauselauten: f, fz, fch, z, bei den übrigen Auslauten auf
chen. U. dgl. m. Eben zeichne ich aus Alberus auf,
welcher ehedem Pfarrer zu Staden in der Wetterau, eine
Masse von Wörtern und Formen jener Gegend enthält. —
Mit inniger Verehrung und Liebe verharret Eurer Wohlgeboren ganz ergebenster Dr. Weigand. — Gieszen, am
6. Dec. 1837."
    S. 315. Ihre fleifsige arbeit] Wörterbuch der
deutschen Synonyme 1—3 Bd. Mainz 1840—3, 2. Aug. 1852;
vgl. S. 318.
    S. 316. wörterbuch des Alberus] Erasmus A.
geb. zu Sprendlingen 1500 verfasste: Novum dictionarii
genus, in qua ultimis seu terminalibus germanicarum vocum
syllabis observatis latina vocabula sese offerunt Francof.
1540 4°. Vgl. oben W.'s Br. 1.
    ib. andelagen] s. Deutsches Wb. s. v. handlangen.
u. Weigand's Br. 10 Anm. zu S. 329.
    S. 316. Lamprechts „tochter Syon"]. W. ist
nie zur herausgabe dieses mhd. allegorischen Gedichtes von
der Seele und ihrem himmlischen Bräutigam gekommen,
doch zeugt eine ausgedehnte Correspondenz mit dem Gymnasiallehrer Ignaz Petters zu Pisek, später zu Leitmeritz
(9 Briefe von 1855—73), sowie zwei Briefe des Prof. Kelle
in Prag, dasz er bis in späte Zeit seinen Plan im Auge behielt und sorgfältige Vorarbeiten dazu angestellt hat. Diese
sind nach der Biographie von Bindewald S. 88 in die
Hände des Prof. Weinhold in Breslau übergegangen, der
bald darauf das Gedicht auch wirklich zusammen mit
Sankt Francisken Leben desselben Autors Lamprecht von
Regensburg (Paderborn 1880) veröffentlicht hat.
    S. 317. Basse] der Verleger der Quedlinburger National-
bibliothek, welche von 1835—75 in drei Abtheilungen von
im ganzen 47 Bänden erschien und manchen wichtigen
Text der älteren deutschen Literatur zu Tage gefördert hat.
    ib. Dasypodius] vgl. Anm. S. 335. — z. 2. v. u. l. 'war'.
    S. 318. no. 153]. Antwort auf W.'s Br. 2 v. 15. 9. 1843
an beide Brüder: W. übersendet Bd. 3 seines Wörterb. d.
d. Syn., fragt ob der früher geschickte 2. Bd. und die
Weisthümer von Beienheim u. Fauenbach in der Wetterau
richtig eingetroffen seien, macht auf Einzelnes im Bd. 3
aufmerksam, theilt mit, dasz seine nächsten Arbeiten ein

kleines deutsches Wörterbuch u. eine Ausgabe der Tochter
Syon sein würden und überschickt den Plan u. Proben des
Wörterbuchs.
    S. 318.   prof. Dieffenbach.. seine schrift
über die Wetterau] vgl. Br. Ph. D.'s an Weigand v.
8. Dez. 1843 in der Anm. z. S. 370.
    S. 318. Die neue ausgabe meiner mythologie]
vgl. hierzu einen im Britischen Museum befindlichen (vgl.
Anm. zu S. 74) Brief v. J. Grimm an seinen Verleger
Dieterich in Göttingen: „Berlin 25. 1. 1844. Hochgeschätzter
herr und freund, es that mir vorigen sommer recht leid,
dafs ich nach dem rath der ärzte eine reise nach Italien
machen und dadurch den druck der mythologie unterbrechen muste. Sie haben zwar mit meiner bewilligung,
doch so dafs es mir eigentl. unangenehm war die 44 fertigen bogen unterdessen ausgegeben, in diesem werk ist
alles auf einander berechnet und ein stück nicht recht
brauchbar, namentlich kommt es auf die einleitende vorrede an, welche den leser über vieles erst ins klare setzt.
— Ich dachte nach meiner rückkehr würde der abge-
brochne druck desto rascher fortgesetzt werden, allein es
geht zu meinem bedauern ganz schläfrig. Seit anfang nov.
bis jetzt, also in drei monaten sind blofs vier bogen
(46. 47. 48. 49) fertig gebracht, denn 44. 45 waren schon
vor meiner reise gesetzt, wenn auch nicht gedruckt. Auf
solche weise wird der druck, der im juli 1842 begann,
ausserordentlich in die länge gezogen, und meine lust an
der arbeit gestört. Manuscript ist bis zu cap. 33 oder bis
zu p. 548 der ersten ausg. dort; ich bat unterm 18. Dec.
um schnellere förderung, es hat jedoch nichts geholfen. ·
Wenn Sie das buch nicht zu grunde richten wollen, so
bitte ich in der druckerei die nöthige vorkehrung zu treffen. Hochachtend und freundschaftlich Jac. Grimm."
    Hier sei auch der Beziehungen der Brüder zu dem bekannten
Mythologen Joh. Wilh. Wolf gedacht. — (Mir liegen auch
zwölf Briefe Wolfs an Weigand v. 1850—53 und zwei Antwortschreiben des letzteren vor, die sich auf seine Märchen-,
Volkslieder- und Sagensammlungen, sowie auf seine mythologischen Arbeiten beziehen. Aus ihnen hebe ich folgende
zwei Stellen aus 1) 18. Merz 1850 „. . . dank für Ihre mir
höchst werthvolle sendung; die mir nicht nur zu meiner
sagensammlung, sondern auch zu 'beiträgen zur deutschen
mythologie' [erschienen Göttingen 1852 u. Abth. 2 nach
des Verfassers Tod 1857] mit deren ausarbeitung ich
auf Jacob Grimms mahnung beschäftigt bin, viele und
kostbare notizen brachte." 2) 27. dec. 1852: „Von beiden

Grimms hörte ich seit längerer zeit nichts; 'der abgrund
des wörterbuchs' scheint sie verschlungen zu haben.' —
14 Briefe der Brüder Grimm an ihn sind mir noch nachträglich von Wolfs Wittwe in Darmstadt freundlichst zugestellt und lasse ich sie daher hier zugleich mit den
7 in der Grimmcorrespondenz erhaltenen Briefen Wolfs folgen:

1. J. Grimm an J. W. Wolf.

„Hochgeehrter herr, schon am 27. febr. kam mir Ihr
brief vom 25. jan. nebst dem übersandten heft der Wodana
richtig zu handen, ich wollte den eintritt der ferien abwarten, um Ihnen ausführlicher antworten zu können, bin
aber seit dieser zeit fortwährend krank gewesen und fühle
mich immer noch nicht wieder hergestellt. Nehmen Sie
daher mit diesen wenigen zeilen meines herzlichen danks
für Ihre güte vorlieb. — Ihrer begonnenen zeitschrift
wünsche ich rege theilnahme, damit Sie zur fortsetzung
schreiten können. Uns in Deutschland und vor allen mir
sind diese studien und untersuchungen sehr willkommen;
beim ausarbeiten der neuen hoffentlich viel besseren ausg.
meiner mythologie, wovon jetzt die hälfte gedruckt ist,
liegt es mir besonders an, das material aus dem staub zu
wecken. Belgien wo das feld so lange brach lag mufs
schon darum äufserst ergiebig sein, und in der erwartung
täglich neue entdeckungen zu machen teuschen Sie sich
kaum. — Die stelle aus Gramayes Taxandria ist merkwürdig. Woensel stelle ich myth. s. 144 (der zweiten ausg.)
zum nordischen Odinssalr, und es mufs früher Woedenssele
geheifsen haben, wie Woensdrecht = Wodani trajectum
war. den seltsamen namen der spanne Woenslet (Wodani
membrum und den grund der benennung müssen Sie dort
zu erforschen suchen. Wo liegt Roysel? und wie hiefs
der ort in alten urkunden? an der mythischen beziehung
zweifle ich beinahe nicht, den Holländern zum trotz. roydach für dies Martis las ich sonst noch nie, aber es könnte
recht sein; sollte Roydach nicht der ahd. name
Hruodtac, also sächsisch Hröddag, Röddag scheinen?
Hruod gemahnt an die ags. göttin Hréde und an Krodo,
der vielleicht noch zu ehren kommt (myth. s. 186, 227.
267): Hréde steht dem merz monat vor; da hätten wir
wieder Mars, wo nicht im tag, doch im monat. Eersel
müste auf Era, Erde bezogen werden. Suchen Sie doch
ältere namensformen und die quelle aus der Gramaye
schöpfte herauszubringen — Auch die mitgetheilten volkssagen und märchen haben mir sehr gefallen. – Sicher sind
Sie mit Willems befreundet, an den ich einen Grufs be-

stelle. mein college Ranke, der nach Paris gereist ist,
sollte diesen brief mitbringen, er hat aber einen andern
weg eingeschlagen, und kommt diesmal nicht nach Belgien,
— Mit aufrichtiger hochachtung und ergebenheit Jacob
Grimm. — Berlin 10 mai 1843." — Adr.: „Monsieur Monsieur
J. W. Wolf Membre de plusieurs societés savantes à Gand
(Belgique) Ackergem. Renodynstraet 15."

2. J. Grimm an J. W. Wolf.

„Berlin 25. april 1844. Hochgeschätzter herr, ich bin
mit dank und antwort auf Ihre freundschaftlichen zusendungen lange zurück geblieben; in der zweiten hülfte
des vorigen jahrs war ich verreist und diesen winter über
kränklich. da brauche ich Ihnen nicht erst zu erklären,
wie manches vorhaben unausgeführt wurde. — Mit genauer
noth reicht die neue ausgabe meiner mythologie zum
schlufs. sie ist fast um das doppelte vermehrt und doch
mufs ich den ganzen anhang, der sogar einigen lesern das
liebste am buch war, diesmal auslassen. es hätte einen
dritten band gegeben. — Aus Ihrer Wodana habe ich mir
in den nachträgen noch ein und das andere zu gute kommen
lassen. die samlungen über die alte kosmogonie werden Sie
beträchtlich vermehrt, und auch sonst vielerlei nachgetragen
finden. aus dem aberglauben und den segensformeln wird
sich vortheilhaft ein eignes buch machen lassen. Zum boch
de Biterne (Wodana p. XL) bedürfen wir Leos hilfe nicht.
vgl. mythol. p. 1019 (und schon p. 601 der ersten ausgabe.)
— Es ist mir gleich erfreulich und förderlich, dafs Sie auf
die niederländischen überbleibsel unsrer mythologie so bedacht sind und selbst unter uns in Deutschland sind nur
wenige so sinnig und mit erfolg in meine combinationen
eingegangen. Ich hoffe dafs dies geständnis Ihnen willkommen ist, und niemand wünscht aufrichtiger als ich die
fortsetzung Ihrer arbeiten, wobei ich Ihnen nur behutsam-
keit empfehle. Ihren fleifs und sinn zu loben habe ich
nicht nöthig. — Dieser brief erfolgt mit gelegenheit, (durch
prof. Huber von hier, der nach England reist. [Rand-
bemerkung.]) die mir zugleich ihn abzukürzen auflegt. Mit
herzlicher ergebenheit Ihr Jacob Grimm."

3. J. Grimm an J. W. Wolf.

„Berlin 7 august 1844. Geehrter herr, vorige woche
habe ich Ihren brief vom 25 juni nebst dem dritten stück
der geschiedenis van Antwerpen empfangen, für dessen
gütige zusendung ich der dortigen Rederykkamer meinen

dank zu melden bitte. Im april hatte ich dem prof. Huber
briefe an Sie und Willems mitgegeben; er ist aber erst
nach England gereist und wird sie nun auf dem rückweg
von da überbringen. Den herzlichsten dank für Ihre niederländ. volkssagen, für die beiden hefte der Wodana und
andere handschriftliche mittheilungen glaubte ich längst
erstattet zu haben. Sollte es noch nicht geschehen sein, so
entschuldigt mich kränkeln und vielfache arbeit. Ich hoffe
nicht dafs die zeitschrift, die so angenehm begonnen hatte,
wieder abgebrochen werden soll. Meine mythologie ist
fertig geworden und ein exemplar ist an Sie und an Willems
über Bonn (durch Marcus) abgegangen. Sie werden dem
buch mancherlei nachtragen können, so wenig ich es selbst
schon an nachträgen habe fehlen lassen. — Dafs Sie nach
Berlin zu kommen gedenken freut mich sehr, obgleich es
mir leid thut, dafs Sie einen ergibigeren boden verlassen,
auf dem Sie unsern studien grofsen vorschub thun konnten,
wie Sie es schon bewiesen haben. — Ich stehe auf dem
sprung einer reise nach Dänmark und Schweden, die meiner
gesundheit nützen soll; eben so gern hätte ich den weg
nach Belgien eingeschlagen. — Das chronicon blandiniense
will ich künftig einmal hier bei Ihnen einsehn, wir wollen
es den weg nicht zweimal machen lassen. Mit bestem grufs
Jacob Grimm.“

4. J. Grimm an J. W. Wolf.

„Berlin 25 oct. 1845. Lange habe ich nichts von Ihnen
gehört und weifs nicht einmal, wo Sie jetzt Ihren aufenthalt
aufgeschlagen haben? ich denke in Brüssel und sende diese
zeilen an Willems in Gent, der wol näheres wissen wird.
Der minister Thiele versicherte mir, aber freilich schon vor
langen monaten, dafs Ihnen unterstützung werden solle, und
seitdem können sich pläne und ansichten wieder geändert
haben. Ihre neue samlung von volkssagen ist mir noch
nicht zu gesicht gekommen, obgleich sie längst erschienen
sein soll. — Können Sie mir auskunft darüber geben, ob zu
Antwerpen ein nachdruck von Weilands holländ. wörterbuch
fertig erschienen sei und was er dort koste? auch ob ihn
Marcus in Bonn oder Leipziger buchhändler liefern können?
— Nicht wahr von Ihrer Wodana waren nie mehr als zwei
hefte herausgekommen? neulich hörte ich behaupten, auch
ein drittes. — Ich habe, seit mein buch erschienen ist, für
die mythologie viel nachgearbeitet; die wunderbare verbreitung der märchen kommt immer deutlicher an tag.
nächst den norwegischen und schwedischen sind jetzt auch
walachische aus mündlicher überlieferung von Alb. Schott

herausgegeben worden, die von neuem bestätigen und er-
läutern. — Diese zeilen sollen blofs herausbringen wie es
jetzt um Sie steht, damit der zwischen uns angeknüpfte
verkehr fernern fortgang haben könne. Sein Sie also herzlich gegrüfst. Jacob Grimm."

5. J. Grimm an J. W. Wolf.

„Werthester herr und freund, Über eine ganze woche
haben die geburtswehen der, wie sie undeutsch heifst, provi-
sorischen centralverwaltung tägliche sitzungen erfordert, da
ist es kein wunder, dafs ich im unablässigen getöse der
gegenwart zu Wuotan und Donar gar nicht sammeln konnte,
deren treiben uns jetzt ganz still erscheint. gewünscht hätte
ich wol, dafs sie mitten unter uns geritten und gefahren
wären und gewaltig und zornig an das vaterland gemahnt
hätten. die unsinnigen democraten achten weder götter
noch göttersage und geschichte; sie möchten das ganze land
aufreifsen und den samen ihres unkrauts auswerfen: ihre
spur durch die äcker wird nicht durch höhere halme, blofs
durch zertretene bezeichnet. — Ihre abhandlung, die Sie so
freundlich gewesen sind mir zuzueignen, mit dem frischen
kranz angehängter volksagen, wird mir in ruhigen tagen
noch willkommner sein, als sie es jetzt schon ist. ich habe
alles erst einmal durchlaufen und mich darüber gefreut. Es
kann sein dafs Sie recht haben, den Schnellert auf Wuotan,
den Rodensteiner auf Donar zu ziehen, und der name 'land-
geist', wiewol er auch einmal jenem zusteht, scheint ganz
eigentlich diesen zu bezeichnen. doch wissen Sie wie spärlich unsre kunde von beiden göttern im innern Deutschland
lautet, und es bleibt unsicher ob vater und sohn ebenso zu
einander sich verhalten, wie im Norden. Wir wollen daher
was Sie sinnig mutmafsen noch ferner prüfen und zu bestätigen suchen. Auf allen fall haben Sie die götternatur
der beiden geister über jeden zweifel erhoben. — Leider
wurde aus dem vorgehabten ausflug über Darmstadt nach
dem Melibocus nichts; der himmel zeigte sich bedeckt und
arbeiten versetzten in bewegte stimmung. Unser aufenthalt,
fürchte ich, in Frankfurt wird sich noch so in die länge
ziehen, dafs ich hoffen darf in sich darbietenden ferien-
tagen Sie noch einmal zu besuchen. Mit herzlichem dank
Ihr ergebenster Jacob Grimm. Frankfurt 28 juni 1848."
Adr.: „Herrn Dr. Joh. Wilh. Wolf Darmstadt Luisenstr. bei
Kaufm. Veith."

6. J. W. Wolf an J. Grimm.

„Verehrtester Herr und Freund; Wie Vieles und
Schweres ging an uns vorüber, seitdem ich Sie zuletzt in

Frankfurt sah und sprach! Mich verschlugen die Stürme
in das stille und abgeschiedene Jugenheim und ich danke
es ihnen, denn sie gaben mir dadurch Zeit und Musze, die
alten Studien mit neuer Kraft aufzugreifen und endlich an
die Zusammenstellung und Ausarbeitung des seit so lange
Gesammelten ernstlich zu denken. Freilich stiegen dabei
mancherlei Aengstlichkeiten auf, aber ich tröstete mich mit
unserm rheinischen Sprichwort: Wer thut, was er kann, ist
werth, dasz er lebt. Wenn auch „kühne Griffe" unterlaufen,
so kühn sind sie keinesfalls, wie der von Menzel, der die
Katzen und Kaninchen in der belgischen Sage zu Katten
und Kaninefaten macht. — Ich habe die Hoffnung, manchem
Kapitel der Mythologie, ja wol den meisten, Interessantes
nachtragen zu können; ein paarmal überraschte mich selbst
der Umfang des für einzelne angewachsenen Materials und
der noch immer neue Zuflusz desselben. Diesz war besonders bei näherm Auswählen für die Nornir der Fall.
Sie führen 388 einen schweizerischen Kinderreim an, den
ich mit wichtigen Abänderungen in Michelstadt und Darmstadt wiederfand. Hier steht nämlich die dritte „Jungfer"
am Brunnen und hat ein Kind gefunnen. (Bhuet mer Gott
mis Chindli au!) Der Brunnen findet sich als „Mägda-
brunnen" in Baden an den Gräbern dreier Jungfrauen aus
der Gesellschaft der h. Ursula wieder; sie heiszen Kune-
gundis, Meistundis, Wibrandis. Von einer andern Trias
derselben Gesellschaft erzählt Caesarius VIII, 85. (Meine d.
M. u. Sagen No. 182) eine ganz heidnisch klingende Legende.
Die darin vorkommenden Namen sind Theomata, Cleomata,
Christiancia. Einer dritten Gräber bestreiten sich Strasburg
und Worms; sie heiszen dort Einbetta, Vorbetta, Willbetta
(bei Bollandus mens. Sept. V p. 315) auf dem Grabmal im
Wormser Dom Embede, Warbede, Wilibede. Andre drei
Jungfrauen fand ich in Kyllthal in der Eifel: Irmindis,
Adela, Clotildis; ohne Namen welche in Landskron und
Luxemburg — in Lüttich eine Kapelle der drei Marien —
bei Thienen die Gräber dreier Jungfrauen: Helwigis, Jutta,
Giselindis — in Gent drei Jungfrauen -- in Brusthem die
Gräber dreier Schwestern mit drei heilkräftigen Brunnen —
drei solcher Brunnen ohne Gräber in Nordbrabant — drei
weisze Frauen endlich in Holland. Vielleicht liesze sich
auch noch Troisfontaines und der Maidebrunn bei Lembach
im Elsasz hierherziehn. Wie verschieden die Legenden von
diesen Jungfrauen auch klingen mögen, sie haben alle den
einen Zug gemein, dasz dieselben als verfolgt dargestellt
werden, viele finden wunderbare Rettung, Entrückung.
Innerer Zusammenhang ist ganz unleugbar. In Strasburg

kommt noch das Merkwürdige hinzu, dasz die meisten
Martyrologen nur die Einbetta kennen, die ältesten alle
drei ignoriren, während die Sage auf den dreien besteht.
‚Tres virgines istae ignotae fuerunt omnibus omnino mar-
tyrologis antiquioribus et duae posteriores etiam recentio-
ribus. Sola Einbetta mutata aliquantulum nominis scriptione
occurrit hodie apud varios‘ (Eimbetha, Eimberta, Aimbertha.)
Boll. l. c. Die Anlehnung an die Geschichte der Ursula
(plura ad eam historiam pertinentia prorsus fabulosa. Pagius
zu Baron. V, 551.) ist darum noch interessant, weil sich
diese Sagen, Brunnen und Gräber so viel mir bekannt nur
in den Strichen längs des Rheines finden, den Ursula auf
ihrer Fahrt nach Rom hinauffuhr, an dessen Ufer sie ge-
martert wurde. Wäre nur mit den Namen mehr anzufangen,
nur mit einem derselben! — Eben lebe ich in dem Eldorado
der legenda aurea; sie ist eine sehr reiche Fundgrube für
mich und ich wünsche nichts mehr, als noch einige ihr
ähnliche zu finden, aber sie sind allzuselten. Vielleicht
kennen Sie noch andere und machen mir die Freude, mir
deren Titel mitzutheilen. — Durch Buchhändlergelegenheit
sende ich Ihnen einen kleinen Aufsatz über den „heiligen
Berg“, in dessen Hut ich wohne; er erschien in dem Archiv
für hessische Geschichte und Landeskunde. — Wüszten Sie,
mit welchem Verlangen ich wieder einigen Zeilen von Ihrer
theuren Hand entgegenharre, dann schrieben Sie mir gewisz
bald. Doch ich bin nicht unbescheiden und warte gern. —
Empfangen Sie mit herzlichstem Grusz die Versicherung
meiner tiefsten Verehrung. Ihr ergebenster J. W. Wolf.
Jugenheim a/Bergstrasze 21. July 1849. poste restante
Zwingenberg.“

7. J. Grimm an J. W. Wolf.

Sie sind diesmal, werthester freund, nicht weit verschlagen worden, und immer noch in der Katzenelnbogischen
grenze geblieben; ich wünsche nur wovon Sie nichts berühren, Ihre äufsere lage möge sich dort so gestalten, dafs
Sie getrost in die Zukunft blicken können. Voriges jahr
konnte ich Ihrer schönen einladung leider nicht folgen, einen
theil der reizenden bergstrafse und vielleicht des Oden-
walds mit Ihnen zu bereisen. der codex laureshamensis
versetzt mich zuweilen in jene gegend, wo es an alterthümlichen namen und sagen nicht gebricht. den letztern werden Sie treulich nachzuspüren fortfahren. — Bei Ihren
forschungen über die namen, über Einbetta, Vorbetta und
Willbetta dürfen Sie nicht säumen Panzers ‘beitrag zur
deutschen mythologie. München 1848‘ einzusehen, wo sich

reichlich über sie gesammelt findet. die weifzschwarze kleidung ist gewis nichts neupreufsisches, sondern uralt nordisches. — Die sündliche verkehrtheit des süddeutschen particularismus steht der einigung des vaterlandes schroffer als je entgegen. was den thoren an Preufsen undeutsch vorkommt würde ja durch den beitritt aller verwischt werden. ein jammer dafs wir nicht erleben sollen. was der zukunft doch bevorsteht. — Mit Belgien bin ich seit Willems tode nicht mehr in verkehr, — Ich wünsche Ihnen dafs Sie so ruhig und vergnügt fortarbeiten können als es geht. — Berlin 28 juli 1849.   Jacob Grimm.

8. J. Grimm an J. W. Wolf.

Hochgeschätzter freund, eine von lhnen heute morgen mit der briefpost empfangene Sendung läfst mich einen irtum vermuten, weshalb ich gleich schreibe. — es war kein brief in dem paket, sondern zwei exemplare Ihrer abh. über den heil. berg, deren eins mir genügt hätte, und dann handschriftliche auszüge aus belgischen cartularien auf dickem papier, mit welchen ich nichts anzufangen weifs. ich denke also sie waren einem andern zugedacht. der vielleicht den mir bestimmten brief erhalten hat. Sagen Sie mir also wem ich alles zu schicken habe und ob es damit eilt; sonst gebe ich es in buchhändlergelegenheit. — Schon neulich liefs ich antwort auf Ihre frühere zuschrift, wie Sie bestellt hatten, poste restante Zwingenberg abgehn und mache es diesmal wiederso. Hoachtend Ihr ergebenster Jac. Grimm. 23 aug. 1849. — das eine ex. vom Jugenheimer buch darf ich wol für mich zurückbehalten. — Unsere posteinrichtungen sind unverschämt. da Sie versäumt hatten auf den brief zu setzen fahrende post (die so schnell wie die briefpost mit der eisenbahn geht) und gedr. sachen; so kostete der brief was 5 einfache, nemlich 35 1/2 groschen; ich lege lhnen die adresse bei, wenn Sie sie etwa in Darmstadt vorzeigen wollen."

9. J. W. Wolf an Jacob Grimm.

„Hochverehrtester Herr und Freund. Eben von Basel zurückkehrend, finde ich Ihre Zeilen. Gewisz, es ist ein Irrthum und zwar ein doppelter. Gleich vor meiner Abreise gab ich unserer Botin eine Anzahl dicker Briefe und Packete mit der Weisung, sie der Pabstschen Buchhandlung in Darmstadt zur Versendung durch Buchhändlergelegenheit zu geben. Statt dessen warf sie alles auf die Post und bereitete mir so mehr als eine Verlegenheit. Auszerdem vergasz ich in der Eile, Ihrem Päckchen den

ihm bestimmten Brief beizufügen, worin ich Sie bat, der
wol in Folge der Beschlüsse des ersten Germanistencongresses
in Frankfurt in's Leben getretenen Commission zur Sammlung
älterer Namen von Orten und Personen die beigelegten Auszüge
gefälligst übergeben zu wollen. Die beiden Exemplare der
Abhandlung über den heil. Berg waren für Sie und Ihren
Herrn Bruder bestimmt. Entschuldigen Sie gütigst den
unangenehmen Vorfall und erlauben Sie mir zugleich,
Ihnen die unnützen Kosten, welche er Ihnen verursachte,
à peu près wiederzuerstatten. — Meine heszischen Märchen
und Sagen, Lieder und Gebräuche gehen nun endlich unter
die Presse. Die Märchen enthalten manches Neue und
recht Frische; die Sagen sind leider weniger bedeutsam,
obwol sie auf eine ganze Reihe halbgöttlicher Wesen oft
helle Lichter werfen. An ihnen wie an Gebräuchen sind
wir hier viel ärmer, als der Norden Deutschlands. Die
Poesie des Volkslebens wich und weicht immer mehr
zurück bei uns und was an ihre Stelle tritt, das ist eben
nicht tröstlich, wie Baden und jetzt Württenberg uns
sattsam zeigen. Ihnen im Norden ist die Regenerirung
unseres Südens vorbehalten; diese seine grosze Mission hat
Preuszen erkannt. Gebe Gott seinen Segen, dasz es sie
seiner würdig erfülle! — Ich sprach Ihnen in meinem
letzten Brief von Jacobs a Voragine legenda aurea. Das
Buch wurde mir je tiefer ich hineindrang, so lieber und
werther, eine rechte Goldgrube. Ist Ihnen, um ein Beispiel
anzuführen, die folgende offenbare Göttersage schon bekannt? „Dum (Germanus ep.) in Brittannia praedicaret et
sibi et sociis rex Brittanniae hospitium denegasset, subul-
cus regis regressus a pascuis acceptam praebendam in
palatio ad proprium tugurium referens, vidit beatum Ger-
manum cum sociis fame et frigore laborantem, quos in
domo sua benigne recepit et unicum vitulum quem habe-
bat, hospitibus occidi mandavit. Post coenam S.us Germanus omnia ossa vituli super pellem vituli componi fecit
et ad eius orationem vitulus sine mora surrexit. Sequenti
die Germanus regi festinus occurrit, cur ei hospitium dene-
gaverit potenter inquirit. Tunc rex vehementer attonitus
sibi respondere non potuit. Et ille, egredere, inquit et reg-
num meliori dimitte. Germanus igitur dei mandato su-
bulcum cum uxore sua venire fecit et universis stupendi-
bus regem constituit et extunc reges ex genere subulci pro-
deuntes dominantur genti Brittanniae." [Vgl. Vita St Ger-
mani Legenda aur. Venet. 1516 r III c] Dieser letztere
Theil der Thorsage wurde so viel mir bewuszt noch von
Niemanden angeführt. Wir hätten sie somit auch für

Brittannien gesichert und noch dazu in Verbindung mit
dessen Königshaus. — Zu jenem Roydag von Gramaye
kommt noch in den Auszügen aus brüszler Cartularien eine
oft erscheinende „via dicta Royweg in parochia de Winczele"
(Winsele) und aus der Legende des heil. Mellon, zweiten
Bischofs von Rouen, das „idolum Roth". In einer
alten Prosa kommt namentlich, wie Amelie Bosquet, in 'la
Normandie pittoresque et merveilleuse' p. 421 sagt, der
Vers vor: „extirpato Roth idolo", und von diesem Abgott
soll Rouen, Rothomagus, seinen Namen haben. Ist diesz
Letztere auch nicht ganz unverdächtig, dann bleibt der
Royweg doch von Bedeutung. — Unser ters fand ich als
Eigennamen a. 1280 auf p. 73 des Cartularium S.¹ Michaelis
(Antv.) wo ein „Walterus dictus ters" vorkommt. Eben-
daselbst steht p. 65 a. 1154 ein Henricus Magathoc(Matoc?),
p. 108 a. 1179 henricus curtibold, p. 169 a. 1346 arnoldus
mommaert. Im Cartular. S.¹ Petri afflighemensis etwa 100
Seiten nach jenem Royweg (welches tom. II pp. 609, 611.
617 a. 1424 vorkommt) p. 702 a. 1163 fand ich Rogerus de Can-
dast. Im tom I. p. 325 a. 1329 (dess. Cart.) Claes sduuels-
sone. — In Cart. abbat. helencyrensis p. 60 a. 1262. Walterus dictus cobout. Jammerschade, dasz sich weder Hände
noch Mittel finden, diese, wie noch ein Dutzend anderer
sehr bedeutsamer belgischer Cartularien herauszugeben! —
Auf Panzers Beitrag, den ich mir verschrieben, bin ich sehr
gespannt. Mein eigner schwillt immer mächtiger an, und
ich darf hoffen, wenn auch weniger für die dii majorum
gentium doch für die andern manche Frage ihrer Lösung
näher zu führen. Mit herzlichsten Grüszen in bekannter
Verehrung Ihr ergebenster J. W. Wolf. — Jugenheim
15. Sept. 1849 poste rest. Zwingenberg. — P. S. Dürfte
ich Sie wohl bitten, eingeschlossenes Zettelchen zur Stadt-
post geben zu lassen?"

10. J. W. Wolf an J. Grimm.

„Hochgeehrtester herr professor; Erlauben Sie mir,
Ihnen beifolgend meine neueste arbeit zu überreichen. sie
wird Ihnen weniger durch das interessant sein, was daran
mein werk ist, als durch den theil, der meinem freunde
Hefner angehört. wissen wir doch noch so wenig über
waffen, kleidung und geräte des ma., dafs jeder beitrag sei
er auch noch so klein willkommen sein mufs. die sagen-
ausbeute war wie Sie bemerken werden nur gering. —
Aufser diesem buche wurde eine sammlung von etwa 50
märchen fertig, deren erste bogen gedruckt sind und die ich
Ihnen bald vollständig senden kann. sie enthält durch-
gängig neues und hochwichtiges. ihr schliefsen sich eine

von ca. 250 sagen und eine andere ziemlich reiche von
bräuchen, segen und aberglauben aus Hessen an, die alle
nur des setzers harren. — Aus meinem buch „zur deutschen
mythologie“ erlaube ich mir eine kleine probe beizulegen.
ich habe in ähnlicher weise die meisten Ihrer untersuchungen da wo Sie dieselben verlassen aufgenommen und
soviel es meine kräfte erlaubten weiter zu führen gesucht.
mir scheint als habe ich manches neue gewonnen; ganz
unbeachtet blieb nichts; mehr wäre geschehen, wenn mir
mehr nordische quellen zu gebot gestanden hätten. binnen
einigen monaten, wol noch vor ablauf des jahres gedenke
ich den ersten band des werkes abzuschliefsen, der beiträge
zu cap. I—XIV und XVII Ihres unvergleichlichen buches
bringt. cap. XVI helden lasse ich vor der hand unberührt,
da sich meine collectaneen dazu so reich gestalteten, dafs
ich sie zu einem eigenen buche ausarbeiten möchte. von
den andern cap. sind die über Wuotan und Donar die um-
fassendsten und es gelang mir (ob gut oder schlecht, darüber können nur Sie richten) besonders den ersten wieder
in ziemlich klares licht zu stellen, wie seine äufsere erscheinung, so sein wesen und die ihm heiligen orte. so
führte mich z. b. was die letztern betrifft die bemerkung,
dafs Bonifacius seine meisten kirchen den heil. Michael und
Petrus weihte, zu einer grofsen zahl von uralten (sec. 8—11)
Michaels- und Peterskirchen und bergen, die mitunter in
verbindung stehen wie der Snellerts mit dem Rodenstein.
— Je mehr ich mich so in Ihr schönes werk hineinlebte,
um so mehr mufste mir seine gröfse aufgehen und so mehr
beugte und beuge ich mich vor dem wunderbaren geiste
der es schuf. wol wirkte jene oft fast erdrückend auf mich,
doch rifs es mich bald wieder um so gewaltiger empor und
mit sich fort. die massen sind so siegreich bewältigt, wie
etwa in dem grofsartigsten aller dome, und über ihnen
thront der geist, wie das goldene kreuz auf hoher thurm-
spitze. gestatten Sie mir denn, meinem danke für die
reichen stunden, die Ihr buch mir geschaffen hat, und
meiner hohen verehrung für Sie einen ausdruck dadurch zu
geben, dafs ich Ihnen meine arme aehrenlese weihe. Sie
geben mir dadurch neuen muth, die bahn zu verfolgen auf
die ich wieder ganz und ausschliefslich eingelenkt bin und
die ich auch nicht mehr verlassen zu müssen hoffe. — Meine
verhältnisse sind zwar noch dieselben, wie seit Jahren, doch
der alte gott lebt noch und der hilft immer wieder und
wird wol auch fürder helfen. auch mir bringt die zeit wol
einmal rosen. Mit herzlichstem grufse Ihr treuergebenster
Joh. Wilh. W o l f. Jugenheim a/Bergstrafse. 20. Oct. 50.“

11. J. Grimm an J. W. Wolf.

„Werthester freund, Sie werden von selbst ermessen was schuld ist, dafs ich auf Ihren willkommnen brief vom 20 oct. so spät antworte und für das gesandte prachtwerk vom Tannenberg erst jetzt danke. die zeit in diesen monaten war und ist so unruhig und gespannt, wie als ich zuletzt Sie persönlich sah, nur weit trüber und hofnungsloser. alle gedanken, die sich zum briefschreiben sammeln müssen, vergehn einem da, diese wenigen worte sollen Ihnen blofs den empfang bezeugen. Mögen in Ihrem winkel an der bergstrafse Sie auch ferner unangetastet leben. — Die ausstattung des Tannenbergs ist sauber und fleifsig, zumal zog mich die dem Hamelnschen rattenfänger ähnliche sage an, die Sie nur echter auftreiben müssen. Reichhaltiger noch als dies werk wird Ihr verheifsnes märchenbuch sein, auf das ich mich freue. Ergibige und biegsame mythische combinationen haben Sie mir abgelernt, besser als irgend wer, das ist mir natürlich lieb. Mit buchhändlergelegenheit sende ich Ihnen ein paar academische kleinigkeiten, denn sonst ist wenig dies jahr von mir heraus gekommen; doch eine vorrede zur lex. salica und eine abh. über den leichenbrand. — Geben Sie die einlage nach Mainz zur post und sein mir herzlich gegrüfst. Jac. Grimm. 28 nov. 50.“

12. W. Grimm an J. W. Wolf.

„Hochgeehrtester herr, Sie haben für die auffassung lebendiger überlieferungen, wie sie noch immer im deutschen volk fortdauern, so viel theilnahme, sinn und liebe gezeigt, und selbst so schätzbare beiträge in verschiedenen werken geliefert, dasz ich hoffen darf Sie werden der neuen ausgabe der kinder- und hausmärchen, die ich Ihnen hierbei zusende, einen platz bei sich gönnen. mein bruder hat schon nach der ersten ausgabe, von gröszeren arbeiten abgehalten, mir die pflege und weiterführung der sammlung überlassen, und es ist mir geglückt sie nach und nach um ein viertel zu vermehren. auch diese neuste ausgabe enthält wieder ein paar neue stücke, und ich habe bei einem sommeraufenthalt in Schlesien musze gefunden eine abhandlung hinzuzufügen, welche überschaut was in den letzten dreiszig jahren für diese sache geschehen ist. auch Ihrer neusten sammlung hessischer märchen habe ich nach einer mittheilung meines bruders schon gedacht, wovon ich mit vergnügen das erste heft gesehen habe und der ich einen glücklichen fortgang wünsche. als ich im jahr 1821 den dritten band unserer sammlung schrieb, war er wohl ziemlich vollständig, aber jetzt nach so reichem zuwachs, möchte ich ihn gern umarbeiten und ergänzen: es ist keine schwierige, aber eine mühsame arbeit, die viel zeit kostet, die sich nicht leicht auftreiben läszt. Die besten wünsche für Ihr wohlergehen und den glücklichen fortgang Ihrer wissenschaftlichen arbeiten wie die versicherung aufrichtiger hochschätzung und ergebenheit. Wilhelm Grimm. Berlin 2. märz 1851.•

13. J. W. Wolf an J. Grimm.

„Verehrtester herr professor; Die aushängebogen meines buches werden Ihnen regelmäfsig zugekommen sein, das ganz fertige wird wol jetzt in Ihren händen liegen, jedenfalls dieser tage bei Ihnen eintreffen. nehmen Sie es als einen neuen beweis meiner tiefen verehrung für Sie auf und seien Sie ihm der gewohnte nachsichtsvolle beurtheiler. ich weifs, dafs ich an mehr als einer stelle darin Ihrer mahnung an „Vorsicht" vergessen habe, aber mitunter mufs man ja einmal frisch wagen, will man gewinnen. sind Sie auch nur einigermafsen mit der arbeit zufrieden, dann bin ich für dieselbe reich belohnt, denn nächst dem wunsche, unsere wissenschaft um einen schritt zu fördern, war der mir Ihre zufriedenheit zu erringen der mächtigste sporn zur ausarbeitung des werkes. ob ein zweiter theil erscheinen wird, steht noch dahin, da es von dem absatze dieses ersten abhängt. · Zugleich mit diesem buche laufen meine „deutschen hausmärchen" bei Ihnen ein, für welche ich freundlich um ein plätzchen unter Ihren büchern bitte. ich hoffe, Sie werden freude an ihnen haben. eben wächst ein zweiter band schon wieder so rasch heran, dafs ich mich vor material kaum zu retten weifs. die zahlreich sich häufenden varianten werde ich in einem „beitrag zur geschichte und kritik der märchen" niederlegen, zu dem bereits bedeutend vorgearbeitet ist. — Ein herr G. von Meyern sammelt eben eifrig am Rodenstein und findet wieder manche werthvollen sagen. man soll oft lauten sprechen und hellen gesang im Schnellerts hören; der auszug findet stets vom Schnellerts aus statt. auch ein in der nähe wohnender geistlicher bekümmert sich jetzt darum, so dafs wir noch mancher ausbeute entgegen sehen können. das wichtigste was ich von ihnen erfuhr, ist dafs noch ein dritter berg bei Berfurt mit den zweien in sagenhafter verbindung steht; die ritter seien vettern gewesen und man soll sich über sie manches erzählen. — Wo sind denn die sagen des Saurlandes von Reusch erschienen? vergebens habe ich die darmstädter buchhändler in bewegung gesetzt, sie mir zu verschaffen. — Darf ich Sie

wohl bitten, einliegende briefe besorgen zu lassen? Mit
den herzlichsten grüfsen Ihr Sie innig verehrender J. W.
Wolf. — Jugenheim 2 dec. 51.“

14. J. Grimm an J. W. Wolf.

„Sie haben, lieber freund, Ihr wort gelöst und mich
durch zueignung Ihrer beiträge zur deutschen mythologie
geehrt wie erfreut. ich empfing das buch vor acht tagen
aus Göttingen und sage Ihnen den herzlichsten dank. eine
woche früher war eine andere gabe, nicht minder willkommen, aus Leipzig vorausgegangen, Ihre überraschend reich-
haltigen hausmärchen. Da gibt es nun für mich vieles zu
lesen, zu erwägen und einzutragen, und doch bin ich diesen
augenblick ungeschickter dazu als je, ich habe mich seit
einigen monaten in den abgrund des deutschen wörterbuchs
gestürzt, der nun über mir zusammenschlägt und fast kein
ende absehen läfst. freude ist zwar auch bei der arbeit,
doch der mühe weit mehr; die zeit mufs erleichterung
schaffen. Sie entschuldigen mich aber dufs ich jetzt auf
gar nichts näheres über Ihre bücher eingehe; ich kann sie
noch nicht recht zur hand nehmen. — Wilhelm grüfst mit
mir aufs herzlichste und dankt gleichfalls für beide geschenke. — Freundschaftlich der Ihrige Jacob Grimm. —
3 dec 1851.“

15. W. Grimm an J. W. Wolf.

„Hochgeehrtester herr, Nehmen Sie meinen groszen
dank für die werthvollen geschenke an, die Sie mir mit
den Beiträgen zu der deutschen mythologie und den Hausmärchen gemacht haben. beide bücher sind mit soviel
sinn und geschick geschrieben, und von so einer warmen
liebe zur sache belebt, dasz ihnen jeder, der diese vorzüge
zu schätzen weisz, geneigt sein musz. die märchen habe
ich gleich in ein paar abenden durchgelesen und viel
hübsches und manches neue darin gefunden, ein besonderes
vergnügen haben mir die neuen thiermärchen gemacht. es
macht einen eigenen eindruck, wenn manches märchen
gleichsam ins soldatische übersetzt ist, aber das hat auch
anspruch auf geltung und Sie thun recht diese quelle aus-
zuschöpfen; ich hoffe bald die fortsetzung zu sehen. Mit
der aufrichtigsten hochachtung und ergebenheit Wilhelm
Grimm. — Berlin 7. Dec. 1851.“

16. J. W. Wolf an W. Grimm.

„Hochverehrtester herr professor; vor einigen Wochen
schrieb ich Ihrem herrn bruder Jacob [fehlt] und bat ihn um die

erlaubnis, eine bearbeitung der „deutschen mythologie" mit
benutzung seiner worte herausgeben zu dürfen, natürlich
mit gewissenhafter angabe in der vorrede und nöthigenfalls in eigenen Anmerkungen, was sein eigenthum und
was mein werk sei. meine absicht mit dem buche ist
e i n z i g (denn die 150 fl, honorar konnten mich
nicht dazu bestimmen [Randbemerkung]), dieser dis-
ciplin einen gröfseren kreis von freunden zu erwerben, dem weitern publicum die resultate der bisherigen forschungen zugänglich zu machen. da ich bisher
keine antwort auf meinen brief erhielt, so mufs ich fast
vermuthen, dafs die arbeiten am wörterbuch — dessen
erste lieferung ich gestern mit hoher freude begrüfste —
Ihren herrn bruder zu sehr in anspruch nehmen, denn ihn
auch nur entfernt beleidigt zu haben, bin ich mir nicht
bewufst. sollte er aber meine arbeit nicht billigen und mir
die benutzung von theilen seines textes nicht gestatten
wollen, so will ich gern meine obgleich vollendete arbeit
vernichten und sie von neuem beginnen, da es mir r e i n
u m d i e s a c h e zu thun ist und nur die gröfste pietät
gegen Ihren herrn bruder mich seine worte beibehalten
liefs. Erlauben Sie mir denn freundlich, Sie zu bitten, mir
seinen entschlufs, der Ihnen ja nicht unbekannt sein wird,
gütigst selbst, oder, da auch Ihre zeit jetzt aeufserst beschränkt
sein wird, durch eine andere hand mittheilen zu wollen,
da der verleger mit der sache eilt, und ich den arglos begonnenen druck in gewissem fall auf meine kosten zurücknehmen werde. — Empfangen Sie, hochverehrtester herr
professor, die versicherung meiner ausgezeichneten hochachtung, der ich meinen herzlichen grufs an Sie wie an
ihren herrn bruder Jacob anzuschliefsen mir erlaube.

Ihr ergebenste diener J. W. Wolf.

Jugenheim 18 Mai 1852.

17. J. G r i m m an J. W. W o l f.

„Hochgeschätzter freund, ich kann mir gar nicht denken, dafs Sie meine mythologie beeinträchtigen wollen, habe
also gar keine einwilligung zu ertheilen für das buch,
welches Sie bekannt zu machen beabsichtigen. jedes werk
mufs sich selbst tragen, Ihre forschende thätigkeit ist mir
längst bekannt, höchstens könnte mir bedenklich scheinen,
dafs Sie die ergebnisse derselben vielleicht allzuschnell mittheilen. das aber habe ich nicht zu verantworten, und
wünsche Ihnen allen erfolg. Die ausarbeitung des wb.
gibt mir unmässig zu schaffen und absorbiert jetzt alles
andere. vorige woche gab ich einem reisenden eine hier

erschienene interefsante diss. über abergläubische gebräuche
für Sie mit, welche in Ihre hände gelangt sein wird. mit
aufrichtiger hochachtung und ergebenheit Jac. Grimm. —
22 mai 1852."

18. W. Grimm an J. W. Wolf.

„Hochgeehrtester herr, Ihr brief vom 25. Aug. ist mir
hierher, wo ich am fusz des Thüringer waldes mit einem
theil meiner familie den spätsommer zubringe, nach-
gesendet worden, weshalb ich ihn erst heute beantworte.
mit vergnügen nehme ich das geschenk an, welches Ihr
herr schwager mir mit einer ausgabe der Gudrun zugedacht hat und freue mich jeder neuen untersuchung über
dieses ausgezeichnete gedicht. bei der mhd. metrik scheint
es mir ein wichtiger punct die eigenthümlichkeiten der
hauptdichter neben dem allgemein geltenden festzustellen.
ich habe über einen nahe liegenden gegenstand, über den
reim, eine vorlesung in der academie gehalten, die eben
gedruckt ist, und von welcher ich Ihnen, wenn ich nach
Berlin werde zurückgekehrt sein, ein exemplar zusenden
will, um es Ihrem herrn schwager mitzutheilen. — Empfangen Sie im voraus meinen besten dank für das handbuch der d. mythologie: es wird mit derselben sinnvollen
sorgfalt und liebe gearbeitet sein, die Ihre anderen Schriften auszeichnet. — Mit der erneuten versicherung aufrichtiger hochachtung und ergebenheit Wilhelm Grimm. —
Friedrichsroda bei Gotha 10. Sept. 1852."

19. J. W. Wolf an J. Grimm.

„Hochverehrtester herr und freund, nur auf einen
augenblick möchte ich Sie dem 'abgrund' des wörterbuches
entreifsen und Ihren Blick verlassenen studien zuwenden,
deren förderung Ihnen ja doch noch nahe liegt. ich
möchte nämlich vom 1. juli an eine der Wodana im plan
ähnliche „zeitschrift für deutsche mythologie, rechts- und
sittenkunde" herausgeben, von der alle drei monat ein
heft à 7—8 Bogen erscheinen soll. neben abhandlungen
will ich besonders frisches material darin bringen und habe
dazu freunde aus allen gegenden des vaterlandes gefunden,
vom süden Tirols bis an die Nordsee, vom Rhein bis zu
den Donaumündungen! wenn aber dies unternehmen eine
zukunft haben soll, dann meine ich, mufs es Ihren segen
haben und mufs Ihre theure hand den grundstein dazu legen.
Sie haben mir schon so viel unverdiente liebe und güte
bewiesen. dafs Sie mir die bitte auch wohl gestatten
werden, mir wenigstens für das e r s t e heft eine w e n n

auch kleine abhandlung zu schenken und auch in
der folge, wenn es Ihnen gerade pafst, sich der
zeitschrift freundlich erinnern zu wollen. ohne diese Ihre
weihe hätte ich ja keinen glauben, kein vertrauen zu dem
werk. — Das handbuch der götterlehre hat eingeschlagen,
ich hoffe dieses jahr noch an die 2. auflage zu gehn. überhaupt regt es sich aller enden für unsere wissenschaft, die
liebe zu ihr greift mächtig um sich und wenn Sie einmal
die vorrede zur dritten auflage der mythologie schreiben,
wahrlich dann mufs sie anders enden als jene vom 28.
april 1844. — Die hessischen sagen laufen dieser tage nebst
einer mit abhandlungen begleiteten übersetzung (mit gegen-
überstehendem originaltext) der Gudrun meines schwagers
Wilh. von Ploennies bei Ihnen ein und für beides bitte ich
Sie um wohlwollende aufnahme. den 2. band der beiträge
hoffe ich Ihnen noch im lauf des jahres überreichen zu
können. Nodnagel ist gestorben und hinterlies eine hübsche
sagensammlung, die ich herausgebe. — Der wohlgeneigten
erfüllung meiner bescheidenen bitte harrend, bringe ich
Ihnen nebst den herzlichsten wünschen für Ihr wohl und
besten grüfsen die versicherung meiner alten verehrung
und treuen liebe. Ihr ergebenster J. W. Wolf. — Jugenheim a. Bergstrafse 16 apr. 1853. p. r. Zwingenberg.'

20. W. Grimm an J. W. Wolf.

„Hochgeehrtester herr, vor kurzem habe ich Ihnen ein
paar märchen aus der hebräischen sammlung des rabbi
Barachja für Ihr neues unternehmen zugesendet. ich war
damals noch der allgemein verbreiteten meinung, dasz
Barachja im anfang des 15. jahrh. geschrieben habe, bin
aber jetzt überzeugt dasz er in viel ältere zeit gehört, ich
bitte Sie daher einige änderungen in dem manuscript vor-
zunehmen und zusetzen „thierfabeln die der rabbi Barachja
in der zweiten hälfte des 13. jahrhunderts in
hebräischer sprache dichtete" und weiter unten „deren
hohes alter dadurch nachgewiesen ist." — Mit erneuter
versicherung meiner hochachtung und ergebenheit Wilhelm
Grimm. — Berlin 12. mai 1853."

21. J. W. Wolf an W. Grimm.

„Hochverehrtester herr; Sie haben mich mit so schönen
und reichen beiträgen überrascht und mich durch diese
Ihre grofse güte so glücklich gemacht, dafs ich Ihnen meinen
wärmsten und herzlichsten dank darzubringen mich beeile.
wenn irgend etwas, dann ist es Ihre freundliche unterstützung, die mir vertrauen auf die zukunft der zeitschrift

einzuflöfsen vermag, sie ist mir ein neuer sporn, alles dafür
aufzubieten, dafs sie der grofsen ehre würdig werde. —
Aufser reichen beiträgen aus Ungarn liegen mir noch eine
grofse zahl von märchen aus der Bukowina vor. Waldburg
und Staufe (recte Simiginowicz) haben sehr bedeutende
sammlungen, die noch unausgearbeitet sind und durch die
zeitschrift angeregt, sind dort noch andere sammler erwacht.
es regt sich stets und überall lebendiger und es sind mir
bereits so viele und grofse manuscripte von traditionen
jeder art zur verfügung gestellt, dafs ich nächstens an die
herausgabe einer grofsen bibliothek dieser überlieferungen
zu gehen gedenke, in der ich ganze sammlungen aufnehmen
kann; der zeitschrift bleiben dann nur abhandlungen und
kleinere beiträge, die in masse einlaufen, vorbehalten.
o unsere alterthümer haben eine herrliche zukunft und es
ist mir ein seeliger genufs, unsern forschungen täglich fast
neue jünger zueilen zu sehen, nach allen seiten hin das
feuer der begeisterten liebe zu ihnen wecken und schüren
zu können. selbst ihre bisherigen feinde kommen, sie sehen
es ruht ein grofser, reicher segen auf diesen arbeiten, und
sie helfen mit bauen an dem ewigen denkmal, das Ihren
theuren namen trägt. welchem deutschen mann schuldete
auch das vaterland das, was es Grimm schuldet? — Nochmals meinen vollsten dank und indem ich Sie noch bitte,
Ihrem herrn bruder meine freundlichen grüfse in den abgrund des lexicons bringen zu wollen, zeichne ich mit der
versicherung meiner aufrichtigsten verehrung und liebe Ihr
ergebenster diener J. W. Wolf. Jugenheim a/Bergstrafse
20 jan. 1854."

S. 319. Soldan hat fleissig über die hexenprocesse geschrieben]. Gemeint ist seine geschichte
der Hexenprocesse, sie wurde von H. Heppe 1880 neu bearbeitet. Grimm äuszerte darüber in der Vorrede z. zweiten Aufl. der Mythologie.

S. 319. Ihren plan zu einem handwörterbuch]
vgl. S. 336, einen Brief L. Diefenbachs an W. v. 2. 12. 1843
(Anm. zu S. 388) und eine Aeusserung W.'s gegen Diefenb.
v. 17. 3. 1844: „Auszerdem habe ich noch Auszüge für mein
Wörterbüchlein zu machen, für welches ich bereits viel vorbereitet habe, was neu ist. J. Grimm ... möchte mich indessen lieber an eine andere, die Forschung fördernde Arbeit
haben, als diese. Doch wird auch das Wörterbüchlein dem
Forscher manches bieten (freilich in populärem Kleide)."

ib. meine vorjährige Reise] nach Italien; vgl.
Schmeller an W. v. 9. 9. 1843 (Anm. zu S. 333) u. J.'s Abhandlung: it. u. scandinav. eindrücke (Kl. Schr. I, 57).

S. 321. G r i e s h a h n] verdruckt st. Grieshaber, geistlicher Rath zu Rastatt. Er wechselte von 1846—50 einige
Briefe mit Weigand, wegen der von W. beabsichtigten Geschichte d. deutschen Predigt bis Luther u. seiner deutschen
Predigten aus dem 13. Jh. 2 Abth. (Stuttg. 1844-6.) Er
starb 1866 in Freiburg i/Breisgau.

ib. N ä c h s t e n s . . . k l e i n e s g e g e n g e s c h e n k
m i t e i n e r a k a d e m i s c h e n v o r l e s u n g etc.] Vgl.
Weigand an L. Diefenbach v. 29. 8. 1846: ʻvor seiner [d. h.
J. Gr.ʼs] abreise (nach Lippspringe vgl. I S. 324] erfreute er
mich noch durch zwei schöne geschenke, vorlesungen in
der academie: ʻüber Jornandes u. die Geten' und ʻüber
diphthonge nach weggefallnen consonanten'.ʻ

S. 323. d e n f e r t i g e n A t h i s] s. W. Grimm's Kl.
Schriften III, S. 212 ff. Auszüge aus Weigand's Antwortschreiben auf no. 155 u. 156 stehen ib. S. 333 ff., woraus
hervorgeht, dasz Geh. R. Prof. Dr. Nebel in Giessen, ein
heiterer freundlicher Greis, der Wilh. Gr. einige Mal flüchtig
gesehen hatte, die ihm gehörigen Athisbruchstücke durch
Weigand's Vermittlung W. Gr. geschenkt hatte.

S. 324 no. 157.] Vorauf gehen W.'s Br. 3—5. — Mit
Br. 3 v. 12. 11. 1846 überschickt W. 5 weitere Nummern des
Friedberger Intelligenzblattes, worin wetterauer Wörter
besprochen waren, weiterhin eine Urkunde von 1398 aus
einem Hausarchiv. Er fragt dann, ob die giessener Marien-
lieder sich in anderen Hss. fänden und bedauert durch seine
Krankheit um die Frankfurter Germanistenversammlung
gebracht zu sein. — Mit Br. 4 v. 27. 7. 1847 folgen wieder
Nummern des oberh. Intelligenzblattes und d. Vaterlandes.
W. theilt weiter mit, Prof. Nebel habe eine Papierhs. der
von Grieshaber herausgeg. Predigten gekauft, fragt im
Namen von Adrian nach dem Titel eines Buches, dessen
Anfang u. Schluss er beilege und grüsst von Fr. Roth. —
Br. 5 v. 24. 10. 1847 begleitet ein ihm übergebenes Buch v.
Ph. Dieffenbach mancherlei Interessantes aus der Wetterau
enthaltend, und fügt einige Bemerkungen hinzu. — no. 157
beantwortet W.'s Br. 6 v. 10. 1. 1848: Dank für J. Gr.'s
Brief, Glückwunsch zum Geburtstag, Freude über wieder-
hergestellte Gesundheit u. baldiges Erscheinen der Geschichte
d. deutschen Spr., Uebersendung von 3 Nummern des oberh.
Intelligenzbl. und Mittheilung über seine wetterauischen
Studien. Einzelne Lautbrechungen würden schwer zu
deuten sein.

S. 325. A d r i a n] Prof. u. Bibliothecar in Giessen.

S. 326. F r i e d b e r g e r p a s s i o n s s p i e l] Vgl. Weigand's
Aufsatz: ʻÜber das Fr. Pass.' in Haupt's Zeitschrift Bd. VII

545—56. Das weitere von W. gesammelte Material hierüber
befindet sich noch in Dr. Milchsack's Händen.
    ib. ruhe für Vilmar] vgl. V.'s Aeusserung gegen
Weigand von 1849 in Anm. zu S. 297.
    S. 327. Ihren hübschen fund zu Friedberg]
vgl. Haupt's Zeitschr. VII S. 442-8: „Bruchstück einer Alt-
mitteldeutschen Evangelien-Harmonie mit Vorrede." Es
wurde am 18. Sept. 1848 im Friedberger Seminar gefunden
und schleunigst an Haupt übersandt um Jacob Gr. zu seinem
Geburtstag überreicht zu werden (vgl. Anm. zu S. 304). Im
Bd. VIII S. 258-74 erschien dann das ganze Bruchstück,
welches später von Müllenhoff in den Denkmälern als Christ
u. Antichrist bezeichnet wurde, wie auch schon in einem
Briefe an Weigand.
    ib. zu Frankfurt .. konnte es .. nicht länger
aushalten] Vgl. II 295, 310, J.'s Brief an v. Lassberg v.
20. Juli 1848 (Germania XIII, 384) u. den Adresszettel, dessen
Anm. zu S. 315 gedacht wurde.
    ib. durch starke prüfungen sind wir ge-
gangen] Vgl. II 313 u. den interessanten Br. v. W. Gr. an
Lassberg v. 15. 2. 1849, (Germ. XIII 487 f.) worin er schildert,
wie er in der aufgeregtesten Zeit Vorlesungen gehalten habe.
    ib. Mein buch] Geschichte d. deutschen Sprache, vgl.
325, 338.
    S. 328 no. 160] Antwort auf W.'s Br. 7 v. 12. 7. 1849:
W. schickt 2 Nummern des oberh. Int.-Bl. „In dem kirchen-
zinsbuch kommt s. 32 (zinsposten nr. 102) vor, aber nach
dem jahre 1471 eingetragen: 'eyn gertgin liget hinder der
burg den itzt Heintzgin Welcker hait vnd horet zu dem acker
der dar gein vber liget am breidenwege den man nennet der
wüle.' das wort 'wüle' ist hier merkwürdig und scheint
sich mir auf den acker zu beziehen. . . ."
    no. 160 beantwortet W.'s Br. 8 v. 2. 11. 1849: Dank für
die Abhandlungen, den eingelegten Brief an J. W. Wolf, [fehlt]
der wieder in Jugenheim sei, habe er besorgt. Vergebliche
Nachforschungen nach altdeutschen Hss. im ehemaligen
Kloster Ilbenstadt. Einige Reste aus Enenkel u. dem alten
Passional seien ihm von Baur in Darmstadt mitgetheilt.
J. Gr. werde wohl am Wörterbuch arbeiten: „Vor längerer
zeit bin ich auf eine erscheinung im neuhochdeutschen aufmerksam geworden, über die ich noch nicht ins reine
kommen konnte, nämlich das in einigen wörtern, welche
'ûr' hatten und diesz später in 'auer' zerdehnten, vorkommende zwischeneintreten des d. so haben wir z. b.
schauder neben schauer aus mhd. schûr ahd. scûr; haudern
(süddeutsch s. v. a. kleinhandel auf karren u. s. w. treiben)

neben dem nach Ettmüller zu Frauenlob s. 274 in südd.
mundarten vorkommenden hauern, hauren, von dem ältern
hûren, welches sich in behûren = durch kauf, miethe erwerben (frauenleich 17, 19) mehr dem begriffe des nhd.
wortes nähert; schlauderaff (in hiesiger gegend familien-
name) = schlaraffe aus älterm slûraffe. was übrigens das
letzte wort anbelangt, so meine ich schon in einer schrift
des 15. jhdts. schlûderaffe angetroffen zu haben. ob auch
unser nhd. schleudern (oberd. schlaudern) auf älteres slûren
zurückgeht? vocabularien aus den letzten jahrzehenden
des 15ten und schriftsteller des 16ten jhdts. haben slawder,
schluder, schleuder und das verb schludern, schleudern für
funda und fundibalare. endlich möchte vielleicht selbst bei
zaudern ein wort mit ûr zu grunde liegen? — Ihr mythol.
s. 349 angeführtes ags. Aegles thorp erinnert mich an das
gleichnamige an dem Vogelsberge gelegene Eichelsdorf, im
jahre 1187 Eigelesdorph und Eigelesdorf. diesem ganz nahe
aber liegt ein zweites, Eigil in dem namen führendes dorf:
Eichelsachsen, 1187 Eigelessachscen, im 14. jhdt. Eygelsahsen
(Würdtwein d. M. III, 1287. Eygelhassen ist verschrieben).
Wie möchte sich wol dieses -sahsen, das in ortsnamen der
Wetterau und Oberhessens mehrmals begegnet (Saasen —
1125 Sachsun bei Guden. c. d. I, 397 —, Wettsaasen, König-
saasen, Mühlsachsen), erklären laszen? ich habe daran gedacht, ob das deutsche wort dem lat. saxum entsprechen
möchte. betrachtet man aber die tiefe der lage der meisten
der genannten orte, so ist keine wahrscheinlichkeit. —
Vogt ist zwar in der Schweiz, aber seine zahlreichen anhänger hier hoffen auf seine rückkehr und möchten ihn
gern bei der nahe bevorstehnden abgeordnetenwahl zu
unserm landtage durchbringen. diesz werden vielleicht die
mit der stadt stimmenden dörfer vereiteln, und jene rückkehr dürfte schwer auszuführen sein. der ehrgeiz hat ihn
weit geführt: bis zum bewerbenden redner in den niedern
wirthshäusern und dann bis zum regenten, der freilich ohne
land war. im umgange war er allerdings recht angenehm.
— Was wäre aus unserm armen vaterlande geworden, wenn
die revolutionäre genoszenschaft ihre pläne hätte durch-
setzen können! ihre auf die demoralisation und die herbei-
geführte verarmung gegründete herrschaft würde eine zeit
der grösten rohheit über uns gebracht haben [Vgl. II. 310],
und wahrlich! deutliche anzeichen waren schon da. Wie
schön wäre es gewesen, wenn sich die deutschen staaten
um Preuszen vereinigt hätten! der anschlusz unseres grosz-
herzogthums hat mich sehr gefreut. . . .'

    S. 328. z w e i a k a d e m i s c h e A b h a n d l u n g e n].

Wohl die im Jahrgang 1849 d. Abh. d. berliner Akademie
enthaltenen: 'Über schule, universit., akad.' u. 'Über d.
verbrennen d. leichen.' (Kl. Schr. I. 211 ff., II. 211 ff.)
S. 329. Den Vogt sind sie nun in Giessen los].
Der bekannte Prof. K. Vogt, welcher im Frankfurter Parlament der äuszersten Linken angehörte und 1849 seines
Amtes als auszerordentl. Prof. der Medizin in Giessen ent-
setzt wurde. Vgl. W.'s Br. 8: II 326.
S. 329 no. 161]. Antwort auf W.'s Br. 9 u. 10. — Br.
9 v. Himmelfahrtstage 1850: W. schickt einige Recensionen,
erwähnt die ergiebigen Auszüge Phil. Dieffenbachs aus dem
Kloster Arnsburger Salbuch, die Synonyma Jac. Schöppers,
Dortmund 1550, fragt für Prof. Renaud nach der Bedeutung von Quercrecht (Weisthümer III. 698) und theilt
mit, dasz sein Friedberger Fund sich vermehrt habe. —
Br. 10: „Ihr gütiges geschenk, verehrtester Herr Hofrath, habe
ich erhalten und sage Ihnen für dasselbe auf das herzlichste dank. es hat mich sehr gefreut, sowol als ein
neues freundliches zeichen Ihrer mir so werthen gewogenheit, als auch in wiszenschaftlicher beziehung, denn wie
sollte ein jeder, der ein herz für das deutsche alterthum
hat, nicht erfreut sein, dasz Sie der verwaisten und lange
verwahrlosten reste der alten fränkischen sprache, welche
die beute eines allerdings gespenstischen und ohne zweifel
gespenstisch bleibenden gastes zu werden drohten, Sich angenommen haben! doch wer hätte es auch vermocht, sich
ihrer so anzunehmen, wie Sie. zwar war schon, jener jagd
Leo's auf keltisches in deutschem walde entgegen, die erklärung der malbergischen glosse durch den auslauf in der
gesch. d. deutsch. spr. nach meiner überzeugung vortrefflich
gefördert; aber sie ist nun eben in Ihrer abhandlung zu der
neuen vorzüglichen ausgabe der lex. Salica [v. J. Merkel] so
durchschlagend, dasz der zweifel, ob jene glosse wirklich
deutsch sei, für immer gehoben sein wird. ich bin mit gröster
spannung den erklärungen gefolgt, von welchen manche
überraschen. mehreres wird sich mit der zeit sicherer
stellen lassen. so scheint mir das s. LXXXIII aus Schmeller
angeführte bayerische rennferkel, rennsau nicht wol auf alt-
fränk. chranne zurückzuführen; denn jene ausdrücke werden mit dem wetterauischen und oberhessischen der sprenger
eins sein, welches wort das schwein bezeichnet, das nicht
mehr eigentliches ferkel, aber auch noch nicht recht sau
ist, und zur heerde getrieben werden kann. hier in Gieszen
und der umgegend wendet man diesz „sprenger" auch auf
einen knaben an, der etwa 5—8 jahre alt ist. das wort
gehört aber zu springen, wie niederd. sprenger = heu-

schrecke (brem. nieders. wtbch. 4, 974); und so wird auch
das bayer. rennferkel, rennsau zu rennen zu stellen sein. —
Bei besprechung des ausdrucks andelagen in Ihren rechts-
alterthümern [196 ff.] weisen Sie neben anderm auf 'Ich Andel
Ministro' bei dem Wetterauer Erasmus Alberus hin. in einem
briefe, welchen ich vor zehn jahren an Sie schrieb, [fehlt]
bezweifelte ich, dasz dieses wort wetterauisch sei, denn es
komme weder in wetterauischen urkunden noch jetzt in der
mundart vor. ich kann es aber nun aus ungedruckten urkunden der kirche und pfarrei des zwischen Gieszen
und Butzbach liegenden dorfes Polgöns nachweisen. das
buch 'Jerlich einkommens vnd gebrauch der pfarr vnnd
kastens zu polguns jm Hittenberge' v. j. 1536 hat nemlich
s. 8. den ausgabeposten: 'xiiii gl. (d. i. gulden) gegeben das
hausz zu sticken (d. i. die gefache der wände mit stick-
stecken zu versehen) vnd kleyben (,) drey bön (= bühnen
. d. i. gerüste? oder bäume?) zuschlagen vnd dem decker
zu a n d e l n,' worin ich vor das letzte 'vnd' ein komma
setze und das folgende so verstehe: 'dem dachdecker beim
decken des daches handreichung zu thun.' andeln wäre
also s. v. a. darreichen, handreichung thun, was auch zu
dem bei Frisch I, 26 c aus Alberus wörterbuch angeführten,
von mir in diesem übersehenen substantiv der andeler =
opera stimmt. übrigens will ich, da es vielleicht für Sie
interesse hat, bei Polgöns nicht unerwähnt laszen, dasz der
Pfahlgraben dort schlechthin der Pol heiszt, und ich habe
mir für mein wetterauisches wörterb. aus, dem 16. jhdt.
angehörigen Polgönser pfarracten aufgemerkt: 'vor dem pole.'
'der boler berg'. 'der boler weg.' [Vgl Br. 11] — Ich weisz
nicht, ob ich Ihnen für Ihr neuhochd. wörterbuch zu
blöken bereits mitgetheilt habe 'Balare bleckchen' aus
'liber ordinis rerum' (ein wol in Österreich geschriebener
vocabular v. j. 1429., mscrpt. in Nebels besitz) bl. 24 b. im
mhd. findet sich das wort bekanntlich noch nicht. Zu
gramm. I², 867 unterste zeile habe ich mir neben pittan u.
sizan noch likkan aufgezeichnet, auf dessen schwaches praes.
der im ahd. Tat. XXVIII., 1. (Schmellers Matth. 5, 27) vorkommende imp. hinweist. Das Tatianische mandwâri
(gramm. IV, 479. steht nicht mehr â sondern a) ist doch
wol wie gramm. II, 553. man-dwâri (nicht, wie s. 577. vermuthet wird, mand-wâri) zu theilen und etwa wie unser
menschen-freundlich zu faszen? — Schmitthenners tod, den
Sie aus den zeitungen erfahren haben werden, war und ist
mir noch sehr schmerzlich. schon seit vielen jahren plagte
den sonst kräftigen mann von zeit zu zeit ein leberleiden,
das er irrig für magenschwäche hielt und darnach selbst

zu curieren suchte. aber den letzten winter über nahm die
krankheit so zu, dasz er nach ostern sehr übel aussah und
mit anfang des juni's die ärzte wenig hoffnung mehr hatten. Er hat auch in den letzten jahren sich noch viel mit
deutschen sprachstudien beschäftigt und sich namentlich
der angelsächs. mundart zugewandt. vieles ist von ihm
zur erklärung der deutschen eigennamen aufgezeichnet.
wie sehr er Sie hochachtete, habe ich oft aus seinem munde
gehört, wenn wir, was häufig geschah, sprachliche erschei-
nungen besprachen. eins seiner liebsten bücher war ihm
Ihre deutsche mythologie. — Der landtag für das groszherzogthum ist aufs neue eröffnet, wird aber, nach seiner
zusammensetzung zu urtheilen, schwerlich lange beisam-
menbleiben, die demokraten hatten bei den wahlen meistens
freien spielraum, denn die constitutionellen und conserva-
tiven haben, groszentheils aus verdrusz über das Jaup'sche
wahlgesetz, nur sehr schwach sich betheiligt, Es ist bei
uns überaus thätig gewühlt worden, und die staatsregie-
rung hat ihre gröszten feinde zum theil unter ihren eignen
angestellten gehabt. — Die herzlichsten grüsze an Sie und
Ihren herrn bruder. mit unwandelbarer verehrung und
liebe Ihr Dr. Weigand. — Gieszen 14. september 1850.'

Auf no. 161 antwortet W.'s Br. 11 v. 1. 1. 1851 : W.
dankt für die Schrift zu Savigny's Jubiläum : 'Das Wort
des Besitzes'. Die andern Ex. seien besorgt. Glückwünsche
zum Geburtstag. „Dürfte ich gegen eine der in Ihrer schrift
gegebenen vergleichungen einiges bedenken äuszern, so wäre
es gegen die von ἔχω und áih s. 24 ff. (vgl. gesch. d. d. spr.
s. 410). trotz Potts zweifel (etymol. forsch. I, 283, 373) möchte
ἔχω mit sanskr. sah = perferre, sustinere zusammengehören.
den spiritus asper zeigt das fut. ἕξω und das abgefallene
σ der aor. ἔσχον. ist aber bei ἔχω ein anlautendes s weg-
gefallen, so könnte es nicht mit áih zusammengehören. . . .
Aus Baurs Arnsburger urkundenbuch . . . hft. 2. s. 298 f. nr.
441 ersehe ich denn auch, dasz ich in meinem letzten
briefe an Sie unrichtig die in Polgönser kirchenacten v. j.
1569 vorkommenden namen Boler weg, der Boler berg mit
dem pole (= Pfahlgraben) zusammengestellt habe. beide
namen sind völlig verschieden, wie eben in der urkunde
nr. 441. 'offe deme boilirwege' zeigt. . . .'

S. 329 prof. Knobel] seit 1839 Prof. d. Theologie in
Giessen.

S. 329. Baurs Arnsberger Urkunden]. Vgl.
Weigands Br. 11. Mit Baur hat Weigand eine ziemlich
umfangreiche Correspondenz geführt, welche mir vorliegt.

S. 330. Die sache des vaterlandes u. s. w.]
Am 1. Nov. 1850 rückten trotz Preussens Protest die Baiern
u. Oesterreicher in Hessen ein. Das preuss. Heer wurde in
Folge dessen mobil gemacht u. am 8. Nov. kam es zu dem
berüchtigten Rencontre bei Bronzell. S. 330. Wigand] Paul vgl. Anm. zu S. 1.
S. 330. Böhmer]. Mit J. F. Böhmer hat J. Gr. auch
einige Briefe gewechselt. Nach Reifferscheid (Vorwort zu
den Freundschaftsbr.) sind 2 Briefe J. Gr.'s an ihn gedruckt.
Wo? Vgl. noch Briefw. m. v. Meusebach S. 361.
S. 330. no. 162). Dieser Brief ist die Antwort auf
folgenden nur im Concept erhaltenen Weigand's: „Hiermit, verehrtester Herr Professor, sende ich Ihnen genaue
vollständige abschrift der in meinem briefe vom 2. d. m.
[fehlt] erwähnten sprüche. welche in nr. 1247 der hiesigen
hss. enthalten sind. sie bilden, wie es scheint, eine ähnliche
spruchsammlung, wie die, nach s. 22 über Freidank, Ihnen
von Diemer mitgetheilte. nur ist die Gieszener nicht zu
ende geführt. denn mit „Vil geiaget vnd nit gefangen"
beginnt, nachdem ein strich die mit namen überschriebe-
nen geschlossen hat, offenbar eine neue reihe, die aber
nach dem ersten spruche nicht fortgesetzt ist. Adrian gibt
an, die hs. gehöre in das 15. jahrh.; was die sprüche betrifft, so sind sie ohne zweifel in dieser zeit aufgeschrieben.
. . . Herr prof. Braun hat die güte, gegenwärtiges an Sie
mitzunehmen."
Auf no. 162 folgt W.'s Br. 12 v. 10. 7. 1851: W. übersendet Abschrift der Carber Markordnung. „es freut mich,
mit zusendung derselben einem wunsche nachkommen zu
können, den Sie, als ich Sie zu Frankfurt besuchte (die
freundlichen stunden werden mir immer eine der ange-
nehmsten erinnerungen sein), gegen mich aussprachen.
aber leider kann ich das weisthum in seinen beiden fas-
zungen nur nach einer alten dem markbuche entnommenen abschrift mittheilen, nicht aus diesem selbst. ich habe
lange vergeblich mühe aufgewendet, des buches habhaft
zu werden. es scheint verloren. auch im archive zu Darmstadt, wo ich selbst nachfragte, war es nicht zu finden. —
Die beigelegten sprüche bitte ich Ihrem herrn bruder zu
geben. den lieben brief desselben vom 19. mai habe ich
erhalten und werde demnächst schreiben . . ."
S. 330. Bernhard Freidank] Vgl. Germania XI,
112, 122 u. W. Gr.'s kl. Schr. II. 449 ff., 508 f.
S. 331 no. 163] Antwort auf W.'s Br. 13 v. 1. 1. 1852:
Neujahrs- und Geburtstagsglückwunsch, Mittheilung seiner
am vorabend des christfestes ihm mitgetheilten Ernennung

zum ausserord. Prof. Bei Abfassung seiner Anzeige der
giessener Hs. v. Hans Rosenblut's Schwänken, sei ihm entgangen, dasz die Erzählung von dem Ritter mit den Nüzsen
schon in v. d. Hagens Gesammtabenteuer no. XXXIX stehe.
Freude über das demnächstige Erscheinen der ersten Lieferung des Grimm'schen Wörterbuchs. Er selbst habe die
Bearbeitung der 3. Aufl. v. Schmitthenners kurzem deutschen
Wörterbuch übernommen und hoffe, dasz Anfang Febr. der
Druck beginnen könne. (Die beigefügten Zeilen an W. Gr.
sind nicht vorhanden.) — Auf no. 163 antwortet W.'s Br. 14
v. Gründonnerstag 1852: „Empfangen Sie, verehrtester herr
hofrath, für Ihren herzlichen glückwunsch meinen besten
dank. theilnahme thut wol, aber von Ihnen wie von Ihrem
herrn bruder hat sie mich doppelt gefreut. möchte mein
wirken in meinem neuen amte immer so sein, dasz Sie mir
Ihren beifall zu theil werden laszen können! — Die von
Weidmanns ausgegebene probe des deutschen wörterbuches
war mir eine höchst freudige erscheinung. erst jetzt, mit
diesem werke, liegt der gesammte nhd. sprachschatz klar
vor und dessen grösze und fülle wird in erstaunen setzen.
was die anordnung betrifft, so sind die artikel, wie sich
auch nicht anders erwarten liesz, so schön angelegt und
aufgebaut, dasz wol niemand sie anders wünschen möchte,
und das, was sich über die Entstehung des wortes sagen
läszt, findet sich kurz, aber ausreichend gegeben. dürfte ich
mir eine bemerkung erlauben, so wäre sie über die entfaltung des aber- zum beispiel in aberwitz aus ahd. mhd.
â-, welche mir bedenklich scheint. sie stünde zu ungewöhnlich da und würde einen durchgang durch a b e-
als zerdehnung des â- voraussetzen, die meines wiszens
nicht zu erweisen ist, denn mhd. a b e-getroc neben â-getroc
gehört nicht hierher. ich ziehe das gramm. 2, 709—710
gesagte vor. den ältesten beleg übrigens für aberwitz finde
ich in dem vocabular. predicant. (Nurenberg 1483) bl. f 2ᵇ
wo „Delirus homo. der da get in die aberwitz. pueriliter
agens." ein aus Hoffmeisters nachlese zu Schillers werken
3. 85 genommenes xenion, in welchem Göthe aberwitz und
wahnwitz scheidet, habe ich in der neuen ausg. meines
syn. wtbchs. I, 12 angeführt. - Dasz das ganze, wie Sie in
Ihrem lieben briefe bemerken, eine mühevolle arbeit ist und
Sie bei derselben auf viele unvorhergesehene schwierigkeiten
stoszen, die aufhalten und nur durch neues nachsuchen in
den quellen zu überwinden sind, kann ich mir wol denken.
ich bin sehr begierig, wie Sie mit manchen ausdrücken bei
Luther, Fischart u. a. zu rande kommen werden. kann ich
Ihnen bei manchen artikeln irgend beihilfe aus meinen

aufzeichnungen und auszügen aus glossarien und hss. oder
den idiotismen leisten, so bitte ich über mich zu verfügen;
ich werde nach möglichkeit und mit vergnügen zu willfahren suchen. über der a l = „zwinger oder winkel zwischen
gebäuden" und die a h n e = „das von flachs oder hanf
beim brechen oder schwingen abgefallene stengelsplitterchen"
ist einiges in den Ihnen mitgetheilten nummern des oberhess. intelligenzbl. v. j. 1844 (nr. 95) und 1845 (nr. 6); doch
habe ich daselbst neben der a l die noch in der Wetterau
vorkommende und auch von Alberus angeführte form der
aln in (Alberus fabeln s. 44: Bisz er gieng ausz dem aln
herfür, — Und macht sich vor der Geyssen thür) unerwähnt
gelaszen, eben so bei ahne, dasz man dieses wort auch in
einem theile der Wetterau noch von den stachelsplittern
der ähren gebrauche, z. b. gerstenahn. das zeitwort a n d e l n
... eine stelle habe ich Ihnen, schon früher [Br. 10] mitgetheilt. ich nehme das wort hier von dem darreichen der
ziegel oder schiefer an den dachdecker, der im decken begriffen ist. es geschah diesz darreichen nämlich früher in
der Wetterau immer durch knaben, die von der erde bis
zum dache auf der leiter saszen und von dem eigenthümer
eine besondere bezahlung empfiengen. ist Ihnen das südlich
in der Wetterau vorkommende ê m e n = ätzen (den jungen
vögeln futter geben), z. b. der vogel hat seine jungen geêmt,
nicht bekannt? es kommt auch intrans. von wunden vor,
z. b. die wund' êmt = zieht eiter (?), und wird wol zu mhd.
am, om (Benecke-Müller 27. Schmeller 1, 53) gehören. —
Sie frugen über willetzknaben, willetzkinder bei Schmeller
4, 58. auch mir ist der ausdruck dunkel. läszt sich schweiz.
willen = wickeln (Aalder II, 451) vergleichen, so möchte
man wickelkinder denken, wenn diesz in das fastnachtsspiel
passte. — Der verleger meines synonym. wörterb. wünschte
dasselbe, das in sehr starker auflage gedruckt ist neu auszugeben. ... ich machte den vorschlag, eine anzahl blätter
umzudrucken und so nicht allein verbeszerungen, sondern
auch einige neue artikel mitzugeben, was dem verleger
ganz genehm war. .... Sie werden es bereits in händen
haben. ich bin begierig, ob Sie die ableitung von auf-
wiegeln s. 127 und die zurückführung von der backe s. 158
auf das bei Graff fehlende ahd. braccho billigen werden.
dieses backe würde einen neuen beleg zu gesch. d. deutsch.
spr. 314 geben. ...."

Auf das gegen die Deutung von a b e r geltend ge-
machte Bedenken bezieht sich auch eine Stelle in einem
Briefe v. L. Diefenbach an W. v. 27. 6. 1852 (vgl. Anm. zu
S. 388).

S. 332. mehr freie ruhe ... einige lieblings-
gegenstände unter die hand zu nehmen] vgl. Anm.
zu S. 115.
ib. gegen meines .. freundes behandlung d.
Nib.] vgl. Anm. zu S. 308. Rede auf Lachmann (Kl. Schr.
I, 145 ff.). Die Rec. d. gött. anz. steht jetzt auch in Kl.
Schriften V, 476 ff.
S. 333. Die v. Keller jetzt gesammelten fast-
nachtspiele]. Aus den mir vorliegenden 8 Briefen Ad. v.
Kellers an Weigand v. 1846—72 ergibt sich, dass Keller mit
Grimm über diese Stücke zuvor correspondirt hatte: Keller
an Weigand Tübingen 3. Dec. 1851: „J. Grimm schreibt mir
gestern, in Gieszen liege eine hs. mit fastnachtspielen u.
macht mir hoffnung Sie werden die güte haben mir dazu
zu verhelfen.“ (Von seiner Arbeit seien bereits 20 Bogen
gedruckt.) — Bis jetzt ist nur ein Brief von J. Grimm an
Keller aus dem J. 1862 bekannt geworden (Germania XIX,
S. 504 f.).
S. 333. Schmeller 4, 58]- Bayerisches Wörterbuch
4 Bde. Stuttg. u. Tüb. 1827—37. Es erschien 1869-78 in
zweiter Aufl. bearbeitet von Frommann, mit einer Vorrede
von Weigand, mit welchem Schmeller längere Zeit correspondirte. Mir liegen 9 Briefe Schmellers an W. von
1841—52 vor, sowie ein handschriftlicher in Giessen 1869
gehaltener Vortrag Weigands über Schmeller. Aus den
Briefen hat W. schon einzelnes in der Vorrede und in seiner
Besprechung der neuen Aufl. des bayr. Wb.'s in Zarnckes
Centralblatt 1869 mitgetheilt. Ich theile hier aus denselben mit, was allgemeineres Interesse beanspruchen kann:
2) München, 1. 9. 1842: „Mit *topp*! werden Sie ganz recht
haben. Der Grundbegriff liegt vielleicht ebenso gut in dem
tupfen, eintupfen unserer Volkssprache als in dem
romanischen *topar, toper.* Eine andere frage wäre, ob
das eine u. welches aus dem andern entstanden? Deutsche
Kriegsknechte haben auch *trincar, trinquer, brin-
disi* u. dergl. nach dem Süden gebracht. Bekanntlich
waren sie auch starke Liebhaber des *Toppeln* (Spielens
mit Würfeln). Dagegen heiszt am Westende Europas im
romanischen Portugal *topa* eine Art Kinderspieles mit
einem vierkantigen Knochen. Die ältere französische
Sprachformel *tope et tingue* ist augenscheinlich die
spanische *[yo] topo y tengo.* Und so sind andre Haupt-
kunstwörter der Spieler *[es. daus. quater. cinq* u.
dergl.]* romanischen Ursprungs. Es wird also keinesfalls
gefehlt seyn, auch jenes *topp* zunächst auf das spanische
topo zurückzuführen, das weiland mit andern hoffähigen

Fremdlingen (wie *tantos, ayo, parte, gastos, secretos)*
sich   eingeschlichen   haben   mag.   — Auch   gegen
Ihre   romanische   Ableitung   von   *hunzen, Degen*   u.
matt   wüszte   ich   für   den   Augenblick   nichts   haltbares   zu
sagen.   Auffallend   braucht   auch   der   Böhme   sein   *hunddwati* unter anderen für verhunzen.   Wenn   erst   aus   dem
Deutschen, warum hätte er für den Zischlaut sein t gesetzt?
Oder [er] nahm es aus dem Niederdeutschen u. also schon
sehr früh.   — *Ungethüm* ist mir ein   rechtes   Ungethüm.
Deutsch   scheint   es   auf   jedem   Fall.   Nach Analogie mit
un-gihiuri   schliesz   ich   auf   ein   *gituomi*   in   gutem,
dem   besten   Sinne.   *tuomjan*,   ags.   *dômian*   ist   *judi-
care, censere*.   Besser   freilich   würde   ein   dem   alten
zeman   entsprechendes   Wort   passen   Es   findet   sich   etwa
mit der Zeit noch ein historischer thatsächlicher Aufschlusz
über dieses Ungethüm.   Unsere Nachkommen müssen auch
noch zu thun haben.   Trost des faulen, was ich die eben
angetretenen Vakanzwochen noch mehr als sonst zu seyn
mir vorgenommen habe.   Ich werde sie zu einer Reise nach
dem Lande unserer guten Nachbarn der Cechen,   verwenden.
Bleiben   Sie   nach   wie   vor   gewogen   Ihrem   ergebensten
J. A. Schmeller." — 3) 9. 9. 1843: „Von einer Erholungsreise an
den Oberrhein zurückgekommen, eile ich Ihnen anzugeben,
was sich von den Schriften des Erasmus Alberus auf unserer
Bibliothek befindet . . . . . Ein kleines d. Handwörterbüch-
lein von der Art, die Sie andeuten u., bei Ihrem Überblick
des ganzen in allen seinen Einzelheiten, vor Andern durch-
zuführen im Stande sind, käme ohne Zweifel einem wahren
Bedürfnisz entgegen.   — J. Grimm ist, wie mich ein in
Leipzig auf die Post gegebener von ihm Ende Juli's in
Berlin geschriebener Brief belehrt, auf einer Reise nach
Italien begriffen, die sehr kurz seyn wird, da er mich die
Freude erwarten läszt, ihn im October hier zu sehen.   Allerdings ein für die, Gesundheit halber angerathene, Reise
sehr kurzer Zeitraum.   Er spricht von einer neuen bis zum
46. Bogen gedruckten Ausgabe der Mythologie, und von
einer 'Nebenstunden' betitelten Sammlung vermischter
Abhandlungen, die er, heimgekehrt, in die Welt schicken
wolle. Von d. Wb. nichts" . . . . — 4) 22. 3. 1846: „Höchlich
lobe ich Ihren Gedanken den Sinn für Forschungen dieser
Art auch in den weniger gelehrten Lebenskreisen dadurch
anzuregen, dasz sie unter dem Gesichtspunkte einer prak-
tischen jedermann einleuchtenden orthographischen Angelegenheit dargestellt werden.   — Was die romanische Ableitung   von   *Garge, Gärgelsack, peisen* oder *peischen,
pfeeschen* betrifft, so käme es wol mit darauf an, ob

für jene Gegenden solche Formen, die sich im benachbartesten Romanischen, dem Französischen, nicht finden, in dem entfernteren Spanischen oder Italienischen gesucht werden dürfen. Näher läge vielleicht das Latein der frühern Klosterwelt. — Bei *garge, gärgel,* wenn es zunächst einem Sacke gälte, der, wie man noch bei Schacherjuden sieht, vom Nacken nach beiden Seiten vorne herab hängt, habe ich an Kilian's *goreel, gorellus (helcium)* gedacht. *Peisen* ist dem nahen fransösisch *peser* ähnlich genug. Über *pfeeschen,* das freilich kaum deutscher Abkunft zu seyn scheint, fällt mir unser *püschen, einpüschen* d. h. *pischen* bei. So möchte ich bei dem seltsamen *Augengleff* an unser *Laffen, Lauf, Lofel* (Schale), wozu sich das čechische *leb* (Hirnschale, Helm) halten läszt, lieber als an *Lippe, Lefze* denken. — Wenn der *Günter* nicht etwa von einer Person als Erfinder oder erstem Verbreiter herstammt, so ist freilich sehr natürlich die Zuflucht zu dem polabischen aus *játra* plur. entstellten *guntra,* vorausgesetzt dasz das hauptsächlichste oder doch ein wesentliches Ingrediens eben die Leber ist." — 5) 21. 2. 1847: „Der Beziehung des räthselhaften *bàfixr* auf Baumfuchs steht der einfache u. dennoch entscheidende Umstand entgegen, dasz in jenem Falle nicht *bà* sondern *bá* gehört werden müszte. So wichtig ist es, bei allen Untersuchungen solcher Art die örtlichen Lautverhältnisse klar vor Augen oder vielmehr vor Ohren zu haben. Ich freue mich auf Ihre Leistungen für die Wetterau, von welchen Sie so ansprechende Proben gegeben. Auch auf die Bedeutsamkeit der jüdischen Elemente in unsern Volkssprachen machen Sie, u. wie es am wirksamsten, gleich durch die That, aufmerksam. Diese Elemente wol durch ganz Deutschland dieselben u. nur örtlich verschieden gefärbt, verdienten, für einen eben so kundigen eine eigene Aufgabe zu seyn, eine dankbarere als etwa die Schatzgräberey nach Keltischem. Vielleicht, doch musz ich zweifeln, wäre ein Dr. Anton Rée der Mann dazu, der mir von Hamburg aus eine Broschüre von 146 Seiten 8°: „Die Sprachverhältnisse der heutigen Juden im Interesse der Gegenwart u. mit besonderer Rücksicht auf Volkserziehung" Hamburg 44, zugesendet hat. Seine Besprechung ist mir nur etwas zu allgemein u. zu sehr in philosophischen Höhen gehalten, als dasz sie auch das gehörige Vermögen im Concreten sicher voraussetzen liesze. — Ihr *Lich* (um vom Semitischen wieder auf unser unbezweifelt altheimisches zu springen), nach der alten Form *Leoh* auf *Lôh* zu beziehen scheint mir etwas gewagt, obschon solche Beziehung durch Grimm's fünfte Ablautreihe zu begründen wäre. Des entschiedenen und scharfen *ch* wegen, würde ich lieber an eine Wurzel *lûkan* (für *liukna*, liechen) denken." — 6) 11. 9. 1847: „Verehrter Freund. So getraue ich mir Sie anzureden; denn dazu berechtigen mich die wiederholten Beweise freundschaftlicher Gesinnung, die in zweyen, durch diesen allzuspät beantworteten Briefen vor mir liegen. Keine Floskeln der Entschuldigung und statt jener des Dankes blos die Anzeige, dasz Ihre gütigen Mittheilungen gehörigen Ortes eingetragen sind. — Ganz erwünscht ist mir die Stelle gekommen, in welcher des Laberers Erwähnung geschieht, obschon der gute Geselle, allerdings so ziemlich fertig zum Ausfahren, noch immer in meinem Schranke still liegt. . . . Die Monatsnamen Ihres cod. 878 halte ich geradezu für böhmisch, nemlich einer früheren Zeit . . . . . Für diesen Herbst lagen zwei Ausflüge nahe, einer nach Norden, Lübeck, wo wahrscheinlich auch Sie zu treffen seyn werden, ein anderer nach Süden zu den *Scienziati* in Venedig. Mir wird es so gut nicht, an dem einen oder dem andern Orte gegenwärtig seyn zu können. Die Krankheit eines Stiefsohns (Legationsrath Fr. Auer, Herausgeber des Münchner Stadtbuchs) legt mir die Pflicht auf, ihn nach Meran zu begleiten, von dessen Klima u. Trauben die Aerzte ihm Heilung versprechen, Ueberhaupt hangen, so scheint mir mehr als je, am politischen Himmel ringsum die Wolken so tief u. drohend nieder, dasz man sich kaum irgendwo so gut oder besser als in der Studirstube des Lebens freuen mag. Da ist ein Trost, zu dem ich schon oft u. viel meine Zuflucht genommen habe. Dasz dieser Ihnen stäts nichts weniger als der einzige sey, wünscht von ganzer Seele Ihr ergebenster J. A. Schmeller." — 7) 6. 5. 1849: „Verehrter Freund. Ihre wie immer freundliche u. gütige Zuschrift v. 25. v. M. erinnert mich an eine vor mehr als Jahresfrist empfangene, für welche gebührend zu danken ich damals leider wenig in Verfassung war, so dasz sie beinahe in Vergessenheit gerathen ist. Damals lag ich, ein Lahmer an das Richtholz des Arztes gefesselt, zu Bette; heute dem Himmel sey Dank, kann ich, ein Hinkender zwar, zu meinem Berufstagewerk wieder den kurzen Weg über die Strasze gehen. Das Gasteiner bad hat weniger als ich gehofft hatte, geholfen, u. ich bin noch unschlüssig, ob ich's diesen Sommer abermals u. etwa mit dem Wildbade im Schwarzwald versuchen soll. Dazu die Unsicherheit in den öffentlichen Verhältnissen, an denen man als Deutscher nicht umhin kann den lebhaftesten Antheil zu nehmen, so dasz Einem von Zeitungsankunft zu Zeitungsankunft fortwährend zu muthe ist

wie einem Spieler um nicht viel Geringeres als Hab u. Gut,
Leib u. Leben. Aus solcher Stimmung kein wirksameres
Rettungsmittel als Arbeit — u. Arbeit auch in den Stunden
der Erholung. — Zu dem *tercius in mayo lupus et
septimus anguis* Ihres Kalenderbruchstücks vom vorigen
Jahre fallen mir manche ähnliche die bösen oder verworfenen Tage jedes Monats aushebende Verse früherer Calender bey, z. B. anfangend: *Prima dies mensis et septima
truncat ut ensis* od. *Prima dies Jani septemaque datur inani*
od. *Prima dies Jani timor est et septima rani.* — Ihr Friedberger Passionsspiel erinnert mich an ein ähnliches früheres, das Sie aus Docen's Miscell. kennen, das aber nebst
einem Weihnachtsspiel auch in dem *Carmina burana* betitelten Bändchen enthalten ist . . . Für die jüngsten
Notizen zum b. Wb. wie für die früheren danke ich herzlich. *trom* (Balken) lebt noch lustig bei uns fort. Es ist
auch richtig I. 489 vorgetragen. Desto willkommener ist
mir die Aufklärung über *Emet.* Ihre Vermuthung slawischer
Herkunft theile ich ohne weiteres. Zwar finde ich in slawischen Wörterbüchern ein entsprechendes materielles Wort
nicht; aber als Grund desselben bietet sich das Verb *imati,
jimati, imai* (fassen ergreifen) wie von selber an — 7. 5:
Ich habe gestern nicht weiter geschrieben. Es kam
die Zeitung, die mich aus dem friedlichen gemüthlichen
in einen ganz andern Gedankenkreis risz. Also Blut auch im
ruhigen loyalen Dresden! O des beschränkten Unterthanenverstandes! Der will nicht begreifen, wie viel besser,
weiter jener unbeschränkte sehe. Genug. Nur soviel:
wenn Deutschlands Schmach eine ewige seyn soll, — wenn
es, wie sich von Osten her alles dazu anläszt — ein zweites
Polen werden soll, man wird wissen, wer die Schuld trägt.
— Ich werde nächstens ins fünfundsechzigste Lebensjahr
treten; aber ferne von mir der groszsinnige Trost: *apres
moi déluge!* Leben Sie wohl, so wohl als ein Deutscher
es kann unter solcher Folterung des armen Vaterlandes.
Ihr J. A. Schmeller." — 9) 4. 1. 1852: „Freund, weit freundlicher u. ehrender scheint es mir einen Freund zur Mitfreude als ihn zum Mitleiden aufzufordern. Klage drückt,
Freude hebt. Und so danke ich Ihnen wahrlich nicht
minder herzlich für den zweiten als für den ersten
Ihrer Decemberbriefe. — In meinem Leben und Treiben
hat sich in dem sonst nicht sonderlich lobenswerthen
J. 1851 keine wesentliche Veränderung weder zum
Bessern noch zum Schlimmern ergeben. Vom Besuch
einer Heilquelle habe ich diesmal Umgang genommen; doch hab ich das Gefühl, im nächsten, hoffentlich

besseren, Sommer sey abermal in den sauern Apfel zu
beiszen. — Dr. Schaum war mir eine freundliche Erscheinung. Er hat sich was Unser einer nur durch Routine
lernt zum Gegenstand eines speciellen methodischen
Studiums gemacht, und sollte was er errungen nicht für
sich behalten. Grüszen Sie ihn bestens. — Von Dingen
die jetzt die Welt bewegen, und worüber ich die Freude u.
Hofnung Vieler nicht theilen kann, sey unter uns keine
Rede. — Retten wir uns aus dem Getümmel der Menschen
u. Ihrer Leidenschaften auf das stille friedliche Gebiet der
Wörter. — In dem *dula* v. 1482 kann das *u* dialektisch
bereits das sonst auch in o übergehende *â* vertreten.
Ob *bacco* aus *bracco* entstanden? Das *r* von *br, dr, cr*
vor dem Vocal ausfalle, begreift sich, meine ich, weniger
leicht, als dasz dies in *hr, wr* geschehen könnte.
Deshalb ist mir auch Grimm's *adogean* aus *adr....* noch
zweifelhaft. *Specan* aus *sprecan* möchte sich aus dem
schweren *sp* erklären. Grosz ist indessen die Wahrscheinlichkeit für Ihre Vermuthung. Richtig ersetzen Sie [Haupts-
Zs. 9, 174] in Rosenblut's Spiegl im Bech das *pleen* Ihrer
Hs. durch p l e c k e n. In unserer Hs. 713 f 54 heiszt es:
*Sank für den ofen in die aschen Und liesz plecken ire rawe
taschen.* ... Ich finde es nun, in meinem 67ten Jahre, hoch
an der Zeit, endlich die Nachträge z. b. Wrtbch., da beim
Verleger etwa über eine zweite Ausgabe *altum silentium,*
in Angriff zu nehmen, nachdem ich ein lange vorbereitetes
Vocabular der VII u. XIII Communen, wenigstens was an
mir ist, (einen Verleger habe ich noch nicht) hinter
mir habe.“

Von der Correspondenz J. Grimm's mit Schm. auf die
auch der Brief v. 9. 9. 1843 als vorhanden hinweist ist bisher nichts bekannt geworden.

S. 333 no. 164]. Voraufgehen W.'s Br. 15—23: Br. 15
v. 28. 4. [1852] dankt für die Vorlesung über eine Corveier
Urkunde: „Es ist auffallend, dasz in der alten freien reichs-
stadt Friedberg die alten benennungen der häuser mit den
angebrachten figuren schon lange verschwunden sind,
während sich wenigstens jene zu Frankfurt a. M. erhalten
haben. alle nachfrage nach dem hause der Nibelungen
war vergeblich und auch prof. Philipp Dieffenbach wuste
keine auskunft zu geben. eben so wenig kommt von irgend
einem hause oder puncte der stadt noch der name 'zu dem
vogelsang' vor, der in der nämlichen urkunde erwähnt ist.
den von Ihnen erklärten beinamen Halbir nehme auch ich
als Halbbier, wie denn die neben der mitteldeutschen form
'Halbir' ohne e bei Baur urk. nr. 103 vorkommende

'Halbeir' ganz dafür spricht. diese nämlich ist der mundart gemäsz, welche 'beir' statt 'bier', überhaupt ei (wie äi lautend) statt ie hat. Ovenhûson s. 16 haben Sie unerklärt gelaszen. sollte hier ein ahd. ovanhûs zu grunde liegen? oder ist vielmehr in Oven ein personname Ovo zu suchen? — Ich weisz nicht, ob Sie für Ihr wörterb. auch des Erasmus Alberus 'der barfuser münche Eulenspiegel vnd Alcoran mit einer vorrede D. Martini Luth.' haben ausziehen laszen. ich habe unlängst die Wittemberg. ausgabe von 1542 benutzt. in den auszügen aus Alberus wörterb. theilte ich Ihnen mit 'Schlarr, λάρος, i. stupidus', und diesz auch Frisch 2, 193ᶜ seltene und sonst unbekannte wort begegnet wieder in jener barfuser münche Eulenspiegel nr. 343. 'Ich (nämlich Christus) habe dich (näml. Franciscus) gesetzt zum zeichen, das sie (näml. die ordensbrüder) dir söllen nachfolgen, wollen sie nicht, so mögen sies lassen, leufft Schlarr hinweg, so kompt Schlaudrant an sein stat, Ich wil dir wol brüder verschaffen.' mit slarren = schlarfen (brem.-nieders. wtbch. 4, 816) hängt das wort nicht zusammen, und in der Wetterau kommt es nicht vor. — Vogt. an den man hier jetzt kaum mehr denkt, soll noch in Nizza sein. wohin er sich aus der Schweiz begeben hatte, um den flüchtlingen zu entgehn, die von ihm unterstützt sein wollten. die beste ernte aus dem jahre 1848 haben die Jesuiten und ihre partei gemacht, in denen aber den regierungen ein noch viel schlimmerer feind erstehn wird, als die demokraten. selbst strenge katholiken, entschiedene anhänger des früheren erzbischofs von Cöln, sind über das jesuitische treiben aufgebracht. unlängst waren in Wisbaden missionsprediger und sollen dort einige mädchen katholisch gemacht haben. unsere katholische facultät ist auszer thätigkeit und der bischof in Mainz, den wir unserm frühern minister Jaup verdanken, hat eine auf eigene faust an seinem sitze errichtet, ohne sich um die regierung zu kümmern. solche vorgänge müszen den freund des vaterlandes mit trauer erfüllen, und wir haben noch bei dem gedanken an Schleswig-Holstein zu trauren. doch ich will schweigen, ich weisz, wie dieser gedanke Ihren schmerz neu aufregt . . .'

Br. 16 v. 9. 6. 1852 schickt auf die von den Brüdern im liter. Centralbl. veröffentlichte Bitte Beiträge für die beiden nächsten Lieferungen des Wb.: „Mit welcher freude ich die erste lieferung durchgegangen habe, können Sie Sich wol denken. auf jeder seite gibt es für mich neues zu lernen, und auch das sp. 151 nachgewiesene 'abewitze' ist mir nun nicht entgangen. von allen neuern schrift-

stellern scheint mir Göthe am sorgfältigsten ausgezogen.
doch vermisse ich 'adlersjüngling' (2. 77) und 'abtreiben' in
der stellung 2. 76. auszerdem 'adlerfittich' bei Bürger, 'adlersschwinge' bei Wieland (Oberon 1, 7), 'abtröseln' aus Thümmels
reise in die mittägl. prov. v. Fr. Ihre ableitung von 'abersel'
scheint mir aus dem vocab. incip. teut. ante lat. bestätigt
zu werden, wo sich findet 'Auswurfling, Arula, volgariter
abersel oder vrpitz.' aber was ist vrpitz? . . .ʺ

Br. 17 v. 19. 6. 1852 begleitet neue Beiträge aus Erasmus
Alberus Ehbüchlein. „Wüste ich nur, was Sie etwa noch
durchgelesen wünschten. das mir zur hand wäre ! . . .ʺ

Br. 18 v. 5. 7. 1852: Neue Zettel für's Wb. aus Andreas
Tscherning's Deutscher Gedichte - Frühling (Breslau 1642),
aus Ickelsamer's Gram. u. aus Dicteria proverbialia . . . .
cum versione Germanica Andreae Gartneri Mariae montani
1598 Franc[of. ad M.]. Bedauern über Liebig's Weggang
nach München.

Br. 19. v. 18. 8. 1852: Dank für die Schrift über den
Ursprung der Sprache. „wenn irgend ein sprachforscher, so
waren Sie berufen, Ihre ansichten über den höchst schwierigen gegenstand auszusprechen, und schon lange hegte ich
im stillen den wunsch, Sie möchten diesz einmal thun. für
mich war es darum auch eine grosze freude, dasz Ihre abhandlung, wie sich denn auch nicht anders erwarten liesz,
so reichen beifall fand. dasz übrigens die sprache keine
geoffenbarte sei, geht, wie Sie mit recht behaupten, schon
aus den alttestamentlichen urkunden hervor und 1 Mos. 2, 19
spricht deutlich dagegen. vor einigen tagen sprach ich
prof. Knobel, dessen auslegung der genesis eben bei Weidmanns gedruckt wird, über Ihre schrift. auch er gibt
Ihnen vollen beifall. — Ihr deutsches wtbch. schreitet trotz
der überaus mühsamen und schwierigen arbeit zur groszen
freude aller, die für das vaterland und seine sprache ein
herz haben, rasch vor, und die zweite lieferung hat den
lauten beifall für das werk noch gesteigert. mich freut
sehr, dasz es auch, wie ich aus erfahrung weisz, anregt, der
sprache des volkes gröszere aufmerksamkeit zuzuwenden,
als bisher geschehen. wie sich aber wörter in alter bedeutung noch unter dem volke erhalten haben, davon bot
sich mir unlängst abermals ein schönes beispiel. auf der
nicht weit von hier gelegenen Rabenau nämlich, deren
volksmundart manches alterthümliche bewahrt hat, ist noch
die 'sange' ausdruck für den ührenbüschel, wie er beim
ährenlesen aufgesammelt wird, ganz ahd. sanga gemäsz,
das Sie gramm. 2, 36 treffend von goth. siggvan ableiten.
insofern diesz ursprünglich s. v. a. aufsammeln bedeutet

hätte. bayer. sängeln = ähren lesen (Schmeller 3, 270) dagegen kommt auf der Rabenau nicht vor. Schmellers tod hat mich tief betrübt. seinem letzten briefe [vgl. oben S. 337 no. 9] nach vermuthete ich den trefflichen mann, dessen freundlicher gewogenheit ich mich erfreuen durfte, in einem bade, und plötzlich bringen die zeitungen die todesnachricht. was meinen schmerz vermehrt, ist, dasz ich ihn nicht von angesicht kannte, und vergeblich habe ich mich schon früher nach einem bildnisse umgethan. wie ausnehmend viel hat die wiszenschaft in ihm verloren! der beabsichtigte fünfte band seines bayer. wtbchs. würde noch viel · des vortrefflichen gebracht haben. . . ."
Br. 20 v. 18. 8. 1852 an Wilh. Gr. gerichtet, Einlage zu Br. 19. W. dankt darin für die neuen Athis-Bruchstücke. — Br. 21 v. 2. 1. 1853: Glückwunsch zu J. Gr.'s Geburtstag. — Br. 22 v. 26. 4. 1853 begleitet W.'s Abhandlung über die hess. Ortsnamen. Berichtigung der [II 319] gegebnen Deutung von Helmannshausen, welches aus Helmirshûsen entstellt, das seinerseits wohl auf einen Mannsnamen Helm-mâr zurückzuführen sei, wie Germanshausen auf Germârshûsen. Auch in dem verschwundenen Dorfe Huftirsheim bei Obermörle (Arnsb. Urk. s. 10 nr. 17. 494, 801) stecke ein ihm dunkler Mannsname. — Br. 23 v. 13. 5. 1853: Neue Zettel. „Die letzte lieferung des wörterbuchs habe ich, wie Sie denken können, gleich mit gröster freude durchgegangen und bin nun. so viel es mir die zeit gestattet, mit dem einzelnen beschäftigt. zu balzen fehlt Ihnen, wie es scheint, ein beleg aus der mhd. zeit. das kloster-Engelthaler salbuch v. j. 1340 hat aus der Wetterau den flurnamen „ame hanenbaltzen"...."

S. 333. manche andere . . . sich gar nicht rühren.] vgl. S. 338.

S. 334. forschung über die ortsnamen]. Aus zwei Vorträgen ging Weigand's Aufsatz „über Oberhessische Ortsnamen" im Archiv f. hess. Landesgesch. VII, 1853, hervor. Wegen J. Gr.'s ähnlicher Arbeit vgl. Anm. z. S. 303.

S. 334. dasz die ergebnisse der indogerm. sprachvergl. zurückstehen müssen] vgl. S. 307.

S. 335. Dasypodius] Dictionarium Latino germanicum et vice versa Germanico latinum. Argentorati 1535. 4. Ein exempl. desselben hatte v. Meusebach mit einem sehr launigen Brief 1826 dem kleinen Jacob Grimm übersandt (vgl. Briefw. m. v. M. S. 327 f.). Auf D. basiert: J. Serranus Dictionarium latinogermanicum Norimb. 1539.

S. 335 no. 165]. Antwort auf W.'s Br. 24 u. 25. — Br. 24 v. 6. 12. 1853: W. übersendet den Anfang seiner Be-

arbeitung v. Schmitthenner's Wb. „So wie es vorlag, genügte es nicht, es muste gänzlich umgearbeitet werden.
sehr wird mich freuen, wenn Sie u. Ihr herr bruder mit der
neuen abfassung zufrieden sind." Neue Zettel für's Wb.
»sp. 1609 besprechen Sie 'besebeln, besefeln', u. bemerken,
dasz beide wörter keinen hebr. ursprung hätten. aber
'baal-sebul' ist 'deus stercoris', also 'sebhul' = 'stercus' und
in der judensprache hört man 'sëibele, sëiwele' (also ins
deutsche aufgenommen 'sebeln') = 'cacare'. — Br. 25 vom
3. 2. 1854: Neue Zettel für's Wb., nebst Auszügen aus
Thümmel von stud. Schwabe, nach W.'s Anleitung an-
gefertigt. Nachricht vom Darmstädter Nibelungen-Bruch-
stück. — Auf no. 166 antwortet W.'s Br. 26 v. 10. 4. 1854:

„Der recensent des wörterbuches in der Darmstädter
schulz. ist dr. Karl Wagner, professor am gymnasium zu
Darmstadt und seit neujahr mitherausgeber der zeitschrift.
der mann meint es gut, sollte sich aber nicht unterfangen,
in einem fache, welches ihm fremd ist, mit berichtigungen
hervorzutreten. ... Sie haben recht, wenn Sie in ansehung
solcher recensenten sagen, dasz es mit unserer deutschen
philologie übel bestellt sei. aber in unserem groszherzog-
thume steht es damit an den gymnasien besonders übel.
nicht ein einziges hat einen lehrer, der auf dem gebiete
der deutschen sprachwiszenschaft bewandert wäre, und doch
wird deutsche literatur gelehrt. unter den gymnasiallehr-
amtscandidaten dagegen sieht es beszer aus. manche haben
sich auch im deutschen schöne kenntnisse gesammelt und
studieren fleiszig fort. es macht mir diesz besondere freude,
denn sie besuchten alle bis auf einen meine vorlesungen.
in diesen gilt es zunächst auf den rechten weg zu leiten
und anzuregen. Beckers grammatiken haben in unserem
lande, besonders unter den lehrern, zu viel eingewirkt und
einem gründlichen studium geschadet. — Was meine umarbeitung des schmitthennerischen wtbchs. betrifft, so konnte
mir natürlich nichts erwünschter sein, als dasz Sie Sich
offen darüber aussprachen, und ich war auch fest überzeugt,
dasz Sie diesz thun würden. ich musz gestehn, dasz ich auf
die herausgabe des buches nicht eingegangen sein würde.
hätte mich nicht rücksicht auf die familie bestimmt. ich
musz es ja doch völlig neu herstellen und von dem alten
texte bleiben kaum einige zeilen stehn. hätte ich nur
nicht stets auf den raum zu achten und könnte mich hie
und da mehr gehn laszen. — Die redaction der Darmstädter
schulz. hat mich um eine anzeige Ihrer geschichte der
deutschen sprache angegangen und ich habe zugesagt. böte
sich mir auch nur recht bald die nöthige freie zeit, meinem

versprechen nachzukommen. sie ist mir durch meine stelle an der realschule zu sehr beschränkt und ich musz beinahe tag für tag bis tief in die nacht arbeiten. ob ich das für die dauer auszuhalten vermag, fragt sich...'
S. 336.   umarbeitung des schmitthenner-schen wb.] Dieselbe erschien 1857—71 u. von neuem 1872—76 und fand groszen Beifall bei allen competenten Beurtheilern. J. Gr. hatte gegen Sch. wegen seiner Recension d. deutschen Grammatik einen alten Groll. (Vgl. Briefw. m. v. Meusebach S. 331 Anm. z. S. 331.) Schon 1843 hatte W. den Plan eines Handwörterbuchs auf Anregung Diefenbachs gefaszt (Vgl. S. 319). Über Schmitthenner vgl. noch W.'s Br. 10 hier ll 328—9.
S. 336. Schwabe auszüge aus Thümmel gesandt]. J. Grimm erwähnte ihn in der Vorrede zum Wörterbuch und liegt mir ein schwungvoller Brief F. L. Schwabe's aus Göttingen v. 18. Juni 1854 an Weigand vor, in welchem er voll Freude darüber ist.
S. 337. Vom Darmstädter Nib. Fragment]. vgl. Haupts Zeitschr. X. 142—6.
S. 337 no. 166]. Voraufgehen W.'s Br. 27—31. — Br. 27 v. 13. 8. 1854: Neue Zettel. „Die beiträge aus dem fürstlichen archive zu Büdingen rühren von dr. Crecelius her, einem jungen philologen, der bis vor kurzem hauslehrer am hofe war. er hat auch eine alte gedruckte hess. fischereiordnung und Wilh. v. Humboldts sonette für das wörterbuch ausgezogen und mir die zettel übergeben. Sie sind in meine eingeordnet und kommen Ihnen nach und nach mit diesen zu. er hat genau und sorgfältig aufgezeichnet, nur ist bei den sonetten das absetzen der verszeilen unterblieben. — Über Ihre vorrede zum wörterbuche, welcher allerseits mit gröszter spannung entgegengesehen worden war, habe ich nun viele reden hören. Sie finden sich sämmtlich in vollem masze befriedigt und gestehen wie sehr sie dieselbe angezogen habe. aber ich wüste auch in der that nicht, was treffender hätte gesagt werden können und wo mehr oder minder zu geben gewesen wäre. dürfte ich mir jedoch eine bemerkung erlauben, so möchte es die sein, dasz mir sp. xxvi der name Moritz nicht wol zu passen scheint. das wörterbuch von Moritz nämlich ist kein deutsches, sondern fremdwörterbuch und grammatik in alphabetischer folge ihrer üblichen ausdrücke. auch sagt ja Moritz in seiner kurzen zugleich die stelle der vorrede einnehmenden zueignung an Katharine II., er habe einen versuch in dem werke gemacht, 'die deutsche sprache von unnöthigem fremden zusatze zu säubern und sie in

ihrer ursprünglichen kraft und reinigkeit aufzustellen.' dagegen wäre vielleicht Voigtel zu nennen gewesen. Alberus wörterbuch ist nirgends erwähnt, auch im quellen-
verzeichnisse nicht. hier wäre auch später der titel der
von mir ausgezogenen schrift wider Jörg Witzel nachzutragen und ich lege ihn deshalb hier bei, ich hätte ihn
früher übersandt, versäumte diesz aber, da der erste band
anfangs mit dem vollständigen B schlieszen sollte und ich
die genauen titel mit den letzten zetteln zu diesen buchstaben schicken wollte. — Das älteste eigentlich deutsche
wörterbuch (s. sp. xx) ist der 'vocabularius theutonicus'
v. j. 1482, „in quo vulgares dictiones ordine alphabetico
preponuntur et latini termini ipsas directe significantes se-
quntur', und zu Serranus wollte ich bemerken, dasz sein
wörterbuch blosz lateinisch-deutsches ist, dem kein deutsch-
lateinisches verzeichnisz folgt, wie bei Dasypodius. Sie
haben von J. H. Voss einen Frisch und einen Adelung mit
beigeschriebenen zusätzen zur hand. ich besitze einen zweiten Frisch, welchen ich aus Vossens bibliothek ersteigert
habe. er enthält zierlich und reinlich beigeschriebene
stellen aus den Nibelungen. aus Luther, Opitz, Zinkgreff,
Zesen, Wizel u. a. ich werde Ihnen einzelne unter meinen
zetteln mittheilen. vorn ins buch ist der name eingeschrieben und 'Eutin. 1797.' — Wie ich sehe, ist die übersetzung
des Horaz von Voss für das wörterbuch nicht ausgezogen.
die bemerkenswerthesten wörter mit den stellen habe ich
mir vor 26 jahren in eine zu einem wörterbuche angelegte
sammlung eingetragen, woraus ich sie für Sie ausschreiben
werde. in dem jüngsten hefte Ihres wörterbuches fehlt
aus dem Horaz die bole; 'stracks auf dem fusz hin Tragen
in mächtiger bole die bursch' ein gehacktes vom kranich.'
s a t. 2, 8, 86. . . . . Machen Sie in diesem jahre keine erholungsreise? es wäre doch schön, wenn Sie auch einmal
unser Giessen besuchten . . .“— Br. 28 v. 30. 8. 1854: Neue Zettel.
„Aber ein ausdruck bei Serranus ist mir entgangen, bl. n 1 b. :
'limbus, ein bleide oder vmbleg an eines weibs kleid.'
Dasypodius hat das wort bei limbus nicht, wol aber 'lim-
bolárius, ein blegen schneider.' diesz blege, bleige. ver-
zeichnen auch Sie im wörterbuche, aber nicht bleide in der
hier in betrachtung kommenden bedeutung. wie ist die
form zu faszen? vielleicht liesze sich unter streif, saum,
das wort nachtragen.“ —- Br. 29 v. 25. 9. 1854: Neue Zettel.
„Unter den beifolgenden ausgezognen Stellen finden Sie
auch einige aus Sturz schriften. Sie sind von dem jungen
philologen Schwabe aufgezeichnet, der auf meinen antrieb
jenen schriftsteller für das wörterbuch auszieht und schon

ziemlich vorgerückt ist. was er lhnen jüngst mit einem
beischlusz von mir zugesandt, werden Sie erhalten haben.
— Das studentische 'b a l k e n' = hausmagd scheint Ihnen
wtbch 1, 1089 entgangen zu sein. Sollte dieses wort mit
die balge = situla zusammenfallen und ähnliche entstehung, wie das ebenfalls studentische 'besen' haben?"
— Br. 30. v. 28. 12. 1854. Zettel aus dem vocab. teuton v. j.
1482 für den Buchstaben D. Drängende Arbeiten hätten
die Arbeit verzögert und selbst an den Feiertagen, an
welchen er zweimal zu predigen gehabt, habe er die letzten
Zettel nicht zufügen können. Die jüngste Lief. des Wb.
ziehe um so mehr an, als auf die deutschen Eigennamen
gröszere Rücksicht genommen sei. Dr. J. W. Wolf zu
Jugenheim leide, wie er höre, an Gehirnerweichung. Prof.
Knobel habe J. Gr. vorigen Herbst bei der Durchreise durch
Berlin aufgesucht, aber verfehlt. — Br. 31 v. 4. 1. 1855:
Glückwünsche, weitere Zettel.

S. 337. R i e g e r s v e r t h e i d i g u n gl. Vgl. Haupts Zs.
X 241, XI 206 u. sein Buch: Zur Kritik d. Nibelungensage
Giessen 55.

S. 338. die G e t e n u. G o t h e n s i n d u n a u f g e-
g e b e n] vgl. die erst 1866 erschienene Abh.: 'Über Jornandes u. die Geten' (Kl. Schriften III 171 ff.) ferner Mül-
lenhoffs Aeusserung gegen Weigand v. 8. 4. 1850 in d. Anm.
zu S. 359 und die auf diese Fragen bezüglichen Schriften
bei v. Bahder 'die deutsche Philol.' no. 3875 ff.

S. 338. W a c k e r n a g e l]. Die Correspondenz der
Brüder mit W. ist noch unveröffentlicht. Prof. Jac. Wackernagel in Basel theilt mir mit, es sei die Absicht der Familie aus W. Wackernagels Briefwechsel demnächst eine
Publication zusammenzustellen. Bekanntlich hatte J. Gr.
seinerzeit W. Wackernagels Promotion angeregt (vgl.
Briefw. m. v. Meusebach S. 381). Von Briefen Wackern.'s
an Weig. liegen mir 5 von 1846—62 vor, doch werfen dieselben auf sein Verhältniss zu Grimms kein Licht.

S. 338. L a c h m a n n] vgl. S. 333 no. 164, vgl. aus
Jacobs Brief an Lachmann v. 24./31. Aug. 1838: „es ist
schon dankbar zu erkennen, wenn Sie uns den auszug aus
Lessing verschaffen wollen", und aus Lachmanns Antwort
v. 8. Oct.: „Von hier bekommen Sie Excerpte aus Lessing,
Logau etc" (s. Briefw. m. v. Meusebach S. 416, 418).

S. 339. no. 167], Auf no. 166 u. 167 antwortet W.'s
Br. 32 v. 27. 4. 1855: W. dankt für die beiden Briefe und
die Mittheilung über Ickelsamer. „Schwabe hat auf
meinen rath Sturz, dann Rosts epistel des teufels
an Gottsched, Overbecks sammlung vermischter gedichte
und nun auch Göckings lieder zweier liebenden (in

der letzten und vorletzten ausgabe) ausgezogen, ein
anderer meiner zuhörer, stud. Köster, Mattbissons gedichte. die auszüge aus den beiden letzten Schriften werden in kurzem an Sie abgehn. Köstern hatte ich
schon beim ausziehen des Pyrker angegeben, wie die zettel
einzurichten seien, und ihm die gröste genauigkeit und
deutliche schrift empfohlen. beides hat er auch in den
auszügen, die er mir zeigte, beobachtet. Overbeck und
Göckingk habe ich gern an Schwabe überlaszen, dafür
wende ich mich lieber den frühern werken zu, wie denen
von Alberus, von dessen schriften mir neulich noch die
widder die verfluchte lehre der Carlstadter in die hände
gefallen ist, leider in der späteren ausgabe v. j. 1594. —
Dem neulich durch Holtzmann herbeigeführten streit bin
ich mit interesse gefolgt. Holtzmann trat nicht gehörig
gerüstet auf den kampfplatz und seine neueste schrift, in
welcher er sich vertheidigt, macht die gegebenen blöszen
keineswegs gut. wie sich aber sein buch über Germanen
und Kelten beifall erwerben will, begreife ich nicht. mein
urtheil, das ich mir über dasselbe gebildet hatte, stimmte
mit dem überein, welches Sie in Ihrem briefe aussprechen.
— Landaus buch über die Wetterau hat mich angesprochen;
doch vermisse ich manches im einzelnen.

S. 340. Ickelsamer] Valentin. Teutsche Gram-
matica, wahrscheinlich 1531 erschienen. Weigand hat sich
lange Zeit mit diesem Buche beschäftigt und in Giessen
auch einen Vortrag darüber gehalten, welcher nach seinem
Tode von H. Fechner in seinen: Vier seltne Schriften des
sechzehnten Jahrhunderts Berlin 1882 als Einleitung abgedruckt ist, nach Pietsch's Anzeige im Literat. Bl. 1883
Sp. 212 allerdings nunmehr von den gleichzeitig erschienenen Untersuchungen v. Joh. Müller mehrfach berichtigt
wird. Weigand sagt am 9. 4. 1872 gegen Kehrein darüber
folgendes: „Ueber I. habe ich eine besondere Studie gemacht und, was ich erforscht, zum drucke niedergeschrieben.
die für eine zeitschrift [Germania, vgl. W.'s Br. 72 an J. Gr.]
versprochene abhandlung aber bis jetzt zurückgehalten, weil
ich noch manches zufügen wollte, wozu mir bis jetzt die zeit
fehlte, mit Jacob Grimm sprach ich sehr viel darüber, und
was er in seinem wörterbuch von ihm und über ihn
bringt, ist von mir. seine zustimmung zu den ergebnissen
meiner forschung hatte mich sehr gefreut.“

S. 340 no. 168]. Voraufgehen W.'s Br. 33—37. — Br.
33 v. 17. 11. 1855. Der Dank für die Abhandlung über die
Marcellischen Formeln erfolge erst so spät, da zu seinen
sonstigen Arbeiten nun auch die Direction der Realschule ge-

kommen sei. „Wenn man nur auch immer bei den behörden in Darmstadt die anerkennung fände, die man nach seiner stillen überzeugung erwarten durfte! ich kann mich dessen gerade nicht rühmen; wol aber hat die universität immer für mich gethan, was sie zu thun vermochte, und zwar mit gröster bereitwilligkeit. eine stellung indessen hier zu lande zu erringen, in welcher ich vorzugsweise oder ganz meinen studien mich hingeben könnte, wollte bis jetzt nicht gelingen, und können Sie glauben, dasz, nachdem die universität vor beinahe einem jahre einen gehalt für mich als professor an ihr in Darmstadt beantragt hat (bisher bin ich blosz als lehrer an der realschule besoldet), das ministerium daselbst bis heute in tiefem schweigen verharrt und unlängst bei ertheilung von zulagen mich übergieng. doch ich will Sie nicht mit solchen dingen behelligen, und die worte entschlüpften mir auch nur in dem gedanken an Ihre freundliche theilnahme und Ihr wohlwollen.... Für Ihr wörterbuch, von welchem mich jede weitere lieferung mit neuer freude erfüllt, habe ich trotz meinen arbeiten thätig zu sein fortgefahren und jüngst noch in abendstunden Keisersbergs predigten über Mariä himmelfahrt und Adam Rysens altberühmtes rechenbuch ausgezogen. von ersteren hatte ich die ausgabe Straszburg 1512, von letzterem die 1544 zu Frankfurt a. M. bei Christian Egenolph erschienene. zu meinem schrecken sah ich nach vollendung des ausziehens, dasz jene predigten schon im wörterbuch citiert sind. doch wird meine arbeit wol nicht vergeblich sein und an sorgfalt wie an umfang die bereits in Ihren händen befindlichen auszüge überbieten bei bocherei 2,200 z. b. ist das buch angezogen, aber Keiserberg schrieb böchery."—Br. 34 v. 6. 12. Neue Zettel.—Br 35 v. 19. 12: W. empfiehlt Dr. Zöckler aus Solms-Laubach an J. Gr. — Br. 36 v. 3. 1. 1856 Glückwunsch zu J.'s Geburtstag u. neue Zettel. — Br. 37 v. 29. 5. 1856: Neue Zettel u. die Lieferung seines Wbs., dessen erster Bd. in der nächsten Lieferung abgeschlossen werden solle. Er bittet das Wb. den Brüdern u. W. Wackernagel widmen zu dürfen. — Auf no. 168 erwidert W.'s Br. 38—40. — Br. 38 v. 9. 10. 1856: W. bittet die lange Verschiebung des versprochnen Briefes zu entschuldigen, spricht sich sehr erfreut über die Abhandl. 'über den personenwechsel' aus, theilt mit was er von Ph. Dieffenbach über die Schulanrede 'wir' erkundet (vgl. Anm. zu S. 370 Br. v. 14. 7. 1856), stellt etwaige Aufzeichnungen zu den Märchen, deren 3. Bd. von W. Gr. so vollständig ausgestattet sei, für diesen in Aussicht und schickt neue Zettel fürs Wb.: „unter die noch hier befind-

lichen hat dr. Crecelius einige gethan, auch drei bücher-
titel zur besorgung an Sie dagelaszen, titel von schriften,
die er für das wörterbuch ausgezogen hat und auszieht. —
Die aufzeichnungen aus Keisersbergs postill (Straszburg
1522) werden Ihnen, wie ich hoffe, willkommen sein. —
die aufzeichnungen bei Frisch sind wie die aus dem Nürn-
berger vocabular. teuton. v. j. 1482 nicht immer zuver-
lässig, auch hat Frisch eine andere, jedenfalls spätere ausgabe der postille gehabt. Dann habe ich aus der gewöhnlichen umgangssprache manche wörter aufgezeichnet, die
in den bisherigen wörterbüchern fehlen, und werde diese
aufzeichnungen fortsetzen. aus der übersetzung der ver-
wandlungen nach Ovid von Voss hat Ihr herr bruder schon
zettel erhalten. sie bietet sonst nicht leicht vorkommende
ausdrücke, namentlich seltnere mit ge- zusammengesetzte
hauptwörter. — Dr. Crecelius erfreute mich mit einem
grusze von Ihnen. er wird in preuszischen staatsdienst
treten und dieser gewinnt an ihm einen sehr tüchtigen
mann. — In der ausarbeitung meines wörterbuches stehe
ich im M, das L ist glücklich beendigt, bot aber auch
manche wörter, die sorge und mühe machten, z. b. 'losung'
= feldgeschrei, das zuerst bei Luther, Dasypodius und Serranus vorkommt. — Philipp Diefenbach trägt mir einen
grusz an Sie auf.'"

Br. 39 v. 3. 1. 1857: Glückwunsch zu J.'s Geburtstag.
Die 5. Lieferung seines Wbs. sei leider noch nicht fertig.
„Bei dem niederschreiben sehe ich oft auf Ihr bild über
meinem schreibpulte und denke, ob und wie Sie mit meiner
arbeit zufrieden sein möchten und ob einzelnes neue Ihre
billigung erhalten werde. — Ich stehe eben im M, an markt.
bei a b - und a u s m e r g e l n haben Sie die ganz richtige
ableitung, und meine von m e r g e l, die auch Schmeller
hat, beruht auf irriger ansicht. die Ihrige wird schön bekräftigt durch 'adv. Medullitas [verdruckt statt medullitus]
gantz von marck vszgemergelt. Medulliter idem' im v o -
c a b u l a r. g e m m a g e m m a r u m (Straszburg 1505) bl. p3c.
woher das k in mark? doch wol aus der aussprache in
mitteldeutschland, wie denn auch der Wetterauer bêrk,
wêk, stêk u. s. w. für berg, weg, steg u. s. f. spricht. merk-
würdiger weise hat der v o c. t h e u t. v. j. 1482 bl. t 6a
'mack' mit ausgestoszenem r: 'mack in den knochen oder
gepain, medulla" u. s. w. und 'mack in der federn, ylus'.“
— Br. 40 v. 27. 6. 1857: „Sie haben, verehrtester herr hofrath, mit Ihrem herrn bruder mir freundlichst gestattet,
Ihnen beiden mein wörterbuch widmen zu dürfen, von
welchem ich nun den ersten band übersenden kann. nehmen

Sie beide das buch als ein kleines zeichen der herzlichsten
verehrung und liebe gütig auf. ich darf wol sagen dasz
ich bei jeder zeile an Sie und Ihren herrn bruder gedacht
habe, und meine gröste freude wird sein, wenn Sie die
arbeit Ihres beifalles würdig halten. — Zugleich lege ich
die fünfte lieferung bei, welche auszer zweien zum ersten
bande gehörigen bogen bereits acht des zweiten enthält.
auszerdem empfangen Sie noch eine anzahl zettel zum D.
— Ich hatte die absicht, im juli nach Berlin zu kommen,
um die bibliothek zu benutzen, und meine tochter dahin
mitzunehmen. ich fürchtete aber, Sie und Ihren herrn
bruder um diese zeit, die badezeit, wol nicht zu treffen, und
ich will doch nicht in Berlin sein, wenn Sie beide abwesend
sind. dazu kommt, dasz durch eine länger andauernde reise
meine vorlesungen und auch meine unterrichtsstunden an
der realschule zu sehr unterbrochen werden würden. ich
habe deshalb meine reise nach Berlin bis zur mitte des
septembers verschoben, zu welcher zeit die universitäts-
ferien eingetreten sind und die schule ihre ferien beginnt.
Sie und Ihr herr bruder sind doch in dieser zeit anwesend?.. "

S. 341. abhandl. über „personenwechsel"] abgedr. Kl. Schr. III, 236 ff.

S. 341 no. 169| nicht im April, sondern im Anfang Juli
ist dieser Brief geschrieben, wie W.'s Br. 40 ergiebt. Auf
ihn erwidert W.'s Br. 41 v. 31. 7. 1857: Dank für neue Auflage der Märchen u. freundl. Aufnahme seines Wörterbuchs.
Freut sich auf baldiges Wiedersehen J.'s und die persönl.
Bekanntschaft Wilhelms. Ladet die Nichte Gustchen nach
Giessen ein. ▸S. 510 in meinem wörterbuche 'hoch tütsch'
ist aus Tschudis Rhetia (Wackernagels lesebuch 3. tbl. 1. bd.
sp. 385), 'hochteutisch' aber aus Sastrow 1, 65. zwei stellen
aus Helbers sylbenbüchlein lege ich in abschrift an. die
eine hatte ich früher schon Wilhelm Wackernagel mitgetheilt, der sie auch in seiner geschichte der deutschen
literatur s. 373 in einer anmerkung abdrucken liesz. sollte
ich weitere belege aus dem 16. jahrh. oder aus noch früherer
zeit auffinden, so schicke ich dieselben ihnen gleich zu. —
Ihren auftrag an prof. Klein habe ich gleich besorgt."

S. 343. Prof. Klein ... mit seinem werk über
Groszenlinden] Joh. Val. Klein. Die Kirche zu Grossen-
Linden, bei Giessen in Oberhessen. Versuch einer histor.-
symbol. Ausdeutung der Bauformen u. ihrer Portal-Reliefs.
Giessen 1857.

ib. Raszmann mein landsmann] lebte damals
als Bibliotheksbeamter in Marburg, wurde später Pfarrer;
von ihm rühren die umfangreichen Artikel über J. u. W.

Gr. in Ersch u. Gruber's Encyclopädie her. In der Grimm-
Correspondenz befinden sich 5 Briefe R.'s aus den Jahren
1856-9. Die letzten 3 beziehen sich auf R.'s vergebliche
Nachforschungen nach dem vollständigen Hildebrandsliede
in Fulda, wo sich dasselbe nach der offenbar irrigen Angabe eines Militärgefangenen v. Lossberg, der später wahn-
sinnig wurde und auf dem Transport nach Haina starb, in
einer Pergamentrolle nebst anderen wichtigen altdeutschen
Hss. erhalten haben sollte. Vgl. über diese Hs. einen
Aufsatz von Dr. Grosz in der Zeitschr. d. Vereins f. hess.
Gesch. N. F. Bd. VIII (1879) S. 143 ff.

S. 344 no. 170] Voraus geht W.'s Br. 42 an J. Gr. v.
25. 11. 1857: Viele Arbeit habe ihn am Schreiben u. Zettel-
schicken gehindert. Er u. seine Tochter dächten oft nach
Berlin zurück. Beschreibung der Rückreise über Weimar,
Eisenach, Cassel. Ueber Wendungen, wie die [S. 344] angegebenen, gäben seine Aufzeichnungen keinen Aufschluss.
S. 346 no. 171] beantwortet durch W.'s Br. 43 v. 25. 4.
1858: Ph. Dieffenbachs Mittheilung, von der er im jüngsten
Brief gemeldet hätte, in Darmstadt sei ein Verzeichniss der
im Druck des cod. Lauresh. falsch wiedergegebnen Namen
nebst der richtigen Lesung der Hs., sei irrig. Er habe
F. Roth in Frankfurt besucht.

S. 346. Dorenlar in pago Erdehe] vgl. dazu die
Aeusserung von Phil. Dieffenbach an Weigand v. 1. 4. 1858
(in Anm. zu S. 370).

ib. Förstemann vermutet] im Altdeutschen
Namenbuch II, Ortsnamen 56-9.

S. 351. vermählung d. königin von Portugall]
Stephanie, die Tochter des Fürsten Karl Anton von Hohen-
zollern-Sigmaringen heiratete im Mai 1858 den jungen
König Pedro V, sie starb bereits 1 Jahr darauf.

S. 352 no. 174] Voraus gehen W.'s Br. 44 u. 45. — Br. 44
v. 29. 6. 1858: W. überschickt ein für J. Gr. erworbenes
Exemplar v. Gottscheds Deutscher Gramm. — Br. 45 vom
27. 9. 1858: J. Gr. u. seine Nichte, welche in Giessen vor-
gesprochen hatten, würden nun wohl zu Hause angekommen
sein, demnächst erhoffe er und die Seinen längeren Besuch.
Einige Zettel fürs Wb. lägen bei. Dr. Crecelius werde
Körners Werke ausziehen. — Auf no. 174 antwortet W.'s
Br. 46 v. 24. 12. 1858: Dank für die übersandten Bücher.
Neue Zettel. Er habe schon bisher einigermaszen auf
Schriften wie die von Gr. bezeichneten Bedacht genommen
„und bei mehreren erwerbungen für mich wie auch für die
hiesige universitätsbibliothek hatte ich das ausziehen für
das wörterbuch im auge. ein schriftsteller, der sonst nicht

leicht vorkommende ausdrücke aus dem volksleben bietet
und ausgezogen zu werden verdiente, ist Schmidt von
Werneuchen, aber ich habe bisher weder seiner gedicht-
sammlungen noch der von ihm herausgegebenen almanache
habhaft werden können. — Über die in neuester zeit er-
scheinenden deutschen wörterbücher wird Crecelius eine
recension in Jahns jahrbüchern liefern. was läszt sich aber
dazu sagen, wenn solche kenntnislose schreier, wie Wurm
und Sanders, die da, wo sie tiefer liegendes zu tage zu
fördern genöthigt sind, nur armuthszeugnisse bringen.
lobende oder doch billigende worte in manchen organen
der tagespresse finden konnten. ich habe schon manchmal
im stillen gedacht, ob hier feilheit der presse zu grunde
liegt oder unverzeihliche unwiszenheit und leichtsinn mit
anmaszung im bunde. wer möchte wol eine schlechtere
arbeit liefern, als das nun begonnene deutsche wörterbuch
von Wurm, der sich rühmt, Schmellers nachlasz benutzt zu
haben, ohne doch nur entfernt die einsicht zu besitzen, ihn
benutzen zu können. Sanders aber wird, nach seinem programm zu urtheilen, schwerlich beszeres bringen und kehrt
in seiner ordnung der zusammengesetzten wörter in die zeit
vor Frisch zurück. von beiden spinnen ist mir die letzte
die widerlichste. mit einem katholisch-deutschen wörterbuche dürfte es vor der hand nichts werden, denn wo wäre
der katholische gelehrte, der es ausarbeiten sollte. etwa
Kehrein, mit dem die katholiken hie und da grosz thun?
da müste erst ein werk vorliegen, an das er sich anlehnen
und woraus er in den schwierigen partien ausschreiben
könnte. es ist in der that eine betrübende erscheinung bei
unserem volke dasz neben Ihrem und Ihres herrn bruders
werke noch solche bücher aufzutauchen vermögen wie die
von Wurm und Sanders. — Osann war nur wenige tage
krank... sein tod hat mich sehr geschmerzt. obgleich ihm
die deutschen studien fremd waren, so nahm er doch leb-
haften antheil. .... oft sprach er den Wunsch aus dasz ich
ganz der universität angehören möchte. .... Haben Sie die
güte den hier eingelegten brief an Ihre frau schwägerin zu
geben, an welche auch das in demselben angemeldete päckchen geschälten kummers adressiert ist, worin zugleich
schon lange bereit liegende Zettel zum E..."

    S. 352. **sieben deutsche wörterbücher**] vgl.
S. 314. Es sind: 1) W. Hoffmann, Vollst. Wb. d. deutsch.
Spr. 1—6 Bd. Leipz. 59 61 (vgl. dazu I.380). 2) Deutsches
Wb. v. J. u. W. Grimm, nach Weigands Tod fortgesetzt v.
M. Heyne, Hildebrand und Lexer (abfällig kritisirt von D.
Sanders, Hamb. 1852-3. 2 Hfte. u. Wurm, München 1852-3,

sonst noch von R. Raumer in d. Zs f. öster. Gymn. 1858, wieder
abgedr. in seinen gesammelten sprachw. Schriften S. 331-62
[vgl. I 349] und von einem Karl Wagner [vgl. I 336, II 342| 3)
DeutschesWb. von Weigand. 2 Bde.Giessen 1857—71, neueAufl.
1872- 76 (vgl. S. 342). 4) J. Gfr. L. Kosegarten, Wb. der
niederdeutschen Sprache. Lief. 1—3. Greifswald 1855—60.
5) Mittelhd. Wb. v. Benecke, W. Müller u. Zarncke. 3 Bde.
Leipzig 1854—68. 6) Ch. F. L. Wurm, Wb. der deutschen
Sprache. Bd. I. Freiburg i/B. 1858-59 (angez. v. Weigand
in Zarnckes Centralblatt 1860 u. nicht fortgesetzt, vgl.
I 355, 371). 7) Dan. Sanders, Wb. d. deutschen Sprache.
2 Bde. Leipz. 1859—65 (angez. v. Weigand, ib. 1861, vgl.
I 355, 357, 372). Das achte, dessen I 314 gedacht wird,
ist W. v. Gutzeit's Wörterschatz d. deutschen Sprache Liv-
lands. Riga 1859 ff. (vgl. I 355).

    S. 353. keine comödie aus dieser Zeit etc.]
Vgl. hierzu folgende Stelle aus einem undatirten Brief-
Entwurf Weigand's an S. Hirzel [aus dem Jahre 1861, vgl.
Weigand's Br. 69 in Anm. zu S. 372], welcher ihm die vier
Bücher von H. L. Wagner übersandt hatte: „... besonders
verzögerte meinen brief, dasz ich mich beeilte, Jacob Grimm
aus jenen wagnerschen schriften und andern, die ich nicht
früher zur hand bekommen konnte. für die nächste lieferung
des wörterbuches, deren druck nach Ihrer gütigen mittheilung zu anfange des mais beginnen sollte, stellen mitzutheilen. ich bin eben noch im ausziehen begriffen und
sobald ich mit den schriften fertig bin, sende ich sie Ihnen
mit dem besten danke zurück. auch in anderer hinsicht,
als der sprachlichen, waren mir die wagnerschen stücke von
hohem interesse. die reue nach der that ist ein vorläufer
von Schillers cabale und liebe. Evchen Humbrecht ist gegen
die kindermörderin um den ersten act verkürzt und der
ausgang des stücks wesentlich verändert. auf dem Macbeth
beruht wirklich der schillersche und in die hexenscenen ist
volksmäsziges eingefloszen. die frohe frau wird durch
Klingers erklärung in den beigebundenen nummern der
Frankfurter gelehrten anzeigen erst recht interessant und
die dialoge sind vortrefflich. auch in ihnen zeigt sich die
verehrung Göthes, die man bei Wagner kennt. die confis-
cablen erzählungen sind originell und laszen die geniezeit
durchblicken. in allem erscheint Wagner von nicht geringer begabung und hätte schon darum mehr beachtet
werden sollen, weil er dem freundeskreise des jungen Göthe
angehörte."

    S. 354. Osann's früher tod] Fr. Gotth. O., geb. 1794
in Weimar, war seit 1825 Prof. der alten Philologie u. Dir.
d. philol. Seminars in Giessen. Er starb am 30. 11. 1858.

S. 354. dict. hist. de la l. fr.] das Werk ist nicht fortgesetzt, an seine Stelle ist das Dict. hist. de langue fr. von E. Littré getreten. S. 354 no. 175] Antwort auf W.'s Br. 47 v. 2. 1. 1859: Glückwunsch zu J. Gr.'s Geburtstag. In der sechsten Lieferung seines eigenen Wbs. habe er in dem Worte 'die durft' das ursprüngliche part. praet. von dürfen gesehen, wo er glaube, dass J. Gr. ihm Recht gebe. Dieses Wort würde also zu 'macht, schuld, kunst u. list' Gramm. 4. 255 zu setzen sein. — Auf no. 175 erwidert W.'s Br. 48 v. 13. 2. 1859: Dank für die neue Büchersendung, Freude über die erste Lieferung von E. Zusätze werde er später schicken, anbei folge eine neue Lief. seines Wb. u. 2 Päckchen Zettel. Abfälliges Urtheil über Lief. 1 von Sanders Wb., ebenso über Wurm, den sogar die Heidelb. Jahrb. im Decemberheft lobend recensirt hätten. Gutzeit's Wb. kenne er noch nicht. S. 355 „Kummer" oder „dinkel-] vgl. Vilmar's Idiotikon v. Kurhessen. ib. wb. v. Gutzeit] vgl. Anm. z. S. 352. S. 358. no. 177]. Darauf antwortet W.'s Br. 49 u. 50. Br. 49 v. 15. 4. 1859 lautet: „Über das adv. enke, lieber verehrtester herr hofrath, eile ich Ihnen mitzutheilen, was ich weisz und nach empfang Ihrer lieben zeilen noch erkundet habe. das wort ist allerdings auch oberhessisch. in unserm hessen-darmstädtischen Oberhessen ist es ganz geläufig in der gegend von Gladenbach und Biedenkopf, aber auch auf der untern Gieszen nach Homberg an der Ohm zu liegenden Rabenau, weiter in der gegend dieses Homberg selbst und in der von Alsfeld. Sicher wird man es also ebensowol in den zwischen Biedenkopf oder Gladenbach u. Homberg gelegenen kurhess Oberhess. d. h. der gegend von Marburg u. s. w. hören. auszerdem kommt es noch in der zwischen waldeckischem gebiete bei Corbach liegenden hessen-darmstädtischen herrschaft itter vor. merkwürdig aber bleibt dasz es in der nördlich von Biedenkopf liegenden gegend von Battenberg nicht gehört wird. in der Wetterau kennt man es nicht und auch auf dem Vogelsberge ist es, soviel ich erfragen konnte, unbekannt. in den von Grünberg nach Alsfeld hin, z. b. an der in die Ohm sich ergieszenden Felda gelegenen orten beginnt es auszusterben. auch hier in Gieszen wird das wort nicht gehört; aber in dem nahe gelegenen Busecker thal (es liegt von Gieszen aus so ziemlich in der richtung zu der vorhin genannten Rabenau hin) kommt 'enklich' vor und zwar ganz so wie 'enke', welches durch das thal hin nicht gebraucht, sondern erst, wie ich oben angegeben habe, auf der Raben-

au gehört wird. Der sinn, in welchem das volk enke gebraucht, ist: genau (accurate) bestimmt, gewis, wahrlich
und wirklich (profecto), z. b. 'er weisz [Randbemerkung:
die mundart spricht waesz (langes ä = ei).] es enke, er
weisz es gar enke, es ist enke wahr.' im Busecker thale
z. b. 'er weisz es enklich'. — Ich weisz nicht ob Ihnen bei
enke das von Valentinus Ickelsamer erwähnte 'näncke' vorgelegen hat, welches wol nicht unwichtig scheint. bl. C.
2 b (in meiner d. h. der ältesten ausgabe). — In dem Berliner exemplar von Ickelsamers grammatik findet sich die
stelle auf bl. C. 4 b; auch kommt Ickelsamer auf das wort
näncke in seinem auf der Berliner bibliothek befindlichen
sehr seltenen büchlein 'Die rechte weis auffs kürtzist lesen
zu lernen' (Marburg 1534, neue ausgabe) bl. A. 3 b zu
sprechen und nennt es auch hier nach seiner sonderbaren
ansicht undeutsch. ... Luthers 'enne' = thor, narr, war mir
ganz unbekannt. in den mundarten findet sich nichts, und
der hennebergische pl. 'önn' [Randbemerkung: (Reinwald 1,
113)], welches auf einem mhd. 'egene' (Grieshabers pred. 1,
56) beruht, bedeutet brechahnen, stengelsplitter vom ge-
brechten flachse. — Br. 50 (offenbar eine Beilage zu einem
verlorenen Br. an W. Gr.) v. 24. 4. 1859 lautet: „Nachträg-
liches über e n k e. Auf weiteres befragen wurden mir aus
der gegend von Gladenbach folgende verbindungen ange-
gegeben, in welchen e n k e gebraucht wird: 'ich weisz es
enke (= genau, bestimmt, gewis), ich bin dabei
gewesen. er sieht nicht enke (= genau). er hört [Rand-
bemerkung: 'in der mundart 'hört.'] nicht enke.
ich habe es enke gesehen'. — 'ich weisz (es) enke' gilt in
jener gegend als feste versicherung dasz man es genau und
bestimmt weisz, und sagt jemand 'ich sag's enke', so sieht
es der sprechende wie eine beleidigung an, wenn das, was
er so bekräftigt, noch bezweifelt wird ..."

S. 358. E s t o r o b e r h e s s. i d i o t.] Probe eines
oberhessischen Wörterbuchs in Estors Teutsche Rechts-
gelahrtheit Frankf. 1767 III. S. 1403—23.

S. 359. M ü l l e n h o f f]. Die mir vorliegenden 35
Briefe M.'s an Weigand (von 1850—76) beginnen mit einer
Anfrage M.'s nach Hss. des Wolfdietrich. Aus dem man-
nigfach interessanten Inhalt der Briefe seien hier folgende
Stellen ausgehoben: Kiel 8. 4. 1850: „meine deutsche alterthumskunde, deren leitende ideen Sie, wenn es Ihnen darum
zu thun ist, aus der abh. d e p o e s i c h o r i c a, aus einem
aufsatz in Schmidts zeitschrift für gesch. bd. VIII. u. einem
auf der Lübeker versammlung gehaltenen vortrage ungefähr
errathen werden, musz ein jahr lang ruhen; aber mit neuem

eifer werde ich wieder daran gehen, sobald ich den Wolfdietrich abgethan, und so Gott will, wird es mir noch einmal gelingen aus dem zusammenhang der mythen und
mythischen vorstellungen mit der heimischen natur unseres
landes, der religion überhaupt mit dem ganzen sittlichen
staatlichen und geselligen leben des volkes und endlich des
epos mit der geschichte u. dem heldenleben zu zeigen,
welchen geistigen inhalt das leben unserer alten hatte u.
welche entwicklung es bereits durchgemacht, als das
christenthum aufgenommen wurde zugleich mit einer fremden cultur. Einen groszen schmerz habe ich inmitten
solcher studien gehabt und noch nicht überwunden: Jac.
Grimms geschichte der deutschen sprache, die thorheit
seines alters. es wird hohe Zeit etwas rechtes und ernstes
dawider zu setzen, damit uns forschungen dieser art nicht
zurückführen in einen zustand der wissenschaft der ärger
wäre als er je zuvor auf diesen gebieten gewesen. eine
recension, die mir Waitz und andre, die mit meinen arbeiten vertraut sind, fast zur pflicht machen, vermag ich
indes bis jetzt nicht übers herz zu bringen, obgleich der
alte selbst mich dazu herausgefordert hat. aber es ist mir ein
bedürfnis von kundigen u. solchen die Grimm zugleich lieben u. ihm nahestehen, ein urtheil zu hören über das buch.
ich kann mir gar nicht denken, dasz man mit aufrichtiger
überzeugung die dort geführten beweise für den getisch
gothischen kram u. was damit zusammenhängt, aufnehmen
kann; ich vermag schlechterdings in dem buch im ganzen
weder sinn noch verstand zu entdecken. wenn Sie mir
einmal gelegentlich schreiben, so vergessen Sie nicht mir
Ihre meinung zu sagen." — 24. 2. 1855: „wenn man so viele
Jahre im Stoff u. Detail gelebt hat, so wird einem das ab-
stractere Denken doch beinahe fremd u. es gehört ein har-
tes Ringen dazu ehe man das wieder in das Leben der Erfahrung umsetzt. Jetzt bin ich am Ziel u. brenne fast vor
Ungeduld die solang bedachte Sache [d. h. die deutsche
Altertumskunde] zu Papier zu bringen. Der Aufgabe gegenüber, die wir Philologen, die wir überhaupt in der Wissenschaft haben, fühle ich mich ungeheuer klein u. alles was
wir leisten ist eigentlich nichts im Verhältnis zu dem was
wir sollen. Und jemehr ich dies einsehe, desto zorniger
werde ich jedesmal, wenn Menschen, die davon keine Ahnung,
dafür kein Gefühl haben, mit Anmaszung, wie Holtzmann,
oder mit spatzenhafter Leichtfertigkeit u. Eitelkeit, wie ...,
auftreten. Das was wir sollen, unsere Aufgabe, die hoffe
ich allerdings so bestimmt u. klar, u. so grosz zugleich
jetzt hinstellen zu können, dasz ein sicherer Maszstab da-

mit gegeben sein wird und es leicht sein wird hinfort die
Gecken von den Treuen zu unterscheiden. [Vgl. II 313
u.: Vilmars Br. 4] Hab ich die Einleitung nur erst
überwunden, u. zu Ostern hoffe ich Ihnen gute Nachricht geben zu können, so wird die letzte Ausarbeitung
des ersten Theils rascher von Statten gehen und zu Ende
der Michaelisferien hoffe ich ziemlich am Ende zu sein.
[Der erste Band der Alterthumskunde erschien thatsächlich
erst 1870]. Erhalten Sie mir Ihre freundliche Theilnahme u.
Gesinnung. Ich weisz wohl was die Leute von mir denken,
und dasz ich äuszerlich betrachtet anders erscheine, als ich
bin. Dem tiefer Blickenden kann es nicht entgehen, dasz
mein böses Wesen einen ernsten u. gerechten Grund hat.
Werden Sie nicht irre an mir. Es wird sich alles offenbaren. Sie aber gehören zu den wenigen Menschen, von
denen ich nicht möchte, dasz sie auch nur einen Augenblick an mir zweifelten." — Berlin, Schellingstr. 7. 25. Jan.
1857: ·Gerade heute kam ich in meiner Vorlesung über
die Nibelungen auf einen Punkt, über den ich Sie längst
habe einmal fragen wollen. Sie wissen, dasz Wilh. Grimm
in d. Heldensage S. 41 u. Mone in d. seinigen S. 45 die
beiden Orte Horus u. Kiliandr, zwischen denen Sieg-
fried nach dem Itinerar des Abt Nicolaus den Fafnir er-
schlagen haben soll, auf Horbausen u. Kaldern (Kalantra)
gedeutet haben. Ich möchte von Ihnen hören, was
Sie nach Ihrer genaueren Localkenntniss von diesen
Namen und Deutungen halten und ob Sie nichts
besseres wissen. Es ist immer schon mein Gedanke gewesen einmal die Grenzen von Niedersachsen u. Hessen u.
was sich daran schlieszt zu besuchen, besonders um der
Heldensage willen, dann aber freilich auch weil meine
Familie gerade dorther ‚aus Winterberg' stammt." —
11. 5. 62: „Jac. Grimm ist unverwüstlich, wenn er sich auch
zuweilen durch Kindereien allerlei zuzieht, z. B. eine Erkältung dadurch, dasz er in der Nacht das Bettzeug von
sich wirft." — 11 Br. d. Br. an M. s. Anz. f. d. A. 11, 235 ff.

S. 360. no. 179]. Voraufgeht W.'s Br. 51 an J. Gr. v.
2. 6. 1859: W. dankt darin für die Abh. über die Göttin
Tanfana, freut sich auf die zweite Wb-Lief. vom E., schickt
weitere Zettel und berichtet über seinen, letzten Freitag gehaltenen Vortrag über V. Ickelsamer. - An diesen Brief
schlieszt sich W.'s Br. 52 v. 6. 8. 1859, worin er J. Gr. für
den Vortrag über die Göttin Freia dankt und sich über die
2. Lief. vom E äuszert: „besonders begierig war ich auf
den artikel 'emesz' ... Ihre darlegung ist überzeugend, und
ie haben auch darin recht dasz das anlautende e gewis

nicht ursprünglich, sondern nur in der aussprache lang ist. übrigens wird, da die Wetterau neben 'ēmsz' häufig genug 'imsz' spricht und mitunter i für den umlaut e setzt, wol in 'emaz' das e dem ĕ vorzuziehen sein. das wort ekstern, welches Sie sp. 399 haben, ist in der Wetterau so volks- üblich, dasz es kaum fremdher sein dürfte. ich habe es extern geschrieben und werde einen zettel darüber ein- senden. Campe führt es beiläufig in abextern und ab- äschern an, und in dem Aachener idiotikon von Müller und Weitz s 44 steht extere . . . von wörtern finde ich nicht eisenstimme aus Herders Cid und eisgangslied aus Klop- stock 1, 235, doch wer kann alle zusammensetzungen ver- zeichnen, sie sind zahllos. — Die auszüge aus unsern schriftstellern haben sich auch in der neuen lieferung ver- mehrt, und es freut mich dasz unter den ausgezogenen Schmidt von Werneuchen ist, der so vieles aus dem volks- leben bringt. aus den anliegenden zetteln werden Sie er- sehen dasz ich auch die trauerspiele von Weisze für das wörterbuch durchgehe. Sie geben aber geringe ausbeute. Franz Roth, der einige tage bei mir war, hat die absicht, die ihm erreichbaren Schriften Rists auszuziehen.

S. 362. no. 180]. Voraus geht W.'s Br. 53 (ein kurzer Begleitzettel) an J. Gr. v. 29. 9. 1859: Neue Zettel, darun- ter Aufzeichnungen aus einer Schrift des Franz v. Sickin- gen. Dr. Crecelius theile ihm mit dasz das Citat im Wb. 3, 158 (unten) lauten müsse: 'Widerlegung des calvinischen Testaments Casp. Peucers.' In einigen Tagen werde er weiteres an W. Gr. schreiben.

S. 363. die luft in Pillnitz]. In dem in meinem Besitz befindlichen Exemplar des 1858 erschienenen Karl Meinet, (welches aus W. Gr.'s Bibliothek in die Weigand's [vgl. Weigand's Br. 93 in Anm. zu S. 380] übergegangen war und 1879 vom Kerler'schen Antiquariat in Ulm von mir gekauft wurde), findet sich eine getrocknete Pechnelke in ein weisses Blättchen gezogen mit der Beischrift „Ruinen- berg bei Pillnitz am 9. Sept. 1859" v. Wilhelm's Hand. Ausserdem finden sich auf dem vorderen Einbanddeckel und Vorsatzblatt eine grosse Zahl von kurzen Bleistift-Notizen, welche bekunden, dass W. Gr. das Buch fleissig durch- studiert hat.

S. 365 no. 181]. Darauf erwidert W.'s Br. 54 v. 27. 11. 1859: Dank für die Rede auf Schiller, neue Zettel. Der Aufsatz über die Göttin Bendis sei ihm nicht zugekommen. An Schwabe werde er den Dank ausrichten.

S. 367. Crecelius] zur Zeit Professor am Gymnasium

in Elberfeld. Er wird das von Weigand geplante wetterauer
Wb. veröffentlichen (vgl. Anm. zu S. 315). — Folgenden von
J. Gr. an ihn gerichteten Br., welcher sich auf seine Mittheilungen für das Wb. bezieht, theilte er mir freundlichst vor
kurzem mit: „Hochgeehrter herr doctor, willkommen waren
die auszüge aus Amadis und Körner, für deren übersendung
ich noch nicht habe danken können. behalten Sie ferner
lust und musze unser werk zu fördern, von dem nächstens
zwei hefte auf einmal erscheinen sollen, so wünsche ich,
dasz Sie auf die buchst. F und G rücksicht nehmen, zumal
in werken von 1650—1750 danach suchen möchten. denn
in dieser zeit, wo die sprache gesunken und noch nicht erhoben war, gewähren selbst mittelmäszige schriftsteller noch
hergebrachte wörter und redensarten, die sich später ver-
kriechen, nachdem bedeutendere geister die poesie neu angezündet haben. die gewöhnlichen autoren werden dann zu
bloszen nachahmern und lassen alle eigenthümlichkeit
fahren. doch in der wahl seien Sie unbeschränkt. — Fröhliches neujahr wünschend verbleibe ich Ihr ergebenster
Jac. Grimm. Silvesterabend 1858 •
     S. 367. aufsatz über die göttin Bendis ...
damit Sie ihn zu Tanfana u. Freia legen]. Alle
3 Aufsätze erschienen 1859 in den Monatsberichten d. Berl.
Akademie, wieder abgedruckt sind sie in den kl. Schriften
V, 416 ff.
     S. 368] Ueber Wilhelms letzte Krankheit und Tod vgl.
besonders noch, was sein Sohn Herman darüber im Anschluss
an Jacobs Rede auf den Bruder mittheilt. (J. Gr.'s Kl. Schr.
I, 178 f.) — In no 182 l. Lappenbergs Jubiläum.
     S. 369 no. 183] Vorauf gehen W.'s Br. 55—59. — Br.
55 v. 3. 1. 1860: Tröstender herzlicher Glückwunsch zum
Geburtstag. — Br. 56 vom 11. 1. 1860: Kurzes Begleitschreiben zu neuen Zetteln. — Br. 57 v. 21. 1. 1860: Neue
Zettel. Aeusserung über die neue Lieferung von E. In
Giessen würden die neuen Lieferungen von Verschiedenen
eifrig durchgelesen. Crecelius werde er an seine beabsichtigte Recension erinnern und selbst eine für das Centralblatt liefern. Die Rede auf Schiller habe allgemein gefallen.
Den Dank an Schwabe für die Abh. über die Diminutive
habe er ausgerichtet. — Br. 58 v. 21. 2. 1860: Dank für
übersandte Schriften, neue Zettel und Notizen dazu. — Br.
59 v. 10. 6. 1860: Neue Zettel, Erwähnung seiner Recension
von Wurms Wb. in no. 20 des lit. Centralbl., eine über
Sanders solle in kurzem folgen. — Auf no. 183 antwortet
W.'s Br. 60 v. 5. 8. 1860: W. dankt für das übersandte Bild
und hofft, dass die Krankheit bald überstanden und er J.

in Giessen sehen werde. Die Bruchstücke aus dem Rosen-
garten habe er mit gleicher Wehmuth durchgegangen wie
die Schluszlieferung des zweiten Bandes des Wb. Die vierte
Lieferung vom E habe ihm auch sehr gefallen. Als Andenken aus Wilhelms Bücher bitte er um ein Exemplar der
Abh. über die Sage v. Ursprung der Christusbilder, welche
er noch nicht besitze, „sonst würde mir eine mhd. dichtung
lieb sein, besonders ein exemplar, in welchem sich kleine
bemerkungen, wenn auch nur wenige, von der hand Ihres
herrn bruders bei- oder eingeschrieben befänden, und ich
überlasze ganz Ihrer güte, welches buch Sie für mich bestimmen wollen....“
      S. 370 no. 184] Vorauf gehen W.'s Br. 61—63. Br. 61
v. 2. 10. 1860: Neue Zettel aus Joannes Nasus heftiger
gegenschrift gegen des Georg Nigrinus buch 'von brüder
Johann Nasen esel', welches er für die Giessener Universitätsbibliothek gekauft habe. Sie hätten vergeblich mehrere
Wochen in den Abend-Eilzug von Norden her nach ihm
ausgeschaut. — Br. 62 v. 25. 11. 1860: Neue Zettel. — Br. 63
v. 11. 12. 1860: Neue Zettel. „nur zwei, die obenaufliegen-
den zu 'fasznacht' und zu 'feenland' erscheinen nachträglich. der zettel zu jenem worte ergänzt die bereits
übersandten stellen aus den ersten drucken von Schillers
Wallenstein und Tell und zeigt dasz Schiller stets fz setzte,
nicht ft. der zettel zu 'feenland' bringt eine hübsche stelle
aus den liedern Schmidts von Lübeck, die für das wörterbuch ausgezogen zu werden verdienten. ich will sehen dasz
ich jemand veranlaszen kann die geeigneten stellen auszu-
schreiben. — In den weihnachtsferien werde ich die schon
lange beabsichtigte recension über Sanders liefern.... —
Wird wol in München an dem ergänzungsbande zu den
weisthümern schon vorbereitet oder gar gedruckt? .. sollte
ich noch irgend ein ungedrucktes weisthum auffinden, so
werde ich es gleich abschreiben und an Sie senden. — Dasz
Philipp Dieffenbach in Friedberg zu ende des octobers gestorben ist, wiszen Sie vielleicht noch nicht. er litt an
einem ausgetretenen bruche und es scheint noch ein lungen-
leiden dazu gekommen zu sein. nur 5 tage lag er zu bette.
die trauernachricht hat mich recht betrübt. — Gymnasiallehrer Dithmar in Marburg will in dem osterprogramm des
gymnasiums eine abhandlung über die deutsche grammatik
des 16. jahrh. liefern und ich glaube dasz eine gründliche
arbeit zu erwarten ist....“ — Auf no. 184 folgten W.'s Br.
64-8 — Br. 64 v. 31. 12. 1860: W. dankt für das gütige Geschenk
des letzten vollendeten Werkes von W. Gr. [Freidank], welches
schon in der ersten Ausgabe sein Lieblingsbuch gewesen

sei. Auch die beiden Abhandlungen in Haupts Zs. werde
er demnächst genauer lesen. Er freut sich über J.'s Genesung, schickt neue Zettel, spricht sich anerkennend über
L. Diefenbachs Gloss. lat.-germ. aus. Rumpelts Lautlehre
habe ihn beim ersten Einblicke zurückgestossen. Die Grüsse
an Thudichum habe er bestellt und solle sie erwidern. Ein
Weisthum von Rodheim, welches wahrscheinlich fehlerhaft
bei Schatzmann gedruckt sei, habe J. Gr. von Th. zugeschickt
erhalten. Th.'s 'Gau- u. Markverfassung' sei recht fleissig
und scheine werthvoll, doch seien seine sprachlichen Bemerkungen nicht immer vorsichtig. Dieser Tage werde er
Sanders recensiren, Wurm scheine ohne Titelblatt erloschen.
Dr. F. Roth in Frankfurt sei wegen eines Brustleidens in
Ruhestand versetzt. — Br. 65 v. 3. 1. 1861 enthält W.'s Geburts-
tagswünsche u. eine Aeusserung über Kehreins Volkssprache u.
Volkssitte im Herzogthum Nassau. So wie das Idioticon vorliege
genüge es trotz der fleissigen Sammlungen nicht. — Br. 66
v. 10. 2. 1861: W. schickt eine neue Lief. seines Wbs. „wie
wenig man sich aber in ansetzung der formen immer auf
Graff verlaszen darf, habe ich wieder einmal bei rathfragen
gesehen, für welches derselbe im ahd. zwei formen, rât-
frâgôn und râtfrâgên, hat. nach dem substantiv râtfrâga
ist die erste zu erwarten. richtig stellt sich auch seine
zweite auf -ên, die Zarncke bei Benecke 3, 390 b nach-
geschrieben hat, als unbegründet heraus, denn die gl. herrad..
aus welchen Graff sein râtfrâgên hernehmen will, enthalten
bereits schwächung des -ôn zu -ên. so musz man eben
überall selbst nachsehen, um sicheres geben zu können. wie
oft denke ich bei· meinen untersuchungen an Sie und spreche
im Geiste mit Ihnen. . ." — Br. 67 v. osterdienstag 1861:
W. freut sich über die neue Lieferung des Wbs. „aber
doch waren mir die artikel über 'es', auf welche Sie mich
bereits aufmerksam gemacht hatten, eine besondere freude
und wie sollte man diese nicht haben, wenn man die groszen
schwierigkeiten so schön überwunden und sich tief in die
geschichte des wortes und in die feinsten fasern der stellung
und des gebrauches eingeführt sieht, dabei trotz der um-
faszendsten vollständigkeit überall mit der wünschens-
werthesten einfachheit und klarheit. es ist eine wahre lust,
den gegenstand so durchgearbeitet und abgerundet vor
augen zu haben. ein anderes 'es' sp. 1138 haben Sie überraschend und vortrefflich aus 'sich' nachgewiesen. dieses
'es' ist in volksliedern hiesiger gegend überaus häufig, in der
Wetterau viel weniger gehört, aber merkwürdig bleibt in
dieser ein eindringliches 'sichste sich' d. i. siehst du sich
= siehst du! z. b.: 'sichste sich, er hats gethan, und alles,

was er sagte, war gelogen'; „sichste sich, er wollte uns
betriegen'; 'sichste sich, wir sind um unser geld, wie ich
prophezeit habe' u. s. w. -te, -d e ist das abgeschwächte
du. 'sich' = uns sp. 1139 ist hier und in der Wetterau das
allübliche; aus dem Simplicissimus habe ich mir nicht
wenige stellen in mein wetterauisches wörterbuch eingetragen. auch 'sen' sp. 1139 erscheint hier und in der
Wetterau durchweg geläufig, z. b. 'es is kein waszer da,
du must sen holen'; „ich hab kein brot mehr, bring mr
(mir) sen' u. s. w. klar über dieses wort, das offenbar gekürzt ist, bin ich noch nicht geworden... — hier erhalten
Sie eine nachlese von stellen. eine weitere sende ich ganz
in der kürze nach. bei den lustspielen von Kretschmann
aber kann ich nur die einzelnen stücke citieren....' —
Br. 68 v. 21. 5. 1861: Neue Zettel, einige würden wieder
zu spät kommen, so die Stellen für 'sich fachen', für welche
kein deutsches Wb. belegende Stellen vorzubringen wusste.
Leider sei der 'Schoszhund von Dusch' erst seit wenigen
Tagen·in seinen Händen. Die Recension v. Sanders sei abgesandt. Er habe sich noch manchen Trumpf zurückbehalten. Fr. Roth sei am Archive mit vollem Gehalte
angestellt.

S. 370. Ph. D i e f f e n b a c h]. Director des Schul-
lehrer-Seminars in Friedberg und um die Localgeschichte
der Wetterau hoch verdient. Aus den 28 Briefen dieses
Gelehrten an Weigand von 1841—58 reichend, hebe ich
folgende Stellen aus, in welchen er J. Grimm erwähnt:
Friedberg 8. Dez. 1843: „Durch meinen Sohn Richard
habe ich Herrn Jacob Grimm ein Exemplar meines Werkes
über die Vorgeschichte der Wetterau übersandt; hoffentlich wird dieses und Jenes darin von einigem Interesse für
ihn seyn." — 24. 12. 1846: „Lieb war mir in Frankfurt
mehrere der ausgezeichnetsten Männer unsers Vaterlandes
persönlich kennen gelernt zu haben. Unter diesen wird
Sie hauptsächlich Jac. Grimm, Schmeller und Wilh. Wucker-
nagel interessiren .... Jac. Grimm fragte mich nach
Ihnen." — 14. 7. 1856: „Sie erwähnen Jacob Grimms neue
Abhandlung 'über den Personenwechsel in der Rede'. Wie
freue ich mich, dasz dieser Mann, der mir beinahe gleich-
alterig u. dabei so lieb und werth, immer noch so jung
und frisch in der literarischen Welt dasteht. Ich werde
freilich in der Regel erst ein halbes Dezennium nachher
mit seinen Schriften bekannt. Seine Abhandlung 'über
das Verbrennen der Leichen' habe ich erst dieses Frühjahr
zu lesen Gelegenheit gehabt, dabei wieder seine Schärfe
und Belesenheit bewundert und hätte ihm gerne wegen

einiger Punkte, über die ich nicht mit ihm einverstanden
sein kann, geschrieben, wenn sich gerade Gelegenheit dazu gefunden hätte. . . . Über Ihre Anfrage in Betreff des
'Wir' als Anrede hess. Lehrer kann ich Ihnen keine ge-
nügende Antwort ertheilen. So weit ich erfahren, war dieser pluralis majestaticus mehr nur persönlicher Natur." —
1. 4. 1858: „Ich habe zwar in früheren Jahren D o r l a r
worüber Sie in Ihrem gestrigen Schreiben für unsern lieben
Jacob Grimm anfragen, öfter besucht. . . . Ich meine, in
früheren Jahren einmal eine alte Urkunde gelesen zu haben,
worin D o r l u n l a r vorkam, doch ist mir das Nähere ent-
fallen und es kann sein, dasz ich es mit Holunlar ver-
wechsele. Die Stelle im Cod. Laur. III. p. 1. No. 3032, wo
es D o r l e n l a r heiszt, wird Ihnen bekannt sein. Da aber
dort so viel verschrieben ist, so möchte es nöthig sein, vorerst bei Herrn Baur in Darmstadt, wo sich ein Verzeichnisz der falschen Namen des Cod. Laur. u. die Verbesserung
nach einem sorgfältig verglichenen Ms. (zu München?) befindet [Vgl. II 350: no. 171], hierüber anzufragen. — Von da an
kenne ich nur Urkunden, in welchen immer Dorlar steht. . .
Über den E r d a h e g a u finden sich bekanntlich Nachrichten
bei Wenck (II, 445 Note o) u. kurz bei Schmidt (I, 69 Not. c.
und 154). Interessant ist aber besonders die Angabe im
Cod. Laur. III. p. 46 No. 3181: 'in pago E r d e h e in E r d -
e h e r marca juxta fluvium A r d a h a'. weil noch jetzt die
A r d (A h r d) ihren Namen hat. Dieser Bach entspringt
(wie auch auf der groszen Gen. Stabskarte Sect. Gladenbach zu
ersehen) auf der Gränze des Gr.-H. Hessen am H o l f h o l z
(worüber ich an Ort u. Stelle eine Sage gesammelt) zwischen
Hohen Solms u. Frankenbach, flieszt zuerst bei dem Dorfe
E r d a, dann bei A h r d t (beide Preuszisch) vorbei u. er-
gieszt sich bei B u r g, nördl. von H e r b o r n in die D i l l.
Der Name des Gaues existirt aber soviel mir bekannt, im
Munde des Volkes durchaus nicht mehr. Doch habe ich
hierüber keine besondere Nachfrage gethan. (Der A a r -
b a c h, welcher bei D i e z in die Lahn füllt, kommt von
Süden u. kann hier wohl nicht berücksichtigt werden.)"

S. 370. D i t h m a r s' g r a m m a t i s h e T h ä t i g k e i t].
D. hatte sich am 1. Nov. an Weigand mit der Bitte um
Hilfsmittel für sein 1862 veröffentlichtes Gymnasialprogramm:
„Einleitung in die Geschichte der neuhochdeutschen Grammatik" gewandt. Später erschien von ihm noch eine
längere Abhandlung über die altdeutsche Negation ne in
abhängigen Sätzen im Ergänzungsband zu Zacher's Zeitschr.
f. deutsche Philologie 1874 S. 183—318.

ib. R u m p e l t s l a u t l e h r e]. H. Bh. R. Deutsche

Grammatik mit Rücksicht auf vergl. Sprachforsch. 1. Th. Lautlehre Berl. 1860.
S. 370. ein band weisthümer] der vierte, welcher 1863 erschien. Th. 1—3 erschienen 1840—2, Th. 5 u. 6 erst 1866—9; vgl. S. 384.
S. 372. no. 185]. Darauf antwortet W's v. Br. 69. 11. 6. 1861: W. schickt Zettel zum Wb. Weisze's lustspiele habe ich erst seit kurzem in der hand. sie bieten, wie die trauerspiele, für das wörterbuch weniger, als die komischen opern, und ich freue mich dasz ich diese zuerst auszuziehen begonnen habe. überhaupt stehn dieselben auch viel höher, als jene lust- und trauerspiele. — Durch Hirzels güte bin ich in den stand gesetzt, noch vier schriften von Heinrich Leopold Wagner für das wörterbuch auszuziehen. ... Wagner schöpft in seiner sprache mehr aus dem volke und so bieten seine stücke stellen, wie man sie nicht leicht bei andern schriftstellern findet. Göthe hatte den grösten einflusz auf ihn. ... — Eben da ich weiter schreiben will, erhalte ich Ihren lieben brief . . . und ich fühle mich wie zu Ihnen in Ihr zimmer versetzt und mit Ihnen redend. ich war sehr gespannt, wie Sie über meine anzeige des Sanders urtheilen würden, und Ihre billigung ist mir eine wahre freude. ... dasz Sanders so schändlich gegen Sie handeln konnte, hat mich wahrhaft empört. doch in meinem nächsten briefe mehr über ihn. ich bin begierig, ob er entgegnen wird, und dasz er diesz thut, wahrscheinlich auf dem umschlage eines heftes, läszt sich ... erwarten. ...'
S. 372. wenn zehn, zwanzig unbeantwortete Briefe vor mir liegen]. Vgl. hierzu einen Brief Prof. F. E. Chr. Dietrich's in Marburg an Weigand v. 16. Nov. 1861: „Sehr vermisse ich es aber, dasz er mich auf meinen schon vor mehreren Monaten an ihn gerichteten Brief über mein Vorhaben, die Aussprache des Gotbischen zu behandeln, keiner Antwort gewürdigt hat, obwohl ich mich zu seinen treuesten Schülern und Verehrern rechne.' — Hier sei bemerkt, dasz mir noch 2 andere Briefe Dietrichs an Weigand aus 1861 u. einer aus 1855 vorliegen, aus dem vom 25. Febr. 1861 folgende Stelle wegen ags. *reófan*: „Da es in der Zusammensetzung *beröfe* 'beraubt' heiszt, so erklärt sich der alte Irrthum, dasz es mit *reófian*, *bereófian* zusammengehöre, obwohl dies schwach ist, und ein reduplicirendes *bereófan* als Particip *bereófen* voraussetzen würde. Bouterwecks Schreibung *roͤfen* (S. 238 seines Glossars) gehört einfach in die Reihe seiner Sprachschnitzer. Lye hatte es unter einem fälschlich angenommenen *reͤfan*, u. kein *reófan* angesetzt, daher letzteres auch bei Bosw. fehlt. Erst Jac. Grimm hat

es aus dem ganz üblichen altn. *rlufa* richtig erkannt, und
Bouterweck hat es offenbar besser wiszen wollen, indem er
ein *reáfan* erfand.' Vgl. auch Anm. zu S. 377. — Briefe
J. Grimm's an Dietrich sind nicht erhalten, wie auch die
übrige wissenschaftl. Correspondenz Dietrichs abhanden gekommen zu sein scheint. Der oben erwähnte Brief Dietrichs an J. Gr. befindet sich dagegen in der Grimm-Correspondenz und ist v. 19. 6. 1861 datirt. Die Schrift derentwegen D. um Mittheilungen bat erschien 1862 in Marburg: 'Über die Aussprache des Goth. während d. Zeit
seines Bestehens'.

S. 372. Ihre anzeige des Sanders]. Weigand's
Polemik mit Sanders setzte sich fort. Er liesz später,
gerade wie Grimm, bei der Fortsetzuug des Wörterbuchs
Sanders völlig bei Seite, und wünschte, dasz es auch von
andern geschah. So schrieb er einem mir vorliegenden
Concept nach am 9. 4. 1872 an Kehrein: „Meine empfeh-
lende recension des von Ihnen und Ihrem sohne erschienenen wörterbuchs der weidmannsprache (Wiesbaden 1871 8°)
ist abgegangen . . . . wie Sie aber bei der so schwierigen
ableitung von „*balzen*" s. 51 auf einen Sanders rücksicht
nehmen konnten, begreife ich nicht, denn versteht
doch, wie sich in seinem dicken wörterbuch fast unzählige
mal zeigt, von unserer deutschen sprache in ihrer entwicklung nichts . . . Jacob Grimms urtheil über ihn bringt die
vorrede zum wörterbuch bd. 1 s. LXVII in kurzen schlagenden worten; ausführlicher spricht er sich in einem briefe
an mich aus."

S. 373. des königs letzte rede die mit einer
phrase schlieszt welche ich für einen sprachfehler erkläre].
Gemeint ist die Thronrede vom 5. 6. 1861, welche mit:
'Das walte Gott' schliesst. Gr. meint, es müsse entsprechend
dem früheren Sprachgebrauche: 'Des walte Gott' lauten.

S. 374. no. 186]. Antwort auf W.'s Br. 70 u. 71 und
auf einen Br. seiner Tochter v. 11. 7. 1861, womit sie ihm
ihre Photographie zusendete: — W.'s Br. 70 v. 7. 7. 1861
dankt für die Abhandlung 'Über Maue' (Kl. Schr. V 441),
übermittelt neue zettel für's Wb., so wie den übersandten Brief Sanders und bringt verschiedene Aeusserungen
über Sanders. Vor S. sei ihm nur ein Jude bekannt, der
sich mit Forschen im deutschen abgegeben, Prof. Joel
Loewe zu Breslau. — Br. 71 v. 17. 7. 1861: Begleitworte
zu neuen Zetteln. — Auf no. 186 folgen W.'s Br. 72--8.
— Br. 72 v. 11. 8. 1861. Dankt für das Exemplar v. Wilhelms Abhandl. über die Christusbilder und ebenso in seiner Tochter Namen für das Geschenk von Frl. Augustchen.

bestellt Grüsze an Prof. Pfeiffer falls er noch in Berlin sei.
Er habe ihm seinen Vortrag über Ickelsamer für die Germania noch nicht zusenden können, da noch einiges anders
zu fassen sei u er auch eine in Weimar befindliche kleine
Schrift Ickelsamers noch nicht habe bekommen können. Auf
Sanders Antwort denke er in der That nur zu erwidern,
falls Zarncke einige Worte wünsche. „Die abscheuliche
that gegen könig Wilhelm, der auch in unserm groszherzogthum sehr beliebt ist, hat hier wie überall aufs
höchste erschreckt u. entrüstet ....' — Br. 73 v. 26. 8. 1861:
Dank für Abh. über einige goth. Wörter (Kl. Schr. V, 445)
neue Zettel, am 3. Sept. feiere Gervinus seine silberne Hochzeit. Warum wohl K. Gödeke einen Theil seiner schönen
Bibliothek verkaufe? — Br. 74 u. 76 v. 20. 9. u. 29. 10.
1861; Neue Zettel. — Br. 75 v. 19. 10. 1861 : Neue Zettel.
„Bei der philologenversammlung wird nun, durch einstim-
migen beschlusz zu Frankfurt a. M., eine germanistische
section gebildet und tritt im nächsten jahre zu Augsburg
ins leben. hätte sie gleich in Frankfurt erstehen können,
so würde sie recht zahlreich geworden sein, indem viele
gymnasiallehrer an ihr theil genommen haben würden. es
ist diesz gewis erfreulich, denn es zeigt, wie die erkenntnis
und der sinn für die deutsche sprachwiszenschaft gewachsen
sind, und ich denke dasz für diese die bildung der section
noch stärker wirken soll. die bei der versammlung anwesenden germanisten wiszen Sie aus dem telegramm, dessen abfaszung Wackernagel übernommen hatte. es gieng
alsbald nach dem bei dem festeszen auf Sie und Uhland
ausgebrachten hoch, welches das nächste auf das auf
Deutschland war, an Sie ab. Ihre antwort hat uns sehr
gefreut und Ihr wunsch „seid froh* hat sich erfüllt. wir
waren recht froh, wären es aber doppelt gewesen, wenn
wir Sie noch bei uns gehabt hätten. wir waren, selbst in
den sitzungen, fast immer beisammen. nur Rudolf von
Raumer verliesz uns schon am zweiten tage, indem ihn die
auf diesen fallende goldne hochzeit seiner eltern zur rückreise nöthigte. seine 'thesen über die behandlung des altdeutschen auf gymnasien und über die heranbildung der
dazu nöthigen lehrkräfte' hatte er in den sitzungen der
pädagogischen section am ersten und zweiten tage mit ge-
wandtheit und beifall vertheidigt. es ist doch unter unsern
philologen ein ganz andrer geist, was deutsche sprache
und literatur betrifft, als früher, wo sich dieselben starr
und steif abschloszen. — Gestern abends waren weithin auf
den höhen feuer angezündet und auch hier in der nähe der
stadt brannte eines zur feier des tages. das sind herrliche

zeugen des frischeren geistes, der sich gewaltig in unserem
volke regt, besonders dem erbfeinde unseres vaterlandes,
den franzosen, gegenüber. für Preuszen ist der tag ein
doppelter festtag, und von hier aus sieht man auf dem
thurme der nahen burgruine Gleiberg eine mächtige fahne
wehen, aber auch viele deutsche auszerhalb Preuszens
feiern mit, denn auf dem könige Wilhelm ruhen grosze
hoffnungen für das ganze vaterland. — Professor Diez war
mehrere wochen hier, der erste band der neuen auflage seines etymol. wörterbuchs der romanischen sprachen wird in
kurzem ausgegeben werden und am zweiten gedruckt. er
sagte mir dasz vieles geändert sei, doch habe er wegen der
kürze der zeit nicht alles aufs neue durcharbeiten können,
wie er es gerne gewünscht hätte. jedenfalls hat das vor-
treffliche werk auch ohne diese völlige durcharbeitung noch
bedeutend gewonnen ...ʺ — Br. 77 v. 7. 11. 1861 : W. dankt für
die neue Lieferung des Wb., schreibt über Wurms Tod. — Br.
78 v. 8. 12. : Neue Zettel, er habe Freitag vor 8 Tagen über
den Buchstaben R einen Vortrag gehalten, sich aber dabei auf die deutsche Sprache beschränkt. Fr. Pfeiffers Erkrankung vor vier Wochen habe ihn erschreckt, er sei nun
wohl wieder hergsstellt.

S. 374. abhandl. v. den Christusbildern). Sie
steht jetzt auch in W.'s kleineren Schriften III. S. 138 ff.
c. 376 no. 187]. Darauf antwortet W.'s Br. 79 v. 31.
12. 1861: Dank für Wilhelms Bild u. neue Zettel. Bei
öffentlichen Versammlungen würde zwar manches leere
stroh gedroschen, aber er freue sich doch, dasz sogar die
philologen alten Schlages, die sich sonst gegen deutsche
sprachwissenschaft sträubten, dieser sich jetzt geneigter zeigten.
— Es folgen W.'s Br. 80—4. — Br. 80 v. 3. 1. 1862: Geburtstagsglückwunsch, neue Zettel, der Director des gieszener Gymnasiums sei ein eifriger Leser des Wb.'s — Br. 81-
83 u. 85 v. 12. 1., 2. 2., 23. 2., 5. 5. 1862. Begleitworte für
neue Zettel. — Br. 84 v 21. 4. 1862 : Neue Zettel aus dem Almanach der deutschen Musen von 1774 u. 1776 sowie Beleg z.
'fliesner' aus Klamer Schmidt. „Herzlichsten Dank für das
gütigst übersandte schriftchen zur begründung des in der
sitzung des Göthecomités am 7. april eingebrachten an-
trags. es ist mir von hohem interesse, das nähere über die
angelegenheit, die mir aus den Berliner zeitungen nicht eben
vollständig bekannt war, zu erfahren. was mich am meisten
interessierte, war Ihr brief s. 8—11, der sich so kurz und
treffend über die aufrichtung der standbilder und die stellung der drei heroen in unsrer literatur zu einander ausspricht. nach meiner vollen überzeugung konnten Sie nach

dem verkehrten beschlusze der versammlung vom 16. juli
v. j. nicht anders handeln, als austreten. wer möchte auch
an den verkehrtheiten nur irgend antheil haben! der neue
antrag bahnt an, aus diesen herauszukommen, und ich
wünsche dasz er schon darum den überwiegendsten beifall
finden möge . . .'
S. 376. ein von den Leipziger druckerraben
angeschrieener autor]. Vgl. J. Gr. an v. Lassberg v.
19. oct. 1836: „der drucker, der wie ein rabe nach ms.
hungert, zwingt mich unablässig das grammatische feld zu
pflügen.'
S. 377. Vorigen herbst, ja was solte ich in
Frankfurt!] Nach dem als Einladung versandten Programm sollte in der pädagogischen Section Prof. Rudolf
v. Raumer: „über die Behandlung des Altdeutschen auf
Gymnasien u. über die Heranbildung der dazu nöthigen
Lehrkräfte' sprechen, ferner wollte Prof. Dr. Bursian: „Vorschläge zur Einigung über die Aussprache des Griechischen
auf deutschen Gymnasien und Universitäten' machen.
S. 377. Roth.] gemeint ist Franz Roth † 1869 in
Frankfurt a. M. der unter anderem lange an Konrads von
Würzburg Trojanischem Krieg arbeitete. Das Gedicht
wurde dann von Keller für den Stuttg. litt. Verein 1858 herausgegeben. Er stand mit den Brüdern in brieflichem Verkehr,
wie folgende Stellen seiner Briefe an Weigand (52 derselben von 1844—67 liegen mir vor) ergeben: Frankfurt
6. 2. 1846: „Wissen Sie, dasz W. Grimm (wenn ich mich
recht besinne) über 'Athis u. Prophilias' in der akademie
d. wissenschaften einen vortrag gehalten hat'' [vgl. S. 322].
— 14. 10. 1846, „Ihnen etwas ausführlicher über die versammlung [d. Germanisten] zu schreiben .. ist mir sogar
jetzt noch nicht möglich .. und bemerke nur, dasz ich den
brief an Wilhelm Grimm besorgt, alle grüsze ausgerichtet
habe.' — 15. 7. 1851: „Ich wollte nun für diese geschenke
[über Freidank u. altdeutsche gespräche u. s. w.] nicht
mit leerer hand [kommen] u. schrieb für W. Grimm die
deutschen sprüche des Freidanks aus einer Aschaffenburger
hdschr. in Aschaffenburg ab, strengte meine augen etwas
an u. erkältete mich, so dasz ich ein sehr schlimmes auge
bekam, in meinen ferien nur einen brief an W. Grimm
schrieb und anstatt nach Heidelberg zu gehen, das zimmer
hüten muszte. . . . . . Uhland der v. 30. juni an hier war,
einige ausflüge in die umgegend machte d. 8. juli zu Wolf
nach Jugenheim, dann nach Marburg ging (sich in Gieszen
nicht aufhielt?) u. am donnerstag zurück nach Tübingen
ist . . . . Als Uhland da war, stöberte ich meine notizen

über hiesige hss. durch und fand dadurch noch sprüche aus
dem Freidanke in einer hs. der hies. stadtbibliothek, die
ich sogleich an Wilhelm Grimm schickte u. für die er in
dem so eben angekommenen briefe dankt; in dem vorigen
briefe schrieb er, dasz er erst 2 abhandl. für die akademie
vollenden müsse, ehe er an eine nochmalige durcharbeitung
des Freidank komme, wozu ihn neuer Stoff nöthige, aus
diesem entnehme ich, dasz er einige tage in Freienwalde
wohl zu seiner erholung zubrachte. Doch Sie müssen diese
briefe, wie manchen andern z. b. von Karl Roth, Schmeller
u. s. w. selbst lesen.“ — 11. 7. 1852: „Ich will meine
ferien zu einer reise nach Leipzig u. Berlin benutzen, wo
ich Sie bei meiner durchreise heute über 8 tage zu sehen
gedenke u. alles in auftrag nehmen will, was Sie mir an
Haupt oder Grimm u. s. w. zu bestellen geben.“ — 28. 8.
1852: „Von Jacob Grimm die herzlichsten grüsze u.
schönsten dank für die mittheilungen, denen er in betreff
der auswahl, zuverlässigkeit u. nettigkeit, wie allen Ihren
arbeiten das gröszte lob spendete. Auch Wilhelm grüszt
herzlich u. bittet um zusendung der für ihn in aussicht gestellten Schriftsteller, die mir Wilhelm Grimm als noch
nicht für das wörterbuch ausgezogen angab (nicht auf der
Frankfurter bibliothek befindlich) sind: Fuchs ameisen- u.
mückenkrieg, Sibylle Schwarz, Ernst Christoph Homburg,
Jacob Schwiger, Nicolaus Peuker, Benjamin Neukirch (s.
Wachler III, 279. 281. 283. 285). Was ist davon auf der
Gieszener bibliothek?“ — 12. 9. 1852: „Soeben war Jacob
Grimm bei mir, der nach Heidelberg ist.“ (vgl. Gervinus
an Weigand 23. 9. 1852. Anm. zu S. 308). — 17. 11. 1852:
„In der einleitung, die mir recht wohl gefällt [es handelt
sich jedenfalls um d. 2. Aufl. von W.'s Wörterbuch d. Synonymen Mainz 1852], finde ich alles dahin gehörige angeführt . . . . . Auch dürfte noch untersucht werden, ob
Jacob Grimm im 2. bande d. grammatik nach den 'neuen
abkürzungen' (francof. frankfurter glossen) diese glossen
oder andere meint; denn Jacob Grimm besitzt, wie Wilh.
Grimm mir d. 26. 9. 1851 schrieb, von diesen glossen eine
abschrift Maszmanns, welche Wilhelm bei den Wiesbader
glossen benutzt haben wird, weshalb ihm die lesefehler
nicht zur last fallen. Wilhelm setzte damals hinzu 'ein
genauer abdruck, etwa in Haupts zeitschrift, würde immer
verdienstlich sein'“. — 20. 12. 1852: „mahren steht in der
hs. des herrn v. Aufsesz (in der sich Albrechts von Keme-
naten Zwerg Goldmar findet) nr. 1359 b in einem verzeig-
nisse von pflanzennamen, das ich für Jacob Grimm abge-
schrieben habe und das ich im concepte noch besitze: es

ist nirgends gedruckt." — 9. 9. 1855: „Dasz W. Grimm in Soden war, haben Sie wohl aus der zeitung erfahren; er liesz mich es wissen u. ich habe so einen herrlichen tag in [seiner gesellschaft] verlebt. Auch Ihrer wurde gedacht". — 30. 8. 1857: „Zu Ihrer Berliner reise das schönste wetter! an herzlichster aufnahme bei den beiden Grimm, bei Maszmann u. s. w... wird es nicht fehlen... Grüszen Sie mir doch J. u. W. Gr., sowie Wilhelms frau recht herzlich u. die söhne Wilhelms — die tochter, die ich wohl den 20. juli 1840 in Cassel sah, war ende juli 1852 (als ich in Berlin) im Harze." — 5. 1. 1860: „Leider hat Ihnen u. mir der schlusz des jahrs durch das ableben Wilhelm Grimms noch unersetzlichen verlust gebracht. Möge Jacob uns und der wissenschaft noch recht lange erhalten bleiben!" — 25. 1. 1862: „Mit diesem briefe geht auch ein päckchen zettel fürs wörterbuch an Jacob Grimm ab, von dem ich lange nichts gehört habe."

Von den Briefen der Brüder an Fr. Roth scheint keiner erhalten zu sein, wenigstens sind meine Nachforschungen nach denselben bei dem Sohne erfolglos gewesen. In der Grimm-Correspondenz finden sich auch nur zwei Briefe v. Fr. Roth an J. Gr. Der erste v. 2. 1. 60 ist der Beileidsbrief aus Anlass v. Wilhelms Tod. Dr. Th. Creizenach habe dem auch in Frankfurt tief empfundenen Verluste am 29. Dec. in d. lit. Section des Vereins f. Gesch. u. Alterthum würdige Worte verliehen. Der zweite vom 13. 5. 1861 enthält Mittheilungen über Weisthümer und einige Zettel fürs Wb.

S. 378. ob das wb. gelesen wird von andern als von Hildebrand u. von Ihnen] vgl. J. Grimm an Franz Pfeiffer v. 11. 4. 1862 (Germ. XI, 252).

S. 379. Was Sie von Pfeifer melden]. Ein Brief Pfeiffer's an Weigand vom 8. 11. 1861 beginnt: „Da ich an einem Fieber zu Bett liege, so musz ich mich zu Beantwortung Ihres Briefes der Hand meiner Frau bedienen." — L. ‚Megenberg'.

S. 379 no. 188] Darauf antworten W.'s Br. 86—90. — Br. 86 v. 3. 6. 1862: Neue Zettel. „Wenn ich früher einmal Ihre gedrängtheit erwähnte, so bezog sich diesz auf die faszung Ihrer forschungen und der aus diesen gewonnenen ergebnisse, und gerade die inhaltvolle kurze art Ihrer darlegung ist mir besonders lieb. begriffe und belege, überhaupt die ausführung der artikel sind nach meinem ermeszen nicht zu kurz und es ist gewis höchst wünschenswerth, wenn Sie hier so ausführlich, als möglich sind. .... — Meinen besten dank für das schöne bild

Fichtes. Ihrem urtheil über seine philosophie stimme ich
vollkommen bei, aber seine reden an die deutsche nation
habe ich immer geschätzt. besonders angezogen hat mich
von unsern philosophen überhaupt nur einer, nämlich Kant,
und ich habe in ihm stets den scharfen denker bewundert.
— Wilhelm Hoffmann ist nichts anders als ein buchmacher,
dem es nur auf den verdienst ankam... bei der von mir
beabsichtigten recension gilt mir es weniger um das buch
selbst, vielmehr darum, manches sagen zu können, wozu
sich hier gelegenheit bietet...." — Br. 87 v. pfingstsonntag
1862: W. theilt einige Bemerkungen zur neuen Lieferung des
Wb. mit. „zu diesen rechne ich zunächst wenn ich die
wörter 'felddienst' und 'felddienstzeichen' vermifst habe,
welche bei unsern soldaten sehr geläufig sind... vielleicht
wären noch 'feifel' und 'finkler' in der alphabetischen
folge zu erwähnen gewesen, um auf 'feibel' und 'finkeler'
zu verweisen, wo jene beiden formen auch angeführt sind.
bei 'feldbett' fiel mir aus Wallensteins tod aufz. 3 auftr.
10 ein: ‚was sagst du? dreiszig jahre haben wir
           zusammen ausgelebt und ausgehalten.
        in éinem feldbett haben wir geschlafen,
        aus éinem glas getrunken, éinen bissen
        getheilt' —
und die stelle ist schön, aber sie konnte auch wegbleiben,
da das geläufige wort an sich in seiner bedeutung keines
beleges bedurfte. das 'ein so' in der stelle aus Schwabes
tintenfäszl auf sp. 1444 z. 8 v. u. ist nach der volkssprache
nicht ganz durch 'so einer' zu deuten, sondern diese faszt
vielmehr das sp. 299 f, behandelte wort scharf in dem sinne
'so und nicht anders' (= in dér und keiner andern weise
des handelns oder handelnd, in dér und keiner andern weise
beschaffen, überhaupt in dér und keiner andern weise). die
von Alberus in seinem dictionar. aus der Dreieich angeführte
redensart 'der alb feist so' auf sp. 1466 stand bereits vollständiger 1,245 unter 'alp', und ich hatte übersehen, sie
noch einmal bei 'feisten' zu wiederholen. jetzt hört man
sie in jener gegend nicht mehr. sp. 1664 in der zweiten
bedeutung von 'finkeln' wird fünkeln zu schreiben sein und
ich werde einen zettel zu diesem worte nachbringen. der
ausdruck gehört der volkssprache an..... füge zwei bemerkungen von dr. Christian Rumpf bei, einem meiner
ersten zuhörer, der namentlich im niederländischen und im
friesischen sehr schöne kenntnisse besitzt... Rumpf ist ein
sehr eifriger leser Ihres wörterbuchs. — Die Kölner zeitung
meldet von einem am 30. v. m. in der academie zu Wien
gehaltenen vortrag Franz Pfeiffers über das Nibelungelied,

auf den ich begierig bin. es soll nicht aus volksliedern
entstanden sein, sondern den von Kürenberg zum verfaszer
haben. Pfeiffer wird jedenfalls für seine behauptung seine
gewichtigen gründe haben; wie ich die sache vor der hand
ansehe, glaube ich kaum dasz er völlig überzeugen dürfte.
— Unsere verstorbene groszherzogin war im lande sehr beliebt...." — Br. 88 v. 26. 6. 1862: Neue Zettel. „Eine
bildung Göthes vermisse ich in der neuen lieferung des
wörterbuches, 'felsenmütze' aus bd. 13 s. 54, und es scheint
fast als habe der sonst so überaus sorgfältige auszieher des
grösten dichters das wort aus irgend einem besondern grunde
nicht aufgezeichnet. wäre nur der auszieher Höltys mit der
genauigkeit Klees [der Göthe auszog; s. J. Gr.'s Br. an ihn
Germ. 26, 127] verfahren. aus diesem dichter sind viele
aufzeichnenswerthe stellen unausgezogen geblieben, und ich
habe in meinen zetteln, wie Sie bemerkt haben werden,
nachzuhelfen gesucht. da ich aber bei manchen bildungen
dachte, sie möchten Ihnen bereits von dem früheren auszieher vorliegen, und sie deshalb nicht gleich ausschrieb, so
sind sie im wörterbuche weggeblieben. dahin gehören, wie
ich nun sehe, in der neuen lieferung 'feuerschmatz' und
'feuerstrand' Hölty (1804) s. 27 und 25. ich werde künftig
aufmerksamer sein und ohne rücksicht auf jenen auszieher
aus Hölty ausziehen, was mir für das wörterbuch zu taugen
scheint. bisher hatte ich mein augenmerk mehr auf die
eigentlichen früheren texte von Hölty und die von Voss
nicht aufgenommenen gedichte gerichtet...." — Br. 89 v. 16. 8.:
Neue Zettel. — 90 v. 31. 8. 1862: Zettel zum Quellenverzeich-
nisse. „es ärgert mich dasz ich Ihnen ein paar zettel nicht zeitig
habe zusenden können, so z. b. zu 'd e r fliedermus' mit dem belege aus Schmidts von Werneuchen almanach der musen und
grazien für 1802 s. 285, wo: 'kocht steifen fliedermus, macht
saure kirschen ein' und zu 'der fliesz', wozu sich bei eben
diesem dichter, doch ohne dasz sich das geschlecht erkennen läszt, 'erlenfliesz' bietet.... habe bei Schmidt gesehen dasz er, wie ich früher bereits aus einzelnen gedichten
schlosz, für das wörterbuch eine bedeutende ausbeute gewährt...."

S. 380. Wh. Hoffmann] vgl. Anm. zu S. 352.

S. 380 no. 189] Darauf erwidern W.'s Br. 91—93. — Br. 91
v. 4. 10. 1862: Neue Zettel, Erwähnung der Augsburger
Philologenversammlung. — Br. 92 v. 8. 11. 1862: Freude
über neue Lieferung, neue Zettel. „Fladungen sp. 1709 ist
sicher dativ plur. eines mannsnamens Fladung; ich kannte
einen mann zu Staden in der Wetterau, der sich so schrieb.
dasz ich bei der sp. 1800 unter 'flink' angegebenen belegstelle:

im ganzen dorf ist kein gesicht
der flinken Hanne gleich
Adelungs fehler auf einem zettel nicht berichtigt habe.
ärgert mich nun. die stelle ist nämlich nicht von Weisze.
sondern von Hagedorn und steht in der 1800 zu Hamburg
erschienenen gesammtausgabe bd. 3 s. 80. der name dürfte
sich berichtigen laszen, wenn die stelle unter dem artikel
'gesicht', wohin sie auch trefflich pafst, wiederholt würde.
... ich habe Ihnen doch wol früher einen zettel mit dem
worte 'forstteich' = im oder am forst befindlicher teich
und der stelle von Salis s. 51 'der forstteich mattversilbert
(vom monde) glimmt durch zarten nebelduft' zugesendet?
es wäre mir leid, wenn der hübsche ausdruck Ihnen vielleicht nicht vorgelegen haben sollte..."   Br. 93 v. 11. 11.
1862: W. dankt für die übersandten Bücher, die mir stets
höchst werthe und liebe andenken sein werden. als ich
beim auspacken den Karl Meinet aufschlug und auf den
ersten blick Pillnitz mit bleistift eingeschrieben las, ergriff
mich ein schmerzliches gefühl, denn gerade über den aufenthalt zu Pillnitz verbreitete sich der letzte brief, welchen
ich von Ihrem lieben herrn bruder erhielt, und dort, wo er
demnach die dichtung durchgegangen, hatte es ihm so wol
gefallen. mit welchem fleisze aber und welcher sorgfalt hat
Ihr seliger herr bruder die einzelnen werke durchgegangen
und durchgearbeitet. letzteres zeigt sich namentlich bei
dem Eraclius, bei welchem eine menge verbeszerungen mit
der grösten genauigkeit eingeschrieben sind...."   Neue
Zettel.
      S. 383 no. 190] Darauf antwortet W.'s Br. 94 v. 23. 12.
1862: W. übersendet die neue Lieferung seines Wbs. bis
'schmiegen'. „Mit den auszügen aus dem vocabularius
teutonicus von 1482 bin ich nicht fertig geworden. .. auszer
den bisher angezogenen werken aber werden Sie auf den
zetteln manche neue finden. so Freyers anweisung zur
teutschen orthographie (Halle, 1722), Gries gedichte, Gries
übersetzung von Fortiguerras Richardett, Dreyers gedichte.
Tiedges elegien dritter band und frauenspiegel. die aufzeichnungen dr. Bindewalds aus Rist für das F werde ich
in meine zettel einordnen, so dasz Sie diese auch gleich bei
der ausarbeitung benutzen können. .."
      S. 383. dasz ich anfangs october zur histori-
schen commission nach München muste] J. Gr.
genoss das specielle Vertrauen von König Max, mit dessen
Unterstützung auch der vierte Band der Weisthümer (S. 370)
erschien. Aus dem Brief eines jüngeren Germanisten an
Weigand vom 24. Dec. 1863 geht hervor, dass er sich noch

20 Tage vor seinem Tode für denselben durch ein direct an
den König gerichtetes Schreiben verwandte. In der hist.
Commission hatte J. Gr., als es sich um die neue Ausgabe
von Schmeller's bayrischem Wörterbuch handelte, anfänglich
beantragt nur die nackten Nachträge von Schmeller selbst
abdrucken zu lassen. S. 384 no. 191] Darauf antworten W.'s Br. 95– 96. —
Br. 95 v. 14. 2. 1863: „... so empfangen Sie erst jetzt die
noch übrigen auszüge aus dem vocabular. teutonicus v. j.
1482 für das F nebst weiteren aus Schillers Tell, den ich
eben in der obersten classe der realschule mit den schülern
lese. doch vielleicht liegen Ihnen bereits zettel von dem
auszieher der schillerschen werke vor, der aber manches
ausgelaszen hat, z. b. eben im Tell den ausdruck 'fluchgebäude'. dann werden Sie einige zettel mit belegen aus
Rists neuem deutschen Parnasz finden, die dr. Bindewald
ausgezogen hat, ebenso einige auszüge aus kirchenliedern
von demselben.... auffällig ist das von mir aus Vossens
briefen aufgezeichnete wort 'frägler', und ich bin begierig
ob Sie sonst noch einen beleg haben werden. hoffentlich
kommt der zettel nicht zu spät....." — Br. 96 v. 18. 3.
1863: Neue Zettel. „R. v. Raumer hat in no. 9 des lit.
Centralbl. die deutsche orthographie des 19. jahrh. v. d'Hargnes
(seminarlehrer in Berlin, wenn ich nicht irre) angezeigt,
ohne das mangelhafte des buches u. seines verfassers mit
schärfe hervorzuheben....."
    S. 385 no. 192] Darauf antworten W.'s Br. 97 u. 98. —
Br. 97 v. 30. 4. 1863: „Den herzlichsten dank, lieber verehrtester herr hofrath, für das unter dem 23. v. m. gütigst
übersandte. es war mir lieb, das in Riga erschienene buch
über 'das schreiben des deutschen' kennen zu lernen, zumal
da es nicht im buchhandel ist. bei allen wunderlichkeiten,
die darin vorkommen, erscheint es, wie Sie mit vollem
rechte bemerken, viel beszer, als die mit selbstgefälligkeit
geschriebene schlechte arbeit von d'Hargues.... sowie es
mir möglich ist, werde ich die beiden bücher anzeigen,
wahrscheinlich in der Darmstädter schulzeitung, und da
keine so zahme recension des buches von d'Hargues liefern,
wie R. v. Raumer... — Die gütigst übersandten aushängebogen haben mir grosze freude gemacht... übrigens hat
das landübliche, auch in der Wetterau vorkommende 'fortschustern' sp. 31 den genaueren begriff: einen durch freundliches zuthun sich fortbegeben machen. so schustert man
z. b. einen betrunkenen aus einer gesellschaft fort, wenn
man ihn zum mitgehn mit einem sich wegbegebenden be-
redet, ihm auch wol vorspiegelt, es warte jemand auf ihn

zu hause u. s. w. Kehrein hat sich als director des schul-
lehrerseminars zu Montabaur groszentheils durch seine semi-
naristen die idiotismen in Nassau aufsammeln laszen, ohne
selbst gewiszenhaft zu prüfen ob auch alles richtig steht,
zumal da er alles nicht geschwind genug gedruckt sehen
kann theils um des geldes theils um der ehre willen, und
so kommt es ihm auf genaue und scharfe begrifsbestimmung
eben nicht an. leichter hatte er es bei seinem onomatischen
wörterbuche. denn hier hat er groszentheils mein wörterbuch der deutschen synonymen ausgeschrieben, wesbalb ich
auch eine recension, die er von mir wünschte, ablehnte.
tadeln mochte ich nicht, weil ich ihn aus meiner studienzeit her kannte, und loben konnte ich nicht. — Zu dem
wörterbuche lege ich hier eine anzahl wörter bei ... manches
darunter ist aus öffentlichen blättern und dem gewöhnlichen
leben. — Mit gröstem bedauern habe ich den tod Ihres
herrn bruders in Kassel in den zeitungen gelesen und es
schmerzt mich tief, dasz Sie wieder in trauer versetzt sind.
gott sei mit Ihnen und verleihe Ihnen trost in diesem neuen
tiefen leide. . . . . " — Br. 98 v. 17. 6. 1863: Neue Zettel.
Er habe sein Wb. im S ein Stück weiter gebracht. „in
Notkers aristotelischen abhandlungen s. 58 der ausgabe
Graffs findet sich ein 'scregehôrî.' das ist doch wol aus
einem ahd. scregi unserm nhd. schräge und einem adj. hôri,
von hôran, hôrran unserm hören, erwachsen? aber wie wird
da bei diesem hôri zu erklären sein? etwa gehörig? und
also scregehôrî gehörigkeit zum schrägen, schrägheit?
Graff läszt wie gewöhnlich bei schwierigen wörtern, so auch
hier im stich. — Ags. 'snîcan' = kriechen nehmen Sie doch
wol auch nicht als stark biegend. . . . — Mit dem tode des
professors Knobel ist in der hiesigen theologischen facultät
eine höchst empfindliche lücke eingetreten... in der grab-
rede wurde erwähnt, dasz er, als er hierher berufen worden,
auch nach Göttingen einen ruf erbalten habe, um an Ewalds
stelle zu treten, diese letzte berufung aber abgelehnt habe,
weil es ihm widerstanden, das amt des widerrechtlich ent-
setzten anzunehmen. das war auch ganz Knobels fester
gesinnung gemäsz, die jeder an ihm achten muste und die
er unverholen und ohne scheu aussprach... "

S. 386. das elende buch von d'Hargues] F. d'H.
Die deutsche Orthogr. im 19. Jahrh. Berlin 1862. 8. Weigand
scheint sein Vorhaben das Buch zu recensiren, aufgegeben
zu haben, so kann ich auch nichts über das ihm von Grimm
übersandte, in Riga erschienene sagen.

S. 387 no. 193.] Vgl. auch einen schon von Bindewald
angeführten Brief Weigands an L. Diefenbach v. 31. 10. 1863:

... „Sie erwähnen, lieber Diefenbach, den tod Jacob
Grimms und drücken Ihren schmerz aus. ich dachte Ihnen
an dem tage, an welchem ich an dem grabe des mannes,
an dem ich mit ganzer seele hing, gestanden hatte, von
Berlin aus zu schreiben, aber ich brachte nur wenige zeilen
fertig, mich überwältigte die wehmuth und so blieb der
brief unvollendet. dasz er krank gewesen war, hatte ich
nicht gewuszt, noch den 21. v. m., also den tag nach seinem tode, hatte ich ihm aufzeichnungen für das wörterbuch geschickt und ihm geschrieben, dasz ich über Weimar
und Leipzig zur philologenversammlung nach Meiszen zu
gehn vorhabe und von da nach Berlin, falls er zu der zeit
nicht verreist sei. während aber dieser brief nach Berlin
lief, lief ein an demselben tage in der frühe geschriebener
brief von Grimms nichte Auguste an mich [ein] und meldete
mir das am tage vorher bald nach 10 uhr abends erfolgte
hinscheiden sowie die vorausgegangene krankheit, eine
leberentzündung, und dann den nach beszerung derselben ein-
getretenen schlaganfall, der den tod herbeiführte. meinen
schmerz können Sie Sich denken. ich eilte gleich, nachdem ich mich etwas gesammelt hatte, auf das telegraphen-
bureau und fragte bei frau professor Grimm an, wann die
beerdigung stattfinde, worauf ich alsbald die antwort erhielt, dasz sie donnerstags früh um 9 uhr sei. So eilte ich
denn mittwochs — dienstags hatte ich Augustchens brief
erhalten — mit dem morgens abgehnden eilzug nach Berlin, wo ich abends gegen halb zehn eintraf. donnerstags
früh gieng ich zuerst zu Müllenhoff, um mich zu befragen,
in welcher weise die begleitung zum friedhofe statthabe,
und begab mich dann etwa um acht uhr in Grimms wohnung,
wo der sarg in der wohnstube aufgestellt war. er war
schon geschloszen und so konnte ich die theuern züge nicht
noch einmal sehen. oben, zu beiden seiten und an den
beiden enden war er mit kränzen geschmückt. am obern
ende hieng ein kranz von weiszen rosen mit zwei nieder-
hangenden breiten weiszen bändern, worauf die worte ge-
stickt waren „dem freund der jugend von dankbaren kindern.“ ich blieb hier bis zur bestimmten stunde. die
trauerversammlung war grosz. propst Nitzsch hielt die
rede. die begleitung, die sich von dem hause nach dem
friedhofe bewegte war eine so zahlreiche, wie sie Berlin
selten sieht. am grabe, in welches der sarg gesenkt worden war, sprach prediger Buttmann, ein sohn des berühmten philologen. beide brüder ruhen neben einander, ich
habe mir das bild, wie ihre särge stehn, wol eingeprägt.
sonntags nachmittags war ich mit Müllenhoff noch einmal

an der stelle: ich wollte gerne die gräber sehen, ehe ich
von Berlin abreiste. es ist die schönste Stelle des kirch-
hofs. wo das einzige brüderpaar ruht, an einer sanften an-
höhe, von welcher man gerade hier eine schöne aussicht
hat. ich war viel in Grimms wohnung, und es ergriff mich
tiefe wehmuth, als ich die zimmer betrat, in welchen ich
vor sechs jahren bei den beiden brüdern so frohe stunden
verlebt hatte. höchst schmerzlich war es für mich, als ich
dann den 28. v. M. von Wilhelms familie schied, um den
darauf folgenden Tag morgens früh nach Meiszen zu reisen.
— Über die philologenversammlung an diesem orte wiszen
Sie wol alles aus den zeitungen, wie schön wäre es doch
dort gewesen, wenn Jacob Grimm, wie es vor seiner krankheit seine absicht war, auch hingekommen wäre. mich er-
füllte der schmerz um ihn und ich kann darum nicht von
heitern tagen sprechen, wie andere bei der gedächtnis-
feier, der die gesammtversammlung anwohnte, sprach
Zarncke ganz vortrefflich, und was die grenzboten darüber
berichten, ist völlig der wahrheit gemäsz. — Ich habe es
übernommen, vorerst das F zu ende zu führen, und Hildebrand, dem Grimm schon vor etwa sechs jahren das K
übertragen hatte, wird auch das G ausarbeiten. Grimm
ist im artikel 'frucht' stehn geblieben und von da habe ich
dann weiter zu arbeiten. der winter wird demnach ein
schwerer für mich sein, indem ich zugleich an meinem
eignen buche arbeiten musz. könnten Sie mir vielleicht
gütigst mittheilen, ob in den von Ihnen ausgezogenen
glossaren irgend 'frühling' sich findet und in welchen, so
würde ich Ihnen dafür herzlich danken.'

     S. 388. L. Diefenbach]. Der berühmte Sprachforscher
stand sowohl mit Fr. Diez, wie mit Weigand in intimen Verkehr. Diez Briefe an ihn habe ich mit denen, die er an
Weigand schrieb, (vergl. hier II. 366) in meinen Erinnerungs-
worten an Fr. Diez Marb. 1883 veröffentlicht. Seine eigenen an Diez gedenkt Prof. Tobler zu veröffentlichen, einige
der, welche Weigand an ihn richtete, besitzt jetzt Dr. O.
Bindewald in Gieszen und hat mir Einsicht in dieselben
gestattet; (s. v. Anm.); auch die, welche er an Weigand schrieb
(77 von 1837—1872) liegen mir vor. Ich theile daraus das auf
Grimm bezügliche mit: Br. 17 [v. 1842:] „Die merkwürdigen
v. J. Grimm entdeckten ahd. Gedichte aus heidnischer
zeit, Berlin 1842, werden Sie nun auch aus d. Rhein. Zeitung oder aus Grimms Broschüre kennen?" — Br. 21. v. Hanau
2. 12. 1843: „Sobald [meine Grammatik] im Druck ist, werde ich
sie Ihnen zusenden, um . . . . Ihre Ansichten über viele
wichtige Punkte zu hören, darunter gar manche, in welchen

ich selbst v. J. Grimm abzuweichen wage . . . . Wenn die
Grimms noch zaudern, kommen Sie ihnen doch mit einem
nbd. Wb. zuvor, ehe Ihr *monumentum aere perennius* [d.
Wb. d. Synonymen] von andern Lexikographen, vielleicht
z. B. von mir, als Spicker benutzt wird". — Br. 24 v. 11. 3.
1844: „Besonders freue ich mich, dasz Grimm Sie zum Idiotikon
antreibt; wir sind ja wohl alle von der unschätzbaren u.
vielseitigen Wichtigkeit idiotischer Studien überzeugt; behalten Sie nur in Gottes Namen meine Papiere länger . . .
Wenn Sie Hrn. J. Grimm wieder schreiben, so fragen Sie
ihn doch einmal über die captatio benevolentiae durch die
Titel vetter u. base in hiesiger gegend, auch anderswo in
Deutschland (dem Ruggau, Rud-Ruthgau; beiläufig versteht
das Volk hier auch das Wort gau). Dasz ein Engel auf
dem Brodlaib sitzt, weshalb man ihn nicht verkehrt legen
darf, wird er wissen; sodann dasz bei Finsternissen Gift
auf die Erde fällt u. dasz der Vogelflug Was bedeutet.
Schreiben Sie ihm diese Kleinigkeiten einmal gelegentlich,
so bitte ich meine Empfehlung zuzufügen, sowie noch eine
kleine Bemerkung, die mir gerade beifällt: dasz zu seiner
Erklärung von 'hlaford' (lord) ags. (noch mehr als z. B.
unser Brotherr in seiner speciellen Bedeutung) der Umstand
passe: dasz das Bulgarische Volk den Sultan 'unsern Sup-
penherrn' nennen soll, wenn der Berichter *naše čorbag'i*
nicht falsch verstanden hat. Meine Mutter will ich nochmals
nach dem *Nornebörnche* [vgl. II 381 u.] fragen oder lieber aus
den Dauernheimer Flurbüchern die älteste Schreibung etc. zu
erkunden suchen." — Br. 25 v. 9. 4. 1844: „Über den Nornen-
brunnen erwarte ich noch Auskünfte; einstweilen: Der ganze
Grund heiszt beim Volke nerrnburrem und wird Nornboden geschrieben; dort der nerrn-born (närn-). Die durch eine
noch existirende Geldstiftung bestätigte neuere Volkssage
von der Altenburg bei Dauernheim ist, glaube ich, Ihnen
u. Grimm bekannt. In der Dau. Gemarkung ist auch der
gelle (gille, gülle)-born, dessen gelbes Waszer nur flieszt, wanns
Krieg giebt [vgl. II 382 o.]. Fieberfurcht hält, wie an vielen
Orten, die Leute vom Trinken aus diesem Brunnen zurück. —
Die Notiz über Alahstat aus Schannat (cf. Alahdorp-Allen-
dorf?) bei Grimm 3. 428 werden Sie kennen." — Br. 26 v. 28.
5. 44: „Nach Absendung meines Briefes an Sie, lieber Weigand!
kamen mir noch einige Teufelnamen ganz zufällig in die Hände,
über die ich Sie u. J. Grimm fragen möchte, vorausgesetzt
dasz sie in der Mythologie (deren Studium ich demnächst
vorhabe) nicht berührt waren. 'De olle Firk' der Teufel
nnd.) hängt doch mit dem e. firth nicht zusammen? Das
e. firk (vgl. ferkeln u. ferl bei Klein? gehört wol auch nicht

dazu. Steht es in Verbindung mit gth. fairhvus ahd. (fira-
him) ferh etc., wozu wol dän. fyr Bursche, Kerl; Geliebter,
gehört; vgl. altn. fiör = ferh. Verschieden ist dän. schwed.
för gesund, tüchtig, das zu afrs. fere id. Rhof. 734 gehört.
Ist das dort erw. altn. faere habilis, sufficiens, eine Ver-
wechselung mit foer meabilis Grm. 2,9 Nr. 73?? fœr passt
durch œ besser zu dän. för — woher das glbd. förlig.
schwed. fyrlig; fœre (faere) beszer zu den fries. Formen, an
welche sich ferner altengl. schott. fere, fiere, fier sound.
(nicht von frz. fier, ferus), healthy, knüpft. Letzteres bedeutet auch sodalis, Freund, Bruder, Ehemann etc. u. mag
in dieser Bd. = ags gefêra (Syn. 833) sein. Wie? — nnd.
'fander, fanner' Teufel ist doch wol der viant e. fiend, der
böse Feind? fankerl bei Klein 106 bed. eig. Funken
(vanke). westerw. 'feiwel' ist wol jedenfalls euphemistisch aus
deiwel gebildet; indessen mag zum Anl. f irgend ein sinn-
verw. Name mitgewirkt haben. Es ist Schlafenzeit, gute
Nacht! Ihr alter Freund Lorenz D." — Br. 27 v. 2. Pfingststag:
„Grimms Mythologie neue Ausg. besitze ich zwar, mag sie
aber vor ihrer Vollendung nicht binden laszen u. deshalb
auch nicht lesen. Deshalb mögen vielleicht folgende ganz
gelegentliche Notizen, die ich Sie ihm mitzutheilen bitte,
überflüszig sein. Der niederd. 'Budde' (di ward de Budde
nig biten Dähnert 59) ist wol trotz des d Eins mit dem
Butzemann (cf. Gf. v. Buzo)." — Br. 29 v. 23. 1. 1845: „Ich werde
gel. in Frankfurt noch einmal Bd. 70 der Wiener Jahrbücher
nachsehen; alle übrigen Gothica Grimms habe ich, denke
ich, erschöpfend benutzt; in neuester Zeit fängt er an, sehr kühn
exoterisch zu vergleichen." — Br. 31 v. 3. 4. 1845: „Ihre lit.
Neuigkeiten von Grimm u. Vilmar sind mir noch fremd; letztere
werde ich mir verschaffen, ob ich schon (wenn ich nicht
irre!) hörte, dasz Vilmar zu der pietistischen, germanisch-
christlichen oder protestantisch-römischen Partei neige, die
mir mit allen ihren Producten widriger ist, als das Pabst-
thum selbst." — Br. 32 v. 5. 6. 1845: „Auf Grimms Fortsetzung
[der Grammatik] habe ich nicht gewartet, sondern mir Th. 1
Ausg. 2 für 3 fl. gekauft ... Von Grimms Streite mit
Müller, dessen mitunter phantastisches Werk ich durchblätterte
u. für Sprachliches excerpierte, habe ich nur gehört; der
Streit mit Schaumann — worüber? — ist mir ganz unbekannt, da ich hier die A. ZZ. nicht lese .... Vilmars
Idiotismen in der Kasseler Zeitschrift laszen mich das beste
von seinen Sprachkenntnissen erwarten." — Br. 34 v. Offenbach,
28. 7. 1845: „Ich fürchte, unser J. Grimm hat in dem Streite
mit Müller u. Schaumann neue Blöszen gegeben, um so
mehr, da er die zu seinen Arbeiten Helfenden nicht eben

immer nennt." — Br. 35 v. 16. 3. 1846: „Neulich las ich irgendwo
die Notiz, dasz endlich der erste Band des Grimmschen
Wörterbuchs herauskommen sollte. Wenn J. Grimm nur
erst seine Grammatik fortsetzte." — Br. 37 v. 10. 5. 1846: „Was
wiszen Sie vom Grimmschen Wörterbuch, dessen baldiges
Erscheinen (d. h. des 1. Heftes) alle Zeitungen ausrufen!" —
Br. 39 v. 13. 10. 1846: „Ihrer gütigen Darleihung der Grimmschen
Abhandlungen (worunter die über Jornandes besonders in-
teressirte) bedarf ich nun nicht, da mir sie der Verf. selbst
verehrt hat .. Jac. Grimm wird zunächst eine Geschichte
der deutschen Sprache herausgeben. Ob wir aber das grosze
Wörterbuch erleben, fragt sich — eher am Ende noch
Weigands wetterauisches Idiotikon!" — Br. 40 v. 9. 12. 1846.
„Über Grimms interessante Abhandlungen sage ich Ihnen später
Manches mündlich oder schriftlich. Mit J. Grimm habe
ich öfters verkehrt [auf der Germanistenversammlung in
Frankfurt]; er ist überaus gemüthlich u. sprach mich gleich
von Weitem viel mehr an, als sein Bruder, mit welchem ich
zufällig auch nicht éinmal zusammentraf .... W. Grimm
hat sogar einen Vortrag über das künftige grosze Wb. ge-
halten, aber nur für das gröszere Publicum, darum gar
Nichts über die Art der Behandlung im Einzelnen; an ein
Erscheinen desselben ist noch lange nicht zu denken. Machen
Sie nur zu, dasz Ihres herauskommt! J. Grimm wird zunächst eine Geschichte der d. Sprache herausgeben, — nach
seinen Aeuszerungen bald —, worauf wir uns gewisz freuen
dürfen. Von der neuen Ausgabe seiner R. A. weisz ich
Nichts." — Br. 44 v. 2. 1. 1848: „Haben Sie nicht vernommen, ob
Grimms Sprachgeschichte bald herauskommt. Ich fürchte
nur, Grimm stirbt uns einmal weg, ehe er Grammatik,
Mythologie, Wörterbuch, Rechtsalterthümer etc. nach Versprechen completirt hat." — Br. 45 v. Frankf. a. M. 19. 5. 1849:
„J. Grimm hat in seiner Schrift über die Diphthongen viele
geniale Forschungen gegeben oder eingeleitet. In den
meisten Fällen indessen, wo er die ursprüngliche Einheit
verwandter Wortstämme durch einen mehr mechanischen
Ausfall von Consonanten erklärt, nehme ich lieber die or-
ganische Entfaltung mehr oder minder synonymer Neben-
wurzeln aus je einer Primitivwurzel an." — Br. 46 v. 11. 1. 1851:
„Wird denn endlich einmal das Grimmige Wörterbuch den
Kopf aus der Decke stecken?" — Br. 49 v. 27. 6. 1852: „Ich unter-
schreibe willig Weigands Witz contra Grimms Aberwitz
(vgl. Anm. zu S. 331 W.'s Bedenken gegen Grimms Deutung) u. darf mich als propheta post eventum berühmen,
von selbst auf Ihre Ansicht gekommen zu sein. jedoch
mehr an 'aber' st. 'after' denkend vgl. Ihre no. 18." — Br.

60 v. Bornheim b. Frankf. a. M. 24. 1. 1860: „Unser J. Grimm wird wegen seiner Schillerrede mehrfach angefochten, in gewohnter ungezogener Weise von Schwenck im Convers. der hiesigen (schwarzgelben) Postzeitung." — Br. 63 v. 26. 10. 1863: „Wollen Sie.... mir gelegentlich sagen: ob die Verbalendung *st* der 2. p. sing. statt der älteren *s* aus Anlehnung des Personfürwortes entstand oder wie anders? Vergeblich suche ich bei Ihnen u. Grimm Auskunft. Indem ich diesen theuren Namen schreibe, thut es mir aufs neue weh, dasz ich seine Ansprache um Beiträge zu s. Wb. bis auf unbestimmte Zeit hinaus ablehnte, gleichwohl eine Sammlung begann, aber sie noch zu unbedeutend fand, um sie ihm zu senden. Da er nicht in meine erdrückende Arbeitslast hineinsehen konnte, hielt er mich vielleicht für undankbar. *Have pia anima!"* Br. 64 v. 5. 11. 1863: „Ihre Erzählung aus Berlin (die Begräbnisfeierlichkeiten J. Gr.'s betreffend. Vgl. II, 375) rief mir eine Aeuszerung Ad. Kuhns in einem Briefe an mich in den Sinn. Er war bei W. Grimms Begräbnisse gewesen u. war sehr bewegt von Jacobs Anblick, der immer nur stumm in das Grab gestarrt habe. [Vgl. J. Gr.'s Kl. Schr. I. 179.] Die Tragödien des Lebens stimmen wenig zu dem anthropomorphen Gotte des 'Kaddissemes'!... Wer übernimmt die exotischen Sprachvergleichungen in Grimm's Wb.? Haben Sie nicht an mich gedacht? Für je tzt freilich dürfte ich nicht darnach streben. Den anliegenden Anfang einer Sammlung zu Gr. Wb. benutzen Sie nach Belieben und geben ihn s. Z. mit den Glossarauszügen zurück."

Die 8 Briefe v. J. Gr. an D. wurden mir von D.'s Nichte, Frau Prof. Bose in Giessen freundlichst mitgetheilt. In der Grimm-Correspondenz befinden sich nur 6 solcher, welche D. an J. Gr. schrieb.

S. 388 no. 194] Antwort auf D.'s Br. 1 [praes. 22. dec. 1835], womit er seine Schrift 'Über Leben, Geschichte und Sprache. Giessen 1835' übersandte: „Wolgeborener Herr! Hochverehrtester Herr Professor! Ew. Wolgeboren wollen mir nicht als Anmaszung oder Zudringlichkeit auslegen, dasz ich wage, dem hohen Priester des Tempels, in dessen Vorhofe ich diene, mit meinem kleinen Geschöpfe näher zu treten. Ihre Forschungen und noch mehr Ihr frommer, milder Sinn lehrten Sie ja längst, auch das Kleine nicht zu verachten; und in jedem Individuum — Menschen oder Buche — wohnt ja doch ein Funken der unendlichen Lebensgluth. Diese Gedanken geben mir den Muth, auch für mich und mein Büchlein eine Stunde Ihrer unschätzbaren Zeit zu erbitten. Ich er-

laube mir nur noch zu erwähnen, dasz ich die Lyrik, mit
der mein Schriftchen beginnt, von dem philologischen
Theile desselben fern zu halten gesucht habe. - Noch bemerke ich, dasz unsre hiesige — übrigens an 60,000 Bände
zählende — Bibliothek nichts Interessantes für Deutsche
Sprache darbietet, als etwa eine, zum Theile auf Pergament,
zum Theile auf Papier geschriebene Handschrift des Barlaam.
Mit herzlicher Verehrung zeichne ich mich Ew. Wolgeboren
gehorsamster Diener Dr. Diefenbach. Laubach in OberHessen.'

S. 389 no. 195] Antwort auf D.'s Br. 2. Laubach 27. 3.
1836: „Es war längst mein Wunsch, ein Autograph von Ihrer
Hand zu besitzen; ein so freundliches, an mich selbst gerichtetes muszte mir dreifache Freude machen und ich will
es gleich einer Reliquie aufheben. Ich bin aber nun so
unbescheiden und bitte Sie um Auskunft über folgende
literarische Angelegenheit: Auf unserer Bibliothek befindet
sich nämlich eine Handschrift des Barlaam... Eine Probe
liegt hierbei, nach deren Verschiedenheit von dem Köpke-
schen Barlaam Sie auf den Rest schlieszen mögen. Ich
laufe wol nicht Gefahr, mich bei Ihnen lächerlich zu machen,
indem ich in aufrichtiger Demuth frage: ob diese verschiedenen Barlaame nicht schon eine weltbekannte Sache
sind? Ich bin nämlich für meine philologischen Studien
hier so isolirt, dasz nur die treueste Liebe dazu mich daran
festhalten läszt; das genuszreiche Studium jenes monumentum aere perennius, Ihrer Grammatik, habe ich erst
kürzlich vollendet; den ersten Band hatte ich schon öfters
ganz durchgelesen, die beiden letzteren vor Ausarbeitung
meines Ihnen übergebenen Büchleins erst cursorisch, was
ich nun, da ich auch diese beiden Bände genauer erkannte
und genosz, sehr bereue früher herausgegeben zu haben. —
... Archäologisches aus diesen Gegenden weisz ich Ihnen
bis jetzt wenig zu bringen, theils weil ich selbst weniger
mein Augenmerk auf dasselbe — mit Ausnahme der Sprache
— gerichtet hatte, theils weil die raschere Modernisirung
der Wetterau das Alterthümliche in Sprache, Sitten und
Sagen sehr verwischt. Stehen Sie vielleicht schon in Correspondenz mit Professor Dieffenbach in Friedberg (einem
Verwandten von mir)? Wo nicht, so denke ich von diesem
Notizen für Sie zu verschaffen. Indessen erlauben Sie mir,
Einiges zu bemerken. 1) Im Felde von Dauernheim, Dorfe
bei Nidda (Turenheim, von Karl d. Groszen an Fulda geschenkt) ist ein Grund mit Brunnen, vom Volke Nörn-
burrem u. Nörnborn, oder Nornb., von den Gebildeteren
Nornenb. etc. genannt. Wenn ich nicht irre gehört zu
diesem Brunnen die Quelle, von der das dortige Volk be-

hauptet, dasz sie nur fliesze, wann es Krieg geben solle [vgl. II
377 Br. 25]. — 2) An der Altenburg bei Dauernheim (einem Berge
mit Gemäuer oder vielleicht nur Steinhaufen; eine Stunde
davon bei Nidda ist eine andre Altenburg, auf der sicher ein
Schlosz stand; im letzten Sommer fand mein genannter
Vetter bei einem flüchtigen Gange darüber einen antiken
Pfeil in den Steinen) fand ein Bauer eine schöne fremde
Blume, die er auf den Hut steckte. Bald fühlte er etwas
Schweres auf dem Hute, fand statt der Blume einen Schlüssel
u. gewahrte zugleich eine Thüre im Berge, die sich seinem
Schlüssel öffnete. Drinnen war reicher Glanz von Metallen
u. Edelsteinen, u. der Bauer griff wacker zu als eine Stimme
ertönte: vergisz das Beste nicht! Er versah sich nun noch
reichlicher; als er aber gehen wollte, rief die Stimme wieder
das Selbe u. so noch mehrmals; als er keinen Raum mehr
hatte zu weiterem Einpacken, ging er ungeachtet jenes
Rufes weg; hinter ihm fiel die Thüre donnernd zu und
schlug ihm noch ein Stück von der Ferse (wett. fearschte)
u. siehe, da erst bemerkte er, dasz er den Schlüssel in der
Höhle liegen gelassen. Ähnliches wird auch anderswo erzählt. Vgl. deutsche Sagen I No. 303. — 3) Ergänzung zu
ib. No. 166. Zwischen meinem früheren Wohnorte, Leid-
hecken, u. dem genannten Dauernheim liegt ein Waldberg,
der hûe bêark (hohe Berg) genannt. In diesem sah ich oft
selbst die Stätte, woher jener Steintisch in Bingenheim genommen wurde: des wëlle-frâ-geschtoils (wilde-Frau-Gestühls)
genannt, ein wunderbares Naturspiel. Auf einem ungeheuren
u. hohen Steine sind die posteriora u. Hände zwei er-
wachsener Personen u. eines Kindes eingedrückt, an ent-
sprechender Stelle unten am Vordertheile die Fuszzehen des
Kindes, wie beim Hinaufsteigen eingedrückt, oder nach
Variation der Sage, die Zehen eines zur Familie gehörigen
Hündchens. Dasz von keiner Sculptur die Rede sein kann,
zeigt der Augenschein; das wilde Ehepaar mit seinem Kinde
hauste hier 'weï di schtâñ nåch mëll wårn'; nachher wurde
es verfolgt, der Mann entfloh, Frau u. Kind lebten in Ver-
wahrsam zu Dauernheim bis zu ihrem Tode. Auszer jenem
Steine ist noch der Heerd mit Feuerstätte sichtbar. So das
Volk noch heute. Drauds Aussage (s. Sagen) befindet sich
wirklich noch unter den Urkunden, die von Bingenheim
nach Nidda gekommen sind. War hier eine Opferstätte?
Später eine Malstätte? — 4) Auf dem Glauberge unfern
Büdingen, auf welchem eine Ritterburg u. früher wol ein
Römercastell stand, erscheinen Römergestalten; noch bei
Menschengedenken kamen gerichtliche Verhandlungen dar-
über vor. Der Berg ist überhaupt interessant u. war in der

Urzeit ein feuerspeiender Berg. — 5) Hier in Laubach besteht noch ein sonderbarer Rest früherer Zeit: die Blasiusgesellschaft mit eignen Gütern, Rechten u. Lasten, die mit jenen komischen Gebräuchen, welche das Mittelalter u. die daran stoszende Zeit in ihrem sonderbaren Humore zeigt, eng verwachsen sind. Sollten genauere Angaben Sie interessiren, so stehn sie mit Vergnügen zu Diensten. — . . . . Zugleich wird es Sie vielleicht nicht belästigen, wenn ich Ihnen — bis jetzt erst unter der Hand zusammengestellte — lexikalische u. grammatische Notizen üb. den Wetterauer Dialekt mittheile; Sie wissen, dasz kein Volksdialekt ganz ohne Frucht für die historische Sprachforschung studirt wird...'

S. 390 no. 195] Der Brief D.'s, auf welchen no. 195 antwortet, liegt nicht vor. Er bat darin J. Gr. sein 'Vergleichendes Wb. d. gothischen Sprache. Frankf. 1846.' zueignen zu dürfen.

Ihre persönliche Bekanntschaft] Auf der Germanistenversammlung in Frankfurt. Vgl. D.'s Brief an Weigand in Anm. zu S. 388.

S. 391 u.] Ähnliche Äusserung im Vorw. z. Gesch. d. d. Spr.

S. 392 no. 198] Antwort auf einen weiteren verlornen Brief D.'s, womit er Gr. den Bd. II des 'Vgl. Wb. d. goth. Sprache' übersandte. Diesem vorauf ging D.'s Br. 3 von Frankf. a/M. 15. 7. 1849: Dank für J. Gr.'s 'Marcellus', der manchen Satz seiner eigenen 'Celtica' bestätige oder berichtige, „Noch überraschender aber war mir unsere Begegnung in der Hypothese über gth. sauls st. stauls, welche ich erst kürzlich in dem Msc. der Fortsetzung meines goth. Wtb. nebst den weiteren Vergleichungen Marc. 30 niedergelegt hatte. Übrigens verliert am Häufigsten, namentlich in den litu-slavischen u. der galischen Sprache st sein t vor Liquiden u. ohne Zweifel durch deren Einflusz, so auch in slup &c. — kein sulp &c.; sollte dennoch vielleicht auch in sauls die Liquide über den Vocal hinaus wirken? ... Ich habe den 2. Band (Rest, die mit L R S anl. Wörter enth.) vollendet u. den dritten und letzten seit einigen Tagen begonnen. Ihre so liebevollen Worte über mein Buch in der Vorrede zu Schulzes Wtb. trieben mich um so kräftiger wieder in meine Forschungen hinein, als die Politik mich gänzlich missmütig u. müde gemacht hatte. ... Aber nun kann ich keinen Verleger finden, u. hatte schon lange vor, für eine Entdeckungsreise nach einem solchen Ihre gütige Unterstützung nachzusuchen, was ich denn hiermit angelegentlich thue. .... Ich erlaube mir, einige flüchtige Bemerkungen zu Ihrer Geschichte d. d. Spr. Ihnen vorzulegen u. dabei der Kürze wegen mitunter auf den in meinen

eigenen Schriften zusammengestellten Stoff zu verweisen.
Wahrscheinlich sind sie für Sie zum Theile überflüszig,
sollen aber auch wirklich nur als anspruchslose Aphorismen
erscheinen. — G. d. d. Spr. S. 10 —11. 'arame' aus alramen
&c. vgl. Goth. Wtb. I. S. 15. — S. 12. 'ezüst, ezüs' medo-
persischen Ursprungs, wie viele Wörter der finn. u. kaukas.
Sprachen vgl. osset. avzizt, dug. azuesta, klpr. tagaur.
ävzist, digor. avẑeste, Ljogr. argentum. Nur die dugor. Form
hat nicht die in den übrigen Mundarten übliche Umstellung
u. zeigt die wahrscheinliche Verwandtschaft mit sskr. çveta
id. Weiteres s. Celtica I. 1. S. 29 ff. — 'bronze' &c. doch wol
zu braun, brunire gehörig, vll. von der Bed. politum = bru-
nitum, 'stanno lucidissimo i. e. bene brunito' Gloss. man.
1, 812 ausgehend. i fiel aus in mlt. bruntus, bruntissagium
ib. — 'brass' = gal. prais f. cymr. prês m. corn. brest. —
esthn. 'werrew' ruber von werri sanguis, wie finn. werewä
sanguineus, pulcher von weri sanguis. — S. 30. Über cymr.
osw, 'echwa, ep.' &c., wie übh. über Pferdenamen s. Gth. Wtb.
I. S. 28 ff. — nnl. 'ruin', mnnd. rûne, aachen. rong, ä. nhd.
raun, esthn. ruun equus castratus. nnl. ruinen, nnd. rûnen,
rünken, lett. rûnit, esthn. runama castrare. vgl. vll. ahd.
runen (rimen Graff 2, 526) mutilare; u. s. m. wahrscheinlich
andern Ursprunges, als warannio. — 'page' equus machten
Sie mir schon hier bemerklich. Hat das wort etwa noch
andre Bedeutungen? Ist nnd. pageminte mentastrum neben
poggeminte menta palustris Br. Wtb. 3, 283. 348. zu beachten?
vgl. die entspr. Namen bei Nemnich vv. mentha aquatica,
arvensis, sylvestris. Mit afrz. paquée mauvais cheval hat
wol page eben so Wenig zu schaffen, als mit port. faca, sp.
haca &c. mannulus, das wiederum schwerlich mit altn.
fâkr zusammenhängt. Nach mehrfacher Analogie kann page
eher mit dän. dial. plagföll, föllplack, n. süddän. nordfris.
plagge Füllen zusammenhangen. — Hängt span. 'burro',
borrico Esel, frz. bourrique, mlat. (früh) buricus, burricus &c.
mgr. βγρίχος Gl. man. 1, 846 mit burdo ib. 837 zusammen?
— S. 33. cymr. 'dafad' f. corn. davat, davas, brt. danvad,
vann. davad comm. Schaf, vll. mit dant Zahn zusammen-
hangend, wie bidens &c. Gesch. S. 35? — S. 35. cymr.
'llamp' agnus ist, wenn ich nicht irre, eine der zahlreichen
Fictionen Leos, der das malb. lamph, lamb keltisieren
wollte; dagegen gehört gal. lumhan, lubhan m. agnus hierher; luan finde ich, auszer bei Nemnich, nirgends, wol aber
uan, dessen vollere (wenn nicht blosz phonetisch oder
graphisch zu nehmende) Formen uaghn, uaghan Gesch. 35
den von mir Gth. Wtb. I, S. 82 geleugneten Zusammenhang
mit agnus möglich machen; vgl. meine Ntrr. in Bd. II. 1.

S. 123. Zu 'lamm' vgl. noch esthn. lammas, gen. lamba, lapp. lamb neben libba, libbe agnus, letzteres vll. zu trennen u. zu libbes mansuetus, mitis zu stellen. — S. 38. Über slav. 'pysü, pes' &c. canis habe ich Gth. Wtb. I. S. 351 eine andre Hypothese gewagt. — S. 95 ff. Weigand in Gieszen hat Ihnen wol die von ihm in einer Hs. gefundenen slav. Monatsnamen zugesandt? — S. 169 ff. Den lithauischen Sprachen weise ich ein nahes patriarchalisches Verhältniss zu den slavischen zu, ähnlich wie der gothischen zu den neudeutschen Sprachen. — lett. Guddi Weiszreussen. — S. 211. dak. *διίλεια* (doch nicht st. *βιίλεια*??) beziehe ich (Celt. I. 1. S. 203) zu alban. diet, dieti Sonne (vgl. die Insel *Δῆλος*, von vorgriechischer Bevölkerung benannt, oder: *δηλὸς* &c.?) nach Analogie anderer Namen dieser Pflanze. Überhaupt verdient die alban. Sprache Berücksichtigung bei allen osteuropäischen Forschungen; leider mangeln uns noch gute Hülfsmittel. — S. 236. *σάρα* caput (vll. = gr. *κάρα* urverw.) gehört einer medopers. Sprache an vgl. pers. sar u. kurd. afghan. ser, afghan. osset. digor. sar, osset. tagaur. sär caput. — S. 343. Das armen. Alphabet beginnt, wie das griechische (auf welches es sich auch meist graphisch zurückführen läszt) mit a, b, g, d u. ist nicht in Unordnung, sondern später regelmäszig lautverschoben. Alle Mediae haben nachweislich später mit den Tenues die Aussprache ausgetauscht. Noch ist dieser interessante Zweig des medopers. Sprachstammes wenig durchforscht. — S. 433. slav. 'vjetrü' steht wol näher an wetter, weather als an wind, vgl. goth. Wtb. V. 27. Vgl. noch lth. newidónas Missgönner, Feind, kurd. na-binum, osset. ne-fettun odi, eig. non video, vgl. goth. Wtb. I. S. 224. 225, wo ich auch neith hinzugezogen habe, doch nur mit Bedenken; vgl. ib. II. 1. S. 106 ff. — S. 968. Auch einer der sorbenwend. Dialekte besitzt noch einen schönen Dual. — S. 974. Zu den niederhess. Formen vgl. wetterau. was-, ob-, dasz-, wie (weï)- der, ter = was ihr, worin nicht die Part. dar (Schmeller 1, 389), sondern nur das enklit. Personfürwort steckt. Gehört hierher wett. da-t habter, sing. da hastu? Ich habe meine Notizen über Letzteres verlegt. — S. 973. zigeun. 'styngonester' (flectierte Form) stammt von dakorom. sti'ngu, ste'ngu link, f. sti'nga' linke Hand, nach Ofen. Wtb. = it. man stanca. Auch dieses stanco berührt sich mit deutschen Wörtern; ich habe bereits mehreres darüber gesammelt. — Erlebe ich die Vollendung und Herausgabe meines goth. Wörterbuchs u. bin dann nicht genöthigt, einen schleunigen Broterwerb zu suchen; so werde ich vor Allem meine zahlreichen sprachvergleichenden Brouillons sichten u. ordnen.

Immer mehr wird mir bei diesen Studien meine Mutter-
sprache in allen ihren zeitlichen u. räumlichen Phasen das
Centrum u. Hauptziel. Leider bin ich hier sehr isoliert für
dieses Fach. Nehmen Sie mich als Famulus an! Vielleicht
findet sich einmal eine halbe Sinecure für mich in Berlin,
etwa an der Bibliothek, die bei mäszigem Salare auch nur
mäszige Amtspflichten gibt u. Zeit zu stillem Forschen
gibt. . . ."

S. 393 no. 199] Darauf antwortet D.'s Br. 4. Frankfurt a/M.
16. 6. 1854: „Mein verehrter Meister und Freund! Von einer
Reise zurückgekehrt werde ich durch Ihren lieben Brief und
durch die wolwollende Ankündigung meines neuen Wörterbuchs in Ihrer Vorrede überrascht. Letzteres wird, für Sie
wenigstens, multa, non multum, enthalten; ich werde über-
zufrieden sein, wenn Sie es einst für eine brauchbare Schüler-
arbeit Ihres Schülers erklären u. hier und da gar noch
Einiges von meinem Steingebröckel zwischen die Quadern
Ihres mächtigen Baues einfügen mögen. . . . Baer dahier
gedenkt, im nächsten Jahre die Herausgabe zu bewerk-
stelligen, wenn bisz dahin — Europa die Wahl zwischen
Kosackisch u. Republikanisch getroffen hat. Leider bewegt
diese Wahl auch mich unseligen Europäer lebhafter, als
einem Alterthumsforscher heilsam ist, u. über die Telegraphie
vergesse ich oft die Lexikographie. . . . Bizarrer Weise
denke ich manchmal bei meiner Arbeit, dasz einst Hercules
bei Augias zwar die unreinlichste, aber darum nicht die
uninteressanteste seiner Arbeiten fand. Eine ähnliche Ge-
schmackslaune gab mir früher Geduld zu meinen Forschungen
über die Zigeunersprache. . . . Ich freue mich auf jede neue
Lieferung Ihres Wörterbuchs, beklage aber oft, dasz Sie
nicht mindestens ein Dutzend Leben, wenn auch auf Kosten
müsziger Inhaber, vom lieben Gotte als Zulage für jedes
Ihrer Jahre erhalten — damit Sie auch in den Seiten-
kapellen Ihres Domes Amt halten können bisz in die tiefsten
Krypten hinab, ohne dem Dienste des Hochaltars Etwas
abzubrechen. Mit den Meinen Ihnen u. Ihrem ganzen lieben
Hause empfohlen Ihr Lorenz Diefenbach."

S. 393. Halbertsma] 12 Briefe J. Gr.'s an Halbertsma
stehen in Zacher's Zs. f. d. Philol. 17, 257 ff.

S. 394 no. 200] Antwort auf D.'s Br. 5. Frankf. a/M.
15. 6. 1857, wo er Gr. sein Gloss. Latino-Germanicum etc.
übersandte. „Endlich sende ich Ihnen mein Glossar . . .,
Freilich hätte ich noch die Bibliotheken der Universitäten.
Kirchen u. Klöster durchstöbern sollen; aber in beiden
letzteren hätte ich als persona ingrata selten Zugang ge-

funden, und zu Reisen überhaupt fehlte mir Zeit und Geld.
Ich habe Gründe zu glauben, dasz in der That auch viele
von mir unbenutzte Glossarien mir verhältnismäszig wenig
wesentlich Neues geboten haben würden — während freilich
selbst auf Misthaufen ungesuchte Perlen gefunden werden.
Massmann hat mir Hülfsmittel aus Berlin versprochen, aber
nicht gesandt. Seit dem Schlusse des Druckes habe ich
selbst noch einige hübsche Vocc. erhalten, namentlich eine
rein niederländische Gemma Gemmarum. Ich will auch
unter der Hand, je nach Kräften u. Gelegenheit, weiter
sammeln, um über kurz oder lang ein Nachtragsheft herauszugeben; die Auflage ist zu stark, um Aussicht auf eine
künftige Umarbeitung zu gestatten. Meine Manuscript-
numer 26 stammt, wie ich zufällig kürzlich von Weigand
erfuhr, aus Nebels Bibliothek in Gieszen u. ist Ihnen von
W. excerpiert worden. — Ich war kürzlich nahe daran, mich
aus der Zersplitterung u. dem Dilettantismus zu retten,
denen ich mich in Frankfurt, trotz meiner Eingezogenheit,
nicht entziehen kann. Aber Familienverhältnisse u. wieder-
holte finanzielle Schläge hemmten meine Bewegungen, und
ich habe wieder auf ein Jahr in Frankfurt gemiethet, eine
sehr freundliche Wohnung unmittelbar vor dem Allerheiligen-
thore — wo mich Ihre freundlichen Augen gewiss einmal
finden werden, wann Sie wieder gen Süden wandern. Wäre
ich nicht auch dem Könige von Preussen gegenüber ein
Ungläubiger, so würde ich Sie um Rath u. That bitten, um
von Jenem eine Sinecure an einer Bibliothek zu erhalten,
in welcher ich in friedlicherer Weise der Welt nutzen könnte,
als hier, wo ich nicht aus den Katzbalgereien mit den
Ultramontanen herauskomme. — Mit meinen warmen
Grüszen an Sie u. an die edle Familie Wilhelm Grimm verbindet meine Frau die ihren. Gedenken Sie Ihres treu-
ergebenen Lorenz Diefenbach.“

S. 395 no. 201] Antwort auf einen verlorenen Begleitbrief D.'s und erwidert durch D.'s Br. 6 v. Bornheim bei
Frankf. 14. 2. 1861: „Mein hochverehrter Freund! Nicht länger
will ich auf die Ankunft des Diplomes warten, um Ihnen zu
sagen, dasz dieses überraschende Ehrenzeugniss mir dadurch
noch eine höhere Weihe erhält, dasz ich es zunächst Ihrer
theuren Hand verdanke. - Seine, von Ihnen fragweise berührte,
günstige Einwirkung auf meine äuszeren Verhältnisse wird
leider durch die immer noch dauernde Verfehmung meiner
Confession (der deutsch-katholischen) aufgewogen werden,
ob ich gleich längst jüngeren Kräften meinen Platz in der
ecclesia militans überlaszen habe. Meine bisherigen Versuche, ein Lehr-, Bibliothekar- oder Archivar-amt zu er-

halten (am liebsten eine halbe Sinecure mit folglich auch
nur halber Besoldung), blieben erfolglos, auch fehlte es
wirklich an passender Gelegenheit, oder sie entgieng meiner
Aufmerksamkeit in meinem Stilleben. Wäre ich für pa-
pistische u. habsburglothringer Zwecke so thätig gewesen,
wie für protestantische u. preussischdeutsche, so wäre mir
äuszerlich geholfen, was mir freilich weder Ehre noch Freude
machte. Im Vertrauen gesagt, Hr. Max Duncker hätte
mehrerlei Wege gehabt, mich zu fördern, u. schien einmal
dazu geneigt, rechnete aber auf mehr Zudringlichkeit, als
ich besitze. − Was Sie mir von Ihrem Gesundheitszustande
schreiben, betrübt mich sehr, u. ich empfinde es um so
deutlicher mit, weil auch ich Winterleiden (des Jahres u.
des Lebens) trage. Es ist ein Jammer, dasz der Geist so oft
mit der Materie unterhandeln musz! — Was mögliche Beiträge zu Ihrem Wörterbuche betrifft, so halte ich mich zu
Diensten für dieses Volksdenkmal verpflichtet, wage aber
keine bestimmter zu versprechen, solange meine Zeit und
Zukunft nicht bestimmter vor mir steht. Augenblicklich
ist meine Arbeitszeit fast ausschlieszlich durch übernommene
novellistische Verpflichtungen in Anspruch genommen. —
Auch auf diesem Gebiete fällt es mir schwer, so weit aus
mir selbst herauszutreten, als es das Publicum verlangen
darf, selbst das wahlverwandte, das ich zunächst im Auge
habe. Sollte Ihre, mit so freundlichem Beisatze gemachte,
Rüge der ‚schwierigen Anordnung‘ in meinen Origines dem
Lexikon gelten u. ich Ihnen dessen Benutzung durch ein
hs. Register der darinn besprochenen deutschen Wortreihen
erleichtern können, so verfügen Sie über mich. — Auch für
die Reliquie Ihres lieben Bruders meinen besten Dank!
Eine Begegnung mit Ihm, Frau u. Tochter (die auch einmal mit Ihnen uns besuchte) zwischen hier u. Gieszen (auf
dem Bahnhofe) bleibt mir eine werthe Erinnerung. Dankbaren Grusz u. Händedruck von Ihrem getreuen Lorenz
Diefenbach.“

S. 397. Landau]. Archivar, geb. in Cassel 26. 10.
1807, gest. ebenda 15. 2. 1865. vgl. über ihn Gerlands
Fortsetzung zu Strieder-Justi S. d23 ff. u. Zs. d. V. f. h.
Ges. N. F. X. Suppl. S. 19. In der Grimm-Correspondenz
befinden sich 7 Briefe Landaus an J. Gr.

S. 397 no. 202]. Antwort auf L.’s Br. 1 v. 16. 2. 1833,
mit welchem er J. Gr. Abschrift eines Rulaer Weisthums
nach dem Original des Casseler Archivs übersandte u. sich
zu weiteren Mittheilungen erbot.

S. 398 no. 203]. Antwort auf L.’s Br. 2 v. 22. 10. 1833,
mit welchem L. Abschrift eines im Besitz des Prof. Nebel

in Gieszen befindlichen Weisthums schickte, auch von 2
Weisthümern aus Kaltennordheim berichtet, die er in
einem alten Copialbuch in Fulda gesehen
S. 398 adv. Carl]. auch erwähnt in Bangs Brief 32
in Anm. zu S. 108.
S. 398. Bibl. Bernhardi]. Der hier erwähnte
Brief Bernhardi's ist nicht erhalten. In der Grimm-Correspondenz sind nur 8 Briefe von ihm vorhanden. — Br. 1.
Kassel 26. 6. 1830, „Ich benutze das freundliche Anerbieten
des Überbringers, um durch Sie beykommende Anküudigung
des thesaur. Stephan., an die Göttingische Bibliothek ab-
zuliefern. ... Zu gleicher Zeit freue ich mich Ihnen bey dieser
Gelegenheit zu bezeigen dasz ich es mir zu einer vorzüglichen Ehre schätze Ihr Nachfolger geworden zu seyn, und
dasz es mein herzlichster Wunsch ist, Ihnen näher bekannt
zu werden. Sollte ich Ihnen bey Ihren wissenschaftlichen
Forschungen hier von einigem Nutzen seyn können, so ersuche ich Sie nur frey über mich zu beschicken. ..."
Br. 2. Kassel, 20. 6. 1831: „Mit Vergnügen übersende
ich Ihnen die verlangten Bücher. Sie wissen wahrscheinlich
dasz die Bibliothek an das Land abgetreten worden ist;
jedoch will der Kurfürst alle die Bücher zurücknehmen,
welche er aus der Wilhelmshöher Bibliothek ins Museum
gegeben hat. Da ich kein Verzeichnisz dieser Bücher unter
den Papieren der Bibliothek vorgefunden habe, so konnte
ich bisher diesz Geschäft, alle Cataloge mit Federstrichen
zu durchkreuzen, als unthunlich zurückweisen. Nun hat
man mir aufgetragen, an Sie zu schreiben, um zu erfahren,
ob kein Katalog dieser Bücher aufgestellt und besonders
bewahrt worden ist. Ich bitte Sie daher, mir sobald als
möglich ein officielles Schreiben, welches ich den Herren Kom-
missaren vorlegen kann, über diesen Gegenstand zukommen
zu lassen."
Br. 4. Kassel, 8. 2. 1835: „Verehrtester Freund! Ihr
beifälliges Urtheil in Beziehung auf die Bildung eines Vereins für hessische Geschichte und Landeskunde hat unsern
Muth bedeutend erhöht. Im Auftrage des Ausschusses ersuche Sie zugleich, uns womöglich für das erste Heft eine
kleine Gabe zugehen zu lassen. Ihren besonderen Rath
und Ihre gütige Mitwirkung nehmen wir dann noch in
einer Angelegenheit in Anspruch, die wir ohne Ihre Leitung schwerlich genügend würden durchführen können.
Wir beabsichtigen nämlich die Grenzen der verschiedenen
hessischen Mundarten zu ermitteln und das Gebiet einer
jeden topographisch darzustellen, als Vorarbeit zu einer
Sprachkarte von Deutschland. Gewisz haben Sie dazu schon

Vorarbeiten, wir werden Ihnen gern, nach einer von Ihnen
zu entwerfenden Anweisung, alle erforderlichen Materialien
liefern, und Ihnen die Arbeit soviel möglich erleichtern,
wenn Sie die Leitung dieser Forschungen übernehmen wollen. Zu gleicher Zeit würde eine von Ihnen ausgehende
Aufforderung an alle deutschen Geschichtsvereine zu einer
gemeinschaftlichen Ausarbeitung einer S p r a c h k a r t e für
g a n z D e u t s c h l a n d nach denselben Grundsätzen und
demselben Maasstab gewisz überall Anklang und willige
Arbeiter finden. Es wäre diesz überaus wichtig für die
Geschichte so wie für die Sprachforschung, und darum hoffe
ich keine abschlägige Antwort zu erhalten. Wenn Sie es
wünschen und wenn Sie eine mündliche Beredung dieser
Sache für ersprieszlicher halten, bin ich bereit nächstens
nach Göttingen zu kommen, denn ich verkenne keineswegs
die Schwierigkeiten, welche bei der vorgängigen Feststellung der Mundarten zu überwinden sind, und weisz auch
wie wenig Männer im Stande sein werden, die erforderlichen Nachrichten gehörig einzuziehen; es wird daher
einer recht ausführlichen Erläuterung bedürfen, damit unsere zukünftigen Berichterstatter erst lernen, wie sie ihre
Studien beginnen müssen."

Br. 7. Kassel, 4, 12. 1837: „Verehrte Herren Kollegen
und Landsleute! Dasz sich das Herz Ihrer alten Landsleute höher hob, als sie unter denen, welche bei der Wahl
zwischen Vortheil und Pflicht u n b e d e n k l i c h und l a u t
ihre Überzeugung aussprachen, zwei in ganz Deutschland
gefeierte Namen sah[en], die Hessen noch näher angehören
sollten, als diesz seit acht Jahren der Fall ist, das kann
Ihnen wohl keinen Augenblick zweifelhaft sein, und darum
bedarf es keines öffentlichen Ausdrucks der in dieser Beziehung hier allgemein herrschenden Gesinnung. Ich aber
kann unmöglich diese Gelegenheit vorüber gehen lassen,
ohne Ihnen, als Stellvertreter eines wahrhaft deutschen
Händedrucks von meinem Kollegen Schubart und mir einen
vaterländischen Grusz zu senden, womit sich der herzliche
Wunsch und die Hoffnung verbindet, dasz diese Verhältnisse Gelegenheit geben mögen, unserem Hessenlande ein
verlorenes Gut wiederzuerwerben. Freundschaftlichst Karl
Bernhardi."

Br. 8. Kassel, 19. 4. 1848 an W. Gr. gerichtet: „Hochverehrter Freund! Mit der gewünschten Anzeige, dasz
unsere Handschrift glücklich an die Bibliothek zurückgelangt
ist, verbinde ich Namens der Bibl. den freundlichsten Dank
für das stattliche Exemplar Ihrer 'Exhortatio'. Die Zeit-
ereignisse haben mir kaum eine flüchtige Ansicht gestattet

und da man mich nach Frankfurt schicken will, so werden die Sprachstudien und die 2. Auflage meiner Sprachkarte auch in diesem Jahre ruhen. Es freut mich, dasz Bezzenbergers Arbeit Sie befriedigt hat, er ist bis jetzt fast der Einzige, den ich hier in Kassel für ein ernsteres deutsches Sprachstudium habe gewinnen können. Wir haben hier vorausgesetzt dasz Ihr Hr. Bruder Jakob in Preuszen für Frankfurt gewählt wird, da Sie 110 Abgeordnete schicken. Sollte dazu keine Aussicht sein, so wäre es mir lieb, umgehend Nachricht zu erhalten, indem hier wahrscheinlich Doppelwahlen Statt finden. . . .‟ Br. 3, 5, 6 v. 22. 10. 1833, 17. 12. 1835, 1. 8. 1837 sind nur kurze Begleitschreiben zu Büchersendungen. — Auch von Bernhardi's Collegen Schubart liegt in der Grimm-Correspondenz ein Brief vom 15. 3. 1842 vor, womit er durch Bergk an die Brüder ein neues Heft des Geschichtsvereins sendet und seine Freude über ihre Wiederherstellung ausspricht. — Von Briefen der Brüder an Bernhardi scheint wenig erhalten zu sein. Seine Tochter theilt mir mit, dasz bei ihres Vaters Tod 1874 sich keine solche mehr vorfanden. In der Zeitschr. d. Vereins f. hess. Gesch. Neue Folge X. Suppl. S. 10 ist eine Stelle aus einem Br. J.'s an Bernhardi v. 12. 12. 1834 mitgetheilt u. ebenda S. 9 eine solche aus einem etwas älteren Br. Wilhelm's an Dr. Schubart. Wegen eines weiteren Briefes s. Anm. z. I, 5. Ueber Bernhardi wie Schubart vgl. vorgenannte Zs. S. 17 u. 22.

S. 399 no. 204 undatirt aber wegen der Erwähnung von Schraders Tod († Nov. 1834) wohl vor no. 205 geschrieben. Die diesen beiden Briefen u. no. 206 entsprechenden Briefe L.'s liegen nicht vor.

S. 399. Kinderlingsche Bände]. K. war Archivar in Fulda u. starb 1819 zu Mainz.

S. 399. Schrader], L., Lieutnant in Cassel. Seine 1832 von Dieterich in Göttingen verlegte (vgl. S. 400 no. 206) Geschichte der Grafen von Nordheim u. Kaltenburg (Bd. 1. von: 'Die älteren Dynastenstämme zwischen Leine, Weser u. Diemel' u. s. w.) war den Brüdern Grimm gewidmet. Von Schr. finden sich in der Grimm-Correspondenz 14 Br. aus den Jahren 1829—1833, welche im wesentlichen das vorgenannte Buch, welches J. Gr. auch in dem Gött. Anzeiger besprochen hat, betreffen, u. die hohe Verehrung Sch.'s für die Brüder bekunden, ebenso auch die freundliche Unterstützung, welche ihm Jacob Gr. in seinen wissenschaftlichen Bestrebungen gewährte. Die B. 1 S. 400 erwähnten nachgelassenen Abhandlungen Schr.'s scheinen ungedruckt geblieben zu sein, wenigstens ist keine in der Zeitschrift d. hess. Geschichtsvereins veröffentlicht worden.

S. 399.   Falkenhainer] = Falkenheiner, welcher
in Bd. I—III d. Zs. d. V. f. hess. Ges. eine Anzahl Aufsätze
veröffentlichte.
    S. 400 no. 206]. Antwort auf L.'s Br. 3 v. 13. 1. 1836:
.... „Hinsichtlich des Christenbergs erlaube ich mir noch
einige Bemerkungen. 1240 findet sich Kesterburg zuerst
und diese Namensform bleibt bis gegen das Ende des 15.
Jahrh. Erst im 16. Jahrh. finde ich Christenberg. Schon
1240 findet sich K. als der Sitz eines Landdechanten, wozu
doch nur die ältesten, wenigstens wichtigern, Kirchen erwählt
wurden. ... Wie aber konnte sich Kesterburg in Christenberg verwandeln. ... Diese Umwandlung schien mir einiges
Analoge mit dem hessischen Kespern für Kirschen zu
haben. Wenn Ew. Wohlgeboren mir hierüber eine nur
etwas bestimmte Ansicht mittheilen könnten, so würde mir
dieses sehr angenehm seyn, indem ich eine Geschichte dieser Kirche, wozu ich Verschiedenes gesammelt, für eines
der nächsten Hefte unserer Zeitschrift bestimmt habe. ...‟
    S. 401 no. 208]. Darauf erwidert L.'s Br. 4 v. 8. 5.
1836: .... „Morgen gehe ich nach Marburg... Namentlich
werde ich nach Nachrichten über den Christenberg forschen.
Ihrer in Ihrem letzten gütigen Schreiben geäuszerten Vermuthung, dasz Kester sich wohl auf den h. Castor beziehen möchte, kann ich nicht beistimmen, weil nie Castor
sondern stets Kester geschrieben wird und sich dann gewisz auch der Zusatz heilig finden würde, wie dieses stets
bei den Orten der Fall ist, die ihren Namen einem Heiligen zu verdanken haben. ...‟ — Vgl. auch W. Kolbe: 'Der
Christenberg im Burgwald' Marb. 1879.
    S. 402 no. 209]. Antwort auf L.'s undatirten Br. 5
[praes. 5. 1. 1855]: „Theuerster Landsmann! Unmöglich
kann ich die Anlagen an Sie abgehen lassen, ohne denselben einige Zeilen beizufügen. Gewisz nehmen auch Sie
Interesse an der projektirten Beschreibung der deutschen
Gaue. Um das grosze Unternehmen zu fördern habe ich
ein Exemplar der Beschreibung der Wetterau der dortigen
Akademie übersendet und dieselbe gebeten, durch einen
Ausspruch das Vorhaben zu empfehlen. Es würde dadurch
eine Anregung gegeben werden, welche sicher heilsame
Folgen haben würde. Haben Sie die Güte das Gesuch
durch Ihren Einflusz zu unterstützen. Indesz wäre es mir
auch sehr angenehm, wenn Sie sich persönlich gegen mich
aussprechen wollten. ... Was sagen Sie aber zu der von
mir nachgewiesenen eigenthümlichen Dreitheilung. Als
ich zuerst Waitz davon schrieb, hat dieser meine Mittheilung durch Schweigen beantwortet. Ich habe es ihm nicht

übel genommen, denn einer einfachen Versicherung würde
ich eben so wenig Glauben schenken. Indessen überzeuge
ich mich immer mehr von der Wahrheit, denn auch im
fränkischen Hessen u. im Oberlahngaue, mit denen ich
jetzt beschäftigt bin, wiederholt sich fort und fort dieselbe
Thatsache. Ja, was den letztern betrifft, so erhält meine
frühere Behauptung, (Territorien etc.) dasz derselbe ein
von den Hessen unterworfenes Gebiet sey, durch jene Dreitheilung eine auffallende Bestätigung. Der Niederlahngau
hat nämlich θ, der Oberlahngau 3 Centra, also waren beide
ein Ganzes. Dazu kommt dann noch, dasz der Oberlahngau keinen Centralpunkt hat, sondern aus drei abgeson-
derten unter verschiedenen Grafen bestehenden Theilen
besteht....' — Auf no. 209 erwidert L.'s Br. 6 v. 1. 5. 1855, worin
L. für Gr.'s Urtheil über seine Arbeit dankt und sich weiter
über sein Unternehmen verbreitet. L.'s Br. 7. v. 28. 1. 1862,
womit er eine neue Abhandlung übersendet, beschlieszt die
Correspondenz.

S. 403. D r o n k e] Ernst Fr. Joh. D. Codex diplom.
Fuldensis Cassel 1850 4. Erst 1862 erschien dazu ein 'Register'
v. Jul. Schmincke.

S. 404. K u r f ü r s t i n A u g u s t e] Tochter des Königs
Friedr. Wilh. II. v. Preuszen, sie starb 1841. Über die freundlichen Gesinnungen, welche sie gegen die Brüder hegte, die
schon von 1809 her datirten, aber dem Fortkommen der Brüder
in Cassel am meisten geschadet haben werden, vgl. noch
Briefe m. v. Meusebach S. 356 f. u. 369. Wie hoch diese
unglückliche Frau in der Achtung ihrer hessischen Unterthanen stand, dafür zeugt auch das schlichte Denkmal auf
der nach ihr benannten herrlichen Kuppe „Augustenruh"
in Marburg (vgl. S. 125 u. Anm. zu S. 127 Justi). --
1830 hatte die Kurfürstin die Brüder in Göttingen besucht
(vgl. W. Gr. an v. Meusebach S. 136) und im Herbst 1830
war Wilhelm bei ihr in Fulda (vgl. II. 225 S.'s Br. 64.) Dasz W.
in den 20er Jahren bei ihr die Stellung eines Vorlesers versehen
hatte, ergiebt der obige Briefwechsel; vgl. dazu die Stellen aus
Völkel's Brief in Anm. zu S. 61. — Die „Briefe aus der
Correspondenz der Brüder mit der Kurfürstin Auguste u.
ihrer Tochter Marie", wurden mir von Herrn Regierungsrath
Rudolph Grimm gütigst zugestellt. Sie ergeben überdies,
dass die Kurfürstin bei W.'s Tochter Pathe stand und sie
reichlich beschenkte.

S. 409. L e b e n d. H e r z o g i n v o n B r i e g]. vgl.
S. 411. Gemeint ist das seiner Zeit Aufsehen erregende
Buch des Syndicus von Brieg Koch: 'Denkwürdigkeiten aus

dem Leben der Sibylla' Brieg 1830, welches das Haus- und Tagebuch Val. Gierth's, Rothgerbermeisters zu Brieg wiedergeben will und reichliche Nachrichten von Dorothea Sibilla Herzogin von Liegnitz u. Brieg (Tochter des Kurf. Joh. Georg v. Brandenb.) enthält. Nach einer Breslau 1838 erschienenen Untersuchung v. H. Wuttke ist dieses Buch indessen gröfztentheils Koch's Erfindung. Die Fälschung hatte Forscher wie Stenzel und Menzel irregeleitet. Vgl. hierüber noch Grünhagen in d. allg. deutschen Biographie V 359.

S. 411. die letzten traurigen Auftritte] welche durch das Zerwürfniss der Kurfürstin mit ihrem Sohne dem Kurprinzen veranlaszt waren. Siehe eine Schilderung derselben in Fr. Müller, Kassel seit 70 Jahren S. 264 ff. Vgl. auszerdem hier II 227 Snabedissens Br. 66 v. 23. 12. 1831 u. II 265 einen Br. J. Gr.'s an Hupfeld.

S. 413 Z. 8.] l. Professor st. Prossor.

S. 416. die Professoren in alterthümlichen Talaren u. Baretten]. Bekanntlich war aus Anlass der Einführung dieser Festkleidung zwischen J. Grimm u. Chr. Dahlmann eine vorübergehende Meinungsverschiedenheit entstanden, worüber vgl. Allg. Zeit. 1885 Beil. no. 158—9.

Band II.

S. 1. Ich habe ... nach erhaltener gnädigster Erlaubniss jura studirt.] Für Jacob fehlt eine derartige Notiz. Bis 1830 bedurften alle Landeskinder die nicht einer schriftsässigen Beamtenfamilie angehörten, eine ausdrückliche Erlaubnisz des Kurfürsten wenn sie sich den Universitätsstudien widmen wollten.

S. 1. Ich habe mich im Sommer 1806 in Marburg öffentlich examiniren lassen.] Die widersprechende Angabe in der Autobiographie. „Im Frühjahr 1807 wurde ich examinirt" (Justi S. 171) ist unrichtig. Aus den von mir nach langem Suchen aufgefundenen Acten der jurist. Facultät (Decanalien vom Jahre 1806) geht hervor, dasz Wilhelm Grimm, der seit Jacobs Rückkehr aus Paris d. h. seit Ende September 1805 mit ihm in Cassel bei der Mutter lebte (vgl. Justi S. 154), am 14. Mai 1806 geprüft werden sollte. Er reichte jedoch folgendes Gesuch um Aufschub ein: „Wohlgeborener Herr, Hochzuverehren-

der Herr Professor! Die Heftigkeit eines wiederholten
Anfalls meiner Krankheit macht es mir leider unmöglich,
zu der so gütig bestimmten Zeit in Marburg zu erscheinen,
und die Bitte bei Eurer Magnificenz nothwendig: meinen
Examen noch 8 Tage aufzuschieben, und mir daher den
21. Mai festzusetzen, oder, wo diesz nicht geht, den nächst
möglichen Tag. — Ich hoffe, dasz, weil ich ohne alle Schuld
bin, Eure Magnificenz die Bitte um Verzeihung, durch diese
Sache, Ihre vielen Geschäfte noch vermehrt zu haben, gütig
aufnehmen werden, wie die Versicherung der grösten Ehrerbietung, mit der ich verharre Eurer Magnificenz gehorsamster Diener Wilhelm Carl Grimm, Cassel am 6. Mai 1806.ʺ
— Der Aufschub wurde bewilligt und die Prüfung fand am
21. May 1806 statt. Das Protocoll darüber von Decan
Robert aufgestellt besagt: „Die heutige Versammlung war
zu dem *Examine pro advocatura* des Candidaten Wilhelm
Grimm aus Hanau bestimmt. Es examinirte A) Herr Vice-
kanzler E r x l e b e n : 1) aus dem bürgerlichen Rechte die
Lehre von den Erbschafts-Klagen ; 2) aus dem Kirchen-
rechte die allgemeinen Begriffe von der Kirche, Kirchen-
Gewalt, dem *jure circa sacra*, der in Teutschland recipirten
Kirchen und ihren Verhältnissen ; B) Herr Professor
B u c h e r aus dem teutschen Staatsrecht die Lehre von der
Regierungsform des Reichs, der Person des Kaisers, dem
Reichstage: C) Herr Prof. W e i s fragte : 1) aus der Rechts-
geschichte von den Bestandtheilen des *corporis iuris
romani;* 2) aus dem bürgerlichen Recht von der testamen-
tarischen Erbfolge; D) Herr Prof. B a u e r examinirte:
1) aus dem teutschen Privatrecht die Lehre von der Güter-
gemeinschaft unter Eheleuten ; sodann: 2) aus dem pein-
lichen Rechte von dem Begriffe und den Erfordernissen des
Verbrechens; E) Ich fügte einige Fragen hinzu 1) aus dem
Lehnrecht von der Infeudation; 2) aus dem bürgerlichen
Process von dem Einreden. — Das Conclusum ging dahin,
dasz dem Cand. bezeugt werden solle: er habe aus allen
Theilen zur Zufriedenheit der Facultät geantwortet. Ich
nahm hiervon das Staatsrecht in meinem *voto* aus.ʺ —
Hierauf wurde dem Examinanden folgendes Zeugniss ausgestellt: „Qui per biennium annique dimidium in hac
alma nostra studiis legitimae inprimis scientiae laudabili
diligentia incubuit Guilielmus Grimm, Hanouiensis, vitae
integritate morumque probitate conspicuus, ad examen publicum, forum petituris praescriptum, hac ipsa die ab ordine
nostro admissus, responsionibus suis ad quaestiones ex
historia iuris de partibus corporis iuris romani, ex iure pu-
blico germanico de forma regiminis Imperii, persona Im-

peratoris, deque comitiis imperii, ex jure criminali de
notione et requisitis delicti, porro ex iure ciuili romano de
diuisione hereditatis in successione testamentaria,
atque de actionibus ex iure hereditario descenden-
tibus, ex iure germanico priuato de communione bonorum inter coniuges, ex iure ecclesiastico de notione ecclesiae, potestate ecclesiastica et iure circa sacra maiestatico,
nec non de religionibus in Germania receptis earumque
nexu, ex iure feudali de infeudatione, denique ex processu
ciuili de notione et distinctionibus exceptionum, ipsi pro-
positas nobis satisfecit.   Quapropter hoc ei testimonium
sigillo ordinis nostri munitum decreuimus.   D. in Academia
Marpurgica d. XXI. m. Maii d. MDCCCVI." Die Angabe im
Eingang dieses Zeugnisses, dasz Wilhelm 5 Semester in
Marburg studirt habe, stimmt nicht zu der Angabe seiner
Eingabe vom 11. 12. 1813, wonach er nur von 1804—6 daselbst studirt haben will, eine Angabe, welche bestätigt zu
werden scheint, wenn W. in seiner Autobiographie (Justi 170)
sagt: „Ich hatte mich einiger Maszen erholt, als mich im
Frühjahr 1804 Jacob nach Marburg abholte, wohin er vorausgegangen war". Dem gegenüber sagt aber Jacob in seiner
Autobiographie (ib. 151) ausdrücklich: „Im Frühjahr 1802, ein
Jahr früher als Wilhelm, der um diese Zeit lange und ge-
fährlich kränkelte, bezog ich die Universität." Diese Angabe
wird durch die weitere, dasz im Sommer 1804 Savigny, von
dessen Vorlesungen auch Wilhelm mehrere gehört zu haben
angiebt, Marburg verliesz. (Aus der Statistik des Lyceum
Fridericianum von Grosz, Gymnasialprogr. von 1879 ergiebt
sich nur dasz W. 1799 der Quarta angehörte und 1802 aus
Obersecunda zur Universität abging. Wie W.'s obige Worte
andeuten, bezog er krankheitshalber nicht sofort mit Jacob
die Universität). W. hat sich wie hinsichtlich der Prü-
fungszeit, also auch hinsichtlich des Beginns seiner Studien
geirrt (vgl. auch Rassmann in Ersch u. Grubers Encycl.
S. 276, Anm. 3.) Auch das Datum der Doctorpromotion
giebt er (Justi S. 183) unrichtig an, ebenso auch den Hoch-
zeitstag seiner Schwester Lotte (vgl. I. S. 212) und die Jahres-
zahl einiger nach Neujahr geschriebener Briefe.— J. Gr. hat
scheint es die Facultätsprüfung nicht abgelegt vgl. I. S. 109.

S. 3. Zur Ernennung v. W. Grimm zum Secretarius
vgl. I. S. 4 u. 6, Freundesbriefe S. 20 u. Briefe aus d.
Jugendzeit S. 224, 248.

S. 4. 2) vgl. Br. an Jacob v. 5. Mai Briefe aus d.
Jugendzeit. S. 320.

S. 4. Zwei meiner Brüder] Karl u. Ludwig. Der letztere als Officier, vgl. Anm. zu I. S. 24.

S. 5. z w e i j ü n g e r e G e s c h w i s t e r] Ferdinand
vgl. I. S. 25) u. Lotte.

S. 6. 3) vgl. I, S. 4 no. 8, Br. an Jacob v. 3. u. 12.
Nov. (ib. S. 376, 384).

S. 6. E n z e r o t h]. vgl. über ihn Briefe aus d.
Jugendzeit.

S. 7. Zwischen 4) u. 5) sollte ein neues Gesuch v. W.
Gr. um Gehaltsvermehrung und die zweite Bibliothekar-
stelle stehen, welches nach einem Brief W.'s an J. v. 5. 11.
1815 (Jugendbr. S. 482) mit „beruhet" abgewiesen war. Es
findet sich aber in den Acten davon keine Spur.

S. 7. Wegen dieser Reise nach Frankfurt u. weiter
vgl. Anm. zu I. S. 27. Auf der Rückreise muss W. eine
spassige Verwechslung widerfahren sein. Thomas schreibt
ihm darüber am 22. 10. 1815: „Dasz Sie als Kron-Prinz
von Preuszen im Postwagen den Magistrat in Wabern im
Schlafe fanden, wird diesem zur ewigen Schande gereichen
u. ich weis nicht wie er das gut machen kann. Ich würde
ihm rathen, in Zukunft so weise, wie die zu Schilda
zu werden, seine Thaten u. Reden aufzuzeichnen und sie
Ihnen mit goldnen Buchstaben auf Purpurpergament, etwa
in einer Hs. aus dem 8. Jh. zu überreichen, damit sie in
den groszen Vorrath kämen, wo die geladenen Flinten von
hinten feuern."

S. 7. P r o f. C o n r a d i]. vgl. I. S. 24.

ib S. 10. A b l e b e n V o e l k e l s]. Er war am 31. Jan.
1829 gestorben. vgl. Anm. I, S. 61, 125, 266.

ib. S. 12. no. 13] vgl. Briefw. m. v. Meusebach S. 122
wo Wilh. Gr. im Nov. 1829 schreibt: „Unser am Mittag
eingereichtes Abschiedsgesuch erhielten wir schon am andern Morgen gewährt, die einzige schnelle Beförderung,
der wir uns im hessischen Dienste zu erfreuen gehabt. Der
Kurfürst hat geäuszert: 'Die Herrn Grimms gehen weg!
groszer Verlust! sie haben nie etwas für mich gethan!'
Als eine besondere Aufmerksamkeit dürfen wir betrachten,
dasz, während die Bescheinigung der Behörde, worauf die
Entlassung erst konnte ertheilt werden, dasz Archiv, Siegel
in ordentlichem Zustande übergeben worden, erst am 2.
Nov. auszustellen möglich war, doch der förmliche Abschied
in den Oct. zurückdatiert wurde, um uns den Anspruch auf
die laufende Besoldung zu entziehen. Den 2. Nov. um halb
12 Uhr habe ich das letzte Buch, ein juristisches aufgestellt u. s. w." Vgl. auch oben I. S. 404 Anm. zu I. S. 112,
sowie II. 251 u. 253 m., wo ebenso wie im Briefwechsel m.
v. Meusebach S. 124 des 6 Wochen später erfolgten 'lirritus
conatus' die Brüder zu halten, gedacht wird. Vgl. II 158 u.

S. 13. Die Acten über J. Gr.'s Mission sind erst seit
dem 3. Aug. 1881 dem hiesigen Archiv einverleibt, nämlich
mit den Acten der Verwaltung des ehemaligen kurfürstlichen Hausschatzes, welche erst nach Regelung des Agnaten-
Processes an das Archiv abgegeben worden sind. Archivrath Dr. Könnecke hatte die Freundlichkeit mich auf dieselben aufmerksam zu machen und mir die Veröffentlichung
derselben zu überlassen. Hierfür, wie für die freundliche
Hilfe bei diesem wie bei so manchem andern Anlass meinen
besten Dank, der zugleich auch den andern Beamten des
Archivs, insbesondere den Herren Archivaren Dr. Reimer
und Dr. Winter gebührt.

ib. v. Carlshausen]. Buderus v. C. hatte sich in unter-
geordneter Stellung das Vertrauen des Kurfürsten erworben
und hatte während der westphälischen Zeit in Prag seine
Geldangelegenheiten besorgt. Er wurde nach der Rückkehr d. Kurfürsten geadelt u. vom geh. Kriegsrath zum
Kammerpräsidenten ernannt. In diesen Stellungen gelangte
er (nach Wippermann S. 12) zu Reichthümern. Nach seiner Rückkehr von Paris wurde er Gesandter des Kurfürsten
beim Bundestag (vgl. Anm. II. 72) u. danach Präsident der
Regierung in Hanau. In der Correspondenz der Brüder
Grimm aus der Jugendzeit wird er immer als Buderus erwähnt. Wie unbeliebt er in Cassel war, geht aus einer
Correspondenz, welche W. Gr. dem Rhein. Merkur ein-
sandte, hervor. (no. 224 Mont. d. 17. 4. 1815 = Kl. Schr.
I. 546—7). Zum Bundestag sollte ihn Jacob als Secretär
begleiten und auch Thomas hätte es gern gesehen, wenn dieser
die Stellung angenommen hätte. So schreibt er an Wilhelm
d. 12. 12. 1815: „Senator Smid ist hier .... Er glaubt, dasz
der Mensch (v. Carlshausen) die Geschäfte nicht verstehe u.
dasz Jacob sie führen könne, mithin die Sache in die
Hände bekäme; was doch zu vielem gut wäre.“

S. 13. Die Angelegenheit der Rückerstattung der aus
Cassel entführten Gemälde hatte nach Geheimrath Buderus
von Carlshausens Berichten an den Kurfürsten bis zu seiner
Abreise Ende Sept. folgenden Verlauf gehabt:

Bericht 1. (v. 5. 8. 1815): „Über die Kunstsachen .. ist
befohlen worden, dasz alles erst im diplomatischen Wege
ausgeglichen werden müsse und ich habe alle Einleitungen
dazu schon gemacht.“

2. (v. 9. 8.) bestätigt den ausdrücklichen Befehl des
Königs von Preuszen, dasz hinsichtlich der Abgabe der
Kunstsachen die Berechtigten ihre Ansprüche bei den verbündeten Mächten geltend machen müssen; doch habe er
den Fürsten Blücher Wahlstadt in Rambouillet bewogen,

sich zu Hessens Gunsten bei dem Fürsten v. H a r d e n b e r g
zu verwenden, ebenso habe derselbe den Staatsrath
R i b b e n t r o p brieflich ersucht, für möglichst schnelle Abgabe der Kunstsachen zu wirken. Er habe sich dann ebenso
wie der Braunschweigische Commissar von Münchhausen
direct an den *Directeur general du Musée* D e n o n gewandt.

4. (v. 15. 8.): „Vom frühen Morgen bis in die späte
Nacht bin ich wegen der Kunstsachen herumgelaufen und
doch noch nicht am Ziele." Nach unzähligen Bemühungen
sei ihm militairische Hilfe zugesagt, wenn die gutwillige
Rückgabe verweigert würde. D e n o n habe sich wie ein
wahnsinniger Mensch bei der Rückgabeforderung betragen
und gerufen: 'ce *sont les bijoux du Musée, on ne doit pas
les rendre*'.

5. (v. 17. 8.): „Mit den Kunstsachen bin ich noch um
nichts weiter." . . . In einem Schreiben des Ministers des k.
Palastes Graf v. P r a d e l an Staatsrath R i b b e n t r o p, sei
allerdings eine befriedigende Antwort an ihn, v. Carlshausen,
in Aussicht gestellt.

6. (v. 18. 8.) Die Antwort v. P r a d e l s sei vollständig
zufriedenstellend. (Sie ist in den Acten). Er, v. C., werde nun
mit möglichstem Fleisse in Paris und in den auswärtigen
Schlössern nach diesen Gegenständen forschen und seine
Abreise thunlichst beschleunigen. (Unter dem 27. 9. erfolgte
hierauf von Cassel aus ein Dankschreiben an den König v.
Frankr. sowie die Genehmigung, dasz C. seine Rückreise
nach Rückgabe der Kunstsachen antreten könne.)

7. (v. 22. 8.): „Bis heute habe ich nun 205 Gemählde
in Empfang genommen." Er sei so schnell zum Ziel gekommen, weil er die Vorsteher des Musée schon 2 mal zum
Essen gebeten hätte. Die Franzosen suchten sich auf alle
Weise der Rückgabe zu entziehen. „Mehrere Gemählde befinden sich in Compiegne, Rambouillet, Lyon, Brüssel,
Strasburg u. an anderen Orten, deren Wiedererlangung noch
manche Schwierigkeit haben wird. Von den 48 Gemählden,
welche der General l a G r a n g e vor der Ankunft des Directors D e n o n aus Cassel hatte wegbringen lassen", seien
überhaupt nur 36 nach Malmaison gelangt, die andern seien
niemals zum Vorschein gekommen [vgl. II 406 zu S. 50]. „Die
Direction des Musée hat sich in früherer Zeit die gröste Mühe
gegeben, um diese Gemählde zu erlangen, alle ihre Nachforschungen musten aber aufhören, als N a p o l e o n auf ihre
Anzeige von der Weigerung der K a i s e r i n zur Herausgabe
die Entscheidung ertheilte: *elle ne seroit pas Impératrice, si
elle agiroit autrement*. Nach Engelland soll nichts von
diesen Gemählden verkauft worden seyn."

9. (v. 26. 8.): Gestern sei M a l m a i s o n durchsucht, doch seien nur 4 der 48 Gemählde daselbst vorgefunden (vgl. oben S. 47) und zu deren Wiedererlangung die nöthigen Vorschritte gemacht. Nach dem Tode der Kaiserin J o s e p h i n e hätten die Directoren des Museums wieder alle möglichen Schritte gethan um die 48 Bilder in das Museum zu bekommen, aber vergeblich. Die Franzosen hätten dieselben auf 730,000 Franken geschätzt.... Von den von L a G r a n g e aus dem Museo in Cassel genommenen u. in 2 Kisten verpackten Sachen, von welchen von Oberhofrath V ö l k e l am 16. 9. 1806 ein Verzeichnis aufgestellt worden sei, befinde sich nichts in den Museen. Er werde ev. einem Advoc. die Verfolgung der Sache gegen L a G r a n g e übergeben und wenn die übrigen Sachen fertig seien abreisen.

11. (v. 30. 8.) Betrifft die Verschickung der Gemählde.

12. (v. 4. 9.): „Nach den von Prof. R o b e r t mitgebrachten Verzeichnissen hat der Director D e n o n in Cassel überhaupt 299 Gemählde genommen. Hiervon sind abgeliefert 271 Stück", 1 sei beim Einpacken in Cassel gestohlen, 1 ein Kind mit einer Seifenblase v. M i e r i s soll nicht in das Museum gekommen sein. In den Zwischenjahren seien entwendet in auswärtigen Schlössern 4. „Es hängen in Strasburg 9, Brüssel 2, Lyon 4, Toulouse 1, Caen 1, Rambouillet 2, Fontainebleau 1, Hôtel de l'Empire in Paris 1." Das Zimmer, in welchem letzteres sich befinde, sei derzeit unzugänglich. „Eine Kirche von Peter N e e f s findet sich nicht mehr." Die 21 somit restirenden Bilder sollten mit anderen Preuszen gehörigen nach Paris gebracht werden. „Ich bin gesonnen, den hiesigen Mahler U n g e r, welcher ein Schwestersohn vom verstorbenen Inspector T i s c h b e i n — u. in der Gallerie zu Cassel erzogen worden ist, zum Empfange dieser 21 Gemählde, u. zur Besorgung des Transports nach Cassel zu bevollmächtigen, weil mehrere Monate verstreichen werden, bis sie zusammengebracht worden sind. Er kennt die Gemählde ebenso gut, wie der Prof. R o b e r t. 2 Gemählde, welche nicht in dem Verzeichnisse der genommenen Sachen ständen, seien ihm noch übergeben, er habe also 273 erhalten. Die aus dem Museo durch D e n o n entnommenen Sachen seien ihm ebenfalls zum Theil schon übergeben."

14. (v. 14. 9. 1815) stellt den Bericht 16 in Aussicht.

16. (v. 20. 9. 1815, bis auf die Respectformel u. Unterschrift v. Grimm's Hand):

„Mit Beziehung auf meinen allerunterthänigsten Bericht vom 14. d. widme ich diesen submiszen Vortrag lediglich den vom Gouverneur L a G r a n g e in Caszel vor der Ankunft des Directors D e n o n genommenen und der verstorbenen Kaiserin J o s e p h i n e nach Malmaison geschickten Gemählden.

Ich hatte den Staatsrath R i b b e n t r o p um die nöthige Hülfe zur Wegnahme der an letzterem Orte noch befindlichen vier Gemählde ersucht und von diesem wurde der Kriegs Commissarius von Martens beauftragt dem Geschäftsträger der B e a u h a r n a ischen Familie, Chevalier S o u l a n g e zu bedeuten, dasz man die befragten vier Gemählde mit Gewalt nehmen werde, wenn man sie nicht gutwillig aushändigen wolle.

Der Chevalier Soulange antwortete in dem sub 1 beigefügten Schreiben, dasz diese Gemählde zu denjenigen gehörten, welche von Sr. Maj. dem Kaiser von Ruszland in Gefolg älterer Unterhandlungen gekauft und dem Fürsten von W o l k o n s k y seit dem Einmarsch der alliirten Armeen in Paris übergeben worden seyen.

Niemand hielt den Handel für richtig, der General v o n G n e i s e n a u, an welchen ich wegen der Auswirkung der militairischen Hülfe zur vorläufigen Wegnahme der vier Gemählde in dem von den Engelländern besetzten Schlosze M a l m a i s o n gewiesen wurde, verweigerte aber auf mehrmaliges Ersuchen seinen Beistand gänzlich und der Staatsrath R i b b e n t r o p ertheilte keine Antwort mehr. — Ich habe mich darauf an den ruszischen Staats-Minister Grafen N e s s e l r o d e und den Fürsten von W o l k o n s k y, nachdem mehrere Bemühungen eine Unterredung zu erlangen, vergeblich gewesen sind, in den Anlagen sub 2 u. 3 schriftlich gewendet und gegen den Ankauf der 48 Gemählde protestiret, von jenem indessen auf fünfmalige Erinnerungen bis heute noch keine Antwort — u. von diesem in der Anlage sub 4. die Nachricht erhalten, dasz er einige von den in Malmaison zu verkaufen gewesenen Gemählden angekauft und in das ruszische Gesandtschaftshaus hätte bringen lassen.

Da hiernach die verkauften Gemählde weggebracht worden sind, so fand ich gut, den Herzog von W e l l i n g t o n in der Anlage sub 5. um eine Ordre an den englischen General in M a l m a i s o n, dasz er sich der Wegnahme der vier Gemählde daselbst nicht wiedersetzen möge — den Fürsten von W o l k o n s k y in der Anlage sub 6 um die Bezeichnung der angeblich gekauften e i n i g e n Gemählde in dem ihm mitgetheilten Verzeichnisse der 48 Stücke und den Fürsten v o n H a r d e n b e r g in der Anlage sub 7. um seine Verwendung zur Wiedererlangung der 48 Gemählde zu bitten. — Der erste hat mir auf einmalige Erinnerung in

der Anlage sub 8. geantwortet, dasz nach dem Beschlusze
der Minister von den verbündeten Mächten die vier Gemählde nicht weggenommen werden könnten, man sich aber
über die Zurückgabe der sämmtlichen Gemählde berath-
schlage und ich weiter beschieden werden solle; vom zweiten
ist auf viermalige Erinnerungen gar keine Antwort gegeben
worden und der dritte hat auf zweimalige Erinnerung in
der Anlage sub 9. die Antwort an mich gelangen laszen,
dasz das Ministerialconseil der verbündeten Höfe sich schon
mit diesem wichtigen Gegenstand beschäftige, und ich auf
die lebhafteste Theilnahme und Unterstützung des preuszischen Ministerii rechnen könne. — Durch den hier anwesenden Handelsmann Toussaint den jüng. aus Hanau,
welcher lange in Petersburg war und viele ruszische Con-
nexionen hat, habe ich zu erfahren gesucht: welche Gemählde des Kaisers von Ruszland Maj. besitzen; mein
Bemühen ist aber ebenso wenig von Erfolg gewesen, als
unzählige andere Versuche, welche ich zur Beförderung der
Wiedererlangung gemacht habe. — Ich befürchte nicht den
Vorwurf irgend einer Versäumnis in dieser Angelegenheit
und der indessen hier eingetroffene Legationssecretarius
Grimm wird entweder durch den Mahler Unger die Gemählde in Empfang nehmen laszen können oder von der
Unmöglichkeit der Wiedererlangung Anzeige machen. —
Vertraulich ist mir eröffnet worden, dasz nach den öster-
reichischen, englischen und preuszischen Abstimmungen die
Wiederaushändigung der Gemählde ganz bestimmt — nach
der ruszischen aber gar nicht zu erwarten ist. — Der Lord
Castlereagh hat vorzüglich mit dem gröszten Nachdrucke
auf die Zurückgabe angetragen."

Aus J. Grimm's Berichten ergiebt sich, dasz von den
21 restirenden Bildern nach und nach abgeliefert wurden
aus Fontainebleau (II S. 48) 1 Rubens, der von der Sieges-
göttin gekrönte Mars (no. 55 nach dem Catalog von 1783,
jetzt no. 188), das Gegenstück zu dem aus Caen nicht zu-
rückgelieferten (vgl. Anm. zu II S. 69), aus Rambouillet
(II S. 55) 2 Mignon (alt no. 68 u. 70, jetzt no. 597 u. 596),
aus Lyon 3 Bilder (II S. 82), das vierte dort befindliche wird
noch in den letzten Tagen vor Grimm's Abreise ihm zugestellt sein (vgl. II S. 95 u. 82), aus dem Hôtel de l'Empire
(Thelusson) 1 Rembrandt, Alter Mann mit Winkelmasz u.
Feder an einem Tische (alt no. 18, jetzt no. 350), endlich
gleichfalls in letzter Stunde 8 Bilder aus Strassburg (ein
neuntes blieb daselbst zurück). Im ganzen also 16 Bilder,
welche nach Roberts Angabe (s. Anm. II 69) Grimm und Unger
mit nach Cassel brachten. Dazu kamen später noch die 2

aus Brüssel. Wegen dieser, sowie der 3 nicht zurück-
gegebenen Bilder s. Anm. zu II S. 69. Vergeblich waren
Grimm's Bemühungen:
1) wegen 45 Bildern von 48, welche General Lagrange
bereits 1806 nach Frankreich schickte, und welche zum grossen
Theil (s. II 406 Anm. z. 69) nach Schloss Malmaison ge-
langten: v. Carlshausen (vgl. Anm. zu II S. 17 no. 3) hatte
nur 3 Stück zurück erhalten, ein viertes, welches anfangs
vorhanden war (eine Landschaft v. Berchem nach II S. 47),
war bei der Ablieferung auch verschwunden. Nach Toussaint's
Ermittelungen waren 38 dieser fehlenden 45 Bilder vom
russ. Kaiser angekauft (vgl. Anm. zu II S. 50) und 4 bereits
früher von einem russ. General weggenommen worden
(ib.). Unter diesen Bildern befanden sich (ib. S. 28) 4 Claude
Lorrain 'die vier Tageszeiten' (no. 8, 17, 32, 41) u. der berühmte Potter 'Jagdstück' (no. 62). Die 'Carità' Leonardo da
Vinci's (no. 46) scheint nie nach Malmaison gekommen zu
sein (ib. S. 41, vgl. auch Anm. zu II S. 24).
2) wegen der erst unter dem 19. October 1815 (vgl. II
S. 69 f.) nachträglich reclamirten 18 Bilder (ib. S. 85) aus
dem Casseler Schloss (ib. S. 83), unter denen sich (nach S. 79)
3 Ostade befanden, welche in einer Ausstellung des Pariser
Museums einige Jahre früher vom Maler Unger gesehen u.
copirt waren und die Nummern 123, 124 u. 126 trugen.
Von der Rücklieferung dieser Bilder musste nach Abschluss
des Friedens Abstand genommen werden (vgl. S. 94).
3) wegen der 2 Kisten mit Kunstschätzen des Kasseler
Museums (vgl. Anm. zu II S. 25). Bei der Aushändigung
der grossen Masse der Bilder war ein Elzheimer verwechselt
worden, nämlich no. 292 (école allemande) des franz Cat.
statt no. 294 abgeliefert. Auch hinsichtlich des Tintoretto
in Brüssel bestanden Zweifel (vgl. S. 97, Anm. zu II S. 69).
  S. 13. man wünscht von Seiten d. k. pr. Behörde .... denselben hierher zu senden]. Man
vgl. hierzu eine Aeusserung J.'s gegen W. v. 21. 10. 1815
(Jugendbr. S. 479): „Die Freunde, die mich, da ich kaum
los geworden war, nun wieder nach Paris jagten, haben mir
einen ungebetenen Dienst erwiesen u. s. w." Unter diesen
Freunden sind Savigny und Thomas gemeint. Am 27. 7.
1815 schreibt Thomas an Wilhelm: „Eichhorn ist dieser
Tage durch nach Paris. Er hatte Sie, lieber Jacob, der Sie
nun zu Haus seyn werden, auf der Liste derer, die die französischen Bibliotheken examinieren und respective leeren
sollen. Savigny hat Sie ihm dazu empfohlen. Ich habe
auch das meinige gethan und wünsche, dasz die Sache zu
Stand käme, es Ihnen auch nicht unangenehm wäre." Vgl.
hierzu J.'s Br. an W. v. 13. 9. 1815 (von Mainz aus ge-

schrieben): „Am Samstag (d. 9. 9.) bekam ich plötzlich
Befehl zufolge der noch eingetroffenen Berufung, von der
Ihr beide wiszt, woran meine Seele aber nicht mehr dachte,
schleunig nach Paris zu reisen."
S. 15. Buderus] s. v. Carlshausen Anm. zu S. 13.
S. 14—5. Kammergerichts-Rath v. Eich-
horn] vgl. Anm. zu I. S. 175.
S. 17. Z. 3. worauf ich 3 zurückerhalten] nämlich zwei von Nicolas Poussin und eins von Guido Reni; vgl.
Duncker in d. Zeitschr. d. Vereins f. hess. Gesch. u. Lan-
desk. IX. S. 324.
S. 24. Die Sache liegt so dasz sie mit der
Zeit einmal öffentlich in Deutschland zur
Sprache gebracht werden musz.] Das geschah
denn auch durch W. Grimm im Rheinischen Merkur no.
340 Mittw. d. 6. 12. 1815 = Kl. Schr. I. 556 „hier werden
berühmte Stücke vom ersten Rang: die vier Tageszeiten
von Claude Lorraine, eine heilige Familie von da Vinci, die
wunderherrliche Charitas, die Kuh von Potter u. a. ver-
misst .... Niemand dachte ..., dasz sie könnten zurückgehalten werden, dennoch haben es ... die Russen gethan
.... Der russische Hof hat diese Gemälde für eine halbe
Million Franken gekauft ...." Er schickte diese Artikel
an Görres am 21. 11. 1815 mit einem Brief (Görres Briefe
II. S. 478) in dem es heiszt: „Es ist doch schändlich,
gerade die Meisterstücke für dies Lumpengeld für sich zu
nehmen. Ich überlasse Ihnen zu mildern, wie es Ihnen
gutdünkt." Nach Waagen „Die Gemäldesammlung der
Eremitage" S. 16 u. 20 zahlte der Kaiser für 38 dieser Bilder sowie für drei Marmorstatuen Canovas 400,000 Rubel
(vgl. noch Anm. zu II., 17 u. 50 und die Angabe in
v. Carlshausens Bericht no. 9 in Anm. zu II. S. 13). Wilh.
Gr.'s Angabe beruht auf einer Mittheilung von Thomas vom
22. 10. 1815: „W.'s Bruder Ludwig der Maler habe einen
groszen Ärger gehabt „v. Bethmann kam von Paris zurück
u. erzählte, wie der Kaiser v. Russland die Gallerie v. Malmaison um 500,000 fr. gekauft." [Aehnlich schrieb Th. an
23. 10. 1815 an J.]
　　S. 25. in Angelegenheit der zwei Kisten] vgl.
II. S. 16 2) u. v. Carlshausens Bericht 9 (Anm. zu II. S. 13).
Das in diesem Bericht erwähnte Verzeichniss ist 1882 in
der Zeitschr. des Vereins f. hess. Gesch. u. Landeskunde
Bd. IX. S. 336 ff. von A. Duncker mitgetheilt. Eben da ist
auch von ihm angegeben, dasz 1816 ein erneuter Versuch
gemacht wurde dem Geraubten auf die Spur zu kommen,
aber ebenso vergeblich. Die näheren Umstände des Raubes

ergeben sich aus den dort voraufgehenden Aufzeichnungen
Völkels und den dazu gefügten Erläuterungen Dunckers.
Letztere erfahren hinsichtlich der geraubten Bilder durch
vorstehende Anmerkungen einige Berichtigungen und Er-
gänzungen.

S. 38. Der Mahler Unger, der... dem Allergnädigsten Herrn empfohlen zu werden verdient etc.] Nach v. Carlshausens Bericht 12 (Anm. zu II.
S. 13) war W. Unger ein Neffe Tischbeins. Des weiteren
s. über ihn J. Hofmeister's gesammelte Nachrichten über
Künstler u. Kunsthandwerker in Hessen herausgeg. v. Prior
Hannover 1885, wo indessen dessen Verwandtschaft mit
Tischbein unerwähnt geblieben ist. Wegen der wiederholten Erwähnungen seiner thätigen Hilfe s. den Index,
erwähnt mag besonders werden, dasz er nach II S. 88 seine
Abreise von Mitte October bis in den December verschoben
um Grimm in Brüssel bei Reclamirung der dorthin gerathenen Bilder behilflich zu sein. Trotz alledem scheint U. für
alle seine Opfer von der hessischen Regierung nicht die
mindeste Entschädigung, ja nicht den mindesten Dank erhalten zu haben, wie das mehrfach erwähnte Actenfascikel
über v. Carlshausens Mission ergiebt. Am 1. Oct. 1817
überreichte er endlich dem Kurfürsten eine Eingabe, worin
er um Schadloshaltung für die gehabten Unkosten bittet
und hervorhebt, dasz verschiedene Erinnerungen bei
v. Carlshausen vergeblich gewesen seien. Letzterer und danach auf seinen Antrag der Gallerieinspector Robert wurden
über dieses Gesuch zum Bericht aufgefordert. Obwohl nun
beide, besonders aber Robert in energischer Weise Ungers
Anspruch auf Entschädigung befürworteten, lautete die am
7. März 1818 gefaszte Resolution: „bleibt offen" und weiteres
besagen die Acten nicht.

S. 40. eine ihm v. dem preusz. Commiss. Hr.
v. Martens eingehändigte Liste]. vgl. v. Carlshausens Bericht 16 in Anm. zu II S. 13.

ib. auf das fehlende vierte Bild]. vgl. S. 17
oben u. S. 47, sowie v. Carlshausens Bericht 9 in Anm. zu
II S. 13.

S. 41. Ich gestehe, dasz es mir kaum glaub-
haft erscheint etc.] vgl. Bericht 7 v. Carlshausens in
Anm. zu II S. 13.

ib. Versuche der Minister gescheitert etc.]
vgl. ib. Bericht 7 u 9 v. Carlshausens.

S. 48. der auch die ausgewechselte Urkunde
mitbringt]. Vgl. dazu die Stelle aus dem nicht abgedruckten Bericht 4 (v. 9. 10.): „Gestern habe ich von

Cassel mit der Briefpost den engl. Acceszvertrag richtig
empfangen u. dafür 36 Franken Porto erlegen müszen. Dem
zur Auswechselung dieser Urkunde Allergnädigst beordneten
hannöv. Legations-Rath von Bodenhausen habe ich
solche ungesäumt selbst überbracht und er behält sich vor,
in einem eigenen Schreiben seine Dankbarkeit für das ihm
geschenkte Zutrauen auszudrücken.‟
  S. 50. dasz 38 Stück Gemählde .. für den
rusz. Kaiser eingepackt]. Diese Angabe Toussaints
wird durch die von Waagen (Die Gemäldesammlung der
Eremitage S. 16 u. 20; vgl. hier II 404 Anm. z. 24) bestätigt. v. Carlshausen war also falsch unterrichtet, wenn
er in seinem Bericht 7 (Anm. zu II 13) behauptete es seien
überhaupt nur 36 dieser Bilder nach Malmaison gekommen.
  II S. 57.   Brief an meinen Bruder]. vgl. Br.
aus d. Jugendzeit. S. 477.
  S. 69. wir sollten .. beweisen, dasz die
Preuszen das Bild zu Caen gelaszen hütten ..
suchen die Franzosen .. Zeit zu gewinnen].
In diesem Falle war es ihnen thatsächlich geglückt, das
Bild (s. unten) vorzuenthalten und trotz der Warnungen
Grimms und der Erinnerung des Galleriedirectors Robert
kümmerte sich die hessische Regierung nach Grimms Weggang von Paris nicht weiter um dasselbe.   Erst 1826 erinnerte sie sich desselben und nun begannen breitspurige und
kostspielige Verhandlungen zwischen dem hessischen Gesandten Riviere und der französischen Regierung, welche
endlich 1830 dazu führten, dasz der König der Stadt Caen
das Bild abkaufen und dem Kurfürsten schenken wollte.
Thatsächlich ist auch daraus nichts geworden. Das nähere
ergiebt das II S. 13 erwähnte Actenfascikel über v. Carlshausens Sendung nach Paris, aus welchem auch hervorgeht, dasz laut einem Bericht des Gallerieinspectors Robert
über das Gesuch des Maler Unger (vgl. Anm. zu II S. 38)
vom 3. 3. 1818 von den restirenden 21 Bildern 16 im December 1815 zurückkamen und noch 4 Bilder vorenthalten
waren: 1) Distribution de pain à des Soldats;
oder Abraham u. Melchisedec etc. v. P. P. Rubens zu Caen
(alte Nummer 96). 2) Un Paysage; oder eine Landschaft mit vielen Bäumen und einem Wasser auf dem Vorgrunde einige Bauern u. Ziegen. Von Johann Roth. In
Strasbourg. (alte Nummer 76). 3) Tête d'homme oder
Hugo Grotius in seinem mittleren Alter, mit einem niederländischen Kragen von Arnold von Ravesteyn. In Toulouse (alte Nummer 199). 4) Interieur d'Eglise oder ein
Prospect einer Kirche mit Säulen, und in derselben eine

Menge Menschen. Von Peter Neefs. In Paris (alte Nummer
175). Das letzte Bild war nach v. Carlshausens Bericht 13
[Anm. zu II S. 13] in Paris nicht mehr vorhanden. Die beiden
Bilder in Brüssel ein Titian (Lebensgroszes Bildniss des Alfonso
d'Avalos Marchese del Guasto) und ein Tintoretto deren
Auslieferung bereits Dec. 1815 (vgl. S. 97) von der niederländischen Regierung zugestanden war, sollen im August
1817 abgeliefert worden sein; (alte no. 2 u. 76, neue no. 25
u. 71). Hinsichtlich des Tintoretto (Bildniss eines alten
Mannes) soll Robert bestritten haben, dasz es das nach
Cassel gehörige Bild sei, der Kurfürst aber befohlen haben
von weiteren Reclamationen Abstand zu nehmen. Vorstehende Angaben ergänzen und berichtigen mehrfach
Duncker's Aufsatz in d. deutschen Rundschau 1883 Febr. und
noch mehr das in jeder Hinsicht ungenügende Schriftchen:
„Die Gründung der Hessen-Cassel'schen Gemälde-Gallerie u.
ihre nachmaligen Schicksale. Cassel 1880."

S. 72. Ew. Hochwohlgeb. .... auszeichnenden Ernennung] offenbar zum Bevollmächtigten beim
Bundestage; vgl. II S. 91 Bericht 10. Auszerdem musz
v. Carlshausen damals den Freiherrntitel erhalten haben
und zum Cammerpräsidenten ernannt worden sein, darauf
hin deutet die veränderte Anrede von Bericht 8. Vgl.
Anm. zu II S. 13.

S. 85. den Plan dieser Compensation festzustellen und ... den Franzosen so annehmlich
als möglich darzustellen] vgl. Jacob an Wilhelm
v. 23. 9. 1815. (Briefe aus d. Jug. S. 471).

S. 96. vielleicht auch noch eins aus Tou-
louse]. Dasselbe ist überhaupt nicht eingetroffen, obwohl
es schon S. 69 als angelangt bezeichnet wurde. Vgl. Anm.
zu II S. 69.

S. 100. Vor einem halben Jahre nicht Gnade
gehabt ... Gesuch um Urlaub ... zu willfah-
ren]. Offenbar weil im Frühjahr 1816 Wilhelm einen
längeren Urlaub erhalten hatte (vgl. Anm. zu I S. 187).
Auch später wurde Jacob noch einmal ein nachgesuchter
Urlaub versagt, vgl. seinen schönen Br. an Hoffm. v. Fal-
lersleben v. 6. 3. 1826, in Germ. XII, 500.

S. 103. Über sein Verhältnisz zum Ober-Hof-Marschall-
Amt hat sich J. Gr. schon in seiner Autobiographie bei
Justi S. 159 f. ausgesprochen.

S. 122. Seine Thätigkeit in der Censur-Commission befriedigte J. Gr. durchaus nicht, wie er das auch gegen

v. Meusebach unter dem 25. 11. 1829 (Briefw. S. 119) ge-
äussert hat. Vgl. überdies seine Autobiographie bei Justi
S. 159, Brief. an Tydemann v. 12. 5. 1824 (Briefe an T. S.
78), Germ. XII 499 u., sowie hier I S. 165 und Bangs Br. 11
v. 22. 12. 1819 in Anm. zu S. 53.

    S. 133. 7)] Dieses Votum datirt v. 9. 7. 1828, wie aus
den Voten von Rommel u. Völkel hervorgeht.

    S. 135. einigen Bogen gramm. Inhalts]. Zur
Recension der deutschen Grammatik unwiderlegt hersg.
Cassel 1826. 8.

Besserungen und Nachträge.

I Vorwort S. VIII l. Müllenhoff.
— 139 Z. 10 v. o. l. Willen st. Wille; vgl. S. 145 Z. 9 v. u.
    339 Abs. 3 vgl II 182: 116 — ib. Z. 6 l. studiere st.
    sudiere.
    395 Z. 3 v. u. l. origines europaeae st. origines.
    europaeae.
II 24 und 39 l. Wolkonsky. st. Wolkowsky, Wolkovsky.
— 25 Z. 9 v. u. l. restituiblen st. restituiben.
    47 Z. 1 v. u. l. S. 17 und 405 u. st. S. . . .
    140 o. füge hinzu: 1837 war Jacob während der Herbst-
    ferien einen Tag bei Hupfeld in Marburg. Vgl. II 268
    Br. 33.
— 144: 11 no 15. Dieser Brief ist, wie mir Dr. Stosch nach-
    träglich mittheilte, zum grössten Theil schon von
    Gödeke selbst in der Einleitung seiner für die Cotta'sche
    Bibliothek d. Weltliteratur besorgten Platenausgabe
    I s. 45 f. mitgetheilt.
— 149: 22—3 füge hinzu: schon am 3. 4. 30 erklärt sich
    Thomas W. Grimm gegenüber gern bereit „wenn Dahl-
    manns kommen, Ihnen soviel Angenehmes zu erzeigen,
    als in seinen Kräften steht“. W. Gr. hatte ihm also in
    diesem Sinne geschrieben.
— 150. Die Briefe von Thomas an die Brüder geben über
    die Geschichte der Ausgabe d. Armen Heinrich specielle
    Auskunft. Thomas besorgte die Correctur allein.
— 152 Z. 4. Vgl. noch Anm. II S. 7.   .
— 168: 73 s. Namen-Verzeichniss.

II 168 Z. 6 v. u. u. 170 Z. 6 v. o. s. Namen-Verz. u. Thomas.
— 169 o. füge noch hinzu: Am 29. 11. 15 schreibt Thomas
an Wilh. Gr.: „dasz meine gute Frau nun schon seit
mehreren Wochen recht bedenklich krank ist. Sie hat
Sie besonders lieb u. mich öfters gefragt, ob ich an
Sie geschrieben. Wenn Grimm wüszte, sagte sie, dasz
ich krank wäre, der bäte den lieben Gott um Besserung,
denn der steht gut bey ihm angeschrieben". Einige
Tage später am 5. 12. 15 in der Fortsetzung desselben
Briefes musste Th. den Tod seiner Frau melden.
— 170 füge ein: S. 76 falsche Wanderjahre Wilh. Meister's]
v. Pustkuchen; vgl. II 213 u.
— 181: 112 vgl. noch Anm. z. II 12.
— 190 Abs. 1, Z. 1 v. u. l. no 75 st. no 77.
— 191: 144 Schmalz vgl. noch Br. v. Thomas an W. Gr. v.
22. 10. 15: „Das Schmalzische Buch ist sicher auf Bestellung der Regierung geschrieben u. macht mich
sehr trüb. Der Geist der Freyheit kann nur dadurch
beängstigend werden, dasz man ihn so hartnäckig
widerstrebt."
— 214 Z. 12 v. u. l.: S. 211. Harnier].
— 221 füge zu: S. 243 etwas Gothisches etc.] = Zur Literatur
d. Runen, Kl. Schr. IV 83 ff.
— 224 Mitte l.: v. 2. 11. 1829 st. v. 2. 18. 1829.
— 243 Abs. 1 Z. 3 v. u. l.: belästigt." — Es etc.
— 247 Abs. 1 Z. 5 v. u. l.: Ostindienfahrer.
— 251 u. Vgl. Anm. zu II S. 12.
— 255 Br. 20 Z. 7 l.: ostern st. Ostern.
— 325: 328 Abs. 2 Z. 2. tilge: [fehlt].
— 345: 338 Z. 2 l.: schon 1846 st. erst 1866.

———

Chronologische Tabelle
der in dieser Sammlung enthaltenen Grimmbriefe.

I. Briefe von J. Grimm.

Jahr	Monat	Adressat		Seite
1802	Mai	P. Wigand		1
	Juni	„		1
	Aug.	„		2
1813	Dec. 16.	Kurfürst		4
1814	Aug. 3.	P. Wigand		2
1815	Aug. 10.	Kurfürst		5
	Sept. 9. 10.	K.-R. Knatz	II	18
	Sept. 29.	Kaiser v. Russland	II	27
	Oct. 1.	v. Carlshausen	II	19
	„ 4.	Chev. Soulange	II	45
	„ 5.	v. Carlshausen	II	31
	„ 6.	Chev. Soulange	II	47
	„ 8.	v. Carlshausen	II	35
	„ 9.	„	II	47
	„ 15.	„	II	48
	„ 15.	Pozzo di Borgo	II	58
	„	Comte de Pradel	II	59
	„ 20.	v. Carlshausen	II	54
	„ 22.	„	II	62
	„ 22.	Duc de Richelieu	II	76
	„ 23.	v. Altenstein	II	76
	„ 26.	Quatremère	II	78
	„ 28.	v. Altenstein	II	74
	„ 28.	v. Carlshausen	II	65
	„ 31.	Pozzo di Borgo	II	88
	„ ?	Vaublanc	II	89

Jahr	Monat	Adressat	Seite
1815	Nov. 7. u. 10.	v. Carlshausen	II 80
	„ 14.	„	II 91
	Dec. 4.	„	II 94
	„ 6.	„	II 95
	„ 28.	Kurfürst	II 96
1816	Febr. 9.	„	II 98
	April 14.	„	9
	Juni 12.	Bang	28
	Sept. 8.	Thomas	II 168
1817	März 14.	Kurfürst	II 100
	Juni 17.	Gerling	123
	Dec. 5.	Frl. Ramus	9
1818	Jan. 22.	Bang	42
1819	Jan. 3.	Bang	47
	April 15.	Suabedissen	141
	Aug. 18.	Bang	50
	Sept. 3.	Gerling	133
	Dec. 7.	Bang	55
1820	Juni 28.	„	55
	Oct. 8.	„	61
	„ 15. 23.	Censur-Commission	II 123
	Dec. 22.	Bang	64
1821	Juni 14.	„	68
	Nov. 12.	Suabedissen	142
1822	Febr. 12.	Censur-Commission	II 123
	Mai 14.	Bang	74
	Aug. 11.	„	77
	Sept. 6.	„	78
	Nov. 21.	„ . . Antiquaschrift *)	81
	Dec. 14.	Censur-Commission	II 126
	„ 19.	Bang	82

*) Erster Brief mit Antiquaschrift. Die Voten für die Censur-Commission sind der Mehrzahl nach in Fracturschrift, in Antiquaschrift (ausser 2 ungedruckten vom 28. 5. und 3. 9. 1824) nur das vom 2. Sept. 1826, aber den dazugehörigen (nicht mitgetheilten) Ausfertigungsentwurf vom 6. 10. 1626 schrieb J. Gr. in Fracturschrift, ebenso wie noch eine Ausfertigung vom 30. 10. 1827, während ein Votum vom 12. 12. 1827 wiederum Antiquaschrift zeigt. Im Verkehr mit dem Oberhofmarschallamt bediente sich J. Gr. durchweg (auch in den zahlreichen ungedruckten Schreiben) der Antiquaschrift. Nur die erste Eingabe an diese Behörde vom 4. 8. 1823 ist in Fracturschrift abgefasst. Wie sehr sich J. Gr. in den nächsten Jahren schon der Fracturschrift entwöhnt hatte, zeigt seine Unterschrift unter die von Wilhelm geschriebene Eingabe an den Kurfürsten vom 2. 2. 1829, wo er bei den wenigen Worten fortwährend aus der Fracturschrift in die Antiqua verfällt. Auffällig ist hierbei, dass er in seinem Namenszug das Fractur r bis zum 24. Nov. 1830 durchweg beibehält. Später begegnet diese Form des r nur noch in den sorgfältig geschriebenen Br. vom 27. 12. 1838 an die Kurfürstin Auguste.

Jahr	Monat	Adressat	eite
1823	Jan. 13.	Censur-Commission	II 127
	Febr. 19.	Bang	87
	„ 26.	„	88
	Aug. 3.	Censur-Commission	II 128
	„ 4.	O.-H.-Marschall-Amt	II 101
	Sept. 16.	Censur-Commission	II 133
	Dec. 19.	O.-H.-Marschall-Amt Ant.-Schr.	II 104
1824	Jan. 5.	Bang . . . . . Ant.-Schr.	88
	„ 14.	„ . . . . Fract.-Schr.	89
	März 7.	O.-H.-Marschall-Amt Ant.-Schr.	II 107
	April 19.	Censur-Commission Fract.-Schr.	II 134
	Mai 10.	O.-H.-Marschall-Amt Ant.-Schr.	II 109
	„ 24.	„ Ant.-Schr.	II 111
	[Juli 9.]	Censur-Commission Fract.-Schr.	II 133
1825	Juli 25.	O.-H.-Marschall-Amt Ant.-Schr.	121
1826	Febr. 23.	Bang . . . . . Ant.-Schr.	92
	„ 27.	„ . . . . . Ant.-Schr.	96
	Juni 22.	Censur-Commission Fract.-Schr.	II 135
	Juli 30.	„ Fract.-Schr.	„
	Aug. 10.	„ Fract.-Schr.	„
	„ 15.	„ Fract.-Schr.	„
	Sept. 2.	„ Ant.-Schr.	„
1827	Jan. 18.	Bang	104
	Mai 10.	Hupfeld	II 234
	Juni 13.	„	II 236
	Aug. 20	Bang	II 178
	Sept. 1.	Hupfeld	II 238
1828	März 16.	„	II 245
1829	Jan. 19.	Bang	108
	Mai 9.	Hupfeld	II 249
	Dec. 21.	„	II 251
1830	März 13.	„	II 255
	Nov. 24.	„	II 257
	Dec. 20.	„	II 260
1831	Jan. 9.	Schotten	II 164
	Febr. 22.	Bang	115
	Dec. 13.	Hupfeld	II 264
1832	Sept. 5.	„	II 266
1833	Febr. 25.	Landau	397
	Juli 9.	Bang	118
1834	April 25.	Landau	398
1835	? ?	„	399
	März 8.	„	399
	April 22.	Frau Bauer, geb. Ramus . .	10
	Aug. 5.	Landau	400

Jahr	Monat	Adressat		Seite
1835	Nov. 25.	Vilmar	. . . .	298
1836	Jan. 17.	Landau	. . . .	400
	? ?	„	. . . .	401
	März 20.	L. Diefenbach	. . . . . .	388
	Mai 10.	„	. . . . . .	389
1838	April 12.	Gödeke	. . . .	11
	Mai 5.	J. Müller	. . . .	296
	„ 15.	Hupfeld	. . . .	II 273
	Aug. 28.	„	. . . .	II 277
	Nov. 4.	Vilmar	. . . .	299
	Dec. 1.	„	. . . .	300
	„ 27.	Kurfürstin Auguste	. . . .	419
1839	Jan. 20.	Bang	. . . .	121
	Febr. 8.	Hupfeld	. . . .	II 279
	April 9.	Vilmar	. . . .	301
	Mai 19.	„	. . . .	302
	Sept. 22.	„	. . . .	304
	Oct. 23.	Berlit	. . . .	13
?	? ?	Dorothee Dahlmann	. . . .	22
1840	März 15.	Weigand	. . . .	315
	Mai 29.	„	. . . .	316
	Oct. 10.	„	. . . .	317
	Dec. 5.	Vilmar	. . . .	307
1841	März 11.	Weigand	. . . .	317
	„ 12.	Hupfeld	. . . .	II 282
1843	Mai 10.	J. W. Wolf	. . . . . .	II 307
1844	Jan. 25.	Weigand	. . . .	318
	„ 25.	Dieterich	. . . .	II 306
	April 4.	Hupfeld	. . . .	II 283
	„ 25.	J. W. Wolf	. . . . . .	II 308
	Juni 20.	Hupfeld	. . . .	II 284
	Aug. 7.	J. W. Wolf	. . . . . .	II 308
1845	Febr. 1.	Vilmar	. . . .	308
	?	„	. . . .	310
	Oct. 25.	J. W. Wolf	. . . . . .	II 309
1846	Jan. 12.	Weigand	. . . .	320
	Nov. 12.	L. Diefenbach	. . . . . .	390
	Dec. 30.	„	. . . . . .	391
1847	Dec. 30.	Weigand	. . . .	324
	Juni 28.	J. W. Wolf	. . . . . .	II 310
1848	Juli 23.	Weigand	. . . .	326
	Dec. 5.	Hupfeld	. . . .	II 284
1849	Jan. 7.	Weigand	. . . .	327
	Juli 28.	„	. . . .	328

Jahr	Monat	Adressat	Seite
1849	Juli 28.	J. W. Wolf	II 312*)
	Aug. 23.	„	II 313
[1850]	Oct. 31.	Weigand	329
	Nov. 28.	J. W. Wolf	II 317
1851	Juli 15.	L. Diefenbach	392
	Dec. 3.	J. W. Wolf	II 319
1852	Jan. 10.	Weigand	831
	Mai 22.	J. W. Wolf	II 320
	Aug. 3.	Berlit	15
1853	Mai 25.	Weigand	333
1854	April 4.	„	335
	Mai 25.	L. Diefenbach	393
1855	Febr. 3.	Weigand	337
	„ 22.	Landau	402
	Juli 16.	Vilmar	311
1856	Juni 27.	Weigand	340
1857	Juni 28.	L. Diefenbach	394
	Juli ?	Weigand	341
1858	Febr. 12.	„	346
	Dec. 10.	„	352
	„ 30.	Frl. Gies	16
	„ 31.	Crecelius	II 357
1859	Febr. 6.	Weigand	354
	„ 28.	Vilmar	315
	April 11.	Weigand	358
	„ 18.	Frl. Gies	18
	Nov. ?	Weigand	365
	Dec. 17.	„	368
1860	Juli 31.	„	369
	„ 31.	Frl. Gies	20
	Oct. 29.	Fr. Oetker	21
	Dec. 16.	Weigand	370
1861	Febr. 2.	L. Diefenbach	395
	Mai 4.	H. Dahlmann	22
	Juni 9.	Weigand	372
	Aug. 6.	„	374
	Dec. 21.	„	376
1862	Mai 29.	„	379
	Sept. 5.	„	380
	Nov. 29.	„	383
1863	Jan. 5.	„	384
	März 23.	„	385

---

*) Dies ist der II S. 325 irrig als fehlend bezeichnete Brief.

II. Briefe von W. Grimm.

Jahr	Monat	Adressat	Seite
1806	Mai 6.	Rector d. Univ. Marburg . .	II 394
1813	Mai 29.	P. Wigand	3
	Dec. 11.	Kurfürst Wilhelm L	II 1
1814	Febr. 9.	P. Wigand	4
	„ 28.	Bang	24
	April 5.	Kurfürst Wilhelm I.	II 4
	Mai ?	P. Wigand	4
	Nov. 4.	Kurfürst Wilhelm I.	II 6
	Ende	P. Wigand	4
1815	Aug. 17.	Kurfürst Wilhelm I.	II 7
	„ 28.	Bang	25
	Dec. 15.	Suabedissen	143
1816	März 23.	„	146
	Mai 10.	„	151
	Juli 3.	„	152
	Nov. 10.	„	155
	Dec. 12.	„	159
	„ 23.	„	160
1817	Jan. 7.	Bang	29
	Osterfeiertag 2.	Suabedissen	162
	April 25.	Bang	33
	Juni 24.	Suabedissen	165
	Juli 24.	Gerling	124
	Nov. 5.	Bang	37
	„ 5.	Gerling	126
	„ 6.	Suabedissen	170
	„ 26.	Gerling	128
1818	Jan. 20.	„	129
	„ 22.	Bang	38
	März 10.	Suabedissen	173
	Aug. 25.	„	176
	Nov. 9.	Gerling	130
1819	Jan. 3.	Bang	42
	„ 3.	Gerling	132
	„ 29.	Bang	47
	4. März	Suabedissen	182
	Mai 9.	„	187
	Oct. 25.	Gerling	134
	Dec. 7.	Bang	53
1820	Febr. 20.	Suabedissen	189
	Juni 1.	Gerling	135
	Oct. 8.	Bang	63

Jahr	Monat	Adressat	Seite
1820	Oct. 27.	Suabedissen	191
1821	Jan. 7.	„	192
	„ 30.	„	196
	Mai 2.	Gerling	138
	„ 23.	Suabedissen	198
	Juni 14.	Bang	65
	Aug. 16.	„	68
	Sept. 19.	Suabedissen	202
	Oct. 15.	Bang	69
	„ 23.	Kurfürst Wilhelm II. II	7
	„ 29.	Suabedissen	204
1822	Jan. 22.	„	205
	Febr. 19. (?)	„	207
	Mai 14.	Bang	75
	Juli 22.	Suabedissen	209
	Aug. 12.	Gerling	140
1823	Mai 16.	Suabedissen	222
	Juli 25.	„	224
	Oct. 19.	„	226
1824	Jan. 12.	„	215
	Oct. 2.	„	229
	Dec. 17.	„	234
	„ 23. (?)	„	236
1825	Jan. 12.	„	237
	März 10.	Bang	90
	April 9.	O.-H.-Marschall-Amt . . . II	9
	2. Pfingsttag	Suabedissen	238
	Dec. 27.	„	239
1826	April ?	Bang	97
	„ 21.	Suabedissen	241
	Sept. 15.	Bang	101
1827	Jan. 3.	Suabedissen	242
	Mai 28.	„	246
1828	Jan. 7.	„	252
	Febr. 24.	Bang	105
	Juli 10.	Suabedissen	254
	Sept. 11.	„	256
	„ 28.	„	257
	Oct. ?	„	222
	„ 18.	„	258
1829	Jan. 2.	„	259
	Febr. 2.	Kurfürst Wilhelm II. II	102
	Mai 7.	Suabedissen	261
	Aug. 13.	„	263
	„ 22.	„	264

Jahr	Monat	Adressat	Seite
1829	Nov. 1.	Suabedissen	265
	„ 25.	Kurfürstin Auguste	407
1830	März 15.	Bang	112
1831	Dec. 4.	Kurfürstin Auguste	409
1832	März 13.	Suabedissen	266
	Mai 25.	Kurfürstin Auguste	411
	Oct. 18.	Suabedissen	269
1833	Jan. 10.	„	274
	Oct. 9.	„	274
1835	März 22.	„	277
	Mai 19.	Hupfeld	280
1837	März 24.	Kurfürstin Auguste	415
	Dec. 3.	J. Müller	284
	„ 23.	„	285
	„ 30.	„	286
1838	Jan. 3.	„	292
1839	Juli 14.	Hupfeld . Antiqua-Schrift *)	281
1840	Oct. 7.	„	283
1842	April 23.	J. Müller	294
1846	Febr. 2.	Weigand	322
	Juli 12.	„	323
1851	März 2.	J. W. Wolf	II 317
	Mai 19.	Weigand	330
	Dec. 7.	J. W. Wolf	II 319
1852	Sept. 10.	„	II 321
1853	Mai 12.	„	II 322
1855	März 3.	Weigand	339
1857	Dec. 30.	„	344
1858	Febr. 18.	„	348
	Mai 11.	„	349
1859	Febr. 27.	„	356
	April 16.	„	359
	Aug. 5.	„	360
	Nov. 6.	„	362

*) Erster Brief Wilhelm Grimm's in Antiquaschrift, alle folgenden sind ebenso geschrieben.

Namen- und Wort-Verzeichniss.

(Cursiv-Zahlen deuten auf Anmerkungen, [ ] dass der Name nicht angeführt ist, ( ) dass die Erwähnung sich nicht in einem Grimmbriefe findet.)

aberzel (II 340 o).
aberwitz (II 331 m., 339 u., 379 u.)
Abrion II 266: 29.
abtröseln (II 340 o.)
Adelung 36, II 236:6, (344 m.)
adlerfittig, adlersjüngling, adlersschwinge (II 340).
adogean (II 338 m.)
Adrian 325, (II 324 : 324,330 m.)
Aeglesthorp (II 326 m.)
ahne (II 332 o.)
Ahrd s. Ard.
áih (II 329 m.)
al (II 332 o.)
Alberus 316-7 (II 305, 332 o., 339 o., 340 Br. 17, 344 o.. 346 o.)
Albrecht 293.
Alfonsus, Petr. II 277 u.
Alfred, König 14.
Allianz heil. 68.
aln (II 332 o.)
Altenburg (II 382.)
Altenstein, Minister v. 94, 110, II 42, 52, 56−7, 60, 62, 64, 67 · 8, 71, 76, 80, 86, 90, 94−5; an A. II 74, 76, 90.
Amadis (II 358 o.)
andelagen andeln 316, (II 328 o, 332 m.)

Anhalt, Herzogin [Friederike] v. 161, 167, II [125].
arabisch II 238 : 8.
arame (II 384 o.)
Aristoteles 217.
armenisches Alphabet (II 385 m.).
Arnim, Achim v. 31, 44, 46, 48, 64−5, 81, 102, 107, 117, 129, 145, 151, 169, 171, 174, 195, 202.
—, Bettine v., geb. Brentano 117, 233 [279].
Ard [Fluss] 346, (II 362 o.)
Arndt (II 285 u.)
Arnoldi 127, 186 (II 151,238:7).
Arnsberger urkunden 329 (II 329 Br. 11.)
Arnstadt 380.
Arwidsson II 280 u.
Ascanius, aschkenas II 283 o.
Ast 38 no. 30.
aswinka (II. 304 u.)
Aubel, Wittwe 173, (II 198: 170).
Auchenfurt, Friedr. v., 310.
Auerhahnpfalz 335.
augengleff (II 335.)
Augsburg 383.
Augusti 89.
aut (II 304 u.)

bacco (II 338 m.)
backe (II 332 u.)
bâfixr (II 335.)
Baiern II 52, 55; Kronprinz v. 408; König v. B. 416, (II 372 u.)
Baldacci II 26.
balken II 345 o.
balzen (II 341 m., 364.)
Bang, Dan. (II 139.)
Bang (Bange), Joh. H. Chr. 82, 125, 129, 132, 236, II 150, 218: 236, 220 o.); an B. no. 24—61 u. II. 178 no. 55a; von B. II 150 ff.; sein Sohn (II 176: 97); dritter Sohn stud. jur. (II 179: 108).
Barakja II 322: 20.
Bardeleben, v. (II 165).
Barlaam 389 (II 381).
base (II 377 o).
Basse 317.
Bauer, Prof. 109, 289, [407], (II 395).
—, Dr. 10, 127, 130-1, 135-6, 168, 170, 173, 176, (II 188: 135, 198: 170).
—, Charlotte geb. Ramus [168]; an Ch. B. no. 13-4.
Baur 329, (II 325: 328, 329 Br. 11, 333 u. 362 o.)
Beaufort II, 82, 93.
Beauharnais (II 25, 29-31, 41, 85, 401 o.)
Becker (II 342 m.)
beede, bode, beide (II 305 o.)
Beienheim (II 305 u.)
Belgien II 307, 313: 7.
Belli 393.
Below 139, 145, 150, 156, 169, 172, 182, 187-8, 192, 195, 197, 200, (II 190, 192 Br. 5, 196: 165, 207: 192, 208 u., 210 o.)
Benecke 184, 246, 257, 389.

Bentheim, v. (II 139).
Beowulf 13-4.
Berfurt (II 318 u.)
Bergen (II 146).
Bergk (II 391).
Bergmann, Prof. in Göttingen 289, (II 279).
Bergmann, Prof. in Strassburg II 280 m.
Berlepsch 165.
Berlin 17, 145, 193, 318, 331, 345, 360, 410, II (154: 38, 204, 209 o.), 236: 6, (249: 15, 282 o.); Akademie 396; Univ. II 151 no. 24; jur. Fak. 110; deutsche Sprachgesellschaft 155, 159, (II 195 m., u.); Hotel z. Stadt Braunschw. 358.
Berlit, S., an B. no. 16-7.
Bernhardi 398, 399, (II 122), 252: 17; von ihm 389 ff.
Bernwalde 145, 151.
Bertheau 291.
Berthold v. Chiemsee 352.
Bertuch 43-4.
besebeln (II 342 o).
besen II (345 o.)
Bethmann, v. (II 404 u.)
Bezzenberger (II 391 o).
Bickel II (236: 7), 238: 8, 239: 8, (242 m.), 252: 17, (254: 19), 256: 20, 257: 22, 260: 24, 265: 27 u., (266 o., 272 u.), 273: 35, 278: 37, 293 u.)
Biener (II 254 u.)
Bindewald (II 372 u., 373 m.)
Bingenheim (II 382 m.)
Blasius-Gesellschaft (II 383 o.)
Blackert 122, 299-300
blandiniense, chron. II 309: 3.
bleckchen (II 328 m.)
bleide (II 344 u.)

Blindheim, Schulmeisterwahl
zu B. und Ernennung u.
Heirath d. Schulm. zu B.
[2 dram. Stücke in schwäb.
Mundart, s. Jahns Jahrb.
IX (1829) S. 336 Anm.]
II 240 m.)
Blücher, v. 67, II 44, 72, (397 u.)
Blum, Robert 329.
—, Maler (ll 209).
Blumenbach 114, 416.
Bodenhausen, v. II 17, 24, 48,
55, 62, 65, 94, (406 o.).
Böckh 43, 55, 105, (II 161:
53).
Böhmer 330.
böhmisch (II 334 o, 336 m.)
[Bökendorf] 170.
Börsch, Prof. 47 (II 154 : 38),
215 : 17, (253).
Böttner, Wittwe 113, 408.
—, Tochter, L. Grimms Frau
113, 408.
bol (II 328 m., 329 u.)
bole (II 344 m.)
Bologna 80.
Bonaparte, s. Napoleon.
Bonifacius (II 316 m.)
Bonn, Univ. 46 [175].
Bopp 38, II 233 : 3, (239 : 9,
257 : 21, 258 m.)
Bosz, Weiszbind. in Sarnau
[101].
Bosworth 13, (II 369 u.)
Bothmer, v. II 27.
Bouquet 38.
Bourget et Cie. II 17.
Bouterweck (II 363 u.) [5 Br.
J. Gr.'s an ihn v. 1849—57 s.
Germ. 19, 247 ff.]
braccho (II 332 u.)
brass (II 384 m.)
Braun 330—1, (II 330 m.)
Braunschweig 320, II 85, 260 :
24, (261 u.); Herzog v.
108.

Bremen 207.
Brentano 70, 74-5, 93, 104,
154, 156-7, 202, (II 150.
152 : 27.)
—, Clemens 31, 40, 45, 49,
64, 94, 103, (II 153 : 32,
174 : 92, 177 : 104), 179.
—, Christian 32, 37, 39, 41,
45, 55, 64, 70, 74, 76, II
(154 : 38, 178 : 104), 179.
—, Franz 64.
—, George 94.
Kunigunde, s. Savigny.
—, Ludovica, s. Jordis.
—, Meline, s. Guaita.
Brieg, Doroth. Sibylla, Her-
zogin v. 409, 411.
Brockes 122.
bronze (II 384 o.)
Bucher (II 139, 395).
Buchholz (II 204).
Budde (II 378 m.)
Buderus, s. v. Carlshausen.
Büdingen 226, (II 343 : 337).
Burchardi 166.
Burnouf II 234 : 3.(4, 235 : 5).
burro (II 384 u.)
burschenschaft, (II 201 : 176.)
Buttlar, Treusch v., 305.
Buttmann 80, 93, (II 171 :
82, 176 : 97.)
—, Pfarrer, sohn d. v. (II
375 u.)
Byrgi (II 189 : 138.)
Byron 208, 220.

Caesar in Cassel [60].
Caedmon 14.
Caen II 50, 69.
Caldern, s. Kaldern.
Calderon 44, 230-1,(ll 217:229.)
Cambridge, Herzog v. 267.
Campe 380.
Canitz, v. 101, [II 122]
s. Kanitz.
Canova II 22, 33, 37.

Capo d'Istria, Graf II 23, 39.
Carber, Markordnung (II 330 m.)
Cardale, 14.
Carl, Adv., 398, (II 179 : 108).
Carl d. Grosze, 306, s. Karlmeinet.
Carlsbader beschlüsse (II 205 u.)
Carlshausen, v. 6, II 13-7, 46, 97 ,(405m.); an C. II 19 ff.
Carlsruhe II 265 o.
Casanova 76, 89.
Cassel, 41, 112-3, 123-4, 266, 269, 380, 404, 407-8, II(227 u.. 231 o.), 251 : 17, (259), 265 m; Wilhelmshöber Thor (II 163); Fünffensterstrasse (II 213 m., 214 : 210); Bellevuestrasse (II 218 : 233).
 Bibliothek 116, II, 8, (174 : 92), 256 : 20, (389 Br. 2).
 Hofarchivar 7.
 Gymnasium 60, 84 f.
 Bildergallerie II 28, 38, 41, 47-8, 55, 69, 79, 83, 85, 88, 96-7, (398 ff., 400 m., 402 f., 404 : 17.
 Verein f. hess. Gesch. 299 u., 399, 400, (II 158, 389 Br. 4).
 Oberhofmarschallamt (II 9-12, 101 4), 103 ff.
 Censur-Commission 165, Verhandl. d. C. II, 122 ff. (Vgl. II 161 : 53).
Castlereagh (II 402 m.)
Castorkirche 401-2.
Čechen (II 334)
celtisch II 250 m.
Cervantes 44.
Chateaubriand (II 225 m.)
chranne (II 327 u.)
Chrimhild (II 173 : 90), s. Grimmatik.
Christenberg 400-2.

Christian, s. Brentano.
Clemens, s. Brentano.
Cleve, Graf v. 147.
Clodius 49, 184, 239, (II 195 : 155, 219 : 239); seine Frau † (II 222 : 261).
Clusa, Jac. de, II 277 u.
Coblenz 402.
Collmann 88.
Colmar 306.
Conrad v. Würzburg 314.
Conradi 24, 26-7, 88, 113, 116, 289, 407, II 7, (150, 151); von ihm 1 Br. II 151.
Corpus juris 75.
Corvetto II 62.
Cramer, 80, 84, 213, (II 171 : 82).
Crecelius 367, 378, (II 343 : 337, 348 m., 350 u., 351 o., 358 : 369; an ihn II 357 : 363.
Credner 338.
Creizenach. Th. (II 369 m.)
Creuzer, Prof. in Heid., 50, 56-7, 68-9, 73, 78, 80, 82-4, 86, 93-6, 111, (II 150, 152 : 28, 163, 169, 170 : 82, 174 : 92, 179 : 105, 212 : 207.)
—, Prof. in Marb. (II 151).
—, Gymn. Lehrer, Sohn d. v. 86, 95, 99, 104, (II 171 : 82, 173 : 90, 174 : 92, 176 : 97).
—, Weinwirth 25, (II 150).
Curländer Studenten 181.
Curtius (II 202 u.)

Dänmark II 309 : 3.
dafad (II 384 u.)
Dahlmann, Chr., Prof. 114, 117, 120. 267, 293, 418, II (185, 276 o.), 279 u., 282 : 40, (394 : 416).
—. Dorothee, Tochter d. Prof. D., verh. m. Reyscher; an sie no. 22.

Dahlmann, Herman, Land-gerichtsdir., Sohn d. Prof.; (II 292:295), an ihn no. 23.
Dahme 145, 151.
Darmstädter Schulzeitung. 336; D. Nibelungenfragm. 337.
Dasypodius 317, 335.
Daub (II 174 : 92, 195 : 155).
Dauernheim (II 381 u., 382 u.)
Deffermon II 17, 26.
Dehnhard (II 139).
Denhard, B. II 148 : 19.
Denon II 37-8, 49, 79, 84, (399 o., u., 400 m.)
Deutschland [327, 330], II 30, 336 u., 337 m.; Süd. D. 362, II 52, 313 o.
deutsche Constitution, Pro-tocolle d. Conferenzen über (II 142-3). alt-, neu-deutsch (II 199:173), hochtütsch (II 349:341); d. postein-richtungen II 313:8.
de Wette, s. Wette.
Dickerhof 25 (vgl. II S. 151).
Diefenbach, L. 326, 343, 353, 370; an D. no. 194-201; von D. II 376 ff.
Dieffenbach, Ph., 318, 325, 370, (II 324:324, 338 u., 347 u., 348 m., 350:346 no. 171, 359 u., 381 u.; von ihm II 361 m.; sein Sohn Richard (II 361 m.)
διελεια (II 385 o.)
Diemelstrom 150.
Diemer (II 330 m.)
Dieterich, Verleger; an ihn II 306.
Dietrich, Franz, (II 298 u.); von ihm II 363 m.
Diez (II 366, 376). [J. Gr.'s Corr. m. ihm s. Zs. f. r. Ph. VI 501 ff., VII 481 ff.]
Dithmar 370, (II 359 u.)

Docen 56, 133.
Döbel 15.
Döring II 13.
Dörnberg, s. Frau v. Witz-leben.
Dohm 43.
Donar II 310:5, (316 m.)
Dorlar 346, (II 362 o.)
Draud II 382 u.
Dresden (II 204 u., 337 m.)
Dreyer (II 372 u.)
Dronke 403.
Dudon II 63, 66.
Dülmen, Nonne in 45, 103.
Dürer, Alb. 2.
dula (II 338 o.)
dulths 390.
Duncker, Max II 388 o.
durft (II 353 o.)
Dusch, schosshund von (II 361 o.)
dutte, dütte 360.

ἐγω (II 329 Br. 11).
Eckhart 314.
Edda, sämundische (II 278); Snorra E. II 280.
Edinburgh Review 48.
Eersel II 307 u.
Egloffstein II 133.
ehschwingen (II 304 u.)
Eichels-dorf, -sachsen (II 326 m.)
Eichendorf 352.
Eichhof (II 170:82).
Eichhorn, J. Gottfr. 87, 89, (II 173:89, 243:11).
—, K. Fr. 111, (II 179:108).
—, Joh. Albr. Fr. II 14-6, 26, 71, (201:175), 403 u.
Eichstädt (II 241 u.)
Einbetta II (311), 312 u.
ein so (II 370 m.)
ekstern (II 357).
elben트rötschen s. hilpentritsch.
Elberfelder mundart (II 240 u.)

Elgersburg 381.
êmen (II 332 m.)
emesz (II 356 u.)
emet (II 337).
Ems, s. Rudolf v. E.
Enenkel (II 326 u.)
Engelhard II 44, 53, 72.
engl. Sprache 364, (II 166, 267 : 31); s. firk, himself.
enk, enker 53.
enke (II 353 : 353, 354 m.)
enken, enkede 358.
enne 359.
Enzeroth II 6.
Eos, Zeitschrift 133.
Eraclius (II 372 m.)
Erdehe 346, (II 362 m.)
Erfurt 381.
Ernesti 79, 84.
Ernst II 135, (231 o.)
Erxleben (II 395).
es (II 360 m.)
Estor 358, II 234 : 3.
Estocq, I' 159-60, (II 195 : 155.)
Ettmüller II 280.
euch (II 152 : 28).
Eugen, Prinz II 87.
Euler, Dr., s. Thomas 74.
Eusebius (II 285 u.)
Ewald 288, (II 241, 244 : 11, 254 : 19), 256 o., 258 m., (261 m.), 265 : 27 u., 278 : 38, (374 u.)
ewart (II 180 : 108 u. 110).
ezüst (II 384 o.)

fachen, sich (II 361 Br. 68.)
Fafnir 305.
Fagel; v. II 97.
Falkenheiner 399.
fander, fanner II 378 o.
fasznacht (II 359 m.)
Fauenbach (II 305 u.)
feifel, feisten, feld-bett, -dienst (II 370).
feiwel (II 378 m.)

felsenmütze (II 371 o.)
Feltre, duc de II 25.
Feodosia II 284 : 44.
Ferdusi 51, 56, 59.
feuer-schmatz, -strand (II 371 m.)
Fichte 380, (II 370 o.)
Filidor 300.
finkeln, finkler (II 370).
firk (II 377 u.)
Fischer (II 301 u.)
Fischart 311, 315, 352.
Fladungen (II 371 u.)
Flaxmann 235.
Fleckenland, Harnisch v. 312.
Flemming 301.
fliedermus, fliesz, flink (II 371 u.)
Florenz, medic. Venus von II 21.
fluchgebäude (II 373 m.)
Förstemann 387, 346, 386.
Fontanus, Conradus 399.
forstteich (II 372 o.)
fortschustern (II 373 u.)
Fox, Samuel 14.
frägler (II 373 m.)
fränkische sprache (II 327 m.)
Freyer (II 372 u.)
Franck, Seb. 300, 304.
Frankfurt a/M. 27, 36, 70, 77, 202, 263, 277, 324, 327, 377, 395; II 7, 101, (338 u.); Bundesversammlung 7, (II 194 : 155, 197 : 165); Parlament in d. Paulskirche II (285 u.), 310 : 5, (391 Br. 8); Gymnasium 74; fr. Bürgercapitain II 245 : 13.
Frankreich 41, 60-1, (225 m.); Kön. v. II 21, 82; Akademie v. 354.
Franzosen 177, II 52, 64, 68, 83.
Freidank 330, (II 330 m.)
Freygang 38.

Friedberg (II 338 u.)
Friedberger Passionsspiel 326, (II 337 o.); F. Christ u. Antichrist 327.
Friedrichsroda II 321 : 18.
Frisch(II 344 m., 348 o., 351 m.)
frucht, frühling (II 376 m.)
Fulda 226, 270, II 36.

Gagern, v. 64, 69, 96.
Gaius 31, [41], 51.
galische sprache II 281 o.
Gans 110, (II 179 : 105).
garbe 321.
Gargantua 315.
garge, jürgel (II 335 o.)
Gartner II 340 Br. 18.)
gau (II 377 m.)
Gausz 290, II 256 : 20.
Geibel (II 210 u., 221 u.)
Gellert 351.
Genelli 85.
Gentil II 87.
Genz 49.
Gercken 400.
Gerling, 36, 42, 143, 154-5, 158, 161, 163, 166, 186, 192, 200, 204, 213, 228, 234, 238, 242, 245, 260, 274, 282, (II 154 : 38, 186 : 123, 211 o., 225 Br. 63, 290); an G. no. 62-74; von ihm II 186 ff.
—, Christiane, Wilhelmine, geb. Suabedissen, Frau d. Vor. 154-5, 259, 280.
—, Emma, Tochter d. Vor. 127, 130.
Germanus, Leben d. h. (II 314).
Gervinus 308, (II 365 o.); von ihm II 299.
Gesellschaft f. deutsche Geschichte 35.
Gesenius 347, (II 241).
gesicht (II 372 o.)
Geszler 395.
get 53.

getraide 22.
Gierth, Val. (II 394).
Gies, Luise; an sie no. 18—20; von ihr II 146.
Gieseler 288.
Giessen 226, 380; (II 350 : 352, 388 u.); Univers. (II 347 o.); kath. theol. Facult. (II 339); Univers.-Bibl. (II 350 u.); Hs. (385 o.); Hs. 878 (II 336 m.); Hs. 1247 (II 330 : 330).
Giustiniani, Galerie II 23.
Glauberg (II 382 u.)
Glimmerode 125.
Gneisenau II 23, 44, (401 m.)
Gnissberg, Gnitberg 122.
Gnitaheide 305-6.
Godillot II 42, 70.
Göcking (II 345 u.)
Gödeke, K. 357 (II 228 u., 365 o.); an G. no. 15, s. Nachtr. S. 408.
Görres, Jos. v., 4, 51, 56, 59, 94, 103, 107, 123, 125, 129, [146], 147, 164, 174; II 123, 126, 128, (178 : 104), 178, (188 : 128, 191 : 146), 197 : 165, 200 Br. 15).
—, Guido, Sohn d. v. (II 178 : 104, 179 : 105).
Göschen 114, II 239 : 8.
Göthe 12, 32, 35, 37, 43, 50, 55-6, 59, 64, 70-1, 73-4, 76, 153, 157, 168, 213, 214, 215, 227, 229, 231, 234, 255, 279, 339, 350-2, 364, 366, 373, 382, 412, II (153 : 28, 155 : 38, 194 : 152, 155, 213 u., 216 : 226, 218 : 234), 266 : 29, (340 o., 352 u., 363, 371 o.); Frau Göthe's † 153.
Göttingen 121, 123, 149, 181, 266, 274, 294, 386, 403-4, II (249 : 15), 251 : 17, (268 : 33), 274 u., (279 o., 289 m.,

374 u.); Universitätsjubil. 416, (II 184 : 121); Univ.-Curat. 285, Bibliothek 114 —115, 408, II (225 Br. 63), 234 : 3, 256 : 20, (389 o.); Societät d. Wissensch. 91, Alleestr. 407; Gött. Revolution (II 226 u., 261 u.)

Golownin 33-4.

Goltz, v. II 95.

Gossfelden 39, 82, (II 220 o.)

Gotha 328.

Gottsched (II 350 : 352).

Gräffendorf, Frl. v. 263.

Graff 322, II (260 u.), 281 m. (360 m.).

Gramaye II 307, (315 o.)

greizzet 321.

Grethe 283.

Griechen 68, 72.

Gries 44, (II 372 u.)

Grieshaber 321.

Grimm, Vorfahren d. Brüder II 3, 5, (146).

—, Grossvater 16.

—, Phil., Wilh. Vater, 16.

—, Dorothea, geb. Zimmer, Mutter 144, 240, 243, 261, 266, 404, II 10.

—, Tante, s. Zimmer.

—, Base, s. Höhne.

—, Carl, Bruder (geb. 24. 4. 1787, † 25. 5. 1852) 131, 136, 140, 177, 188, 190, 198, 201, 241, II 4, (151, 210 m.)

—, Ferdinand, Bruder (geb. 18. 12. 1788, † 6. 1. 1845) 86, 131, 178, II 4, (151, 203 : 182).

—, Ludwig Emil, Bruder, (geb. 14. 3. 1790, † 4. 4. 1863) 106, 112, 128, 136, 150, 154, 156, 172, 175, 190, 198, 224, 234, 258, 262, 408, II 4, (147 : 17, 148 : 19, 151, 160 : 4), 179,

(209 o., 216 : 224, 218 : 234, 374 m., 404 u.) (dessen Frau, geb. Böttner).

Grimm, Charlotte Amalie, Schwester (geb. 10. 3. 1793, † 15. 6. 1833) verh. m. Hassenpflug 77, 88, 118-9, 124, 128-30, 133, 140, 163, 168, 176-7, 183, 212, 216, 239, 243, 253, II 4.

—, Dorothea, geb. Wild, W.'s Frau, 23, 90, 96, 105, 112, 118-9, 121, 238, 240-1, 243, 246, 251-2, 255, 258, 263, 268, 270, 275, 278, 284, 296, 354-5, 363, 369, 380-1, 385, 408, 418, II 9 f., 179, 280 o., 282 u.; von ihr no. 14, II 304.

—, Jacob, W.'s Sohn 97, 241-3, 266, 404.

—, Herman Friedrich, W.'s Sohn, 105, 111-2, 342, 345, 363-4, 375, 415.

—, Gisela, geb. Arnim, H.'s Frau 364.

—, Rudolf, W.'s Sohn 113, 252, 255, 257, 260, 342, 345, 356, 360-1, 415.

—, Auguste, W.'s Tochter, 273, 342, 354-6, 360 f., 363, 367, 369, 376, 380, 385, 413, 415, 419, II 266 : 29, 280, o. (349 : 341), 364 u.; von ihr no. 193.

—, Jacob Ludwig Karl (geb. 4. 1. 1785, † 20. 9. 1863) 149 etc.

—, Wilhelm Carl, (geb. 24. 2. 1786, † 16. 12. 1859) 368 etc.

Schriften der Brüder:
(† von beiden gemeinsam. * von Wilh. [ ] nicht erschienen.)

Adjectiva, Preisschrift über die deutschen 89.

Andreas u. Helene, Ausg.
II 145 : 14.

Antrittsrede, göttinger (De
desiderio patriae) 116.

† Armer Heinrich 24, 26,
408 : II 150.

* Athis u. Prophilias 322,
323 (II 294 m.)

Autobiographie J. Gr.'s
[118].

Bendis, Über die Göttin,
367.

Besitzes, das Wort des,
329 (II 329 m.)

* Christusbilder, Sage v. Ursprung d., 313, (II 359 o.)

Corveier Urkunde (d. XII
Jh.), über eine II 338 u.

Diphthonge nach weggef.
Conson. II 294 m., 324 :
321, 379 u.

† Edda 149, 179, (II 192,
201 : 176).

† Elfenmärchen, irische 243.

Entlassung, über meine 121,
[287 ff.], 296, II (185),
273 u., (276 o.)

* Exhortatio ad plebem chr.,
(II 390 u.)

Freia, über die Göttin 367.

* Freidank, 270-1, [330], 348,
396.

Gedichte aus d. Zeit des
deut. Heidenthums, über
zwei entdeckte (II 376 u.)

* [Gesch. d. deutschen epi-
schen Poesie] s. Helden-
sage.

Gesch. d. deutschen Sprache
325, [327], 391, (II 327 m.,
342 u., 355 o., 379 o.,
383 u.)

Gött. Gel. Anz. 1824 no.
143 etc. : 232; 1833 no. 12 :
120; 1852 no. 175 : 332.

* Goldene Schmiede Konrads
v. Würzburg (II 298 u.)

gothische Wörter, über
einige (II 365 o.)

gothisches Glossar v. Ernst
Schulze, Vorrede zu (II
383, 386 o.)

* Graf Rudolf 106.

Grammatik, deutsche 42,
46-7, 52, 62, 68, 78-9, 86,
92, 116, 132, 141, 179,
198, 305, 307, II (160 : 47,
170 : 82, 278 m.), 281 : 39,
(379 o., 381 m.)

—, Zur Recension d. d. Gr.
[II 135].

—, serbische 89.

* Heldensage, die deutsche
[216, 260], (II 356 vgl.
298 : 305).

† Hildebrand u. Hadubrand
u. das Weissenbrunner
Gebet (II 156 Z. 3).

[hochdeutsch, über d. Be-
griff] 344.

Hymnorum veteris ecclesiae
XXVI interpretatio Theo-
disca II 257 : 22.

Jean Paul, Artikel wider
(Hermes 1819) 158.

Jornandes u. d. Geten [338],
391, (II 294 m., 324 : 321,
345 : 338, 379 o., (409 : 345.)

Lachmann, Rede auf 332.

Leichen, über das Ver-
brennen der 328. II 317 :
11, (327 o.)

Lex salica hersg. v. Joh.
Merkel, Vorrede zur II
317 : 11, 327.

* Literatur, die altnordische,
in der gegenw. Periode
179, 184.

† Märchen, Kinder- u. Haus-
30, 50, 53, 190, 223, II
(206, 268 o.), 317 : 12, (347 u.)

Marcellische Formeln (II 346 u.)

Marcellus Burdigalensis, über (II 383 m.)

maue, über (II 364 u.)

Mythologie, deutsche 11, 297, 299, 310, *318*, II (296 m.), 307, 309 : 3. 4, 320 : 17, (322 : 19, 329 o.), 334 u.

[Nebenstunden] (II 334 u.)

* Neujahrswunsch, poetischer 161.

Ortsnamen, Bemerkungen über hessische *303.*

Personenwechsel in der Rede, über den *341*, II 347 u.

* Poesie, Verhältniss der Philosophie zur 247.

Rechtsalterthümer, deutsche [114], (II 179 : 108, 379 m.)

† Reinhart Fuchs, 38, *[127]*, *170*, 179, (II 199 : 173).

* Rosengarte, der 359.

* Runen, über deutsche 66, 218, (II 167 u.)
—, zur Litterat. d. [243 u.]

† Sagen, deutsche 28, 30, 47, 53, 149, 179, (II 201 : 176).

Schiller, Rede auf (II 358 m., 380 o.)

Schule, Universität, Akademie, über [328], (II 327 o.)

Sprache, Ursprung der (II 340 m.)

Sünde, Abstammung des Wortes *303.*

Taciti germania 297.

Tanfana, über die Göttin *367.*

Volkslieder, Übersetzung serbischer 229.

Weisthümer 110, 299, *370*, 373, 377, 384, 397, II 281 : 39, (372 u.)

* Wernher v. Niederrhein (II 298 m.)

† Wörterbuch, Deutsches 14-5, *121*, 282, 298, 303, 307, 313-4, 332-6, 338-42, 344, 349, *[352]*, 355, 357-60, 362, 365-7, 371, 373-86, 396, II 277 : 37, 319 : 14, (331, 340 u., 343 u., 358 o., 377 o., 379, 380).

Grimmatik (II 174 : 90); vgl. grimmige Wb. (II 379 Br. 46) und Chrimhild.

Grosse (II 139).

Grotefend 60, 86, (II 168 : 74).

Groth, Kl. 381.

Grouchy II 35.

Gruner II 16, 25, 42, 70.

Gryphius 301.

Guaita, Mann von Meline Brentano 74-5.

guddi (II 385 o.)

Gudrun, 217, II 321 : 18, (322 : 19).

günter (II 335).

Gustav Wasa II 51.

Gutzeit. 355.

Hach (II 223 : 265).

Hagedorn 351, (II 372 o.)

hahnenbalze 335.

Haiti, Majestät zu 158.

Halbertsma 393.

Halbir (II 338 u.)

Halle 145; hallische Jahrb. II 279 m.; h. Literat. Zeit. (II 241).

Haller 43, 172.

halsmeni 311.

Haman 215.

Hamburg 177, 198, 367-8; II 93.

Hameln, Rattenfänger v., II 317 : 11.

Hammer 59.

Hanau .16-7, II 36. 146;
Marktpl. no. 1 und Lang-
gasse 41 (II 147 : 18).

Hannchen s. Molter.

Hannover 196, 266, 270, 283,
404, II (281 m.; König v. H.
404, (II 269, 272), Reg. v.
H. (II 227 o.)

hannöversche Zeitung 267,
II 265 : 27.

Hans s. Hannchen Molter.

Hansen (II 149).

Hanstein, v., 37, 123, 399
Frau v. H. 50.

Hardenberg, Fürst 174, II 16,
23, 32, 42, 71, 94, 200 Br.
15, 399 o., 401 u.)

Hargues, d' 386, (II 373 m.,
u.)

Harles 79.

Harnier [R.], 129, 139, 141,
154, 157, 160-1, 167, 172,
186, 200, 203, 209, 211,
223, 225, (II 165 ?, 193, 194 :
152 ? : 204).

—, E. . 211.

Hartmann (II 244 : 11).

Hassenpflug 77, 120, 140
212, II (184 : 121, 185,
273 : 34). 282 : 40, (283 : 42),
288 o.

—. Vater d. Vor. 216.

Hatto, Bischof 148.

haudern, hauern (II 325 u.)

Haupt. Mor.. 304, 306 308-9,
[312]. 314, 337-8 343. 357.
361, 371. 375. (II 294
u. 301 u.); von ihm II
297.

—. Jos.. 367.

Hausmann 290.

Haxthausen. v., 170, II 168 :
74. 284 : 44.

Haynau, Major. II 72.

hebräisch II 238 : 8.

Heckmann (II 138).

Heeren 87, 89, II 234 : 3
(235 : 4).

Hefner, [Jacob, H. v.] (II
315 : 10).

Hefter 111.

Hegel 94, 110-1, 256, 262,
(II 176 : 97).

Heidelberg 36, 163. 266, II
7. 33 100 (220 m.); Pro-
fessoren v. H. 46.

Heine (II 279 m.)

Heinrich, Kaiser 343.

Heinroth. s. Wellentreter.

Helbling, Seifr., 309.

Helene s. Molter.

Heliand 310, II 256 : 20, 260
u., (295 u.)

Helmannshausen (II 341).

Henschel 146, 148.

Heppe 15.

Herbart 275.

Heringsdorf II 303 u.

Hermann, [Joh. Gottfr.] 50,
85, 207.

—, [Karl, Friedr.] 283, II 264
m, 277 u., (279 u., 281 m.,
289 o.)

Hermes, Zeitschr. 48, 58, 95,
179, 183-4, II (167, 203 :
182, 204), 245 : 13.

Herodot 57.

Hersfeld 226, 298.

Herzog s. Cambridge, Sachsen-
Meiningen.

Herzogin s. Anhalt.

Hessen (II 140).

Hessen-Darmstadt II 52, (326
u.); Landtag (II 329 o.);
Ministerium (II 347 o.)

— Grossherzogin v. 379, (II
371 o.)

Hessen-Cassel 66, 74, 271, 334.
380, 404; II, 34, 53, 60-1,
66, 74-5, 85, 87, 93, 125,
II (252 : 18), 260 m., 282 : 41;

Hessen-Cassel, Oberhessen 28;
Constitution v. H. *117*, 150,
(II 193, 227 m.); Landstände
34; Landtag(226 o.); Kriegs-
Colleg II 141; Staatsminist.
an v. Eichhorn II 14.s.Cassel.

—, Kurfürst Wilhelm I v.: 2,
66, 161, 165. II 127, (167);
Leichenbegängniss (II 164).
an ihn no. 9-12, II, I. 1)-4),
II, II. 13)-4), II, III. A 3); von
ihm II 141.

—, Kurfürstin Wilhelmine v.
(† 1820), 191, 202.

—, Kurprinz, seit 1821 Kurfürst
Wilhelm II v. 3, II 27, (167,
389 m.); an ihn II I. 5), II,
III A 6).

—, Kurprinzessin, sp. Kurfürstin Auguste v. 26, 125,
148, 194, 235, 273, II 27,
(225 m., 227 u.); an sie no.
210, 212-3, 215, 219-20; von
ihr 211, 214, 216-7.

—, Princessin Friederike v.,
sp. Herzogin von Anhalt.

—, Prinz Friedrich sp. Kurfürst Friedr. Wilh. I v. 65,
131-2, 142, 152, 169, 172,
183, *198*, 201, 224, 240,
(II 165, 190, 197 : 165, 202 :
182, 203 : 182, 206, 209 m.,
210 m., 219 o., 224 u.,
225 m.)

—, Princessin Marie v, sp. Herzogin v. Sachsen-Meiningen.

—, Princessin Caroline v. 406,
408, 410, 413-4, 417, 419.

—, Princessinen v. 235, (II
219 o.)

Hexenprocesse 303, 319.
Heyne *56*.
Hieronymus II 284 : 45, (285 u.)
Hildebrand, R. 372, (II 376
m.)
Hildebrandslied 345, (II 350 o.)

hilpentritsch, hersfelder *298*,
(II 296 : 138).
himself (II 166).
Hirzel, S. 375, (II 352 : 353).
hlaford (lord) (II 377 m.)
Höfer 401.
Höhne, Philippine, Tochter
des Pfarrer Höhne in Hoch-
stadt u. dessen Frau, geb.
Zimmer, Base der Brüder
Grimm 19, (II 145-6).
Hölty (II 371 m.)
Hoffmann II 234 : 3.
—, [Amad.] *215*.
—, [W.] *352*, 380 (II 370 o.)
—, Hofkammerrath in Cassel
II S. 111.
—, in Friedberg 328.
Hohenlohe, Fürst 70.
Holländer 45, II 239 : 8, s.
Niederlande.
Holtzmann 337, (II 301 m.,
346 m., 355 u.)
Holweg 110.
Homer 217, 229; Odyssee (II
152 : 28).
Hopf, Pfarrer 25, (II 150).
Horn 39.
—, Joh. v. II 134-5.
Hortensia, Königin II 51.
Horus *305*.
Hrêde, Hruodtac II 307 u.
Huber, Prof. *291*, II 283 : 41.
(42, 288 m., 290, 292 : 294),
308 : 2, 309 o.
—, Dorothea, Catharina verh.
m. J. R. Wild.
Hüningen II 20, 32, 36.
Hufeland *109*.
Huftirsheim (II 341 m.)
Hugo 41, 103, 114, 290, 296,
II 256 u.
Humboldt, [W.] II 53-4, 234
: 3, (4, 235 : 5), 236 : 6, (239
: 9).
—, [A.] 44.

Hummel *125*.
hunddwati, hunzen (II 334 o.)
Hupfeld 25, (II 150) 279, (II
149, 175 : 92, 227 Br. 67,
228 m., 231 m., u., *280,
290)*; an ihn no. 130-2; von
u. an ihn II 232 ff.; seine
Grossmutter (II 240); sein
Bruder (II 268 o., 287 : 281).
—, Marie, T. v. Suabedissen.
Hutten 369.

Ickelsamer *340*, (II 340, Br.
18, 354 m., 365 o.)
iderüchen (II 304 u.)
Ihre 36.
Ilbenstadt, Kloster (II 325.)
Ilmenau 380.
indisch II 238 : 8.
ink, inker 53.
Isländinga sögur II 280.
Italien 168, *[319]*, II 306,
(334 u.)
itaruhhan (II 304 u.)

Jacobus a Voragine (II 312 :
6, 314 m.)
Jäger II 228 u.); s. Elise
Suabedissen.
Jahn's Jahrb. II 245 : 13.
Japan 34.
Jaup (II 329 m., 339 u.)
Jean Paul 58, 133.
Jena 182, 418, II 279 : 39.
Jesuiten (II 339 m.)
jit (*vos*) 53.
Jordan (II 227 m.)
Jordis, Frau Ludowica, geb.
Brentano 71.
Josephine, Kaiserin II, 28-9,
41, 91 (399 u., 400 o., 401 o.)
jüdische Elemente in der
deutschen Spr. (II 335.)
Jung 34.
Justi 118, *127*, II (151), 257 :
22.

Justitia, madame J. im Guck-
kasten II (240), 245 : 13;
s. Blindheim.
Kaldern 122, *306*.
Kaltennordheim, weisthum v.
(II 389).
Kamptz 52.
Kanitz, v. (II 290 u.) s. Canitz.
Kanne *83, 150*.
Kant 122, (II 370 o.)
Karaim II 284 : 44.
Karlmeinet, W. Grimms Ex.
v. (II 357, 372 m.)
kassen, kassbeeren 400.
Katholik, Zs. v. Görres 103.
Kaupen, v. 398.
Kehrein (II 351 m., 360 o.,
364, 374 o.)
Keil II 197 : 165.
Keisersberg II 347 m., 348 o.
Kelle 371, (II 305 : 316).
Keller, Ad. v. *333*, von ihm
II 333.
—, Graf v. (II 141-2).
Kellner II 199 u.
Kemble 13.
Kephalides (II 195 : 155).
kersbeeren, kerstnen, kespern
400.
Kessler (II 216).
Kesterburg *400*.
Kiliandr *305-6*.
Kindlinger *399*.
klecke 321.
Klee (II 371 m.)
Klein *343*.
Kleist 32.
Klenze 111.
Klinger (II 352 u.)
Knatz, an ihn II 18.
—, O.-A.-Gerichtsrath, vgl.
II 164.
Knobel *329*, 347, (II 340 m.,
345 o., 374 u.)
Koch, Chr., Prof. in Marb.,
78 (II 139).

Koch, Synd. v. Brieg (II 393 u.)
Kochelsee 365.
Kochem 352.
Köllner 288.
Köppen II 280.
Körner (II 350 u., 358 o.)
Körte 54, 58.
Kösen 152.
Köster (II 346 o.)
Kopp 213, II (220 m.), 238:8.
Kosegarten 34, 352.
Kotzebue 52.
Kraft 85, 96, [100], (II 175: 97, 211 m.)
Kraus 55-6, 62.
Krause 30.
Kraut 290.
Krieger 26, 32-3, 37, 227, II 234:3.
Krodo II 307 u.
Krücke 25, (II 150).
Krüdener, Frau v. 184, (II 199:173).
Krug 141, 184, 262, (II 167, 204).
Kruse, Prof. (II 197:165).
Kühne, O. V. (II 147).
Kürenberg (II 371 o.)
Küster, v. II 53.
Kuhn, A. (II 380 m.)
Kuithan 79, (II 170:82.)
kummer 355, (II 351 u.)

Laberer (II 386.)
La Bouillerie II 92.
Lachmann 85, 298, 308, 314, 332, 337-8, 345, 357, 375, II 236:6, (264 m., 301 m.)
Lacomblet 322-3.
Lagrange II 16-7, 26, 41, 57, 70, 85, 93, (399 u., 400 o.)
Lamprecht 316, [321].
Landau 300, 339, 347; an ihn no. 202-209.
Landgrebe 258, 261.

landsmannschaft 182, (II 201:176).
Lang 279.
Langenbeck 288, 293.
Laplace 140.
Lappenberg 367-8, II 281 o.
Laroche (II 139).
Lassen II 234:3, (4).
Laubach (II 381 o., 383 o.)
Laureshamensis. cod. II 312: 7, (350:346, 362.)
Lavallée II 37, 49, 51, 68-9, 79, 84.
Lazius 259.
Ledebur 402.
Leipold 25, (II, 150).
Leipzig 145, 292; Feier d. Schlacht bei L. 155-6, 171, 259, 273.
Leist 157, 160.
Lene s. Molter.
Lenz 255-6.
Leo 14, 293, II 279:38, 308: 2, (327 m., 384 u.)
Lepel, v. 5-6 II 100, (143) von ihm an d. Kurf. II 142.
Lessing 338, 350.
Letzner 399.
Lich (II 335).
Licherhof s. Dickerhof.
likkan (II 328 u.)
Lindheimer (II 286).
Line, s. Caroline Suabedissen.
Lippspringe 324.
Litthauen 164; litthauisch II 238:8, (285 o).
llamps (II 384 u.)
Lobeck 58, 86, 93.
Löwe, Joel (II 364).
Lope de Vega s. Vega.
Lossberg, v. (II 350 o.)
Lossius 48.
losung (II 348 m.)
Lotz, R. R. 202, 207-8. 228, (II 139, 211 no. 96, 212:207.)

Lücke 114, 275, 278, 287, 291, II (225, 230 m.), 281: 39, (287 : 281).

Lüder 38.

Luther 70, 122, 174, 190, 311, 352.

Lye 13 (II 363 u.)

Mackeldei 186.

Magnussen II 280.

Mahn (II 244 : 11).

Mahner II 69, 76.

Mailand 410.

Mainz II 32; Bischof v. M. (II 339 u.)

Maio 41.

Maistre, Xavier de 108.

Malbergische glosse (II 327 m.)

Malmaison Schloss II 23 28-30, 70, (399 u. 400 o., 401 o.)

Malsburg, Frau v., 125.

—, Ernst, Fr. v., 231, (II 139).

mandwâri II 328 u.

Manso 38, 67.

Marburg 2, 27, 46, 58-9, 69, 77, 89, 96-7, 103, 109, 117, 119, 123, 130, 133, 186, 194-5, 205, 213, 222, 226, 240, 246, 258, 264, 274, 283, 285, 294, 306, 310, 407, II 1, (138 227 o.) 265 m., (268 : 33), 281 : 39, 40, 282 u.. (290 o.); Universität (II 153 : 33 159 : 46, 177 : 103, 188 : 135 189 : 138, 208, 219 : 239, 220, 227 m., 263 : 26 288 m., 289 o.). Univ.-Jubiläum II 179 : 105, 220); phil Facult. (II 149 : 22, 156, 211 o.); jur. Facult.. Prüf. W. Gr.'s vor d. (II 394 ff. Bibl. d. Univ. (II 234 : 4); Forsthof (II 242 u., 213, 226 u.)

Marcus. Buchh. in Bonn II 309 : 4.

Marheinecke (II 209 o.)

Mark Grafschaft 53.

Marlowe 48.

Martelliere II 41.

Martens, v. II 40, (405 : 40).

Martin 77.

Marx 289.

Massmann 300-1.

mat 318.

Mathesius 39-40, 129, 171, 174, 370.

Matsko 138.

Matthiae (II 168 : 74).

Matthisson 382 (II 346 o.)

Mecklenburg II 34, 74.

medum 303.

Megenberg 314, 379.

Megerle 352.

Meiningen 418, s. Sachsen-Meiningen.

Meisner 125.

Meiszen (II 376 o.)

Melanchthon 39, 174.

Melsungen 135, 202.

Menontes 350.

Menzel II (173 : 90), 178, (311 o.)

mergel (II 348 : Br. 39.)

Merkur, rheinischer 4, 146, (II 191 : 146).

Mertin 77.

Metternich, Fürst, 49.

Meusebach, v. 315.

Meyenberg s. Megenberg.

Meyern, G. v. II 318.

Michel-Angelo 379.

Michelbach 306.

Möser 33, 175.

Mohr 298.

Molter in Lübeck, Schwager Suabedissens (II 210 u., 221 u.)

Molter, Hannchen (Hans), Nichte v. Suabedissens Frau u. in S.'s Haus er-

zogen 145, 158, 162, 175-6, 251-3, 260, 263, 273.
Molter, Lene. Schwester d. v., 158, 251, 253, 273.
Mone 73, (Briefe an ihn besitzt seit kurzem die heidelb. Bibl.)
Moritz (II 343 u.)
Moser II 234:3.
Müllenhoff 359, 371,(II 301 m., 375 m., u.); von ihm II 359 f.
Müller 317.
—, Mahler (II 167).
—, Adam 153.
—, Bernh., H, (II 139).
—. Julius 278-9, 281, 283, II (231 m., 268 u., 269 m..) 281:39, 284:44; an ihn no. 133-7.; von ihm II 289 ff.; seine Tochter Klara (II 292: 294.)
—, Ottfried 90, 114, [290].
—, Wilh. 309, (II 378 u.)
München 365, 377; Universität M. 107; historische Commission 383.
Münchhausen, v. (II 399 o.)
Münscher 254, (II 221 u.)
Munke 36, II 154:33.
Murhardt (II 139).
Murner, Th., 301.
Mythologie, Zs. für II (321:19), [322: 20].

nachahmen 317.
nänke (II 354 o.)
Nagele, v. II 65.
Napoleon Bonaparte 180, II 28, 60, 90, (399 u.)
narrenbrunnen 389.
Nasus, Joh. (II 359 o.)
naut (II 304 u.)
Neander 32, 48.
Nebel 325, (II 387 m., 388 u.)
Nepos (II 152:28).

Nesselrode II 24, 39, 51, (401 m.)
Neufville (II 177:104).
Ney 95.
Nibelungen 216, 270, 308, 314, 332, 337, (II 192 Br. 5, 338 u., 371 o.)
Niebuhr 33, 41, 94, 111, 117, 144, 250, II 178, 234:3, 260:24. (279 u.)
Niederlande II 96, (225 u.)
Nissberg, Nussberg 122.
Nitzsch (II 375 u.)
Nodnagel (II 322:19.)
Nordheim, v. (II 147-8).
Nornen II (311, 377 m., 381 u.)
Nyerup II 280 u.
Nürnberg 383.

O'Connor II (278 u.), 281 o.
Odinssalr II 307.
Odsleben 39.
Oehlenschläger 227.
önn (II 354 m.)
Oesterreich II 52, 124; Kaiser Franz v. Oe. II 21.
Oetker, Fr., an ihn no. 21.
Ohlnhausen II 234:3.
Olshausen (II 235:5.)
Opitz 301.
Oppositions-Zeitung 175, 184.
Ortenfels II 33.
Osann 354, (II 351 u.)
Osterhausen 88, II 171:82.
Otfried 310, 371, II 256 260 u.
ovanhûson (II 339 o.)
Overbeck II 345 u.

page, paquée (II 384 m.)
Panzer 395, II 312:7.
Paris 36; theatre Favart II 35; pont S. Michel II 45; hôtel de l'Empire (Thelusson) II 37, 82, 88; rue de l'université no. 7: II 27.

Passavant (II 177 : 104).
passional (II 325 u.)
Passow 93, II 176 : 97.
Paulus 54, 142, 180, (II 170 : 82, 176 : 97).
peltenere 326.
persisch II 238 : 8.
Pertz 267-8, 306, 312, II 265 : 27.
Peschek II 299 o.
Petters (II 305 : 316).
pfeeschen (II 335).
Pfeiffer, Räthin, 125.
—, Franz 312, 314, 357, 375, 379, (II 294 u., 371 o.)
Pfizer, G.. II 265 m.
Pfizer, P. II (227 : 67), 265 m.
Philippeville II 20.
Philologenversammlung, germanistische Section (II 365.)
phol 310.
Pictct II 281 o.
Pillnitz 363, 365, (II 372 m.)
Planck 275.
Platen 12, 97, (II 408 : 144)
Platner, E. 224.
—, Frau 264.
plecken (II 338 m.)
Plönnies, W. v. II [321:18], (332 : 19).
Polen (II 261 u.)
Polgöns (II 328, 329 u.)
Portal II 54.
Porter 33, 37.
Portugal. Königin v. 351.
Pott, Prof. d. Theol. 287-8.
—, Prof. d. vgl. Sprachw. 300-1, 393, II 329 Br. 11.
Pozzo di Borgo II 51, 56, 71, 83 ; an ihn II 58, 88.
Pradcl, Graf v. II 17, 26, 38, 43, 48, 57, 64, 67-8, 76, (399 m.); an ihn II 59.

Preussen 35, 59, 164, 362; II 52, 85, 87, 124-5, (151, 271), 282 o., (314 m., 326 u.); Rheinpr. II 197: 165; neupr. Farben II 313 o.; Preussenthum II 279 u.); preussische Regierung II., 204;
—, König v. 373; II 21, 23, 32, 36, (II 292 : 295, 365, 387 m., 398 u.); Kronprincessin 346, 348; Prinz Wilhelm 355; Prinz Albrecht u. Frau (II 227).
Prichard (II 279).
Pustkuchen [76] (II 213 u., 409 : 170).
Putbus, Fürst II 51.
Pyrker 367, (II 346 o.)
pysti (II 385 o.)

Quarterly Review 48.
Quatremere II 70, 83; an ihn II 78.
quercrecht (II 327).

Rabbek II 280 u.
Rabenau (II 340 u.)
Radlof 29, 39, (II 153 : 28, 33.)
Rambouillet II 37, 48.
Ramus 127, 163, 175.
—, Charlotte, s. Bauer.
—, Julie 10.
Ranke 273, 293, II 178, 308 o.
Rask 13, (II 235 : 5).
Raszmann 343.
rathfragen II 360.
Raumer 76, (II 206, 254 u.)
—, R. v., 349-50, [377, 385], (II 352 o., 373 m., u.)
Raynouard II 250 m. (s. Zs. f. r. Ph. VI 504).
Redwitz 352.
Rée, Dr., (II 335).
Reformationsfest 171, 173.
regen 35 (II 153 : 331.

Rehm II (167, 222:258), 234:3.
Reiche 288.
Reimer 51, 167, (II 196:206, 209 o.)
Reinecke Fuchs II 266: 29.
Reinhard (II 139).
Reinwald 305.
Reiske II 239:8.
Remusat II 234:3, (239:9).
Renaud, Prof. (II 327).
Renneval II 37.
rennferkel (II 327 u.)
reófan (II 363.)
Rettberg 288.
Reuter, Fritz 381.
Reyscher (II 294 u.)
Reyscher, Dorothee, geb. Dahlmann.
—, Luischen 23; verh. m. Dr. Veiel (II 149).
Ribbentrop 289, II (14), 52, 69, 71, (399 o., 401 o.)
Richelieu II 20, 37, 56, 64, 67-9, 81-2, 89; an ihn II 76.
Richter 84-5.
Rieger 337.
Riemer 93, (II 176:97).
Ries 97.
Rigi 410.
Rimberge (II 294 m.)
Rist (II 372 u., 373 o.)
Ritter, K., 51, 55-7.
—, Aug. Heinr. 290.
Rivalier II 19, (164 u.)
Riviere (II 406 m.)
Robert, Prof. [59], II 395.
—, Galerieinspector II, 13, 70, (400 m., 405 m., 406 m.)
Robertson II 234:3.
Rochard II 97.
Roche-Jaquelein, Marquise de la 32, 157.
Rochow, v. II (271 m.), [274 o.]
Rodenstein II 310:5, (316 m., 318 u.)

Rodheim (II 360 o.)
roggen 36, (II 153:33.)
Rohde 56.
Rollenhagen 300, 302.
Rom, Museum: Transfiguration, Apollo II 33.
Römer = Ultramontane II 274 m.; vgl. II. 378 m.
romanische Sprachen II 250m.
Rommel, Gen.-Superint. 60, 171, (II 222 ff., 258 u.)
—, Archivdirector, 41, 59, 116, 401, II 11, (154:38, 162:55, 233:1); von ihm 16 Br., II 155 ff.
Rosenblüth 333, (II 331 o., 338 m.)
Rost 353, (II 345 u.)
Roth, [Franz] 374, 377, (II 360 o., 361 m.)
—, [K.] 302, 403.
Rothschild, 285, II 48, 55-7, 63, 65, 72, 80, (290 o.)
Rouen II 315.
Rouxel II 43, 57, 59-61, 67-8, 76, 81-2, 87.
roydach, Roysel II 307 (315 o.)
Rubino (II 264 m.)
Rudolf v. Ems 301, 304, 310, 312, 314.
—, v.Montfort 389 s. Barlaam.
Rudolph in Marburg (II 139).
rücken 36.
Rückert 12.
Rühs 57.
Ruhkopf 196.
Ruhl, J. Chr. (II 164).
Ruhl, L. S., (II 164); von ihm 22 Br. II 166.
Ruhmann 139.
ruin, rûnen (II 384 m.)
Rulaer weisthum (II 388 u.)
Rumohr 101, 411.
Rumpelt 370.
Rumpf, Chr. (II 370 u.)
Ruozelenswilre 320.

Russen 41.
Russland II 90; Kaiser v. R.
II 21, 23, 39, 42, 50, (402
m.), Alexander (II 199 u.);
an ihn II 27.
russische Botschaft in Paris
II S. 82.
Ryse, Adam (II 347 m.)

Saarbrücken II 20, 32.
Saarlouis II 32.
Sachs, Hans 338.
Sachsen, II 67, 74-5, (193,
199 : 193), 260 m.; Prinz
Anton in S. 153; König
292, 364; Königin 364.
Sachsen-Coburg II 75.
—, -Meiningen, Herzog Bern-
hard 92; Herzogin Marie
92, 132, [406], 413, 419;
von ihr no. 218; Prinz
Georg [413], 414.
sah (II 329 Br. 11).
Sailer 45.
Salis (II 372 o.)
Salomon, Sage von 34.
Salvandy 231, 235-7, (II 218
o., u.)
Salzburg II 36.
Sand 52.
Sanders 352, 355, 357, 367,
371, 372, 373, 375 (II 351 o.)
sange (II 340 u.)
sanskrit II 238 : 8.
σάρα (II 385 m.)
Sardinien, Gesandter v. II 69.
Sartorius 70.
sauls (II 283).
Savigny, K. Fr. v.. 27, 31,
35, 40, 42, 44-5, 49, 51,
54-5, 58, 61, 65, 71, 76, 80,
91, 93, 97, 102-3, 106-7,
109, 110, 117, 120, 123, 202,
210, 241, II (154 : 38, 160 Z.
3, 169, 170 : 82, 173 : 90,
174 : 92, 176 : 97, 178 : 104),
179, (179 : 108, 180 : 108,
184 : 120, 236 : 7, 238 : 7),
239 : 8, (279 u., 403 u.)
Savigny, Kunigunde v., Frau
d. v. geb. Brentano 71, 81,
91, 103.
—, Franz v., 49.
—, [Karl] v., 103, (II 178 :
104.)
—, Bettinchen 71, 103.
—, Victoria 45.
Scaurus 85.
Schadewitz 312 (II 302 o.)
Schäfer aus Heidelb. (II 169).
Schannat 306.
Scharf II 178.
schauder, schauer (II 325 u.)
Schaum, Dr. (II 338 o.)
Schaumann 309, (II 378)
—, Dr. II 123.
Scheel(e), Frl. v. 176, 262, (II
201 Br. 16).
Scheffer 165.
Scheidler 248, 260, 262.
Schelling 107, (II 154 : 38).
schelmacker 328.
Schelmufsky, v. 168.
Schenk, F. K. W. H., Freih. v.
89, 117.
—, Sohn d. v. 222, (II 220).
—, Tochter, verh. m. v. Witz-
leben.
Schiller 12, 350-2, 365, (II
352 : 353, 359 m., 373 o.)
Schlangenbad (II 101 4).
Schlarbaum (II 139).
schlar-,schlauder-affe(II326 o.)
schlarr (II 339 o.)
Schlegel, A. W. 24, 49, 180,
184-5, II (177 : 104), 234 : 3,
(235 : 4), 236 : 6.
—, Friedr. 56, 153, 181.
Schleiermacher 54, 206, 278,
(II 212 o., 279 u.)
Schlesien II 317 : 12.
Schleswig-Holstein (II 339 u.)

schleudern (II 326 o.)
Schlosser 85, 90, 227, II 178.
Schmalz 144, 157, (II 191:
146).
Schmeller 333, (II 341 o., 348
Br. 39, 351 m., 373 o.); von
ihm II 333 ff.
Schmerfeld, v. II 18, 42.
Schmidt, G.-R. in Jena II
245 : 13, (246 : 14).
—, Fr. W. Val. II 278.
—, Kl. 353.
—, v. Lübeck II 359 m.
Schmidt v. Werneuchen 382,
(II 351 o., 371 u.)
Schmidts II 167.
Schmieder 85.
Schmitthenner 336, 338, 342,
385, (II 304 m., 328 u., 331
o., 342 o., u.)
Schneider, Leop. 60.
Schnellert II 310:5 (316 m.,
318 u.)
schnübe (304 u.)
Schödde II 136.
Schönlein 295.
Schopenhauer, Frau (II 199:
173).
Schott, A. II 309 u.
Schotten 125 (vgl. II 187:
124); an ihn 1 Br. II 164.
Schrader 399-400.
Schraidt (II 139).
Schröder 397, II (244 : 12),
245 : 13.
Schubart (II 390-1).
Schubert 76 = Schubarth?
Schuckmann 154.
Schütz, W. 206, (II 212 o.)
—, Rechnungsr. II 52.
Schultens II 239 : 8.
Schulz 25, (II 150).
Schulze 88.
— (II 383 u.)
Schwab II 265 m.

Schwabe 336, 367, (II 342 o.,
344 u., 345 u., 357 u.)
Schwaben (II 240, s. Blind-
heim, Justitia).
schwälmertanz 41.
Schwanritter 147.
Schwarzkopf 166.
Schweden II 309 : 3.
Schweinichen 68.
Schweinsberg, von no. 102.
Schweitz 410, II 265 o.
Schwenk 83-4, 86, (II 170:82,
380 o.)
Schwertzell 204.
—, Frau v. 223.
Scott 108, 208.
scregehôri (II 374 m.)
Sebiz, Melchior 300.
Seiler (II 205 : 189).
semde (II 305 o.)
sen (II 361 o.)
Serranus 335, (II 344 u.)
Seyffart (II 176 : 97).
Shakespeare 49, 185, 214, (II
204).
sich, sichste sich (II 360-1).
Siebold 289.
Sigurd 305.
slavisch II 238 : 8.
slup (II 383 u.)
Smid 163-4, 196, (II 224 m.,
398 m.)
snîcan (II 374 m.)
snuaba (II 305 o.)
Soden (II 369).
Soldan 319.
Solger 33, 256.
Sommer II 284 : 44.
Sophronizon, Zeitschr. 54, 142.
Soulange, Chev. II 25, 29, 40,
42, 50-1, 71, 87, (401 o.)
Corresp. m. ihm 45-7.
Spangenberg, Wolf v. 300.
Spanien, König v. 276.
Spee 32, 46.
Spener 205.

sprenger (II 327 u.)
spuken 21.
Stael, Fr. v. 43-4, 47, 180, 226.
Starenbergersee 365.
Steffens 185, (II 203 : 182, 204).
Stegmann 138, vgl. II 188.
Stein, Frh. v. II 53.
Steinau 16, 226, 247, (II 257 : 21).
Stephanowitsch s. Wuk.
Stieglitz 86.
Stieler 305, 317.
Stollberg 45, 54, 58, 189-90.
Stourdza 184.
strasse 36, (II 153 : 33).
Strausz (II 290).
Strieder II 2, 6, 7, (252 u.)
Sturz (II 344).
Stuttgart II 265 o.
Stuttgarter Verein 333.
styngonester II 385 u.
Suabedissen 32, 49, 76, 78, 119, 125-6, 129, 131, 133, 137, 139, 198, 279-80, II (188 : 135, 189 : 141), 251 : 16, (257 : 21, 261 m.), 265, (283 : 42, 286 : 280); an ihn no. 75-129; von ihm II 190 ff; seine Mutter 135 206, 261; s. Frau geb. Molter (II 206, 283 : 42).
—, Marie, Tochter, verh. m. H. Hupfeld 151, 162, 176, 251, 253, 264, 273-4, 276, 280-2, 285, II (227 Br. 67, 263 : 26), 265 o., 268 u., 281 : 40, 282 u., (283 : 42) = Täubchen 158, Lach-täubchen 145; von ihr II 228.
—, Elise, Tochter, verh. m. Geh. Justizrath Jäger, ver-wittwet, lebt in Cassel. 176, 210, 254, 266, 274, 280, 282, (II 206), 221 : 252, 228 Br. 67, 267 : 30 = Brum-

basz 145, 158, Frau Nim-rod 273.
Suabedissen, Christiane, Wil-helmine, verh. m. Gerling, Schwester v. S.
—, Caroline, unverh. Schwester v. S. 135, 145, 281. — Vgl. auch Molter.

Tacitus 30.
Tänzer 15.
tage, böse II 337 o.
Talleyrand II 20.
Tatian (II 328 u.)
Taube II 234 : 3.
Tennemann 25, (II 150).
Teplitz 324.
Ters (II 315 : 9).
Teutonia 394.
themselves (II 166).
Theobald 25, II 150.
Thiele, Minister II 309 : 4.
Thiersch (II 179 : 105).
Thomas 74, 77, 82-3, 104, 111, II (177 : 104), 178; 1 Br. an Th. II 168 (der von Dr. Euler eben veröffentlichte Grimm-Brief soll nicht an Thomas sondern an ihn selbst gerichtet sein); von ihm II 168, 184, 214 : 210, 224, 397 : 7, 398 m., 403 u., 404 u., 408 : 149. 150, 409 : 169, 191.
Thorsage (II 314 u.)
Thorbecke 76, 226.
Thorpe 13-4.
Thudichum 371, 373, (II 360 o.)
Thümmel, G. 160, 336.
Thüringer 380.
Thumb, v. II 135.
Thuret II 66.
Tibet (200 Br. 15).
Tidge (II 372 u.)
Tieck 34, 96, 227, 244, 247, 255-6.

Tischbein (II 400 : 12).
Tochter Sion s. Lamprecht.
Tolentino, Frieden v. II 22.
Tommaseo 373.
topp (II 333.)
Toskana, Princessin v. 364.
Toussaint II 17, 23, 25, 39-40, 50, (402 m.)
trenken 358.
treusch 305.
trincar (II 333 u.)
Troisfontaines (II 311 u.)
trom (II 337 m.)
Trost 157.
Tscherning, A. II 340 Br. 18.
Tschirner II 127.
Türken 72.
tupfen (II 333 u.)
Turin II 69.
Twesten 275.
Tydeman *[41]*.

üssel (II 304 u.)
Uhland, L. II 265 m., (286 o., 295).
Ukraine 41.
Ulphilas 41.
Unger II 17, *38*, 48-9, 55, 69-70, 79, 88, 95, 97, 99, (400 : 12, 402 m., 403 m.)
ungethüm (II 334 o.)
Urlaub 17, (II 147).
urschwinge II 304 u.
Ursula, h. (II 311).
Usener 82 (II 169, 170 : 82).
—, Pfarrer (II 159).

Varnhagen 231-2.
Vater *36*, II 236 : 6.
Vaublanc, Graf II 21, 86, 89, 95.
Vega 230-1, (II 217 : 229).
Veiel s. Reyscher.
Venedig, Rosse von II 21, 33; Löwen von II 33.
vetter (II 377 o.)

vietrü (II 385 m.)
Villers (II 191 : 143.)
Vilmar 122, 282, *326;* II (144 : 13), 283, (378 u.); an ihn no. *138-148*; von ihm II 294 ff., 297 : 298 u., 299.
Vinke 33, 37.
Vocabular. praedicant. (II 331 u.); v. teutonicus (II 344 o., 372 m., 373 o.)
Völkel *61*, 138, 256-7, 403, II 3, 6, 7, *10*, 102, 103, 107, [112, 120 ff.], 123, (157, 400 o., 405 o.); von ihm 21 Br. II 164.
—, Amalie; 1 Br. von ihr II 164.
Vömel (II 169).
Vogelsang, zu den II (338 u.)
Vogt, [K.] *329*, (II 326 m., 339 m.)
Voigt 32, 44.
Voigtel II (344 o.)
Volkssagen 319.
vollborn = Januar 321.
Voltaire 71.
Vorbetta II (311), 312 u.
Voss 36, 49, 54, 58, 64, 67, 69, 72, 90, 91, 93, 184-5, *189*, 382, (II 161 : 53, 173 : 90, 176 : 97, 344 m., 348 m.)
Vulpius 34.

Wabern (II 397.)
Wachler II 121 u., (151.)
Wackernagel, W. 298, *338*, (II 267 : 31, 347 u., 349 : 341.)
währewarte, oberhessische *110*.
Wagner, K. F. Chr., Prof. in Marb. *127*, 139, (II 166).
—, J. J., Prof. in Erlangen *248*.
—, H. L. (II 352 m., 363 o.)
—, Dr. Karl, in Darmstadt (II 342 m.)

Waitz (II 355 m., 392 u.)
Waldis, Burkhard 300, 302.
Walper (II 139.)
walten [373].
Walther u. Hildegund 371.
Wangemann (II 139.)
Wartburg 171.
Weber (II 169, 171 : 82.)
Weigand, an ihn no. 149-93,
   von ihm II 304 ff., 352,
   363 m., 375 f., 376 u.
—, Mathilde, verh. m. Ober-
   lehrer Dr. Flach 342, 345,
   348, 351, 354, 358-60, 362,
   367, 372, 374-5, 379, 386,
   (II 349 o.); von ihr II 364 :
   374.
Weiland II 309 : 4.
Weiller (II 205 : 189.)
Weimar 152.
Weis, Prof., (II 395.)
Weismann 393.
Weisz 25, (II 150).
Weisze 353, (II 363 o., 372 o.)
Weitzel 215.
Welker 83, 87, 90, 103, (II
   161 : 55, 170 : 82, 171 : 83.)
Wellentreter(=Heinroth), 166,
   171, (II 196 : 165).
Wellington 33, II 35, (401 u.)
welsche Sprache II 281 o.
Wenk 122, 306.
Werlauff 305.
Werner 227.
—, W., Probator II 110.
werrew (II 384 m.)
de Wette (II 264, 267 : 31).
Wetterau 316, 318-21, 325,
   330, 339, 347, 402, (II 304
   u., 381 u., 383 o., 392 u.)
Wetzlar 321.
Wieland 34, 43, (II 155 : 38.)
Wien 36; Congress zu W.
   (II 142); Wiener Jahrb.
   II 245 : 13, (378 m.)
Wiesbaden 119, 274, 277.

Wigand, P. 330; an ihn no.
   1-8; (II 138).
Wild, Joh. Rud. II 10.
—, Dor. Cath., geb. Huber,
   Frau d. v. II 10.
—, Dorothea, Tochter, verh.
   m. W. Grimm.
—, Grethchen, Tochter [240].
Wildt 223.
Wildungen 177.
Wilhelmshöher Biblioth. 212,
   (II 389 m.)
Wilbetta II (311), 312 u.
Wilken II 33.
Willems II 307 u., 309 : 3.
   4, 312 : 7.
willetzknaben 333, (II 332 m.)
Willingshausen 41, 223, II
   146 Z. 1., 148 Z. 2 v. u.
Windischmann 103.
wir 341, (II 362 o.)
Wippersdorf 151.
Witt, Dörring 108.
Wittgenstein II 27.
Witzenhausen 219.
Witzleben, Minister 137.
—, Frau v., Schwiegertochter,
   geb. v. Schenk 264, (II 220
   u.)
Wochenblatt, polit. (II 276).
Wodana, Zeitschr. II 307 o.,
   308 : 2, 309 : 3, 4.
Woensdrecht, Woensel II 307.
Wolf, II 266 : 29.
—, Pfarrer in Leipz. (II 202 :
   182?, 206, 223 : 264).
—, Fr. A. 38, 217, (II 171 : 82).
—, Joh. Wilh. (II 325 u., 345
   o.); von u. an ihn II 306 ff.
Wolfdieterich 359.
Wolfenbüttel, Bibl. in 115.
Wolke 30.
Wolkonsky II 24, (verdr. Wol-
   kowsky), 39 (verdr. Wol-
   kovsky), 51, (401 m., u.)

Würtenberg II 52, 55, (240, s. Blindheim, Justitia), (272).
wuhrewarte = währewarte.
Wuk Stephanowitsch *[89]*, 228.
wuol 328.
Wuotan II 310 : 5 (316 m.)
Wurm 352, 355, 357, 367, 371, (II 301 u., 351 o., 366 m.)
Wurzer 61, 186, (II 163, 167).

ysla (II 304 u.)

Zarncke 376, II 301 u., 365 o., 376 m.

Zend II (235 : 5), 238 : 8.
Zenodot 217.
Zezschwitz (II 301 m.)
Zimmer, Henriette Philippine, Tante der Brüder Grimm *[191]*.
Zimmermann (II 139).
Zöckler (II 301 m., 347 Br. 35).
Zoega 55-6, 62.
Zöpfl (II 183 : 120).
zween, zwo, zwei (II 305 o.)
Zwehren 156.

Inhalt.

		Seite
I.	Acten über Wilhelm Grimm als Secretär bei der Museumsbibliothek in Cassel	1
II.	Acten über Jacob Grimm's Mission nach Paris im Herbst 1815	13
III.	Acten über Jacob Grimm als Bibliothekar in Cassel	100
IV.	Acten über Jacob Grimm als Mitglied der Censur-Commission in Cassel	122
	Anmerkungen zu Band I	138
	Briefe zwischen Jacob Grimm und Hupfeld . .	232
	„ „ „ „ „ J. W. Wolf .	307
	Anmerkungen zu Band II	394
	Besserungen und Nachträge	408
	Chronologishe Tabelle der in dieser Sammlung enthaltenen Grimmbriefe	410
	Namen- und Wort-Verzeichniss	418